西方人文主义史略

于文杰 吴贺 主编

南京大学出版社

编委会名单

主　编：于文杰　吴　贺

副主编：杨　玲　还　星

　　　　李　超　黄玉婷

序

　　世界文明的进步依托于人类对于知识、情感与道德的追求。无论是西方两希文明对于德性与信仰的寄托,还是东方所蕴藏着深厚的儒道互补的传统,都是人类人文品质的象征。《西方人文主义史略》是我们学术团队以"西方思想史""西方文化史""西方艺术史"的教学与研究为基础,在整个世界历史语境中对"人文主义"的理解、反思与追求。《西方人文主义史略》主要包括以下几个部分的内容:

　　首先,"西方人文主义"的含义及其历史根源。从总体上看,东方人对于德性的追求,西方人对于希腊神话、数与比例、形式与心灵和谐的追求,都是世界"人文主义"元素的较早源头,只是东方人较多地强调社会品质的"仁",而西方人较多地重视自然元素的"数",两者各有取向,理应殊途同归。如果将"两希文明"看作西方人文主义的母体与源头,显然希腊文明的"理性"与希伯来文明的"信仰"则是西方人文主义的根源。对于"西方人文主义"来说,希腊文明元素占有较多的份额:尽管人们对事物的本源看法不同,"水""火""数"都受到人们的关注,对于美与美德的品质来说,赫拉克利特的和谐,德谟克利特的原子,毕达哥拉斯的数、体积与比例,苏格拉底追求"审视的人生",柏拉图追求"理想国",亚里士多德追求"德性",均为重要元素。作为"希腊三贤"的苏格拉底、柏拉图和亚里士多德较为全面地阐释了古典人文主义的思想,《尼各马可伦理学》则是多种经典著作的代表作。还有就是普罗泰戈拉,他认为人是万物的阐释者。显然,人成为世界的立法者,成为中心。罗马帝国时期,基督教在君士坦丁大帝时代逐步成为罗马的国教,并在476年开启了一个新的历史时代。

　　其次,中世纪是西方人文主义转换的历史时期,并步入近代社会。宗教是一种以"信仰"为内核的特殊的文明形态,基督教尤其适合西方的土壤,容易为他们全盘接受并成为西方文明的底色。中世纪人文主义的转换,正是"理性"和"信仰"整合与沉浮的历史。它的基本轨迹是从教父哲学到经院哲学,从新柏拉图主义到新亚里士多德主义,从唯实论到唯名论的历史变迁。其基本的历史轨迹是从具有普遍性的上帝为实体的理念世界转换成个别与特殊性的人为实体的现实世界,过渡到以"人"、人的情感与理性、人的生命与身体为载体和追求的"文艺复兴"时代,"复兴"指的就是从1300年至1800年之间的古典文化艺术与理性哲学重现的历史时代,这一时代也是西方人文主义鼎盛的历史时代。达·芬奇、米开朗基罗和拉斐尔,休谟、康德和黑格尔等,就是这个时代艺术与哲学复兴的代表人物。值得关注的是,即便是近代社会有莎士比亚、康德这样认为"人是万物的灵长"和"人是目的"的经典的人文主义思想家,甚至也出了一些所谓"无神论者",基督教作为西方文明底色的基本性质没有改变,而且始终与理性哲学紧密地黏合在一起。

再次,19世纪浪漫主义时期的人文主义,英国历史学家也称之为"新文艺复兴时代"。这一时期有一些典型的思想流派或者社会运动,比如德国浪漫派、法国浪漫主义,还有英国手工艺运动。德国浪漫派由施莱格尔兄弟、诺瓦里斯和蒂克等思想家组成,他们有人崇尚"银狐"的品质,有人主张"回到中世纪";法国浪漫主义体现出与现实主义的对立,还分化为"积极浪漫主义"和"消极浪漫主义",他们追求想象与理想,追求心灵的自由;英国手工艺运动以罗斯金、莫里斯、琼斯、韦伯和阿什比等思想家为代表。他们追求的是怀疑和批判资本主义生产方式与生活方式,倡导手工劳动,宣传社会主义。19世纪的多种社会主义思潮给世界做出了重大贡献。而以马克思为代表的科学社会主义,成为中国和世界人民的革命斗争不断克服困难取得胜利的指路明灯。

最后,现代西方人文主义思潮的探讨与研究。19世纪之后,在各种浪漫主义思潮与社会主义思潮层层推进的背景下,人文主义又以一些重要形态走向20世纪:基督教人文主义、新人文主义、世俗人文主义和生态人文主义是这一时期的主要潮流。以马利坦为代表的基督教人文主义,开始全面反思"科学"与"理性"给人类带来的诸多问题,认为"信仰"在现代社会依然具有不可替代的效用。新人文主义是以美国的乔治·萨顿为代表的新型社会思潮。他认为科学史与科学不一样,科学无国界,但是科学可以寄托人文关怀,从而推进人类的健康发展。世俗人文主义以美国思想家保罗·库尔茨为代表,他主张通过科学、哲学和伦理学来追求人类的幸福与理想。生态人文主义以吉尔伯特·怀特、梭罗、利尔波德和卡逊为代表:怀特用书信的方式记录塞耳彭村的地理与生态的历史变化;梭罗以相近的方式关注"瓦尔登湖"的生态状况,如今这两个地方都成为国际生态主义敬仰和朝圣的生态与历史的人文景观;利尔波德提出"土地伦理";罗尔斯顿提出"哲学走向荒野";卡逊则通过"寂静的春天"来呼唤惨遭伤害的生态世界。

另外,在研究西方人文主义的同时,我们还要关注西方"反人文主义"因素与根基。所谓"反人文主义",指的是西方以"世界主义"为传统,经历了但丁的"世界帝国"、康德的"普遍史观念"和黑格尔的所谓的"世界历史",到了现代社会就变成许多样式:在现代化的语境中蕴藏着纷繁复杂的意识形态和价值观,以《非共产党宣言》作者罗斯托的理论为依据,雷迅马认为现代化是美国的价值观和意识形态,它要"在美国的对外政策和公众文化中落地生根",和平队是现代化的补充形态,是落地生根的重要途径。"和平队"是一个通过物质救济与课程宣讲将反对共产主义的观点与对年轻人的理想主义的激励结合起来的有效路径。① 吕桂霞教授《"和平队"在太平洋岛国的活动研究:以斐济为例》,全面揭示了美国人及其相关非政府组织所从事的物质救济与观念征服的历史本质。② 2004 年,陈晓律教授也曾经直接面对英国考文垂大学的"和平主义"的吹鼓手瑞格比教授:"你们一边在侵略世界各国并且全面推行殖民主义的战争与掠夺,现在又要向我们兜售所谓的'和平主义',你们的目的就是宣传'宽恕''和解''忘却的方式',要我们忘记历史,忘记你们的殖民侵略,接受你们的意识形态与价值观。"③这是给西方及其在中国的代理人虚假

---

① [美]迈克尔·雷迅马:《作为意识形态的现代化:社会科学与美国对第三世界政策》,牛可译,中央编译出版社,2003 年,第 1—3 页、第 171—172 页。
② 吕桂霞:《"和平队"在太平洋岛国的活动研究:以斐济为例》,《聊城大学学报》2017 年第 2 期。
③ 陈晓律:《人人发展的角度理解和平学》,《南京大学学报》2005 年第 2 期。

的"和平主义"教育当头一棒。西方著名高校十分注重战争研究与战争教育，他们在强化历史意识，强化公民的战争意识与抗战能力，但是通过自己的机构和代理人反过来向我们兜售所谓的"和平"。事实上，我们需要战争研究，我们需要战争教育，我们需要强化全体公民的战争意识与抗战能力，需要有用战争实现和平的能力与思想，这样才能实现真正的人文主义，世界历史也才能真正拥有和平与幸福。

当今时代是正面临着"百年未有之大变局"的特殊的历史时期，世界不同国家和地区随时都有可能面临多元重叠式重大问题的挑战，因此在习近平新时代中国特色社会主义理论和思想的指导下，以批判思维的方式，与世界一切优秀民族传统文化进行交流与合作，同时必须强化每一个公民抵御西方国家物质和精神的侵袭与污染的能力，将一切来自西方的新冷战元素等拒之于千里之外。中华民族在学习中国和西方优秀传统文化与人文遗产的同时，必须以坚强有效的措施，锻炼和提升每一个公民尤其是青年学生抵御西方意识形态和价值观的污染与侵袭的能力，以此来确保实现中华民族的伟大复兴。

以批判性思维学习和反思《西方人文主义史略》，其价值和意义或许就在这里。

于文杰　谨记

2021 年 11 月 8 日于南大和园

目 录

序 / 1

导论　西方人文主义述要 / 1

第一章　古典人文主义思想的渊源 / 10
　　第一节　希伯来文明中的人文主义思想 / 11
　　第二节　希腊罗马文明中人文主义传统的形成 / 15

第二章　中世纪人文主义历史的转换 / 30
　　第一节　古典文明西传的路径考略 / 30
　　第二节　中世纪古典文明西传的特征辨析 / 49
　　第三节　从教父哲学到经院哲学的历史转换 / 59

第三章　近代人文主义的复兴 / 74
　　第一节　艺术与技术：文艺复兴时期的人文主义 / 74
　　第二节　人性与科学：新古典时期的人文主义体系 / 82

第四章　近代人文主义传统的重建 / 124
　　第一节　寻找信仰：德国浪漫派的人文主义思想 / 124
　　第二节　重建传统：英国手工艺运动中的人文主义 / 139
　　第三节　人本与神本：法国浪漫主义时期的人文主义 / 278

第五章　现代人文主义思潮的演进 / 310
　　第一节　马利坦与基督教人文主义 / 311

第二节　库尔茨与世俗人文主义 / 322

第三节　萨顿与新人文主义 / 333

第六章　现代生态人文主义的兴起 / 345

第一节　守护自然：怀特时代的生态人文主义 / 345

第二节　绿色政治：卡逊时代的生态人文主义 / 356

第七章　现代人文主义社会的发展 / 379

第一节　现代历史进程中文化的融合与冲突 / 379

第二节　现代历史进程中犯罪问题的社会根源 / 414

第三节　西方发达国家的社会保障制度 / 429

结语　人文主义在新时代的反思与重建 / 442

参考文献 / 448

阅读思考题 / 462

后　记 / 463

导论
西方人文主义述要

我们在思考这样一个问题:经济增长与价值关怀能否有机地协调起来?

一个是以理性、技术以及权力为背景的缩影,另一个则是以信仰、道德以及人格为精神的象征,当现代历史进程中诸多问题陆续出现的时候,人文主义正生活在这两者的夹缝之间,并努力担当起沟通、协调并使之和谐发展的使命。

尽管现代历史在不同的时代和区域呈现出不同的面孔,然而至少有一点是相同的:从不同的社会中都可以产生出现代社会的秩序,①同时现代历史也可以影响着不同社会秩序中的每一个人。很显然,现代历史已经成为整个人类未来命运的一个组成部分。

现代与传统是现代历史研究中一组基本对立的范畴,它贯穿人类文明历史的全部过程;现代历史则是指传统社会向现代社会的根本的全方位的转换。那么,"现代历史"作为一个独立的学术范畴,在现代历史研究的语境中,究竟有怎样的内涵? 早在1960年的箱根会议,国际学界的学者们对这一问题就形成了较为普遍的共识。他们认为,现代历史主要有八个方面的内涵:人口比较高度集中于城市,整个社会越来越以城市为中心;使用非生命能源的程度比较高,广泛的商品流通和服务设施的增加;社会成员在广大空间的相互作用,以及在经济和政治事务中的广泛参与;村社和代代相传的社会群体普遍解体,导致个人有更大的社会流动性,个人在社会中的行为具有更广泛和多种不同的范围;全面推广文化知识以及随之而来的个人对其周围环境传播的世俗的和越来越科学化的倾向;广大和深入的大众交

---

① S. N. Eisenstadt edit., *Patterns of Modernity Volume I: The West*, London: Frances Pinter, 1987, p. 3.

流网络；政府、商业、工业等大规模社会机构的存在以及这些机构中日益增多的官僚组织；在一个大的民族团体控制下，各大民众团体加强统一（即国家），这些单位之间的相互作用日益增强（即国际关系）。①

西方学者们对于现代历史的论述与现代历史发展的现象是基本一致的：工业、技术经济、城市化，以及官僚机构及其国际化问题，已经成为非常普遍的发展趋势。然而，在另外一些学者和思想家中间，则诞生了一种与之对立的观念：从彼特拉克时代的文艺复兴到康德时代的近代启蒙，人类一直在寻求自我的解放，可是韦伯则认为人类从上帝的牢笼中走出，又被困进了技术经济的新的牢笼之中！一种是经济人的观念，一种是解放者的观念，究竟谁更具有合理性？

事实上，重视发展的经济人的观念已经占据了现代社会的主要空间。也正是在这一观念的影响下，西方人认为，他们在技术、经济和行政上的成就优于亚洲地区的人民，因此他们的商人、工业家、拓殖者、工程师、教育家、行政者，往往包含传教士的精力、技巧和耐心，克服着亚非静态社会对进步的缺乏兴趣，并且把亚非地区导向一个以技术与理性为基础的世界社群。他们还以此为白种人的责任。相反，这种人很少关注技术经济的代价和西方文明的罪恶。② 在这种观念的影响下，西方中心论已经成为学术界现代历史理论的主要观点。从工业与经济到教育与知识，经济技术的现代历史已经被认为是影响和支配世界文明进程的具有总体性质的主要问题。与此同时，人的自由与解放也转化为所谓现代人的特征：现代人准备和乐于接受他未经历过的新的生活经验、新的思想观念、新的行为方式；准备接受社会的改革和变化；思路广阔，头脑开放，尊重并愿意考虑各方面的不同意见、看法；注重现在与未来，守时惜时；强烈的个人效能感，对人和社会的能力充满信心，办事讲求效率、计划、知识、可依赖性和信任感；重视专门技术，有愿意根据技术水平高低领取不同报酬的心理基础；乐于让自己及后代选择和离开传统所尊敬的职业；对教育的内容和传统智慧敢于挑战；相互了解、尊重，且具有自尊。③ 从英格尔

---

① ［美］西里尔·E. 布莱克编：《比较现代化》，杨豫、陈祖洲译，上海译文出版社，1996年，第216页。

② Egbert de Vries, *Man in Rapid Social Change*, Garden City N. Y.: Published for the World Council of Churches by Doubleday, 1961, p. 27.

③ ［美］英格尔斯：《人的现代化——心理·思想·态度·行为》，殷陆君编译，四川人民出版社，1985年，第22—33页。

斯的人的现代历史理论中,我们所感受到的也是一种以工业主义为主要内涵的关注经济与发展的现代历史理论。相反,像马尔库塞对技术文明和单向度的人的"大拒绝",则相对地成为一种被冷落的声音。那么,在注重发展的经济人与选择自由的解放者之间,人文主义究竟能有什么作为?

我们认为,应当警醒的是以工业主义为背景的注重发展的经济人的观点。现代历史既然是整个人类共同的事业,它就不应当成为部分人的社会实践与学术研究的霸权话语;同时,以理性主义为背景的寻求人类自由的解放者,只是关注抽象的哲学与理论问题也是不够的。解放应当从实际出发,应当关注真正意义上的总体的人。更重要的是,人文主义十分关注包括注重发展和寻求解放的世界现代历史进程中业已流失或严重亏损的信仰、道德和理想。人文主义不仅关心经济发展的均衡、平等和持续性,还关注人类解放的社会基础和现实意义。它不仅能够有效地协调经济发展与人类解放之间的矛盾与冲突,更能确立和完善现代历史的性质,促进现代历史乃至世界文明进程向着和谐与进步的方向发展。

在现代文明的历史进程中,人文主义的生成始终是与伟大传统的再现紧密地联系在一起的,因此充分展示人文主义在现代历史进程中的意义,必须把握现代历史进程中人文主义的科学含义和历史根源。而人文主义传统的历史根源,则在遥远的历史深处,那一段历史应该在希腊和罗马,甚至是上古希伯来人的文明史之中。

作为一位伟大的思想家,福柯曾经从前人的智慧中发现人类历史的真谛:人,将死。如同大海边沙滩上的一张脸,人将被抹去!从亚里士多德、康德、尼采,到福柯,他们都在关心一个共同的问题:人,人是什么,从哪里来,向何处去?事实上,关于人的性质、前途和命运是一个人文主义者所关心的基本问题。而今,人还好吗?人文主义的性质、根源是什么?人文主义记录了人类怎样的心路历程?人文主义者,应该为人文主义,不,为人类的前途和命运做些什么?

一、什么是人文主义?

人文主义的含义,总是与古典文化、文艺复兴联系在一起的。然而,当谈论文艺复兴中的人文主义的时候,我们没有关注总体的人文主义在该时段对人类价值的感受。尽管文艺复兴时期关于古典学者和古典教育的人文主义一词,来自19世纪德国学者和教育家。它形成于术语"人文主义"。这一术语,以一种特殊的意义于19世纪后期开始被使用,它可能来源于那个时代大学生的俚语。例如,人文主义是有别于法官的研究人性与教授和学生的人文主义的。人文主义研究,是从古典作家那里借来的概念,是为了突出其中的对于人类及其教育价值的研究。因此从15世纪早期以后,人文主义研究的地位得以确立并得到明确的界定,教育体系中人文主义研究的主要科目为语法、修辞、诗歌、历史和道德哲学,所有这些都建立在阅读古希腊和拉丁作家著作的基础之上。① 可以说,这是人文主义的根源和最为原始的含义。

在人们以审视的目光来看一看现代社会中的人的时候,会觉得现代人已不像传统意义中的人,神圣与圣洁已经变得无影无踪:神或信仰与人的距离拉远了;理性、科学、世俗与人的品质也不是一回事。即便是以现代文明张扬自己的美国人,也与自己的宗教信仰产生了距离。20世纪初,人们都会称美利坚是一个基督教的国度,因为美国的许多人和组织都受到基督教价值观的影响。然而,到了1941年,除了在表示反对穆斯林和佛教徒的宗教信仰的最广泛的意义上,人们已不情愿承认自己基督徒的身份。② 也就是说,信仰与人失去了联系,同时人与自己也失去了联系。在某种意义上,相当一部分人已经不知道什么是人和人文主义。

西方学者认为,人文主义是一场思想运动,它来自对古典文化复兴的渴望的拓展。人文主义者拥护理性的大量的基于古希腊罗马研究的世俗化教育。人们希望从中获得个人与社会的伟大的益处。特别是人文主义思潮的发展,同时以不同的方式与程度影响着国家的思想、教育与社会秩序。③ 在16世纪,英国人文主义者用他们努力维护和改进现存的社会秩序的方式,使社会原则发生变化。他们用柏拉图和亚里士多德、西塞罗和昆提利安的知识,为英国社会的贵族结构、国家秩序的统治者提供依据。④ 可见,作为思想运动的人文主义对于现代民族国家的政治、经济、宗教、教育和文化等诸多方面,都将产生重要的影响。

---

① P. O. Kristeller, *Renaissance Thoughts II*, *Papers on Humanism and the Arts*, New York,1965,p. 3.
② Gerard Dekker, *Rethinking Secularization*, University Press of America, Inc. 1997, p. 25.
③ C. Fritz, *Humanism and the Social Order in Tudor England*, New York: Teachers College Press,1954,p. 1.
④ C. Fritz, *Humanism and the Social Order in Tudor England*, New York: Teachers College Press,1954,p. 2.

也就是说，人文主义在影响着社会的诸多方面，社会的诸多方面也以不同的方式影响着人文主义的发展。我们认为，人的品质绝不只是在于他拥有权力和财富的能力，而首先应当在于他拥有信仰、道德和理想，这才是人之所以为人的根本标志。因此，在人类文明的历史进程中，无论是哪个时代，尽管人文主义的重心有可能出现游离或偏差，但是它始终是人类文明本质精神的重要标志。在现代历史的进程中，人文主义不只是人类的一种进步理想，同时也是其始终不倦地发奋努力的方向；它不仅确立并完善人类文明的基本性质，更对世界历史中诸多因素的矛盾与冲突起着强大的聚合和协调作用。人文主义在世界文明进程中，应当成为多元互融与和谐进步的力量。

追寻人文主义，必须突破现代社会由科技理性带来的诸多屏障，从现代历史进程发端的历史深处开始。我们知道，人文主义是一个十分古老的历史问题。早在古希腊时代，人们就试图通过哲学、历史、艺术和教育，来体现对于人的关怀。古希腊人认为，教育是可以塑造人性的，因此他们试图以语法、修辞、逻辑、算术、几何、天文、音乐等学科来教育人和培养人。这一历史性的行为，为中世纪大学教育的建立奠定了根基。到古罗马时代，希腊人的智慧学说得到了重现。西塞罗找到了"humanitas"，并以此来弘扬希腊人的观念，来探求纯粹属于人的品性及其发展的途径。显然，罗马人传承了希腊人的古典文化和人文主义精神。

由于古希腊人试图以哲学解宗教的目的没有实现，因此人类历史经历了以学术传统为主流的中世纪，人的意义在这一时期始终处于从属的状态。然而，让人们无法忽略的是，这一时期真正的学术精神与人的优秀品质始终没有失落，始终保持圣洁的德性。

到了文艺复兴时代，人们认为历史超越了哲学和神学，是人的教育者和塑造者，因此人们从古希腊罗马时代的诸多典籍和史料中去寻求历史的含义与人类的永恒，并在宗教改革和民俗化的社会背景下，通过哲学、伦理、艺术和教育等古代文化的重建来研究人的价值、人的生活，以及人的爱、尊严与欲望，以便于完成整个人类的事业。然而，在以意大利为起点的文艺复兴运动中，在浩如烟海的复兴古希腊罗马的诸多典籍和作品中，蕴含着一种独特的思想，这就是皮科在1487年罗马的哲学辩论会上表明的观点：人在成为中心、主体和自由的人的过程中，是上帝迁就人，还是人走向上帝？

文艺复兴与宗教改革之后，人类的文化与思想很快进入了以科技为背景的理性时代。1808年，德国教育家F. J. 尼特哈麦在关于古代经典的辩论中，最早用德文写成humanismus。1859年，乔治·伏伊格特在他的《古代经典的复活》(又名《人文主义的第一个世纪》)中将人文主义首次用于文艺复兴。1860年，伯克哈特的《意大利文艺复兴时期的文化》，系统地阐述意大利复兴古希腊罗马文化、寻求人的发现的历史进程。在托马斯·莫尔等人的学术视野中，以人文主义为内核的文艺复兴则被看成一种"新学"。尽管从现象上看，文艺复兴是古典文化的复活和再生，然而其本质则是在铸造一种新人和新观念。

二、人文主义传统的历史形态

在经过原始文明之后，人类社会便进入了"现代人"的文化之旅。事实上，人文主义是伴随着人类文明的进步而同步发展的。从总体上说，它经历古希腊罗马时代、中世纪、近代社会和现代人文主义等几个阶段。在现代人文主义中，又包括新人文主义、基督教人文主义、世俗人文主义、纯粹人文主义、技术人文主义和科学人文主义等，这些我们都可以称之为人文主义的历史形态。即便是当代形态，也将成为历史。

古代人文主义主要包括两个部分，一个是古希腊罗马时代，另一个是中世纪。古希腊罗马时代是一个理性与神性、神性与人性和谐与共的时代，也可以说是"两希文明"相融而且平行发展的时代。尤其是古希腊文明，它崇尚知性，同时体现出人类的儿童心态。这种文明，在以种性为背景的情况下，充分体现出童年人类的历史品质和文化精神，由此而产生的魅力也直接影响着整个人类的文明进程。由于古希腊文明的知性精神缺乏科学与技术的支持，因此哲学解宗教乃至哲学伴随宗教都缺乏自己应有的力量，因此以依赖和顺应为特质的童年文明，很快便进入了以神性为本或称之为神性至上的中世纪。

从表面上看，中世纪的文明一切以神为核心，理性与人性都只是神性的附属品而已，然而事实上并非如此。中世纪不仅在神学院等氛围中凭借经院哲学继承了古希腊时代的学术经典，更重要的是，神性的圣洁以及倡导人性与神性的一致性则是人类历史发展中人文主义品质生成的重要源泉。事实上，古希腊罗马时代的人文主义是张扬的、和谐的、天然的，但同时也是以崇尚知性为主流的，而中世纪时期的人文主义则是潜隐的,尽管从现象上出现过一些对人性的扼制和残害之类的事件,但是它为人文主义的灵魂留下了生命的种子。当然,中世纪后期的诸多宗教异化现象则是人文主义的天敌。显然,宗教异化毁坏了人的信仰,人类在没有信仰、没有方向的情况下,要发展和重建人文主义,在古代、近代和现代,都只能是一种幻想,而且永远不可能成为现实。

如果说古代人文主义重在童年的魅力与神性的话,那么近代人文主义则充分显示出成年人类的智慧之光。这一时期的人文主义可以看成古代人文主义的重现,从崇尚古典的理性主义到回归中世纪的浪漫主义,无处不显示出对于人类传统文化的寻根意识。然而,他们之间还是存在本质的区别,一是科学技术的强大力量使哲学解宗教成为可能,而且依此势力之先后形成以人为本和理性优势的文化主流;即便是浪漫主义时代崇尚中世纪,也不只是中世纪情结,而是在确定信仰为人类文明之根的背景下,更多地对来自近代工业文明的诸多弊端,诸如资源、环境、人口、战争和疾病等社会问题的反思与关切,以及对来自现代历史的负面因素,特别是殖民化等问题的批判与检讨。因此,近代人文主义包括文艺复兴时代的人文主义、理性主义时代的人文主义和浪漫主义时代的人文主义,其中科技革命、宗教改革及其世俗化进程,起了强大的推波助澜的作用。这是因为,没有宗教改革,文艺复兴、世俗化进程中的所谓上帝去魅便不具有可能性;没有科技革命,理性主义便不可能得以充分普及,更不可能渗透到经济生活和社会制度等诸多领域之中。令人关注的是,浪漫主义时代的人文主义具有一种批判现实回归传统的性质,是对近代传统的背叛和反思。这种人文主义在否定近代文明的背景下,力图回归传统,寻求神性,重建信仰,铸造新的人文主义。

历史进入了20世纪以后,人类文化发展的方向发生了根本的变化:经历了19世纪浪漫主义与理性主义的并立、马克思主义与资本主义的碰撞、十月革命和世界大战的震荡,人文主义的存在方式和内在性质变得五光十色。20世纪30年代,学术界先后出现新人文主义、基督教人文主义、纯粹人文主义、世俗人文主义和科学人文主义等多种人文主义形态。

相比之下,新人文主义、基督教人文主义、世俗人文主义,还有生态人文主义,在现代思想与文化领域构成较大的影响。其中,新人文主义以萨顿为代表,他以《科学的历史研究》《科学的生命》等著作,阐明自己的人文主义思想。萨顿认为,科学史是通向人文主义的桥梁，只有以科学为根基，人类文明才能步入真正的人文主义。从科学的历史发展进程中充分挖掘人文主义因素，有益于推进人类社会的健康发展。

基督教人文主义以马利坦为代表。他著有《基督教人文主义》等代表性著作，认为现代西方所谓的人道主义是一种以人为中心的人文主义，这种人文主义已将人类带到了文明的黄昏时分，而真正的人文主义应当是在宗教信仰的根基之上建立的完整的人道主义。尽管人们认为，韦伯把现代社会生活的理性化倾向归咎于新教伦理的理性化，[1]可事实上韦伯对现代社会由于经济技术背景下工具理性造成的两难困境则束手无策。

世俗人文主义的代表人物是库尔茨。库尔茨著有《保卫世俗人文主义》。他反对任何形式的宗教人文主义，重视理性，重视科学技术的力量。他认为，通过建立民主伦理学，可以有效地实现以理性为内核的世俗人文主义的历史使命。

科学人文主义或技术人文主义的代表人物是斯诺。斯诺著有《两种文化》，并认为在20世纪初科学主义与人文主义相冲突的情况下，在两者之间应当存在第三种东西。斯诺认为，这第三种东西就是科技与人文相结合的科技人文主义，它包含人的精神、情感与人文的品质，同时又广泛地存在于科学技术生活之中，这是一种与宗教信仰毫无关系的人文主义。

生态人文主义则以怀特和卡逊为代表，经历了怀特和梭罗的思想与想象的理想的生态人文主义，利奥波德的土地伦理的道德生态人文主义，还有就是以卡逊为代表的富有现实精神的、走向政治的生态人文主义，从而形成了生态人文主义由学术思想、社会伦理走向政治与意识形态的完整的历史进程。

从古代、近代到现代人文主义，这些先贤哲人们为人类文化提供了极其丰富的思想资源。他们的思想精神和人格力量，或许可以为我们建立当代人文主义铺平道路。

三、人文主义在现代历史进程中的使命

提到人文主义，人们总以为它是与事件为伴的一种思潮、一种文化或一种思

---

[1] S. N. Eisenstadt edit., *Patterns of Modernity Volume I: The West*, London: Frances Pinter, 1987, p. 2.

想,其实它还是人类的一种德性精神,因为人文主义一词可以用来指代一种建立在人类高贵品性基础之上的伦理。布罗代尔说过,人文主义是朝向逐步解放人的战斗的征程,同时对人类来说,不断关心着它可以变更和改善人类命运的可能性。[①]这一思想意味着,人文主义对人的解放、人类文明必须担当一种责任,必须为人的生存、发展和幸福担负一种使命。

与人文主义使命相关的主要问题是什么?

首先,人是什么,人与这个世界是一种怎样的关系。事实上,自文艺复兴之后,人的欲望,人类中心主义意识,总是在不断地膨胀,而且这种膨胀得到所谓理性的支持。与此同时,工业技术革命、宗教改革等重大的历史事变,使人类中心意识如虎添翼,因此环境、资源和美丽的大自然都成了人类中心主义的牺牲品。结果,自然生态、生活环境等遭受严重破坏,疾病、自然灾害等不断地威胁人类的身心健康和生命安全。历史发展的自然法则表明,以人为中心的人与世界的关系是行不通的。

其次,信仰与理性的关系。显然,信仰大多是与宗教或有神论者联系在一起的,而理性则更多地属于无神论者;信仰更多地与神联系在一起,而理性则属于人的世界。然而,信仰又不只是宗教的或属神的事情。从广义的角度来说,信仰是人的心灵之根,是一种方向,一种生命前行的力量之源泉。因此,信仰与理性既是各自独立的,也是同时可以兼容的。理性给人一种自然的法则,一种科学与技术的力量;而信仰则给人一种道德规范,一种持久而永恒的意志力、方向性和心灵之根的依托。因此,只有当两者悖立互补的情况下,人类的文明和文化的生命,才能获得一种和谐、健康、迅捷和幸福的张力!

在信仰与理性背后存在一种十分重要的东西,它就是神性。神性是信仰的灵魂,而不只是神的品质;神性是理性的目标,是人性追求的境界。正因如此,但丁才在《论世界帝国》中说,只有当人在最大程度上接近上帝的时候,他才能拥有真正的快乐和幸福。事实上,是否具有神的品质,也是人与动物、人的主体世界与物的对象世界最为根本的区别。因此,正确地认识自己,合理地处理好人与世界的关系,从本质上推进人类文明的进步和发展,显然是人文主义所面临的崇高而神圣的使命。

---

① [法]费尔南·布罗代尔:《文明史纲》,肖昶等译,广西师范大学出版社,2003年,第318页。

第一章
古典人文主义思想的渊源

人类前行的历史记录了许许多多文明,正像记录了许许多多的愚蠢一样,然而这些现象总是在整体上体现其历史的延续性,人文主义自然也不是哪一天出现的现象,而是来自古老的历史,经过一段长期的演变过程。当人文主义或其他历史事实面临某种重大转折的时候,人们常常称之为变革或革命。因此,要从思想上把握人文主义乃至人类文明的命运,就必须把检索人类文明的目光投入久远而动荡的历史深处,去追问古代的、近代的人文主义,或许可以从中找到某种永恒的智性或生命的灵光,或许可以重建人文主义,让当代人获得一条避开死亡,走向幸福的道路。

人类文明是和人类自身的进化紧密地联系在一起的。回顾人类的远古文明,有深厚家传的肯尼亚考古人类学家利基的《人类的起源》给了我们这样的启示:人类最早的生命——猿人,在1500万至3000万年之间生活在东非尼罗河南岸东侧一带水域比较丰富的地方。这种猿人,零散地生活在江海周边地区,以东非最为集中。在此之后,早期人类的文明依然是十分原始的。比较有代表性的是奥杜韦工业和阿舍利工业。此时的工业,实质上只是一种旧石器文明,时间在距今250万年至140万年左右。这一时期的文明,已经体现出早期人类实用的出自人类心灵智慧、道德、情感和信仰等诸多内涵的,则是在距今10万年之内的文明进程。诸如天象、图腾文化和新石器、农业文明,以及装饰、文饰等艺术创造,其历史的线索是早期人类沿尼罗河北上,先后形成的巴比伦文明、印度河文明、黄河文明和地中海文明。具体而言,是在腊玛文化圈的范围内,先后由进入智人时代之后的莫斯特人、尼安德特人、奥瑞纳人和马格德林人,创造了红海和地中海沿岸的文明。这一时期人们已经在自己的劳动工具上雕刻和镶嵌了一些饰物,已体现了早期人类的宗教意识和文化心理。其时间大约距今 3 万年。后来,便出现了古巴比伦时代原始的农业文明和天象文化。大约在 2 万到 1 万年,农业文明、图腾文化和原始宗教、天文文化等已经在世界各地的文明古国普遍存在。比如,巴比伦农业、中国西南部的向天坛和地中海北岸的洞穴艺术等等。应该说,古巴比伦文明的历史最古老,而地中海文明是进程最迅捷的文明形态。事实上,这两种文明产生了所谓的"两希文明",它是西方文明进程的最基本的线索,也是西方人文主义最古老的历史根源。

从总体上说,希腊人重理性、知识,重科学技术;希伯来人重神性、道德,重宗教伦理。在古希腊那里,德行与知识紧密地联系在一起,却是属于第二位的东西,然而在希伯来那里,情况正好相反。大概也正是由于这种原因,罗素才做出了这样的判断:

德行与知识之间这种密切的联系,乃是苏格拉底和柏拉图两个人的特色。在某种程度上,它也存在于一切的希腊思想之中,而与基督教的思想相对立。在基督教的伦理里,内心的纯洁才是最本质的东西,并且至少是在无知的人和有学问的人之间同样地可以找得到的东西。希腊伦理学与基督教伦理学之间的这一区别,一直贯穿到今天。①

事实上,罗素所揭示的正是人类文明史的基本特征。应该说,两希文明是人类文明至少是西方古代文明中的主流,同时也是古代人文主义得以生成和发展的母体。

第一节 希伯来文明中的人文主义思想

希伯来文明植根于古巴比伦。就人种的来源和深厚的文化背景来说,希伯来文明和伊斯兰文明也是同根同宗的。古巴比伦为希伯来文明提供了深厚的文化土壤和思想资源。

上古史给我们留下了这样一种事实:从埃及、沙特,到叙利亚、伊朗和土耳其,这一块神奇的土地,它介于亚欧非之间。如果说,古人以腊玛文化圈为标志的话,那么"现代人"显然是以古巴比伦文明为重要标志的。

---

① [英]罗素:《西方哲学史》(上卷),何兆武、李约瑟译,商务印书馆,1963 年,第 128 页。

1956年，美国学者克拉默出版了他的著作《历史从苏美尔开始》，基于大量的考古材料，克拉默列举了二十七条所谓最早的发现，体现出苏美尔人创造的最早的文明。诸如，最早的两院制议会、最早的动物童话，还有楔形文字和拱形建筑等，都是对古巴伦乃至于世界文明的重大贡献。说"历史从苏美尔开始"是有充分说服力的。

神奇的古巴比伦文明深深地吸引着世界上许多研究者和探索者。近年来，美国芝加哥大学东方学院教授麦肯吉尔-吉伯森教授组织的近东考古队，在叙利亚东北部的泰-哈穆卡(Tell Hamoukar)发现了一座古城遗址。考古人员测定，这座古城已经有6 000年的历史，使人类城市的历史前溯了6 000年。

"两河流域"，在旧约中被称为"阿拉姆-纳哈莱姆"，意思是"两河间的土地"。在希伯来文中，"叙利亚"正是土地的意思，而希腊文则称之为"美索不达米亚"。这片土地在亚、非、欧三洲之间，它孕育着人类最早的文明。而城市的诞生，实际上则是"国家"的诞生，社会人的诞生。也就是说，城市人是文明的社会人的象征。从此以后，人类超越了原始的农牧业流动的生存状态，具有了稳定的城市文明的意义。

希伯来文明则较之甚晚。然而，从古至今，人们几乎总是把希伯来文明与传奇、神话联系在一起。确实，希伯来人是一种传奇般的人种，希伯来文明是希伯来人创造的神话般的文明。其实，在上古时代，在古巴伦的土地上希伯来人并没有什么特别，只是一个普通的以农牧为背景的流动性的族群。

在多元综合的巴比伦人中，有一个讲闪米特语的族群，其中有一种族人叫亚摩利人，它就是希伯来人的前身。在早期生活中，他们时常出没在山区、平原和沙漠之中。美国学人罗伯特.M.塞尔茨说："美索不达米亚的新主人来自伊朗扎格罗斯(Zagres)山区的民族及被称为亚摩利人(Amorites)的讲闪米特语的群体。一部分亚摩利人在两河流域的多个城市［马里(Mair)、巴比伦(Babylon)和其他地方］定居下来，并很快与苏美尔-阿卡德文明融为一体。（在几个世纪中，这些亚摩利人一直可通过其个人的名字而被辨认出来）其他亚摩利人则迁往叙利亚-巴勒斯坦之地（古代迦南），在某种程度上仍保留他们自己分散的民族或部落结构（以后，我们会看出，以色列人最早的祖先也许就在这些亚摩利人之中）。"[①]另外，英国学者罗伯逊也说，在公元前2000年以前的数百年中，来自阿拉伯沙漠的亚摩利人曾大批侵

---

① ［美］罗伯特·M.塞尔茨：《犹太的思想》，赵立行、冯玮译，上海三联书店，1994年，第10页。

入这些农耕地区,以致埃及和亚述的来自北方的喜泰人和来自沙漠的海伯鲁人,即希伯来人,趁着埃及的衰落,冲入巴勒斯坦。在公元前13世纪中,埃及重新征服了这个国度。约属于1223年的麦尔纳布托法老的一个碑刻上记载道:以色列是衰老的,五谷不生。在所有现存的记录中,这是第一次提及以色列。此时,侵入巴勒斯坦的希伯来人,不仅土地荒漠,在文化上也无异于周围的半开化民族。① 可见,早期的希伯来人与其他种族相比,并没有多少过人之处,只是平民一族。

然而,正是在这时期,不断游荡、探索的希伯来人从山区、平原、荒漠和埃及人的征服过程中,充分体验大千世界的神奇、神秘和冥想。在古巴比伦文明肥沃的文化土壤中,养育出许多长于思想、勤于创设的先知,孕育出一种神奇而伟大的宗教文明。尽管希伯来人生活的土地,以及他们的整个生活方式、文化方式并没特别之处,尽管摩西五经被认为导源于巴比伦,他们的希伯来法典还被认为抄袭巴比伦的汉谟拉比法典,②然而他们从公元前1400年及其以后创造的宗教文明,尤其是《圣经》的诞生,不仅成为后继者历史研究的重要依据和思想资源,也是人类文明化的重要标志。在先知们的思想和《圣经》的诸多内容中,我们可以充分感受到希伯来文明中的人文主义精髓。

首先,希伯来人倡导公平和正义的人类品质。阿摩司第五章说,但愿公平如大水滚滚,使正义如江河滔滔。因此,他们指责某些商人的吝啬与奸诈,说:"你们这些要吞吃穷乞人……卖出用小升斗,收银用大戥,用诡诈的天平欺哄人,好用银子买贫寒人,用一双鞋换穷乞人,将坏了的麦子卖给人。"③他们对奸诈、邪恶充满忿恨,而力倡公平、正义的美德,深切地同情和怜悯广大穷人,体现出人类早期文明中人文主义的基本品质。

其次,希伯来文明中蕴含着一种真诚、善良与和平,反对强暴、流血和战争的人文主义思想。他们说:"这地上无诚实,无良善,无人认识上帝。但起假誓,不践前言。杀害、偷盗、奸淫、行强暴,杀人流血接连不断。"④"耶和华说,你们所献的许多祭物与我何益呢?……你们不要再献虚浮的供物。……你们举手祷告,我必遮眼

---

① [英]罗伯逊:《基督教的起源》,宋桂煌译,生活·读书·新知三联书店,1958年,第14—15页。
② 《圣经·阿摩司书》,第八章,第4—6节。
③ [英]罗伯逊:《基督教的起源》,宋桂煌译,生活·读书·新知三联书店,1958年,第25页。
④ 《圣经·何西阿书》,第四章,第1—3节。

不看。就是你们多多地祈祷，我也不听。你们的手都染满了杀人的血。"①耶和华还警告以色列人说："以色列家啊，你们口中所说的，心里所想的，我都知道。你们在这城中杀人增多，使被杀的人充满街道。……我必从这城中带出你们去，交在外邦人的手中，且要在你们中间施行审判。你们必倒在刀下，我必在以色列的境内审判你们。"②从古至今，热爱生命、热爱和平，始终是人文主义最重要的思想要素之一。

最后，力倡诚朴、节俭，反对奢侈和城市化，也是希伯来文明中重要的人文主义思想。无论是新近考古学确认的 6 000 年文明，还是《圣经》诞生的公元前千百年间，古巴比伦已经拥有比较繁荣的城市生活，并且折射出城市化生活的许多弊端。他们认为，在城市生活中，金钱成了人们生活的目的：首领为贿赂行审判，祭司为催价施训词，先知为银钱行占卜。③ 他们认为，在城市生活中，同情、怜悯之心荡然无存，友谊和亲情也不复存在。他们说："不要倚赖邻舍，不要信靠密友；要守住你的口，不要向你怀中的妻提说。因为儿子藐视父亲，女儿抗拒母亲，媳妇抗拒婆婆；人的仇敌，就是自己家里的人。"④除了家人成为仇人以外，整个社会也充满凶险。他们说："可叹忠信的城变为妓女，从前充满了公平，公义居在其中，现今却有凶手居住……"⑤由此可见，城市化生活奢侈无度，滋生罪恶，祸害平民。相反，清贫、节俭的传统生活，才能创造理想的幸福生活。

希伯来文明中的人文主义思想充满了一种神性精神的伦理意识和德性精神，对人类品质的提升具有一种强大的牵引力。然而，这种人文主义也同时附带着宗教文明中的消极因素，被动地顺应和改良思想则是值得我们反思与研究的。另外，正像但丁对罗马人、黑格尔对日耳曼人和福山对美国人一样，希伯来人对以色列人身份也有一种种族优越感。他们认为，以色列人是上帝的选民，因此耶和华为最高神，他委托其他神统治非以色列民族，但保留自己控制以色列及在天庭行最后审判的权力。⑥ 当然，希伯来人的优越感还远远不止如此，更重要的是他们的犹太教分

---

① 《圣经·以赛亚书》，第一章，第 11—15 节。
② 《圣经·以西结书》，第十一章，第 11—15 节。
③ 《圣经·弥迦书》，第三章，第 11 节。
④ 《圣经·弥迦书》，第七章，第 5—6 节。
⑤ 《圣经·以赛亚书》，第一章，第 21—23 节。
⑥ [美]罗伯特·M. 塞尔茨：《犹太的思想》，赵立行、冯玮译，上海三联书店，1994 年，第 32 页。

化后诞生的准世界宗教——基督教,多神教向一神教的转化、族内婚向族外婚的突破,是犹太教向基督教生长的重要的力量之源泉。这一重大的历史事件,不仅改变了两希文明悖立、对峙的状况,也改变了人文主义思想的历史流向。

第二节　希腊罗马文明中人文主义传统的形成

希伯来文明原来是古巴比伦文明的一部分,然而宗教文明的诞生则突出了希伯来文明的优越性。尽管与希腊神话一样,《圣经》并不能为历史研究提供可靠的事实,然而在近代化过程中,它却体现了文字描述对历史延续与历史研究所具有的特别意义。究其本质而言,在古巴比伦的背景下,希伯来文明与伊斯兰文明在地域和文化语境方面是同宗的,因此任何一种自我中心意识,都只能是狭隘民族主义或种族主义或霸权主义。令人遗憾的是,一方面希伯来文明在本土冲突不断;另一方面希伯来文明又深得欧洲人的青睐。

尽管现代人很容易明白,宗教与理性文明的融合会生成什么。然而,在古希腊罗马时代,来自希伯来的基督教并未深入欧洲文明之中,古希腊人拥有的依然是童年心态和理性人格。

从表面上看,希腊文明要比希伯来晚一些。然而,从一万年前地中海北岸的洞穴文化到古希腊鼎盛时代的思想来看,其悠久的历史和伟大的意义依然是不可低估的。因此,从这样一种伟大的文明中寻找人文主义思想依然是一件非常有价值的事情。

一、希腊文化中的人文主义

希腊有记录的历史,大约在公元前16世纪,地中海两岸还没有东西方之分,也没有两希文明之分。小小的希腊半岛先后经历克里特人、米尼亚人和迈锡尼人的进入,人种和文化总是处于不断的动荡和反复的整合之中。尽管希腊半岛上的人种和文化具有其充分的多样性,然而在与东西方文化充分接触、经济充分来往的过程中,希腊半岛形成了属于自己的整体性的文明。正是在这种不断动荡与整合中,希腊文明形成了一种较为经典的人文主义传统。

哲学中的以人为本是希腊时期人文主义思想的首要标志。早在伯利克里时代,城邦中的人就具有了特殊的价值和意义。人们在人与财产轻重得失的比较中,得出这样的结论:"我们所应当悲伤的不是房屋或土地的丧失,而是人民生命的丧失。人是第一重要的;其他一切都是人的劳动成果。"①尽管在伯利克里时代,城邦具有至高无上的地位,然而对于人的重视则是城邦获得兴盛的重要缘由。这一观点在许多智者的思想中得到充分的张扬。

曾经在诸多智者中敢于与苏格拉底叫板的普罗泰戈拉提出了一道惊天动地的命题:"人是万物的尺度,是存在的事物存在的尺度,也是不存在的事物不存在的尺度。"②在农业经济与工商业相矛盾,在民主派与贵族派的利益相冲突,特别是在雅典与斯巴达战争不断和瘟疫流行的情况下,普罗泰戈拉的命题,显然是代表先进阶层和广大平民的利益的。也正因为如此,"人是万物的尺度"事实上成为人文主义的内在本质,同时也是后来文艺复兴时代的基本精神。

政治中的民主意识是希腊时期人文主义思想的重要内容。公元前8世纪到公元前5世纪,城市文明在希腊世界慢慢形成。这一时期,许多联系紧密的部落环绕在海岸线上,相比之下,内陆地区则缺少这种繁荣景观。公元前5世纪,雅典出现了较为成熟的城市国家和城邦制度。公民大会是这一制度中最具民主意识的政治形式。这一制度规定,"人民"完全由严格的雅典血统的20岁以上的自由成年男子组成,他们分属于10个不同的部落,这些部落又包括140个行政区划,在这一基础上形成具有最高权力机构性质的公民大会。大会一年至少召开40次,法定人数为6 000人。公民大会还设立10名军事将军,500人评议会和法院。500人评议会由30岁以上的公民组成,是公民大会的行政和指导委员会。法院由501个30岁以上男子组成。在评议会和法院的基础上,成立由10人小组组成的法官。500人评议会之上,还有50人委员会,委员会主席轮值,只有一天掌权的机会。这种朴素的公民大会制度,虽然不可能体现全民选举制的精神,但也具有以民为本、以人为本的朴素的人文主义思想。

公元前5世纪是希腊文明史上最为辉煌的时期。此时,体现人文主义思想的民主意识已经深入政治制度和社会思想之中,深入希腊文明和全体公民的心中。

---

① [古希腊]修昔底德:《伯罗奔尼撒战争史》,谢德风译,商务印书馆,1960年,第103页。
② 北京大学哲学系外国哲学史教研室编译:《古希腊罗马哲学》,商务印书馆,1961年,第138页。

著名的政治家伯利克里说:"我们的制度之所以被称为民主制度,是因为权力不是掌握在少数人的手中,而是掌握在全体人民的手中。在解决个人争端的问题时,法律面前人人平等;当然先推举某人去担任公共职务的时候,推举他的原因不是由于他是特定阶级的成员,而是由于他所具有的真实才能。只要具有为国家服务的能力,没有人会由于穷而在政治上一文不名。"①伟大的思想家亚里士多德则在自己的著作《政治学》中探讨民主制度的原则问题。他认为,民主制度的一个基本原则是自由。人们不断地提出这一命题,其含义在于,只有在这种制度下,人们才能够分享自由,因为在他们看来,任何民主制度都具有实现其目标的自由。实际上,民主的正义观念指的是数量上的平等,而不是基于个人能力的平等;这种观念一旦占了上风,那么多数必然成为主宰。不管多数的决定最终如何,它都意味着正义。因为他们会说,对每一个公民来说,那是平等的。民主制度的另一条原则是,按照你所喜欢的方式来生活。因为他们认为,按你所喜欢的方式来生活是自由的一种功能;相反,不按照你所喜欢的方式生活则是受奴役的一种功能。② 这两点,是民主制度的基本原则。可见,民主、自由、平等已成为希腊政治生活中人文主义思想的基本要素,而且在整个世界文明的建设和发展中开启了民主与自由思想的先河,并直接影响人类文明的近代走向。

生活伦理中的智慧人格是希腊时代人文主义思想的基本品质。从"有智慧的灵魂"到智慧人格的形成,可以看出希腊人文主义道德风范的历史进程。

"有智慧的灵魂"是阿里斯托芬在他的作品《弓》中对苏格拉底的评价。西塞罗则认为,是苏格拉底把哲学从天上拉到地上,即把哲学改造成有别于自然科学和通灵学,而又是二者的自由结合的某种东西。苏格拉底认为,灵魂如同奥菲斯教的"普赛克"所具有的全部的重要性和永恒个性,也就是灵魂本质上所具有的神性。由此可见,智慧与灵魂在苏格拉底的人文主义思想中同样具有重要意义。正因为如此,苏格拉底认为,人的品质应当遵循三个信条:一是美德应体现道德上优秀与知识上优秀的同一;二是恶总是坏的道德行为与愚昧无知联系在一起;三是错误的行为总是无意的。人的灵魂不存在像亚里士多德说的道德虚弱和"明知善却依然

---

① [古希腊]修昔底德:《伯罗奔尼撒战争史》,莱克斯·华尔纳英译,伦敦企鹅出版公司,1972年,第145页。
② [古希腊]亚里士多德:《政治学》,吴寿彭译,商务印书馆,1965年,第362—364页。

去恶"的状态。

有人认为,"在任何意义上,苏格拉底都只有一个继承人——柏拉图"①。确实,柏拉图也是一位既重智慧也重灵魂的思想家。而且,相对于智慧来说,心灵具有更重要的意义。

到了柏拉图时代,人的心灵的内在要素得到进一步充实,除了智慧以外,人的情感和意志力也得到同样的重视。柏拉图说:"正如城邦分成三个等级一样,每个人的心灵也可以分为三个部分。……这三个部分我看到也有三种快乐,各各对应。还同样地有三种对应的欲望和统治。……我们说一个部分是人用来学习的。另一部分是人用来发怒的。还有第三部分,这个部分由于内部的多样性,我们难以用一个简单的词来统括它,我们只能用其中的一个最强烈的主要成分来命名它。我们根据它强烈的关于饮食和爱的欲望以及各种连带的欲望,因而称它为欲望部分。"②显然,柏拉图所认为的心灵比苏格拉底的灵魂具有更丰富的内涵。柏拉图将人的心灵分为知、情、意三个部分,不仅是柏拉图人文主义思想的重要内容,而且为古希腊时代创立西方人文科学思想奠定了重要的根基。同时,也为亚里士多德人文主义思想走向以理性哲学为基础的智慧人格之路提供了重要条件。

亚里士多德诚实地继承并发展了柏拉图关于人心灵的分类学说。他说:"此事物之被作成者,其原理皆出于作者,这是意旨,意旨之表达,亦即事物之完成。所谓一切思想必为实用、制造与理论三者之一。"③由于科学的、理性的因素在亚里士多德的思想深处占有较大的比重,因此智慧人格成为其人文主义思想的特征也是历史的必然。

亚里士多德认为,人的德性可分为智慧德性(dianoethikee)和伦理德性(ethikee)。智慧德性主要由教导而生成、由培养而增长,所以需要经验和时间。伦理德性则是风俗习惯沿袭而来,因此把"习惯"(ethos)一词的拼写方法略加改动,就有了伦理(ethikee)这个名称。智慧与伦理在人的德性结构中的分量是不一样的。亚里士多德认为,智慧在人的德性中处于主导地位,它是灵魂中最珍贵的部

---

① [英]A. E. 泰勒:《苏格拉底》,周濂、朱万国译,山东人民出版社,1998年,第94页。
② [古希腊]柏拉图:《理想国》,郭斌和、张竹明译,商务印书馆,1986年,第366—367页。
③ [古希腊]亚里士多德:《形而上学》,吴寿彭译,商务印书馆,1959年,第121页。

分,它会说话、能推断,属于道理,是知识与思想的源泉。① 他还说,灵魂探索真理的方式有五种。这就是技术、科学、明智、智慧和理智。其中,智慧艰苦是理智的也是科学的,在诸多要素中,它居于首位。② 可见,智慧在人的灵魂、人的品质中的重要意义。

在古希腊的诸多思想家中,智慧始终具有重要的地位,始终是这一时期人文主义思想的主线。苏格拉底认为,如果一个人不节制、勇敢、明智和正直,就不会幸福。他认为,知识就是至善。尽管其中体现出以知为本、知善合一的思想,但是并没有在知识中排除伦理因素,也没有把智慧抬到至高无上的程度。柏拉图的人格论中也蕴含着智慧、勇敢和节制等个别形态,然而这三种个别形态均在公正的协调和指导下。亚里士多德认为,公正是一种完满的德性,可以集一切德性之大成,甚至比星辰更光辉。然而,在亚里士多德的人格学说中,正义也只是处于次要地位的伦理德性的个别形态。

以智慧人格为主流的古希腊时期的人文主义思想,显然是建立在古希腊的理性哲学的基础之上的。这一思想集中并奠定了古希腊文明的发展方向。除了中世纪没有得到哲学与科学的支持外,智慧人格几乎成为整个西方人文主义思想的发展方向。

令人关注的是,古希腊时代的文明人,尤其是在亚里士多德的思想体系中,更多的是一种贵族话语。因为他主张,智慧人格来自教导,而平民是没有要教导的条件和资格的,因此亚里士多德的人文主义实质上是一种有限的人文主义。然而,我们同时也看到,是智者、思想者们为古希腊文明做出了辉煌的成就。

艺术中的童年心态是希腊人文主义思想的主要形态。在古老的地中海北岸的艺术世界,我们可以充分地感受到大量的壁画、雕塑、神话和史诗所具有的特殊魅力。在大量的壁画中,人们可以看到大量的野牛的图像,他们大多以身上画上箭头的图谱表示被人猎获的意象;大量的小雕像多为女性,以表示母系时代的文化特征和崇尚、崇拜生殖的心理;许多神话总是歌颂光明、自由和幸福的人类情感;历史诗

---

① [古希腊]亚里士多德:《尼各马科伦理学》(修订本),苗力田译,中国社会科学出版社,1999年,第26页。
② [古希腊]亚里士多德:《尼各马科伦理学》(修订本),苗力田译,中国社会科学出版社,1999年,第124页。

则把神、英雄和伟大的力量联系在一起,表达早期人类对于力量和威武的推重以及注重勇敢的人类品质和意志。这些艺术从自己的特殊视角,展示早期人类的真挚情感和童年心态,体现古希腊文明中人的品质、意志、情感等人文主义因素。

在希腊艺术的诸多形态中,壁画、雕塑、神话和史诗的成就是十分辉煌的,它是古希腊人情感与智慧的象征。也曾有人根据古埃及或美索不达米亚平原的某些艺术作品与古希腊艺术的相似性,证明希腊艺术以此为根源。① 然而,事实是怎么回事呢? 地中海东南岸的文明早于古希腊是一件毫无疑问的事情。但是,希腊艺术乃至希腊文明更具有自觉、自由的品质,埃及文明、古巴比伦文明不可能诞生希腊艺术,相反只有希腊文明才能成为希腊艺术的武库和土壤。埃及艺术与希腊艺术的差异也是两者本质区分的有效说明:

首先,希腊艺术形式丰富多样,艺术体系也相对完整。尽管埃及在公元前5000年前就有了农业文明,它的金字塔等文明创造也是世界文明的杰作,但在总体上则缺乏形式的丰富多样和体系的完整性。比如神话,古埃及只有关于太阳神阿蒙拉的传说和水、土、农作物之神,同时又有冥界之神奥西里斯与他的妻子生命女神伊西斯的传说,反映自然现象、农业文明和死后世界的神话比较完整,其他神话不具有完整的系统性。相反,希腊神话中天神形象、英雄故事等则以丰富多彩的形象体系向观众说话。

其次,埃及艺术只是一种图腾文化的展现,而希腊艺术才具有真实意义上的人文品质。在埃及艺术中,我们可以充分感受到人与图腾形象的整合,如狮身人面像等。在神话形象中,这一特征也很分明,如:日神爱皮斯(即奥西里斯的形象)是一头公牛,两角之间顶着一个大圆盘,象征着太阳。伊西斯也有一头牛的头。埃及王权象征的太阳神阿蒙拉也是人身羊首,两角间放着一个球形的太阳图。同样,光线之神霍拉斯(奥西里斯之子)的形象是鹰首人身,而死神阿努比斯(也是奥西里斯之子)也是豺首人身的形象。由此可见,埃及艺术形象是一种比较原始的图腾文化的展示,而希腊艺术中的多重形象系列都是较为纯粹人的形象,而且其精神上也更具有作为人文品质所具有的基本要素。无论是宙斯、阿波罗,还是阿芙洛狄特都是光彩照人的典型形象。

---

① [法]雅克·德比奇等:《西方艺术史》,徐庆平译,海南出版社,2000年,第29—33页。

再次,埃及艺术不仅在形象特征上与希腊艺术存在很大差异,而且在内在性质等方面也有根本的区别。在埃及神话中,人与动物、人与神、人的阳间与阴间,还没有明显的区别,人的形象常常带有较多动物、神和鬼的性格与品质,而希腊艺术形象则较为纯粹地与力量、勇敢、智慧和善良等伟大品质联系在一起,更丰富地体现人类童年的理想和想象。它已超越了野蛮人类时代诸多图腾文化的限制,展现出一个正常儿童的生活世界和情感心理,是古希腊文明童年心态的象征,也正因为如此,马克思在《政治经济学批判导言》中才指出,希腊神话不只是希腊艺术的武库,而且是它的土壤。即便是到了现代,希腊艺术依然可以给我们以艺术享受,而且就某些方面来说还是一种规范和高不可及的范本。作为童年人文主义杰作,希腊艺术具有永恒的魅力!①

智慧的张扬与知性的确立,总是与启蒙联系在一起。因此,我们也可以称古希腊罗马的人文主义时代是启蒙的时代。在这一时代,普罗泰戈拉确立了"人是万物的尺度",柏拉图师徒倡导智慧人格思想,而伊壁鸠鲁学派则抨击古代宗教,点燃了理性之光。

二、希腊化时期的伊壁鸠鲁学派

伊壁鸠鲁学派是古希腊启蒙思想的最终代表,其领导人物是伊壁鸠鲁和卢克莱修。马克思和恩格斯曾经这样称赞伊壁鸠鲁:"他是古代真正激进的启蒙者,他公开地攻击古代的宗教,如果说罗马人有过无神论,那么这种无神论就是由伊壁鸠鲁来奠定的。"②尽管像智慧人格的倡导者,苏格拉底、柏拉图和亚里士多德,他们不可能从根本上重视神的意义,然而即便是由于不敬城邦所敬之神而死的老苏格拉底,在临终前还让克里托不要忘记偿还医神阿斯莱比尤斯一只公鸡。③ 可见,这些大思想家们大多还是忘不了神的。然而,伊壁鸠鲁和他的继承者卢克莱修,则真正地把古希腊文明引向否定宗教、确立知性的古代启蒙之路。

卢克莱修是伊壁鸠鲁启蒙思想的忠实代表。尽管他的《物性论》一直到文艺复兴时代才得以面世,但是它从根本上体现出古希腊罗马时代人文主义启蒙思想的

---

① 《马克思恩格斯选集》(第二卷),人民出版社,1972年,第114页。
② 《马克思恩格斯全集》(第三卷),人民出版社,1960年,第147页。
③ [英]A.E.泰勒:《苏格拉底》,周濂、朱万国译,山东人民出版社,1998年,第67页。

精髓。卢克莱修的长诗至少从以下三个方面阐明自己作为一位伟大的启蒙思想家的人文主义思想:

首先,卢克莱修表明自己是伊壁鸠鲁的赞颂者和忠诚者,而且将成为一位忠实的古代人文主义的启蒙者。他说:"是你第一个在这样的黑暗中高高举起如此明亮的火炬,是你最先照亮了生命的幸福目标,是你引导着我,你是希腊人的荣光!循着你所留下的足印,现在我踏下我坚定的足步——并非热衷于和你争取荣誉,而是出于非常的敬长而渴望能够学习你的榜样!——"

其次,批评技术文明与物质的欲望,强调心灵的快乐与幸福。到了古罗马时代,铜器、铁器已得到普遍使用,经济发展了,然而人们对于物质的欲望也张扬了,接连不断的战争更给人一种苦海无边的惩罚。在昔日是兽皮,今天是紫袍和黄金。在这方面,更值得责备的我想是今天的我们:因为如果没有兽皮,寒冷就会折磨那些赤裸的土著,但是我们如果不穿那些镶着金丝饰以纹章的紫袍,也毫无害处,只要我们有普通人的衣服来保护身体。这样,人们永远在苦役中而毫无所得,把自己的年华消耗在无用的忧虑上面——这无疑地是因为他还没有认识什么是占有的制度,还没有认识什么是占有的限度,还没有认识真正的快乐增加到什么地方就停止。正是这种想得到更好更多的欲望,一步一步地把人类一直带到了大海的深渊,并且从深深的海底把战争的浪潮激荡起来。

很显然,卢克莱修从文明的近代性中看到了经济技术和物质文明所带来的罪过,他的珍惜传统、反对战争的思想着实具有十分珍贵的人文主义情感。而且,卢克莱修格外重视心灵的快乐和幸福。他认为,心灵是一个完整生物的组成部分,是由极细小的粒子所构成。因此,如果不把心灵的感觉放在人的任何有定的部位,那将在许多方面大错特错。卢克莱修认为,心灵和身体是统一的,但同时又是彼此独立的。他说:"常常地,那显然现的身体正在生病,但同时在某一不可见的部位我们感觉着一种愉快;相反的情形也常有:心灵悲苦的人却依然感到快乐充满在他全身里面,正如当头部不痛而一只脚可以很痛。……心灵和灵魂是彼此结合着的,并且以它们自己形成一种单一的自然,但是整个躯体的首领和统治者仍是那我们称之为心灵或智力的理性,而它是牢牢地位于胸膛最中心的地方。"[①]可见,在卢克莱修

---

① [古罗马]卢克莱修:《物性论》,方书春译,商务印书馆,1959年,第136—139页。

的思想中,心灵重于身体,心灵的快乐重于身体的快乐。注重心灵的意义,乃是伊壁鸠鲁学派人文主义思想的重要特征。

最后,卢克莱修否定神是万物的创造者,确立事物存在的唯物论的历史观,同时论证神是人间罪恶的缔造者。这一思想,显然是一种彻底的古代人文主义,也是一切近代人文主义思想的历史根源和智慧的源泉。情感与理性的具体化也是古希腊罗马时期人文主义的重要特点。尽管罗马文明是在希腊文明的基础上生长起来的,或者说罗马文化是在学习和模仿希腊文化的过程中创造出来的,然而古罗马时代的人文主义很明显地更具体、细致。由于人种、地域等原因,古罗马的文明更为文艺复兴时代所推崇。要不,但丁怎么也不会用贝雅特丽齐的情感和维吉尔的理性来奏响惊天动地的《神曲》,他也不会断定,只有罗马人才能建成最伟大而辉煌的世界帝国。

三、罗马文化中的人文主义

在希腊化和罗马时期,除了伊壁鸠鲁学派以外,西塞罗和维吉尔的人文主义思想应当是较为丰富且富有特色的。西塞罗(Cicero,前106—前43),出身于名门望族,良好的教育和广泛的兴趣为形成他的人文主义思想奠定了基础。在柏拉图和亚里士多德一些著作的影响下,他先后著有《国家篇》《法律篇》《论老年》《论友谊》。这些著作集中体现出平等、敬老和友善等人文主义思想。

西塞罗的著作在体例上深受亚里士多德等人的影响,然而其思想观点发生了根本的超越。亚里士多德认为,人天生就是不平等的,只有贵族才能接受教育,才能成为文明人。西塞罗认为不然。他认为,人应当是平等的,各种族应当是平等的,文明人和野蛮人,主人和奴隶,都应当是平等的。现实生活中的人之所以存在差异,处于不平等的状态,不是他们有贵贱之分,能力高低,而是由于风俗等环境因素造成的。因此,人们应当发扬美德、改善人性,实现人际间的平等。西塞罗的人类自然平等思想对于基督教中的"人类一家"思想和诸多资产阶级思想中的自由、平等和博爱等人文主义观念的形成都产生了重大影响。

敬老与友善是西塞罗人文主义思想的重要组成部分。在《论老年》中,西塞罗提出了一系列关注老人的具体看法。他认为,老成是老年人的特点,老人需要注意健康,需要多做温和的运动,需要调节饮食和加强营养。老人应当尽情地享受田园生活,休养德性,颐养天年。西塞罗认为,整个人类应当像斯巴达社会那样尊重老人、敬仰老人,而不是像雅典人那样道德败坏、社会崩塌。

在关于老人的论述中,西塞罗格外重视死亡与娱乐问题。西塞罗认为,死亡对于青年来说是暴夺,对于老人来说是成熟。因此,他认为,成熟之死是快乐的,所以对于老人来说,越是接近死亡,就越是像一个人长期航海之后终于望见土地,快要回到家乡的港湾。然而,西塞罗对于老人的赞美是与巩固罗马元老院权力联系在一起的,因此对于元老院的政治分析,也是我们把握西塞罗人文主义思想的重要参数。仅仅从平面的角度去理解西塞罗的敬老观,还是不全面的。但是,从总体上说,西塞罗的敬老是为了消除老人心灵的烦恼,拔掉那枚使老人心灵发炎化脓的毒刺。① 因此他又安慰老人说,一个人在适当的时候死去也是一件值得欣慰的事情。②

关于娱乐问题的看法,也是西塞罗人文主义思想中独具个性的亮点。西塞罗是反对娱乐,反对张扬人的欲念的。他曾举过这样一个很有趣的例子。当索福克勒斯已经很老很老的时候,有人问他是否还有男女间的床笫之事,他回答得很好,他说:"绝无此事!摆脱了那种事情,有如摆脱了一个粗鲁而又疯狂的主人一样,我简直高兴极了。"③西塞罗认为,对于老人来说,没有这种欲念是一种愉快的事情;而对于年轻人来说,热衷于这种快乐也是毫无意义的。④ 在经过古希腊的人文主义启蒙时代之后,在古代传统的世俗化进程中人的诚信受到伤害、欲望得以张扬的情况下,⑤在历史上曾经出现过德谟克利特的理性主义快乐论和伊壁鸠鲁学派的合理快乐主义的情况下,西塞罗的节欲观具有极其重要的价值。

友谊是古希腊罗马时期人文主义具体的体现方式之一,也是西塞罗人文主义思想的重要组成部分。西塞罗认为,友谊只能存在好人之间。所谓好人是指他们

---

① [古罗马]西塞罗:《西塞罗三论:老年・友谊・责任》,徐奕春译,商务印书馆,1998年,第3页。
② [古罗马]西塞罗:《西塞罗三论:老年・友谊・责任》,徐奕春译,商务印书馆,1998年,第40页。
③ [古罗马]西塞罗:《西塞罗三论:老年・友谊・责任》,徐奕春译,商务印书馆,1998年,第24页。
④ [古罗马]西塞罗:《西塞罗三论:老年・友谊・责任》,徐奕春译,商务印书馆,1998年,第25页。
⑤ [古希腊]修昔底德:《伯罗奔尼撒战争史》,谢德风译,商务印书馆,1960年,第239页。

的行为和生活无疑是高尚、清白、公正和慷慨的;他们不贪婪、不淫荡、不粗暴;他们有勇气去做自己认为正确的事情。① 友善还具有广延和普遍性,它可以对有关人和神的一切问题的看法完全一致,并且相互之间有一种亲善和挚爱。西塞罗说,我倾向于认为,除智慧以外,友谊是不朽的神灵赋予人类最好的东西。② 西塞罗的思想,对于当代人文主义建设,尤其是以物质欲望和经济技术为背景的当代人来说,具有十分重要的价值和意义。

曾经被人们誉为哲学和理性的象征的维吉尔,也是古希腊罗马时期的人文主义思想家之一。作为一位伟大的诗人,他的思想主要见于《牧歌》《农事诗》《埃涅阿斯纪》之中,尽管诗中不乏模仿之处,然而其中的崇尚理性、庄严质朴和否定战争的文人诗风,则时常为后世人文主义者所推崇和歌颂。

在古希腊罗马,尤其是古希腊时代的人文主义思想中,我们感受到理性的光明、人性的解放和信仰的力量。当它们处于和谐、均衡的状态下,人类文明总是拥有较多的平稳、进步和幸福;然而,当它们失去平衡的时候,人类文明则时常亲历浩劫和灾难。人文主义在它们的基础之上艰难地前行!

四、两希文明的融合与古代启蒙的终结

两希文明的分离与融合,不是抽象而简单的逻辑判断,更不是形象思维的装饰品,它是两种不同文明的生存方式和历史行程。

人们也许会发出疑问,在古希腊罗马的理性文明中,何以融进一个神学的希伯来呢?在古希腊罗马不断走向鼎盛之后,人类文明何以走向神学时代的中世纪呢?仔细审视两希文明的内在品质,它们还是存在许多相通之处的。从现象上看,古希腊时代率先拥有了爱琴海文化和航海技术,具有由陆地文明向海洋扩张的力量,而且这一力量到了希腊化时代之后得到了充分的显示,希腊罗马人占有了地中海东南海岸的大批土地,并形成与希伯来文明的亲密接触。

在两种文明面对面的年代里,人们也不会关注希伯来人的长处。只有比较有

---

① [古罗马]西塞罗:《西塞罗三论:老年·友谊·责任》,徐奕春译,商务印书馆,1998年,第52页。
② [古罗马]西塞罗:《西塞罗三论:老年·友谊·责任》,徐奕春译,商务印书馆,1998年,第53页。

才智的希腊人,自始便看出了犹太人和其他被征服的亚洲"野蛮人"之间的区别。锐敏的观察家特别看出了他们的一神教相对地不受粗俗迷信的束缚。约瑟福斯曾经引述亚里士多德的弟子索利人克利阿古斯所学的一篇对话;这篇对话借亚里士多德之口,表示了对于犹太教的赞赏。① 也就是说,希腊人发现了犹太人与普通的亚洲人相比具有独特的长处。

事实上,犹太人确有自己的优点。他们从古巴比伦文明中走出,在公元前2000年左右,他们走过大山、荒漠,曾经成为埃及人的奴隶。然而,这一倔强的种族在长期的漂流和游荡中,善于学习,形成了普通种族难以企及的智慧。当希腊化文明来临的时候,尤其是在托勒密王朝统治的初期,在托勒美斯(即现在的阿克)、费拉得尔菲亚(即现在的安曼)和其他巴勒斯坦境内与邻近的地方,分别建立了希腊城市。因此,犹太人在自己国内有充分的机会学习希腊的生活方式——把财富、闲暇和文化供应给少数人,而从多数人身上榨取劳力,并使他们受到贬辱。这一学习实际上污染了犹太文明的神圣性。两种文明还是存在根本的差异的,希腊文明有城市世俗化的品质,而希伯来文明则具有一种先天性的农民的质朴。或许两者的差异也是走向融合的原因之一。

在犹太人看来,希腊人的竞争场和戏院是富人们的奢侈与浪费,是拿取消"摩西五经"的律法及其有保证的休息日和使人民免于重利盘剥与奴役的保护这些昂贵代价换来的。为了抗拒希腊文化的消极影响,他们设立了地方会议性质的犹太人会,作为反对希腊风气的组织机构。这些组织在犹太教历史上是非常重要的,并且成了数百年后基督教会的典范。

希腊统治阶级与犹太人的差异和冲突是多方面的。在公元前198年,塞琉古王朝的安条古三在从托勒密王朝夺得了巴勒斯坦以后,迅速地成熟起来。塞琉古帝国并不像埃及那样是一个紧凑而整一的地理单位,却是一个庞大而摇摇欲坠的领土,而且在经济、战略,特别是文化上又没有统一性。② 这一精神状态的虚空,为希伯来文明的拓展提供了条件。

另外,古希腊罗马文明尤其是正面文化易于接受宗教文明的传统也是希伯来

---

① [英]罗伯逊:《基督教的起源》,宋桂煌译,生活·读书·新知三联书店,1958年,第48页。
② [英]罗伯逊:《基督教的起源》,宋桂煌译,生活·读书·新知三联书店,1958年,第49页、第94—95页。

文明融入其中的重要原因。早在公元前8世纪的城邦时代,古希腊人对于秘教的传授就是一个很好的例证。当时,秘教向所有希望得到秘典传授的人,不论出身和地位,一律许诺幸福的永生,而永生原是国王才能拥有的特权。在这一背景下,第一批智者的探索与这些教派的追求不谋而合,有时甚至融为一体。智慧的教导和奥秘的启示都是希望从内部改造人,使人达到更高的境界,成为一个近乎神的超凡的人。①

到了希腊时代之后,许多源于民间的宗教也很容易成为罗马国教的组成部分。尽管这些宗教经过改造以适应广大市民大众的需要,然而它们还是明显地带有农民的愚昧落后的痕迹。只有犹太教曾经受到有意的修改,而且变成了一种旨在使正义支配世界的思想体系。尽管它不适应希腊罗马统治阶级的需要,却能给地中海各城市中被逐出本土而心怀怨望的人民大众提供一种思想体系。福音故事大部分可以解释为犹太人对于一个弥赛亚的期望,和公元将开始时流行于人民大众中间的关于一个救世的上帝或一个殉难的领袖融为一体。② 正因为如此,犹太人的宗教便为希腊罗马的市民大众带来逃避灾难、祈求福音的希望。

事实上,在两种文明的灵魂深处还存在一种在本质上契合的东西,这就是理性文明的普遍性与一神教的张力。尽管希腊文明与希伯来文明之间存在许多差异,那些都是现象的,本质与灵魂的一致才是最重要的东西。正像上界注定的梦中情人一样,两希文明不管经历多少差异的磨合与冲突的消解,两希文明最终在5世纪以后逐步合成一体,并在两者的此消彼长、相互颠覆的历史过程中推动人类文明的进步。考究其中的推动力,当然是理性与信仰之间的悖立、融合与冲突。我们认为,人文主义的生长完全凭借理性与信仰的支撑力。理性与信仰的关系如何,将决定人文主义的状态,甚至决定它的前途和命运。

在两希文明悖立与融合的进程中,它们总是在冲突与协调中走向同一。早在希腊化时代,亚历山大在可能涉足的地中海沿岸的广大地域都市上建立希腊式建

---

① [法]让-皮埃尔·韦尔南:《希腊思想的起源》,秦海鹰译,生活·读书·新知三联书店,1996年,第44—45页。
② [英]罗伯逊:《基督教的起源》,宋桂煌译,生活·读书·新知三联书店,1958年,第49页、第94—95页。

筑等象征古希腊文明的符号,还建立希腊的城市,推行希腊的制度。① 与理性的渗透和张力相似,希伯来的一神教也在努力通过古罗马在一二世纪到四五世纪步入古希腊文明的领地之中,或许这是两种文明的第一次交锋和重造。北非柏柏尔人,基督教早期著名的神学家圣奥古斯丁,便是这一时期两希文明融合的典型。他的基督教思想具有鲜明的理性主义倾向;他的理性主义思想则又体现出深厚的神学内涵。他的神学经典《上帝之城》《忏悔录》,总是力图将信仰和心智、古典思想与基督教教义结合在一起。用布罗代尔的话说,他已经在某种程度上成为一名理性主义者。显然,他所体现的是基督教的理性主义精神,他所遵循的则是理性的基督教教义。

10世纪前后是两希文明融合的又一次高潮。这一时期的融合,波斯与阿拉伯人做出了十分突出的贡献。首先是波斯人在欧洲学术陷入困境的时代,担当起希腊文明的守护人和继承者的角色。在5—8世纪,波斯人通过文化中心荣迪沙帕尔的学校等途径翻译并保存柏拉图和亚里士多德的学术著作,还把这些著作和思想传播到波斯、叙利亚的许多地方,使之与伊斯兰文明融汇在一起。

阿拉伯人对于两希文明融合的贡献十分卓著,而且两希文明融合与两个文明的融合几乎先后同步。在长期的经商生活中,他们早就有广泛接触希腊文明的机会,到了6—13世纪,即阿拔斯王朝时代,通过声势浩大的百年翻译运动,希腊的典籍和文明在阿拉伯的土地上得到了广泛的译介和传承。尤其是六七世纪之后,在伊斯兰教的创立和发展期间,重视学术更是成了伊斯兰教的重要品质和宗教发展的重要工具。阿拉伯人以求学为"天命",他们总是努力从别的文化中吸收长处,从而发展自己的思想和文化。由于他们努力继承古巴比伦文明中的优秀因子,充分吸收埃及,特别是希腊人的学术思想和科学技术,不仅十分难能可贵地挽救、保存和发展了在中世纪初期濒临灭绝的古代学术著作与科学技术,也发展了自己的社会文明。正因为如此,阿拉伯人有"科学亚父"之美称。在1200—1225年间,欧洲人通过阿拉伯人重新发现了亚里士多德的主要著作,从而使西方人已经普遍接受的唯实论转化为唯名论,即在肯定上帝为唯一实在的同时,十分重视作为个体存在的客观世界,从而调整整个经院哲学的发展方向,可见阿拉伯人在两希文明融合的

---

① [英]罗素:《西方哲学史》(上卷),何兆武、李约瑟译,商务印书馆,1963年,第280页。

特殊影响。

　　正像希腊化时代,希腊文化对希伯来文明的渗透一样,此时,希伯来和伊斯兰文明对于希腊文明的传承也产生了另一种效果。人们认为,阿拉伯的伊斯兰教文化与原阿拉伯人的关系,正为亚历山大时代以后的希腊文化与原来欧洲希腊人的关系一样。阿拉伯文化不再是纯阿拉伯人的文化。它曾与一批先已存在的文化如阿萨栖朝的波斯文化和希腊化了的埃及与科普特文化相结合了,波斯和埃及很敏捷地学会了讲阿拉伯语,不过它们仍留有波斯和埃及的特性。可见,两希文明的互融其实是一种互渗、互化的结果,而且在古代社会中并没有高低、优劣之分,只是在这种互融的过程中,增加或增强了不同文化、不同文明和不同人格的同一性,所以在古代已经逐步地从根本上形成一种总体的东西方融合、理性与信仰共生的人文主义。然而,古希腊罗马时代,由于哲学解宗教缺乏科学技术的支持而最终成为不可能,因此在理性与信仰的冲突中,宗教最终取代了哲学,人类文明在沉重的信仰中进入了久远悠长的中世纪。

第二章
中世纪人文主义历史的转换

中世纪文明的传承与转换，经历了一个由东南欧转向西北欧的历史进程。我们知道，一个近代民族国家或区域文化的崛起，总是和这一民族或区域早期文化传统的形成紧密地联系在一起的。不列颠是一个崇尚经验，也是一个充满梦想、敢于挑战的民族。它们之所以能成为近代历史上最强大的世界帝国，正是由于域外异族征服及其异质文明的融合、基督教文化的主动吸纳与传播，尤其是希腊罗马古典文明的充分摄取与吸纳创新，这些因素在不列颠近代民族国家形成和发展的历史进程中产生了十分重要的效用。

第一节 古典文明西传的路径考略

英国史学家约翰·惠克特说："在盎格鲁-撒克逊人到来之前，诸多部族还没有凝聚在一起的时候，是罗马文化给了不列颠以最早的启蒙；甚至可以这样说，如果不是罗马人带来的光辉的福音，不列颠人将依然沉没于黑暗与野蛮的历史之中！"[①]我们知道，在英国近代文明形成的诸多要素中，来自罗马的诸多文明给不列颠民族的融合与文明的形成产生了极其重要的作用。可以这样说，欧陆诸多文明尤其是罗马文明，是英国近代社会崛兴的文明之根。

据初步查考，不列颠对于古典文明的摄取留下一条坎坷复杂的历史轨迹，其间经历过许多群体、许多地域、许多宗教圣地，还有许多大学，及其取得的早期主要成

---

① John Whitaker, B. D., *The Ancient Cathedral of Cornwall*, London: Printed For John Stockdale, 1804, p. 2.

就,正是通过这样一些路径,古典文明才筚路蓝缕并最终来到不列颠。

一、古典文明西传运演的基本路向

古典文明西传是在一定的历史时序中通过不同的学术群体的更替、历史空间的位移、早期成就的形成等因素,呈现出自己的路向。

1. 古典文明西传学术群体的更替及其主要贡献

学术群体的更替对于早期古典文明西传具有较为明显的影响。我们知道,在特定的历史空间,古典文明的文化内涵在具体的历史空间中呈现,都是凭借传播主体来实现的。在不列颠社区古典文明的进程中先后由希腊罗马人、犹太人、阿拉伯人、法国人和不列颠人等做出了贡献。

希腊人对于古典文明的贡献尤其重要。西方学者认为,希腊人创造了政治;他们同样创造了政治理论,而且在他们所创造的这两个基本要素之间存在着一种明显的联系。[①] 希腊人拥有相当繁荣的古典文明。他们不仅精通诸如医学、建筑、天文等学科,而且他们的论证艺术、他们的能言善辩、他们对复杂问题更为敏锐的理解力均有着使用价值,这一种古典文明,对任何一个民族都有着一种强大的感召力。我们知道,罗马人对希腊文化的继承经历了由主动学习到刻意控制的历史变迁。这是因为,在罗马由共和国向帝国过渡的历史时期,罗马人存在着矛盾的心理:一方面,当罗马人卷入对东部的征服时,他们不能容忍由自己垄断政治与军事权力,而文化却由希腊人垄断;另一方面,罗马人要有效地控制希腊人,就必须首先拥有希腊文化,即便是罗马人对希腊文化存有不同的态度。在历史观念的矛盾与冲突中,罗马人的智慧伦理超越形而上学,有效地实现形而上学的经验化转向,形成了具有自己特色而又充满张力的古典和中世纪文明,从而成为通向近代文明的桥梁。

罗马人全方位地继承了希腊的文明,而同时也体现出自己的特别创造力。学界认为,像古代罗马人一样,我们意识到"历史"是继承希腊人的。希罗多德对我们来说是历史之父,一如当年他之于西塞罗。[②] 我们知道,罗马人对希腊文化的兴趣

---

① [英]M. I. 芬利主编:《希腊的遗产》,张强等译,上海人民出版社,2004年,第38页。
② [英]M. I. 芬利主编:《希腊的遗产》,张强等译,上海人民出版社,2004年,第174页。

始于公元前3世纪中叶。他们从希腊进口商品并引进生产工艺,稍后,罗马文学家以希腊模式创作……在公元前2世纪早期,学习希腊演说术的念头吸引着罗马人,因为演说术在审议会与法庭所操纵的社会中有着明显的用途。这就意味着需要按照希腊的模式创建学校;而且,在希腊,如同在大多数国家一样,学校课程是作为对当时传统文化的导论而开设的。事实上,以演说术为中心的教育并未对此有什么改变。演说家要想令人信服,就得求助于被广为接受的政治与道德准则。他们必须接触各种各样的论题,而且他们常常得按照希腊人的方式对文学与历史加以比较。当罗马人决意学习修辞学时,他们为希腊文化的涌入敞开了大门,这也是老加图极力呼吁从罗马驱逐希腊教师的缘故。但为时已晚不能有任何改变;在西塞罗还是年轻人的那个时代,在罗马师从希腊教师,然后出国赴雅典或罗德斯进修,已是司空见惯的事。①

阿拉伯人为古典文明的早期复兴做出了许多工作。值得关注的首先是阿拉伯人对古典文明传播的贡献。西方学界认为,柏拉图、亚里士多德等古典著作的传播首先是通过新柏拉图主义著作进入阿拉伯世界的。② 9世纪中叶,是古典文明传播的鼎盛时期。阿拉伯学人伊本·铿迪翻译了许多亚里士多德的除了《政治学》之外的主要著作,还著有《第一哲学》讨论人的灵魂和知性问题,为古典时期的科学、哲学和文化的传播,做出了很大的贡献。③ 11世纪,由于拉丁文翻译被人们称作阿维森纳(Avicenna)的阿拉伯思想家伊本·西拿按照亚里士多德的思想体系传播逻辑学、物理学、数学、神学和形而上学,并进一步发展铿迪的哲学思想。最引人关注的是阿维洛伊(Averroes,1126—1198),在许多阿拉伯人还不知道什么是政治学的情况下,阿维洛伊已经由于评注亚里士多德全集而著称。不仅如此,他还为柏拉图的理想国写了评注。④ 阿拉伯人与其他知识分子群体在西西里岛多元并存、相互交融,而叙利亚又是阿拉伯人传播古典文明的重要桥梁。可见,阿拉伯思想家们为古典时期的哲学、宗教以及其他人文社会科学的传播做出过十分重要的贡献。也正是由于他们的贡献,古典文明才得以由南欧传播到西南欧直到西北欧。

---

① [英]M. I. 芬利主编:《希腊的遗产》,张强等译,上海人民出版社,2004年,第447页。
② Pet Adamson, Richard C. Taylor, *Arabic Philosophy*, Cambridge, 2005, p. 10.
③ [英]约翰·马仁邦:《中世纪哲学》,冯俊等译,中国人民大学出版社,2008年,第31—33页。
④ Pet Adamson, Richard C. Taylor, *Arabic Philosophy*, Cambridge, 2005, p. 281.

犹太人对古典文明的复兴也做出了重要贡献。犹太人是一个极其神奇的族群,几乎每一种近现代文明的创造都与他们直接或间接地联系在一起。早期的犹太人大多与伊斯兰人交叉生活在同一片土地上,各自的语言也可相互交流、相互使用。从 12 世纪起,有相当一部分古典著作由阿拉伯语翻译成希伯来语。好像一开始的时候,犹太人使用的是古希腊哲学家的著作选录(doxographies),但他们很快得到有阿拉伯语注释的柏拉图和亚里士多德著作。阿拉伯语是伊斯兰土地上犹太人说话和写作时用的语言(有时候用希伯来语字母)。① 伊斯拉里(Isaac Israli, 850—932)、加比罗尔(Solomon ben Judah ibn Gabirol, 1022—1054 or 1058)、犹大·哈列维(Judah Halevi, 1075—1140)、迈蒙尼德(Moses ben Maimonides, 1135 or 1138—1204)等思想家,他们是犹太人中传播古典文明的代表。灵魂学说、知识论、世界初始元素理论等,都在他们的著作中得到了介绍和评论。加比罗尔从柏拉图那里学到了灵魂学说和知识论,加比罗尔关于上帝存在的观念与普罗提诺也有相似之处,②而迈蒙则认为,12 世纪中叶,亚里士多德主义展示出新柏拉图主义对于犹太哲学的主导性影响。③ 亚里士多德的理智代表了人类理智的极致,亚里士多德著作是讨论科学的所有著作的根本和基础。学界认为,如果难以理解古典著作,可以通过阅读阿拉伯思想家法拉比和阿维洛伊翻译的著作。可见,犹太思想家对于古典文明的传播是与阿拉伯思想家的事业紧密联系在一起的,他们可以在同一时空条件下相互交融,共同生长。

犹太人和阿拉伯人一样,他们是古典著作从西西里岛、阿拉伯世界经地中海传播西班牙和法国的忠实使者。在法拉比和阿维洛伊时代还不能完整地向西欧传播希腊罗马的古典著作,比如他们可能对柏拉图的《理想国》比较熟悉,而对亚里士多德的《政治学》则比较陌生,甚至在西班牙根本就难以看到这本书。④ 然而,他们依然是古典政治学传播的杰出代表。

法国和英国的学者对于古典著作乃至古典文明的传播是紧密联系在一起的。

---

① [英]约翰·马仁邦:《中世纪哲学》,冯俊等译,中国人民大学出版社,2008 年,第 73 页。
② Daniel H., Frank and Oliver Leaman, *Medieval Jewish Philosophy*, Cambridge, 2003, p. 94.
③ Daniel H., Frank and Oliver Leaman, *Medieval Jewish Philosophy*, Cambridge, 2003, p. 142.
④ [英]约翰·马仁邦:《中世纪哲学》,冯俊等译,中国人民大学出版社,2008 年,第 65 页。

英伦三岛的学者,尤其是苏格兰人为古典文明的早期复兴做出了许多重要贡献。除了爱留根纳、邓斯·司各脱、奥卡姆的威廉之外,米切尔也是其中非常杰出的一位。仅就亚里士多德的著作而言,大约从1120年开始,苏格兰的米切尔先后翻译了《物理学》《论天》《论生灭》《气象学》《论灵魂》《论感觉》《论回忆》《论梦》《论长短》《动物志》《形而上学》等著作及其不同版本。① 米切尔对于古典著作传播的贡献,在英国乃至西欧形成重要影响。

2. 古典文明西传之空间位移及其历史轨迹

与不列颠摄取的古典文明相比,原有的古典文明的存在形态随着空间位移而不断吸纳新的文化因素,形成古典文明存在样式的扬弃与重建。在古典文明西传的历程中,空间位移伴随着诸多思想家对古典文明的思考与重构而创造出新的学术样式,重新显示出文明的价值和意义。

我们知道,从古典文明生存空间的位移来考察古典文明西传的路径是一个比较复杂的问题。无论是传播的机构群体还是路线,均需仔细查考、辨别和论证:一方面,古典文明,包括人文社会科学和文化艺术,从希腊罗马,即现在的巴尔干半岛、亚平宁半岛经过地中海阿拉伯世界,传播到伊比利亚半岛,即西班牙半岛,然后传播到西北欧;另一方面,不同的民族群体、不同的宗教和学术机构在古典文明传播的历史进程中,均担当过重要的历史使命。当然,古典文明西传经过许多环节、许多途径,诞生了许多思想家和社会群体,它是在多元碰撞与融合的历史过程中实现的。

古典文明西传不列颠的文化内涵是与空间结构紧密联系在一起的。我们知道,古典文明西传先后经历了不同的人文、社会与自然科学的学科形态与文化内涵。比较早的是伴随着宗教文明传入的法学、修辞学,然后是自然科学与人文科学,最后是政治学和艺术学。

据查考,首先被翻译到不列颠的是亚里士多德的逻辑学著作。它们是《范畴篇》《分析篇》《前分析篇》《后分析篇》《正位篇》《辩谬篇》。时间大约为510年至1269年之间,译者主要是古罗马的波爱修、法国莫尔伯克的威廉和威尼斯的詹姆

---

① N. Kretzmann, *The Cambridge History of Later Medieval Philosophy*, Cambridge, 1982, pp. 75 – 77.

斯等。其次是自然科学,包括《物理学》《论天》《论生灭》《气象学》。时间大约在1125年至1270年之间。译者主要有威尼斯的詹姆斯、克雷莫纳的杰勒德、苏格兰的米切尔、莫尔伯克的威廉、牛津的格罗斯泰斯特等。再次是心理学和生命科学,包括《论灵魂》《论感觉》《论记忆》《论梦》《论发明》《论长短》《论气息》《论朽灭》《动物志》。译者主要有威尼斯的詹姆斯、苏格兰的米切尔、莫尔伯克的威廉。最后是形而上学、伦理学、政治学和诗学。译者主要有威尼斯的詹姆斯、苏格兰的米切尔、莫尔伯克的威廉、牛津的格罗斯泰斯特和海曼·阿莱曼等翻译家。① 事实上,宗教因素应当是决定亚里士多德著作译介先后序列形成的基本原因。

古典文明中的自然科学、人文科学与社会科学等诸多学科均具有丰富的知识与思想,并得以以各种不同的途径和方式在英国得到广泛的传播。我们知道,形而上学给民族以科学思维,伦理学给社会以道德规范,政治学给国家以权力秩序,艺术学给人类以生命活力。然而,由于教俗权力始终存在矛盾及其相关因素,相比于《形而上学》、《尼各马可伦理学》(又译为《尼各马科伦理学》)、《诗学》等文化经典,《政治学》的译介来之晚矣。此处正是以《政治学》为个案进行考证。

在政治学与政治理论史方面,12世纪是一个停滞的时代,因为涉及国家与教会的传单文学在授职权之争中刚耗尽了力量,而更系统的研究要等到1260年左右亚里士多德《政治学》的翻译和托马斯·阿奎那的《神学大全》才重新出现。在这样一个中间的时代,最突出的成果是索尔兹伯里的约翰于1159年编写的《政治学指南》(Policraticus)或《统治者之书》(Rulers' Book)。② 这一判断,完全符合历史事实,因为直到1264年左右,完整的《政治学》才被法国学者莫尔伯克的威廉翻译然后才介绍到英国并发挥影响。然而,是谁架起了这一座桥梁呢?有人认为,古典文明传播主要有两条路线:一条来自诺曼人统治的多民族文化交汇的西西里岛;另一条来自以阿拉伯人为主要传播者的西班牙。③ 可实际上,古典文明主要由希腊经阿拉伯世界到西南欧的伊比利亚半岛,最后传播到西欧,在总体上大致呈现出这样

---

① Norman Kretzmann edit., *The Cambridge History of Later Medieval Philosophy*, Cambridge,1982, pp.74-78.
② [美]查尔斯·霍默·哈斯金斯:《12世纪文艺复兴》,夏继果译,上海人民出版社,2005年,第359页。
③ 赵敦华:《基督教文明1500年》,人民出版社,1991年,第304页。

的空间结构与历史轨迹:

约翰·洛克(英国)—乔治·拉尔森(英国)—罗吉尔·培根(英国)—沃特·伯利(英国)—莫尔伯克的威廉(法国)—多米尼克斯(西班牙)—克雷莫纳的杰勒德(阿拉伯)—亚里士多德(希腊)①

由此可见,希腊罗马、地中海阿拉伯世界、伊比利亚半岛、法国到西北欧,构成了早期古典文明西传的基本线索和历史脉络。当然,与此同时,欧洲大陆对于古典文明的传播也从来没有停止,教堂等宗教圣地也是古典文明累积和传播的重要领地。

在英国,分权学说影响最大的是洛克。他在《政府论》中说:"国家政治的权力可以分为立法权、执行权和对外权。"②这一观点,直接影响后来的孟德斯鸠的学说,同时也是对17世纪英国整个时代分权思想的总结。然而,洛克不是17世纪三权分立学说最早的提出者,在此之前,查尔斯·达利森和乔治·拉尔森都已经提出了三权分立学说,是他们为洛克三权分立学说的全面建立奠定了基础。查尔斯·达利森在《为保王党人辩护》中曾经这样说:"国家要有三种权力:政府的最高权力、制定法律的权力和审判的权力。"③

乔治·拉尔森是前洛克时期分权思想最为完善的思想家。在《对霍布斯〈利维坦〉政治部分的考察》中,拉尔森说:"国家权力可分为立法、执行和司法权力。"④对此,拉尔森还做出了系统的阐述。他说,立法权对于国家来说是必要的,而且它不可分割的属于已经确立的君主。君主以此来引导他的人民遵守法律,君主必须遵守法律并以此来治国。立法权同时包括撤销、重新阐释和法律修订,也同时包括荣誉的授予、保留、终止和恢复的权力,兴办大学和建立团体的权力;执行权主要包括官员的设置与官员的权力;司法权力指的是司法制度的建立与管理,管理世俗、宗

---

① 于文杰:《古典〈政治学〉西传英国历史源流考略》,《英国研究》2009 年第 1 辑。
② [英]洛克:《政府论》(下篇),叶启芳、瞿菊农译,商务印书馆,1964 年,第 89 页。
③ Dallison Charles, *The Royalists Defence*, London, 1648, p. 2.
④ George Lawson, *An Examination of the Political Part of Mr. Hobbs His Leviathan*, London, 1657, p. 8.

教和军事事务。根据惯例,通过讨论与裁决等方式对过失与成绩进行司法裁判;对罪行是否是死刑,具有免除、终止和宽恕的权力;执行司法程序与法院管理的权力。① 乔治·拉尔森等人的分权思想,不仅表明洛克不是近代英国最早重建分权学说的人,②更说明近代英国的分权思想源远流长。我们认为,乔治·拉尔森等人的相关论述,为洛克三权分立学说体系的建立提供了直接的思想资源。

更重要的是,洛克与拉尔森之间存在着直接的关联。在1683—1688年流放荷兰期间,洛克于1687—1689年之间经常光顾他的一位商人朋友本杰明·弗利的私人图书馆,并读到拉尔森1657年出版的著作《对霍布斯〈利维坦〉政治部分的考察》。1688年,洛克准备回英格兰的时候,他的秘书在洛克的藏书中也看到了拉尔森的另一本重要的初版著作《神权政治与市民政治》。③ 毫无疑问,拉尔森的著作给洛克分权思想的形成和发展带来重要的影响。

罗吉尔·培根或许是希腊政治学说的另一位重要的传播者。他曾经说过,拉丁人和希腊人那里知道人的权力与法律,这就是来源于亚里士多德。1237—1247年,罗吉尔·培根曾经在巴黎教授亚里士多德研究和神学研究长达10年之久。④ 在译介亚里士多德著作的过程中,罗吉尔·培根更乐于选择阿拉伯思想家的译本。他认为,阿拉伯科学家翻译的亚里士多德的著作要进步得多。⑤ 我们认为,在译介古典文明的英国思想家中,罗吉尔·培根应该是中世纪英国极其少见的全面而系统地研究与传播亚里士多德著作的思想家,他在英国最早传播亚里士多德的政治学与法学有充分的思想基础和学术条件。

英国中世纪后期的思想家更关注新亚里士多德主义,特别是在关注亚里士多德《形而上学》《尼各马可伦理学》的同时,还关注亚里士多德的《政治学》,关注亚里士多德政治学中的至善和政治共同体、多数人政治与分权制衡等关键词,⑥这些学问是古典政治学的核心。众所周知,自12世纪中叶,新亚里士多德主义基本替代

---

① George Lawson, *Politica Sacra et Civilis*, London, 1660, pp. 40 - 41.
② 陈晓律主编:《英国研究》(第二辑),南京大学出版社,2011年,第302页。
③ A. H. Maclean, "George Lawson and John Locke," *Cambridge Historical Journal*, Vol. 9, No. 1, 1947, pp. 69 - 77.
④ W. Kaufmann, *Medieval Philosophy*, Prentice Hall, 2000, p. 295.
⑤ [英]索利:《英国哲学史》,段德智译,山东人民出版社,1992年,第6页。
⑥ A. S. McGrade, *Medieval Philosophy*, Cambridge, 2003, p. 277.

了新柏拉图主义。在古典政治学乃至整个古典文明西传的过程中,犹太人起了重要的沟通与桥梁的作用。犹太人的新亚里士多德主义者以麦蒙尼德(1135—1204)等人为代表。他们致力于译介、评注亚里士多德的著作,传播亚里士多德的伦理学、政治学与诸多自然科学等古典学术思想。① 犹太人的翻译几乎遍布西西里岛、阿拉伯世界、西班牙、法国直至整个西欧,犹太知识分子是古典文明西传进程中最为重要的力量之一。

从希腊、罗马经地中海世界穿越西班牙北上到达西欧,阿拉伯人也起到了至关重要的作用。阿拉伯人非常关注亚里士多德的伦理学与政治学,同时也关注对亚里士多德全集的译注工作。阿弗劳斯就以译注亚里士多德全集在学术界享有崇高的威望;从12世纪起,就有大量的亚里士多德著作从阿拉伯文被翻译成拉丁文,将亚里士多德的道德、政治的学术思想传播到西欧。② 可见,在这一时期,西欧已经具有全面译介亚里士多德著作的基本条件。

学术界普遍认为,12世纪亚里士多德著作主要过两条途径:一条是诺曼人统治的西西里岛,这里是拉丁、希腊、阿拉伯、犹太四个民族的交汇处,他们将原著译成拉丁文或阿拉伯文;另一条是西班牙,西班牙的阿拉伯人是西欧新学问的主要来源。③ 古典文明传播到英国的途径也有两条:一条是来自英国的近邻法国,他们是英国学者和教徒最容易交流的国家;另一条是英伦三岛的学者赴欧洲大陆其他区域的宗教领域摄取宗教思想和古典文明。尤其是在加洛林帝国时期,诸如比德(Bede)著《圣经》注释和《英吉利教会史》一样,在古典文明与加洛林帝国的神学与哲学的觉醒之间起了桥梁作用。④ 事实上,这一风潮自查理曼帝国时期就已经兴起。尽管查理曼不是一个学者,但是他重视王国的文化与精神生活,因此大批学者与文人便来到查理曼帝国,为古典文明复兴提供了历史背景和条件。

1264年,法国学者莫尔伯克的威廉翻译了亚里士多德全集,《政治学》才得以传播到西欧。最早将《政治学》传播给英国或英国人的记录,不是来自罗吉尔·培

---

① D. H. Frank and O. Leaman, *Medieval Jewish Philosophy*, Cambridge, 2003, pp. 142-145.
② P. Adamson and R. C. Taylor, *Arabic Philosophy*, Cambridge, 2005, pp. 370-375.
③ A. Hyman and J. Walsh, *Philosophy in the Middle Ages*, Inianapolis,1974, p. 369.
④ [美]胡斯都·L. 冈察雷斯:《基督教思想史》,陈泽民等译,译林出版社,2010年,第444页。

根。其理由在于：一是有材料说明，在1219年之后罗吉尔·培根接触到宗教法则、罗马法和道德哲学方面的古典著作，但是没有记录说明罗吉尔·培根接触到《政治学》方面的材料；①二是罗吉尔·培根从1237—1247年在巴黎大学讲学，但那时也没有译介政治学的讯息，而自1261年之后，罗吉尔·培根在巴黎大多处于囚禁之中，直到1290年去世，他很少有机会给英国或英国人传播古典学术的机会。1337—1338年，沃特·伯利根据（源于莫尔伯克的威廉的版本）14世纪初期出版的托马斯·彼得的版本为亚里士多德的《政治学》注疏，而且这一部书是专门为英国学生授课撰写的。② 尽管在此之前，政治学曾经以不同的方式在不同程度上传播到英国，但是作为系统全面的传播，到目前为止有案可考的应当以沃特·伯利的成果为标志。也就是说，早在14世纪中叶之前，英国学生就已经得到亚里士多德《政治学》系统传播与教育的机会。14世纪下半叶，英国有了牛津抄本，即巴里奥尔学院藏书112号。所谓的共和与君主政体学说、中产阶级与多数人学说、三权分立学说，才得以率先在西欧开花结果。仅就分权学说而言，亚里士多德说，一切政体都有三个要素作为构成的基础：其一为有关城邦一般公务的议事机能；其二为行政机能；其三为审判机能。③ 这一论述，或许是西方许多国家受到积极影响的政治学语境中分权思想最早的根源。

3. 古典文明西传早期主要成就及案例分析

不列颠社区古典文明经历了一个十分久远的过程，然而在大学建立之前，能够作为早期突出成就的也只有约克的阿尔昆和索尔兹伯里的约翰及其学术群体所做出的贡献。

早在8世纪末到9世纪初，约克有一个叫阿尔昆的学者。他是7—8世纪诞生的杰出人物。7—8世纪，欧洲大陆是一个思想贫瘠的时代。荒野的国王领地逐步衰微或被大部分掠夺，即便是罗马帝国统辖的区域也常常只留下一些衰退的残迹。一些以历史学为信仰的高卢学者们，常常在社会动荡时挂帆远航，将接受拉丁和希

---

① John Henry Bridges, *The Life and Work of Roger Bacon*, London, 1914, pp. 125-129.
② N. Kretzmann, *The Cambridge History of Later Medieval Philosophy*, Cambridge, 1982, p. 729.
③ ［古希腊］亚里士多德：《政治学》，吴寿彭译，商务印书馆，1965年，第205页、第213页、第215页。

腊古典文明教育的传统带到爱尔兰的土地上。① 应该说，这一时期是古典文明被有意识地系统地传播到不列颠的具有标志性意义的历史阶段，它为古典文明在西欧的复兴奠定了基础。

古典文明西传最早的学术群体是约克的阿尔昆小组及其对古典文明的翻译与传播。在欧洲大陆与不列颠形成广泛交流的情况下，古典文明于8世纪晚期到9世纪初在部分不列颠人中间得以较为系统而全面地传播。阿尔昆正是在这一背景下从约克成功地接受了系统的古典教育，而且身边有一批古典文明的追随者，他们无须任何缘由乐于移植欧洲大陆古典文明的学术论著与文化模式，这在当时的约克乃至不列颠是很少有人能做到的。阿尔昆在约克接受的教育使他得到了一种很好的拉丁语文化背景：维吉尔的诗歌、古代晚期基督教诗歌、早期教父文本宽阔的语境，以及早期其他一些英国学者，如阿尔德海姆、比德等作者创造的来自欧洲大陆文明又有所发展而变得更加抽象的文本。②

查理大帝时期，阿尔昆鼎力推崇知识，认为人没有知识就不可能行善，因此主教应创办学校。③ 正是在约克修道院受到很好的古典式教育的阿尔昆，后来主持约克修道院的学校工作。781年，阿尔昆从罗马归来后接受查理曼大帝的邀请，到法兰克王国首都埃克森主持宫廷学校工作。在此期间，他努力从事古典文明的理论与实践。查理曼大帝成了阿尔昆工作小组的庇护人。在教师十分稀缺的情况下，阿尔昆开始教授作为语法的对话、修辞、逻辑以及部分古典著作的手稿，他还在古典文明改良活动中承担着十分重要的任务。

令人关注的是，阿尔昆创建了一个古典学术著作译介工作小组。他们是一个相对独立的学术群体，对希腊罗马时期的亚里士多德、波爱修、波菲利等许多思想家的著作进行了全面的翻译和评介。8世纪90年代，阿尔昆凸显了逻辑哲学的历史地位。他的《论逻辑》是中世纪逻辑哲学第一部学术文献。在这一部著作中，亚里士多德的十范畴论在逻辑学思想史上产生了重大影响。逻辑哲学的崛兴，标志着经院哲学的萌芽。可是，阿尔昆提出了一个严肃的问题：逻辑学是否适合于上帝？适合吗？教父哲学已经走了几百年路程；不适合，那么逻辑哲学最终将实现与

---

① John Marenbon, *Early Medieval Philosophy*(480 – 1150), London, 1983, pp. 45 – 46.
② John Marenbon, *Early Medieval Philosophy*(480 – 1150), London, 1983, p. 46.
③ David Knowles, *The Evolution of Medieval Thought*, London, 1962, pp. 70 – 71.

神学的分离，并预示着人类文明重心的转移。阿尔昆《论对神圣的三位一体的信仰》，逐渐取代了伪奥古斯丁对亚里士多德著作的诸多解释，从而使中世纪思想史真正走上新亚里士多德主义的发展道路。

更为重要的是，阿尔昆不仅在哲学、逻辑学、形而上学和辩证法等方面全面译介古典著作，尤其是对伪奥古斯丁《十范畴》的阐释所体现出来的观点，在他的学生中间产生了很大的影响，这些著作还通过他的学生将这些古典文明典籍传播到欧洲其他地方。他的学生弗里德基斯(Fredegisusu de Tours,？—834)在巴黎撰写《论虚无与黑暗》，"黑暗"指灵魂认识之前的蒙昧，"虚无"指柏拉图创世说中的"世界灵魂"被创造之前的"前存在状态"。阿尔昆的另一位学生莫鲁斯(Rhabanus Maurus,约776—856)，成为美茵兹地区主教。他倡导七艺教育，编撰多种教材，传播希腊罗马的古典文明。还有慕尼黑手稿的撰写者等其他学生，均以他们自己的方式为古典文明在欧洲的广泛传播做出贡献。由于阿尔昆小组的存在在宗教文明的背景中有其独立自由的存在方式，有其对于古典著作的翻译与传播的群体，有其相当大的文献分量和思想深度，有其广阔的历史空间和深远的影响力，因此我们认为，阿尔昆小组建树的事业，是早期古典文明西传的历史源头和重要标志。

特别重要的是，人们后来在牛津大学图书馆中发现了891年由菲利普斯题字的译文。[①] 到了10世纪前后，政治学、尼各马可伦理学和形而上学，已经不同程度地被翻译成英文。[②] 这一时期，古典文明中的核心性著作已经被传播到不列颠。由于政治学、伦理学和形而上学直接影响一个民族国家的政治文明、社会风俗和科学精神，因此对于英国早期社会的现代转型及其文明转换将带来十分重要的影响。

到了12世纪，索尔兹伯里的约翰(1120—1180)也形成了传播古典文明的学术群体。虽然约翰早年在乡村学校当地牧师的管理下学习，但是他或许是接受了最接近于16世纪人文主义教育意义的小学生。后来他又花了很多时间(1135—1136)在巴黎和夏特尔学习，接受了深厚的宗教和古典文明教育。1148—1152年，约翰作为教徒们的工作人员生活在政治学中心，一边接受宗教文明的熏陶，一边又面对世俗生活世界的影响。尽管约翰的著作很少留存，然而他的许多书信记录了

---

① W. L. Newman, *The Politics of Aristotle*, Oxford, 1887, pp. 9 – 10.
② W. L. Newman, *The Politics of Aristotle*, Oxford, 1887, pp. 1 – 6.

他对古典文明的许多心理信息,尤其是对于美与感觉的真实记录远远超过对于宗教神学的价值与意义。

约翰认同柏拉图关于"共和国"的政治学说,认为共和国如同放大了的人体世界,他们的全体成员相互依存而且拥有共同的福利。约翰还提出了自己的国王学说。他认为,国王必须遵守国家的法律和传统的规则,他应该是全体人民的奴仆。① 约翰著《论政府原理》,他关注的是普罗塔克的政治思想,关注的是恺撒的共和思想,关注的是图拉真的政治主张。②《论政府原理》受到美国思想家哈罗德·J.伯尔曼的特别关注,他认为,《论政府原理》的作者索尔兹伯里的约翰是西方政治科学的创立者。③ 伯尔曼认为,约翰的著作有四点创新:第一,包含于《论政府原理》的新的东西是作者努力用一种包罗万象的方式把来自极其多样和矛盾的渊源——柏拉图、亚里士多德、西塞罗、塞尼克、维吉尔、奥维德、《旧约》、《新约》、教父们、研究由索尔兹伯里的约翰自己同时代所注释的查士丁尼法律原文的罗马法律家、教会法法律家,以及其他渊源的理论、原文和例子汇集在一起,并企图综合他们。第二,索尔兹伯里的约翰除了做出综合的努力以外,还发现了一种通过概念去实现综合的方法,这些概念通过抽象出矛盾的规范的共性而把它们综合在一起。第三,有些事例即使披上了《圣经》的、希腊罗马式的或者其他来自较古老的时代的外衣,也还是引入了一种经验—归纳的特性、一种对实际经验的关切或一种决疑法。结果是形成了这样一本书:一方面,它不是对某种乌托邦或理想共和国的描绘;另一方面,它也不是一种衰败时代的编年史,尽管它包含了两个方面的因素。经验—规范特性和伦理—规范特性的混合,事实上构成了由《论政府原理》引进的风格和方法的第三种创新。第四,索尔兹伯里的约翰首先用于研究世俗政治制度的经院方法的第四种创新,与(1)运用符合经验现实的;(2)普遍概念;(3)努力综合对立面的规范紧密联系,那就是:努力把整个主题,将其作为单一的整体、一种完整的体系来考虑,并且表现出这样一种特色,即力图用有机体的术语把整体描绘为一个躯体。他还说,在《论政府原理》中看到的政治统治的有机体概念和自然性概念,更近似于亚里士多德的思想而不是斯多葛派或早期教父的思想。虽然索尔兹

---

① G. R. Evans, *Fifty Key Medieval Thinkers*, London, 2002, pp. 105 - 106.
② Cary J. Nederman, *John of Salisbury*, *Policraticus*, Cambridge, 1990, pp. 65 - 67.
③ [美]哈罗德·J.伯尔曼:《法律与革命》,贺卫方等译,法律出版社,2008年,第271页。

伯里的约翰当时无法利用亚里士多德的《政治学》,但他和亚里士多德都认为政治共同体要服从作为理性的自然法,并且认为自然或理性要求国王按照正义和公平进行通知。也就是说,约翰与亚里士多德的政治学说具有一致性、相似性抑或继承性。约翰在接受古典文明教育的过程中,接受过亚里士多德政治学说的影响。① 可见,约翰来自古典政治学与古典文明中的政治思想,影响着那个世纪直至近代社会。

追本穷源以反观英国摄取古典文明的历史,古典文明从希腊、罗马经过地中海世界传播到不列颠,经历过不同的历史时序和地理空间的位移,经历过诸多思想家的整理与翻译,经历过诸多文明的碰撞与融合,以使古典文明在诸多内涵与形式发生变异、升迁与创新,从而对英国近代文明的崛起产生强大的发送力。仔细考辨古典文明西传的历史源流及其内涵与形式的演变过程,对于探讨英国近代文明崛兴的历史原因具有重要的价值和意义。

二、古典文明西传的基本途径

在古典文明西传的诸多途径中,教堂与大学的建立,对于摄取古典文明既具有特殊的效用,也是其最为重要的途径。

1. 教堂的建立在古典文明西传过程中的作用

教堂的建立,对于不列颠早期古典文明的复兴及其全面拓展起了强大的推动作用。在不列颠社区古典文明的历史进程中,诸多教堂的先后建立是古典文明全面复兴的重要桥梁。西方学者认为,在古典文明复兴的历史进程中,当英国学者于15世纪初格外关注意大利的时候,意大利知识分子对于英国的关注则开始减弱。然而,在古典文明西传的历史进程中,欧洲各地的基督教机构和大学中的知识分子做出了重要贡献。

西方学者认为,在意大利文艺复兴进入高潮之前,许多地方古典文明复兴是通过教堂来实现的。比如,在英格兰传播古典文明就是从坎特伯雷大教堂开始的。首任大主教奥古斯丁就是古典文明最早的传播者之一。西方有学人讨论过,奥古斯丁给不列颠带来了什么?谁都知道首先带来的是宗教信仰,可是同时也带来了

---

① [美]哈罗德·J. 伯尔曼:《法律与革命》,贺卫方等译,法律出版社,2008年,第274—281页。

法律和古典文明地方化的意识形态。① 在奥古斯丁和格里高利诸多讨论中体现出这样一种观点,宗教信仰和法律都具有地方化的可能性。奥古斯丁说过,既然只有一个信仰,为什么不同的教会会有不同的习惯?奥古斯丁还说过,请告诉我,如果有人偷窃了教会中的东西,该怎么处罚他?格里高利告诉他的答案是,宗教信仰可以有自己不同地方的习俗,法律问题也要具体问题具体分析。② 这些观念,和古代朴素的辩证唯物主义历史意识十分相近。

坎特伯雷第 7 任大主教西奥多·塔尔苏斯(Archbishop of Canterbury, Tarsus, 668—690)就曾经阅读过普罗塔克的著作,并教授希腊文和拉丁文。后来,9 世纪的爱尔兰人爱留根纳,一位与普通传播希腊著作存在明显区别的学者,他在不列颠经历自己传播新柏拉图主义的生涯中,既没有使用比德《英吉利教会史》中普罗塔克的材料,也没有使用约克宗教学校图书馆阿尔昆资料中关于普罗塔克的书籍,或许奥尔本斯教堂发现的这位基督徒所使用的手稿类的普罗塔克的著作直接来自雅典。③

在坎特伯雷诸多大主教中间,对于摄取古典文明过程起到突出作用的还有第 36 任大主教安瑟尔谟,他出生于意大利北部奥斯塔贵族家庭,最终于 1494 年被教皇封为圣徒。1093 年,被任命为坎特伯雷大主教,他将希腊古典文明中注重理性、重视逻辑学与辩证法以及强调人的自由意志的传统带到不列颠。

首先,安瑟尔谟认为,自己的上帝信仰渴望得到理性的支持。他说,主啊,我并不求达到你的崇高顶点,因为我的理解力根本不能与你的崇高相比拟,我完全没有这样做的能力。但我渴望能够理解你的那个为我所信所爱的真理,因为我绝不是理解了才信仰,而是信仰了才理解。这种对理性的呼唤,显然超越了教父哲学时代神为万物之本源的观点,而是从信仰之外寻求理性的支撑。④ 在《论语法》一文中,他还对名称和意义的差异以及说话等范畴的使用,都主张需要理性的证明;

其次,安瑟尔谟重视古典文明中的逻辑学与辩证法。安瑟尔谟在他的《宣讲》

---

① Margaret Deanesly, *Augustine of Canterbury*, London, 1964, pp. 89 – 107.
② [英]比德:《英吉利教会史》,陈维振、周清民译,商务印书馆,1991 年,第 69 页。
③ Martha Hale Shackford, *Plutarch in Renaissance England*, Folcroft Library Editions, 1974, p. 19.
④ [英]安瑟尔谟:《宣讲》第一章,《西方哲学原著选读》(上卷),商务印书馆,1981 年,第 240 页。

中所作的关于上帝的本体论证明就充分体现出他对于逻辑哲学与辩证法的重视。这一段三段论逻辑推理的内容如下:"大前提:被设想为无与伦比的东西不仅存在于思想之中,也在实际上存在。小前提:上帝是一个被设想为无与伦比的东西。结论:上帝在实际上存在。"①尽管这一推理中缺乏设想与存在之间的必然性关联,然而它的逻辑推理与辩证法的性质及其在经院哲学中的运用,实际上传播了古典文明中的逻辑哲学观念与辩证法思想。

最后,安瑟尔谟十分关注自由意志问题的讨论,为自由意志的神性实现向人的自由意志的转换准备了条件。安瑟尔谟在《论选择的自由》中说,自由的选择似乎与上帝的恩典、命定与天意相对立。我想知道自由的选择是什么以及我们是否总有自由的选择。他认为,人的意志是灵魂的一种功能,具有选择功能的倾向性,还可以付诸实际运作,而且与有用和正当有关。显然,意志与道德和利益紧密联系在一起,而且具有主观倾向性和实践性。安瑟尔谟对于人的意志自由的关注,与奥古斯丁的神的自由意志相关,但同时又超越了这一学说,以便进一步实现向奥卡姆的人的主观意志的自由的根本转变。

当然,在坎特伯雷大教堂建立之前,就已经有官方和民间对基督教文明的传播,乃至伴随着对古典文明的摄取,而且除了坎特伯雷大教堂之外,还有许多其他的宗教圣地、群体与个人,对古典文明的摄取与传播做出了贡献。

2. 大学是古典文明西传的重要桥梁

英国早期大学,尤其是牛津大学和剑桥大学较早全方位地接受古典文明与宗教文化的传播并从事专门的研究工作。此间,邓斯·司各脱、奥卡姆的威廉、格罗斯泰斯特、罗吉尔·培根等均是大学里诞生的古典文明的研究与传播者,是他们完成了吸纳并创新的历史使命。在大学里,新亚里士多德主义与新柏拉图主义并存、宗教与科学并存、神圣与世俗并存、形而上学与经验哲学并存。正是在多元并存的背景下,大学将古典文明传播到不列颠的每一方土地,每一方空间。

早在7世纪,坎特伯雷就建立了学校,进行希腊文化和拉丁语教育;贝辛斯托

---

① [英]安瑟尔谟:《宣讲》第一章,《西方哲学原著选读》(上卷),商务印书馆,1981年,第240页。

克的约翰还从雅典带回普罗塔克著作的手抄本,①传播希腊时代的人文主义观念与政治哲学思想。

　　在古典文明复兴的过程中,大学的兴起意味着什么?古典文明的西传与不列颠民族的文化复兴与牛津大学的兴建紧密联系在一起。牛津大学建立的早期状况是我们了解古典文明西传的非常重要的依据。我们无法准确把握牛津大学建立的时间,但是有案可考的是,早在牛津大学创建之初就必然地体现出两个特点:一是牛津大学的创建得益于博罗尼亚大学和巴黎大学的诸多资源;二是牛津大学最早授课的是宗教人士或者说是基督徒。② 据查考,牛津较早发表演讲的是1133年的一位引人关注的来自巴黎大学的老师罗伯特·普鲁斯(Robert Pullus),他发表的是关于圣经的演讲。后来1149年,有一位更有声望的来自意大利博罗尼亚大学老师瓦卡里乌斯,他在牛津讲授的是罗马法。显然,这是牛津大学课程世俗化的重要标志。12世纪下半叶,牛津已经成为比较稳定和有组织的大学,还建立了主教之下的专门委员会掌控大学的中心权利,然而商业行会由于不利于大学校长在正常裁判下进行合作,直到12世纪末尚未获得许可和资质在人文学科开设课程。然而,这一现象也表明,商务在牛津大学早期教育中至少已经形成思想和语境并体现世俗化的趋向。早期学生大多来自英国本土和欧洲大陆,也有相当一部分是已经成家的英国人在完成巴黎大学学业之后来到牛津大学。人文学科最早又分成了法文、英文、诺曼文和皮卡兹文。③ 或许,这是牛津大学学科分类的最早记录。

　　据查考,牛津大学主要有人文、法律、医学和神学四个学科,后面三个学科是在人文学科建立之后建立起来的;拉丁语是牛津教育使用的最基本的语言,拉丁语法是主要的必修课。在中世纪,由于课程的发展又将拉丁语教育分成两组:一个小组包括语法、修辞和逻辑;一个大组包括数学、音乐、地理和天文。这就是古典式的七

---

　　① Martha Hale Shackpord, *Plutarch in Renaissance to Shakespeare*, Wellesley College, 1929, p. 19.
　　② J. Meade Falkner, *A History of Oxfordshire*, London:Elliot Stock, 62, Paternoster Row, E. C., 1899, p. 91.
　　③ J. Meade Falkner, *A History of Oxfordshire*, London:Elliot Stock,62, Paternoster Row, E. C., 1899, p. 92.

艺教育。这七种自由艺术教育是由宗教人士主持的一种十分严肃的学习方式。①

尽管我们感受到的牛津大学历史悠久而且十分辉煌,可是它的形成和发展的经历十分艰难。早期的牛津,人才匮乏,图书亏缺。据史料记载,杜克·汉弗莱就是当时牛津大学的资助者之一。② 杜克·汉弗莱十分慷慨,他为牛津大学捐助了280多本手抄本图书。在15世纪初的英国,这是一笔了不起的精神和文化财富。然而,1447年,杜克逝世,这给他身边的学者们带来了严重的影响。有人认为,他的离世使得以他为中心的第一批人文主义者面临终结。此时并不是一个伟大的时代,相当一部分思想家的名声不太显赫,而且很少为社会所接受。有时能忘却来自古希腊的古典文明,甚至在人们死后都无法辨明从意大利来到英国的一些学者。然而,在古典文明复兴的第一个阶段,人们为了一代代人的成长用汉弗莱的名字命名每年均可获得的基金和图书馆,用汉弗莱的名字鼓励复兴时期的后来者。③ 核心人物及大学,在英国文艺复兴过程中起了十分重要的作用。

"个体意识"与"现代路线"的确立,是早期古典文明西传的重要成就之一。它们的创建人是邓斯·司各脱和奥卡姆的威廉。邓斯·司各脱(约1266—1308)是一位出生于苏格兰的有突出贡献的思想家。他于1288年前后,在牛津大学学习神学,《箴言四书》是他的学士论文,也被称为《牛津评注》,1291年被授予神职后,曾经赴巴黎大学学习。1300年7月6日,他成为牛津教区报给林肯郡主教约翰·达尔德比(John Dalderby)的22名弗兰西斯会修士之一。此时,司各脱修订他的《箴言四书》。1302年,司各脱被送到巴黎学习,并在那里讲授《箴言四书》。1303年,他因教会财产征税问题效忠教皇卜尼法斯八世而反对法王菲力普,被驱逐出境而返回英国,1304年才回到巴黎并再次讲授《箴言四书》。这一年,他成为巴黎大学教授,并接替来自西班牙的冈察乌斯(Gonsalvus of Spain)的弗兰西斯会总会长。任职期间,曾主持过与多米尼克会修士威廉·彼得·高迪努斯(William Peter Godinus)讨论个体化原则的自由辩论会。1307年秋,弗兰西斯会教席很快被亚历

---

① J. Meade Falkner, *A History of Oxfordshire*, London: Elliot Stock, 62, Paternoster Row, E. C., 1899, p. 93.

② Lewis Einstein, *The Italian Renaissance in England*, New York: Columbia Press, 1902, pp. 3 - 4.

③ Lewis Einstein, *The Italian Renaissance in England*, New York: Columbia Press, 1902, p. 13.

山大利亚的亚历山大接替,后被调到科隆弗兰西斯学馆,作为一名讲员,一直干到1308年去世。

值得关注的是,司各脱的自由辩论中的"个体化原则"和《论第一原理》中关于上帝存在本体论证明的问题。他的观点,在传播神学和古典哲学的过程中已经包含着个体与群体、无限与有限、可能与事实等对立统一的范畴。我们知道,司各脱用"无限"和"可能"的假想逻辑,来为上帝存在辩护。从表面上看,司各脱的观点是一种倾向于唯识论的经院哲学观,但是他的观点对于个体、有限和事实的包容这一现象,事实上已经为奥卡姆的威廉"现代路线"时代的到来奠定了基础。这一点,也呈现出古典文明意义在不列颠宗教文明背景中演进的历史轨迹,即由重视观念与神学的新柏拉图主义向重视存在与个体的新亚里士多德主义的转变。

13世纪之后,早期古典文明西传历史上出现了毕业于牛津大学的另一位著名思想家奥卡姆的威廉及其具有重要影响的现代路线。奥卡姆的威廉现代路线的确立,标志着新柏拉图主义向新亚里士多德主义转换的完成,也同时标志着经院哲学使命的完成;更重要的是,13世纪初的英国,出现了最早为个人权利立言的《大宪章》,它不只是王权、教廷与民族情愫碰撞融合的产物,更是历史运演过程中形成的封建、宗教和男爵等不同的社会群体、社会力量和社会阶层等复杂的社会因素走向通约的重要标志。古典文明的复兴,从文化内涵升迁和政治观念演变两个方面昭示着不列颠乃至整个欧洲进入了民主政治、理性哲学和人文主义观念逐步成为主流的近代社会。

大学的建立对于英国古典文明的摄取所担当的使命是不可估量的。牛津大学是英国的第一所大学,也是为近代早期英国培养了众多杰出人才的大学:罗伯特·格罗斯泰斯特(1168—1253)、罗吉尔·培根(1214—1292)既毕业于牛津,也执教于牛津;邓斯·司各脱(1265—1308)、奥卡姆的威廉(1285—1349)都是牛津大学培养的优秀人才。① 人们在12至13世纪就开始普遍地传播古代希腊柏拉图等诸多思想家的著作与思想;②到了十五六世纪,势头则逐步转向亚里士多德。据查考,到17世纪初,亚里士多德的诸多著作,在牛津诸多学院甚至整个不列颠的传播已经

---

① Mary Jessup, *A History of Oxfordshire*, Phillimore, 1975, p. 46.
② Mary Jessup, *A History of Oxfordshire*, Phillimore, 1975. p. 45.

形成高潮。①

牛津大学从建立之初,就具有神圣与世俗的双重品质。早在1184年,国王就馈赠了一个市场——High Street——给牛津大学;1219年,教堂的主教又得到国王的许诺:通过一条大路将教堂、市场和大学连接在一起。② 大概也正是这样的原因,大学与宗教、世俗紧密地联系在一起,在多元碰撞融合中获得发展与前行的力量。

第二节 中世纪古典文明西传的特征辨析

古典文明西传与其他民族对于古典文明的接受存在明显的独特性,不列颠总是以自己为主体面对古典文明,主体意识的确立、范畴意义的转换、存在样态的升迁是古典文明西传过程中呈现出来的特征。

一、地域文化主体意识的呈现

早在一二世纪,古典文明就已经零散地伴随着宗教使者传播到西欧。许多民间的宗教活动及其古典文明的流传是无案可考的,有案可考的则可以追溯到156年之前。比德说过,在156年之前,不列颠王卢修斯写信给神圣的罗马教皇埃路塞路斯,请求教皇下一道训令让他成为基督徒。他的这一虔诚的愿望很快得到了实现。因此,不列颠人接受了基督教并在安宁中完整纯洁地把它保持下来,直至戴克里先皇帝时代。③ 也就是说,早在公元前后到公元三四世纪,不列颠就已经得到了来自罗马军队与教会中知识分子带来的罗马古典文明。卢修斯国王的行为还表明,在域外文明面前,不列颠人始终是一个主动者。宗教信徒们则饱受七艺教育熏陶、拥有深厚的古典文明学养。5世纪末或6世纪初,圣古荣来到康沃尔的山林之间并居住在这里;518年,圣比德诺克又来到了康沃尔,共同建立他们的宗教领地,

---

① David Piper, *The Treasures of Oxford*, London, 1977, p.15.
② Mary Jessup, *A History of Oxfordshire*, Phillimore, 1975. p.54.
③ [英]比德:《英吉利教会史》,陈维振、周清民译,商务印书馆,1991年,第30页。

传播他们的宗教事业。① 此时,罗马古典文明的传播,处于一种绝对的伴随状态;到597年,进入肯特郡的奥古斯丁带着他的宗教群体在传播宗教信仰的同时也带来了古典文明。坎特伯雷是由罗马人模仿圣彼得大教堂在不列颠建造的第一座教堂,告解室或地下室及其阶梯有所上升。②

令人关注的是,传播古典文明的学者大多来自英伦三岛,这里的修道院在大格里高利及其同时代人过世以后,成了古典文明的宝库。在这些修道院里,人们不仅用拉丁文,也用希腊文研究古代基督教著作。③ 可见,宗教群体传播古典文明的同时也在传播基督教,从而实现两希文明对西欧世界的影响,其间英国学者们的作用是不可低估的。因此,基督教文明出现了两种形式:希腊早期曾放弃拉丁语作为官方语言和几乎不了解希腊的拉丁语。但是,不久以后,即大约在4个世纪蛮族入侵之后,在很大程度上由于他们的贡献,基督教呈现出一种新的基督教文明。④ 也就是说,在古典文明的西传与融合的过程中,教堂的建立强有力地推动了古典文明传播的历史进程。

二、古典文明西传过程中基本范畴内在意义的变化

不列颠摄取的古典文明,其内在思想与意义随着历史时间的变迁而不断演进。我们知道,古典文明在不同历史时期的重现,其形态和内涵是在不断地演进与变化的。从世纪初到5世纪,古典文明零散地伴随着战争与宗教文明被传播到西欧;5世纪之后,古典文明逐步以不同方式被全方位地传播与介绍到西欧,直到13世纪大学的建立,使古典文明复兴进入鼎盛时代。从总体上说,早期不列颠摄取的古典文明具有相对稳定的思想内涵,神性、理性和人文情怀等要素始终具有重要的分量并发挥重要的作用,然而在不同的历史阶段和历史时期,古典文明的内涵又有其不同的倾向和呈现方式。

---

① John Whitaker, B. D., *The Ancient Cathedral of Cornwall*, London: Printed For John Stockdale, 1804, p. 38.
② John Whitaker, B. D., *The Ancient Cathedral of Cornwall*, London: Printed For John Stockdale, 1804, p. 156.
③ [美]胡斯都·L.冈察雷斯:《基督教思想史》,陈泽民等译,译林出版社,2010年,第444页。
④ Jean Decarreaux, *Monks and Civilization*, Paris, 1962, translated by Charlotte Haldane, London, 1964, p. 321.

第二章　中世纪人文主义历史的转换

首先，诸多民族文化在不同历史时期的融合中的逐步演进。

古典文明复兴之萌芽，主要依托于异族征服与宗教文明的传播。就古典文明意义演进的历史形态来看，它是从东南欧起始经过地中海世界到伊比利亚半岛，最后来到西北欧。在这一时期，古典文明只是宗教文明的附属品，甚至可以说是宗教文明的一部分。这一时期，从一二世纪传教士的零散进入到 5 世纪末基督教文明的全面进入；再到八九世纪，宗教文明统率着古典文明在整个欧洲得以生存和发展。① 8 世纪末至 9 世纪初，古典文明逐步进入一种独立与自觉的历史时期，并很快过渡到经院哲学时代，从而形成古典文明与宗教文明并存，并逐步形成优势的近代启蒙的历史时期。在这一历史时段，古典文明的重现始终处于从属地位，理性、人性从属于神性。首先是古典理性哲学的兴起，其次才是古典文明艺术的兴起，从而唤醒了古典文明中的人文主义精神。理性、人权、个别与具体的意义，才得以在具体的历史时间中逐步得到发展和进化。

在学者们的研究过程中，早期古典文明西传没有得到重视，它在人们的学术视野中指的是鼎盛时期的欧洲文艺复兴。人们认为，文艺复兴是以古典文明的重现来张扬人文主义精神。人们想说的是，古典文明的重现是文艺复兴的基本存在样式；就内核而言，则不是简单的单一理性的人文主义精神，而应当是理性与神性并存的人文主义。在西方，这一特点可能是始终如一的，无论是古典文明的传播者，还是文艺复兴时期的思想家、艺术家，他们对于人文主义的追求都是与神的信仰紧密地联系在一起的。我们知道，在古典文明传播早期，古典文明的传播者首先是一些传教士；到了 13 世纪之后，意大利的思想家们也将上帝及其神性置于人类的世俗生活之上。但丁说过，人类本来是按照上帝的形象被造出来的，也应像上帝那样是个统一体，而且人类只有以天国和天父为榜样，才能处于最佳状态。② 西方人也

---

① 参见[英]比德：《英吉利教会史》，陈维振、周清民译，商务印书馆，1991 年，第 30 页。John Whitaker, B. D. , *The Ancient Cathedral of Cornwall*, London: Printed For John Stockdale, 1804, p. 38. John Whitaker, B. D. , *The Ancient Cathedral of Cornwall*, London: Printed For John Stockdale, 1804, p. 156. [美]胡斯都·L. 冈察雷斯：《基督教思想史》，陈泽民等译，译林出版社，2010 年，第 444 页。Jean Decarreaux, *Monks and Civilization*, Paris, 1962, translated by Charlotte Haldane, London, 1964, p. 321. 美国学者哈斯金斯曾探讨过"12 世纪文艺复兴"，可是古典文明复兴的实际时间比 12 世纪要早得多。

② [意]但丁：《论世界帝国》，朱虹译，商务印书馆，1985 年，第 10—11 页。

不可能彻底地放弃宗教信仰,寻求单一理性的人文主义,而且单一理性的人文主义也不是真正的人文主义,神性是人的品质得以维系、呵护、把握与提升的重要依托。神圣的信仰及其所拥有的品质,无论是在西方还是东方,都是重视人类文明程度的重要标志。也就是说,古典文明的复兴总是与人的信仰紧密联系在一起的。

从历史发展的角度来看,早期不列颠摄取的古典文明之思想内涵在不同的历史阶段均呈现出自己的特点。当然,首先必须面对的难题是,古典文明何时开始在不列颠复兴?我们知道,如果从整个人类文明的长河来看,古典文明一直处于传播的历史进程之中。其次,古典文明西传过程中核心范畴内在意义的转换。随着时间的变迁,中世纪哲学观念逐步由教父哲学向经院哲学位移。一系列经院哲学家的诞生,有力地推进古典文明的全面复兴。在普罗提诺、奥古斯丁等教父哲学家之后,爱留根纳等体现经院哲学价值取向的思想家们走上了历史的前台,改变了来自古典时代的诸多文化范畴之根本内涵的理解均以教父哲学甚至柏拉图主义观念为依据的历史状况,自然的内涵、自然与上帝之间的关系及其意义获得了新的阐释。

在柏拉图那里,自然与上帝之间的关系是一种"分有"的关系,即自然是因为分有了上帝的品质才获得了自身的存在。(柏拉图:斐多篇,101a)普罗提诺则认为,自然来自太乙完满性的"流溢",流溢的阶段性构成了世界的等级,首先流溢出来的存在是理智,从理智再流溢出来的是灵魂,灵魂可以成为连接纯粹的理智与可感世界的中介,其中高级的叫自然,以理智为追求的目标;低级的叫秩序,与质料相结合产生可感世界。①与太乙流溢相反的过程则是灵魂的复归,这一观点为后世的诸多客观唯心辩证法学说的形成奠定了基础;奥古斯丁的"光照说"是柏拉图主义的进一步显现。他认为,人类的知识来自上帝的恩典,来自上帝即真理之光。令人关注的是,奥古斯丁主张,信仰先于理性,同时理性与信仰可以并存且部分交叉。这是因为,一切思想都是信仰,然而一切信仰不都是思想。奥古斯丁还主张,上帝即真理,那么真理是来自理性还是信仰呢?可见,尽管奥古斯丁认为,人类知识来自上帝的光照,自然世界来自上帝的创造,然而从"真理"的角度来理解上帝,从"度、数、衡"的角度来理解自然,显然是为作为理性与存在的自然世界的诞生提供了理论依据。

---

① 赵敦华:《基督教哲学1500年》,人民出版社,1994年,第40页。

特别重要的是,自然的内涵及其与上帝之间的关系到了爱留根纳时代发生了根本变化。早在9世纪中叶,爱尔兰学人爱留根纳(Johannes Scotus Eriugena,810—877)就是研究希腊古典文明的著名学者,他的《自然的区分》是这一时代的标志性成果。《自然的区分》写作于860—866年之间,是爱留根纳晚年的著作。9世纪50年代,爱留根纳奉查理大帝之命翻译了许多希腊时期的著作。① 他的《自然的区分》在很大程度上已经萌发出经院哲学的初始品质:初步确立"理性"在宗教哲学中的中心地位,基于自然以超越历史与宗教的解释,从根本上改变了教父哲学以来自然与上帝之间的关系,使自然获得了无限广阔的生存空间。

"自然"在爱留根纳那里实现了与上帝的对立和分离:一方面,爱留根纳以理性为根据实现对自然丰富内涵的理解。他认为,自然是关于一切存在的东西和一切不存在的东西的普遍名称。用无限丰富的内涵,将自然的存在提升为最高的哲学范畴,从而形成与上帝抗衡的可能性。另一方面,爱留根纳用辩证法的方法实现了对于自然诸多存在形态的逻辑的区分。根据上帝的生成与发展的四个阶段,自然可以区分为:概念1. 指示作为自然最初原因的是上帝,他能创造;概念2. 指示上帝作为创造的原型理念,他被上帝创造;概念3. 指示上帝按照原形创造出来的事物的总和,这些事物不能再创造其他事物;概念4. 指示作为自然最终目的之上帝,他不被创造,也不能创造。由于爱留根纳认为,真理的运行起始与归宿均以上帝为依托,因此被认为是泛神论的思想家。然而,爱留根纳对于自然生成和自我显示说的理路与逻辑建构,以及关注结构、符号和文本等范畴,被现代人认为是宗教哲学历史进程中语言结构的重要创新,也为伽达默尔和德里达等后现代语言哲学思想的形成奠定了基础。② 显然,爱留根纳的哲学思想为现代思想家带来许多启示。

我们认为,爱留根纳的重要创新,不只是在于结构的创新上,也在于他能为上帝创造的自然给出了重要地位,在于他对理性和辩证法的推崇与运用上。这一现象的出现,标志着经院哲学思想的发展又向前推进了一步。首先,爱留根纳特别重视理性的价值。他认为,自然的区分不是依据上帝,也不是依据权威,而是依据理性。权威来自真正的理性,而理性肯定不是来自权威。没有被真正理性支持的权

---

① G. R. Evans, *Fifty Key Medieval Thinkers*, London, 2002, p.51.
② [英]约翰·马仁邦:《中世纪哲学史》,孙毅等译,中国人民大学出版社,2009年,第138—140页。

威是软弱的,而理性凭借自身的力量保持牢靠和稳定,并不需要任何权威的赞同作为认可。他还认为,除了哲学家之外,无人能进天堂。由此可见,爱留根纳的哲学思想渗透着宗教意识,但是充分体现出了理性的独立性。其次,爱留根纳对于辩证法的创新与运用也取得了重要成就。爱留根纳提出了普遍与个别这一组哲学范畴。他认为,普遍的神是世界灵魂,个别的神是天体星辰。显然,爱留根纳不仅重视上帝的普遍世界,也关注与上帝相关但同时又具有自己独立性的现象世界。可见,自然区分的结果表明,从爱留根纳开始,自然与上帝的关系发生了根本的变化。自然从小于上帝到等于上帝,最终发展成为大于上帝,这一现象正是教父哲学走向经院哲学在英国历史上的表现和象征。

爱留根纳的思想中也蕴含着古典文明和哲学思想中的运动与发展的观念。爱留根纳认为,创世的自然可以分为起源、原型世界、可感世界和归宿四个阶段的运动。由此,人们可以感受到柏拉图的理式、黑格尔的理念学说的影子,起于观念世界,经过感性世界,回归绝对精神。在某种意义上说,爱留根纳是新柏拉图主义向亚里士多德主义演变的代表人物,同时也是由柏拉图向黑格尔升迁的桥梁性质的思想家。更重要的是,爱留根纳的学说,不仅渗透于诸多发展与运动的历史观念之中,也体现于宇宙万物之中。他将太阳看作灵魂世界,它蕴含着有理性和无理性的生命力,并推动宇宙及其日月星辰的运动与发展。尽管他将宇宙看成围绕太阳运转的星系,但他的朴素的自然辩证法学说,为近代社会与自然科学思想体系的形成奠定了重要的基础。

自然是一种理性的存在,既是一种有的存在,也是一种无的存在;它不是来自上帝,而是来自理性,理性高于权威;尽管自然的起始与归宿以上帝为依托,然而自然拥有自己的原型世界和可感世界,自然不是寓于上帝之中,而是上帝寓于自然之中。可见,以"自然"及其与上帝的关系的案例可以说明,古典文明的内在意义从初始状态传播到不列颠经历了无数次洗刷和重构,必然发生不同程度的变化,并呈现出不同的历史形态。英国学者威廉·魏安思曾经以亚里士多德著作的译介为案例。他认为,从诸多译著的材料出发,亚里士多德个人的心理与精神因素的变化,外在的标杆与社会尺度的变化,亚里士多德著作文本内在的诸多主观意图这三个方面的因素,是构成古典文明传播进程中内在意义变化的主要原因。① 事实上,基于社会历史与地理空间的转换,威廉发现的是一种普遍的文化现象,也是人类文化史发展的一般规律。

三、古典文明西传过程中历史形态存在样式的升迁

罗伯特·格罗斯泰斯特(Robert Grosseteste,约 1168—1253),生于萨福克郡的农民家庭,毕业后在牛津艺学院任教。在牛津期间,格罗斯泰斯特潜心研究法学、医学和神学。② 1209—1214 年,英王约翰与教会发生冲突,关闭牛津大学,格罗斯泰斯特赴巴黎大学神学院学习,毕业以后回牛津教授神学。1214—1221 年,任牛津大学首任校长。1235 年起,任林肯郡主教直到去世。他对古典文明西传的主要功绩包括:评注或翻译了亚里士多德伦理学、哲学、宗教哲学、数学、光学、物理学、美学、逻辑学、人学和神学等古典文明相关的多方面的著作;邀请希腊人讲授希腊文字与文化,从希腊学者那里学到古典文明研究的奥秘。③ 守护宗教与拉丁文的文化传统;格罗斯泰斯特等人率先全面向英国系统地传播来自希腊罗马的自然科学与古典文明。格罗斯泰斯特首先是一位忠实的信徒,是宗教的忠实捍卫者,无论是生活、事业还是学术研究都是以他的信仰为基础的;其次才是一位科学家,他译介了光学、数学、物理学、化学、占星学、农学等自然科学著作,并在宗教神学的基础上形成自己的观点;最后格罗斯泰斯特还是一位人文与社会科学家,他翻译了亚里士多德的《尼各马可伦理学》《后分析篇》《归谬篇》,还编著了《神学问题集》《论真理》《论真命题》《神的科学》。1239—1244 年,他兴趣重现,着力推进古典文明的复兴,将大量的希腊著作翻译成拉丁文,还对乡村文学和家政经济学研究做出了突出的贡献。④

更重要的是,英国最早的大学——牛津大学是在格罗斯泰斯特那里实现了组织机构的世俗化。1120 年,牛津大学实现了同主教权力的分离,实现了大学管理

---

① William Wians, *Aristotle's Philosophical Development*, Rowman & Littlefield Publishers, inc. 1996, pp. 69-70.
② Walter Kaufmann, *Medieval Philosophy*, Prentice Hall, 2000, p. 287.
③ A. G. Little, *Roger Bacon: Commemoration Essays*, Oxford, 1914, p. 101.
④ F. S. Stevenson, *Robert Grosseteste*, London, 1899, pp. 223-226.

与组织权力的世俗化。① 他在思想领域如同他在宗教世界一样,格罗斯泰斯特具有很高的威望,不但在牛津大学教育和宗教改革方面取得重大的成就,而且有很多好朋友和好学生,影响了像罗吉尔·培根等整个时代以及他的同时代人,直到以后的几个世纪。② 或者说,在宗教学的基础上,格罗斯泰斯特给了他的那个时代,给了不列颠以科学思想与伦理规范。他造就了一个时代;那个时代,造就了拥有近代文明的不列颠。我们认为,来自希腊罗马的古典文明改变了英国,而英国则改变了整个近代世界。

罗吉尔·培根(1214—1292),是格罗斯泰斯特的学生,唯物主义哲学家、科学家,生于桑莫斯特郡的一个地主家庭。1230年在牛津大学艺学院学习,接受格罗斯泰斯特的教导,后到巴黎留学,获得过神学博士学位。1236年,在巴黎大学任教,他是第一批讲授被禁的《物理学》和《形而上学》的教师,成为亚里士多德著作著名的译著者和传播者。罗吉尔·培根在研究经院哲学的同时,非常重视秘密学问和工艺制造。1247年,他回到英国,在牛津大学任教,是亚里士多德学术思想最为忠实的评注者和传播者,著有《大著作》《小著作》《第三著作》,寄托其神学、自然科学与人文社会科学思想。

罗吉尔·培根与格罗斯泰斯特的共同点是,十分关注古典文明的译介与传播。然而,他们之间也存在着明显的差异:一是与格罗斯泰斯特较多地注重神学不同,罗吉尔·培根关注神学是与关注哲学紧密联系在一起的。罗吉尔·培根认为,他对希腊与希伯来学者的精心研究,花费了三四十年的时间。正如他自己曾经说过的,他关注过与《圣经》相关的语言知识并阐述其文学意义。③ 当然,罗吉尔·培根更关注实用科学和经验科学,主张用实用科学来改造经院哲学,认为一切事物都必须被经验所证实。④ 二是格罗斯泰斯特和罗吉尔·培根都十分关注自然科学,然而格罗斯泰斯特继承柏拉图主义与教父哲学的传统,很关注光学,罗吉尔·培根则更重视数学及其功能。罗吉尔·培根广泛学习,他从格罗斯泰斯特的学生那里学

---

① J. Meade Falkner, *A History of Oxfordshire*, London: Elliot Stock, 62, Paternoster Row, E.C., 1899, p. 92.
② F. S. Stevenson, *Robert Grosseteste*, London, 1899, pp. 333–337.
③ A. G. Little, *Roger Bacon: Commemoration Essays*, Oxford, 1914, p. 102.
④ A. Hyman and J. Walsh, *Philosophy in the Middle Ages*, Indianapolis, pp. 446–447.

到用数学解释自然的思想;从名叫马里考的彼得的法国催眠师那里学到了实验科学的基本思想。罗吉尔·培根还从炼金术与化学的关系中寻找其中的科学思想。他的思想与经验表明,作为化学家的他可以避开那种成为他得以出生与成长的经院哲学家生命与灵魂的许多思辨问题而得到支持,远超过他作为炼金术者的身份。① 罗吉尔·培根不仅是近代实验科学的先驱和奠基人,还在传播亚里士多德的权力学说和法律观念,更加全面发展格罗斯泰斯特的学术思想与人生理想。正是由于罗吉尔·培根思想中渗透着经验与唯物主义因素,所以他经常受到审查、囚禁与迫害,直至去世,因此人们又称之为不幸的天才。

依迪丝·汉密尔顿说,希腊精神是"理智",② 称罗马精神是卡图鲁斯(Kiertzsche,前约87—前约54)。③ 卡图鲁斯是古罗马晚期抒情诗人,然而他总是将想象依附于现实,将理论筑基于实践。针对希腊与罗马精神的关系,依迪丝·汉密尔顿说:"希腊人提出理论,罗马人将他们的理论付诸实践。"④ 也就是说,希腊人注重形而上学,罗马人注重实践精神。到了13世纪的英国,罗伯特·格罗斯泰斯特和罗吉尔·培根将形而上学与实践精神紧密联系在一起,将知行并举转化为知行合一,这就是英国经验哲学的诞生。格罗斯泰斯特曾经用欧几里得和托勒密的理论来阐释凸透与折光的视觉原理;不仅如此,格罗斯泰斯特还试图用亚里士多德的经验知识来印证地球凸透与玻璃燃烧的折光学说,并用凹凸原理阐释亚里士多德的"虹"的学说;⑤ 到了罗吉尔·培根,则进一步将光的折射与球体的放大原理相融合,更加完善科学与实践相结合的经验性特征。⑥ 如果说格罗斯泰斯特是英国经验主义哲学的奠基人,那么罗吉尔·培根则是其集大成者,他不仅继承了格罗斯泰斯特复兴古典文明的伟大事业,发展了13世纪兴起的以注重理性、现象和经验为内涵的新亚里士多德主义,还为近代经验哲学与近代科学思想的崛起奠定了坚

---

① A. G. Little, *Roger Bacon: Commemoration Essays*, Oxford, 1914, p. 285, 320.
② [美]依迪丝·汉密尔顿:《希腊精神:西方文明的源泉》,葛海滨译,辽宁教育出版社,2005年,第15页。
③ [美]依迪丝·汉密尔顿:《罗马精神》,王昆译,华夏出版社,2008年,第171页。
④ [美]依迪丝·汉密尔顿:《罗马精神》,王昆译,华夏出版社,2008年,第178页。
⑤ A. C. Cromble, *Robert Grosseteste and the Experimental Science 1100 – 1700*, Oxford, 1953, pp. 120 – 125.
⑥ A. C. Cromble, *Robert Grosseteste and the Experimental Science 1100 – 1700*, Oxford, 1953, p. 152.

实的理论基础,提供了重要的思想资源。有些西方学者曾经这样评价过罗吉尔·培根:"尽管我是很晚才读到罗吉尔·培根的某些作品,但是我依然很虔敬地认为,与弗兰西斯·培根相比,罗吉尔·培根是更加杰出的人。"①

在格罗斯泰斯特和培根之后,约翰·科利特和德西德里乌斯·伊拉斯谟等人文主义者都为古典文明复兴做过重要的贡献。科利特曾经是圣保罗大教堂的领军人物,后来又成为率先反对托马斯·阿奎那的宗教神学。1406 年,从意大利回到牛津在大学的背景下展开其传播新柏拉图主义等古典文明的生涯。② 科利特的事业直接影响德西德里乌斯·伊拉斯谟的人文主义生涯,这位来自荷兰的思想家在传播古典文明的过程中,通常将英格兰作为自己思想形成的第二故乡,③并在科利特的影响下推进其新教人文主义思想。

四、中世纪古典文明西传产生的特殊意义

古典文明在不同的历史时域和具体的地理空间中诞生其自身的文化内涵与逻辑形式,并通过教堂和大学的建树体现其强大而深远的推动力。令人震撼的是,直到 17 世纪以后,西欧诸国依然从古典文明区域汲取营养,也正是由于古典文明区域的作用,西欧才可能率先建立具有近代意义的政治、经济和文化。众所周知,约翰·隆贝在意大利旅行中,模仿意大利的机器制造技术,在英国德文河的岛上建造了英国第一座工厂并形成了系统的工厂制度,④从此,点燃了英国通往工业文明之路的灯火,并直接使西欧率先进入工业文明时代。

由此可见,从罗马征服到多民族文明的累积,从坎特伯雷教堂建立奥古斯丁宗教思想体系的形成到牛津大学建立逻辑和培根经验哲学思想体系,均标志着古典文明以不同方式在不同的语境中实现了多种文明意义的重铸、融通与演进,从而以富有张力和生命力的多元重构的逻辑形式,成为近代文明的象征。

---

① A. G. Little, *Roger Bacon: Commemoration Essays*, Oxford, 1914, p. 372.
② Ernst Cassirer, *The Platonic Renaissance in England*, translated by James PetteGrove, Nelson, 1953, p. 12.
③ Ernst Cassirer, *The Platonic Renaissance in England*, translated by James PetteGrove, Nelson, 1953, pp. 12–18.
④ [法]保尔·芒图:《十八世纪产业革命:英国近代大工业初期的概况》,杨人楩、陈希秦、吴绪译,商务印书馆,1983 年,第 151 页。

考察早期古典文明西传的历史进程,从内在意义的升迁到历史空间的位移,寻找古典文明复兴的文化内涵与历史形式,不仅能使我们厘清古典文明复兴内在意义演绎的历史脉络,还能证明古典文明给予西欧诸国以理性哲学、伦理道德、科学技术和政治生命,让西欧诸国率先走上了民主政治、道德文明与科技崛兴的发展道路,还将呈现出一段完整的由古典文明向近代世界升迁的客观而全面的世界历史。毫无疑问,古典文明西传至不列颠,给近代英国思想与文化的发展带来深远的影响。柏拉图主义不仅对培根《工具论》等带来重要影响,[1]还给洛克的直觉理论的形成提供了重要的思想资源。[2]亚里士多德的道德学说和知识学理论对近代的影响则更为深远。

中世纪古典文明西传及其影响,是在与其他文明的碰撞与融合的过程中完成的。以1066—1154年之间的盎格鲁-诺曼时代为例,不列颠是吸纳了中世纪欧洲诸多民族文化精粹的智慧之光。[3]不仅如此,不列颠还有累积诸多不同质的民族语言与文化传统,不同质的宗教文化传统。不列颠,尤其是诺曼底,诺曼底贵族依然很有尊严地参加他们当地的宗教活动,分享当地的精神英雄所具有的神力。[4]可见,欧洲早期诸多民族的异质文明,尤其是来自希腊与东方文明截然不同的智慧伦理,以及让人们充分感受到的公民大会、双王制、四王制和议事传统的民主政治,还有曾经获得马克思高度赞扬的童年艺术,或许这些古典文明之精髓正是近代英国乃至整个西方文明历史发展的动力。

第三节　从教父哲学到经院哲学的历史转换

从普罗提诺、奥古斯丁到安瑟尔谟和奥卡姆的威廉,体现了中世纪人文主义经

---

[1] Ernst Cassirer, *The Platonic Renaissance in England*, translated by James P. Pettegrove, Nelson, 1953, p. 43.
[2] Ernst Cassirer, *The Platonic Renaissance in England*, translated by James P. Pettegrove, Nelson, 1953, p. 63.
[3] C. Warren Hollister, *Anglo-Norman Political Culture and the 12th Century Renaissance*, The Boydell Press, 1997, p. 1.
[4] C. Warren Hollister, *Anglo-Norman Political Culture and the 12th Century Renaissance*, The Boydell Press, 1997, p. 31.

过教父哲学向经院哲学历史转换的全部过程,也是古典与现代的过渡的桥梁。

在西方学术思想史上,中世纪从教父哲学到经院哲学的诸多思想家们,以哲学阐释宗教为时尚,最终从本质上解构了神学的主体性地位,进而转向对人的感性生命与理性精神的关注;同时,由唯实论向唯名论的变迁更是传统学术近代转换的重要标志。从总体上看,宗教神学是中世纪思想史的主线,神也就自然地成为这一时代思想的主体。然而,这一现象掩盖了另一种事实:以理性注疏并证明神学的历史进程成了神学走向宽松并导致实质性解体;同时,由唯实论向唯名论的变迁,也逐步显示出具体实在和个性意义时代的到来。正是由于这事实,导致了文艺复兴及其以后时代的以人为本的知识学时代的诞生。在古典主义与新古典主义之间,中世纪学术思想不是可有可无的历史,而是其间不可或缺的桥梁。

一、基督教思想的植入与教父哲学的形成

在古希腊时代,理性是整个学术思想的基本要素。然而,由于人类早期文明缺少科学技术的充分支持,因此人们对世界的认识必然带有怀疑论的、神秘主义的因素。除了在总体上由于理性的同一性和基督教的一神论在本质上一致以外,柏拉图学说和斯多葛主义等思想中与基督教诸多因素的一致性,也是基督教得以在希腊罗马文化中植根的重要原因。

柏拉图学说,是基督教得以植入希腊哲学的重要原因。柏拉图的理式说、灵魂不配说、知识回忆说和善的理念说,是与基督教思想直接沟通的桥梁。柏拉图的理式说,影响尤其重要。他认为,我们生活的物质世界,仅仅是一种现象世界,而不是事物本身。事实存在的除了现象世界之外,还有理式世界。现象世界缺乏真实性,只有理式世界才是真正的实体。事实上,这就是"唯实论"最早的起源。"唯实论",就是柏拉图客观唯心的"理式"世界,就是所谓上帝的本体世界是真实的,它具有理性、共性和普遍性等基本属性。相反,唯名论则注重现象界的物质现象的指标。唯名论显然来自亚里士多德的逻辑学。这一矛盾的思想,使整个希腊时代心灵学思想发生了转换,并由"唯实论"与"唯名论"之争所取代。从而使西方心灵学思想,在相当长的一个时代处于中断状态之下。

在柏拉图的诸多学说中,灵魂不朽和知识回忆说为基督教思想提供了丰富的营养。柏拉图认为,对于人来说,躯体永死而灵魂永生,但这种灵魂永生不是来自

上帝的恩赐,而是来自人自身固有的神性自然发展的结果。显然这一观点,可以为基督教所分解和利用,并最终纳入基督教的信仰和教义体系之中。柏拉图的认知学说是建立在以"理式"为本体的基础之上的,因此他认为人们的感性知识是不可靠的,只有"理式"才是知识真正的源泉。为此,柏拉图用回忆说来沟通知识与真理之间的桥梁。也就是说,人类只有通过回忆,才能获得认识世界的知识。对于基督教来说,一边没有灵魂先在的回忆;一边要赞赏对现象世界的感知。这样所谓的怀疑论,便成为基督教思想的重要组成部分,并在奥古斯丁时代得以发扬光大。

"善的理念"也是柏拉图学术思想中与基督教思想相通的重要因素之一。柏拉图在《蒂迈欧篇》中认为,世界是由一位神工巧匠或造构主创造的。这位造物主,模仿善的理念,赋予质料以形式。所不同的是,在《圣经》中,上帝和造物主是一个人,而柏拉图的《蒂迈欧篇》则判为两人。然而,柏拉图在文艺对话集中的一种论思想和淡漠、神秘的品性,则为基督教教义提供有用的思想资源。

斯多葛主义也是基督思想得以在希腊哲学中植入和发展的重要依据之一。斯多葛主义中的逻各斯、自然法和崇尚道德的观念,也体现出与基督教学说的相似性。逻各斯,又称宇宙理性,即存在于万物本身内部的理性。在斯多葛主义的学术体系,逻各斯原来只是道德哲学的范围,并没有神秘玄妙的色彩。只是由于与柏拉图主义学术思想的结合,逻各斯才成为宗教哲学的组成部分。根据逻各斯这一宇宙理性,宇宙间万事万物都具有一种自然秩序,在人类的社会生活之中也是如此。这一秩序,被斯多葛学派称为"自然法",人们只有遵循这一自然法,才能成为道德之人。斯多葛主义的逻各斯、自然法和所谓有德之人,是在维护少数精英集团的利益的情况下立言的。① 事实上,这一道德学说在客观上架起了希腊哲学与基督教教义之间的桥梁。

希腊哲学后期的诸多流派,如伊壁鸠鲁学派、怀疑主义学派,虽然也有其存在和发展的活力,但是已没有什么影响力,而且存在范围很有限。只是亚里士多德逻辑学思想中关于"非被动的原始推动者"的学说,被后来的柏拉图主义者所吸收,并成为推动基督教思想发展的重要力量。可以看出,从折中主义到兼收并蓄已成为

---

① Walter Ullmann, *The Medieval Origins of the Renaissance*, Andre Chastel ed., The Renaissance, Essays in Interpretation, Methuen & Co. Ltd, 1982, p. 34.

希腊哲学与基督教思想相遇的基本特点,2—6世纪,已基本实现了宗教伦理与理性哲学的融合;即公民义务与个人道德,现在幸福与来世拯救,理性主义与信仰主义、个体与集体、理性之爱与精神之爱等融合,从而为形成大一统的教父哲学时代创造了条件。

由于亚里士多德时代没有实现哲学解宗教的目的,从2—4世纪使基督教在理性与信仰的融合中占据主导地位,并确立罗马教会在诸教会的统领地位。在这一时期,接受基督教的思想与教义的基督徒被称为教父。他们往往持有所谓正确信仰的正统学说,过着简朴的圣洁生活,言语和行为被教会认可。由于他们在基督教传播过程中起了十分重要的作用,因此人们常常把他们与中世纪教父哲学的大一统时代的诞生紧密地联系在一起。教父哲学,也成为中世纪思想大一统的象征。

在诸多教父中,分别以希腊和拉丁语中诞生的四大博士影响最大。希腊教父的四大博士是格里高利、巴兹尔、克里索斯顿、阿塔纳修斯;拉丁教父的四大博士是安布罗斯、哲罗姆、奥古斯丁和大格里高利。在这些博士中,又以奥古斯丁的成就最高,思想最丰富且最深远。从奥古斯丁身上,可以看出,教父哲学已结束了古希腊时代中后期理性与信仰二元对立的局面,从而进入以神性为背景的基督教思想在欧洲一统天下的状况。然而,这并不是说理性走向消亡,更不是说人性走向消亡。实际情况下,理性依然具有很强的活力,只是理性用以证明并阐释宗教;人性依然得到重视,只是人性必须在神性的确良指导下方可得以张扬。这一点,在教父哲学的集大成者奥古斯丁的思想中可以得到充分的说明。

奥古斯丁,全名奥雷里乌斯·奥古斯丁(Aurelius Augustinus),354年11月13日生于北非努米底亚省的小镇塔格斯特。母亲是蒙尼卡的基督教徒,父亲是异教徒。早年在马道拉和迦太基的著名古典学校学习语法、修辞、逻辑和哲学。19岁时,奥古斯丁接受了诞生于古巴比伦的摩尼教对于恶的解释,并成为主张善恶二元并存的摩尼教的追随者。摩尼教主张摒弃情欲,主张通过天启以寻求神圣的起源,而且自称是严格理性的和科学的。每逢难题不解的时候,教徒们总是告诉他,等待福斯都斯的到来。可是,当福斯都斯到来的时候,他觉得福斯都斯的讲解只是表达更流利、语言更美一些而已。在少年求学期间,奥古斯丁生活放荡,先后有两个情妇,其中之一还为他生了唯一的独生子阿丢达都斯。作为一个放荡的青年,他曾读到《新约·罗马书》中的一句话:不可荒宴醉酒,不可好色邪荡,不可争竞嫉妒,总要披戴主耶稣基督,不要为肉体安排,去放纵私欲。这一席话,如同一道恬静的光,射入奥古斯丁的心中,并带走心中的疑云。奥古斯丁的心离基督教越来越近,并于387年的复活节接受米兰大主教安布罗斯的洗礼,最终皈依基督教。他写出了许多优秀著作,其中有《忏悔录》等自传类著作、《反学园派》等哲学类著作、《论真正的宗教》《上帝之城》等科学类著作、《公教会之路与摩尼教之路》《论三位一体》等反异端著作,还有《创世纪文学注》《诗篇讲演集》等圣经注释和布道类的著作。这些著作,有些是在与摩尼教派、多纳德派、伯拉纠派的争论中,阐述自己的观点,有的则直接阐述自己的人生履历和神学思想。正是凭借奥古斯丁庞大的著作体系和精深的学术思想,使之成为最后一位古代基督教思想家,同时又是中世纪神学家的先驱。

事实上,无论是教父哲学还是经院哲学,中世纪神学始终没有忘记过人。神学总是以上帝的旨意建立一种人的范本,从容不迫而在道德上为人带来一种提升的力量,从基督教的洗礼以祈求"人之再升"可以见到对人的重视。人正在神与人的关系中,获得上帝对人的价值的爱与珍惜。洗礼只是手段,使人在洗礼中踏上奥古斯丁神学理论的真正目的。

关于爱情与婚姻,奥古斯丁的看法也是富有人性的。他认为,尽管自己没能信守独身,然而人类的婚姻应当被看成上帝的杰作。奥古斯丁说,只有极少数德性超群的人才能信守独身,而普通人还是过着婚姻生活为宜,夫妻之间为生育而交媾不是罪过,不是为了生育而只是为了肉体的愉悦的交媾也仅仅是小过错而已。① 在奥古斯丁的影响下,后世的格列西昂等教会法还富有人性地规定,已婚者如果没有得到配偶的允许和所在地主教的同意,不能随意离家修道。② 可见,奥古斯丁的神学思想是富有人性,而且蕴含着一种人文主义精神的。

在中世纪中期,世俗社会和个人的价值也得到较为充分的重视。比如,教会中早期盛行的修道方式就是以个人分教的方式进行的,只是后来教会才采用"共修制"的修道方式。12世纪以后,修道士们又走出修道院,面向世俗社会进行经文演

---

① Emilie Amt ed, *Women's Lives in Medieval Europe*:*A Sourcebook*,Routledge,1993,pp. 26 - 29.

② Emilie Amt ed, *Women's Lives in Medieval Europe*:*A Sourcebook*,Routledge,1993,pp. 79 - 83.

讲,实际上是以世俗的方式铺就了一条通往上帝之路,跟所有的基督教父一样,发挥出重要的作用。① 实际上,古希腊时代重视个人的传统,已经为教父哲学所吸收。也可以说,《圣经》上具有的对于个人道德的关注,也被引进了古罗马的斯多葛主义。人们刻意按照最有教益的来自圣经、教父的作品和古希腊罗马道德家的作品,来重新塑造个人品质、社会风尚,②奥古斯丁以正统的基督教信仰相信,耶稣是完善的人,因此,他能够确证正直的人类生活,并寓于神和邻里的爱之中。然而,赋予肉体意味着耶稣也是优雅的特殊工具,并且由上帝协助人类公正地生存,③体现出奥古斯丁这位富有野性和激情的教父神学思想中的人文主义品质。

二、经院哲学诞生与中世纪人文主义的本体论位移

中世纪时代的教父哲学和经院哲学,均以理性论证明神性为时尚,这样使大批希腊时代的文献资料得以保存,并为文艺复兴的最终实现提供了可能性。

(1) 希伯来文明与希腊文明的融合,预示着神本哲学将最终导致实质性解体。

在两希文明结合的历史上,最早体现这一思想的是一位犹太教德菲洛(Philo Judaeus,前25—40)。这位与耶稣同时代的思想家生活在埃及,是犹太社团的领袖,是他最早使赫拉克利特使用的富有理性、智慧、规律含义的逻各斯,成为上帝创世的工具,成为上帝与人的中介。这一观念,也是基督教"道成内身"思想的重要来源。

早在希腊时代,希腊文明就已经大量地被传播到地中海东南岸的大片伊斯兰文化的领地,这也是两希文明融合,特别是古希腊文明得以复兴的重要前提。455年,汪达尔人攻陷罗马。4世纪末,日耳曼人大举入侵罗马帝国的土地,历史进入所谓的黑暗时代。此时,大量的古希腊罗马文化的经典在战乱中失落。529年,信奉基督教的罗马皇帝查士丁尼封闭了雅典学园,大批从事古希腊罗马哲学研究的思想家被迫流亡,并把大量的经典文献带到拜占庭帝国的伊斯兰世界。这一地段,

---

① Brend Bolton, *The Medieval Reformation*, Edward Amold Pty Ltd, 1983, pp. 18–22.
② Margo Todd, *Christian Humanism and the Puritan Social Order*, Cambridge University Press, 1987, p. 23.
③ E. M. Atkins Ed., *Augustine Political Writings*, Cambridge University Press, 2001, p. 15.

与罗马基督教世界基本隔绝。直到 15 世纪拜占庭帝国灭亡,古希腊罗马的许多经典,才得以在文艺复兴时代重放光彩。然而,在希腊罗马文化得以传播的历史过程中,伊斯兰人为此做出了十分重要的贡献。伊斯兰人不像哥伦布描述的欧罗巴人那样贪婪及使人改宗。①

在黑暗时代,尤其是 9—10 世纪,秃头查理死后,加洛林王室的权势迅速衰落,古国的各部分之间战争四起,自相残杀,造成一个动乱不堪的局面。在这一时期,教会无力维持这一混乱的局面,教皇或者成为政治运动的傀儡,或者被暗杀,或者遭到后继者的审判。就是这样的时代,加洛林帝国的圣泽(Saint Gerorian)等修道院,保存了大量的古典文献,并延续了中世纪许多思想家以理性哲学证明神性哲学的学术传统。其中,最为著名的应是坎特伯雷的安瑟尔谟和阿伯拉尔。他们的理性神学思想是哲学从根本上解构神学的重要标志。

尽管安瑟尔谟是一位基督徒,一位神学家,他要证明的东西早已是他相信的东西,然而在理论上他表现出哲学与神学的同一性,理性与神性的同一性。信仰能坚持的被必然理性所证明的是同等的,②以此来显示神学的"真理性"。可见,安瑟尔谟是以辩证的理性来证明神性的真理性的。

与以往的思想家和信德不同,安瑟尔谟不只是凭借经典或权威的话来说明问题,而更多的是凭借推理,凭借逻辑与理性的证明,他关于上帝存在的"本体证明",就是最典范的例证。可见,安瑟尔谟是以富有理性的逻辑推理来进行上帝存在的本体论证明的。其结果就是,在确立人的存在的合理性的同时,在一定程度上取消了神的合理性。更何况安瑟尔谟关于上帝存在的本体论证明是以"设想"为依据的,因此他的证明,与其说是以理性证明神性,不如说是以理性替代神性;与其说是以人证明神,倒不如说是以人替代神。

阿伯拉尔以理性和事实所连接的辩证神学和理性伦理学,更以"理解导致信仰"和追求"心灵的自由",把安瑟尔谟的潜在的神性走向理性、神学走向人学的思想向前推进了一步。在他的论著《是与否》中,阿伯拉尔列举了 156 种论题,他认为,辩证法是发现论据的学问,它的首要任务不是证明与解释,而是探索与批判。

---

① [法]德尼兹·加亚尔、阿尔德伯特等:《欧洲史》,蔡鸿滨等译,海南出版社,2002 年,第 319 页。
② J. Hokins and H. Richardson, *Anslm of Canterbury*, London, 1974, p. 101.

在他的理性伦理学著作《认识你自己》中,阿伯拉尔提出了四种公设:"1. 灵魂不完善,它使我们倾向于犯罪;2. 罪恶本身,它产生于对罪恶的赞同和对上帝的藐视;3. 邪恶的意志或欲望;4. 邪恶的行动。"① 阿伯拉尔认为,在诸如罪恶的倾向、意图、表现和后果中,只有意图才是真正的犯罪,只要心灵不赞同罪恶,行为的屈从也不能算作犯罪。尽管身体被支配,但是心灵依旧是自由的,因此真正的自由不会受到威胁。

由于阿伯拉尔在宗教神学的世界里,为人的理性和心灵创造了特殊的生存空间,因此沃尔夫认为,阿伯拉尔坚持在神学领域内给予辩证法以权利,根据理性主义原则建构神学与哲学的联系。② 此时,哲学的理性主义已经在取代宗教的神秘主义,以便最终从根本上为以人为本的知识学的诞生奠定基础。

(2) 从"唯实论"的普遍的抽象向"唯名论"的个别的具体变迁,也是中世纪学术思想本体论位移的重要标志。

11—12世纪经院哲学的形成,并未得到古希腊时代文献资料的支持。随着12世纪以后翻译运动的崛起,大学有勃兴和学术派别的不断涌现,古希腊罗马学术著作由西西里岛传到西方,经院哲学才得以迅速地发展。唯名论与唯实论之争是在这样的历史背景下发生的。

问题的根源在于柏拉图与亚里士多德关于"理式"或"共相"的争论。这一争论出现在波菲利和博埃修斯著作的注释中,因此经院哲学的思想家们便产生了一种追求:实在究竟在于"共拥"还是在于"殊相"呢?唯实论者坚持柏拉图的观点,认为"共相在物先";亚里士多德认为,"共相在物里";而唯名论者则发展了亚里士多德的观点,认为"共相在物后"。这就是"唯实论"与"唯名论"的历史背景和基本观点。这些观点的形成,则经过了一个复杂的变化过程。

首先是罗色林与安瑟尔谟之争。安瑟尔谟是一位忠诚的新柏拉图主义者,他主张为信仰而求理性的目的,是为了确立共相——"理式"的绝对意义。他认为,最高的最真实的完满性是唯一的,那就是上帝。在经院哲学中,这是一种典型的唯实论者。罗色林曾师从约翰学习辩证法,以便厘清真伪,获得信仰中的真理。根据亚

---

① A. Hyman and J. Walsh, *Philosophy in the Middle Ages*, Indianapolis, 1974, p.197.
② De Wulf, *History of Medieval Philosophy*, Vol.1, New York, 1926, pp.202-203.

里士多德的《范畴篇》,罗色林认为,真正的实体只在于个别事物,一切词都只表示个别事物,"殊相"表示个别事物的概念,共相表示普遍事物的概念。所谓"唯名论"就是,一切词都是个别事物的名称,共相不表示个别事物之外的实在。也就是说,个别事物是唯一的实在,普遍事物不具有实在性。安瑟尔谟认为,如果说"殊相"没有统一的法则,"殊相"不能集合成共相的话,那么共相也不可能分解为"殊相"。那么"三位一体"的上帝,也就只能被分为三个上帝了。因此,罗色林不仅在1092年索松主教会会议上被谴责为"三神论者",也被安瑟尔谟称为"使用辩证法的异端"。① 在这一次棱角分明的争论中,唯名论者似乎不占什么优势。

其次是阿伯拉尔对香浦的威廉的批评。阿伯拉尔是罗色林和威廉的学生,著作《波菲利集论》是记录两种观点争论的珍贵文献。在这场争论中,威廉认为,共相是事物的共同本质,共同本质同时存在于一类事实之中,这些事物的差异由它们自身的偶在性造成。后来,他又认为,共相以无差别的方式存在于一类事物之中。阿伯拉尔在充分研究波菲利的诸多问题的基础上认为,理式与共相不是一回事,普遍与个别的区分也不是整体与部分的区分。共相不可能是部分的集合体,集合体也不可能同时分布到各个部分之中。因此阿伯拉尔认为,无论是单一的事物还是集合的事物,都不能称之为共相,因为这些事物都不是众多的确良事物,众多事物只能靠它们各自的词来表达。② 也就是说,"一"不能代表"多","多"是由若干个"一"表达出来的。阿伯拉尔努力抓住事物的差异性,从而为温和的唯名论正名。

(3) 在经院哲学争论与发展的中后期,出现了一些代表性的思想和流派,它们分别是托马斯·阿奎那、邓斯·司各脱和奥卡姆的威廉。他们对"共相"与"殊相"关系问题的看法,标志着经院哲学思想本体论位移的历史进程。

托马斯·阿奎那(Thomas Aquinas,1225—1274),出身于意大利伦巴底望族阿奎那家族,是一位伯爵的儿子。5 岁时就被送到卡的诺修道院当修童。15 岁时被送进那不勒斯大学学习。21 岁时被多米尼克会送进巴黎的圣雅克修院学习。作为大阿尔伯特的学生,托马斯精通《圣经》《尼各马可伦理学》等经典。由于他体格粗壮,长于默想,所以有"西西里哑牛"的美称。大阿尔伯特这样称赞他:"这只哑

---

① A. H. Armstrong, *The Cambridge History of Later Greek and Early Medival Philosophy*, Cambridge, 1967, p. 636.

② R. Mckcon, *Selections from Medieval Philosophers*, Vol. 1, New York, 1929, p. 232.

牛总有一天会吼叫的,而且他的吼声将传遍全球。"[1]1252年,他在巴黎大学神学院毕业,受教皇恩典,他与波那文都一起破格获得托钵僧侣神学硕士学位。从1256年到1274年,他先后在巴黎、罗马和那不勒斯完成自己的教学、著述和宗教事业。托马斯是新的"温和唯实论"的集大成者。

在"唯实论"处于十分关键的历史时期,托马斯的学说起了重要的作用。在《神学大全》中,托马斯用问题的方式为唯实论争取生存空间。他的第一个问题是除了哲学科学以外,是否还需要其他科学,宗教学作为神圣的学问是不是一门科学。托马斯认为,科学是根据对象认知方式的不同进行分类的。哲学通过自然的理性之光来研究认知对象;神学是通过上帝的启示之光来研究自己的认知对象的。作为神圣学问的神学与作为哲学组成部分的神学具有根本的区别。[2] 因此,人类为了在上帝那里获得完全的救赎,除了要研究理性的哲学以外,还要研究神性的宗教学。托马斯还从事物运动的第一推动者、事物终极的动力因、终报原因的必然性、事物完善性的最高等级和自然的目的性等方面,证明上帝的存在。托马斯证明神学和神存在的合理性,从本质上为"唯实论"的合理性奠定基础。

托马斯在研究柏拉图和亚里士多德的存在与本质、原料与形成等重要范畴中,阐述了自己关于"共项"与"殊相"的观点。他认为,在研究"共相"与"殊相"之前,必须首先弄清"自有的存在者"和"共有的存在者"之间的区别。自有的存在者以自己为存在的原因,它只表示上帝存在的单一性。"共有的存在者"是表示一切存在者的普遍概念,表示所有事物的共同存在,是一般中的个别、个别中的一般,它凭借事物存在而存在,如同"共相"存在于"殊相"之中。托马斯认为,事物的存在因为上帝的存在才具有现实性,而各种事物是从它们的相同的东西而不是从不同的东西中获得同一性。托马斯将上帝与共相区别开来,又要证明共相的合理性,显然是一件十分困难的事物。

托马斯的共相论是在首先确立"殊相"存在的合理性前提下证明的,正如他首先承认哲学的合理性一样。同时,他又主张将教理神学从哲学中分离出去,这样就从根本上确立了哲学及其理性的独立性。这种"温和唯实论"思想,为哲学及其理

---

[1] 傅乐安:《托马斯·阿奎那基督教哲学》,上海人民出版社,1990年,第4页。
[2] A. Hyman and J. Walsh, *Philosophy in the Middle Ages*, Indianapolis, 1974, p.480.

性的张扬提供了可能性,因此他也遭遇反亚里士多德主义者——奥古斯丁传统神学家们的进攻。从托马斯的名言"恩典并不摧毁自然,它只是成全自然"的观点,就可以看出他的思想与理性哲学结下了不解之缘。然而,更由于它为宗教神学事业立下了汗马大功,因此教皇二十二世在1323年册封他为圣人,他的学说无与伦比,他是照亮整个人类社会的星辰。①

邓斯·司各脱(Johannes Duns Seotus,1265—1308),生于苏格兰伯立克郡。他的教父是法兰西斯会苏格兰分会的会长。司各脱15岁加入法兰西斯会,18岁赴牛津和巴黎学习,26岁成为神父,1294—1297年在巴黎大学神学院学习。毕业后他本可以留校任教授职位,但由于参加教皇卜尼法斯八世反对法王菲利普的活动,于1304年被驱逐出境。教皇逝世后,曾回巴黎大学任劳任怨教授,后因遭受指责与围攻,被修会保护并调至科隆的法兰西斯会学馆工作。1308年,43岁的托马斯在科隆去世。他的代表作为《牛津评注》,其余还有《巴黎记录》等多种。他曾经被马克思称为有唯物主义思想的唯名论者。他的最突出的贡献是,把除上帝存在的证明之外的"自然神学"的全部内容,从哲学中清除去,使以人的理性为本体的哲学获得真正的独立和自由。

司各脱反对托马斯关于存在的"类比"学说,认为理智首先感受到的是个别的具体事物,而理智的第一原则又是普遍的存在。他同时反对托马斯对存在与本质的区分。他认为,存在与本质是一样的,而活动先于潜在,与潜在又是不一样的。②因此,他的学说与托马斯相比,又发生了很大的变化。司各脱关于"唯实论"与"唯名论"的观点记载于他的"无限存在论"和"有限存在论"之中。他认为,人类的经验是一种有限的存在,而无限存在只能是人的思想之中的概念。这种概念的主要内容就是关于上帝存在的证明。主要内容是,大前提,"无限存在"只要可能便必然存在;小前提,上帝作为无限存在是可能的;结论,上帝必然在。这一证明,显然与安瑟谟尔和托马斯的观念没有本质的区别。在有限存在论中,司各脱试图在"唯实论"和"唯名论"之间寻找一条可以沟通的桥梁。在唯实论者与唯名论者的争论过程中,唯实论重视整体与抽象,唯名论者重视个别与具体,而且双方不断靠近,并部

---

① 傅乐安:《托马斯·阿奎那基督教哲学》,上海人民出版社,1990年,第216页。
② T. Gilby, *Saint from Medieval Philosophers Text*, Oxford, 1960, p. 29.

分地吸收对方的观点。在这种情况下,司各脱认为需要重视殊相作为事物性质的价值,重视共相的个别化原则的特殊意义。

司各脱认为,性质相似的诸多个别事物具有实在的共怀。以具体的个别事物为对象的共性,被称作形而下的物理共相;以理智的观念为对象的共性,被称作逻辑共相。司各脱关于事物性质的共相,试图将"唯名论"拉向"唯实论",并接受唯实论。相反,他的个性化原则又认为,个性化是一种绝对原则,它涉及共性,但无须解释,它只是一种概念。他说,个性不是原料、形式,也不是两者的复合,因为它们都是属性,个性是质料、形式及其复合物的终极的实在。① 显然,司各脱的个性化到了共性的图式之中。在这里,理智、个性,均处于一种潜在的状态之中,其中不会辩证的哲学理念将自然神学从哲学中清理出去,显然又比托马斯的"唯实论"思想更多地吸收了"唯名论"思想,从而将"唯实论"中的个性和具体性的分量进一步提高,同时也增强了人的确良理性在哲学中的纯粹和自由的品质。

在经院哲学的思想史上,实现其本体论位移的关键人物是奥卡姆的威廉(Guillelmus de Ockham,约1285—1349)。他生于萨里郡,21岁加入法兰西斯会,25岁入牛津大学神学院学习,1320年,完成博士的全部学业,先后因候选人太多和所谓异端指控,最终未获得学位。1320—1324年,在牛津的法兰西斯会学院从事教学和著述,后因思想激进遭到牛津大学校长约翰·路特维尔的清查。奥卡姆的《箴言书注》中抽出的56个命题,被确认有51个有问题。1328年3月26日,与米切尔等四人为避免遭受迫害逃到意大利的比萨,并寻求罗马帝国皇帝巴伐利亚的路德维常的保护。在引用15世纪作家特里塞米的名言"你用你的剑保护我,我用我笔保护你"中,奥卡姆的引用是最著名的。1347年,奥卡姆死于欧洲流行的天灾黑死病。与他的老师邓斯·司各脱相反,奥卡姆是帮助王权反对教权。他竭力反对教权的绝对权威,主张教皇应当由宗教会议选举产生,可见奥卡姆的思想充满现代意识,后来又被认为是一条"现代路线"。凭借《箴言书注》等著作的完整而辉煌的思想,标志着经院哲学思想经过反复斗争之后已经终结。

首先,奥卡姆反对经院哲学思想家们漫无休止地争论,并创设许多生冷、晦涩的词汇,提出著名的"经济思维原则",即"在没有必要的情况下,不要增设实有"。

---

① T. Gilby, *Saint Thomas Aquinas Philosophical Texts*, Oxford, 1960, p.68.

这样,被人们称为"奥卡姆剃刀"的原则,剪除了经院哲学中的等级观念及其不断衍生的理论和概念。同时,他又以创设"词项逻辑来替唯名论学说,画上一个圆满的句号"。

词项逻辑也是某种意义上由奥卡姆创造的新词。尽管作为指称和指代都来自经院哲学的传统,然而奥卡姆的词项所指已不是说"共相是词",词项不是孤立的词,而是作为命题组成部分的词。也就是说,命题的每一个组成部分,就是一个词项。[①] 词项逻辑,从意义上进行了革新,把"唯实论"拉向"唯名论",从而创造出新的"唯名论"的思想体系。

在奥卡姆的词项逻辑理论中,对象、意念和概念是一组重要的范畴。他认为,外部对象的存在不是概念的直接的自然原因,只有当外部对象在人的心灵中转化为意念时,才能成为概念的直接原因,这样意念被他称为"第一意念",而概念则被称为"第二意念"。第一意念指导的不是符号的理智活动,而第二意念指示的是第一意念的活动。这样,理智从本质上渗透到人的意念和认识论的本原之中,是为神性向理性的转换奠定了理论基础。关于"唯名论"与"唯实论"之争的关键问题,"殊项"与"共项"问题,奥卡姆认为,第一意念来自对外在事物的指标,它是直接、具体的,同时也是个别的符号,其实这就是"殊相",它在任何时候都具有实在的意义;而第二意念则不然,它是符号在人的心灵中的意念,只有当它在命题中时才具有意义,并体现它的指代功能。共相只能产生于人的心灵之中,也只能具有指代功能,不可能具有任何绝对优先的东西。

如何处理好唯名论之殊相与唯实论之共相的关系问题,是奥卡姆"现代路线"的重要内容之一。他认为,"殊相"是对个别的具体事物的指标,而"共相"则是对个别的具体事物指称的指代,即是对"殊相"的指代。"殊相"作为一个词项时指具体的事物,而共相只能作为命题的组成部分并在命题中才有意义。在奥卡姆的学术思想中,他认为,多种科学都是由命题组成的,实在科学所知的命题的组成部分,指代的是事物,而理性科学命题的组成部分指代的是符号,而且是约定符号。所谓指代的是事物,指的是指代的而不是指称的是事物,这种指代多指概念而已。指称只属于"殊相"的功能,指代可以体现为"共相"对"殊相"的概括和指代,因此,科学研

[①] A. Hyman and J. Walsh, *Philosophy in the Middle Ages*, Indianapolis, 1974, p. 494.

究的主要是共相也是合理的。也就说，科学研究的对象是指代"殊相"的共相。一切科学研究的对象都是普遍的，与"共相"是对个别事物的指代是可以并存的，而且是没有矛盾的。

(4) 奥卡姆主义的诞生标志着经院哲学时代的终结。

从奥卡姆思想的基本精神中，我们可以感受到中世纪学术思想在教父哲学之后，不断地体现出由以神为本的宗教哲学向以人为本的理性哲学的位移；奥古斯丁以光照论铺垫了以柏拉图为根源的"唯实论"思想的基础，而托马斯则把教理哲学从理性哲学中分离出去；司各脱又从本质上厘清了自然神学与理性哲学的界线；奥卡姆则把神学控制哲学的最后一道防线"上帝存在的本体论证明"从哲学中清除出去。奥卡姆不相信任何权威，即便是上帝也是自明的论证和经验所不能证明的，至多只是一种命题中的指代而已。① 可见，哲学是一个独立的整体，是以奥卡姆的学术思想为标志的。

在关于人的问题上，奥卡姆从根本上突破了柏拉图、奥古斯丁和托马斯等人的重重限制，同时也实现了对亚里士多德主义的超越。他认为，人的灵魂只是一种信仰而不是一种知识，因为灵魂既不可感知也不可理解，而可以感知和理解的只有人的理智、意志和欲望。② 这里，奥卡姆是吸收了柏拉图在《理想国》和亚里士多德在《形而上学》中提出的人的心灵分类及其研究的知识学思想，从根本上为文艺复兴之后的以理性为背景、以人的心灵为依据的知识哲学的诞生，提供了充分的条件。

奥卡姆的学术思想特别关注人的意义。由于上帝只是学术命题中的一种指代而已，因此人的意志和权利应该得到普遍的尊重和确认。一方面，奥卡姆将人的生命权和财产权，放在重要的位置，而且特别关注财产在平民生活中的"事实上使用"的状况，以便为以民为本的人权正名；另一方面又主张以个人良知作为社会规范的道德标准，突出个人的道德主体性，取消上帝意志及其导致的社会约束力。从学理的孜孜追求到支持王权抗争教权的不懈努力，可以看出不断实现着的新唯名论的总体倾向：理性、人体、世俗、个体意义的全在同时崛兴，已经成为中世纪学术思想本体性位移的重要标志。14 世纪以后，西方文明正是通过这一座桥梁并按照这一

---

① T. Gilby, *Saint Thomas Aquinas Philosophical Texts*, Oxford, 1960, p. 231.
② T. Gilby, *Saint Thomas Aquinas Philosophical Texts*, Oxford, 1960, p. 233.

条路线实现了对古希腊罗马时代思想与文化的复兴,从而步入人类的近代史的历程。

人文主义传统指的是来自希腊罗马的以理性为主要背景、重视城邦制国家权力的古典人文主义。用普罗泰戈拉的话说就是:人是万物的尺度,是存在的事物存在的尺度,也是不存在的事物不存在的尺度。① 也就是说,是在理性高于神性、国家权力高于宗教权力然而又逐步衰落的背景下,重视人的价值和意义。令人深思的是,为什么人文主义能够在14世纪的意大利重现?其原因决非拉尔夫等人所说的只是由于意大利城市社会的形成,或者是意大利人的怀旧意识。我们认为,意大利文艺复兴的出现,首要的原因是历史的因素,即中世纪是古典文化得以复兴的根本原因。

在中世纪,我们看到了动荡与黑暗,但也应当看到古典文化与学术思想的传承,特别是以哲学阐述宗教的传统。在这一时期,大量的学术经典在宗教领地得以流传,特别是柏拉图、亚里士多德的学术经典,在教父和经院哲学家的学术视野里得到充分的重视。然而,由于宗教在本质上与理性是不可通约的,因此中世纪思想与文化的历史进程,事实上是理性个别和具体不断崛起的时代,也就是宗教与神性本质上不断衰落的时代。正是中世纪成为新旧古典文化之间的桥梁,即大量的文化经典的传承和文化理念由唯实论向唯名论的演变。

在传统社会向着现代社会转换的历史进程中,人们会发现:人文主义传统的复兴,总是以许多因素的完美的融合来充分体现这一时代的意义和价值。我们知道,在不同的国家、地区或时期,可能会形成不同的现代历史的动力,即认同不同的传统社会有可能形成不同的现代历史模式,这些模式有可能与它们的历史经历有关,或者与现代历史的传播状况有关;②相反,也正是由于这些原因,现代历史同时也会出现一些负面因素,这些负面因素也同时以不同的方式进入现代社会。或许,这是我们对人文主义传统复兴的现代历史状况的忧思:人是否能够成为目的和中心,人的科学体系在现代社会背景下是否可以有所作为?

---

① 北京大学哲学系外国哲学史教研室编译:《古希腊罗马哲学》,商务印书馆,1961年,第138页。

② S. N. Eisenstadt edit., *Patterns of Modernity Volume I*: *The West*, London: Frances Pinter, 1987, p. 5.

第三章
近代人文主义的复兴

当人们在向往和谐的文明状态的时候,首先就会把目光投向文艺复兴时代。在那个时代,神与人、自然与人类、科学与宗教、技术与艺术,无不处于一种天然的和谐状态之中。可是,人们是否曾经把自己的心灵沉浸到文艺复兴时代的精神深处呢?

第一节 艺术与技术:文艺复兴时期的人文主义

文艺复兴时期的人文主义以全面呈现古典时期文化艺术为载体,来再现古典文明的基本品质,同时也展示近代文明的时代内涵:技术与艺术、现代与传统、理性与信仰等文化范畴,都以不同的方式,来体现出西方人文主义的近代特征。

一、文艺复兴时期人文主义的含义

由于中世纪的教父哲学和经院哲学在经历多起学术复兴的历史进程和以哲学阐释宗教的背景下,保存了大量的科学文献和文化典籍,从而使科学技术与文化典籍得以在新的时代重放光彩。从某种意义上说,重视传统、探索自然、传承文化,是文艺复兴时代得以到来的重要原因和背景。

早在中世纪,意大利人就已经是地中海上的探险者,探险是意大利人体现人的精神价值的重要方式。到了近代时期,许多探险者走出地中海,寻求西班牙、葡萄牙的支持,走向海洋,走向全世界。无论是古老的帝国意识,还是海上早期技术和积累,已成为意大利人寻找新技术和新发现的推动力。早在 15 世纪末,意大利的数学和自然科学就在欧洲具有很高的地位，保罗·托斯卡内利、卢卡·巴齐洛和达·芬奇，都是令人敬仰的科学家，就连德国著名的科学家吉奥蒙达努斯和后来享有盛誉的哥白尼都认为自己是意大利人的学生。

意大利的医学解剖学也有很高的成就，亚里士多德的大、小宇宙论，是推动意大利医学解剖学发展的力量之源泉。这一理念，从根本上打破了古罗马时代著名的外科医生盖仑提出来的关于心脏与血液循环的假说，即人的血液循环是基于人的左右心房的毛孔，而不是其他因素所致。1555 年，维萨留斯著《人体结构》。1628 年，哈维著《心血运动论》，在古希腊罗马人医学思想的影响之下，又从根本上实现对前者的突破。就连英国的炼金术士罗伯特·弗拉德医生也表现出对哈维循环论的鼎力支持。从科学技术的角度，无论是数学、医学、天文学、化学，都体现出对人的关怀是一种纯粹的科学技术的人文主义。

古典文化的重现，被人们认为是文艺复兴的主要内容，也是人文主义思想的主要载体。在文艺复兴时代，人们常常通过文化的传承和典籍的重现，来展示古代文化的魅力。从总体上看，柏拉图主义和亚里士多德主义的作品同样受到重视，而古罗马时代流传下来的精品则以奥维德、维吉尔和塞内卡的著作影响较大。如果说，科学技术的意义在于关注人的价值的话，那么古典文化的意义则是在于重现古代文化中人的智慧与品德，重现古代社会的人性之光。

古代文化的传承是文艺复兴的重要途径。首先，来自古代的文献以早期的基督教为媒体。基督教有"令人改宗"的传统，特别是在格里高利及其继承者的统治下，大片的所谓异教的北方被转变为基督徒的世界。伴随着信仰的传播，罗马的文明与学术经典也得到了传播，从而使古典文化的长期传承具有了可能性。其次，纸质的变化也是古典文献得以传承的原因之一。从 200 年到 400 年，不断普及的羊皮纸逐步取代了传统的草纸。羊皮纸是一种更为耐久的材料，因此在古典文献传承的过程中，发挥过积极的作用。然而，由于获得了新的载体，导致了大量的手抄本的流失，手写体的小写字文献永远地被抛弃了。

古典文献的重新发现，也是古典文化得以复兴的重要原因。到了 15 世纪，尤其是拜占庭帝国灭亡前后，敬奉古典文献、搜寻古典文献，已成为重现人文主义的重要方式。大约在 1416 年，雅各布·安吉洛在寻找资料后的航行途中，突然间船沉没了，这时他首先想到挽救他的伟大的历史性发现，就是 2 世纪古希腊著名的天

文学家、地理学家托勒密的名著《地理学》。1417年，波吉奥·布拉乔利尼发现了古罗马著名的哲学家、诗人卢克莱修的著作《物性论》。1426年，盖利诺·达·维罗纳发现了2世纪古罗马塞尔苏斯百科全书式的著作《医学论》，这是拉丁语散文著作鼎盛时代唯一幸存的作品。不仅如此，人们还努力翻译亚里士多德、托勒密·盖伦和其他一些新柏拉图主义与新亚里士多德主义的经典文献。这些著作，充分体现出古典文化中的人文主义之光。

正如古典文献的复兴不只限于古罗马一样，文艺复兴的魅力也不只限于意大利自己的土地。文艺复兴不仅对意大利具有强大的民族意识和感召力，对整个欧洲也体现出强大的吸引力。到了16世纪早期，意大利对欧洲人的吸引力，如同以前希腊文明时具有的魅力一样，令人敬仰和神往。如同希腊对罗马的影响一样，意大利几乎在政治、宗教、文化和教育等方面，给整个欧洲提供了一种典范。无论是新教国家还是天主教国家，无论是世俗的行政官员还是教会的神职人员，都可能成为奥维德、维吉尔和塞涅卡的崇拜者。即使是在16世纪20年代，德国士兵打进罗马城，并给这个城市带来重大破坏的时候，这一城市对欧洲人的吸引力，也从未减退过。罗马的游客和罗马自身的城市人口，始终处于一种稳步的增长状态之中。更重要的是，"罗马人"从本质上标志着人文主义的品质。这是因为，在古典文明中，罗马人已经成为法律的概念，它是一种自由民主的、城市文明的体现。任何人都可以成为罗马人，在某种程度上，罗马社会是共和制度的象征，罗马人是世界公民的象征。

二、文艺复兴时期人文主义的特征

我们认为，从总体上看，文艺复兴时代，是一个和谐的时代。和谐是这一时代的基本特征。具体地说，是人与神的并存、人与自然相生、技术与艺术合一、法律与道德互济、家庭与祖国并重。这些特征，既呈现在文艺复兴时代诸多文化现象之中，又体现出这一时代的本质精神。

在古典模式的影响下，文艺复兴中的人文主义给文学的发展带来深远的影响：首先是新拉丁文学，其次是各种土语和民族文学，影响着它们的内容、形式与风格。特别有趣的是，在哲学思想领域，文艺复兴思想的源头比起古老的思想模式，并不显得重要。① 由此可见,古典文化模式对于近代社会的影响是十分重要的。当然,古典的文化模式与深厚的思想内涵的整合,构成了文艺复兴时期人文主义的基本特征:

第一,人与神并存是这一时代的基本特征。在整个文艺复兴运动的历史学研究中,人们都认为,人已经取代了神,成为万物的中心。或者说,尊重人,肯定人的价值,以人为本,是文艺复兴时期文化与思想的基本属性。事实上,作为一种信仰,一种文化背景,基督教已成为西方文明的永恒的底色。也就是说,神是一种永恒的存在。这一状态,即便是到了以知识哲学为主流的近代启蒙时代,也依然如故。因为这样的原因,关于这一时期人文主义的本质,但丁认为人类只有尽其所能与上帝想象,才能处于最佳状态。② 这一观点,虽然与时尚的说法相左,却从根本上把握了人文主义的本质。但丁的论断表明,文艺复兴时代不是摒弃宗教神学的时代,也不是摒弃神性的时代,恰恰相反,这一时代是宗教与哲学异主,神性与人性并存,宗教生活与世俗生活合一,以和谐为基本特征的时代。

第二,人与自然相生是文艺复兴时代文化与思想的基本特征。这一时代,较少以社会的禁忌来限制人的思想,而充分地体现出人的自然本性,体现出人对自然的尊重,人与自然的相亲相爱。达·芬奇就是这样的典范。作为一位律师与农家女非婚生的儿子,达·芬奇的出生本身就是一个奇迹。他是自然造化的结果,而不是社会法则的产物。达·芬奇不仅是一位素食主义者,还对自然界动物的生命特别爱护。他曾经到市场上购买笼中之鸟,然后把它放回大自然。人文主义的优秀品质,在达·芬奇的生活中得到充分的体现。

第三,技术与艺术的合一,也是文艺复兴时代文化艺术的基本特征。在这一时代,皮科洛米尼、巴尔齐扎和达·芬奇等思想家,已经意识到一个朴素的道理:自然科学容易轻视人的内在品德。因此,热心于从物理、数学等自然科学和形而上学上获得知识的人们,实际上落下了一个非常重要的学科,这一学科就是我们掌握生活、表现生活的艺术,它是人们通往德性之路的学科,也是人们通往自由、快乐与幸福之路的学科。正因为如此,通过艺术来造就文艺复兴时代人文主义精神品质,显

---

① J. Kraye, *The Cambridge Companion to Renaissance Humanism*, Cambridge University Press, 1996, p. 1.

② [意]但丁:《论世界帝国》,朱虹译,商务印书馆,1985年,第10页。

然是一种重要的文化形态。令人不能忽略的是,文艺复兴时代的艺术,能够自由而充分地体现出技术与艺术合一的基本特征。一方面,艺术在追求人的本性的重现,并要求古典的人文主义精神;另一方面,解剖学、数学、几何学等自然科学越发广泛地进入人文主义思想与文化的领域,因此诸如美术之类的艺术,常常是人体解剖与艺术表现的有机统一。事实上,这也是欧洲人重经验、重科技的文化传统的表现方式。

第四,法律与道德的互济,也是这一时代人文主义品质的基本特征。尽管在这一时期的人文主义重视对人的自然本性的彰显,但是社会的法律与公民的道德依然是十分重要的活动话语,法律中体现道德精神,道德中展示法律的严肃性,两者的互济互补是这一时代人文主义的基本特征。人文主义者认为,法是社会的基础,而法的建立则是以普遍正义为基础的。也正因为如此,法在处理整个社会的人与人的关系问题中,具有十分重要的作用。他们认为,人们对法学的颂扬是永远不会过头的。法,不仅能限制穷人,普通公民和富人,对法官、官吏,乃至国王,也同样具有约束力。它们在强弱之间保持平衡,从而在人与人的平等之中体现出整个社会的和谐。

当然,法律与道德的互济,并不是说法的具体状况和道德的总体内涵是没有差异的。事实上,法更强调规则的严肃性,与政治靠得更近;而道德则与人的利益、情感等问题密切相关。比如,与政治紧密相关,就容易使法变形,并体现出时代与阶级的倾向性,公正只是相对的范畴。而与平民生活密切相关则又体现出另外一种朴素的风格。比如,在文艺复兴时代,尤其在彼特拉克等文学家中间,"爱"是道德范畴中十分有地位的话语。人们很坦然地认定,爱就是阳光。因此,爱自己,爱他人,爱人类,事实上已经成为人文主义思想与文化的基本内涵。一个"爱",常常是和平与幸福的重要元素。来自欲望的爱,它常常节制暴力,给人带来和平;来自希望的爱,则常常能富有理性地把自己的生命与他人、与这个世界交融在一起,从而给世界带来幸福。

第五,个人、家庭与祖国紧密关联,国家利益高于个人的利益,也是文艺复兴人文主义的重要内容之一。在布克哈特的《意大利文艺复兴时期的文化》等著作中,都充分确认,重视个人的发现、个人的价值,是文艺复兴时代的基本特征。实际上,在重视个人存在价值的同时,家庭与国家在文艺复兴时期也具有重要的分量。人文主义思想家仍重视个人的权利与荣誉,重视生活的快乐与幸福。他们认为,随着工商业时代的到来,追求财富的积累,提高人们劳动的积极性,是一件非常正当的事。帕米尔耶里认为,没有钱花的人,既不是自由的人,也不可能风度翩翩。有道德的人,应当追求财富和荣誉,在不损害别人利益的情况下,过上好日子。他们不仅称赞合理地追求财富和荣誉是道德的,还主张有道德的人应当为国家掌管财富,为国家做贡献。阿尔贝蒂认为,勤劳是人的美德,人的尊严正存在于劳动之中。同样,荣誉也正是凭借勤劳等道德的力量在人们心灵中发生效用。

文艺复兴时期的人文主义,非常重视个人的品质。他们认为,对于现实社会中的人来说,没有个性特征比没有自我决断行为能力的分量更重。当然,文艺复兴时期的人文主义者更关注家庭和国家的意义。菲奇诺认为,人是天生的雕塑家,他可以按照自己的形象塑造子女,创造属于自己家庭共和国,他凭借自己的智慧、道德的力量来经营这个家庭。阿尔贝蒂则认为,人世间最大的爱,就是爱自己的祖国和新人。因此,一个优秀的公民,应当完成国家赋予他的使命,应当为他的祖国争光。对人文主义思想家来说,教育应当充分地体现出爱国主义的情感,让它成为人们所有社会活动的道德精神。

在个人、家庭与国家的关系问题上,人文主义思想家更重视国家的利益。这种现象表明,民族主义在13世纪以后,已经成为欧洲文明重要的存在方式,在意大利尤其如此。意大利人把爱国看作一种道德品质。他们认为,爱国关系到所有人的幸福,因此它应该成为道德教育中最重要的部分。他们主张,国家的富强、城市的优美和家庭的幸福,这些公众利益,是最崇高、最伟大的事情。因此,人们为了国家的荣誉和利益,可以牺牲自己利益,乃至牺牲自己的生命。热爱祖国和人民,为祖国争光,完成祖国的使命,是一个优秀公民的优秀品德。显然,这一时期的人文主义已经和民族国家的观念紧密地联系在一起。

文艺复兴时期的人文主义,不是诞生于突发性的历史事件,而是历史与现状的连接,具有鲜明的历史连续性。首先,文艺复兴时期对于理性的推崇就直接来自古希腊时代的理性精神,而希腊时代的神话、雕塑等更是文艺复兴时期艺术创作的源泉。其次,中世纪的思想与文化也给文艺复兴时代的人文主义带来深刻的影响。英国的莎士比亚就曾经遵从阿尔伯特的旨意以一些直白的材料,而不是幻想去描述他所观察到的事物。而且,他的智慧不是以抽象的思维,而是以具体的文字表达出来的。正是在这种背景下,莎士比亚希望人们要做一个值得尊敬的人,所有这些首先意味着诚实,对朋友要诚实,在遭遇各种骚乱和事件的压抑下依然持有绅士风度。① 显然,莎士比亚的人文主义观点,既是希腊和中世纪文明的继续,又积极地影响现代人文主义的健康发展。当然,在莎士比亚人文主义思想历史的发展过程中,同时存在另一种强大的力量,这种力量来自技术。

三、人文主义的忧思

文艺复兴时代,以其复兴古典文化而成为人类历史进程中十分罕见的和谐时代,也是世界文明中十分幸福的时代。然而,这一时代,也蕴含着与文明和幸福相悖的诸多因素,并由此引起后来者的关注和忧思:学术文化的模仿、生命欲望的张扬、技术意识的异化,以及民族意识的膨胀,都以不同的方式,在不同程度上对世界文明史的正当发展,带来许多负面影响,抑或是现代人难以摆脱的遗憾。

首先,学术文化的机械模仿,是一个让人非常关注的问题。在文艺复兴时代,人们可以感受到人文主义的辉煌。在政治学方面,马基雅维利明确提出政治不再从属于宗教的观点;在自然科学方向,达·芬奇主张,一切都要服从自然规律;在艺术学方面,米开朗基罗通过绘画和雕塑来表现市民阶层的爱国主义情感和自由主义精神;在历史学方面,瓦拉从语言的角度证明,中世纪流传的《君士坦丁的赠礼》,揭穿教皇妄图实现统治西欧和意大利的阴谋;在文学方面,人们学习西塞罗的散文、维吉尔的史诗,还有贺拉斯的诗学与抒情诗;在社会理论方面,康帕内拉的《太阳城》展示出萌芽状态的共产主义思想。这些学术文化,可谓是古典时代重视的伟大成就。

然而,由于重视是与模仿联系在一起的,因此模仿带来的诸多弊端也非常明显:从总体上看,复兴的过程,一部分是模仿,一部分是创新。对意大利来说,模仿比创新更重一些。人们不仅模仿古罗马时代的建筑艺术,经院学者也从罗马思想家那里吸取文献资料和学术风格。人们还认为,从 8 世纪起,《查里大帝传》的著者爱国哈德就已经有了模仿意识并对这种历史现象予以有力的批评。他认为,自彼特拉克以来,就流行着一种不真实的传统的田园诗风格,这些诗,无论是以拉丁文

---

① John Carroll, *Humanism*: *The Wreck of Western Culture*, Fontana Press, 1993, p. 24.

还是意大利文写成的,基本上都是抄袭维吉尔的。可见,以人文主义为宗旨的文艺复兴部分地是古典文化复制品,缺少鲜活的创新精神。

其次,生命欲望的过度张扬,也不得不引发人们的忧思。文艺复兴时代的人文主义,尤其重视人的自然本性的再现。然而,过于强调人与自然本性,显然就易于丢弃本属于人的社会属性的高贵、尊严,乃至信仰,反而让人的欲望失去限度,或展示出过度的张扬。由于文艺复兴的主体更多是知识分子,因此脱离社会现实、及时行乐和傲慢放荡等现象,难免应运而生。人们从马基雅维利的《君主论》和瓦拉的著作《文雅》中,都可以感受到世俗与宗教相分离的一种强烈的人文主义色彩。然而,真正当神与人分离之后,人的状况如何呢?这种状况,已经为尼采、福柯时代的思想奠定了基础。

肉体与感官的欲望,不仅打破了传统的禁欲主义的宗教伦理,也打破了理性的向度,而寻求充分的张扬。彼特拉克的《秘密》就是这样的作品。它以拉丁文的书写方式来展示爱情和荣誉作为人生的目的。洛伦佐还模仿彼特拉克的文风,曾经为狂欢节写下著名的诗句:"青年男女情侣们,大好时光在于春。忘却痛苦和烦恼,一醉方休爱永存。轻歌曼舞悠哉哉,幸福常随享乐人。至于明天将怎样,无人知晓无人问。"除了文学作品,美术也是如此,裸体艺术是这一时期的主要形态,它既是自然美的最高形态,也是自然欲望表现的极致。如果称文艺复兴时代,是人性张扬的时代,那可是完全符合历史事实的。布罗代尔曾经这样说:"人文主义是朝向逐步解放人的战斗征程。不断关心着它可以变更和改善人类命运。"同时,他认为人文主义夸大了人性,削弱了上帝的作用。可见,人文主义在推斥上帝,尽管暂时拥有与上帝的悖立与和谐,然而纵欲与世俗已酝酿着近代文明的危机。

再次,技术意识的异化,直接影响世界文明的正常发展。技术异化是文艺复兴时代孕育的文明中的野蛮之一。在传统社会,技术与艺术是合成一体的。然而,由于诸多近代因素的滋生,一些负面因素也随之萌发。技术原来是人类创造文明的手段或技法,是人类对物质世界认识的积累和运用。这一时代,我们一方面感受到许多艺术家将科学技术与艺术创造整合在一起,这在达·芬奇的艺术实践和艺术作品中可以充分地感受到。另一方面,技术在不断地成为艺术的主宰,真正的心灵的艺术不断地遭受技术的控制,使人的心灵、人的艺术的本性不断消失,消失在技术、技法,甚至在机器之中。更重要的是,技术的异化使其走出艺术世界,进入人类的经济生活与政治活动之中。最令人关注的是,马基雅维利的《君主论》,该著作以其政治学从宗教学中的解放获得独立,而享誉整个学术思想史,也以率先提出世俗权力与教会权力的分治,而体现其浓厚的人本意识。然而,它的国王可以不讲仁义、不择手段地去实现自己的政治目的,显然是一种政治技术化的高度异化,也从根本上违反了人文主义的品质,或者说是反人道主义的。一方面人脱离了上帝,脱离了宗教伦理;另一方面人类又要遭受技术异化的熏染和伤害,显然是人文主义思想史上的缺憾。

民族意识的膨胀,也为极端民族主义的形成带来了隐患。在近代社会里,民族意识和爱国情感成为人文主义的组成部分,是有其合理性的。然而,由于工业技术文明的萌芽、海洋争霸的角逐和商业贸易的崛兴,在民族国家不断形成的背景下,民族意识的不断膨胀,也为人文主义正当发展带来严重的伤害。在文艺复兴时代,尽管有皮科、埃布雷奥强调和平、和谐和人类的爱,有布鲁民、萨鲁塔强调法律、正义和道德生活,然而强烈的优势民族主义是人文主义的致命杀手。它不仅能够伤害其他无辜的民族,也将最终把自己的民族送进灾难的深渊。在这一时代,表现得最为强烈的民族意识,莫过于但丁的帝国思想。

但丁在《论世界帝国》中充分表达了自己的帝国思想。他认为,人类要想获得真正的福祉,就必须建立一个世界帝国。建立世界帝国就必须有人担当这一使命。但丁认为,意大利人有罗马帝国时代的伟大传统,因此有资格来担当这一使命。显然,但丁的这一思想,是一种典型的优势民族主义意识。这一意识,实质上是一种唯我独尊的民族主义,它对人文主义的健康发展是十分有害的。历史上的文明古国不只是罗马,还有其他许多民族。每一个民族都有自己的文化。只有当所有民族的多元文化整合在一起的时候,才能滋养出真正的人文主义。

第二节 人性与科学:新古典时期的人文主义体系

16世纪以后,近代宗教、思想、文化、经济和政治,逐步在西欧登上历史舞台,整个世界文明的发展方向发生革命性的变化,传统性向着现代性的突破导致社会和文化秩序核心的性质和内容发生深远的变化,①人的价值和意义在不同的领域得到充分的重视。在这一背景下,诞生了休谟和康德的人性哲学。然而,在西学东渐的过程中,由于康德的思想是马克思主义形成基础的古典哲学的重要组成部分,所以很快由俄国、日本的传教士和中国旅欧勤工俭学的仁人志士传递到中国,而西方近代学术思想真正的奠基人,是康德学术思想的精神导师——休谟。相比之下,休谟的人文科学体系则没有得到国内学者应有的重视。

一、休谟的人文科学体系

休谟的学术思想从整个体系的成熟到门类学科的建立,都开启了康德哲学时代的先河,也是近代学术思想古今转换的根本标志。

休谟的学术思想,从总体上实现了中世纪以来神学背景的根本性转换。理性、经验、观察、自然和人等学术范畴,构成了休谟学术思想的基本内核。可以说,以理性为向导、人为主体、科学方法为手段,是休谟学术思想现代性的重要标志,也是其学术思想获得全面创新和波及整个康德时代的重要依据。

在一个启蒙的时代,以理性主义取代神秘主义已成为历史的主流。在这一潮流中,正是理性引起休谟对人的思考,并试图用理性实验推理的科学方法来建构以人性为第一原则的精神科学。尽管休谟对自己的学术研究充满自信,努力担当起精神科学中牛顿式的历史使命。尽管17—18世纪为休谟带来了极其丰富的思想资源,霍布斯的自然法思想、洛克的分权理论、贝克莱的精神哲学、莎夫茨伯利和哈奇森的情感主义、孟德维尔的反理性主义、巴特勒的宗教哲学,还有美国革命以及资本主义时代的全面进步,都为精神科学中诞生牛顿一样的大师创造了充分的条件。休谟确实开创了一整套丰富、深邃的近代学术思想体系。其中,经验主义的宗教学、怀疑主义的知识论、心理主义的审美学、情感主义的伦理学、共和主义的政治学和自由主义的经济学,开启了近代知识学思想与学科体系的先河。

经验主义的宗教学思想,在休谟的学术体系中具有十分重要的位置。和东方文明不同,基督教基本成为西方文明的主流文化,因此无论是作为背景、语境,还是

---

① S. N. Eisenstadt edit., *Patterns of Modernity Volume I: The West*, London: Frances Pinter, 1987, p. 6.

统摄力,宗教总是在西方学术思想中起着十分重要的作用。如果把宗教看成信仰问题的话,那么信仰更是人类学术思想生存与发展的根基。休谟是以批评和解构宗教学说为总倾向的,然而这一思想依然在他的整个体系中占有十分重要的位置。这是因为,从经验论的角度,取消神存在性质证明的有效性,是休谟整个学术思想立言的基础,也是中世纪神学向近代人学转换的根本条件。我们认为,休谟的宗教学思想是沿着中世纪"唯实论"和"唯名论"的观点往下讲的,即沿着柏拉图主义与亚里士多德主义以分解与整合的历史进程往下讲的,主要内容有以下几个方面:

首先,从历史考察的角度看宗教的起源。观察与经验是休谟建立学术思想的基本依据。对于一位富有历史意识的思想家来说,休谟把宗教学研究的学术视野拓展到1700年以前,来探究宗教的原始形态和得以诞生的根本原因。从宗教的原始形态来说,多神教是原始宗教的主要形态。休谟认为,在社会进步和人类文明的历史过程中,人类从野蛮时期逐步过渡到文明时代。正是在野蛮时期,人为控制自身生活中反复无常的事物出现了诸多恐惧。这种恐惧,不是来自人对自然秩序的理性的沉思,也不是对自然产品的沉思,而是来自对生活事件和人类行动的不断的希望和恐惧。① 原始社会中的诸多偶像崇拜,实际上就是最早的多神教或多种崇拜的文化形态。也就是说,从原始文化中的多种崇拜和惧怕心理,可以看到宗教真正的起源。这一观点,似乎在当代学术界依然具有权威性。

比较可贵的是,休谟在宗教的起源与发展进程中,看到了神界的权力关系,看到了神性中的人性。在考察人类宗教由多神教向一神教演变的过程中,野蛮民族向文明人类的发展进程中,人们在承认一些诸神的存在以外,还承认被他们崇拜和信仰的上帝。这样就形成了诸神统属于上帝管辖的权力关系。作为最高权力的上帝,在人们不断的敬奉中不断扩张自己的权力,不断完善自己的形象,一直到使之成为一个无限的存在。事实上,从诸神关系中可以看人间的权力关系。尽管一神的存在,充分体现出上帝的权威,同时诸神也依然以传统的、地方的和富有人性的方式存在。相比之下,诸神朴实而可以亲近,而一神则显得过头而不可理解,尽管它是那样的无限而完善。在一神教与多神教的考察与比较中,休谟看到了诸神的

---

① Hume, *The Natural History of Religion*, *The Philosophical Works*, edited by Thomas Hill Green and Thomas Hodge Green, Vol. 4, London, pp. 313 - 315.

品性及其与人的关系。他认为,在诸多宗教中,人们有时把神错绘成具有超人的色彩,作为天国和地界的创造者,有时又把它的力量和错误贬落到近乎常人的水平,同时又联系到道德上的弱点或情感上的偏见。这样,即便是在宗教绝迹以后,人们仍然可以将人类的、粗陋的和自然的观念及其矛盾作为来源来引用,同时反对人们对诸神的奉迎和夸张嗜好的不断发展。因此,从人性的诸多矛盾中寻求解脱,也可以看成诸神起源的最为得力的证明。① 由此可见,神界实际上是人间的缩影,神是人的化身。

其次,从经验论的角度看宗教的性质。在现有的学术成果中,人们大多认为,宗教学的矛盾性在休谟的学术思想中占有比较重要的地位。实际上,统一性应是休谟宗教学思想的主流,矛盾性是极其次要的。休谟宗教学思想的矛盾性表现在哪里呢? 休谟是以充分的证明,表达上帝存在性质的证明是无效的。在宗教思想历史进程中,休谟十分重视安瑟尔谟的本体论证明和托马斯·阿奎那关于上帝存在的五种证明方式,进而阐述并论证后天的设计论证明、先天的证明和道德的证明都是无效的。

在休谟的诸多证明中,尤以设计论证明最为典范。设计论者的证明,得益于自然现象的合目的性和人工制品的类比推理。从宗教起源的角度来说,休谟是确认其根源于人对自然世界或自然力的恐惧,然而自然法则应当充分体现出自然现象的计划、安排、有序和完满,以体现上帝是原初的设计者,然而诸多迹象表明,上帝设计的宗教更多地体现存在的缺陷和弊端。宗教的实际状况如何呢? 休谟经过考察和证实,认为世界上犯极大罪行、最险恶勾当的人,常常是最迷信的人。即便是在犹太教中,上帝也常常表现为最凶残、最邪恶、最偏执和最疯狂的存在物。粗俗的教德和宿命论的学者,常常把宗教中的贪欲、乱伦、奸淫等诸多惨无人道的罪行神圣化。② 如此这般的宗教,人们何以确信,上帝的存在体现了自然现象的合目的性呢?

凭借人工制品的相似性能进行类比推理也是一种违反经验原则的观点,因此

---

① Hume, *The Natural History of Religion*, *The Philosophical Works*, edited by Thomas Hill Green and Thomas Hodge Green, Vol. 4, London, pp. 331-332.

② Hume, *The Natural History of Religion*, *The Philosophical Works*, edited by Thomas Hill Green and Thomas Hodge Green, Vol. 4, London, pp. 355-356.

休谟的驳论也是十分有力的。在设计论证明中,把人的房子比成上帝创造的宇宙是不足为奇的。然而,硬是要将神与人相比,自然之物与人工之物相比,就不可避免地出现了一个严重的问题:人不完善,人是会死的,神如何呢?而且,自然之物的生存显然在它自身的生殖与生长,又何以归之于人工的理性与设计呢?休谟的诸多批评,可以归结为一个基本的思想:以人为依据来证明上帝的存在,是一种本末倒置的行为。从宗教的基本教义来看,是上帝创造人,上帝是人存在的依据;上帝的德性永远是高尚、完满的,而且它的生命和力量是永恒的、无限的。勉强地将上帝与人类化,无异于为上帝寻找罪恶与死亡之路。

在确信上帝存在性质证明无效的同时,休谟也认为上帝是存在的。[①] 他还明确地提到,关于宗教的理性基础的问题,已经得到了最明显,至少最清楚的解决。自然的全部结构都显示着一个智慧的造物主;任何一位有理性的研究者,在认真地思考之后,都不会丝毫放弃对真正一种理论和宗教基本原则的信念。休谟宗教学思想的一致性及其伟大意义至少表现在以下几个方面:

第一,休谟确证的是关于上帝存在性质证明是无效的,同时认为上帝是存在的,这一论点不仅充分吸收了中世纪以来"唯实论"和"唯名论"思想的精髓,也显示了历史在经过文艺复兴思潮沉浸与冷却之后,这位伟大思想家的过人的智慧。尽管从本质上他取消了上帝存在的合理性与合法性,而认为"神迹"证明是违反自然法则和生活常识的,然而他依然确认上帝的存在。

第二,休谟在经验论的背景下,以充分的理由证明传统宗教中安瑟尔谟和托马斯·阿奎那等关于上帝存在诸多证明有效性的彻底否认,然而他又无法以经验论来证明上帝是不存在的,因此他又不得不为上帝存在和宗教思想的发展留下生存的空间。

第三,休谟是一位胸怀深厚的"祖国之爱"的思想家且十分尊重传统,因此即便是充分地感受到宗教与上帝是一种虚设,而且饱藏着许多异化和罪恶现象,他也看到宗教在社会文明进程中发挥了其道德教育作用。宗教可以纯洁人心,对平民灌输节制、秩序和服从的精神,从而在净化人们的灵魂、维护社会的稳定方面具有无

---

① [英]休谟:《自然宗教对话录》,陈修斋、曹棉之译,商务印书馆,1962年,第96页。

限的价值。① 也就是说,在这位功利主义者的思想中,上帝与宗教的存在,对于法治国家维护传统和社会进步来说,还是有很大的作用。

第四,休谟从根本上不能容忍宗教长期地危害人类文明,但是又不能采取彻底的革命手段,因此他主张宗教改良,建立一种"真正的宗教"。休谟是在深入研究诸多宗教的性质和接受宗教的教徒的类型进行认真考察的情况下,寻求一种"真正的宗教"理想的。他认为,现实中的宗教时常是与迷信结合在一起的,迷信的潜入只能使人不断地变得驯服。从现象上看,宗教既能为统治者所接受,又对平民无害。然而,事实上宗教助长了教士们的权威,让他们相互之间不断地争斗、角逐,甚至发动战争,使统治者最终成为残害百姓的暴君,最终破坏民族国家的和平、自由和幸福,而且危及整个欧洲乃至全世界。

在宗教接受者的群体中,信徒们的情况也是不一样的。"真正体会到自然理性缺陷的人,会以极大的热心趋向天启的真理;而傲慢的独断论者,坚信他能仅借哲学之助而创立一套完全的神学系统,不屑去获得任何更多的帮助,他摒弃了这个天外飞来的教导者。在学术人士之中,做一个哲学上的怀疑主义者是做一个健全的、虔信的基督徒的第一步和最重要的一步。"②面对这种复杂的情况,休谟最担心的是狂热的教德与宗教的迷信结合在一起,最希望的是能让人们睁开眼睛,使宗教中的迷信体系垮台,把民众从基督教的迷信中解放出来。同时,取消宗教中的诸多虚设,开始获得哲学上的认可。只有这样,真正的宗教才能得以建立,并最终为国家和民众带来真正的福音。

第五,休谟的宗教学思想,彻底地厘清了理性与信仰、宗教学与知识学的界定,为近代知识学思想的全面建立,奠立了最为坚实的基础。从教父哲学的代表人物奥古斯丁到新唯名论者奥卡姆的威廉,宗教与哲学、神性与理性之间始终未能找到真正的分界。到了休谟,他真正认清了宗教是人的理性所不能及的,宗教的存在凭借信仰和启示,它是在信条的基础上建立着的,并非在理性的基础上建立着的。③以上帝的神性为基础建立宗教学和以人的理性为基础建立知识学,是休谟宗教学思想重要的创见。

---

① [英]休谟:《自然宗教对话录》,陈修斋、曹棉之译,商务印书馆,1962年,第89页。
② [英]休谟:《自然宗教对话录》,陈修斋、曹棉之译,商务印书馆,1962年,第97页。
③ [英]休谟:《人类理解研究》,关文运译,商务印书馆,1957年,第115页。

从总体上看，批判性是休谟宗教学思想的主流，伟大的文化传统、伟大的"祖国之爱"，以及他经验论的不彻底性，都使他在宗教，这一永恒的意识形态面前无能为力，从而使他不得不走上一条折中的渐进之路。然而，在这一背景下，休谟并没有把真正的希望寄托于他的宗教学，而是把全部希望寄托于他所建立的人的科学体系之中。也就是，他试图把以牛顿为代表的自然科学有效地引入人的精神科学。在洛克政教分离等思想的影响下，休谟关于人的哲学的这一试验，事实上是标志着传统的以神为本的宗教哲学向以人为本的知识哲学的根本的分离和升迁。

怀疑主义的知识学，是休谟学术思想的核心内容。休谟是要努力将所有的科学均纳入他的人的科学体系的。他认为，任何科学最终都要和人的存在联系在一起。然而，真正在他的人性科学体系中起主导作用的，是他的知识学或认识论。他努力从根本上以知识学取代宗教学，并彻底地否定宗教神学得以生存的形而上学。在这一背景下，休谟提出了自己一系列怀疑主义的知识学主张。

休谟认为，他的知识学体系是以怀疑主义的原则为根据的。① 在怀疑主义原则指导下，休谟继承古希腊时期柏拉图和亚里士多德对人的心灵进行分类的传统，然而休谟又在继承的背景下有所转换，他对人类心灵的认识已不是单纯的知、情、意三类分法。相比之下，他更重视知与情的意义。然而这里的情，不是简单地指人的审美情感，而更多地指人的伦理道德上的学理与现实上的指称。休谟说，人性由两个主要的部分组成，这两个部分是它的一切活动所必需的，那就是感情和知性。② 相比之下，知性主要探讨抽象思辨所指向的问题，情感则主要关注现实的社会问题，而抽象的思辨又总是要为现实的社会问题服务的。休谟认为，其他学问多是手段，抽象的思辨是以实用的道德为目的。他说，我们关于道德学的推理会实证前面关于知性和情感的论述。道德比其他一切更使我们关心的一个论题是，我们认为，关于道德的每一个判断都与社会的安宁利害相关；而且显而易见，这种关切就必须使我们的思辨比起问题在很大程度上和我们漠不相关时，显得更为实在和切实。③ 可见，休谟的知识学思想也与实用功利主义紧密联系在一起。

在休谟知识学的内在学科构成及其相关关系方面，休谟在重视以思辨为内涵

---

① ［英］休谟：《人性论》，关文运译，商务印书馆，1980年，第301页。
② ［英］休谟：《人性论》，关文运译，商务印书馆，1980年，第553页。
③ ［英］休谟：《人性论》，关文运译，商务印书馆，1980年，第495页。

的知识学和道德学的时候,把道德主要指向情感,在这一方面明显地受哈奇森等情感主义的影响,然而休谟也关注道德内涵中的欲望和意志等范畴。他认为,值得我们主要注意的反省印象,即情感、欲望和情绪。① 还有我们经验到的这种联合在我们心上有同样影响,不论所联合的物象是动机,是意志、行动,还是形象或运动。② 寻求欲望与意志在理性基础上的自由,也是休谟道德学说的重要组成部分。尽管休谟的道德学受情感主义的影响,然而他的道德的内涵依然是完整的,也是具有合理性的。

另外,与古希腊学术思想相比,休谟知识学体系内在学科的含义也发生了一些变化。一方面,人学从总体上替代了神学,人性成为知识学研究的核心问题。另一方面,17世纪以后,资产阶级革命相继爆发,民族解放运动也不断兴起,现代民族国家纷纷建立。现代社会的政治问题发生了根本的转换,因此在诸多学科之中,即在宗教学、知识学、美学和伦理学得以建立的情况下,现代社会的政治学及其功能也是整个现代知识哲学体系的重要组成部分。因此,休谟说,逻辑的唯一目的在于说明人类推理能力的原理和作用,以及人类观念的性质;道德学和批评学研究人类的鉴别力和情绪;政治学研究结合在社会里,并且互相依存。在逻辑学、道德学、批评学和政治学这四门学科中,几乎包括尽了一切需要我们研究的种种重要事情。③ 他认为,这是人性科学最为完善的思想体系。

休谟的知识学思想,除了对其内在的学科体系进行总体研究之外,对于知识学研究的对象也进行了逻辑学上的划分。他说,人类研究的一切对象可以自然地分为两种,即观念的关系和实际的事情。属于第一类的有几何、代数、三角等学科。人类研究的第二类对象——实际事情——就不能在同一方式下考察,多种事物的反面总是可能的。④ 由此可见,以人的理性能力来研究对象世界的知识,可以包括具有必然性的观念关系的知识和具有偶然性的研究实际事情的知识。前者突出研究的确定性和普遍性,而后者体现出经验性和或然性的特点。当然,两者的思维与认识方式又是可以相互包容和相互渗透的。

---

① [英]休谟:《人性论》,关文运译,商务印书馆,1980年,第20页。
② [英]休谟:《人类理解研究》,关文运译,商务印书馆,1957年,第85页。
③ [英]休谟:《人性论》,关文运译,商务印书馆,1980年,第7页。
④ [英]休谟:《人类理解研究》,关文运译,商务印书馆,1957年,第26页。

在休谟的知识学中,观念的知识充分体现知识的普遍与必然性,它主要包括直觉确定性的知识和推理确定性的知识。所谓直觉的知识,是以人的经验中的理性为依据的,因此直觉知识来自理性的直观。相比之下,感性的直观只能形成简单的印象,只有理性的直观才能形成观念。所谓推理知识,休谟认为是关于理性推理时所获得的数和数量的比例关系的知识。数学能够充分地体现出推理知识的基本性质。有一点特别重要的是,无论是直觉知识还是推理知识,均不是来自先天性的造化,恰恰相反,正是来自以经验为背景的印象。只有这种印象,才能具有知识的清楚、必然和确定性。

休谟根据理性的怀疑主义原则,以经验为基础展开对于观念的知识的研究,并确证直觉知识和推理知识的普遍性与必然性。这一原则不仅适宜于观念的知识,也适宜于观念之外的知识。这是因为,除了关于观念的知识以外,还有关于实际事情的知识。

实际事情的知识,指的是人类在探究一切知识过程中的那些"涉及实际的事实和存在的",用观念的,或理性直觉和推理难以解证的知识。① 它以社会和自然界中存在的事实和现象为研究对象,是关于实际经验和事实的知识学。根据实际事情类知识的存在方式和变化规律,休谟又把这一类知识,分为同一关系、时空位置关系和因果关系三个类型。在这三种关系中,同一关系和时空位置关系,常常是心灵不用超出呈现感官之前的对象就可以发现对象的真实存在的关系;只有因果关系,它是可以推溯到我们的感觉以外,并把我们看不见、摸不着的存在和对象的状况呈现在我们的面前。

在实际事情知识的三种类型中,休谟尤其重因果性关系类的知识。休谟学术思想中的"归纳问题"就出现在因果性关系的考察与论述中。在因果关系的研究中,休谟特别关注它的本体论和方法论,即什么是因果关系,因果关系的标准是什么。休谟认为,因果关系的必然性,既不是来自理性的证明,也不是来自先验的逻辑推演,而是来自以经验为基础的观念的原始印象,是感觉经验中相似对象的恒常会合。休谟在否定先验论和本质论的传统理念的同时,突出想象和联想对因果关系的特殊意义。他认为,是联想和想象把感觉对象、观察经验和未来的发展联系成

---

① [英]休谟:《人类理解研究》,关文运译,商务印书馆,1957年,第144页。

一体。事实上,联想和想象已经成为休谟因果关系在认知对象、认知经验和认知判断之间的非常重要的桥梁。

对于因果关系的方法论问题,休谟受到他的怀疑主义的影响,也关系到联想与想象本身的性质。休谟认为,因果关系的方法论原则,其实质就是类似原则。休谟认为,根据类似原则,人类很难凭借已经观察到的对象对正在观察和尚未观察到的对象,做出清楚、准确和必然性的判断。正是如此,休谟对归纳推理持怀疑态度,即人类在实际事情的推论过程中所运用的归纳方法很难通过对个别事物的认识,获得对实际事情的一般性的认识。

从总体情况来看,休谟的怀疑主义认识论,似乎使传统的理性主义的整个知识价值的古典结构土崩瓦解。① 休谟也试图以此来否定形而上学,并达到取消上帝本质上的生存空间。然而,富有创造性的怀疑主义本身,尽管也努力张扬人类科学的能力,可是普遍怀疑还是为上帝提供了生存条件。更何况,宗教信仰在西方已经成为一种走向社会永恒的意识形态。

心理主义的审美学也是休谟学术思想体系的组成部分。休谟的审美学思想是一种典型的主观主义心理美学思想,人的心理结构是他的整个美学思想研究的出发点。他说美是一些部分那样的一个秩序和结构,它们由于我们天性的原始结构,或是由于习惯,或是由于爱好,适宜于使灵魂发生快乐和满意。这就是美的特征,并构成美与丑的全部差异,丑的自然倾向乃是产生不快。因此,快乐和痛苦不但是美和丑的必然伴随物,而且构成它们的本质。② 仔细地省察休谟的美学思想,其主要内涵包含以下几个方面的内容:

其一,美的存在是以人的存在为依据,以人的感受为内容的。比如,圆的美只是那种圆形对心灵所产生的影响,心灵的特别的组织结构使它很容易获得那样的情感,如果你要在圆中寻找美,或借感官,或数学推理,在圆的一切性质中寻找美,都是徒劳的。休谟认为,作为主体的人的存在是美的本质。如果没有一个观赏者,这里就除了这样特殊大小和比例的形状,什么也没有。③ 也就是说,只有对象存

---

① [美]加德纳·墨菲、约瑟夫·柯瓦奇:《近代心理学历史导引》,林方、王景和译,商务印书馆,1980年,第56—57页。
② [英]休谟:《人性论》,关文运译,商务印书馆,1980年,第334页。
③ [英]休谟:《人类理解研究》,关文运译,商务印书馆,1957年,第292页。

在,还不成其为美,只有当作为主体的人介入的时候,它才能具有美的意义。

其二,美的存在不以人的存在为依据,对象的自然品质和实用性也构成美的重要组成部分。休谟曾经以一座宫殿为例。他认为,宫殿的式样和方便对于它的美来说,与它的单纯的形状和外观具有同样重要的意义。除此以外,"建筑学的规则也要求柱顶要比柱基尖细,这是因为那样一个形状给我们传来一种令人愉快的安全观念,而相反的形状就使我们顾虑到危险。这种顾虑是让人不快的"①。显然,自然事物的性质也是美的存在的重要因素,只是最终的性质判断还要落实到人的心理的是否快乐之上。

另外,休谟还特别关注美的相对性和审美感受的差异性。根据事物的属性及其对人的适用程度,休谟提出了绝对美和相对美的概念。比如,许多工艺品都是依其对人类功用的适合程度的比例,而被认为是美的,甚至许多自然产品也是由那个根源获得它们的美。秀丽和美丽在许多场合下并不是一种绝对的,而是一种相对的美。② 至于审美感受是怎么一回事呢?休谟说,对于同一个对象,一个人可能感受到的是丑,而另一个人感受到了美;要在这种差别之中寻求一种真正的美或真正的丑,就像妄图确立什么是真正的甜或真正的苦那样,是一种不会有任何结果的研究。③

重视美的相对性和审美感受的差异性,认为人的美感差异性主要来源于人们天生的气质与所处时代、国家的生活方式和意见。然而,这并不是说就不存在美学中的同一性的东西,那样将导致美学标准上的混乱或失范。因此,休谟又认为,人的内在原始结构的共同性,常常是审美同一性的依据。比如,同一个荷马,两千年在雅典和罗马受到人们的喜爱,今天在巴黎和伦敦还在为人们所赞美。风土人情、政治、宗教和语言方面的千变万化,不能磨损他的光辉。④ 因此,真正的美的存在,常常能突破时空条件的限制,对人们产生一种具有同一性而又相对永恒的魅力。根据美感是同一性和审美主体的素质,休谟还认为,健全的理智力很强,能同精致的感受相结合,又因实际锻炼而得到增进,又通过进行比较而完善,还能消除一切

---

① [英]休谟:《人性论》,关文运译,商务印书馆,1980年,第334页。
② [英]休谟:《人性论》,关文运译,商务印书馆,1980年,第619页。
③ [英]休谟:《人性的高贵与卑劣——休谟散文集》,杨适等译,上海三联书店,1988年,第144页。
④ [英]休谟:《人性的高贵与卑劣——休谟散文集》,杨适等译,上海三联书店,1988年,第160页。

偏见;把这些品质结合起来所作的评判,就是鉴赏力和美的真正标准,不管在什么地方我们都可以找到它。① 可见,休谟对美的标准的探究,还是具有较为强烈的意志力的。

休谟的美学思想是相当深刻而丰富的,对于同情、联想等审美方式,崇高等审美范畴的研究,尤其是同情说,对于后来诸多心理美学,尤其是"移情说"的影响是十分重要的。从总体上看,休谟的美学思想主要体现为一种心理主义的美学观,同时在突出心理结构对美学思想的决定性作用的情况下,依然没有忽视对象存在的必要性。休谟认识到,美和丑比起甜和苦来,可以更加肯定地说不是事物本身的性质,而是属于内外感官感觉到的东西,不过我们还应该承认,对象本身必有某种性质,按其本性是适宜于在我们的感受中引起这些美的感受的。② 从休谟的美学思想中,我们可以感受到心理、对象、自然、效用和生活方式等多元、综合的思想因素。

休谟的美学思想主要集中地体现在《论情感》等一些经典性的论文中。休谟没有一部完整的美学著作,这一点也是休谟在继承和发展古希腊时代心理三分思想所留下的重要缺憾。尽管休谟的美学思想深刻、多元而且是丰富的,但是缺乏一个完整而严密的思想理论体系。这一缺憾,也为鲍姆嘉通的《美学》和康德的《判断力批判》从美学思想体系上实现总体性的超越埋下了伏笔。另外,在休谟的美学思想中,人们可以充分感受到心理学的因素,尤其是情感主义的影响。这一点,既是一种历史性的人学主体性位移的标志,也是那个时代的特征。事实上,情感主义对休谟学术思想的影响还不仅于此,在休谟的伦理学思想中,可以更充分地感受到主观哲学的时代特征。

情感主义伦理学,是休谟学术思想中的一个十分重要的组成部分。对于一种学术思想体系而言,他的怀疑主义的知识学是核心,然而对于一位共和主义者的休谟来说,展示实际社会价值的伦理学则蕴藏休谟学术思想的现实关怀和最终目的。休谟认为,关于人性的最抽象的思辨,不论如何冷淡和无趣,却可以为实用道德学服务,并且后一种科学的教条更加正确,使它的劝导具有更大的说服力量。③ 这样,可以更加有效地帮助道德学,促进国家的安宁和社会的稳定。正是为了实现这

---

① [英]休谟:《人性的高贵与卑劣——休谟散文集》,杨适等译,上海三联书店,1988年,第163页。
② [英]休谟:《人性的高贵与卑劣——休谟散文集》,杨适等译,上海三联书店,1988年,第151页。
③ [英]休谟:《人性论》,关文运译,商务印书馆,1980年,第665页。

样的目的,休谟把实验推理方法引入精神科学作为一种尝试,以牛顿及其追随者研究和解释物理世界的方式,来探究和阐释道德现象。① 可见,道德学研究是休谟学术思想研究的终极关怀。

休谟的道德学说所面临的首要问题是,道德感源于人的理性,还是源于其他什么东西。在这场争论中,休谟的观点十分明确:我们辨别真理和谬误的能力,与我们知觉善和恶的能力长期被人们混淆了。而且,一切道德都被认为建立在永恒不变的关系上,这些关系对于每一个理智的心灵来说,都像关于数或量的任何命题那样是同样不变的。可是,一位已故的哲学家用最可信的论证教导我们,道德不在事物的抽象性质中,而是完全与每一特定存在的情感或内心情趣相关;其方式与甜和苦、热和冷的区分由各个感官的特定感觉中产生出来一样。因此,道德知觉不应归类于理智的活动,而应归类于趣味或情感。休谟的这一观点,正是在已故的哲学家哈奇森和莎夫茨兹伯里等人的情感主义思潮的影响下形成的。我们也看到休谟的道德学对欲望和意志的关注,然而这一切都是在确立以情感为道德根源和评价标准的背景下展开的。

道德类型说是休谟道德学的重要组成部分。休谟根据道德感的来源对道德进行分类。他认为,来自人的天性的而且是自然而然地发生的,这些德性当被视为自然之德,它主要包括同情、仁慈等道德形态;相反,来自人类为应对人类生存的环境和需要所采用的人为措施或设计,这些德性当被视为人为之德,正义则是这种德性的主要形态。

在休谟的道德学说中,同情是受到特别的关注的。他认为,同情不仅是人性中非常有利的原则,还是道德区分的来源和标准。② 所谓同情,是这样一种道德现象:凡能激动一个人的任何感情,也总是别人在某种程度内所感到的,正像若干条弦线均匀地缠绕在一起后,一条弦线的运动就传达到其他的弦线上去;同样,一切感情也都由一个人迅速地传到另一个人,而在每个人心中产生相应的运动。③ 由这样一种情感上的运动,产生道德上的社会效果。

同情不仅自身是一种重要的自然之德,也是人们对"人为之德"态度的重要依

---

① [英]休谟:《人类理解研究》,关文运译,商务印书馆,1957年,第620页。
② [英]休谟:《人性论》,关文运译,商务印书馆,1980年,第620页。
③ [英]休谟:《人性论》,关文运译,商务印书馆,1980年,第618页。

据。休谟认为,无论在哪个国家还是哪个时代,在社会的诸多活动中,达到目的的手段,只有当那个目的使人愉快时,才能使人愉快;而且与我们自己没有利害关系的社会的福利或朋友的福利,既然只是借着同情作用才能使我们愉快,所以结果就是,同情是我们对一切人为的德表示尊重的极源。① 可见,同情在休谟道德学说中的诸多道德类型中具有特别重要的意义。事实上,同情说对于打破霍布斯的人性绝对自私的观点,修正理性主义纯粹的抽象思辨学说,与开启植根于情感的功利主义的道德学说,具有很大的影响作用。

仁慈在休谟的道德学说中得以确认,是在自爱论与仁慈论的争论中进行的。在西方学说的"预设性"传统中,休谟认为,我们假设有与自爱不同的无私的仁慈,要比假设能把一切友情和仁爱都分解为自爱的原则,更具有单纯性,更符合自然的类比。② 事实上,也更富有人类的上进心和责任感。休谟对工业革命后的市民社会负有十分强烈的道德关怀,他无情地抨击那些贬低仁慈、友谊、公益精神等人为的道德形态价值的行为,而担当起一个学者应当具有的人性关怀和道德自救的责任。休谟说,如果一种哲学不容争议地给敌意和怨避等比较阴暗的感情以特权,却不允许给仁爱和友爱以同样的特权,那么,它又是多么邪恶的哲学呢?③ 对于英格兰的民族和国家来说,休谟应当是一位非常杰出的富有价值关怀和社会责任感的学者和思想家。

正义在休谟道德学说中被认为是一种人为的道德形态。在休谟的学术思想中,正义是一种人为之德,即在个人天性之外的社会关系中诞生的德性。这一德性,已不再是纯粹理性的伦理学范畴,而是紧密地与社会成员的实际利益结合在一起,和人的财产权益结合在一起。用休谟的话说,即社会功利是正义的唯一源泉,对这种德所产生的有益后果的思考,是它的价值的唯一依据。④

休谟认为,正义产生于人类文明的中间状态,即在于极大丰富与极度贫穷之间。这是因为,当人类的文明处于极大丰富的状态,人们可以争取所需,正义的存在便没有实际意义;相反,在人类文明处于极度匮乏的自然状态,人类则各自遵循

---

① [英]休谟:《人性论》,关文运译,商务印书馆,1980年,第620页。
② [英]休谟:《人类理解研究》,关文运译,商务印书馆,1957年,第301页。
③ [英]休谟:《人类理解研究》,关文运译,商务印书馆,1957年,第302页。
④ [英]休谟:《人性论》,关文运译,商务印书馆,1980年,第400页。

自保的原则去维持自己的生存与发展，正义对人类的生活没有约束力。因此，正义的起源一方面由于人的本性，另一方面又是与社会的物质经济状况联系在一起的。根据这一状况，休谟说，正义只是起源于人的自私和有限的慷慨，以及自然为人类需要所提供的不充足的供应。① 在实际生活中，正义是以一种允诺、一种协议的形式体现出来，所以休谟又说，正义起源于协议。这些协议是用以补救由人类的心灵的某些性质和外界对象的情况结合起来所产生的某种不便的。② 休谟的这一学说，蕴含着人的财产权利和社会义务等方面的意义。

休谟的正义论具有较为丰富的思想内涵和独立的创新精神。以人的本性和权利来关注人的财产权的完整性，从财产权的占有与转让等方面寻求正义的确当意义。休谟认为，正义的观念一旦形成，它将在利益上对人产生"自然的约束力"，在伦理上产生"道德的约束力"。尽管从一般意义上说，正义法则被认为是人为的道德。然而，当正义的利益观念一旦建立起来，并被公认之后，则对于这些规则的遵守自然地并自动地发生了一种道德感，③进而通过社会和家庭产生效用。

从休谟的正义论中，可以充分地感受到西方深厚的自然法的思想观念。亚里士多德的理性主义，西塞罗的人道主义，特别是霍布斯、洛克的自然法思想，都是休谟正论思想的源泉；同时，在休谟之后的正义论，尤其是新自由主义正义思想中，罗尔斯的以社会平等来寻求正义和诺齐克的以每个人的自由权利来寻求正义，又都是以休谟的正义论为直接的思想源泉的。

休谟的道德学思想是在继承前人成就的基础之上力求创新的。除了正义论等问题的研究具有重要的学术阶段以外，"休谟法则"——"是"与"应该"问题的讨论，其价值也是不可低估的。作为自然事实之中的"是"与社会价值之中的"应该"，本来是可以相互转化的。知识学与道德学之间，也不是不可沟通的。然而，在道德学中建立"从是推不出应该"的命题，不只是从学理上，抓住"是"与"应该"在本质上的区别，更从思想与历史上打破了西方学术史上，从苏格拉底的论著到亚里士多德、尼各马科伦理学以来，一直认为"智慧"即"善"的论断，从根本上把伦理学从哲学中解放出来。从某种意义上来看，休谟的道德学，就是西方近代伦理学得以诞生的重

---

① ［英］休谟：《人性论》，关文运译，商务印书馆，1980年，第536页。
② ［英］休谟：《人性论》，关文运译，商务印书馆，1980年，第534—535页。
③ ［英］休谟：《人性论》，关文运译，商务印书馆，1980年，第573页。

要标志。

　　令人警醒的是,从宗教与哲学的解体到知识与价值的分离,从现象上看只是一种由传统向近代的变迁。然而,也正是由此开始,神与人不知去向何处,科学技术与道德学术思想,尤其是人文科学思想的发展,将面临一种怎样的前景?!

　　共和主义政治学思想是休谟学术思想中非常重要的组成部分。在休谟的政治思想中,人们大多以为,君主制与共和制的矛盾是一种基本的特点。一方面,休谟十分尊重君主制的传统;另一方面,休谟又心怀共和制的政治理想。有些时候,休谟在比较之时,还做出对于君主制的选择。他曾说过,几乎在所有情况下,虽然自由均较奴役可取,却宁愿看到这个岛上存在一个君主专制政体而不是存在一个共和政体。① 尽管共和制可以比君主制更完善、更自由,然而休谟认为,共和制并不是丰富之中想象出来的,也没有理由希望在君主制瓦解的基础上去建立共和制。

　　休谟对君主制的推崇不是没有原因的:其一,英国君主制在社会的发展与沿革中间形成了近千年的传统与文明,与英国人民的文化心理、英国的国情紧密地联系在一起,休谟是一位十分尊重传统的学者和思想家。其二,霍布斯的政治观在英国思想史上具有重大的历史意义,这一点也给休谟的政治思想带来很深的影响。霍布斯一方面在追求自由和法制契约的可能;另一方面对君主制情有独钟,而且这一思想几乎全面得到历史的证实。其三,休谟是一位富有现实感和未来意识的思想家,在君主制成为现实社会制度的情况,他时常表现出对自己真实思想的隐蔽,他的宗教学著作《自由宗教对话录》出版过程的"埋藏"心理就是一个最有力的说明。他原希望这本书在自己去世以后再出版,然而埋藏了十五年之后,又担心以后出版不了,反而又努力为之寻求出版路径。这一史实告诉人们,休谟并不是浅显的思想家,他的真正的政治思想常常深埋在自己的心灵之中。对君主制的尊重主要来自传统和外力的作用,而休谟心灵深处的真相则是一位共和主义政治思想家。

　　休谟的共和主义政治思想至少表现在以下几个方面:

　　首先是"法制"思想。休谟是希望从正义和忠诚这样的社会美德中产生有益结果,并不源于每一次单独的法规,而是源于整个法律方案或法律系统,或者源于所有社会成员或绝大多数社会成员同意的整个法律方案或法律系统。在许多情形

---

① [英]休谟:《休谟政治论文选》,张若衡译,商务印书馆,1984年,第36页。

中,个别法案所导致的结果会与整个行动系统的结果相抵触,然而整个行动系统的结果是最有助益的,也就是说,整个社会的治理不但要有法律,而且法律必须以整体利益的维护为依据。更重要的是,休谟主张,法律必须对行政官员予以密切的监督,必须根除所有的数量的权力,还必须根据一般且恒常的法律来保障每一个人的生命和财产的权力。① 事实上,休谟是在倡导一种正义的、社会的、全民的法律,建立一种"据法自由"的国家,一个"法治而非人治"的国家。

其次是"均权"思想。休谟认为,权力有两种类型,即权力之权和财产之权。一般被称为自由的政府即是允许其中若干成员分享权力的政府;他们的权威联合起来不比任何君主小,通常或许更大些。但他们在其日常治理程序中必须同等遵守一般的法律;这些法律,政府所有成员及其臣民事先都是知晓的。② 可见,休谟的"均权"思想是和法治联系在一起,并以法律为依据的。另外,"均权"思想还与民权即人民主权的宗旨紧密联系在一起。他主张,对政府官员进行密切的监督,必须根除这些官员的自由裁权,并用恒常的法律来保护每个人的生命和财产。保护每个人法定的权利,正是共和主义的真义。共和主义的政治学思想,是休谟学术思想的根本宗旨。

休谟把和平、自由和正义看作最伟大的政治之善。其中,"自由"与"均权"的政府紧密地联系在一起,正义既关系到道德,又与国家的法律密切相关,和平则是与反对扩张的思想息息相通的。休谟是坚决反对政府扩张的。他认为,实行对外扩张,必定会毁灭每个自由政府,并且使得较为完善的政府比不完善者毁灭得更快。虽然这样的国家应该制定反对对外征服的根本大法,然而共和国同个人一样,也是怀有野心的,眼前的利益常使人们忘记子孙后代。可见,在休谟的政治思想中,共和制也未必是一种尽善尽美的社会制度。

在休谟的政治思想中,我们可以感受到一种较为明显的矛盾性。他一边号召人们尽可能爱护、改进我们古老的政府,不要激发人们爱好危险的新奇东西;一边又说可能是在某个遥远的地方,将人们组织起来建立一个全新的政府。但是,有一点是很鲜明的,即他的社会发展观与政治现代历史思想都是建立在"改良"的基础

---

① David Hume, *A History of England*, V, London, 1798, p. 110.
② [英]休谟:《休谟政治论文选》,张若衡译,商务印书馆,1984年,第19—26页。

之上,而不是建立在"革命"的基础之上的。因此,他认为,在一切情况下,了解一下哪种政体最为完美,使得我们只需要通过温和的改变和革新便能将现有的一些政治结构或体制变得与之甚为近似而又不致引起过大的社会动荡,这毕竟是有益无害的事。① 由此,也可以看到英国政治现代历史渐进式目的的基本特征。

在休谟的渐进式的政治思想中,既充分尊重君主制的社会传统和现实的政治生活,又同时在构想并追求共和主义理想。在理想与现实、将来与现在的矛盾中,究竟是哪一种思想占主导位置呢? 在休谟的政治思想中,将来已与现在联成一体,理想已实现对现实的超越,因此从总体上看,休谟的政治思想是一种温和的共和主义。

休谟的共和主义政治思想是从何而来的呢? 我们认为,主要来自以下两个方面:

一方面,休谟的共和主义思想来自对传统社会中共和制度的理解。休谟认为,从古代希腊罗马的城邦国家的共和制状况来看,无论是贵族共和国还是民主共和国,都是在较小的城邦国家得以实行的。休谟认为,共和制的基本性质是自由,酷爱自由必然产生共和精神,特别是在小的城邦国家里;每当社会几乎长期处于戒备状态,人们时刻听命于征召,准备为保卫祖国而赴汤蹈火时,这种共和精神,这种对祖国之爱必然有增无已。② 事实上,这对传统社会中共和制的理解,特别是对"共和精神"和"祖国之爱"的一往情深,也是与休谟的爱国情感紧密地联系在一起的。他的政治思想,时常在关注国家的长远利益,考虑公正的法律和正义的伦理,并希望人们创立"服从"这样一种新的责任,用以支持"正义"这种责任;而公正的维系必须要由对社会效忠的服从来加以巩固。③ 尽管在休谟著作诞生之前,温和、教养、文明与乡村、未开化、野蛮之类的术语大多来自 17 世纪法国,乃至路易十四时代的法院。④ 然而,法国是一个绝对的君主制国家,而英国则体现出事实上的共和。法国的批评建立在富有人性的共和制表达和国家价值观的基础之上,这种批评来源

---

① [英]休谟:《休谟经济论文选》,陈玮译,商务印书馆,1984 年,第 22 页、第 58 页。
② [英]休谟:《休谟经济论文选》,陈玮译,商务印书馆,1984 年,第 8 页。
③ [英]休谟:《休谟政治论文选》,张若衡译,商务印书馆,1984 年,第 24 页。
④ J. C. Laursen, *The Politics of Skepticism in the Ancients*, *Montaigne*, *Hume*, *and Kant*, E. J. Brill, Leiden, The Netherlands, 1992, pp. 171 - 172.

于17世纪其他一些思想家的思想。① 可见,休谟对传统社会中共和制度的理解是和对英国的社会制度与国家利益的关注紧密联系在一起的。

另一方面,休谟的共和主义思想来自近代思想和传统的共和主义思想。其中,尤其哈林顿的《大洋国》中共和主义思想的影响较为深远。在英国思想的研究过程中,人们时常会用经验论的观点来看英国,这种观点实际上是有失偏颇的。这是因为,如果用经验的观点来看英国,事实上就取消了这个岛国来自无边海洋的想象和波涛汹涌的激情,这一判断也是与英国思想史的实际状况不相符合的。托马斯·莫尔的《乌托邦》和哈林顿的《大洋国》,就是休谟认为可以与柏拉图的《理想国》相提并论的理想主义政治学著作。不仅如此,《大洋国》还被休谟誉为"迄今为止提供给公众的唯一有价值的共和国模型"②。正是这部著作,给了休谟许多启发,并成为休谟政治思想形成的重要来源。

休谟认为,在英国的政治制度史上,共和制度的落实不是同步的。在专制的王权之下,下级城市的政府采用共有的共和制,然而国家和省则采用君主制。但是,这些同样的环境,很容易使城市共和制得以建立,只是它们的建立呈现出脆弱和不稳定等特点。③ 从总体上看,休谟的共和主义政治思想是以和平、自由和正义为根本目的的,这一目的也渗透于他的经济学和历史观之中。

1748—1758年,休谟参加了反对重商主义的论战。他们认为,经济发展有一个"自然的"过程,即国际经济的自然状态如果被打破,它会自然恢复其平衡,这一观点,反映了自由主义经济力量和思想意识的崛起。尽管人们很难得到关于自由主义经济的学说,在休谟、斯密等人中间,究竟各自贡献了什么。但是,可以断定,休谟的经济自由观以及货币性质和市场竞争等学说,都在不同程度上给斯密带来了重要的影响。在休谟的经济学说中,曾经以不尽科学的货币数量论,反对晚期重商主义的贸易差额论,其国际贸易论不仅深得英国资产阶级的赏识,客观上也有力地推进了英国资本主义对外经济的发展与扩张,使欧洲民族国家的经济发展进一

---

① J. C. Laursen, *The Politics of Skepticism in the Ancients*, *Montaigne*, *Hume*, *and Kant*, E. J. Brill, Leiden, The Netherlands, 1992, p. 175.
② [英]休谟:《休谟政治论文选》,张若衡译,商务印书馆,1984年,第158页。
③ James Fieser edit., *Early Responses to Hume's Moral*, *Literary and Political Writings*, Thoemmes Press, 1999, p. 418.

步走上国际化的道路。

在对英国历史问题的看法上,我们也可以把握休谟的政治倾向和历史观。在休谟的著作生活中,有一部可与《人性论》媲美的著作,那就是他的《英国史》。尽管这本书曾经是爱德华·吉本的《罗马帝国衰亡史》之前最受欢迎的历史著作,然而它在休谟的心里留下许多遗憾。英格兰人、苏格兰人、爱尔兰人、辉格党人、托利党人、教士、多教派的人士、自由思想家、宗教家、爱国者和宫廷中的人们,都一起攻击他,并向他表示极大的愤慨,其原因是:休谟何以为查理一世之死投之以同情之泪?在休谟的历史学叙述中,事实上提出了一连串追问:人民是否可以在任何情况下具有审判和惩罚其君主的权利?在君主制已经形成传统,君主立宪制已经实现历史性转换的情况下,人们虚枉地追求共和制是否是非常放肆的和蛊惑人心的?① 事实上,休谟的历史观是和英国现代文明的基本特点联系在一起的,即在革命中寻求改良,在斗争中寻求调和。当休谟讨论保皇党员和议会法规专家之间的辩论时候,休谟采用他选择的来自每一方面都可接受的方法。② 可是,最终遭到许多派别的谴责。

我们知道,休谟对共和制特别是对法治,是一往情深的,然而为何在查理一世之死这一历史事件面前,提出如此强烈的追问呢?其原因在于,英国已经是一个具有较高文明和优秀传统的民族国家,因此每一种事情的合理性与合法性,都在巨大的历史之镜面前得到确认,体现某种传统美德的查理一世和狂热、盲动的人民运动也是如此。我们认为,休谟的历史观不仅与英国渐进式发展的社会传统息息相关,也是与他本人多元融合的思想特点完全一致的。我们不能用现代人的观点去要求休谟,正如同不能用现代人的自由观——寻求从国家权利中获得个人权利一样,传统社会中国家能从王权中获得的权利就是自由。从总体上看,休谟对辉格派思想的传播,以及资本主义民族国家的贡献,始终是占有主导位置的。

在休谟丰富而又庞大的思想体系中,我们到处都可以感受到他思想的深邃和内在的矛盾性。首先,休谟试图以理性为向导,以怀疑论为武器,引进牛顿等人的自然科学的方法来建立人性科学,并希望这门科学能筑基于人的本性之上,从而使

---

① David Hume, *A History of England*, Vol. 3, London, 1798, p. 395.
② Nicholas Capaldi, *Liberty in Hume's History of England*, Kluwer Academic Publishers, 1990, p. 15.

这门科学成为批评和道德中一切真理的源泉。可事实上不能,人类的理性与认知有许多问题是不可解的,比如"神"的问题,休谟就无法给出令他自己满意的答案,因此休谟又不得不陷入不可知论的悲观主义思想之中。

其次,认知的困境导致信仰的疑惑,休谟的宗教学说也是充满矛盾的,一方面鼎力推翻历史上安瑟尔谟和托马斯·阿奎那等人关于上帝存在的本体论证明,他不惜用对话的方式含蓄地表达自己的非宗教学说,甚至在著作写成之后15年之久才安排出版;另一方面,感受到宗教在它的历史与现实中具有辅助社会稳定与发展的作用,他又主张建立一种真正的宗教,即去除传统宗教中的一切腐化现象,且删减其中的诸多莫须有的东西,从而有益于民族的政治、法律的实施和社会道德的提升,让民众获得真正的和平与幸福。

休谟的政治学说也是充满矛盾的。一方面,休谟十分尊重英国的君主制传统,富有自然人性地"为查理一世之死投之以同情之泪水";另一方面,又为神牵梦萦中都在追求的共和制而奋力求索,并为共和制的历史根源、国家的地理条件和具体的建制方式等问题,做出了精心设计。休谟是一位尊重传统和现实的人,却又是一位富有理想和激情的人。在政治思想的矛盾与冲突之中,休谟是一位为共和制投入更多笔墨和心血的人。对于休谟来说,对理想追求的思想,如同他的非宗教学说一样,寄托着真正的关怀。因此,我们把他看成一位温和的共和主义政治思想家。

著名的休谟难题也蕴含着思想的矛盾性。从学理上看,道德是伦理学的范畴,它只存在于实践理性和生活经验之中,不进入人的认知领域。因此,休谟说,道德并不成立于作为科学的对象的任何关系,而且在经过仔细观察以后将同样确实地证明,道德也不在于知性所能发现的任何事实。[①] 由此,可以得出休谟难题,从"是"不能推论出"应该"。其实,这只是学理研究而已。在具体的人类活动中,"是"与"应该"是紧密地联系在一起的,正像求真、向善、爱美也紧密地联系在一起一样。其实,在人类本性的某些基本原则面前,"是"与"应该"是绝对相通的。比如,休谟正义论,既是自然法的重要依据,也是道德学的核心内容。"正义"几乎成了科学与道德的桥梁,因此也自然地成为"是"与"应该"的桥梁。

休谟的学术思想是博大精深的,也是充满矛盾的,其主要原因来自两个方面:

---

① [英]休谟:《人性论》,关文运译,商务印书馆,1980年,第508页。

一方面,休谟思想的矛盾性是历史发展的结果。从教父哲学神学对哲学的绝对控制到经院哲学由唯实论向唯名论的变迁,其中神学与哲学、科学与道德等许多重要学术范畴的关系等问题,从来就没有过清晰的认识,因此对于生活在具有温和、渐进文化传统的英国国度里的休谟来说,出现学术思想的矛盾性是完全正常的。另一方面,休谟学术思想的矛盾性也是休谟时代的产物。生活在一个多种杂乱思想迸发的启蒙时代,多种新事物、新观点都可能成为社会发展的动力,并使18世纪成为现代的重要组成部分。① 在这一时代中,休谟思想出现许多矛盾甚至对立的因素,也是完全可以理解的。事实上,正是这样一种具有鲜明的倾向且存在矛盾的伟大思想敲开了人类近代思想史的大门,造就了走向成熟的康德时代。

二、休谟人文科学体系对康德时代的影响

除康德本人以外,任何人都会认为,休谟曾经给康德带来过重大影响。康德本人对休谟带来的影响,其态度是极其暧昧的。他只是说:"我坦率地承认,就是休谟的提示在多年以前首先打破了我教条主义的迷梦,并且在我对思辨哲学的研究上给我指出了一个完全不同的方向。"② 后来,阿尔森·古留加又予以评述。他说:"除了卢梭外,康德后来把大卫·休谟也称之为思想家,因为休谟曾经帮助他从'教条主义的迷梦'中觉醒过来。一个热情奔放的法国人,一个持怀疑态度的英国人,又是两个对立面在康德矛盾的性格中融为一体。卢梭把康德'改变'为一个人和道德学家,而休谟则影响了他的理论认识上的探索,推动了他对形而上学的教宗主义的重新考察。"③ 一句"影响了他的理论认识上的探索",既很模糊也很准确,然而其范围之大小与程度之深浅则让人难以把握。我们认为,休谟对康德的影响至少表现在以下几个方面:

一是学术思想体系的相似。建立一种庞大、丰富、深刻而又完整的学术思想体系是休谟和康德的共同的梦幻。休谟试图以牛顿的自然科学方法的引用,以便建立一种研究人性科学的权威性著作。与休谟对人性论具有同样的自信,康德认为,

---

① Ernest Campboll Hossner, *The Life of David Hume*, Oxford at the Clarendon Press, 1980, pp. 3 – 5.
② [德]康德:《未来形而上学导论》,庞景仁译,商务印书馆,1978年,第9页。
③ [苏]阿尔森·古留加:《康德传》,贾泽林、侯鸿勋、王炳文译,商务印书馆,1981年,第50页。

他的《纯粹理性批判》绝非等闲之作。他说:"在此种研究中,我以"周密"为主要目的,我敢断言玄学之问题,已无一不解决,或至少提供解决此问题的关键。"①然而,他们是如何建构自己的学术思想体系的,则可从其问世的经典著作中得其一二。

休谟的经典著作,一般被认为是《人性论》《人类理智研究》《道德原则研究》。从1739年1月到1740年10月,休谟的《人性论》三卷,先后以匿名的方式由两位出版商出版,约翰·努恩出版第一、二卷,朗曼出版第三卷。该著研究的问题是论知性、论情感和论道德。这一部著作的问世,使古希腊时代萌芽的人性哲学思想重放光彩,同时也是近代知识学思想和科学得以建立的根本标志。然而,由于时间匆忙,书中有些论述不够精当,因此没有获得很大反响。后来,休谟将第一卷改写成《人类理智研究》于1748年出版,将第三卷改写成《道德原则研究》于1751年出版,第二卷的改写则以四篇论文合成《论情感》于1757年出版。康德的著作情况如何呢?康德早期的著作有许多是研究自然科学的,这一点与休谟不同,休谟则是要引进人的自然科学的研究法。然而,代表康德学术思想的是关于人的著作,即纯粹理性批判、实践理性批判、判断力批判和人类学。1781年,《纯粹理性批判》问世,其问题的性质同休谟的《人类理解研究》一样,它是研究人类把握知识的可能性的。1788年,《实践理性批判》出版,主要研究人类的道德学问题,与休谟的《道德原则研究》的基本性质相近。所不同的是,康德关于人的情与审美判断力的研究著作《判断力批判》于1790年出版,在休谟的著作中缺乏对应性,康德以系统的审美学说,实现了对休谟仅四篇论文的情感学说的有效超越。另一点不同的是,休谟的研究人类宗教信仰方面的著作《自然宗教对话录》和《宗教的自然史》,是康德著作体系中见不到的。显然,信仰问题的研究,休谟的贡献又要比康德重要得多。然而,也正因为如此,康德与休谟之间,在知识学和宗教观方面形成重要的继承与发展。

二是学术观点的类同。就知识论而言,休谟是以理性为向导来建立人的科学,并试图解决人的问题的。然而,事实上恰恰相反,休谟是在理性的研究中削减了理性的力量,真正地体现出了来自孟德维尔的反理性主义的学术情愫,②从而最终陷

---

① [德]康德:《纯粹理性批判》,蓝公武译,商务印书馆,1960年,第5页。
② S. S. Wolin, Hume and Conservation, *American Political Science Review*, XLVIII, 1954, pp. 1000 – 1002.

入怀疑主义和不可知论的歧途。正如休谟将某些领域视作理性能力之不可及一样,康德则认为,"现象"可以吾人悟性能力之所及,且为一切真理之源泉,然而"本体"则为人类知解力所不能及也。也就是说,"本体"是不可知的。从同一性的角度来说,休谟与康德的不可知论是在非宗教思想中为神学留下生存的空间。事实上,休谟是极不情愿地给宗教留下生存的可能性的,只是出于文化传统和社会现实的需求,才勉强地提出"真正的宗教"思想。康德也是这样,在《纯粹理性批判》中认为,关于神之存在本体论的证明是不可能的。然而,面对市民社会道德状况的衰微,万物将面临终结,他又在《历史理性批判文集》中说,基督教可能将成为世界宗教。尽管在人类文明的世俗化进程中,休谟和康德都具有很强的非宗教思想,然而他们又不得不回到现实生活之中,从而寻求曾经丢失的道德关怀和社会责任。

休谟对康德的影响,比起卢梭来说要重要得多。学术体系与基本观点的一致性让人无法避讳。尽管在康德的实际生活中,康德对卢梭的敬奉要远远高于休谟。谁都知道,在康德有限的生活环境中,他唯一的装饰品就是卢梭的画像。休谟在康德的心目中,只能得到一些零碎的称赞而已。仅就欧洲近代人文学术思想的心路历程而言,休谟是先总后分,即先有《人性论》,后有《人类理解研究》《道德原则研究》《论情感》;康德则相反,走了一条先分后总的道路,即先有《纯粹理性批判》《实践理性批判》《判断力批判》,而后有《人类学》。相比之下,无论是著作形式、思想内容,还是基本观点,实在是太像了,尽管康德极不情愿称休谟是一位思想家,也很不情愿称道自己在学术思想体系上得益于休谟,可事实上他们的学术思想是一种实实在在的父子关系或师生关系。至少可以这样说,康德是休谟学术思想真正的继承者,休谟是康德的精神导师。正如没有中世纪的教父哲学、经院哲学,社会就不可能复兴古希腊罗马时代的古典文化一样,如果没有休谟,康德就无以集近代学术思想之大成;如果没有休谟,也就不可能有所谓的以人为目的的康德时代。

三、康德"人是目的"的社会理想

伊曼努尔·康德(Immanuel Kant,1724—1804),生长于东普鲁士的一座古城哥尼斯堡。他是一位制作马鞍的工匠的儿子,祖籍是苏格兰人。母亲是一个虔诚的基督徒,为人善良,严格遵守基督教的清规戒律,母亲对康德的影响很大。作为一位伟大的思想家,康德就生活在这样一个经济贫弱、身份卑微的平常人家。

1. 康德的生活世界

康德给后人留下的趣闻不少,影响最大的则是生活秩序化和终身未娶。在生活秩序上,他几乎是刻板地按照起床、喝咖啡、写作、讲学、吃饭、散步的准点时间进行。每当他拿着藤手杖从邻居家门口走过时,人们把怀表拿出来一看,准时3点半。生活的有规律和秩序化,也许还是他长寿的秘诀。康德终身未娶的原因较为复杂。年轻时代的康德,生活并不顺心,幼时家境贫寒,大学毕业后做了一段时间家庭教师,31岁时,才成为哥尼斯堡大学的讲师,而且是编外的。他又是一个身材矮小、体弱多病的人,而且富于理性,因此形成了刻板的生活方式。这些因素,最终使他成为一位独身孤旅的思想家。

博学是康德的一个优秀品质。一位伟大的思想家,没有丰厚的学术知识显然是不可能的。早在大学时代,康德对物理学、神学和哲学等就十分倾心,后来做了教师,他的教学也以丰富、深厚见长。他的学生海德尔曾经回忆:康德的讲课是最丰富的。他考察莱布尼兹、沃尔夫、鲍姆加登、格劳秀斯和休谟,也解说着开普勒、牛顿等科学家们。他欣赏卢梭的《爱弥儿》《哀洛绮丝》,他关注着多种新的自然发现,他推崇自然的科学知识和人的道德价值。康德的学术研究遍及数学、物理学、地质学、地理学、矿物学和天文学等。可以说,康德是通过丰富广博的知识,来传播他深邃而伟大的思想的。

机警和入世也是康德人格中的重要因素。康德不是纯粹理性、与世隔绝的书呆子,而是一位感觉敏锐、勇于抗争的思想者。康德对神与宗教持否定态度,但是在当时的社会背景下显然是不合时宜的。由于这些观点在一些宗教类的文章中发表,因而曾以涉嫌摧毁基督教而受到政府的警告,而且给在威廉二世的信中还有过一系列保证和誓约。可是,当威廉二世一死,他便认为这些誓约自动取消,又可以自由地表达他对宗教问题的看法。当然,这些看法的表达是极其机警的。比如,他不说无神论,而说神之本体存在之不可能,还予以有力的逻辑证明。所谓入世是指对政治与时事的关注。康德是关注时事的。他说:"我每天坐在讲台的铁砧前,以同样的节律,抡着重复讲课的重锤。有时不知在什么地方有更高贵的爱好刺激着我,想要我超过这个领域,但贫困立即发出暴躁的声音,现实地向我发动进攻,常常威逼我毫不迟疑地又退回艰苦的工作中去。"①如果不是现实生活中诸多因素的进攻和威逼,或许康德会在学术以外的领域,显示其坚强的创新精神,并成为一名伟大的英雄人物。

康德最关注的是人的命运。人,贯穿康德哲学的始终。它既是康德哲学的出发点和核心,更是康德哲学的目的。他认为,牛顿完成了外界的自然科学,卢梭完成了人的内在宇宙的科学,正如牛顿揭示了外在世界的秩序与规律一样,卢梭则发现了人的内在本性。康德试图在牛顿和卢梭的基础上建成一个完整的人的哲学体系。牛顿和卢梭分别在感性世界和德性世界做了康德的无上向导,而且使他看到对人本身尊严和权利的信念便可以成为新的形而上学的根基,而无须神学和宗教,因为人本身便是目的。②

以人为核心的康德哲学事实上是在超越了神的控制后,不断地面对人自身进行追问:1.人的思维能力之可能性;2.人的德性之可能性;3.知识与道德之中介的可能性。康德试图以此来寻求一条通往德性的希望之路。这一切,也是从不同方面展开的所谓人类学。对此,康德充满信心,他说:"我敢断言,当著者按今所立计划,努力以成就一伟大而重要之事业至极完备之程度,而期垂之久远,续者自必大为感奋,悠然生愿随协作之感。"③康德认为,美学与哲学(形而上学)和伦理学可以构成完整的知识体系;美学可以作为中介,使自然人成长为德性人,这就是从必然到自由的飞跃。

康德哲学的目的在于为社会建树自由的德性之人。为此,康德还设计了善良意志与道德律令。所谓善良意志是指以人的义务感为母体的感性存在的人对建立在纯粹理性之上的道德律令绝对服从的品质。道德律令则是指行为必须符合普遍的立法形式,行为必须把人当作目的而不是当作手段和行为,且必须符合意志自律。康德所追求的人的境界显然是富有理想气息和革命精神的,至少对于他那个时代状况来说,康德是人类思想古今转换的关键!

自由不仅是康德哲学的重要内容,也是西方人文主义者的重要旨趣。他们不仅关注个人的生活空间,同时也把社会的公共场所作为关注的领域。他们认为,公

---

① [德]康德:《康德书信百封》,李秋零编译,上海人民出版社,1992年,第7页。
② 李泽厚:《批判哲学的批判——康德述评》,人民出版社,1979年,第40页。
③ [德]康德:《纯粹理性批判》,蓝公武译,商务印书馆,1960年,第8页。

共场所是自由的。这种力量对于人文主义者来说如此重要,尽管我们使他们走向成熟,然而我们自由的力量影响着我们的自信。尽管有足够的模糊与开放,作为我们实践的这种自由在这个世界上为我们这样做。① 可见,自由不只是一种哲学思想,也同时是一种现实存在。

任何一种学术,无论是知识还是思想,它的产生和发展都是历史演化的结果。严格地说,康德从总体上扩展了"学术"三分的原则,这是康德从先天概念中引出区分的简单结果。在康德看来,这种区分中,必须有(1)条件,(2)受制约者,(3)概念,概念是从受制约者与其条件的结合中产生的。② 受制约者则诞生于自然概念与自由概念的"大鸿沟"之间。这样,"鉴赏使感性刺激度转到习惯性的道德兴趣"便成为可能。③ 也就是说,美学可以在自然概念(理论哲学)和自由概念(道德哲学)之间担当起中介的使命。事实上,康德的学术三分及其中介理论的形成是历史的也是时代的,是学术兴趣的也是哲学体系的。严格地说,康德学术的建立,无论其最终的命运如何,它总是一种革命的象征。

2. 哲学与思想的革命

康德学术的革命性,是人类思想发展的历史品质。一方面,古希腊学术思想的渊源为他提供了丰厚的营养;另一方面,得益于同时代人对于中世纪畸形的宗教神学等禁锢的告别与文艺复兴和启蒙思想的洗练,转向多元学术的独立追求和自由思想。另外,近代科技的崛起,使哲学解宗教,获得了最为有力的支持。

具体地说,古希腊时代已经孕育着具有现代意义的学术思想。苏格拉底为人的主体性立言,柏拉图论人的心理功能之三分,亚里士多德的学术三分与个体化原则,这些因素推重了理性而忽略神的存在,它们都是康德学术思想形成的历史根源。此外,亚里士多德的认识论,如认知和难以认知与康德的可知的和不可知理论也明显地存在着关联。康德自己也在一些地方表明自己对古希腊哲学的学习和摹仿。他曾经说过,吾人今仿亚里士多德名此类概念为范畴,盖实施之方法,吾人虽

---

① J. Kreye, *The Cambridge Companion to Renaissance Humanism*, Cambridge University Press, 1996, p.104.
② [苏]瓦·费·阿斯穆斯:《康德》,孙鼎国译,北京大学出版社,1987年,第345页。
③ [德]康德:《判断力批判》,宗白华译,商务印书馆,1964年,第203页。

与亚氏相去甚远,至其根本目的则固相同者也。①

到了中世纪,由于哲学解神话的不可能,反而导致了宗教神学的崛起,理性主义让位给神秘主义。尤其是313年康斯坦丁大帝米兰敕令颁布以后,基督教便很快统治了西方世界。其结果表现为:一方面,基督教不断拥有了自己的精神体系、文化体系和学术体系,成为西方思想的载体;另一方面,教会势力在扩张,不断地操纵社会的政治、经济等权力世界,尤其是政教合一等现象成了宗教异化的祸根。理性在中世纪依然存在,但与人已失去关联,它只是神的品性,是控制人和伤害人的神性。所以,尽管其中蕴含着一些近代思想的趋势,可是在总体上的中世纪显然是神性变异与人权丧失的时代。因此,宗教改革与人文精神、启蒙主义与新理性的崛起,也是历史的必然。

中世纪以后,人文主义、启蒙主义和科学主义逐步成为近代西方思想发展的主流,学术上的自由、独立和个体化也成为一种时代的大趋势。近代知识与思想不断打破宗教哲学一统天下的格局,形成多元并举的百科全书时代的学术景观。首先,培根曾经计划写作他的巨著《伟大的复兴》,这部书原有六个部分的设想,但最后只完成两个部分,即《百科全书》或《学术的进展》(1605)和《新工具》(1609)。他根据心智的各种能力如记忆、想象和理性等,把知识范围分成历史、诗和哲学,又把它们分成许多具体的学科专业。当然,更为系统而有力的则是休谟的人性论。休谟的哲学、美学与伦理学的知识学研究,是康德思想体系的最直接的来源。

其次,英国的钱伯斯兄弟。他们于1728年编辑出版《百科全书:或关于各种艺术和科学的综合辞典》。钱伯斯兄弟翻译了许多法文资料,并努力实施自己十分完美的计划。但是,正式出版的《百科全书》还是有缺陷的。比如,在科学与人文的设计上就缺少一些东西,整个篇幅中没有涉及工业技艺方面的内容。显然,这是与百科全书的时代气息不协调的。

再次,以狄德罗和达朗贝尔为首的"百科全书派"。他们于1751年编辑出版了《百科全书》。这部巨著充分吸收了培根的知识学思想和钱伯斯兄弟的研究成果。狄德罗的《百科全书》不仅在编辑水平上大大超过前人,而且体系完备,更具有现实性。有些条目的写作,他亲自到工场和车场,直接参加劳动,了解机器,了解工业技

---

① [德]康德:《纯粹理性批判》,蓝公武译,商务印书馆,1960年,第89页。

术及其生活方式。在文体上,它不同于一般辞书,采用的夹叙夹议的议论文的方式,所以这部《百科全书》,实际上是一部思想及文化方面极其优秀的《杂文集》。人们称狄德罗的《百科全书》是一部古典的学术名著,是集中了传统智慧和时代精神的杰作,是整个人类的共同财富。

在百科全书时代到来的同时,康德的同仁也十分重视对学术分类问题的研究。除了莱布尼兹和鲍姆嘉通曾经探讨过旨在人的鉴赏力为目的的感性学以外,德尼斯研究过人的三种心理能力。1767年,李德尔则认为,人的三种心理能力,即共同情感、良知和鉴赏力都具有自重性和独立性。1771年,苏尔策尔把人的精神分为理性、道德感和鉴赏力。还有门德尔松在1785年的《晨课》中,把快乐、不快乐的情感与意志和理性分开,从学理上确立三种能力自主独立的特征。① 这些因素,也是康德哲学思想的直接来源。

现代科技的兴起是康德学术得以建立和发展的另一领域的基石。这是因为,来自科学技术的力量,使传统的宗教哲学失去原有的魅力,推动诸多具有现代意义的学术思想的发展。这一切,使康德思想的崛兴获得了前提、根基和强大的内在生命力。尤其值得推崇的是哥白尼,他于1543年提出的太阳中心说,抛弃亚里士多德的物理学原理,否定亚历山大里亚的宇宙观,这确实是科学思想史上的革命。因为,这一革命性的"学说",对于开普勒来说,是他发现行星定律的必要前提;而对于牛顿来说,它打开了一条合理解释这些定律的道路。最后,从拉普拉斯到琼斯的天体演化等专家认识到太阳中央有一个母体,原先就是在离心力或潮汐力的作用下面从中抛射出行星物质。他们由此而赋予日心说观点以一种新的发生意义。② 尽管在科技发展的旅途中,饱受着来自宗教最强有力的社会障碍。比如,英国科学家罗吉尔·培根由于坚持自己对于真理的执着追求,被打入牢狱长达十四年之久。还有意大利科学家阿斯柯里由于提出"地球是球体"于1372年被教徒们活活烧死。著名科学家布鲁诺也是因为天文学研究触犯教规于1600年被烧死在火刑柱上。然而,畸形的宗教神学不可能挡住科技崛兴的脚步,康德哲学中的人本意识与民本思想也应运而生。

---

① [苏]瓦·费·阿斯穆斯:《康德》,孙鼎国译,北京大学出版社,1987年,第336—337页。
② [英]亚·沃尔夫:《十六、十七世纪科学、技术和哲学史》,周昌忠等译,商务印书馆,1987年,第30页。

① 人本意识。康德学术品质中最辉煌的是他对于"神"及其"神为万能"的否定。他说:"神为万能乃一必然的判断。吾人若设定一神性(即一无限的存在者),即不能摒除全能性;盖此二概念乃同一者。但吾人若谓'无神',则既无全能性,亦无神之其他任何宾词授与;此等宾词皆与其主词一并除去,故在此种判断中并无丝毫矛盾。"①康德以其富有思想性的哲学分析来确认,关于神之存在本体论的证明之不可能。尽管他没有明确提出无神论的主张,但事实上已经使理性回到人的现实生活之中,并以理性取代神性,以理性取代上帝。

康德以理性取代上帝,证明神之存在本体论的不可能,其义旨在于把人从属神的工具状态中解放出来,使人不再成为工具,而是成为主体,成为目的。他告示所有人,在任何情况下,无论对自己或对别人,你始终都要把人看成是目的,而不要把他作为一种工具或手段。②康德还说,如果没有人类,整个世界就会成为一个单纯的荒野,徒然的,没有最后目的的了。③可见,康德对以人替代神的信念是十分坚决的。如果说,以人本替代神本是人类学术一大创举的话,那么康德就将被看成第一位而且是最伟大的功臣。

在康德那里,人的主体性的确立是与哲学的目的性密切相关的,所以他把纯粹理性的目的指向实践理性,并试图寻求一条通往德性之路。为此,他不仅确立以人替代神,还主张人的思想观念与思维方式(Denkungsart)的革命,并辅之以美学中介和批判精神的教育,从而使康德哲学确立的是所谓作为主体的目的性的人。从此以后,康德的所谓以人取代神的"哥白尼式的革命"就彻底完成了,人将逐步进入无神的世界。

事实上,人本意识主要是体现出对人性的尊重。欧洲思想家认为,人首先是自然的造化。根据对神秘而丰富的自然的调查,他们还能推断出人的其他的品质。④可见,在思想家们的眼里,人是自然的、实在的、丰富多彩的。

② 民本思想。从启蒙思想的传播到理性精神的确立,人们摆脱了宗教迷信和

---

① [德]康德:《纯粹理性批判》,蓝公武译,商务印书馆,1960年,第429页。
② [德]康德:《判断力批判》(下卷),宗白华译,商务印书馆,1964年,第109页。
③ [德]康德:《道德形而上学探本》,唐钺译,商务印书馆,1957年,第43页。
④ P. Gurevich, *Humanism, Traditions and Paradoxes*, Mosow: Novosti Press, 1989, p. 23.

神力的束缚，以理性代替天启作为人类行动的决定性准则，以哲学代替神学，以追求尘世幸福代替追求死后的幸福，并乐观地相信人由义务感来接受绝对命令，并创生人类的善良与进步，从而获得尘世的幸福。康德的这一理念，不是抽象的，而是具体的，还渗透着浓郁的民本意识。

康德对启蒙的态度并不乐观。尽管启蒙本身的意义，在于使人们从未成年状态中走出，敢于使用自己的知性，从而使人的心灵发生一次革命。然而，其结果会怎么样呢？康德说，通过一次革命，也许会造成个人独裁、利欲熏心的或者唯重权势的压迫制度的倒台，却永远不会实现思维方式的变革，反而会使新的偏见像旧的偏见一样成为无思想的群氓的引导，这将给贫民造成更为严重的灾难。因此，他在追求真理的同时，深受卢梭的感召，成为关心民众、以民为本的学者和思想家。

卢梭在康德心中的位置和给康德带来的影响是非常重要的。他崇拜卢梭的形象，在那间大有斯巴达之风的书房，简朴无华，只有唯一的一件装饰品——墙上的让-雅克·卢梭的像；他欣赏卢梭的著作，为了研读卢梭的著作《爱弥儿》，竟然打破常规，放弃每天的散步。就是民本思想，也是来自这位伟大的作者和思想家。康德说：我自以为爱好探求真理，我感到一种对知识的贪婪渴求，一种对推动知识进展的不倦热情，以及对每个进步的心满意足。我一度以为，这一切足以给人类带来荣光，由此我鄙夷那班一无所知的芸芸众生。是卢梭纠正了我，盲目的偏见消失了，我学会了尊重人性，而且假如我不是相信这种见解能够有助于所有其他人去确立人权的话，我便应把自己看得比普通劳工还不如。① 这一点，是康德从卢梭那里获得的最为重要的精神财富。

在卢梭的影响下，康德形成并增强了人权意识和民本思想，以至于在整个哲学体系中，使自然人成为德性人的最终追求，也以公民的品质为最终的追求。康德认为，如果以纯粹理性为出发点，到实践理性中有所造就的话，那么要把人类善的素质人为地提高到他规定的最终目的，它的最高程度就是公民状态。② 康德还努力设计一个通过三权分立和人民立法来建设国内人民的生活幸福、国际实现永久和平的公民社会。可见"民本"既是康德哲学的目的，也是康德学术思想成熟的重要标志。

---

① ［德］卡西尔：《卢梭·康德·歌德》，刘东译，生活·读书·新知三联书店，2002年，第2页。
② ［德］康德：《实用人类学》，邓晓芒译，重庆出版社，1987年，第239页。

3. 心灵分类学说

如果说,柏拉图发现人的求知、情感和欲望三大心理功能,亚里士多德提出理论、应用和创制三大学科,而将心理功能与学科分类进行学术整合并提出中介学说的,应该是康德。他不止在一个地方论述并确证自己的观点。

1787年12月28日,康德在给莱因霍尔德的信中这样写道:"我现在正在忙于鉴赏力的批判。在这里,将揭示一种新的先天原则,它与过去所揭示的不同。因为心灵具有三种能力:认识能力,快乐与不快的感受,欲望能力。我在纯粹(理论)理性的批判里发现了第一种能力的先天原则,在实践理性的批判里发现了第三种能力的先天原则。现在,我试图发现第二种能力的先天原则,虽然过去我曾认为,这种原则是不能发现的。对上述考察的各种能力的解析,使我在人的心灵中发现了这种体系。这个体系把我引上了这样一条道路,它使我认识到哲学有三个部分,每个部分都有它自己的先天原则。人们可以一一地列举它们,可以确切地规定以这种方式可能的范围——理论哲学、目的论、实践哲学。事实上,这就是我们通常所说的现代人文科学的三大学术门类:哲学、美学和伦理学。"①

在康德的学术体系中,美学只是一种中介,他看重的是纯粹理性和实践精神,所以特别关心理论与实践的关系。他认为,就才能发展而言,则以才能本有表现其自身之冲动,故训练之所贡献者乃消极的,而启发及学说之所贡献者则为积极的。关于理性之在经验上使用,实无须批判,盖以在此方面,理性之原理,常受经验之检讨。② 其实,康德不仅认定,实践具有可以检验真理标准的性质,更在他的理性哲学体系中突出实践的分量。他说,在纯粹思辨理性与纯粹实践理性联结成一个认识时,假定这种联结不是偶然的和任意的,而是先天地以理性为基础的,从而是必然的,实践理性就占据了优先地位。③ 在康德的心目中,美学是一个最缺乏先天规定依据的学术门类。不知是否与此相关,艺术与美学始终不是得到理论理性与实践理性的支持,相反,而是时常忍受它们的奴役。因此,人的品质大多亏欠的是人文意识和情感品味,而呈现出抽象的、物质的、机械化趋势。可见,康德学术思想体

---

① [德]康德:《康德书信百封》,李秋零编译,上海人民出版社,1992年,第110页。
② [德]康德:《纯粹理性批判》,蓝公武译,商务印书馆,1960年,第500—501页。
③ [德]康德:《实践理性批判》,韩水法译,商务印书馆,1999年,第133页。

系中,三大门类的分量不是均衡的,对现代人与现代学术的强大影响也是不均衡的,或者说是不成比例的。

从现代知识学的角度来说,康德的贡献是最系统的,也是最杰出的,但是三大领域的划分并不是康德一人提出来的。他的主要贡献恰恰就是他所认为的缺乏先天规定依据的艺术美学。在重新组织哲学的毕生劳动中,康德可以说把三个根本问题当作自己的目标。这三个根本问题是他置身于其中的当时几个思想运动向他提出的。第一,他要对确有一个自然秩序的观点进行论证;第二,他要对确有一个道德秩序的观点进行论证;第三,他要对自然秩序和道德秩序可以相互协调的观点进行论证。其中,第一个问题是休谟向他提出的。这在《纯粹理性批判》中处理了。第二个问题是沃尔夫派继承下来的遗产。他在《实践理性批判》中对这个问题加以处理。第三个问题是从前两个问题的关系中必然产生的。这第三个问题所以突出,是由于具有鲜明的近代特色,并为18世纪启蒙运动所特别强调的:既有感觉能力、又有理智能力的个人,有不可取消的感官方面的权利,也有不可取消的理性自由的权利。① 所以,艺术美学的崛起与灭亡,其命运都是和康德哲学紧密地联系在一起,正像现代人与现代学联系的命运一样。

4. 美学具有中介的性质

康德十分关注美学在他的哲学体系中的性质。他既不同意莱布尼兹把美学作为低级的不完善的感性认识,也不同意鲍姆嘉通认为美学是理性统摄之下的感性学。他认为,一个偏爱的对象或一个受理性规律驱使我们去欲求的对象,是不给我们以自由的,不让我们自己从任何方面创造出一种快乐的对象来的。② 在对transcent-ental aesthetic(形而上美学)的论述中,康德这样说:"仅有德国人习惯用Aesthetik(美学)一字以名他国人所称为趣味批判者。这种用法起于鲍姆嘉通之无谓之尝试,他是一位卓越的思想分析家,欲以美的批判的论究归摄于理性原则之下,因而使美之规律成为一门学问。唯此种努力毫无成效。"③

对美学的学科性质,康德是不太满意的,就美学在感性与理性的归属上也很暧

---

① [德]康德:《判断力批判》(上卷),宗白华译,商务印书馆,1964年,第47页。
② [德]康德:《判断力批判》(上卷),宗白华译,商务印书馆,1964年,第47页。
③ [德]康德:《纯粹理性批判》,蓝公武译,商务印书馆,1960年,第50页。

昧,那么他的看法究竟是什么呢?在他后来的著作中有过进一步的论述。他认为,逻辑反对感性的一种非难是,人们指责那由感性所促成的知识是浅薄的(特殊的、局限于个别之上的)。反之,那面向一般的东西,但正因此就不得不进行抽象的知性,则享受枯燥乏味的指责。但那以普遍传达性为第一要求的审美态度,却选择了一条能避开两方面缺点的道路。可见,在康德的哲学体系中,美学具有兼达感性与理性的品质,具有中介的性质,并且能担当起中介的使命。

美学是否能够担当起它的中介的使命呢?康德自己的心中也是矛盾的。除了他对美学学科性质缺乏信心以外,他一方面充分地把美学的目的性指向道德,另一方面又发现自己忽略了宗教与信仰的特别意义。

康德是一位伟大的思想家,对于自然人何以成为德性人的问题,至少在他后期的著作中已经给出了回答,他很清楚这是怎么一回事:如果人们追问上帝创世的终极目的,那么他们不应该举出世界上理性存在者的幸福,而必须崇尚至善;至善为这个存在者的那个愿望添加了一个条件,也就是配当幸福,亦即这些理性存在者的德性,因为只有它包含着他们据以能够希望凭借一个智慧的创造者之手享有幸福的标准,善缘从理论上来考察,智慧意指对至善的认识;而从实践上来考察,它意指意志与至善的切合,所以人们不能够将一个单单以仁慈为基础的目的赋予至上独立的智慧。只有在切合与作为原始至善的上帝意志的神圣性符合一致这个限制条件时,人们才能思想这种仁慈(相对于理性存在者幸福而言)的结果。①

事实上,康德正是抓住以智慧为内核的理性,并以理性的智慧为出发点来追求人类的德性的。和亚里士多德一样,他试图告诉人们智慧的价值,也就是,知识何以可能,思想何以可能。可惜,他忽略的正是原始至善的上帝意志的神圣性,所以尽管他十分注重美学的道德旨归,认为美是道德的象征,并且也只有回顾这一层(这对每个人是自然的,也要求着每个人作为义务),美使人愉快并提出人人同意的要求,在这场合人的心情同时自觉到一定程度的纯化和昂扬,超越着单纯对于感官印象的愉快感受,别的价值也按照着它的判断力的一类似的规准被评价着。② 康德试图以此来体现美学德性精神的普遍意义和公共理想。

---

① [德]康德:《实践理性批判》,韩水法译,商务印书馆,1999年,第143页。
② [德]康德:《实践理性批判》,韩水法译,商务印书馆,1999年,第201页。

与康德意识到的至善的上帝意志的神圣性相比,美学对于人的德性建树来说,显然具有一种外部刺激的倾向。在美学领域,即便是理想的鉴赏也具有一种从外部促进道德的倾向。比如,使一个人在社交场合下举止文雅,这虽然不能说就完全等同于对他进行完善的(道德的)教育,但通过在这场合下努力取得人家的欢心(成为可爱的或是可赞的),而为此做了准备。人们也可以在这种方式下把鉴赏称之为在外部显现中的道德性,虽然这种表述按照字义来看包含一个矛盾。因为文雅即已包含着精神完善的外表或仪态,甚至在某种程度上,还包含着给予这精神完善某种价值的倾向。① 在美学与宗教之间,显然美学是中介的,外在的;而宗教是本体的,内在的。康德很清醒,可是康德取用的恰恰是前者,所以他的命运或许与亚里士多德一样,即便是理性智慧现在很时尚,甚至很疯狂,但是它的未来或许正是信仰的世界,当然那个世界不会是中世纪式的,应该是充满神性和现代文明的世界。康德知道,信仰在人的心灵中具有特殊的价值,因此在他的代表作《纯粹理性批判》再版的时候,他很想重新返回属于信仰的心灵世界。所以,他又这么说:"盖理性为欲到达此超经验的洞察,则必须使用实际仅能推用于经验对象之原理,若复应用之于所不能成为经验之对象时,则此等原理实际又常转变此等对象为现象,于是使纯粹理性之一切实践的开展成为不可能。故我发现其为信仰留余地,则必须否定知识。玄学之独断论(即不经先行批判纯粹理性,在玄学中即能坦然进行之成见)乃一切无信仰(此常为异常独断的与道德相背反者)之根源。"②

在正在到来的技术社会里,人性对于人的自我是漠不关心的。他的心灵,他的在非个人世界为个人场所的需要,转化为人们在这一场所的模式或师范的性质,使创造者或艺术家富有意义的生活降低了创造力,而只有模仿和思想状态中偶发性的理念存在。人性,人类的心灵,已经面临着一场重大的前所未有的危机。

对于人类心灵的重新发现,康德的学说显然是真理性的,可惜此时出现的学说已经为时太晚,而且也无法从根本上消除其哲学批判理性的强大威力,不用说这只是一篇再序,就是伟大的黑格尔哲学也实现不了这一人类心灵的目的性。所以,正像麦金太尔判断启蒙运动失败一样,我们也无法证明康德三分理论及其美学中介

---

① [德]康德:《实用人类学》,邓晓芒译,重庆出版社,1987年,第143页。
② [德]康德:《纯粹理性批判》,蓝公武译,商务印书馆,1960年,第21页。

的胜利。其实,康德也已预见到,"仅在假定自由的前提下,否定道德始会有矛盾,今若以自由为不能思维之事,则自由及道德皆将退让自然之机械性矣"①。现代人的事实状况恰如康德的预见一样:世俗、权力、符号,还有技术形式等等,各种机械性的东西,足以到达康德批判理性目的的反面,而且它的反面可以达到史无前例的疯狂。如果康德看到这等理性的结局,他一定为怜悯理性而死,至少不可能像历史中的康德那样平淡地、有规律地活上八十年。

对启蒙运动唱赞歌的不在少数。人们认为,启蒙运动是人文主义的实践,是这种理想最纯洁、最专一、最有活力、最乐观和最成功的成果。② 然而,也有人对启蒙运动持批判态度。早在1750年,卢梭就认为,理性腐蚀了人类。理性和科学诋毁了我们所珍视的一切。卢梭认为,人的另一个上帝是激情。他以激情来反击笛卡尔说,我感故我在。他们认为,启蒙运动是失败的,而且这一失败是现代诸多道德问题的根源。③ 这一种观点,得到越来越丰富的理论上的阐释和历史事实的证明。

四、世俗化、启蒙与技术时代

自文艺复兴以后,宗教变革、近代启蒙和技术革命,改变了人类文明的发展方向,世俗化、技术化、权力化,已成为近代文明的时尚。尽管在一定范围内,"平时工作挣钱,周日去教堂礼拜"依然是人们必须遵从的戒律,④然而"唯利是图"则在更为广泛的领域内发挥效用。

令人关注的是,在确立与批判理性合理性的思想家中,影响最大的常常来自德国,康德、黑格尔、韦伯,无不如此。然而,也正是在德国,早在中世纪曾经拥有过伟大的文化传统,共和主义、民主遗风和手工艺在德国都曾有过深厚的传统。

中世纪早期的"日耳曼人中,小事由酋帅们商议;大事则由全部落议决。人民虽有最后决议之权,而事务仍然先有酋帅们彼此商讨"⑤。事实上,这种民主遗风是近代共和主义思想和制度的重要源泉。

---

① [德]康德:《纯粹理性批判》,蓝公武译,商务印书馆,1960年,第20页。
② John Carroll, *Humanism: The Wreck of Western Culture*, Fontana Press, 1993, p. 117.
③ [美]麦金太尔:《德性之后》,龚群等译,中国社会科学出版社,1995年,第80页。
④ Rupert Christiansen, *The Visitors Culture Shock in Nineteenth-Century Britain*, Chatto and Windus, 2000, p. 43.
⑤ [古罗马]塔西佗:《日耳曼尼亚志》,马雍、付正元译,商务印书馆,1962年,第61页。

13世纪早期到14世纪中期,德国也有一些手工艺较为发达的城市。比如纽伦堡就不像中世纪时期德国的其他城市那样,没有行会组织,手工艺团体不到50个,甚至包括1217年的马斯特斯。我们知道,到了1363年纽伦堡经过登记的手工艺团体就有鞋匠、木匠、铜匠、皮匠、锁匠、镜匠等50个。① 正是这些不同的手工艺形态,蕴含着德意志深厚的社会变迁的历史和传统的文化。

然而,由于以希腊罗马理性主义文化为背景的文艺复兴,以及宗教改革、启蒙运动等社会思潮,伴随着现代民族国家的不断建立使世俗化、技术化逐步登上现代历史的舞台,并从形式上成为现代文明的主流。

1. 世俗化的偏离

常常为人们谈论的"世俗化",其含义是什么呢?在有避神意的背景下,"世俗化这一术语曾经有一段冒险史。它起初是随着宗教战争而开始采用,意指领土或财产之脱离教会控制。在罗马教会法规中,这个词逐渐用来表示有教职的人回归世界"②。从表面上看,是指原属于宗教世界的财产与成员脱离神的世界,而回到普通人的日常生活。事实上,更重要的是指人的灵魂对于神的偏离,走向"非基督化"或"异教化"。尤其是宗教改革时代的到来,致使西方社会及其文化和人的思想意识,普遍地进入世俗化的世界。

"世俗化"现象在近代社会的普遍形成,改变了宗教以虔诚信仰为内核的文化传统,使西方社会的诸多状况发生了根本的改变:

首先,宗教信仰的内核事实上被取消,宗教形式的同一性趋于多元化。尽管从现象上看,宗教事业在不断地发展,比如英国教堂数量从1875年的不到200个发展到1904年的2 000多个。③ 可是事实上怎么样呢?在英国、欧洲,乃至美国,个人主义的、自我为中心的个人主义的意识事实上已经成为主流。作为个体的信仰者则有可能依然体现出对于神的虔诚,并以其较为充分的实在性来体现出宗教的

---

① Friedrich Klemm, *A History of Western Technology*, First Published by Verlag Karl Alber, English Translation First Published 1959, M. I. T.. Press, pp. 95 – 96.

② [美]彼得·贝格尔:《神圣的帷幕:宗教社会学理论之要素》,高师宁译,上海人民出版社,1991年,第126页。

③ Nigel Yates, *Anglican Ritualism in Victorian Britain 1830 – 1910*, Oxford University Press, 1999, p. 278.

生命力。但是,在更为广阔的领域,个人主义已经成为许多人的价值体系的核心,①个人的、功利的,才是具有直接意义的现实世界。

其次,宗教与世俗的界面逐步取消,教徒与市民同样体现出对日常生活及其欲望张扬的强烈兴趣,内在的非理性的欲望与科技物质的理性,都以公开的、公共的形式出现在日常生活中。在形式上具有公共性的宗教场所只是一种虚设,人们的观念、精神和心灵未必受神的支配,上帝左右尘世的信念似乎已经失去。② 神圣的思想观念和生活方式,已随着世俗化进程而逐步烟消云散。

再次,"世俗化"明显地促进了宗教事业形式与商贸经济领域的拓展,有利于改进贵族与平民之间的不平等的关系。但是,"世俗化"也从根本上使"人的精神的东西和文化的东西被排挤到了无关紧要的位置上,并最终逐渐被人遗忘"。③

在近代社会里,造成宗教社会世俗化的根本原因是什么呢?

首先,宗教改革以后,许多新教改变了教权与俗权之间的关系,许多责任从政府转移到教会手中,教会在许多方面无力发展宗教事业。从英国 1818 到 1828 年的相关材料中发现,在最初 50 件事务中共计只花了 15.725 镑,而应允的花费却是 314 镑;在最后的 50 件事务中,国教徒手中只掌握 8.064 元,而应允经费为 161 镑;④

其次,神职人员文化素质的下降也是重要的原因之一。在伦敦和剑桥,国教会神职人员具有学历原本是天经地义的事。18 世纪,牛津和剑桥神职人员有 60% 具有学位,到 1840 年,有学位的神职人员也在半数以上,然而到了 19 世纪情况则发生了明显的变化。根据 1879 年的材料,国教会中有 1/6 的神职人员没有学位。⑤ 显然,经济与文化条件也是宗教信仰衰落并走上世俗化道路的重要原因。

这种普遍性的社会现象,从根本上改变了人类学术分类思想的状况;美学与伦

---

① Gerard Dekker, *Rethinking Secularization*, University Press of America, Inc. 1997, p. 97.
② Gerard Dekker, *Rethinking Secularization*, University Press of America, Inc. 1997, p. 29.
③ [德]玛利昂·格莱芬·登霍夫:《资本主义文明化?》,赵强、孙宁译,新华出版社,2000 年,第 21 页。
④ Frances Knight, *The Nineenth-Century Church and English Society*, Cambridge University Press, 1995, p. 110.
⑤ Frances Knight, *The Nineenth-Century Church and English Society*, Cambridge University Press, 1995, p. 65.

理学被人们看成可有可无的所谓"文化",人们的心灵与观念也随之变形。相反,科学取代哲学,与来自生活实践的技术获得了广阔的生活空间,并理性地操纵人们的经济生活。另外,"世俗化"与现代民族国家社会体制的媾和,诞生了以权力为核心的政治话语。传统的学术形态,即哲学、美学、伦理学为主体的三分形态,已经被转换,而生成的恰如丹尼尔·贝尔所说的技术—经济、政治和所谓的"文化"三种形态。当然,传统的三分学说形态并未消亡,而是在诸多矛盾与冲突中,在诸多异化现象的冲击中,寻求生存和发展。

尽管在技术社会里,文化时常处于被动的受压制的状态之下,但是文化的存在依然具有特殊的意义。由于文化,我们关注到有助于人类行为形成的基本的公共价值体系。在大多数前工业化社会中,这种价值体系使宗教形式发生缓慢的变化,然而由于工业化及其所伴随的现代历史进程,这种世界状况向着世俗的、理性的和开放的方向变化。① 因此,世俗化事实上已经成为世界文明历史进程中诸多问题的主要根源之一。

在"世俗化"成为风潮的时候,非世俗化的时代精神依然部分地、健康地活着。这种精神的持有者,能够冷静地观察世界,正当地批判现实,并合理地体现出学术思想的目的性。比如,伟大的席勒曾经这样说:

> 正当道德世界的问题使人产生更大的兴趣,时代状况又迫切要求哲学探讨精神去从事于一种最完美的艺术作品,在建立一种真正的政治自由的时候,这是否至少是不合时宜的呢?……在现时代,欲求占了统治地位,把堕落了的人性置于它的专制桎梏之下。利益成了伟大时代的伟大偶像,一切力量都要服侍它,一切天才都要拜倒在它的脚下。在这个拙劣的天平上,艺术的精神贡献毫无分量,它得不到任何鼓励,从而消失在该世纪嘈杂的市场中。甚至哲学家的探索精神把想象也撕成了碎块,艺术的领域在逐渐缩小,而科学的范围却在逐步扩大。②

---

① M. A. Seligson, J. T. Pass, *Development and Underdevelopment*, Boulder, Colo.: Lynne Wienner Publishers, 1998. p. 196.

② [德]席勒:《美育书简》,徐恒醇译,中国文联出版公司,1984年,第37—38页。

在这里,自然的人是现实的,而道德的人是令人质疑的。因此,理性要以它自己的国家取而代之,它就必然地要废除自然的国家,它就要敢于把自然的现实的人变为令人质疑的,道德的人;它就要敢于用具有可能性的(即使在道德上是必然的)理想的社会取代现实的社会。① 在这一背景下,实现对世俗化的矫正与反拨。

2. 诅咒技术时代

如同世俗化是导致宗教乃至人类文化异化的重要因素一样,技术化则是美学乃至整个学术异化的形态,或许,技术化已经普遍地存在于我们的日常生活之中。现代人已经明白,一方面,经济技术是重要的;另一方面,现代世界又是复杂的、多种多样的。② 人们经常在充满矛盾的现实生活中思考历史和未来。

在早期的传统文化中,艺术与技术和心灵创造都是紧密地联系在一起的。这是因为,"技艺和具有真正真理性的创造能力是一回事。一切技术都和生民有关,而进行技艺的思考,就是去审视某种可能生成的东西怎样生成。它可能存在,也可能不存在。这些东西的开始之点,是在创制者中,而不是在被创制物之中。凡是由于必然而存在的东西,都不是生成的,并与技艺无关,那些顺自然的东西也是这样,它们在自身内有一个始点"③。

技艺合一既普遍地存在于西方传统的哲学与文化思想中,在教育实践中也很紧密地联系在一起,而且从古希腊一直延续到近现代。早在古希腊,理性与神性均衡,技术与艺术平等。到了近代社会,理性与神性的关系被打破,技术和艺术处于分离或矛盾状况,但是两者还时常出现在同一种活动中。比如,在十八年世纪德国的哈勒学院,比较普及的实物教学,就是典型的例证。到了夏季,人们到乡村或田野讲生物学,冬季要利用雕刻或狗的尸体来讲解剖学。还要带学生参观艺人的实地操作,借以获得人类对艺术产品和手工生产的概念的理解,同时还教学生学习所见所闻的事物的拉丁文名称。另外,还提供学生的实地练习车削工艺,磨镜片工艺和锯木工作等机会。④ 此时,只是为了同一种目的,技术和艺术还能相容于同一种

---

① [德]席勒:《美育书简》,徐恒醇译,中国文联出版公司,1984年,第40—41页。
② Pavel Gurevich, *Humanism: Traditions and Paradoxes*, Novosi Press, 1989, p. 113.
③ [古希腊]亚里士多德:《尼各马科伦理学》(修订本),苗力田译,中国社会科学出版社,1999年,第124—125页。
④ 夏之莲主编:《外国教育发展史料选粹》,北京师范大学出版社,1999年,第404页。

文化活动之中。

现代社会改变了人的生存方式,也改变了技术与艺术的关系。一方面,大机器及其以后的整体化生产方式的社会化,使人类生产常以集体的方式出现;另一方面,现代民族国家的形成,诸多权力阶层和社会系统也与整体化的生产方式交织在一起,形成政治、经济和技术交互作用的局面。这种现象会给艺术乃至整个文化事业带来怎样的影响呢?尽管从本质上说,技术化的集体创作,使许多真正的艺术家失业了,而且艺术也在许多方面明显地失去其传统时代具有的作用。然而,人们依然要在部分的个人失落感和耻辱感中面对这些所谓新时代的新艺术。① 事实上,随着宗教世界的神圣与神秘性的不断剥离,理性化的科学技术常常以直观的方式支配人的现实世界。技术化,不仅支配着艺术,也在支配着学术、文化和人们的全部生活。

人们对技术科学的普遍发展表现出来的热情远远超过对它的恐惧。② 在一片麻木、疯狂的欲望之中,人类在默默地丢弃自己的智慧和灵魂,所以人们对残酷的现实视而不见,对思想家们的劝诫听而不闻。事实上,人们早就开始传诵着大师们对于技术的诅咒和呐喊:

> 在海德格尔看来,技术其实是一个装置(德语"Gestell"一般翻译为框架,不过我觉得"装置"一词更加贴切),就事物及事物的组织方式而言是一种新的装置。因此对生活的所有方面来说,技术都是起决定作用的——并且是以某种极权的方式,因为它决定了我们对事物的态度——总的说来,它是我们的宿命,因为没有人能真正避开它。③

马尔库塞对韦伯批判得出的结论是,技术理性的概念,也许本身就是意识形态。不仅技术理性的应用,而且技术本身就是(对自然和人)统治,就是方法的、科

---

① [美]约翰·拉塞尔:《现代艺术的意义》,陈世怀等译,江苏美术出版社,1996年,第109—110页。
② [美]爱德华·特纳:《技术的报复——墨菲法则和事与愿违》,徐俊培译,上海科技教育出版社,1999年,第211页。
③ [法]R. 舍普等:《技术帝国》,刘莉译,生活·读书·新知三联书店,1999年,第185页。

学的、筹划好了的和正在筹划着的统治。统治的既定目的和利益,不是"后来追加"和技术之外强加上的;它们早已包含在技术设备的结构中。技术始终是一种历史和社会的设计;一个社会和这个社会的占统治地位的兴趣企图借助人和物要做的事情,都要用技术加以设计。统治的这种目的是"物质的",因此它属于技术理性的形式本身。①

尽管从表面上看,技术经济在世界文明中占有很重要的份额,然而道德的意义总是使人们无法轻视。也就是说,知识和价值应该是一个整体。人们认为,一种成熟的世界观,不仅要表达出知识,还要有一个人的价值体系。② 知识强调科学技术与理性,价值重视人的宗教伦理与情感。欧洲人常常以先行的经济技术的现代历史事业为自豪。他们认为,欧洲以外的民族正生活在欧洲人曾经生活过的某个时期,并且他们不可避免地会达到社会活力的某个点上,欧洲人正是离开这个点才走向未来。③ 然而,在这些先发性国家,未必就能实现真正的人文主义,他们又时常为一些最普通的问题而束手无策。比如,世界是否是由理性来统治的?幸福是否是社会进步的目的?④

其实,对于现代人类来说,没有理性不行,然而仅有理性也是远远不够的。不过,幸福是社会进步的目的而不是问题。信仰是一种更为重要的东西,它不仅可以给人带来宗教伦理,也可以给人们带来人文关怀。令人关注的是,当神学衰落的时候,新教的危机便随之到来,留下的是没有任何文化形式的负罪感,从而使人们提升到灵魂拯救的想象之中。⑤ 如今,在经济与道德、知识与价值的融合与冲突之中,人们越发感受到,思想大师们的训导常常是一种真理性的叙述,如果人们忘记了马尔库塞等大师们的训导的话,如果世俗化与技术化使那些凡夫俗子们利令智昏而不为所动的话,那么上帝将为此而哭泣!

---

① [德]哈贝马斯:《作为"意识形态"的技术与科学》,李黎、郭官义译,学林出版社,1999年,第39—40页。
② Pavel Gurevich, *Humanism: Traditions and Paradoxes*, Novosi Press, 1989, p. 67.
③ Pavel Gurevich, *Humanism: Traditions and Paradoxes*, Novosi Press, 1989, p. 94.
④ Pavel Gurevich, *Humanism: Traditions and Paradoxes*, Novosi Press, 1989, p. 57.
⑤ John Carroll, *Humanism: The Wreck of Western Culture*, Fontana Press, 1993, p. 170.

第四章
近代人文主义传统的重建

18世纪70年代,英国工业革命处于上升时期,人们已经开始反思工业文明的诸多弊端。1789年,吉尔伯特·怀特《塞耳彭自然史》的问世,成为工业文明批判与反思时代到来的标志。生态资源、环境、疾病、战争,以及由于人类与人为相关而造成的许多自然灾害,最终将使人类自身充满恐慌,甚至无法生存。

特别重要的是,人类信仰本质上走向衰落导致神性不断流失,人性无所皈依并严重扭曲。教会内部可以出现敛财等各种腐败现象,基督徒也可以纵欲无度。西方精神世界的没落,超越了物质世界的诸多弊端,是整个世界安全、疾病、战争等许多与人类行为有关的一切罪恶的根源。英国手工艺运动和德国浪漫派正是在这一背景下诞生的。他们以最为强烈的方式,批评工业文明的诸多问题,否定现代社会的诸多弊端,同时为理想社会的建立提供了许多很有价值的设计方案。

他们的人文主义思想富有理想主义色彩,然而绝不只是一种空想。应该说,富有理想色彩的人文主义,不仅是社会发展进程中安全、稳定、和谐的重要因素,对于现代社会诸多弊端的消除也起着十分重要的作用。人类的理想,永远是人类文明的指路明灯,即便是有一千次挫折,人类文明也总是向着理想的方向奋力前行。更重要的是,这些理想不但有益于调整现代社会的发展方向,而且重视人的信仰与德性;不但是人类文明的核心问题和重要依据,而且是人类政治与经济的灵魂,也是世界文明由发展走向幸福的最终目标。

第一节 寻找信仰:德国浪漫派的人文主义思想

在19世纪,最具有人文主义历史意义的事件应该是德国浪漫派的兴起与发展和英国手工艺运动。它们从批判与反思工业文明的诸多弊端出发,蕴含着对于人类的信仰、道德、环境与和平等重大历史问题的人文关怀和社会理想。

19世纪末,德国浪漫大潮中出现了一个特殊的群体——浪漫派。与席勒和费希特相比,浪漫派在承继康德主观哲学的问题上,显然有了变化。但是,在本质上他们之间还是息息相通的。浪漫派的人文主义体现出神性背景下的人文主义信念。

与康德哲学相比,浪漫派的学术思想不是一种纯粹理性,但是二者共同拥有主观哲学;与席勒、费希特相比,浪漫派没有一种积极的学术激情,更不会体现出强烈的现实精神,但是二者都重视自我的内在情感。二者之间,异中有同,同中有异,其根源究竟是什么呢?

首先,新型社会力量的崛起与挫折,是影响浪漫派诞生的重要原因。经过文艺复兴运动的洗礼,欧洲进入了文化觉醒的时代。16世纪的尼德兰民族解放运动,唤醒了人们的民族解放意识和自由独立精神。17世纪的英国工业革命,使新型的阶级力量得到了普遍的形成,他们拥有了自己的生产方式和生活方式,从经济力量上为资产阶级社会力量的崛起创造了条件。1789年的法国大革命,是影响近代社会最为重大的事件。这一事件的影响,形成多种矛盾的后果。

从总体上说,浪漫派的代表人物认为,在法国大革命时期,费希特的《知识学》和歌德的《迈斯特》代表着当代社会最伟大的倾向。谁反对这种相提并论,谁没有意识到尚未显赫和物质化了的革命,谁就没有上升到人类历史上最高的视点。如此说来,他们对法国大革命的肯定如同肯定当时的伟人费希特和歌德一样,显然在总体上是歌颂法国革命的。当雅各宾派的暴力专政和革命破坏了革命家所描绘的理想时,浪漫派便失去了希望,更觉得法国革命不是疗救封建疾病的药方,便很快在失落和虚幻中丧失了意志。革命,对浪漫派不再新鲜,也不再有吸引力。当然,也有像诺瓦利斯(Novalis,1772—1801)这样年轻的代表人物,竭力维护现存世界的所有事物,但是,他反对宗教改革,反对启蒙运动,也反对法国大革命。尽管对现实生活也有许多对抗、厌恶、虚幻和矛盾心理,但是始终没有改变过政治与历史观念的保守主义倾向。复杂的社会背景,造就了具有复杂社会心理的浪漫派。

其次,哲学观点的转换与生成,是浪漫派学术思想形成与发展的重要依据。康德哲学的崛起,是浪漫派思想的最基本的条件。一方面,在纯粹理性的前提下,康德十分注重主观和自我,主张天才、自由和创造;另一方面,康德的物自体理论,也为浪漫派的神秘主义宗教意识和虚幻的宿命论提供了精神空间。而且,物自体比现象界具有一种优势,可以为浪漫派追求的无限和永恒创造条件。在康德哲学基础上产生的费希特的知识哲学,既把康德哲学从纯粹理性请到实践理性中来,又把康德哲学转换为以自我为中心的自由主义。自我是世界万物的根源,自我可以产生非我,主观可以产生客观,思想可以产生存在,精神可以产生物质,而且前者对于后者还有决定意义。这样,自我在现实生活中便可以任意地膨胀为自由意志、自我梦幻等诸多形态。到了谢林,主观与客观,自我与非我则完全消除了界限,精神是可见的物质,物质是可见的精神,主体和客体可以在自我的思想意识中随意地消融和颠倒,主观感觉和心灵的直观拥有了先验的合法性,这种所谓的同一哲学是浪漫派学术思想最为直接的根据,也是浪漫派思想家出现心理变态的重要原因。

再次,风云迭起的文化思潮也给浪漫派的人文主义信念的形成和发展带来较大的推动力。到了浪漫派时代,诸多文化思潮日渐平息,启蒙运动、理性主义、狂飙突进也已走向尾声,但是它们的影响,它们的精神依然强有力地震荡着当时的社会生活。尤其是狂飙突进,对于浪漫派的人文主义观念带来很大的影响。

1770年前后,以青年歌德和席勒为代表掀起的狂飙突进运动,一大批文学家、艺术家和思想家,充满激情,反抗封建制度的束缚,追求心灵自由和个性解放。他们推重天才,崇尚自然,积极倡导卢梭的文化观念和学术思想。歌德著诗剧《普罗米修斯》、剧本《铁手骑士葛兹·封·伯利欣根》、小说《少年维特之烦恼》;席勒著剧本《强盗》《阴谋与爱情》等。在这些作品中,普罗米修斯大胆地与宙斯的神权抗争,伯利欣根则勇于蔑视封建贵族的专制统治,斐迪南则敢于同腐朽的等级制度、社会观念和传统道德进行坚决的抗争。这些因素,都为浪漫派疯狂地否定陈规陋习和世俗偏见的思想观念注射了活性的血液。更为重要的是,这些文化思潮的进步观念并没有得到正当张扬,而相反地要面对悲剧的命运。同时,现实的当代生活和艺术也处于道德沦丧、权力沦丧的境遇之中。这一切,给浪漫派造成的是精神的迷惘和心灵的忧伤!

作为狂飙突进思潮的后继者,浪漫派给世人呈现的大多是通过艺术"在物体内部表现出来的精神力量"[①],然而这种精神力量过于沉重,过于悲伤,有时甚至过

[①] [德]赫尔德:《批评之林》,伍蠡甫主编:《西方文论选》,上海译文出版社,1979年,第440页。

于放荡。这是因为,在理性时代受到挫伤之后,浪漫派把心灵的视角转向怀疑并否定当下状况,转向潜在的灵魂与自我,转向虚无而玄秘的过去。浪漫派没有按照知识学的谱系去演绎生命,然而他们的学术世界依然奏出了灵魂的乐音和时代的绝唱。

一、传统情怀与民族意识

相比之下,英国的浪漫派倾向于田园诗般的风情,德国浪漫派则更倾向于追恋传统的形象。[①] 尽管对现实抱着否定态度,民族意识依然在浪漫派的学术思想中具有很重的分量;尽管对传统文化的情感特别迷恋,科学精神依然在浪漫派的学术世界中占有很大的份额。在浪漫派的学术思想中,传统情怀与民族意识具有极其重要的价值和意义。

对于人类文化艺术的历史研究,浪漫派不仅关注个性的差异性,也重视民族作为群体的个性特征。在差异中寻找民族性的个性特征,显然是浪漫派对现代知识学的重大贡献。浪漫派认为,从自在和自为的角度来看,科学技术时常具有同一性,而文化艺术主要是为了创造某种特定的现象。这样,只要文化艺术是以某种方法进行创造的,那么它就体现出自身的多样性,当然这种多样性不只是个人之间的多样性,更主要是指每个整体之间的多样性。也就是说,这种多样性是以民族的方式表现出来的。由于每个民族都有自己的文化、艺术与生活,所以他们对文化艺术的认识方式、审美方式和理解程度也是不一样的。因此,文化艺术诞生的过程,也就是民族性形成和表达的过程。对于艺术来说,更是如此。从根本上看,创造就不是个人的活动,而是民族的活动。从实际事实来看,艺术家只是为了民族而进行创造,艺术品永远存在于它所属的民族中。浪漫派认为,艺术是与民族性相关的,艺术在本质上含有它的民族差异性。[②] 显然,民族性是文化艺术的基本特性。重视民族性常常是与传统性、民间性的凸显联系在一起的。与康德一致的是,浪漫派也以人为中心,而且批判现实,对民族性的重视也是以此为基础的。不同的是,浪漫

---

① R. W. Davis edit, *Religion and Irreligion in Victorian Society*, NY: Routledge, 1992, p. 193.

② 蒋孔阳主编,李醒尘编:《十九世纪西方美学名著选·德国卷》,复旦大学出版社,1990年,第332页。

派已不像康德时代那样单一地崇奉理性,而是把视野置于人的心灵深处。他们不像康德时代的人那样倾心于古希腊时代的理性,而更重视中世纪的神性。神性的凸显,势必将形成与古希腊理性精神的碰撞与冲突。神性与民族性一样,寄生于对中世纪思想与文化的追恋之中。

1. 崇尚中世纪的平等与忠诚

历史是不可逆转的,这是妇孺皆知的真理,浪漫派自然也不会如此无知。那么,他们又为何主张让历史"退回到中世纪"呢?在这一问题上,正与卢梭倡导回归自然状态的含义一样。从某种意义上说,以极端的方式表达对于传统的追恋,大多表示对于现实的彻底否定或批判,浪漫派也是如此。他们对中世纪的追恋,正是出于对功利主义、拜金主义和道德沦丧等社会现象的否定,进而追求中世纪神性中的那些公正、平等、忠诚和光明正大等优秀品质。或许,由此他们可以为自己及其民族和时代找到一条生路。

在追恋人类文化民族传统的诸多论著中,最为典范的当是奥·施莱格尔的《中世纪》。《中世纪》的背景并不是一个理想的人文主义景观。罗马人与日耳曼人的战争时常为人类生活带来痛苦和灾难。但是,奥·施莱格尔试图超越这些现象的背景,而着重显示神性的品质,尤其是平等、忠诚等理想的德性。事实上,自律在浪漫派的德性中也占有重要的分量。他们认为,自我限制的法律可以使一个孤独的人的狭窄心胸变成无限。①

与抗争现实的思想状况直接相关,奥·施莱格尔首先看重的是平等,因为只有平等,人才能有权利和自由。他认为,只有平等的感觉深深嵌在自由的德意志人的头脑中,德意志人民在社会秩序上投放的精力和财力少到最低限度,任何一个普通的武装联盟的所有成员,才能享有在自然状态下行之有效的权利。

奥·施莱格尔认为,尽管现代人在科技崛起以后,拥有财富,但是没拥有中世纪人的精神和气派。尽管有些人为现代的豪华而自鸣得意,但是现代的豪华极其小气,支离破碎,成了千万种各自为政的人为的舒适设备,大庭广众的宏伟气派已从生活中销声匿迹。有许多享受为我们的祖先所不齿。中世纪则与之相反。中世

---

① Elizabeth M. Vida, *Romantic Affinities: German Author and Carlyle*, University of Toronto Press, 1993, p. 115.

纪人需要辉煌的节日,其时多种多样的辉煌场面全部压缩在一块演兵场上和短短几天里。骑士比武大会就是骑士文化的奥林匹克运动会,人们尽可据此来刻画各骑士民族(亦可按竞技比赛来刻画罗马人)的性格。二者最显著的区别在于,在奥林匹克运动会上,妇女到场观看比赛可治以死罪,而在骑士比武大会上相反,尊贵的太太小姐们端坐于荣誉席上,并亲自分发谢忱(奖赏在那时的名称)。① 这一对比,让我们从中世纪看到了真正的生命伦理,也真正体现出中世纪的"平等"在人类文化史的意义。

忠诚在中世纪也是一种合乎神性的品质。浪漫派特别崇尚中世纪的骑士文化,尤其是其中的忠诚、勇敢和光明正大的优秀品质,因为它是德性,是人的最内在的生命精神。每一个武士为了他的同伴、领主,尤其是他的国家,可以舍生忘死,勇敢地去面对任何挑战,他们为荣誉、为正义、为独立、为自由而生存。银鼠在中世纪文化中具有很高的地位,因为银鼠是中世纪人德性的象征。在传说的故事中,银鼠是这样一种动物:它爱自己洁白的皮毛,如果在不弄脏自己皮毛的情况下,它宁愿束手就擒,任人宰割。所以,它有一种神圣的恐惧,不愿以任何方式玷污自己,宁死不愿让荣誉蒙受任何玷辱。由此,人们可以感受到银鼠无所畏惧的气度、光明磊落的心地和令人仰止的忠诚。银鼠是德性的象征。对于与生俱来带有罪孽的人来说,对于利欲熏心的世俗生活中的人来说,银鼠的忠诚显然是一种富有神性品质的德性精神。

中世纪的骑士文化是有法度的:它崇尚勇敢,但勇敢必须合乎正义;它重视情感,但情感必须忠贞如一。人们认为,勇敢必须体现基督精神,必须合乎正义的法则。骑士不仅不对弱者,特别是妇女、儿童、教士等施加武力,还是他们的保护者。他们重视修养,遵守规则,勇敢地守护着荣誉,忠实地担当起自己的义务。

两性忠贞,也是体现在中世纪文化中的优秀品质。相比之下,希腊人并不以崇奉淫欲女神为耻,就连布道的仪式也时常在放纵的状态中进行,他们并不重视婚姻的权利和血统的纯正。② 对此,中世纪人则在一种完全相反的状态中进行,人们崇

---

① [德]奥·施莱格尔:《中世纪》,孙凤城编选:《德国浪漫主义作品选》,人民文学出版社,1997年,第366页。
② [德]奥·施莱格尔:《中世纪》,孙凤城编选:《德国浪漫主义作品选》,人民文学出版社,1997年,第367页。

尚童贞和母性,并把它视为天国狂喜中的至爱。这一切,绝不是对宗教外在形式的尊敬,而是出自心灵的毫不掩饰的虔诚。显然,在这里是找不到世俗社会的放荡和纵欲的,尽管浪漫派自己没有到达这一理想的境界。或许,平等和忠诚是只有中世纪人才能具有的德性。

2. 民间文化中的民族意识

浪漫派对民族性的认识是超越它的狭隘性的,因为它突破了时间和地域的限制,对每一个民族都具有普遍的价值和意义。

面对民间文化,浪漫派认为传统民族的语言、历史和文化是其基本内容。他们主张,无论什么时代,语言是一个民族存在和发展的重要标志。如果一个民族的语言遭受外族的限制,那么这个民族的全部文化便面临全部牺牲的威胁;相反,当一个民族强盛的时候,它的语言便对整个世界产生越发强大的影响。因此,语言既是思想的手段,也是自由的象征。同样,无论在哪一个区域,每一个民族的神话传说与英雄故事,也是其民族文化的真实记录。这是因为,民间的语言、故事与生活有着最直接的关系,它们之间几乎没有中间环节。因此,民间文化常常是最真实、最有生命力的东西,而且将对后世产生推动力。相反,只有那些与传统社会民间文化中神话故事和英雄传说等产生直接关联的时候,这些时代才有可能是纯真、自主和自由的时代。也就是说,民间文化的状况不仅能确证民族自身的历史,还能召唤民族生存的现状和未来。

在浪漫派的世界里,民族情感是和爱国情感密切相关的。民间文化,尤其是民间诗歌,它常是普通民众民族情感和爱国情感的真实记录。所以,每个平民都应当爱他的丰富多彩的民间文化,尤其要爱他的民间诗人。这是因为,一位伟大的诗人,是这个民族最辉煌的旗帜。只有当每一个人都爱他的诗人,爱他的民间文化的时候,他们才有可能鄙视丑恶而敬重美善;只有整个民族都爱他的民间文化和他的诗人的时候,那么这个民族才有可能告别野蛮而走向文明。因此,浪漫派认为,如果一个民族的古老特征及其思想意识还在振奋这个民族,而不仅是有助于给学者提供一个场所,以供他们进行偏执的研究的话,那么一个民族的诗越是多样化,这个民族在其他方面也一定创造出了越丰富的生活;他也一定能从更久的古代找到自己的诗人,更忠实地执着于自己的习俗,他的政治活力和特征也会展现出更加自主、更加坚实、稳定的风貌。① 为了体现对于民族传统的满腔真情,浪漫派还以英国、法国、西班牙和意大利人的文化状况进行比较研究。尽管浪漫派对民族传统的充分尊重是以对于现状的全面否定为背景的,但他们的理论至少在相当程度上是具有真理性的,因为他们以充分的材料证明:每一个民族都有大量工作有待完成,使自己以自己独特的方式追思往事。正是这种状况,构成了每一个民族文化和心灵的历史。浪漫派对于传统的民族性的反思,其意义在于给时代带来刺激和推动的力量。所以他们认为,在意大利,民歌、久远的传统和历史早就不再振作这个民族,诗沦为学者和上流人士组成的封闭的行会的奢侈享乐。有鉴于此,做作才得以在意大利耀武扬威。西班牙则不然。古老的抒情民歌,不论它发源于哪个地区,不论它出现于哪个时代,它的声音都能穿透一切时代而千古流芳。英国则是另外一种情况:在安娜女王统治下的所谓黄金时代,正是她的文化拥有言辞修饰和精雕细琢的时代,也正是当这种状况导致吹毛求疵、空泛浮华的文化走向崩溃的时候,人们重新意识到民间文化特别是民间歌谣的价值,因为它们当中蕴藏着无穷无尽的思想和养料,它们能创造出伟大的爱国情感、伟大的诗人和优秀的批评。也只有这样的民间文化,才能诞生出以弥尔顿、莎士比亚为标志的一个伟大的时代。

对于民族性的推崇还不只是对于爱国情感的追寻,更是为时代的文化危机寻找心灵的寄托。为此,浪漫派特别重视人的内在情怀,极力鄙视形式与技术的拙劣。浪漫派也意识到,当技术操作几乎影响全世界的时候,滥用形式、没有知识、追求时尚和虚荣肤浅等等恶劣行径,也夹杂在抒情的民间叙事诗和歌谣之中,也有令人作呕的现象。所以,他们敬告那些玩弄形式和技术的人们,假如我们永远面临陷入空洞的矫揉造作的危险,自有这些自然之声与这种疾病相克。假如单纯、质朴和自然有沦为长凳歌和肤浅的危险,自有席勒的艺术和他的高贵意识、歌德的完美柔和风格,以及其他许多人的精心制作的充实和学识渊博的完整性与这种腐化堕落相抗衡。② 其抗衡的结果是只有那些具有民族与人类的情感、纯粹与高尚的灵魂、强劲而具有活性学力的文化才能拥有成功与永恒;那些腐朽堕落的人们只能拥有

---

① [德]蒂克:《新民间诗》,孙凤城编选:《德国浪漫主义作品选》,人民文学出版社,1997年,第414页。
② [德]蒂克:《新民间诗》,孙凤城编选:《德国浪漫主义作品选》,人民文学出版社,1997年,第423页。

一时的野蛮与疯狂。

二、科学精神与创新意识

浪漫派不只重视文化艺术现象,也重视学科之间的关系与问题的科学研究。从他们的学科理论中,我们可以充分感受到浪漫派的科学精神与创新意识。

1. 科学精神

在现代学术的诸多学科中,浪漫派对于科学哲学、艺术美学和道德伦理学及其相互关系均有其独到的理解,有些看法还是特别具有创造性的。浪漫派认为,研究人类思维的诸多现象是科学哲学的事,它依托于概念和知识。科学的基础与伦理学不存在直接的关联,这已经是一个古老而无须证明的问题,但是科学哲学与艺术美学、艺术美学与道德伦理学之间却存在着联系。比如,科学与艺术之间既对立又协调,这样两者间势必有一种共同的基础,这个共同的基础就是人的认识能力,对于科学哲学与艺术美学的关联来说,应当是由人的科学的认识能力向审美的认识能力的过渡。

伦理学是以人的意志自由为目的而创建的古老的学科,就它的精神自由的品质而言,它与艺术美学是一致的;但是就它的认识对象而言,与科学哲学则又发生了关联。从这里,我们可以看到两层意义:一是,艺术美学可以到达意志自由的境界,也就是说,艺术美学可以作为自然人与德性人的中介。二是,人的意志力由于可能受对象同一性的诱导而使人由德性退回自然的世界。当美学中介不能成为可能的时候,尤其是在脱离了宗教等信仰背景的情况下,人就会走上另外一条路。现代社会的事实状况正是如此,叔本华与尼采的意志自由是不可能的,可能的是韦伯指认而又批判的官层制社会。这是我们从浪漫派学科理论中发掘出来的思想和意义。

在现代学的诸多学科中,浪漫派尤其关注艺术美学的品质与生命,因为这一点对于哲学和伦理学已远远没有必要了。他们认为,在人类的学术活动中,一致性和个体性是它的基本方式。在伦理学中,两者是共同存在的,一致性时常是主流,艺术美学则不然,艺术不是为了创造同一性,而是为了创造某种特定的印象。这样一来,只要艺术是以某种方法进行创造的,那么它就表现出了多样性,当然并不直接地表现为每个人之间的多样性,而是每个群体之间的多样性。由于每个民族都有自己的审美品质和感受方式,所以艺术创造本身就是不同民族独特的文化品质和美学个性的显现。在这一方面,美学个性的多样性与伦理学的规范和统一性显然是不一样的。

浪漫派十分关注艺术美学的独立性问题。他们发现,美学要借助于哲学的理论体系,又要使艺术依附于它的道德意义。美学究竟是个什么东西,在强大的科学哲学和道德伦理学之中显得非常尴尬而且十分可怜。如果美学没有它的独立、自由和发展的生命力,那么仅有的所谓德性状况将迅速退回它原来拥有的自然世界,而且事实还不仅如此。因此,浪漫派对艺术美学学科生命的关注是很有价值的。他们以敏锐的学术眼光揭示了这样一种事实:美学依据只存在于两种情况中,要么完全缺一个能够创建美学这门学科的哲学体系,要么必须从伦理学中跳出来,从更高的角度上去寻找美学的根据。① 由此使美学拥有独立的领地、自由的品质、宏伟的背景和充分的资源。只有这样,美学才能在学术三分的历史中担当起中介的使命,现代人在现代学语境中去除他低劣的自然属性进而成为德性人,才能具有一定的可能性。浪漫派关注艺术和道德,却不怎么关心政治。尽管有人认为,瓦格纳的活动对纳粹构成影响,可是事实上政治很少进入瓦格纳的讨论空间。② 学科互融、学科综合,也是浪漫派学术思想的要素之一。浪漫派的代表人物弗·施莱格尔试图在《断想》中追求一种综合哲学的本质形式,同时又希望诗歌能表现理想与现实关系的全部内容,按照哲学的艺术语言类推,可以称之为超验诗。与此同时,他们还提出了综合文学、综合历史学和共生哲学、共生诗等概念。他们说:"倘若共生哲学和共生诗变得非常普遍,非常热忱,从而不再是稀罕之物,倘若互相补充的人一起创作共同的作品,那么,一个科学和艺术的新时期也许就会开始。我们常常禁不住这样想,两个英才如同整体的两个分开的部分那样本是属于同一个整体的,凡是他们能融合的东西都融合到一起。"③因此,他们在具体的学术活动中,便主张打破学科的界限,认为诗越成为科学,就越成为艺术。如果诗要成为艺术,艺术家要对

---

① [德]弗·施莱尔玛赫:《美学讲演录》,蒋孔阳主编,李醒尘编:《十九世纪西方美学名著选·德国卷》,复旦大学出版社,1990年,第328页。
② Gerald Chapple edit., *German Literature and Music in the Nineteenth Century*, University Press of America, 1992, pp. 495–497.
③ [德]弗·施莱格尔:《断想》,孙凤城编选:《德国浪漫主义作品选》,人民文学出版社,1997年,第353页。

他的艺术手段、他的目标、诗的困难和对象有彻底的科学的了解,他就必须对他的艺术进行哲学思考。如果他不应只是发明者和制作者,而且是他这个领域的行家,能够理解艺术王国的同行,那么,他也必须成为语言学家。① 从思想与对象来说,他们还要注意反对精神腐朽,体现最伟大、最严肃的精神,从而打破哲学、美学和伦理学的界限,努力实现诸多学科的互融与综合,充分展示现代学术的活力。我们认为,在现代学术分离的百科全书时代刚刚过去,浪漫派提出如此惊人的学术观点,而且现代学术的发展也以它的历史事实予以有力的证明,互融、综合,乃至于整体似乎成为现代学术发展新趋势。可见,浪漫派的观点是富有创造性的。

2. 创新意识

创造性不只是浪漫派学术综合的特点,在他们的整个学术思想中,创新或创造性,也是其重要的内容。

在浪漫派刚刚诞生的时候,也就是 1798 年施莱格尔兄弟创办《雅典大神典》杂志的时候,一种与古典派相抗衡的新精神也随之诞生了,这个新精神就是与向古典模仿对立的告别传统的创新精神,这种精神以自然为师、以心灵为本,是一种蕴藏着无限活力的时代精神。这种精神,不只属于哪一个民族,而是属于整个欧洲,整个时代。尽管它情韵起伏,然而毕竟奏出了属于人类生命自己的乐章。德意志人觉醒了。他们知道,在古典风盛行的时代,人们梦想教养、虔诚,但结果一无所获,只是假设梦想中的原创性和独立性,这一切正如对奴性的一种温和的报复,因为古典性就是奴性。可是,历史不会容忍奴性长存,因为一个民族之所以没落,正是由于奴性的张扬和原创性的失落,由于其本己的富有生命力的自然匍匐于现行的形式之下,匍匐于祖先所创造的奢华之下。② 显然,在传统与形式占统治地位的时代,人们必然思想贫乏、心灵老死、精神衰竭。因此,只有独立意识与原创精神,才是现代人性与现代文明的根基。这一真理,在法国、英国等欧洲国家都得到有力的印证。

法兰西人知道,只有告别传统、努力创新,整个时代才能拥有文化与艺术的辉煌。所以,他们很清楚地意识到,没有比热衷于仿古更糟糕的事了。如果让许多艺

---

① [德]弗·施莱格尔:《断想》,赵登荣译,孙凤城编选:《德国浪漫主义作品选》,人民文学出版社,1997年,第355页。

② [德]荷尔德林:《荷尔德林文集》,戴晖译,商务印书馆,1999年,第199页。

术家,去重复已经使用过的形式,或者使用与现代风格习惯毫无关系的形式,甚至认为只在但丁和拉斐尔的形式中才能发现美,这是我们的时代所不能容忍的。①其原因在于,题材和性格是可以模仿的,而思想和心灵则是不可模仿的。因此,只有当人们的思想不断突破传统的限制,只有人们的心灵充满创新的敏感和活力的时候,人类的文化与艺术才能拥有真正的未来。

英吉利人知道,一味地沉湎于传统的社会是不会有前途的,只有像法国大革命那样地变革才是创新,才能使社会的有机体拥有生命与活力,广大民众的民主和自由才能成为可能。因此,传统体制的结束、天主教徒的解放和议会法案的修正,必须像文化艺术那样体现民众的意志和理想。尽管人们认为,浪漫派在英国没有完整地存在过,②但是人们又无法避讳这样一种事实,那就是雪莱的意义,远不逊色于启蒙时代的任何一位思想家。

我们认为,浪漫派所追求和体现的是一个完整的时代精神,更具有无限的张力和生命力。这是因为,它们的生命本质在于:它将始终处于形成过程之中而永远不臻于完成。这就是所谓永恒的未完成状态。③ 它的生命力之强劲,究竟来自哪里呢?显然是人的精神和心灵,因为人的精神可以凭借心灵拥有无限和自由,可以让人类的文化形式永远具有独一无二的原创性状态。事实上,浪漫派把独创性看成是人的价值和美德的象征。④

三、神性与人格

从一定意义上说,神话是人类想象力与创造力的源泉,而神性则是人格与人性之根。因此,如果人们取消了神,事实上就是取消了人的创造力,取消了人格建树的范本。这一观点,在浪漫派那里可以获得有力的支持。

---

① [法]德拉克罗瓦:《德拉克罗瓦论美术和美术家》,平野译,辽宁美术出版社,1981年,第293页。
② [英]玛里琳·巴特勒:《浪漫派、叛逆者及反动派:1760—1830年间的英国文学及其背景》,黄梅、陆建德译,辽宁教育出版社,牛津大学出版社,1998年,第287页。
③ [德]弗·施莱格尔:《断想》,赵登荣译,孙凤城编选:《德国浪漫主义作品选》,人民文学出版社,1997年,第352页。
④ [德]弗·施莱格尔:《关于神话的谈话》,李伯杰译,孙凤城编选:《德国浪漫主义作品选》,人民文学出版社,1997年,第407页。

1. 神性与德性的追逐

奥·施莱格尔说:"人们一旦在什么地方发现神性,应当立刻以虔敬的态度奔赴彼处,让自己浸透神性;只有先对过去的大师们表示了景仰,人们才能获得以后指责他们的权利。"① 浪漫派的这一观点,即对于神性的景仰,并不只是简单的宗教中的神性,而是指圣贤、圣洁的品性,是人能够到达的境界。

在浪漫派的学术思想中,人的自然当中一切本质的和有效的,本是不会消逝的,因此,自我、个性、自由等德性,总是和对于神性的追逐联系在一起的,道德和宗教、诗和哲学是永远不会衰落的。他们特别崇拜莱辛和康德之类的圣贤,认为莱辛从来不为权威所动,不受人云亦云的陈词滥调左右。在这一方面,充分体现出人的自性与自由,同时,作为一位思想家,他能把革命性的冲动带给人类知识的多个领域。莱辛不仅在自己身上树立起一个不偏不倚的、正直永恒的真理探索者的楷模,以及疾恶如仇、对空洞形式与技术操作深恶痛绝的典范,更重要的是,在神学世界对于神性的绝对崇奉中显示出来的严肃和庄重,使他在学术思想界和整个社会的平民中间引起普遍的轰动。

浪漫派也十分敬重康德。他们认为,在哲学思想荡然无存的时代,康德以批判精神建立起超验性质的唯心主义体系,从而给哲学注入新的活力。尤其重要的是,尽管康德没有艺术和诗的知识,他依然可以在《判断力批判》中揭示出人类审美精神的本质,在异类的立法面前捍卫了艺术美学的独立性,并且使濒临枯竭的人类哲学思想呈现出一派生机。当然,浪漫派对于圣贤的神性崇拜不是单一的,而是辩证的。他们不仅发现康德的《判断力批判》没有实证性的依据,更批评他的体系是拼凑的,而且没有一个根本的中心,因此,在他以后的弟子中必然地蜕变为一种形式主义。② 浪漫派对于康德的批判是非常中肯而有力的,如果我们走进新康德主义者,走近所谓的现代形式与技术美学,便能充分地意识到,浪漫派的学术思想,更易于呈现人的本性,建树人的精神。

我们知道,在浪漫派的学术思想中,抽象的形式和机械的技术只有野性和霸

---

① [德]奥·施莱格尔:《启蒙运动批判》,孙凤城编选:《德国浪漫主义作品选》,人民文学出版社,1997年,第391页。
② [德]奥·施莱格尔:《启蒙运动批判》,孙凤城编选:《德国浪漫主义作品选》,人民文学出版社,1997年,第398页。

权,而没有人性,没有灵魂,所以最终将是没有领地的。因此,他们总是以人的德性为目的,关注心灵的自由、人格的平等和精神的创造力,更体现出一种崭新的对话理念和新人旨趣。他们认为,对话是一种心灵自由的形式,是一种精神冶炼的断片。通讯是大规模的对话,回忆录是整套的对话,而长篇小说则是整个时代的苏格拉底式的对话。① 在这种状况下,文化与艺术不仅使它的创造者变成新人,还应当给它的受众以教化,以对话心态来塑造自由和平等的世界。在这一方面,弗·施莱格尔显然要比巴赫金更具有原创性,因此也更伟大、更富有时代意义。

2. 启蒙与"否定的原则"

启蒙可以看成人类思想古今转换的象征。但是,现代社会运演的结果并不像理性主义者们设计的那样美丽动人,而实际上是让几乎所有的人心灰意冷。面对这样的历史事实和时代状况,现代人应当十分关注浪漫派提出来的"否定的原则"所具有的哲学意义。

在人类思想史上,启蒙运动是有很大贡献的,它把人的宽容、自由、博爱作为一面旗帜,给人类生活带来以人性尤其是人的知性为内核的文明之光,从而为现代人澄清宗教文化的历史,照亮科学技术的前程。也正因为如此,有人认为启蒙运动是对人文主义的实践,它是人文主义理想最纯洁的化身,是最有活力、最乐观、最成功的成果。② 然而,启蒙运动中还是有许多问题值得人们反思。浪漫派认为,至少在以下两个方面应当予以指正:

第一,启蒙运动涉及面过于广阔,从而使许多问题缺乏科学性,并最终导致这场运动在许多领域半途而废,或者说这场运动并没有取得最终的成功。

浪漫派认为,启蒙运动具有自己的原则,并提出了许多无所不及的观点,而且把几乎是全部的科学或问题都置于自己的范围之中:它不仅创建了启蒙神学,还创建了启蒙的历史观、物理学、炼金术和占星学,甚至还有启蒙的数学,并试图以此来解决所有问题。事实上,这些学科的创建,至多只是一种通俗哲学类的东西,缺乏严密的学术体系和科学性,更缺乏思辨性。因此,真正的理性精神和哲学意识丧失

---

① [德]弗·施莱格尔:《断片》,《欧美古典作家论现实主义和浪漫主义》,中国社会科学出版社,1981年,第390页。

② John Carroll, *Humanism: The Wreck of Western Culture*, Fontana Press, 1993, p.117.

殆尽。尽管这些思想家们也倡导研究、怀疑与批判,然而实践中大多是虎头蛇尾。即便是像康德的批判哲学,费希特的知识哲学,即便是他们自己认为是如何的完善与无所不能,可事实上并不是实在的与圆满的,画地为牢与半途中止(或形而上学)应当是它们具有的不可原谅的局限。正因为如此,启蒙运动是缺乏活力和生命力的。

第二,启蒙运动的取向偏离根本,或者说是失重的。浪漫派指责启蒙运动的核心问题在于,启蒙运动倡导宽容、自由和博爱,可是这一切都必须有一个前提,那就是"除了宗教以外"[1]。也就是说,神是不可能享受宽容、自由和博爱的,至少对启蒙运动来说是必然如此。其实,浪漫派指责的核心问题正是启蒙运动的中心所在。这是因为,启蒙运动最关心的就是神,如若对神、对宗教讲宽容、自由和博爱的话,启蒙运动就没事可干了。

浪漫派非常清楚,"启蒙运动发端于宗教改革,宗教改革实则已是萌芽状态中的启蒙运动"[2]。宗教改革试图使宗教更简洁、更生活化或更富有人性;但是启蒙运动则走向了极端,它的目的是以哲学解宗教,以科学代宗教,这样,曾经给人类点燃文明之火的神则将失去生存的领地,并最终威胁人类的生存和发展。因此,浪漫派认为,对于现代人来说,理智与想象、理性与神性应当具有同样的生存权。想象既是创造力的资本,也是人性的资本;而理智是创造力的源泉,更是欲望的源泉。同样,理性是刻板的、机械的,而神性则是慈善的、圣洁的。当然,这必须是以消除神性异化为基础的。启蒙走向极端了吗?是的,它踏上了一条不归途。为此,浪漫派提出了一条十分有价值的"否定的原则"[3]。这条原则,显然是启蒙辩证法、非物质社会理论和交往理性哲学的母亲。

什么是"否定的原则"呢?它是指当某种现象到达饱和或极端状态的时候,随之而来的便是这种饱和或极端状态的否定。具体地说,"如经验主义把一切人类知识不分层次,不讲关联堆在一起,终将导致哲学一样,非宗教性达到过饱和状态,就

---

[1] [德]奥·施莱格尔:《启蒙运动批判》,孙凤城编选:《德国浪漫主义作品选》,人民文学出版社,1997年,第385页。
[2] [德]奥·施莱格尔:《启蒙运动批判》,孙凤城编选:《德国浪漫主义作品选》,人民文学出版社,1997年,第392页。
[3] [德]奥·施莱格尔:《启蒙运动批判》,孙凤城编选:《德国浪漫主义作品选》,人民文学出版社,1997年,第392页。

会唤醒宗教"①。正是由于浪漫派对时代的认识具有这种历史的哲学原则和方法论,所以他们在十分悲观之中依然对未来充满信心。他们说:

> 为什么对于复兴的希望、企望世事猛转到精神的追求上来,竟是什么悖理的事情就如同灵魂对肉体的关系一样。人类的天才是永恒的,永远只有一个,如果原来的形体过时了,它就马上给自己塑造一副新的:它的象征就是从自己的灰烬中再生的凤凰。②

浪漫派十分关注启蒙。荷尔德林说,我爱未来世纪的人类,因为这是我最幸福的希望,相信我们的子孙会比我们更好,自由终将来临,而美德在自由中、在神圣而温暖的光明中会比在专制的冰冷地带生长得更加繁茂,这信仰令我坚强而积极进取。我们生活在一个所有的一切都在为拥有更美好的岁月而努力奋斗的时期。这些启蒙的萌芽,这些无言的希望以及把个体培养成为人类的诸多努力将传遍四方,日益强盛并会结出灿烂的果实。③ 浪漫派所理解和希望的启蒙是很有价值的,因为它始终关心个体与神圣的命运,它是理性的启蒙,同时也是神性的启蒙。可见,浪漫派的学术思想是振奋人心的,因为他们是在用天理和良智为启蒙失重补过。尽管浪漫派自身也有缺陷,或者说,只有当理性启蒙与否定哲学良性整合的时候,现实才能进入亚里士多德和尼采标举的"超人"时代。浪漫派的"否定的原则",其意义相当深远。对于后来者说,或是在阐述中使其更加辉煌,或是在炒作中饮用其杯水残羹!学术思想中的人文主义品质显然荡然无存!

第二节 重建传统:英国手工艺运动中的人文主义

研究英国19世纪手工艺运动中的人文主义思想,应当从总体研究和代表性思

---

① [德]奥·施莱格尔:《启蒙运动批判》,孙凤城编选:《德国浪漫主义作品选》,人民文学出版社,1997年,第395页。
② [德]奥·施莱格尔:《启蒙运动批判》,孙凤城编选:《德国浪漫主义作品选》,人民文学出版社,1997年,第392页。
③ [德]荷尔德林:《烟雨故园路:荷尔德林书信选》,张红艳译,经济日报出版社,2001年,第63—64页。

想家罗斯金、莫里斯历史状况的分析,来展示出这一时代人文主义的基本风貌。众所周知,美国学者艾恺(Guy S. Alitto)早就在学术界提出了反现代历史问题。作为社会思想和实践来说,当然更早。1789年,英国学人吉尔伯特·怀特《塞耳彭自然史》的问世,应该是这种思想的最早标志。当然,蔚然成风的反现代历史思潮的兴起,应当是19世纪中期的英国手工艺运动和德国浪漫派。他们坚守传统社会的信仰与道德,同时不主张取消现代科学技术,有些时候还希望现代科技为传统文化建设服务。英国当代学者利文斯顿认为,以约翰·罗斯金(又译作约翰·拉斯金)和莫里斯为代表的19世纪英国手工艺运动,通过提高手工艺者地位、塑造个性意识来实现制造业变革、重视手工艺文明的理想。然而,这也并不意味着机器生产与商品制造运动将被放弃,或视作手工艺运动的敌人。[①] 也就是说,手工艺运动是希望现代文明不要失去传统文化中诸如信仰、道德优秀因素,并且希望现代历史能够融入复兴伟大传统的发展轨道,从而使现代文明能够走上文化交流之间均等与均衡、国际关系之间和谐与和平的发展之路。

一、英国19世纪手工艺运动概述

从欧洲文明发展的历史背景来看,文艺复兴已超越了理性与神性悖立共存的古希腊和理性受制于神性的中世纪时代,被人们称之为理性超越神性、科学融于艺术的人文主义时代。然而,这一状态并没有维持多久。地理大发现,商业经济与科学技术的总体性革命,改变了这个世界的状况。工业文明事实上成了现代文明的基本形态,与之相随的则是对于现代社会的反思与省察。这一时代,人类文明的性质与存在方式,也发生了根本的变化。尤其到了19世纪,科学解构宗教已成为事实,因此从手工艺运动的先驱者科尔等人的著作中,可以充分体会到,神性的衰落、技术与艺术的分离,[②]已成为这一时代人文主义的基本特征。由于资本主义经济的崛起,殖民主义与侵略扩张也给世界许多国家和人民不断带来深重的灾难,因此,手工艺运动中的思想家们在反思现代工业文明的同时,强有力地批评现代战争,并以"回归传统"的方式努力为现代人创设一条通往幸福的生活图景。

---

① Karen Livingstone and Linda Parry, *International Arts and Crafts*, Victoria and Albert Museum, 2005, p.40.

② W. Whewell, *Lectures on the Result of the Exhibition*, London, 1851, pp. 351 – 352.

第四章　近代人文主义传统的重建

手工艺运动为什么于19世纪率先在英国爆发？这本身就是一个严肃的问题。我们认为，英国政治革命之后，新旧政治体制的变革、新旧经济形态的变迁和新旧生产与生活方式的变化是基本原因，具体表现在以下几个方面：

首先，英国17世纪的政治革命之后，诸多革命性的经济因素也在增长，加剧了城乡矛盾。比如，1649年的英格兰建立了银行，政府证券投资业均获得了安全，而且产生了回收资金的作用，一年以后，人们很快意识到这是一种资本增殖的因素。然而，只有伦敦使用真正评估体系的土地市场受到积极的关注，那里的地主和投机商凭借租约和租赁获得利润。尽管很少中上阶层的人责备乡村和有钱人的利润，然而战争税和乡村劳动者的高薪则使他们感到不幸，因此他们一直坚持对原来经济过度增长的目标怀有敌意而且影响伦敦。[①] 更重要的是，首都经济的增长导致人口的急剧上升，也将必然地引起城市与乡村诸多矛盾的爆发。

其次，工业革命的直接结果是农业革命，或者说是革农业的命，也就是使传统的生产方式、生活方式和经济与文化的创造者的利益得到根本性的丧失。工业革命的结果是用技术来取代乡村传统的经济与文化。在英国农业革命爆发之后，人们会关注在很大程度上具有依赖性的三个关系：一是接受生产的新技术操作；二是围场；三是企业家态度的变化。[②] 很显然，这三种因素加速了传统经济与文化形态的消失。

再次，经济利益的冲突也是重要的因素之一。18世纪后期，特别是后25年，在南方一些郡的老区已经被放弃，位于中部、威尔士和苏格兰的煤田向着钢铁工业的方向发展，卡伦钢铁公司就是在1760年开始运作的。然而钢铁工业没有或失去了独特的个性。钢铁周围有许多美丽的景观。大型的钢铁企业用石灰窑熏烧和炉子烤，闪耀的高炉和嘈杂的烟雾在18世纪特别令人钦羡。人们曾经统计过英国工业革命时期的生铁产量：1720年，25 000吨；1788年，68 000吨；1796年，125 000吨；1806年，250 000吨；1825年，703 000吨；1838年，1 348 000吨。[③] 然而，这样的成果不仅不属于手工工人，而且挤压手工工人的工作与生活空间，许多手工工人

[①] J. R. Jones, *Country and Court*, *England 1658-1714*, Adward Arnold Ltd, 1978, p. 76.
[②] Phillis Deane, *The First Industrial Revolution*, Cambridge University Press, 1979, p. 38.
[③] Francis D. Klingender, *Art and Industrial Revolution*, Granada Publishing Limited, 1972, p. 8.

或者改行或者失去工作的权利和领地。正因为如此,人们认为工业革命是一个黑暗的时代。①

从总体上说,英国手工艺运动是指从19世纪30年代起至20世纪初,发生在英国革命之后,并在以批判工业技术给社会的宗教伦理、道德状况、生态环境和人类资源带来严重灾难的语境中,通过复兴中世纪手工艺术来重铸工业化背景中人的信仰、灵魂和道德品质,来寻求以自然的生存状态和情感的社会主义家园的人文主义为最终旨趣的文化艺术运动。与文艺复兴运动不同,英国19世纪手工艺运动具有自己的个性特征:它以追求神性而不是理性、追求人工而不是科技、追求自然整体并以信仰为背景而不是人类为中心的人文主义,是一场以复兴中世纪神性人格为宗旨的新文艺复兴运动。目前,西方学者对这一问题的研究比较成熟,资料也较为丰硕,不仅出版了代表人物罗斯金的全集,②还出版了大量的专集和论文集和专著。③ 然而,国内资料甚少,只有国家图书馆、北大图书馆藏有很有限的一些材料,研究成果也十分寥落,只有几篇零散的小文章,且没有接触到主要人物或整个运动的核心问题。然而,这是一起意义极其重大、范围极其广阔的新型的文艺复兴运动。它不仅影响整个欧美,对于反思现代社会的诸多问题,引发后现代社会的文化思潮,反拨人类文明的发展方向,都具有极其重要的意义。本文将从英国19世纪手工艺运动的历史事实,对工业文明的批判、近代战争理论与批评,以及新人文主义图景的创设等问题,做出总体的论述。

1. 问题之一:英国工业文明"错"在哪里

当英国工业文明处于鼎盛时期的时候,一些思想家已经发现:尽管英国人认为自己拥有工业文明所特有的活力与自信,然而被人们感觉到的则是一种暗流将社会推向错误的方向。④ 以这样的态度来看待英国的工业文明,是否具有合理性呢?

19世纪中期,经过百年的工业革命之后,英国已形成了比较发达的工业文明:

---

① Francis D. Klingender, *Art and Industrial Revolution*, Granada Publishing Limited, 1972, p. 95.

② John Ruskin, *The Works of John Ruskin*, (library edition) ed. E. T. Cook and Alexander Wedderburm, New York: John W. Lovell, [n. d.] 1903 - 1912.

③ John Ruskin, *Arts and Crafts Essays*, *Pref*, by Morris, New York: Garland Pub., 1997.

④ Rupert Christiansen, *The Visitors Culture Shock in Nineteenth-Century Britain*, Chatto and Windus, 2000, p. 43.

从手工到机器、从农村到城市、从公路到铁路、从炼铁到炼钢,从毛纺到棉纺,都在整个欧洲处于绝对领先的位置。然而,这一文明的到来,都是以无数工人的知识、技术,甚至人性的出卖为前提的。因此,人们开始关注那些创造工业文明的劳动者,从工厂到煤矿,从生存条件到内在人格,工业文明究竟给现代人带来了什么。这一时期,能够充分地展现反思与批判工业文明的代表性力量,当然是英国手工艺运动的思想者。他们以科尔、普金、罗斯金、莫里斯和阿什比为代表,对于工业文明的批判,是他们的人文主义理念的重要的呈现方式。

从一般意义上说,工业文明是现代历史进程最直接的成果,也是人类文明的最基本的标志。无论怎么说,由总体的农业经济向工业经济的升迁,以及机器生产对手工业生产的替代是一种发展和进步。然而,这一进步之中包含着较多的成本和代价,而且工业文明自身也留下了许多现代人难以面对的缺憾。

在工业文明的诸多缺憾之中,首先感受到的是机器的生产方式与日常生活的机械化。罗斯金在《建筑的七盏明灯》中说道:"一个不用自己的双手而使用其他的装备来构造自己精神造物的人,只要他愿意,他甚至也会给上帝的天使装上令人生厌的器官,使他们能更轻松地歌唱。"显然,罗斯金是在寻找天然的"生活之灯",反对以机器的方式来替代人的精神和创造力。1851年,罗斯金著《威尼斯之石》,再次阐述自己的主张。他认为,只有人工制品才是人类的心灵之作,才能体现人的基本特性,因此人们应该告别新古典主义的教条,追求所谓完美。如果按照机器的方式去制作人的手臂,或要求人的手指像机器那样去制作齿轮,其结果必将导致人性的丧失。1865年,罗斯金著《野橄榄花冠》,充分展示出对于人的自然本性的维护,追求人的活力和主动性,并主张人的自然本性的美应当成为人类全部生活的有机组成部分。因此,他一再表示,文艺复兴时期的作品过多地展现人的欲望,而机器工业所创造的文明及其对于人性的限制和摧残,则又让人失望。

工业文明的诞生伴随着劳动分工的形成,对于劳动分工的批评也是手工艺运动中人文主义思想的重要组成部分。人们时常被工业文明的诸多现象所迷惑,比如劳动分工,按流水线操作可以获得比手工劳动多十几倍甚至几十倍的效益,然而,手工艺劳动的倡导者们则不这么认为。他们说,就事实本身而言,劳动分工带来的不是所谓福泽,也不是劳动自身的分工,而是人的分化。劳动分工把一个完整的人肢解成四分五裂的、残缺不全的人。① 事实不只如此,劳动分工是把传统社会中完整的道德人,分裂成现代社会中碎屑状的"经济人"。手工艺运动的倡导者们对工业文明中劳动分工问题的批判,与马克思《1844年经济学哲学手稿》中的异化理论,确有异曲同工之处。

由于机器大生产及其工业文明的诞生,其结果必然是原材料的大量需求和产品的极大丰富,这样商业经济的发达也成为工业文明的表现方式之一。工业文明及其商业经济,也是手工艺运动的思想家们所深恶痛绝的。1862年,拉斯金著《给那后来的:经济学的第一原理》。在马克思从社会的科学、历史和唯物论的角度去研究经济学问题的时候,手工艺运动的思想家们则从人类心灵的角度去关注经济问题。罗斯金等人认为,取财应不失其正当性。他曾对英国人说,我希望有这么一日,"英吉利也许会把占有财货的思想还给这思想发生的野蛮国家吧。印度的金沙,及古尔昆达的金刚石,虽犹在马匹的鞍褥上和奴仆的头巾上照耀,英吉利却以基督教母亲的资格,具有了异教母亲的德性与财富,能带领她的儿女们这样说吗:这些才是我的宝贝"②。罗斯金还借犹太商人之口,表达出商业经济必须取财正当的思想。他说:"用诡诈之舌求财的,就是自己取死。所得之财乃是吹来吹来的浮云。……不义之财毫无益处,唯有公义能救人脱离死亡。……贫穷人,你不可因他贫穷就抢夺他的物;也不可在城门口欺压困苦的人。因耶和华必为他辩屈,抢夺他的,耶和华必夺取那人的命。……人类若非原来正直,就会愚蠢地溺爱——空洞地信仰。世世代代那段善人的错误,就因为他们只想以施舍去帮助贫人……而忘记了用上帝所命令他们的那个正义。这个正义,连接他的神圣与助人的性质。"③可见,罗斯金十分关商业经济时代人类的公义、信仰和神圣的品质所面临的境遇和命运。他所担忧的也正是他所看到的公义的陨落、信仰的流失和神圣的衰亡。

在批判工业文明的诸多缺憾中,手工艺运动的思想家特别关注环境与生态问题,显然对于早期工业化的英国社会发展来说,具有特别重要的意义。1859年3月11日,罗斯金在布兰特福德工业学院演讲时说:"我们这个国家正处在飞速的变化之中,在目前的这种环境这种状况下,试图否决关于艺术教育的立法完全是荒谬

---

① J. Ruskin, *Pathtic Fallacy in the Nineteenth Century*, Berkeley, 1992. p.196.
② [英]拉斯金:《给那后来的:经济学的第一原理》,陈友生译,开明书店,民国十九年,第49页。
③ [英]拉斯金:《给那后来的:经济学的第一原理》,陈友生译,开明书店,民国十九年,第51页。

不合时宜的。"因此,罗斯金对政府提出质问:在今后五十年的时间里,你们还准备把多少英国的土地变成煤坑、变成砖窑、变成采石场? 问题的回答很显然。所以呢,让我来设想一下你们的这种极端的成功会是什么样子。一片海岸接着一片海岸,整个英伦三岛上烟囱林立,密密麻麻的可以比得上利物浦码头上的桅杆了;在英国的土地上,你看不到草地,看不到绿树,看不到花园,能看到的只是种在屋顶上的一点点玉米,由雾气来收割脱粒;地上甚至没有容纳路的空间,若出门走走,要你从磨坊的屋顶上过去,跳到高架上去,要你从屋里的地板下过去,穿过地道去;烟雾遮住了太阳,人们享受不到阳光,还要上油灯下辛苦地工作。①

出于对现代工业文明的批判与反思,罗斯金十分厌烦以工业生产为中心的城市环境,而特别钟情于郊区农舍或者由中世纪工匠设计成的生活环境。他说:我走访了一家农舍,或者是一幢大宅院,我不知道该怎么称呼更好。这个农舍依山傍水,大约是查理时代的产物,屋子上有竖格的窗子,屋门外是一个低矮的拱状门廊;围绕着农舍的是一个三角形的小花园。我们可以想象一家人,他们过去常常坐在这个小花园里度过他们的夏日时光,听潺潺的流水透过石楠的篱笆轻轻地传过来,看绵羊在远处的丘陵上沐浴在阳光中。② 显然,罗斯金是运用对比的手法,即通过工业城市与郊外农舍、依山傍水与烟囱林立、阳光沐浴与烟云闭日、水清树荣与浮垢污泥的对比,表达对城市工业的极度愤恨和对绿色文明无限向往。罗斯金的绿色的人文主义的文明观念,对于后发性的工业化国家的现代历史建设来说,确实具有极其重要的启发和借鉴意义。

在手工艺运动对工业文明的批判中,对工人的健康、安全和生命的关怀,也是人文主义理念的重要内容。他们认为,现代社会,特别是凭借新的自由工业秩序支撑的政治与经济已经显示其异化与毫无人性,工人们被迫地履行其单调而丧失灵魂的任务。他们书写许多论著展示其对工人命运的关注和对工业文明的批判。他们认为,英国工业化社会所导致的是道德沦丧与祸害无穷,它把工人阶级逼进文化

---

① [英]约翰·拉斯金:《拉斯金读书随笔》,王青松、匡咏梅、于志新译,上海三联书店,1999年,第237页。
② [英]约翰·拉斯金:《拉斯金读书随笔》,王青松、匡咏梅、于志新译,上海三联书店,1999年,第238页。

与财富的赤贫之中。① 人们曾经对英国工业化进程中城市平民生活恶劣状况的悲惨结局做过统计:仅19世纪30年代,从第一次人口普查情况的估计来看,农村人口的死亡率是18.2‰,而城市由于所谓糟糕的文明带来的是人口死亡率高达26.2‰。因此人们得出了一个结论:英国工业革命中的一个鲜明问题是,城市人口的死亡率远远高于其他地区。② 可见,手工艺运动中的思想家对工人与平民们命运的关注是符合历史发展,也是特别具有时代意义的。

19世纪,对于工业文明的批判,研究异化问题并寻求对于这一历史性问题的解答,已经是那个时代的主流意识形态的重要组成部分。19世纪40年代,人们普遍关注异化问题。人们在深邃的思考中发现:劳动者与劳动产品的关系就像同一个异己的对象关系一样。工人的劳动创造了宫殿,却为劳动者创造了贫民窟。劳动创造了美,却使劳动者畸形。劳动生产了智慧,却注定了劳动者的愚钝、痴呆。因此,劳动者在自己的劳动中并不肯定自己,而是否定自己,并不感到幸福,而是感到不幸,并不自由地发挥自己的肉体力量和精神力量,而是使自己的肉体受到损伤、精神遭到摧残。因此,劳动者只有在劳动之外才感到自由自在,而在劳动之内则感到怅然若失。③ 这一观点,与手工艺运动中的思想家们的观点,显然有异曲同工之处,它们共同地构成了对于工业文明带来的诸多缺憾与弊端的批判思想之洪流。

对工业文明诸多缺憾的批判,显然只是手段,其真正的目的乃是通过对这些缺憾的补救,来寻求人文主义理念的复兴之路。对此,手工艺运动中的思想家们做出了尝试而富有创造性的探索。

早在19世纪初期,即1830—1860年,科尔、普金、琼斯等先行者就试图在追求技术与艺术的整合,发现一种道德力量,一种改变社会状况的方法,他们反对新古典主义对古希腊罗马时代的模仿,反对机械的形式复制和抄袭之风。因此,他们为了阻止从过去多个时代作品的形式中进行抄袭,主张让所有的艺术和装饰都要成为人的独特的视觉形象。不管它有什么用途,都要给人带来心理健康、精神的力量

---

① Gordon Marsden, *Victorian Values*, Longman Publishing, New York, 1990, p. 205.
② Derek Fraser, *The Evolution of the British Welfare State*, The Macmillan Press LTD, 1973, p. 55.
③ [德]马克思:《1844年经济学—哲学手稿》,刘丕坤译,人民出版社,1979年,第45—47页。

和愉快。这一点,也是罗斯金创作《建筑的七盏明灯》的根本宗旨。就建筑艺术而言,莫里斯主张,无论是建筑的创作还是装饰,都要包含着对人类生活的整体外部环境的考虑。只要我们是文明的一部分,我们就别想逃避这种考虑,因为它意味着影响并改变地球本身真正面临的人类的需要,除非是在遥远无际的沙漠。因此,我们之中的每一个人,都应该使用自己的灵魂和双手做出自己的一份贡献,否则我们交给后代的财富就会少于父辈交给我们的财富。为此,他主张劳动应当具有艺术活动的品质,让劳动成为人们表达乐趣的方式,因为艺术比生活更能使人们产生灵感。[1] 可见,手工艺运动的思想家们是在追求一种以人为本的绿色文明和持续发展的人文主义观念。观念的建立,是整个手工艺运动得以正当发展的重要条件,也是弥补工业文明缺憾,重建人文主义理念的强有力的推动力。

手工艺运动的思想家揭示出形式颓废的本质是文明的颓废,是人类道德的颓废、灵魂的颓废,因此他们感受到补救工业文明的缺憾。复兴人文主义不是一件容易的事。莫里斯说,我发现文明粗俗化的根源比我原来所想的要深,我逐渐地得出了结论:所有这些不是别的,正是人的内在道德败坏的外在表现。我们现在的社会形式,迫使我们进入这种内在的道德败坏,所以从外部来与它打交道是无济于事的。为此,莫里斯曾经主张,让现代工业文明摧毁所有艺术与装饰,让人类再回到未开化时代,以再让世界变得美丽而激动人心。[2] 由此可见,手工艺运动的思想家们对传统文明的追恋,蕴含着一种现实的批判意识。然而,"回到从前",即便是对于卢梭这样的思想家来说,也只能是一种价值批判意识;而对于现代人来说,更多的是一种心灵乌托邦。

在通往理想的道路上,手工艺运动的思想家们非常着重劳动者,十分重视劳动的意义。1857年,罗斯金著《艺术的政治经济学》,回答了《论哥特式艺术的性质》一文中提出来的问题,即资本主义社会中劳动的性质是什么?罗斯金认为,成千上万的劳动者是人类财富的创造者,那些挥霍浪费的百万富翁们只是奢侈品的享用者。他不仅批评那些把享受者看成财富来源的错误看法,而且主张国家只有合理地安排劳动,它的物质资料才永远不会匮乏。他还说,富人们哪,这些豪华的衣服

---

[1] W. Morris, "*Art under Plutocracy*," Lecture Given at University College, Oxford, 14 November 1888, in *on Art and Socialism*, cit, p. 139.

[2] Quoted in N. Pevsner, *Pioneers of the Modern Movement*, London, 1936. p. 15.

是您从饥饿的嘴里夺过来而不是送进去的面包。为此,他特别称赞那些为民族财富而奉献的劳动者们,尤其是那些手工劳动者。

莫里斯是罗斯金手工艺思想的忠实信徒,他总是在以自己的理论和行为履行罗斯金的观念:如果我们所有的人都是某方面的优秀手工艺家;如果对体力劳动的多种蔑视都已消除,那该有多好啊! 我们的人民,在种种职业中,没有一个人不以从事最艰苦的手工劳动为荣。更重要的是,莫里斯自己也投入了脚踏实地的实践活动。他曾经在布卢娜斯伯里广场一所旧房子的地下室里,脚踏着沉重的法国式木底鞋,腰扎围裙,卷起衣衫的袖子,前臂上的染料一直淌到肘部。然而,在这种情况下,他依然全神贯注、眉飞色舞地向人们讲述深奥的染色技艺,还不时地用多种染色和布料来予以证明。正是因为有莫里斯这样的中坚人物,因此手工艺运动中的以民为本、以劳动为光荣的人文主义理念一直延伸到 20 世纪。更有意义的是,手工艺运动的后继者麦克默多和阿什比,一直活到 1942 年才去世,也以事实展示出手工艺运动的倡导者们,在工业化背景下所具有的特殊价值和意义。

为了实现人文主义理念,手工艺运动的倡导者们曾试图以手工工业替代机器工业,调整艺术与技术的关系,使其融合而不是分离;曾经试图调整人与机器之间的关系,是人主宰机器而不是机器主宰人。早在手工艺运动之初,科尔爵士就曾希望,艺术家的活动能走向工业设计,使机械化生产走向手工工艺,以便使工业文明体现人的价值。令人关注的是,经过罗斯金,到了莫里斯时代,以手工替代机器的观念发生了变化。莫里斯说:"我并没有认为应当废除一切机器;我要用机器来制造一些现在用手工来制造的东西,也要用手工来制作另外一些目前用机器制造的东西;总之,我们应当是机器的主人,而不应该像我们现在这样,成为机器的奴隶。我们要摆脱的不是这种或那种有形的钢制的机器或铜制的机器,而是无形的商业专制的大机器,是它压制了我们大家的生活。"① 与罗斯金相比,莫里斯能更科学地面对工业文明的现实状况,能客观地面对机器工业与手工工业的辩证关系。更重要的是,他能看清了资本主义的经济体制是这个时代最大的机器。从手工与机器的对立到两者的融合,或许能更有效地推进人文主义复兴的历史进程,更有效地使

---

① W. Morris, *Art and Its Producers*, Lecture Given at *National Association for the Advancement of Art* at Liverpool in 1888; in on *Art and Socialism*, cit., p. 216.

现代人从机器的奴隶到成为机器的主人。粉碎资本主义的商业专制和经济体制，才能使千百万民众的精神与生活获得真正的自由与解放。这一人文主义理念，正是国外许多马克思主义思想家们的追求：现代启蒙把人类从宗教背景中解放出来，然而人类又将如何从科技理性的牢笼中走出？！

以改良求复兴是英国手工艺运动得以成功的有效途径。与英国现代历史进程的品性一样，渐进与改良具有历史与民族的可能性。莫里斯之后，人们能更清醒地面对工业文明缺憾的根源与治疗方法。他们通过手工工场、工人协会、工艺美术展览等手段来实施自己的人文主义理念。他们已经认识到消除艺术与技术之间的鸿沟是实现人文主义理念的有效手段。作为手工艺运动的后来者，C. R. 阿西比认为，通过理论探索、通过协会、工场和兴办教育的实践，我们应当充分感受到从事实上复兴中世纪时期的手工艺是不可能的，这是因为，现代工业文明不可能离开机器。[①] 只有认识到这一点，只有通过教育机制等社会实践才能真正地在历史与现实、机器与手工的结合中有效地实现手工艺运动的人文主义理念。

莫里斯和阿什比等思想家们对手工艺运动的认识来自他们对实际生活的感悟。莫里斯曾经花费很多的时间和代价从事居室的装饰，诸如设计家具、墙纸和窗帘等，可是，最终他认为，这些只是一堆垃圾，而他本人更愿意与最简洁的白墙和天然的木制品生活在一起。莫里斯的这一感悟，体现出手工艺运动崇尚自然、反对修饰、以本真取代技术的人文主义品性，也披露出手工艺运动将面临困境，举步维艰。事实的确如此，由于手工艺运动拒绝机器工业，拒绝市场，因此即便是有一些竞争力，也无从显示。到了1908年，手工艺协会不得不解散，而只剩下一个作为托拉斯的重建的社会群体。阿什比感触很深。他深切地体会到，工业化是历史发展的大趋势，要想对抗工业文明是无济于事的，因此罗斯金和莫里斯的思想，只是一种"理智的卢德主义"，因此他希望从人的心灵、从工业文明的内部来重构时代的品质。

尽管阿什比等手工艺运动的思想家们对于手工艺运动的理念发生了变迁，然而他们的实践依然在继续罗斯金和莫里斯开创的事业。1890年，莫里斯曾创办凯尔姆斯特出版社，来出版以手工艺为基础的豪华的学术书籍。此后不久，阿什比在

[①] C. R. Ashbee, *Should We Stop Teaching Art*? London, 1811, p. 4. Quoted in N. Pevsner, op. cit., p. 11.

伦敦手工艺协会总部所在地的马尔安德区,创办埃塞克斯宫出版社,试图发展以手工艺为基础的豪华书籍的印刷事业。尽管书籍印刷作为机器工业曾给工手艺带来冲击,然而此时已成为手工艺运动与思想的重要使命。令人遗憾的是,手工艺运动充满着人文主义理念的伟大事业,虽然曾经影响美国等西方国家,并形成与日本等现代文明的交往,然而由于限于中世纪的文化阈限,而不能重建并力图复兴人文主义,显然在脱离现实背景的情况下,最终作为一股潮流而被卷进以现代工业设计为背景的美术运动。当然,在人们面对现代工业环境、资源、技术理性与民族战争等现代文明百孔千疮般的缺憾时,人们还是称赞罗斯金等手工艺运动中的思想家,他们以复兴中世纪留传下来的以德性关怀为核心的人文主义理念,①在人类文明的历史进程中,永远闪烁着传统文化的智慧之光。

2. 问题之二:手工艺运动为什么具有强烈的反战意识

伴随着民族抑或国家恐怖主义问题的到来,现代人类追求和平与正义等问题,已经引起政治、历史、社会和伦理学等诸多学科的关注。审视战争的性质与根源,以及对于现代民族国家的独立、自由和主权的渴望,已经在经济技术全球化的进程中重新引起社会各界的普遍重视。和平是现代社会发展必不可少的条件,然而在现代民族国家的发展进程中又不可避免地引起相互间的冲突与战争。自15世纪地理大发现以来,特别是商业革命的爆发,世界发达国家对于市场、资源、宗教和地域的占领与争霸,成为现代西方发达国家相互之间、发达国家与殖民地之间冲突与战争的主要原因。19世纪中叶之后的土耳其战争,曾经引起英国手工艺运动中诸多思想家的思考与批判。审视这一历史进程中的事件与思想,或许有益于人们更好地把握现代民族国家自由与权力问题的真实意义,从而有效地避免现代民族与国家之间不断爆发的恐怖主义和战争问题,建立起正当的合乎国际准则与普遍伦理的世界秩序。

英国19世纪手工艺运动中的思想家们对战争性质是如何理解的呢?从总体上说,英国19世纪手工艺运动的代表人物,都是一些关心大国风云和民族命运的思想家,他不仅关注文化艺术对于现代文明进步的意义,更关注战争与和平对现代民族国家及其人民的重大影响。尤其是罗斯金、莫里斯等人,他们不仅关注战争在

---

① J. Lever, *Life of Whistler*, London, 1930, p.175.

事实上给现代人带来灾难,更从理论上探讨战争的性质、类型与根源,并对非正义战争展开激烈的批判。

手工艺运动中的思想家们,对战争批评的基本尺度是"正义",即是否正义才是确立战争是否必要是否正当的唯一"尺度"。他们认为,只要战争是正义的,征服则是必需的,人们就会把力量用于冒险、战争和征服。① 可是,对于英国、法国,乃至整个欧洲来说,他们发动的接连不断的战争,是否具有正义性呢? 手工艺运动中的思想家们从战争的根源入手来揭示战争的性质。罗斯金做过这样的陈述:

> 欧洲财富的运作形式非常糟糕,使得整个资产阶级的财富都被用来支持非正义战争。正义战争不需要这么多的金钱支持,但是对非正义战争来说,人的肉体和灵魂都必须用金钱来购买。此外还有最好的战争工具需要购买,这使得这样的战争价格贵到无以复加。那些民众尚没有足够的优雅或诚实来购买一个小时心平气和,国家之间的相互畏惧、愤怒和怀疑就不用说了。就像当前的英、法两国一样,每年花 1 000 万英镑,旨在让对方惊恐不安。一切非正义战争倘若不是通过掠夺敌人来支持战争,则只能通过资本家的贷款,而这些贷款随后将通过对人民征税来偿还。人民不愿意发动战争,资本家的意愿是战争的主要根源,但是其真正根源却是整个国家的贪婪,从而难以做到诚信、正直和正义,从而最终导致自己的损失和对每一个人的惩罚。②

由此可见,在西方资本主义国家形成和发展的过程中,国家贪婪的欲望和资本家的意愿,是战争的根源。他们为了财富,为了资本的积累和扩张,为了市场的拓展和资源的占有,总是不断地征战。因此,英国 19 世纪手工艺运动中的思想家们认为,近现代西方的战争大多是非正义的。当然,也不能说所有战争都是非正义的。他们对战争的性质曾做过尝试性的分类。在 1865 年给伍尔韦奇皇家军事学

---

① [英]约翰·罗斯金:《芝麻与百合:追求生活的艺术》,张璘译,中国人民大学出版社,2003年,第 71 页。
② [英]约翰·罗斯金:《芝麻与百合:追求生活的艺术》,张璘译,中国人民大学出版社,2003年,第 55 页。

院的讲演中,罗斯金认为,战争的目的不应当是财富的掠夺,而应当是像维吉尔在《埃涅阿斯纪》中倡导的"确立和平共处的秩序"。然而,事实并非如此。

应该引起我们关注的是英国19世纪手工艺运动中的战争类型学说。在客观的历史进程中,战争总是与和平紧密地联系在一起的。而且,历史上每一个进步和发达的国家都常常是在和平与战争的洗练中形成的。其原因是,民族国家的发展总是与宗教、文化、经济和军事联系在一起,总是与享乐、自私、腐败和死亡联系在一起。他们认为,战争虽然血腥,但是人们可以从中学习到新的技术和思想,并锻炼民族和人民的意志;和平虽然温馨,然而和平之中也可以蕴藏着背叛与欺骗。因此,相对于和平来说,战争的含义与性质是一个十分复杂的问题。为了从总体上把握战争的性质问题,英国19世纪手工艺运动中的思想家们根据性质、原因与构成要素,对战争提出了分类学说。他们把战争分为演习或游戏的战争、夺取统治权的战争和自卫的战争。

第一种战争是作为演习或游戏的战争。人有游戏或演习的本能,战争的游戏就时常出现在男子的生活之中。显然,这种游戏演习式的战争,不像汪达尔人和阿兰人征服罗马帝国阿非利加省时的掠夺和蹂躏;也不像苏格兰古老边疆地区的山民习惯性的骚扰和劫掠;也不像瑞士和奥地利之间为了自身的和平和强大而战斗;更不像拿破仑那样为了扩大野心勃勃的帝国势力而不断征战。这种战争,更多的是出自人的本性。由人与人之间天然的好动和对战争的酷爱,在一致同意之下,战争被训练成一种漂亮的游戏方式。这种游戏可以把人们天然的野心和对权力的酷爱训练成一种克服周围罪恶的进攻力量,一种自卫的本能被训练成捍卫自身权力的高尚的风尚和神圣的品质。因此,对于这种天然而高尚的游戏来说,所有男子都乐于参加这样的战争,并乐于在这种战争中英勇奋战,视死如归。在人类历史上,这种战争可以造就人类具有神圣的义务感、高尚的美德和崇高的正义感,尽管其中也会出现牺牲,然其总体性质则是有益于人类社会的文明与进步的。

然而,即便是游戏、学习式战争,也时常不能具有高尚的品质,因为普通人不是这一游戏的决策者,因为普通的种田、生产、建筑等劳动者们,他们可能构成这一游戏式战争的主体,然而不是这一战争的主人,其主人常常是一事不干,却时常需要娱乐和消遣的总督之类的贵族们。他们时常把从事劳动的平民们当作牛马,当作死亡游戏中的牲口、木偶或棋子。因此,所谓游戏练习式的战争,也大多不具有自由的性质,所以也无从具有什么益处和美德,而更多的是一场灾难。对于发动游戏练习式战争的总督等统治者们,英国手工艺运动中的思想家对其愤怒地质问:请判断一下是否有必要把你们的争端灌输进穷苦百姓的心里,并且用农民的心血来签订条约。你们处于公众的领导地位和权势之下,干这种事,感到羞耻吗?到了现代社会,由所谓现代科技构成的战争,常常比那野蛮人的毒箭还要坏,所谓的基督教的博爱精神只能用杀死更多的人来证明。①

第二种战争是所谓争夺统治权的战争。手工艺运动的思想家们认为,争夺统治权的战争是确证人性的一种形式。人性大体上有两种形式,一种像"伦敦"号船长一样,在遇难时敢于与全体船员共存亡;另一类则像某一位快活地生活在英格兰美丽农村的母亲,能够让两岁孩子在床垫下闷死,而自己在外面聊天。在历史与现实中充满优越感的那些贵族和统治者们,究竟属于哪一种人性呢?手工艺运动中的思想家们认为,在全部历史上,那些君主和贵族们很少有人宣称自己站在穷人和正义一边,反而靠压迫穷人,剥夺正义,以便不断维持自身及其利益,以致忠诚一词被用来仿佛只表示人民群众有义务对帝王忠诚,而不是帝王有义务对人民群众更加无限地忠诚。帝王们不可能像船长那样与全体民众共存亡,而只希望全体民众去为帝王而且应该为帝王义不容辞地去牺牲。

对于帝王或王国来说,为争夺权力的战争常常是一种野心的象征。罗斯金认为,相比于顺流而下的火攻船或可以传染全国毒素的一具死尸而言,野心最大、毒素最大的则是一个全身着火的顺流而下的王国,它拥有一根浸透毒液的权杖,接触到哪里,哪里便是死亡。从英吉利的历史发展来看,一个政府最终强大靠的只能是仁慈和正义,只知道增加和扩散自己,是不会获得最终的强大的。进入美洲,没有使英吉利强大;霸占其他地域,也先后面临分离和独立。由此可见,一个王国只有像一个大家庭那样,不断增进人间完美情谊和博爱精神,才能不至于因为夺取其他种族的统治权而失去人世间最为珍贵的仁慈和正义。

第三种战争是指高尚的自卫战争。这种战争,纯粹是由于捍卫自己祖国的尊严和权利,维护和执行自己国家的法律和制度,并且不受域外力量的威胁和干预。因此,自卫战争对于国人常常具有一种激动人心的凝聚力。尤其是作为男子,作为

---

① [英]约翰·罗斯金:《罗斯金散文选》,沙铭瑶译,百花文艺出版社,1997年,第207页。

青年学生,他们满腔热血,庄严宣誓,努力作为军人而为英吉利献身。这种献身,是一种冒险、刺激,同时也是一种义务和骄傲。然而,英国手工艺运动中的思想家们则不以为然。他们认为,自卫战争是否是一种骄傲和义务,要看在你身后的那个祖国,是不是一个优秀的国家。假如是一个高尚的万众一心的英国,你们就必须服从她的命令;假如你身后的是一个半心半意的英国,那你们将如何去面对服从呢?如何去理解骄傲和义务的意义呢?

从手工艺运动中思想家们的态度看来,他们总是把战争和人的美德,甚至和民族精神联系在一起,对战争渗透着一种敬畏和歌颂之情。然而,从对三种不同类型战争的态度来看,他们对战争所持有的更多的是批判,因为罗斯金、莫里斯等思想家们更关心人民的生活和命运,关心战争的正义性,关心民族和国家的未来。因此,对于英国人来说,无论他们是男性还是女性,都要接受一切真正的伟大精神。这种伟大精神是信托、勤勉和荣誉,是仁慈和正义,而不是所谓骑士精神和大炮精神;这种伟大精神是军人乃至整个民族的灵魂,这种伟大精神不是充满战争的进攻,而是体现上帝意志的正义与和平的天空。

从对土耳其战争的态度可以充分地看出手工艺运动中蕴含一种强烈的反战意识。从手工艺运动中思想家们的战争分类理论中,可以比较充分地感受到英国19世纪广大平民的一种强烈的反战意识。在具体的战争案例中,这一意识也可以进一步得以证实。在英国19世纪的战争史上,最为引人注目的是19世纪爆发的土耳其战争。

这是一场起因于东正教与天主教之间争夺巴勒斯坦"圣地"归属权的东方战争。1853年,尼古拉一世派遣他的特使缅施科夫海军上将前往伊斯坦布尔,要求土耳其政府承认俄皇对苏丹统治下的东正教臣民,即对于保加利亚、塞尔维亚、罗马尼亚和希腊人的特别保护权。事实上,这是俄皇向土耳其明明白白地表达出一种扩张的欲望。然而,自恃有英、法等盟国的支持,土耳其并没有向俄国示弱,于1853年5月拒绝了俄国的最后通牒,并引进英法海洋联合分舰队进入达达尼尔海峡。尽管在1853年下半年,战争主要在土耳其和俄国之间进行,战场也主要在多瑙河战区和高加索战区进行,然而1853年11月30日,土耳其在锡诺普海战中的覆没,迫使英法联军很快参战。尽管土耳其的军队在总体上远远不能战胜俄军,然而与英法相比,俄军显然在技术装备和武装力量上存在差距,因此最终不得不在这场声势浩大的棋盘上投子认输。但是,到了1877—1878年的俄土战争,虽然受到英国海军力量限制,俄国依然收复了失地,恢复了尊严,而且保加利亚等国家同时获得了独立和解放。

从现象上看,英国在这两场争夺陆地和海洋控制权的土耳其战争中取得了优势。然而,英国的广大民众和思想家们则有一种与贵族和统治者们截然相反的观点,他们反对英国参加这场劳师动众的土耳其战争。在英国人的心中,土耳其人只不过是小偷和凶手而已,而没有任何战争能代表小偷和凶手的利益。① 也就是说,战争不具有正义的性质。1877年5月11日,莫里斯批评英国政府参加土耳其战争。他认为,英国推行侵略性军事政策的目的在于,镇压斯拉夫人在巴尔干半岛的民族解放运动,保护英国在印度的殖民制度,提高土耳其公债持有人的利息。然而,在这些战争中,面临灾难、饥饿和死亡的英国平民,特别是英国工人阶级。那些拥护英国参战的坚持所谓"英国利益"和"俄国罪行"口号的是什么人呢?他们或者是贪婪的交易所的投机分子,或者是闲散的陆海军官,或者是下流俱乐部的饶舌家和拼凑材料的新闻记者,当然还有盘踞着荣誉地位的保守党的喽啰们,在他们空虚的心灵和龌龊的脑子中,盘算着一场对人民和自由,对欧洲乃至整个世界的非正义战争。

从土耳其战争的反应,可以感受到手工艺运动中的思想家们强烈且一贯的反战意识。早在1876年10月24日,他们就写信给报社,表达自己的反战主张。他们认为,英国统治者为了自己的利益,没有认真地对待付出的赌注,数以百计的村庄被燃烧,无数的保加利亚等国的男人、女人和孩子被逼到绝境,乡下土地大量荒废,这一切令人惊骇。然而,为了迪斯累里的保守党们的所谓利益,就无情地将英国人民拖在不公正的、可耻的战争之中。也许英国人认为,克里米亚是一场很棒的战争,英国人可以供养土耳其人,而且可以借此以显示自己是品格高尚的、前进的人。然而,这一切只是一种血腥的历史事实,英国人是如此的蠢人。②

从英国19世纪手工艺运动思想家们的反战意识中,可以感受到对人类和平的

---

① Philip Henderson, *William Morris: His Life Work and Friends*, Norwich, Thames and Hudson, Ltd, 1967, p.173.
② Philip Henderson, *William Morris: His Life Work and Friends*, Norwich, Thames and Hudson, Ltd, 1967, p.174.

向往和追求,显然体现出对帝国统治者军事扩张和政治霸权的批判精神,具有珍贵的历史价值和强烈的现实意义,这些思想家们的反战意识与和平思想代表了广大平民的希望和理想,也反映了历史发展的必然趋势。然而,他们的思想和想象,缺少对于民族国家政治、经济和军事等多方面的历史考察,没有认清资本主义内在品质和根本的弊端,因此也存在着一些不切实际的地方。比如,罗斯金在《芝麻与百合:追求生活的艺术》中,一边批评英国对印度的统治,一边又在英国政治经济学中提出建立"家庭式的国家",恢复中世纪式的手工业行会,显然也只是一种乌有之乡。①

对世界第一个工业化国家英国19世纪反战意识的关注,对土耳其战争这一具有区域和世界影响的重大历史事件的回顾,常常有益于我们对现代国际风云的考察;而且对和平理念的追求即便只是一种虚幻的理想,也往往有利于人类对幸福世界的建设。这一点,或许正是我们研究英国19世纪手工艺运动思想家们反战意识的意义所在。

3. 问题之三:"回归传统"不是没有可能性

回归传统,常常是以批判现代文明为基础的。19世纪中叶以后,以科尔、普金、罗斯金、莫里斯和阿什比等人为代表的一大批思想家,从否定现代文明的诸多弊端到诅咒现代民族的冲突与战争,最终试图回归古老的文化传统,并以此作为批判工业化及现代文明,寻求现代人和平与幸福的途径。

英国手工艺运动中的思想家们为什么主张回归传统呢?19世纪后期,英国已率先完成了工业技术革命,在纺织、钢铁、交通等方面居于西方发达国家的前列,即便是平民阶层也不同程度地分享着工业化带来的成果。然而,在这些思想家们的眼中,工业化在创造社会的物质财富的同时,更严重地给整个人类的精神文明,特别是工人的心灵带来严重的创伤,其后果甚至被认为超过历史上任何一次战争。②显然,对工业化导致的诸多后果的反思与憎恨和传统文化自身存在的许多优秀品质,是这些思想家们追恋传统的根源。

---

① N. Pevsner, *Pioneers of the Modern Movement*, *from William Morris to Walter*, Gropius, Harmondsworth, Middlesex: Penguin Books, 1960, p. 25.

② S. & B. Webb, *The Decay of Capitalist Civilization*, London, 1923, p. 8.

首先,英国工业化进程使英国工人,尤其是大批妇女和儿童陷身于灾难性的生活之中。在资本主义时代,英国工业技术的革新,社会产业的分工和生产率的提高,都是在这一背景中实现资本的积累和利润的增长。1835年,在棉纺厂二十一万九千名工人中,13岁以下的儿童占四万九千名,13—18岁的少年占六万六千名,成年妇女占六万七千。怀孕女工为了不被克扣工资或解雇,不得不堕胎或在机器旁分娩。工人们的子女六七岁就要进厂做工,九十岁的孩子深夜二三点钟就要从肮脏的床上起来,一直干到深夜十一二点钟。他们四肢瘦弱,身躯萎缩,神态痴呆,麻木得像石头人一样,使人看一眼都感到不寒而栗。从兰开夏事件到卢德派誓言,都不同程度地揭示出英国工人阶级从敌视机器最终发展到憎恨资本主义制度的心灵之旅。①

其次,英国工业化进程加剧了英国殖民主义的侵略扩张,使非正义战争不断爆发,加剧了对殖民地人民的剥削和压榨,给许多民族国家经济和文化事业的发展带来严重的摧残。为了追逐经济利益,满足贪婪的欲望,通过不同方式来图谋英帝国主义在不同区域或国家的侵略:一是殖民者之间的利益争夺战。比如,1756—1763年,英国通过两个盟国集团之间的争战,最终在北美赶走了竞争对手法国,还从西班牙手中抢到了佛罗里达。二是英国殖民者与殖民地军事力量的冲突。比如,从18世纪末到19世纪初,英国殖民者与印度马拉塔之间的战争,经过1775年、1803年和1817年的三次交锋,结果英国占领了印度西部的大批领土,形成对印度的控制权,②使印度成为英国工业化进程中重要的自然资源和商品市场。三是英国殖民者对落后的殖民地人民的任意的征服、掠夺和利用。比如澳大利亚,在19世纪初那里只是英国罪犯的流放地,然而到了19世纪40年代以后,澳大利亚便逐步转化为英国殖民者输送移民、开采矿藏、发展畜牧和开发经济的重要领地,并最终根据英国工业发展的需要使之成为"约翰牛"的羊毛袋。可见,英国工业化在促使现代经济发展的同时,是以给殖民地人民和世界许多民族国家的人民带来重大损失为代价的。

---

① [法]保尔·芒图:《十八世纪产业革命:英国近代大工业初期的概况》,杨人楩、陈希秦、吴绪译,商务印书馆,1997年,第326—327页。
② 《苏联军事百科全书》中译本编辑组编:《外国著名战争战役》(上),知识出版社,1981年,第53—54页。

无疑,工业化推进了人类的现代文明进程。然而,人们为工业化付出的代价是十分昂贵的,而且由于工业化给现代人带来的诸多灾难也是不可估量的。因此,英国 19 世纪手工艺运动中的诸位思想家,不愿意看到在工业化进程中由机器生产取代手工作坊,由城市建筑取代乡村田园,不愿看到资源浪费、环境污染和人性的分裂,并试图从传统的文化遗产中寻找补救与复兴的途径。

尽管回归传统是不可能的,然而这一主张依然具有它的合理性。手工艺运动中的思想家们对传统文化的追恋,其原因不只是由于现代社会以工业文明为基础的文化形态存在许多缺陷,诸多传统文化形态及其优秀的内在品质也是出现这一现象的重要原因。

首先,崇尚信仰,展示宗教伦理中的道德力量。罗斯金和莫里斯等思想家们充分认识到,近代社会,特别是经过宗教改革和工业革命之后,已经失去了强烈、虔诚和纯粹的宗教信仰,世俗化使得上帝走下神坛,靠近了普通民众,似乎是使平民也可以"因信称义",从而普遍得救。可是,随着商务和科技的介入,现代文明同时产生的问题是,上帝从此失去了神秘和神圣的品质,因此手工艺运动中的思想家们特别憎恨工业革命。他们认为,是工业革命大规模地而且在很大程度上摧毁了人类的信仰。① 正因为如此,他们怀念传统时代,人们可以在虔诚的宗教信仰的背景下成就自己的品德。他们认为,中世纪时代的建筑是传统文化的代表,它使人们拥有一条想象丰富的血脉,它带头在人们的生命中循环和扩散,基于人的激情所诞生的爱的追求,如同格言的作用一样,建筑师们可以在人类的每一个部门中不断地发挥效用。由于他的其他品质,强烈的信仰趋向和基于清教徒个性的自控能力的本能的结合,结果是在解除建筑学中道德责任的情况下,使建筑学对每一件事物都能产生教化功能,以至于使建筑的工厂成为道德的课堂。② 这样,传统文化给人们的是一种神性的品质,它通过建筑的多元形式对每一个普通人产生作用,使普通人的心灵不断地靠近神。这是因为,在中世纪的文化思想中只有当人的灵魂尽可能地靠近神的时候,人类才能到达现代文明的最佳状态。

手工艺运动中的思想家们认为,传统文化常常是充满幻想和想象的,因此他们

---

① Gordon Marsden, *Victorian Values*, Longman Publishing, New York, 1990, p. 209.
② J. L. Bradley, *Ruskin*, *The Critical Heritage*, London, 1984, p. 96.

喜欢富有个性和特征性的东西,而反对古典型的摹仿的东西。传统文化富有个性特征的品质,象征着上帝的属性,它是无限的、统一的、安谧的、对称的、纯洁的和中和的。我们之所以能从传统文化中获得快乐就是因为,人们可以从中获得类似于上帝品质的富有人性的东西。这些思想家们特别关注人与自然的关系,其根本原因也在于人与自然的关系等同人与上帝的关系。手工艺正是以自然的品质体现其神性,从而以生气充沛来塑造人的品质的。相反,如果失却了手工艺,以机械的东西进入人的生活,其结果必将导致人类灵魂的失落。这种失落,正像但丁曾经说过的,枯竭的灵魂正如枯萎的落叶一样,从枝杆上轻轻地飘落。这些思想家们几乎在每一个地方都很重视挖掘传统文化中的德性精神,并希望以此来改造社会。罗斯金在学术讲稿中曾反复强调,手工艺要加强人的宗教意识,完善人的伦理形态,给予人以切实的帮助。可见,传统文化中确实有十分重要的,而且具有现代意义的优秀品质。

其次,传统文化中蕴含着人的崇尚自然本真的品质和追求个性自由,追求真理的德性,反对文化的技术化和商业化。手工艺运动中的思想家们,是以倡导手工艺的率真来批判机器工业的机械复制的弊端的。比如,家庭居室的设计与装饰是手工艺的重要领域。然而,当人们花了大量的时间来设计家具、墙纸、地毯和窗帘等,并为之付出许多代价以后才清醒地觉得原来殚精竭虑的结果只获得一堆垃圾。阿什比等人认为,事实上人们还不如与自然的、最简洁的大白墙和木制的桌椅等家具生活在一起。在手工艺思想家们的心目中,人,应该回到自然、本真和传统的生活状态之中。

1849年,罗斯金在他的《建筑的七盏明灯》中详尽地分析和批判现代生产中诸多弄虚作假、违背自然规律的现象,他把这些低劣的行为分为三类:第一,是提出一种结构方式,还是除了自然、真实以外的什么东西。第二,在手工艺的生产中,表面的油漆,除了表现实际包含的材料外,是去描绘某种其他材料,还是在上面描绘使人产生错觉的雕塑装饰。第三,是使用浇铸还是使用任何一种机器加工装饰。他认为,即便是在所谓摩登时代,手工艺生产也只能用泥巴石头或木头等天然的材料去创造真实的产品,而不应该用铁等金属材料,去违背手工艺生产的原则去破坏其天然、率真的品质。对于手工艺来说,金属材料只能用来捆绑,而不能用来支撑。真正起支撑作用的只能是自然与真实之类的品德。

再次，手工艺运动中的思想家们认为，劳动与劳动者特别受到尊重，这也是传统文化具有强大生命力的重要因素。罗斯金早就倡导过，如果我们所有的人都是某些方面的优秀的手工艺家；如果对体力劳动的多种蔑视都已消除，那该多好啊！在追求传统文化精神的过程中，在现代社会的种种职业中，没有一个师傅不以从事最艰苦的劳动为光荣。作为罗斯金的追随者和继承人，莫里斯一直在努力实践罗斯金的思想，把热爱劳动作为手工艺运动的要务之一。他在生产实践中的勤劳与质朴给人们留下许多美好的印象。在现实生活中，他们称"衣服粗糙、语言粗鲁"的工人，是世界上最神圣、最完善、最纯洁的人。由此可见，传统文化的优秀品质在手工艺运动中依然体现出强大的魅力。

传统文化中的优秀因素是总体的，彼此相连的，它不只是信仰的、道德的、真实和勤奋的，还体现出对民族文化的忠诚和民族国家的热爱。对于手工艺运动来说，追求信仰的单纯总是与爱国的忠诚联系在一起的，总是与服务于伟大而公正的宗教，服务于无私的爱国精神，服务于作为宗教基石的民族生活准则联系在一起的；忠实地服务于祖国总是与服务于伟大的人民联系在一起的。① 而且，只有当神力、真理和美德等多种因素辩证综合成一个有机的整体时，才能造就美好的生活和幸福的人生。当然，在造就美好生活与幸福人生的问题上，手工艺运动的倡导者们不仅有思想和理论，更有为之付出千辛万苦的生产劳动和社会实践。这些思想家们以虔诚的心态，忠实地履行自己的诺言，充分利用一切资源，不惜付出自己的青春和生命，不息地追求复兴手工艺术，改良社会风尚的人生旨趣。

令人关注的是，手工艺运动中回归传统的实践方式及其在现代社会中的意义。19世纪初，英国工业革命出现了许多新问题。继之以后，工业生产出现大规模产品退却和混乱的现象。这样，便出现了手工艺思想家们的各种社会思想和实践活动。科尔爵士曾试图建立新的公共组织机构。皮尔、罗斯金、莫里斯和阿什比等，均以自己的实践方式，展示其对于手工艺运动的思想和观念。他们或者投身于工艺设计，或者倾心于手工作坊，或者关注国际博览会，或者努力于书籍装帧，或者热心于工人运动。尽管科尔爵士曾经在1851年万国博览会上，感受到东方文化的优

---

① ［英］约翰·拉斯金：《拉斯金读书随笔》，王青松、匡咏梅、于志新译，上海三联书店，1999年，第99—100页。

越性和西方文明的不足,并努力为消除西方生产工艺的颓废和混乱而改组自己的集团;普金十分热心于新哥特式运动并为之付出十分艰辛的劳动,然而,对手工艺运动实践做出更大贡献的则是罗斯金、莫里斯和阿什比。

罗斯金手工艺运动的实践活动是以人文主义理念为基础的。他在《威尼斯之石》中认为,人工制品必须反映人的本性,而绝不可因工具的精密而丧失人的本性。他认为,虚化实在建筑和装饰艺术是一种欺骗。可是,当时英国工艺已经较多地出现材料运动导致以虚代实的技术运用。从1835—1846年,英国专利局至少登记了35项各种材料覆盖表面、以虚代实的技术专利,那些材料看上去和真的一样。比如,1837年就有一种发明,用一层金属覆盖熟石膏表面,看上去的效果就像是青铜制品。罗斯金对这些东西十分反感,因此,他还提出三条戒律:在与发明创造没有关系的生产中,绝不可以放纵那些并非绝对需要的产品的生产;不可一时地去追求所谓精确完善,只能使它从属于实用与崇高的目的;绝不允许鼓励任何一种摹仿和复制,只有为了保存和记录一些不朽之作除外。在《论哥特式艺术的性质》和《艺术的政治经济学》中,罗斯金主张恢复中世纪手工艺行会,建立国家作坊和家庭式的国家,并希望所有的赢利企业能转换为公共企业,让社会的全部财产符合公众的利益。[1]

建立"圣乔治协会"是手工艺运动实现理想的重要的实践方式。1871年5月,罗斯金出资一英镑建立这个协会,并制定八条入会誓言。[2] 试图以信仰上帝、重铸人性来实现手工艺术和人工劳动的、人际间诚信和忠诚、国家间友好和和平的英国社会。

为手工艺运动付出更多劳动的是莫里斯。1859年,莫里斯结婚以后,对居室装饰产生强烈的兴趣。1860年,他迁入了由他朋友菲立浦·韦伯设计建造的"红屋",并且按照自己的兴趣进行布置和装饰。此时,莫里斯的商行也有了发展,人们便正式称他的商行为"莫里斯公司"。在莫里斯的影响下,1862年在南肯辛顿举办的国际博览会上,体现出工业生产和艺术设计对自然风格的取向。此后,麦克默多于1882年建立了"世纪行会";1888年,阿什比建立了"手工艺协会"。以强大的势头与美术运动相抗衡。在诸协会的社会实践中,莫里斯、阿什比试图给工人们创造

---

[1] John Ruskin, *Time and Tide: Twenty-five Letters to A Working Man of Sunderland on the Laws of Work, Notes on the Construction of Sheepfolds*, London: Geoge Allen, 1906, p. 533.

[2] William Smart and J. A. Hobson, *John Ruskin: His life and Work and John Ruskin: Social Reformer*, London and New York: Routledge/Thoemmes Press, 1994, pp. 286-287.

乐趣和个性,然其结果则常常由于不能如愿而感到遗憾。然而,莫里斯专门设计过带有灯芯草的坐垫、车木椅腿和带有横档的"苏塞克斯椅",曾经在市场上兴盛一时。他试图在建筑、装饰和各种工艺中寻找灵感,对于改革和丰富维多利亚时代粗糙、笨重、世俗的生活趣味,继承优秀的文化传统,也起到了十分重要的作用。

从出版业入手,展示手工艺运动的思想与风格,也是重要的实践方式之一。十九世纪晚期,莫里斯、阿什比等人已意识到,像罗斯金那样,试图建立国家手工作坊或家庭式的国家,已是一种不折不扣的乌托邦,也就是说以手工艺简单地对抗工业体系是无用的,但是可以努力尝试从内部入手重新构造它。此时,阿什比则认为,莫里斯的手工艺运动的思想与实践也只是"理智的卢德主义",实际上是一种没有用的东西。相比之下,出版业的投入则是体现理智的卢德主义的最重要的一项冒险事业,也是手工艺运动的最后一种实践方式。

1890年,莫里斯创建了凯尔姆斯特出版社,六年内出版了五十多种书籍,其中包括罗斯金的部分著作,或部分著作中的精彩章节。莫里斯创建这一出版社试图实现手工艺的理想,用自己亲自设计的铅字字样、边饰和句首字母,并委托伯恩-琼斯和沃尔特·克兰设计木刻版画,用手工制作的纸张和专门进口的油墨来印刷,试图以这一系列的手工艺的精工制作来抵抗莫里斯十分憎恶的商业化书籍的出版。此时,阿什比在手工艺协会总部创建了埃塞克斯宫出版社。1894年以后,霍恩比建立了阿什登出版社,毕沙罗建立瓦尔出版社,桑德森建立多夫斯出版社。尽管出版业也曾为手工艺运动的崛兴提供有力的支持,然而由于投入的人力、财力较大,而受众面很小,因此很难实现长远而普遍的效用。

手工艺运动的这些实践方式,对于张扬伟大的文化传统、纠正污浊的风俗,具有特别重要的意义。然而,由于其主要思想观点远离时代的主旋律,而且对于商业化的彻底否定也使这一运动脱离了浓厚的经济背景,其结果是使自己成为无源之水、无本之木,尽管它也曾努力吸收其他时代与民族的文化风格,然其结果只能是被动地卷入以商业、技术为内涵的工业化潮流之中。

在手工艺运动的思想家中,莫里斯曾经接触到社会主义思潮,但他更多的是停留在理想主义和人文主义的层面上,而缺少对社会主义的理性思考和实践精神。1883年,莫里斯参加了英国"社会民主联盟",并成为这联盟机关刊物——《正义报》的领导人之一。1884年,莫里斯和马克思的小女儿艾林诺拉等与海特曼等机会主义分子决裂,并识破海特曼是社会主义工人运动的敌人。1885年,莫里斯与志同道合的人组成一个新的社会主义团体,定名为"社会主义同盟",并担任这一同盟的机关刊物——《公益报》的主编。在追求社会主义的过程中,莫里斯曾经把全部热情和心血献身于这一伟大的事业。为了支持社会主义工人报纸的存在而卖掉自己珍藏的一些世间罕有的中世纪绘画,他亲自参加报社的撰稿工作及一切编辑和出版事务,无论是琐碎和粗重的劳动。为了实现对于社会主义的追求,他曾经走出书斋,积极参加轰轰烈烈的工人罢工、示威和游行,并参加了1887年11月13日"血腥的星期日"的抗议和斗争。

莫里斯对于社会主义的追求,曾经引起马克思和恩格斯的关注。恩格斯曾经在1884年12月29日给伯恩斯坦的信中写道:艾弗林、作家巴克斯和莫里斯是极为诚实的人,但是所有这三个人都是不会实践的,这样的人就是白天打灯笼也找不到。在最有名的工人中间,也有一些优秀人物追随着他们。当然,1886年4月29日,恩格斯在给F.A.左尔格的信中又批评说,在社会主义同盟里边,无政府主义者获得很大的成功。莫里斯和巴克斯,一个是感情的社会主义,另一个是追求哲学异论的人,他们现在完全陷在无政府主义者的手里。由此可见,莫里斯的社会主义事业是富有激情和理想的。在他投身革命初年,就曾写过《社会主义者颂》(1884—1885)、《乌有乡消息》和《变革的征兆》。在《论艺术和社会主义》中,幻想的、改良的和无政府主义的,都不可能实现真正的社会主义。尽管莫里斯认为自己最终已经成为一名社会主义者,然而,E. P. 汤普逊在《威廉·莫里斯,从浪漫主义者到革命者》中还认为,莫里斯更多地将自己的人文主义的未来黄金时代的乌托邦跟社会主义等量齐观。也就是说,他的社会主义观念是富有激情而缺少理性、富有理想而缺少经验、富有个人意志而缺少总体意识,所以他追求的最终结果也只能是感情的社会主义。然而,也正是在马克思主义的影响下,莫里斯最终被人们誉为一名严肃的社会批评家。①

发人深思的是,作为罗斯金和莫里斯的同时代人,马克思和恩格斯除了批评工业文明的诸多弊端以外,也曾经对经济学和社会学问题十分关注。然而,马克思和

---

① P. D. Anthony, *John Ruskin's Labour:A Study of Ruskin' Social Theory*, Cambrige:Cambrige University Press,1983,p. 2.

恩格斯批评工业文明的弊端,不仅抓住英国工人阶级具体的生存状况,更能透过这些事实揭示出事实背后的阶级本质和社会关系。他们认为,英国工业文明带来的结果是,冷淡、孤僻、利己成了人的品性,饥饿、疾病、死亡和社会谋杀成了普遍的社会问题;社会战争,一切人反对一切人的战争已经在这里公开宣告开始;贫民过着男人偷盗女人卖淫的非人生活,他们常常成群的裸着身体住着牲口都不愿被圈养的地方;①他们为资本家创造了宫殿,为自己创造的却是贫民窟;他们为资本家创造的是世界市场,为自己创造的是心灵的扭曲和肉体的损伤。②而手工艺运动中的思想家们对于工业文明的批判,则更多地停留于历史的心理感悟与情感体验;在经济学领域,马克思对经济学的研究,在历史考察的基础上揭示社会关系的同时,凭借自然科学方法的介入,既科学地解决了资本家与工人之间的剥削与被剥削的关系,又从总体上建立了系统的异化学说。因此,人们认为,罗斯金与马克思虽同样反对资本主义及资本主义经济学,但立场却彼此不同。马克思的立场是科学的、斗争的,罗斯金的立场是艺术的、人道的。马克思立足于人类的唯物性,罗斯金立足于人类的唯心性;③马克思对于社会主义问题的研究,既能从实在的历史事实出发,形成系统的社会主义理论、观念和方法,并在理论和实践的紧密结合中探讨人类历史发展的基本规律,英国手工艺运动中的社会主义更多的是一种理想、意志和情感,因此英国19世纪手工艺运动只能是一种文化与思想的复兴运动,而不可能成为一场历史的社会政治运动。

从科尔的人性的拯救、普金的回到中世纪、罗斯金的国家作坊,到莫里斯的感情社会主义,我们可以充分地意识到,诞生于英国19世纪后期的手工艺运动,其反工业化的意义是不可低估的。当现代人深陷于不断加重的灾难之中,当信仰不断丧失、环境连遭破坏、资源极度匮乏、战火此伏彼起,让现代人无法回避的时候,人们便会深深地记起这些思想家们的著述。当然,仅仅靠改良意义上的人文主义或许是行不通的,制度的变革,抑或是更为深刻意义上的颠覆,才能从根本意义上抹去资本主义时代的灾难和危机。或许正是像桑巴特、欧文等先哲们预言的那样;当

---

① [德]恩格斯:《英国工人阶级状况》,《马克思恩格斯全集》(第二卷),人民出版社,1957年,第319页。
② [德]马克思:《1844年经济学—哲学手稿》,刘丕坤译,人民出版社,1979年,第46—47页。
③ [英]拉斯金:《给那后来的:经济学的第一原理》,陈友生译,开明书店,民国十九年,第5页。

资本主义时代的信仰衰退之后,人的天生的美德和社会应有的自然秩序也许会应运而生,或者是社会主义像小偷一样,一夜之间便能夺取这个世界。或许,从信仰的拯救、人性的复归,到民族国家命运的关注,为全面推进现代民族国家的改良和革命提供了条件;或许,从感情的社会主义到革命的社会主义,将使资本主义在社会矛盾的普遍加深和全面爆发的情况下不得不让位给社会主义。对此,熊彼特等思想家都曾做过论述。

就人类的一次新的文艺复兴而言,英国手工艺运动已经形成了一些新的品质和存在方式,它以追求神性、人的高贵品质和自然的生存状态为宗旨,与文艺复兴运动相悖互补,成为人类文明史上又一道亮丽的风景线。尽管他们还没能正确理解贵族与平民、精英与大众之间的关系,简单地认为上层阶级是优秀的,而普通民众是愚蠢的。[1] 他们认为,对于近代工业文明带来的诸多弊端来说,空洞的理论和所谓自由的力量是无济于事的,应当以军事专制来解决英国工业文明带来的诸多弊端。[2] 我们认为,从逻辑学的角度来说,传统是无法回归的。然而,从人类文明的历史进程来说,每一次人文主义运动总是从自己的角度,努力地将人的道德状况在信仰的背景下向人本身进行反拨,向想象中的崇高境界有所提升,从本质上体现出传统文化与现代文明的"相似性"。或许,正是像"英国19世纪手工艺运动"这样一种普通的文艺复兴运动,才能够脚踏实地地将现代人类引向一种真正的人文主义。

二、约翰·罗斯金:一位人文主义思想家的社会理想

约翰·罗斯金是美国近代社会主义重要的奠基人,他以艺术与宗教信仰为基础的社会主义思想形成了自己的思想体系。

1. 约翰·罗斯金思想肖像及有关研究

约翰·罗斯金(John Ruskin,1819—1900),是英国维多利亚时代一位个性非常突出的人物。他兴趣广泛,涉猎艺术、自然科学、政治科学,以及经济和社会研究的各个方面。

---

[1] Benjamin Evans Lippincott, *Victorian Critics of Democracy*, The University of Minnesota Press,1938, p. 88.

[2] John Ruskin, *Fors Clavigera: Letters to the the Workman and Laberers of Great Britain*, Edition De Luxe, Boston; New York: Jefferson Press, 1907, p. 152.

首先，他是一位特点鲜明的散文作家。他的散文不是常见的抒情小品或叙事随笔，而是对自然环境、人生、社会等重大问题及现象的思考、评论和阐述，长于说理，精于分析，工于描绘，文笔优美，思路清晰，分析深入浅出，读来令人频频颔首深以为是。罗斯金得到了文字的灵感，在他的笔下，英语准确地表达出他所要表明的思想，这主要得益于他早年长期学习《圣经》。他那精湛的思想、非凡的气度、鲜明的爱憎、博大的情怀、典雅的辞藻和准确的表达，往往使人在获得教益的同时生发出高山仰止之慨叹。

其次，他是一位卓越的艺术评论家。他的绝大部分艺术批评著作是在35岁以前完成的。当时还很少有人触及艺术批评和艺术史，因此罗斯金写的文章就成了这两个领域发展的主要动力。由于罗斯金写了大量的艺术评论著作，从而对维多利亚时代英国公众的审美观点产生了重大影响。在风景画方面，他主张真实地反映自然。在《现代画家》中，他试图通过对比19世纪英国伟大的风景画家透纳①与17世纪法国风景画家C. 格林(C. Green)之间的差异来证明自己的观点。在建筑和装饰艺术方面，罗斯金拥护哥特复兴式建筑。他认为，巴洛克式及其装饰品，如瓮、漩涡形装饰和方尖塔等，在自然界中是找不到的，所表达的意义是不自然的、虚假的，因此他认为是不好的艺术。他认为，自然真实性是好的艺术的源泉，好的艺术则是自然真实性的宝库，应当表现真朴的美。这种见解导致他将体力劳动者和手工艺人理想化，认为他们是具有献身精神的人，这也是罗斯金人文主义思想形成的一个基础。罗斯金对这些体力劳动者和手工艺人抱有深切的同情和敬意，主张为他们提供符合社会正义的生活条件，这导致他从艺术批评转向社会批判。19世纪60年代之后，他自己对为艺术批评而艺术批评失去了兴趣，因此脱离艺术追求，转而投身政治和社会思想批判。

艺术家的气质和修养，使他成了一位环境保护论者。他是自然风景保护论的先驱，是英格兰较早反对环境污染的人士之一。当时，罗斯金就预见到了温室效应。他的环境思想与我们今天很多关于环境的想法有共通之处。当今，他的言论和当年一样具有意义。近年来，一些学者开始争论华兹华斯和罗斯金二人究竟谁

---

① 透纳(J. M. W. Turner, 1775—1851)，英国浪漫主义风景画大师，其海景画尤为著名。曾师从地形景物水彩画家托马斯·马尔顿(Thomas Marlton)学画。

是环境运动的主要先驱。乔纳森·贝特(Jonathan Bate)认为是华兹华斯。一些现代评论家认为罗斯金是英格兰第一位反对环境污染的人(Green man,意思是反对环境污染、主张环境保护和保持生态平衡的人)。① 理由是1884年2月4日,罗斯金在伦敦学院发表了有关环境的讲演——《19世纪的风暴云》。②

罗斯金由艺术评论转而投身政治和社会批判,从艺术家的角度提出不少独到见解和精辟论断。他主张美术同劳动和社会生活相结合,启发W.莫里斯(William Morris)③展开艺术和手工艺运动④。罗斯金一生弘扬美的意义,认为只有艺术才能给混乱的工业社会带来尊严与和谐。他一生写作和讲演,倡导社会改革,其思想对萧伯纳(Bernard Shaw)、D. H. 劳伦斯(D. H. Laurence)以及英国工党(Labor Party)的成立都产生了巨大影响。

罗斯金著述丰富,有39卷著作共900万言。他写了两万封信,素描、绘画、油画也有上千幅。想阅读他的全部作品是不可能的。罗斯金在世时他的很多著作都已流行,⑤这为学者进行深入研究奠定了初步的文献基础。他的一位传记作者蒂姆·希尔顿(Tim Hilton)2000年在BBC的"Omnibus(精选集)"栏目中这样评价

---

① 与他同时代其他任何主要的思想家相比,罗斯金更为突出的是,他对自然环境和人工环境中的变动进行了体系化研究,对那些与我们现在所谓的环境论题相关的伦理学和美学评论进行了系统化研究。但是,他真的是仅仅主张保护环境吗?在罗斯金的"自然"知识中,一个显著的特点是,他总是以人类为宇宙中心,那么我们能够把他对植物学和鸟类学、对河流和冰河作用、对地质学和气象学的研究看作广泛意义上的"生态学"吗?套用今天的术语,相对于"环境主义者"而言,他是否更像是一位"资源保护者"?他不是"为保护环境而保护环境",他更多的是从人类自身的处境出发而关心环境。参见 Michael Wheeler, (ed.) *Ruskin and Environment: the Storm-Cloud of the Nineteenth Century*, Manchester: Manchester University Press, 1995。

② 在这篇讲演中,罗斯金讲述了他半个世纪以来对空气污染状况的观察。罗斯金热爱自然风景,而且经常写生,对自然、气象等有长期的观察记录。当时他已敏锐地注意到阵阵黑云来自工厂区排放的浓烟,因此对这种破坏自然环境的现象提出了谴责。

③ 威廉·莫里斯(William Morris,1834—1896),英国美术设计家、手工艺人、诗人、早期社会主义者,引发英国的艺术与手工艺运动。他追随艺术评论家约翰·罗斯金,认为艺术美是人在劳动中得到乐趣的产物,艺术应包括整个人为的环境。他受到罗斯金关于建筑学的社会和伦理基础等著作的深刻影响。其著作《乌有乡消息》(1890)描绘了牧歌式的社会主义新农村的景象。

④ 艺术和手工艺运动(Arts and Crafts Movement),19世纪后半期英国美学运动,标志着整个欧洲对装饰艺术开始做出了新的评价。

⑤ 在罗斯金的所有著作中,《芝麻与百合》(讲演集)是流传最广的一部,相传是当时英国学童必读书籍之一,在初中时都要学习一些其中的章节。《芝麻》是罗斯金为筹措拉索姆学院图书馆基金,于1864年12月6日在曼彻斯特拉索姆市政厅的演讲词,以"芝麻"来表明读书可以使人获得知识与智慧;《百合》是罗斯金在发表《芝麻》演讲8天后,为圣安德鲁各级学校募捐,在同一地点所做的演讲,其主要内容是关于英国上层社会妇女的教育与职责问题,罗斯金以"百合"来比喻少女的纯洁与美丽。

罗斯金:"在19世纪,除了罗斯金之外,没有其他任何一个人能够这么完整这么多样地描述精神生活。这种精神,就像是由电力驱动的,从笔下源源流出,在纸上疾驰……这绝对是独一无二的,他应该值得我们珍爱。"①

英国学术界对罗斯金的研究由来已久。罗斯金在世之时,就有人出版他的传记以及研究其作品的著作。② 罗斯金去世不久,1903年,E. T. 库克和亚历山大·韦德波恩就着手编辑39卷本的《罗斯金著作》③,把罗斯金的全部作品收集在一起,1912年这部全集面世。相当多的学者从艺术、文学、社会思想等各个角度研究罗斯金,产生了很多重要的研究成果。罗斯金自己的著作也流传到世界其他国家或由他国出版。④ 现在,美国、法国(主要是由于普鲁斯特⑤的缘故)、日本、英国⑥都有很多人研究罗斯金。尽管如此,国际学术界对罗斯金的重视程度仍不够,对他成长的各个阶段的研究很不详尽,对他后半生投身社会的批判思想及实践的研究

---

① 参见 http://www.ruskin.ac.uk/home.htm。
② 罗斯金的秘书 W. G. 柯林伍德在1893年就出版了罗斯金传记(W. G. Collingwood, *The Life and Work of John Ruskin*, Vol. 1. (2Vols), with Portraits and Other Illustrations, Boston and New York: Houghton, Mifflin and Company, 1893);霍布森在1898年出版了研究罗斯金进行社会改革的著作(John Atkinson Hobson, *John Ruskin: Social Reformer*, Boston: D. Estes & Company, 1898);斯居代在1890年出版了研究罗斯金作品的书(Vida D. Scudder, *An Introduction to the Writings of John Ruskin*, Boston: Leach, Shewell & Sanborn, c1890)。
③ John Ruskin, *The Works of John Ruskin* (library edition), 39 Vols., ed. E. T. Cook and Alexander Wedderburn, London: George Allen, 1903—1912. 国内没有这一版本,只有 New York: John W. Lovell, [n. d.]. 出版的 *The Works of John Ruskin* 前19卷(见主要参考书目)。
④ 国内能够找到的他国出版的罗斯金作品有德国出版的罗斯金作品:John Ruskin, *Menschen Untereinander*: Auszuge aus seinen Schriften, Trans. By Auswahl und Ubersetzung Von Maria Kuhn, 1904, Dusseldorf; Leipzig: K. R. Lange wiesche. John Ruskin, *Sesame and Lilies*: Three Lectures, Copyright ed., Leipzig: Bernhard Tauchinitz, 1906. John Ruskin, *St. Mark's Rest; The History of Venice; Lectures on Art; The Elements of Perspective*, Copyright ed., Leipzig: Bernhard Tauchinitz, 1910. 日本出版的罗斯金作品:John Ruskin, *Sesame and Lilies*: Three Lectures, 10th ed. in Original Form, Tokyo: S. Sa To., 1897. A. C. Hartshorne, *Thoughts on Ethics*: Selected from the Writings of John Ruskin, With An Introduction & Notes by M. Honda, Tokyo, Eigaku-Shimpo-Sha, 1935。
⑤ 普鲁斯特(Marcel Proust, 1871—1922),20世纪法国小说家,著有《追忆似水年华》。1895—1899年间,他读到英国作家罗斯金的艺术评论,深以为是,遂译罗斯金《亚眠的圣经》和《芝麻与百合》,并写了简介。
⑥ 有关罗斯金的研究,英国国内有兰开斯特大学罗斯金项目(the Ruskin Program at Lancaster University)、科尼斯顿学院罗斯金博物馆(the Ruskin Museum, Coniston Institute)和罗斯金学院(the Ruskin College, Oxford)(注:罗斯金学院是1899年在牛津成立的一所独立的学院,专收工人。罗斯金关注工人的劳动生活与福利,故该学院以他的名字命名)。

更为薄弱。

  在英国和美国,学术界除了出版罗斯金本人的著作外,在罗斯金研究方面,主要是从各个角度撰写罗斯金的传记。罗斯金个人的研究轨迹非常清晰,大致说来,1860年以前,追求艺术,涉足散文、绘画、艺术评论等;1860年以后,转而投身社会和政治批判。根据这一点,学术界一般把罗斯金的思想分为早期和晚期两个阶段进行研究。侧重研究罗斯金早期思想的著作主要就是研究他的艺术理论。① 一些学者论述罗斯金作为作家的成长经历,如彼得·奎内尔在《约翰·罗斯金:预言者》②一书中,论述了罗斯金个人成长与其文学发展之间的关系,指出罗斯金个人希望的挫败最终导致他社会活动生涯的结束。一些作家则以编年体方式为罗斯金做传记,如蒂姆·希尔顿的著作《约翰·罗斯金:1819—1859年早期经历》③主要研究了罗斯金的童年、早年所受教育以及他在欧洲的旅行经历;他写的《约翰·罗斯金:1859—1900年晚期经历》④侧重罗斯金投身社会批判后的遭遇。罗斯金一生游历了很多地方,E.T.库克的著作《约翰·罗斯金的家庭及其梦萦之处》⑤认为罗斯金是"湖区乡村的孩子"。此书根据艾米利·沃伦小姐的摄影经历,记述了罗斯金的家庭及其旅行所到之处,如伦敦、赫恩希尔(Horne Hill)和丹麦希尔(Denmark Hill)、英格兰湖区、苏格兰、阿尔卑斯山、瑞士、法国、威尼斯、沙莫尼(Chamois)山谷(法国)和圣马丁教堂、萨莱沃山(the Salèvet 法国)、牛津、意大利和布兰特伍德等地。在一些人的回忆录中也记载了他们对罗斯金的看法。⑥ 在研究罗斯金宗教信仰方面,有A.N.威尔逊的著作《上帝的坟墓》。⑦ 在罗斯金文学创

---

  ① 参见 Sheila Emerson, *Ruskin: the Genesis of Invention*, 1993; Giovanni Cianci and Peter Nicholls, (eds.) *Ruskin and Modernism*, New York: Palgrave, 2001。
  ② Peter Quennell, *John Ruskin: The Portrait of A Prophet*, New York: Vikina Press, 1949.
  ③ Tim Hilton, *John Ruskin: The Early Years, 1819—1859*, New Haven, CT and London: Yale University Press, 1985.
  ④ Tim Hilton, *John Ruskin: The Later Years, 1859—1900*, New Haven, CT and London: Yale University Press, 2000.
  ⑤ Cook, E. T. *Homes and Haunts of John Ruskin*, with Twenty-eight Illustrations in Colour from Riginal Drawings, and Sixteen in Black and White, by E. M. B. Warren, London: George Allen & Company, Ltd. Ruskin, 1912.
  ⑥ Sir Sidney Colvin, *Memories & Notes of Persons & Places, 1852—1919*, London: Edward Arnold, 1921; Arthur Christopher Benson, *Memories and Friends*, London: John Murray, 1924.
  ⑦ A. N. Wilson, *God's Funeral*, 1st American ed., New York: W. W. Norton & Company, 1999.

作研究方面,有格雷厄姆·休的著作《最后的浪漫主义者》。①

在罗斯金后期思想研究方面,除综合性、概括性②的论述外,学者们把笔墨集中在罗斯金的社会批判和思想重建方面。印度学者哈桑(Z. Hasan)对甘地(Gandhi)③和罗斯金进行了比较研究。在《甘地与罗斯金》④一书中,他主要分析了二人在思想成长过程中所受到的影响、二人对艺术的看法及其思想转变——罗斯金是从艺术评论转向社会批判,甘地是从研究法律转向宗教追求。作者认为,甘地和罗斯金二人都真诚地"把有益健康的食物塞到穷人的胃里",同时也努力"把优秀的思想灌输到穷人的脑子里"。一方面他们振奋穷人的精神,另一方面去说服富人和资本家站到穷人一边。之所以这样做,是因为他们相信,人本质上是好的,爱能够击败恨,真理能够制伏谎言,非暴力能够征服暴力。1904年,甘地读了罗斯金批评资本主义的著作,他说:"我相信我发现了我内心最深处的一些思想,这些思想就是罗斯金这部伟大的书[《给那后来的(Unto the last)》]中所反映出来的,这也就是这本书如此吸引我以及使我改变自己生命的原因。"⑤奥德丽·威廉姆森在《罗斯金与莫里斯:社会主义者的遗产》⑥一文中,主要讨论了罗斯金和威廉·莫里斯如何抗议在19世纪资本主义统治下人类价值和正义的缺失。林达·奥斯汀的文章《〈给那后来的〉一书中关于劳动、金钱和资本的论述》⑦主要是从罗斯金的著作中讨论罗斯金的劳动理论。

---

① Graham Hough, *The Last Romantics*, London: Methuen, 1961.

② W. G. Collingwood, *The Life and Work of John Ruskin*, Vol. 1(2Vols.), with Portraits and other Illustrations, Boston and New York: Houghton, Mifflin and Company, 1893; Tim Hilton, *John Ruskin: The Later Years, 1859—1900*, New Haven, CT and London: Yale University Press, 2000.

③ 莫汉达斯·卡拉姆昌德·甘地(Gandhi, Mohandas Karamchand,1869—1948),印度民族主义杰出领袖,20世纪非暴力主义倡导者。家族笃信印度教毗湿奴神,又有浓厚的耆那教色彩。耆那教是印度的一种道德严明的宗教,其主要信条是非暴力,相信宇宙万物皆永恒。因此,甘地认为,不杀生、素食、为自我净化而绝食、各种教义各个教派信徒之间互相容忍,乃天经地义之事。1888年甘地留学英国,3年中把主要精力放在涉及个人的及道德的问题上。素食主义成了他的一种信仰。英国素食主义斥责资本家及工业主义的丑恶,宣扬崇尚俭朴生活,强调精神价值高于物质价值以及矛盾调和等。所有这些思想,对甘地的个性及其政见有重大影响。

④ Z. Hasan, *Gandhi and Ruskin*, Delhi: Shree Publishing House, 1980.

⑤ 参见 http://www.ruskin.ac.uk/home.htm。

⑥ Audrey Williamson, "Ruskin and Morris: The Socialist Legacy," in *Artists and Writers in Revolt*, Newton Abbot: David & Charles, 1976, pp. 103 - 31.

⑦ Linda M. Austin, "Labour, Money, and the Currency of Words in *Fors Clavigera*," *ELH* 56, No. 1 [Spring 1989]: 209 - 227.

研究罗斯金社会理论方面的著作有《约翰·罗斯金的劳动观》[①]和《约翰·罗斯金：社会改革家》[②]等。在《约翰·罗斯金的劳动观》一书中，作者安东尼认为对罗斯金的劳动观不能简单理解，因为罗斯金认为劳动包含并表达了非常多的复杂性和矛盾，包含了人类的快乐和痛苦，在世界上它处于社会、经济和政治问题的核心，因为它所引起的问题本质上是属于道德的。《约翰·罗斯金：社会改革家》一书出版时，罗斯金还没有去世，作者霍布森曾拜会过罗斯金。这本书主要是从以下几方面来阐述罗斯金的社会学说：罗斯金早期生活的影响；从艺术评论转向社会改革；批判正统政治经济学；社会经济理论；现代工业在理论和实践中的缺陷；资本主义竞争体制；真正的社会秩序；社会主义与贵族政治之间的关系；批判机器与工业城镇；罗斯金的教育观；罗斯金的妇女观；圣乔治协会[③]等等。作者通过阅读罗斯金的相关著作，从中提炼出罗斯金的社会改革思想和实践，总结了罗斯金作为一个社会改革家所做出的贡献。最后作者评论了罗斯金的工作及其产生的影响。

霍布森认为，罗斯金是当时最伟大的社会导师，因为罗斯金不仅针对许多重大事件，用最富有穿透力的语言，提出了最重要的真理，他还做出最强有力的尝试来实践人类社会(作为一个包罗万象的整体)的需求和社会改革。为了使人们明白社会问题的本质，面对这些问题时能够坚持道德，罗斯金做了大量工作。霍布森希望通过他的研究，使社会承认罗斯金不仅是一位艺术家，也是第一流的、最重要的一位政治经济学家。他提出的理由是，罗斯金谴责当时流行的经济理论和实践，三十年来坚持不懈地提倡社会和工业重建计划。作者发现，罗斯金那生动的描述、精美的语言和华丽的辞藻，削弱了他的社会批判思想的力度，因为人们常常认为，头脑清醒的思想家们是以一种更实际更严肃或更科学的方式，来表达他们深刻的思想。罗斯金却常常激烈地攻击自私自利，他的谴责使大部分思想界人士认为，罗斯金先

[①] P. D. Anthony, *John Ruskin's Labour：A Study of Ruskin's Social Theory*, Cambridge：Cambridge University Press, 1983.

[②] John Atkinson Hobson, *John Ruskin：Social Reformer*, Boston：Dana Estes & Company Publishers, Boston, 1898. 不过我国只有这本书的影印本，且有缺页，但在 William Smart and J. A. Hobson, *John Ruskin：His Life and Work & John Ruskin：Social Reformer*, (With A New Introduction by Peter Cain, London and New York：Routledge/Thoemmes Press, 1994)这本书中可以看到全本。

[③] 罗斯金之所以把自己的理想社团命名为圣乔治，是因为他看到了意大利文艺复兴早期威尼斯画派最伟大的画家卡尔帕乔的绘画作品《圣乔治屠龙》，罗斯金认为他的协会就像圣乔治一样，故以此为名创立了圣乔治协会。另，英格兰的保护神是圣乔治，不列颠的国旗上就有圣乔治十字。

生的确是一位有价值的艺术评论家,是一位才华横溢的文学家,虽然他也进行了严肃的思考,但是他没有资格成为研究社会改革的经济学家和思想家。结果罗斯金的某些特定措辞和结论被扭曲和滥用,人们觉得他的基本概念和评价缺乏事实根据,不值得引起注意。因此罗斯金作为一位文学天才,为了让民众理解他的思想,所付出的代价要高得多,因为民众总是认为,写得很好,思考得肯定就不是很清楚或很深刻。甚至在罗斯金的追随者中,也有一些人指责他近乎荒谬的观点。作者认为,罗斯金的思想非常丰富,而且罗斯金完全是从自己本人的写作特点出发阐述他的社会思想,他本人也不喜欢"体系制造者"的名号,因此将其思想限制在一系列正式命题中是不必要的。我们阅读他的著作,从中抽出他的思想,将其贯穿成一种顺序,罗斯金式的修辞魅力就被破坏了,自由表达的魅力也消失了。对罗斯金而言,建立一种合理的逻辑体系不足以弥补这一损失。但是这种非体系化的思想毫无疑问阻碍了罗斯金社会思想的流布。总之,这本书主要是对罗斯金进行辩护,较为详细地研究了罗斯金社会批判和重建政策的优点和缺陷,还特别提到他对民主思想和制度的批判,同时也分别讨论了罗斯金在教育方面所做出的重大贡献及其社会意义。最后,该书通过研究圣乔治协会考察了罗斯金的社会实践。

另一本著作《民主批评家》①主要是阐述并评价19世纪英国出现的反对民主政治的理性抗议,其中谈到了约翰·罗斯金的民主观。作者认为,除了马克思主义以外,卡莱尔(Thomas Carlyle)、罗斯金、阿诺德(Matthew Arnold)、斯蒂芬(Stephen, Sir James Fit jams, 1st Baronet)等社会评论家推动了对民主政治的批判。为什么这样著名的知识分子要反对民主?作者从5个方面展开论述,认为罗斯金反对资本主义体制和自由主义的自由放任状态,从独裁政治和教育中寻求一种解决方案。从根本上说,罗斯金对民主的批判是柏拉图式的,他反对民主的根本原因也与柏拉图一样——都认为民主导致无序。罗斯金认为民主导致社会的无政府状态,因此他批判在工业社会(这种社会是按照利益驱动的,简单说就是资本组织起来的)中运作的民主。

随着世界工业的发展以及环境问题的凸显,一些学者开始研究历史上的环境主义,他们发现,在环境主义历史中,罗斯金是一位绕不过去的人物,于是人们又开

---

① Benjamin Evans Lippincott, *Victorian Critics of Democracy*, The University of Minnesota Press,1938.

始研究罗斯金与环境保护之间的关系。《罗斯金与环境：19世纪的风暴云》①是兰开斯特大学罗斯金项目②的第二本合作研究成果。该书基本目标是剖析在罗斯金所处的时代，他所说的、所写的、所做的对我们今天的环境议题产生了哪些影响。其中，基思·汉勒(Keith Hanley)的论文《论自然美》，论述了罗斯金和"自然美论"。他认为罗斯金对自然环境的看法是由历史决定的。菲利普·马勒特(Phillip Mallett)的论文《城市及其自身》是从过去到现在、从乡村到城市的角度集中讨论城市和个人之间的关系。他认为罗斯金主要以伦敦为例批评现代城市生活，认为砖块和灰浆砌成的伦敦是自由主义思想体系一个不可避免的结果。吉尔·奇蒂(Gill Chitty)的文章《"一项大遗产"：历史的环境》，重点落在人工环境和自然环境以及罗斯金的早期生涯。约翰·K.沃尔顿(John K. Walton)论述的题目是《全国托管协会——保存抑或防备？》全国托管协会(National Trust)③的两个主要奠基人物是牧师罗恩斯利(H. D. Rawnsley)和奥克塔维亚·希尔(Octavia Hill)④，罗斯金对他们的影响极其重要。那些研究罗斯金遗产的人从《给那后来的》、威廉·莫里斯、工党建立的基础和伦理社会主义、"新自由主义"，以及环境主义的催化剂等方面，孤立地研究罗斯金。在沃尔顿看来，需要讨论的问题是，全国托管协会应不应该从罗斯金环境主义遗产及社会改革遗产中分离出来。麦克尔·维尔勒(Michael Wheeler)考察了"环境和天启"这个主题。作者认为，罗斯金对环境议题

---

① Michael Wheeler,(ed.) *Ruskin and Environment: the Storm-Cloud of the Nineteenth Century*, Manchester: Manchester University Press, 1995.

② 罗斯金项目是一个跨学科的项目，至今已举办了近一百个研究生班，由兰开斯特大学及其他研究机构的人文学科的许多资深学者、大学中研究罗斯金的一些研究生以及其他许多仅仅是对罗斯金感兴趣的人们定期参加。自1990年以来，他们还从英国其他研究机构及美国邀请了许多研究罗斯金的学者。罗斯金项目在亚利桑那州凤凰城(Phoenix, Arizona)和伦敦(London)设有联合举办的座谈会，并且同英国和美国收藏有罗斯金资料的主要机构有密切的学术联系。1992—1994年，罗斯金项目主要讨论的主题是罗斯金与环境。

③ 英国保护名胜古迹的私人组织。它的全称是全国历史文物与自然名胜托管协会，始建于1895年，后根据1907年《国家托管法案》正式成立，总部设在伦敦，管辖范围包括英格兰、威尔士和北爱尔兰等。协会由住房改革家O.希尔(Octavia Hill)、公民权益倡导者罗伯特·洪特爵士、威斯特摩兰郡雷城教区牧师H. D.罗恩斯利(H. D. Rawnsley)等人发起并筹建。

④ 奥克塔维亚·希尔(Octavia Hill)，英国绿地运动的倡导人，英国住宅问题的改革者。1895年创立历史文物及自然风景区保护会。她的住宅建设管理方法为英美和欧洲各国广泛效法。1853年她结识罗斯金，受罗斯金的影响很深，后来由罗斯金提供资金于1864年在伦敦一个贫民区实施她的第一个住宅建设方案。

的批评，不仅植根于对天空、湖泊和瀑布的严谨观察，还来源于《圣经》解释。罗斯金以其对《圣经》的理解为基础，像一名道德家和预言者那样，呼吁在所有人的心灵和头脑中进行一次根本性的改变。

总之，英美学术界已经展开对罗斯金的生平及其艺术思想、社会思想、环境思想的论述。不过对罗斯金进行研究的兴趣点随着时代的不同而变化。罗斯金的著作主要表现在两方面，这两方面似乎毫无关系，如果人们对其中一方面感兴趣，则另一方面就会被淹没。在维多利亚时代，罗斯金的主要声誉是一位艺术评论家，是《现代画家》《威尼斯之石》《建筑的七种源泉》等著作的作者。1860年后他转而投身社会批判，这着实令他原来的读者大吃一惊。随着维多利亚时代美学影响的减弱以及维多利亚品味遭到嘲弄，罗斯金的艺术著作退出主流。1918年之后，当社会改革、激进主义、社会主义和共产主义等主题开始流行的时候，罗斯金的社会批判著作开始受到重视，而他其余的著作则被认为是维多利亚时代发霉的毒草。现在，维多利亚时代的艺术重新流行，对罗斯金的研究就主要集中于他的美学方面，社会主义和共产主义思潮在知识界已经不流行了，罗斯金有关社会批判的著作就很少得到研究。由此可见，当一个罗斯金处于流行的时候，另一方面的罗斯金就似乎过时了。罗斯金似乎是一个双面人。实际上，这两个罗斯金有着内在的统一性，他后期投身社会批判和重建并不是突然的，而是基于他的早期所受教育和经历。

中国对罗斯金的关注不算晚。早在民国时期，辜鸿铭就在文章中引用罗斯金的名言警句；对罗斯金著作的译介[①]也不少，可惜流传不甚广泛，甚至问起专研外国文学的学生，对罗斯金也知之甚少。自新中国成立以来，我国学术界鲜有专门研究罗斯金及其思想的著作或论文出现。这不能不说是我国学术界的一个空白。

---

① 目前，翻译成中文的罗斯金著作有（部分）：
［英］约翰·罗斯金：《罗斯金的艺术论》（卷一），刘思训译，上海光华书局，1927年。
［英］约翰·罗斯金：《近代画家论》，彭兆良译，中华新教育社，1929年。
［英］拉斯金：《给那后来的：经济学的第一原理》，陈友生译，开明书店，民国十九年。
［英］约翰·罗斯金：《金河王》，张镜潭译注，正风出版社，1948年。
［英］约翰·罗斯金：《金河王》，严大椿译，儿童读物出版社，1955年。
［英］约翰·罗斯金：《罗斯金散文选》，沙铭瑶译，百花文艺出版社，1997年。
［英］约翰·罗斯金：《芝麻与百合：追求生活的艺术》，张璘译，中国人民大学出版社，2003年。
［英］约翰·拉斯金：《拉斯金读书随笔》，王青松、匡咏梅、于志新译，上海三联书店，1999年。
国内几乎没有研究罗斯金的著作或论文，现有的只是翻译过来的罗斯金的文学著作，有关罗斯金社会思想的著作还没有完全翻译过来。

从上述学术综述,我们可以看出,国外学术界的罗斯金研究,要么就是从艺术史角度的研究,要么就是研究罗斯金的社会批判思想。而国内学术界由于各种原因对罗斯金的研究尚未完全展开。本文拟从分析罗斯金社会思想入手来研究其中所蕴含的人文主义精神。

2. 罗斯金人文主义思想及其特征

罗斯金是维多利亚时代最著名的作家之一。1860年后他摆脱原来的艺术追求,转而投身社会批判,但是罗斯金不是像 T. H. 格林(T. H. Green)①这样的政治哲学家,也不是像约翰·斯图尔特·密尔(John Stuart Mill)这样的政治思想家;理论化的和体系化的思考不是他的思想的特征,他的社会思想星星点点地散落在他的一系列散文中,发出人文主义精神的亮光。

一是社会批判思想。

第一,批判资本主义。众所周知,在19世纪,针对资本主义原则进行犀利批判的首屈一指的批评家是马克思。不过却鲜有人知道在这一方面罗斯金仅次于马克思。与马克思不同的是,他没有利用黑格尔辩证法,也没有使用马克思主义任何一个历史概念。他的批判很少是从历史出发,并不利用阶级斗争理论,而是从道德和哲学的角度切入,精确地分析资本主义所产生的道德和社会后果。他谴责资本主义的不公正,把劳动价值理论作为批判的基础,坚称资本主义剥削工人,忽视工人的劳动果实,和马克思一样,罗斯金认为,总有一天被剥削者就会起来反抗他们雇主的暴政。总之,马克思是用丰富的历史事实来支持自己的控诉,而罗斯金则用一些简单的类比和大量的实例来支持自己的谴责。

马克思以不公平的利益分配制度为依据,控诉资本主义,罗斯金则谴责资本主义的道德缺陷,说明利益动机日益物化及其产生的后果。罗斯金说,如果一种体制的目的是利润而不是出色的工作,那么,其主要的生产动机一定是刺激不好好做工,培养贪婪,并且最终将使人们堕落。他还指出,强调利润意味着对"发财女神"的崇拜,使不诚实变得流行。如果一种体制把金钱作为雇主和工人之间的主要联系,不重视工人的生产条件,对工人的社会生活漠不关心,那么最终将损害它自己

---

① T. H. 格林(T. H. Green,1836—1882),英国教育家、政治理论家、新康德主义学派唯心主义哲学家,对19世纪后半期英国哲学有重大影响,重新提出政治自由主义。他大半生在牛津度过。

的目标。

第二，谴责中产阶级自由。1832年选举权法案的实施，使贵族让位于工商业人士，中产阶级确立了政治领导权，国家的主要任务就是要保证资本主义而非封建经济的统治地位。而工人阶级（雇佣劳动者）的生活却非常贫困，处于苦难和悲惨的境况之中，这给那些有社会责任感的人们留下了深深的印象。

卡莱尔使人们意识到社会苦难的存在，意识到工人作为人，却遭受了公然的非正义对待，像纯粹的工具一样被剥削、被使用、被耗尽、被抛弃。卡莱尔发现，工厂体制内大量的人被利益所驱动，极端可耻，因此他认为中产阶级民主政治完全无法解决这种社会问题。他呼吁一种慈善专政，通过军事统治的方式来解决问题。

罗斯金是卡莱尔的追随者，他认为是中产阶级自由主义行为导致了经济、社会和政治的混乱，并使得这些混乱永远存在。在工业体制带来了繁荣的维多利亚时代，罗斯金比19世纪其他作家（马克思除外）更敏锐地观察中产阶级自由主义的经济和智力基础。他坚称，资本主义必须被抛弃，合作应代替竞争，工业必须诚实而可靠。和卡莱尔一样，他坚称，应当为工人提供一种合适的生活标准，工人应当受到教育，感到安全。他把希望寄托在独裁政治上，希望英国贵族能够管理他的理想国。与卡莱尔不同的是，他并不鼓励贵族阶级重新夺取统治权，只是恳请他们对自身进行改革。为了医治他们时代的弊病，卡莱尔和罗斯金提出了这些貌似倒退的极端保守的政治方案，但是实际上他们是英国社会主义运动之父。

罗斯金的想法甚至可以追溯到柏拉图。他主张用独裁主义来挽救无序社会，建立一种具有广泛权威的政府，赋予政府充分的权力来管制人们生活中的细枝末节。① 由此来解决个人主义的无政府状态。他建议成立一种社会服务型国家，政府介入制造业领域，管理公共事业，给那些可能要使用土地的人提供土地。

罗斯金对中产阶级自由及其所庇护的资本主义制度的批判，有助于克服原则上和实践中的自由放任。罗斯金不是一个社会主义者，但是在为社会主义思想开

---

① 最有名的一个例子是，1865年，罗斯金连同卡莱尔（T. Carlyle）、丁尼生（Tennyson）、金斯利（Kinsley）、狄更斯（Charles Dickens）等人组成了一个支持埃尔总督（Eyre Governor）并为之辩护的一个团体，因为埃尔总督在牙买加推行了一种极为严格的压制性政策。为了支持埃尔总督，罗斯金支持独裁主义，甚至在某种程度上认为公然滥用权力是正当的。详见 John Ruskin：The Later Years，1859—1900，p. 115。

辟道路方面，他做了很大贡献。① 通过对威廉·莫里斯产生影响，罗斯金促成了基尔特社会主义运动(Guild Socialism)。

第三，攻击当时流行的政治经济学。罗斯金研究政治经济学，谴责那些他认为是支持资本主义的概念。在对当时流行的政治经济学批判方面，他不如马克思深刻，没有指出资本主义理论和实践结果之间的一个根本矛盾，也从来没有为了支持他自己的观点而利用某种事实。但是他认为，流行的政治经济学不仅在其基础上错误，还是不实在、虚幻的。马克思认为，当时流行的经济学不正确是因为它错误地解释了历史，而罗斯金则认为是错误地解释了人类本性。在罗斯金看来，政治经济学仅仅解释了人类自私的一面，而不是全部。同时他认为政治经济学强调生产忽视分配，其价值观是一种金钱的而非道德的价值观，而且，这种政治经济学与生产什么东西这种问题没有什么关系，反而与生产发生的社会条件有较多联系。

罗斯金没有像卡莱尔那样给人留下印象深刻的道德感，但是他影响了许多思想家对社会的思索。他教导许多人去批判抽象的"经济人"；说服他们去考虑如何使用和积累财富。

在罗斯金看来，在他所处的时代，经济资源配置不考虑当时流行的政治经济学也许是适当的。他不反对经济理论，反对的是这种理论在实践中的错误应用。他认为，经济学家为了理论分析的目的完全有权排除某些因素，但是当他们将其理论应用于实践中时，他们就没有权利忽视这些被排除的因素。罗斯金认为，在理论上，经济学家做了一个根本假设，即人是被一己私利所驱动的；然而在实践中，他们却不考虑人类常常是被情感推动的。②

当时流行的政治经济学假设，如果人们按照一己私利来工作，就可能获得最大的物质利益。例如某个家族的家长在他所付工资的范围内，要求他的仆人们尽可能多地为他工作，那么，他绝对不会允许他们偷懒，也不会在他们忍受疾病的时候收留他们。结果，这使得仆人对家长丧失了仅存的一点点忠心，而那些因抢劫目的

---

① William Smart & J. A. Hobson, *John Ruskin: His Life and Work* & *John Ruskin: Social Reformer*, with A New Introduction by Peter Cain, London and New York: Routledge/Thoemmes Press, 1994, p. 196. 罗斯金的 *Unto This Last* 比其他任何一本书都深刻影响了1906年英国议会中的工党成员。参见 Edward T. Cook, *The Life of John Ruskin* (2 Vols, London, 1911), Vol. 1, p. 14.

② *Unto This Last*, pp. 25–28.

而联合在一起的人们(如古代的高地部落)却会因情感而受到鼓舞,而且每一个成员都准备随时献出自己的生命来保护首领的生命。而那些由于合法生产而联合在一起的人们,通常却得不到这类感情的鼓舞,他们中也没有人愿意为了他们上司的生命而献出他们自己的生命。棉纺织工人对工厂主是没有一点感激之情的。之所以是这样,是因为情感行为没有发生。由于贸易的风险,工人的工作是暂时的;他的工作和薪水随着劳动力的需要而不同,而且无论任何时候,他都有可能因为贸易的原因失去这一职位。

罗斯金之所以批判政治经济学,不仅仅是因为它以利己主义的教条支持工业主义,还因为它支持不平等。他吁请人们注意,政治经济学与公正的薪水没有关系,并指出供需规律实际上并不能带来公正的薪水:

> 实际上,按照供需规律,当两个人希望做这项工作,然而只有一个人希望有人来做这项工作,那么,这两人都会因此提出低于对手的工资;结果,做这项工作的人所得到的报酬就过低。但是,当两个人需要有人来做这项工作,然而却只有一个人能够做的时候,那么希望有人来做这项工作的这两个人就会出高于对手的报酬,而这个工人所得到的报酬就过高。

一些商业经济学家力图表明这一经济规律是"自然的",希望以此来保持现存的经济体系,罗斯金就攻击他们。① 他发现,政治经济学的研究范围过于狭窄,所研究的仅仅是物质的和能够进行交换的商品,却忽略了那些同样重要的、非物质的和不能进入市场进行交换的物品。② 政治经济学没有考虑智力的和道德的物品,如仆人事例中所体现的感情;它认为人仅仅是一个获得者和消费者,却忘记了他还是一位朋友、父亲和市民,它也没有考虑这些更好的物品怎样能够被最好地创造出来并进行分配。罗斯金认为,除非政治经济学把人看作是他本来的一个有机整体,才可能是科学的。在罗斯金看来,政治经济学的目的不仅仅是保持生命,还要保持健康而愉快的生活。他宣称当时流行的政治经济学在美国得到了完全实践,结果

---

① *Ibid.*, Appendix, pp. 537-538.
② 这一观点在 *Unto This Last* 多次见到,如 p. 8。

导致个人主义和庸俗行为甚嚣尘上,而共和国则不复存在。

罗斯金强烈反对交换价值理论。他坚称,一件物品的价值依据的不是它能够带来多少钱,也不是用它可以交换的物品,更不是人们对它的评价,所依据的是它能否有益于生活。基于健康和疾病、公正和不公正这样确信的原则,他提出了一项标准,可以概括为这样一个原则:"没有财富,只有生活。"但是,罗斯金忽略了这么一个事实,即如果许多个别商人在他们的买卖活动中经过深思熟虑得到了一些共同的看法,那么当这些看法成为一种政治经济学的规律时,这种政治经济学也可能是科学的。

第四,批判物质主义。当时物质主义甚嚣尘上,罗斯金对之进行攻击。他坚称机器文明使人类本性堕落,对人类的精神是一种打击。工厂及工厂社区那无法言说的丑陋使工作和居住其中的民众丧失了对美的感觉:"广大公众是在罪恶所能够设计出来的最丑陋的物体中生活着,对他们而言,房子中、工厂里以及机器中,一切美的形式和颜色就像七重天一样看不见……想想看,对于那些有感觉的人们来说,正是生活在像现在的伦敦这么一个城市才毁灭了他们的天才!"[①]他说:人性"在机械装置中沉沦,而这种机械装置却是随着它的轮子的数目增多而增多,随着锤子的敲击而加重"。劳动分工分裂了人类[②]:"劳动被分成人类的某一部分;结果对于制造一枚针或者是一颗钉子来说,一个人所具有的一切最精细的智慧都是不够的,然而制造一枚针的针头或者是一颗钉子的钉头却能耗尽智慧。"[③]

罗斯金宣称,在英国人所有的游戏当中,首屈一指的是赚钱。这种游戏所吸引的人数要比其他任何一种游戏都多。[④] 他还认为,基督教的唯一目的就是被用来证明这种游戏结果的正当性:你们把一个人打翻在阴沟里,却告诉他要心满意足地始终待在"上帝为他安排的位置上"。罗斯金认为,这种赚钱游戏是非理性的。他说,问问一位善于赚钱的人,他打算拿这笔钱来做什么事。他根本就不知道;他赚钱的目的就是他可以获得钱。人们也不会为值得的东西付钱;人们通常为那些令人开心的或者是骗人的东西付账,而不是为那些被服务的东西付账:

---

① *Fors Clavigera*, p. 267.
② *The Stone of Venice*, pp. 194−195.
③ *Ibid.*, p. 196.
④ *The Crown of Wild Olive*, p. 405.

给空谈家一年5 000英镑,给拳击手、挖土工人和思想家每天一先令——这就是通例。艺术、文学或科学方面最优秀的脑力成果,从来就没有一件是获得过报酬的。荷马的《伊利亚特》或但丁的《天堂篇》,你以为得到了好多报酬吗?——只有心酸的面包和盐,只有沿着别人的楼梯爬上爬下而已。①

罗斯金认为,在他所处的时代,社会要比实际存在的情况更为物质化,因此他谴责工业主义败坏了精神。他对机器的攻击走得过远,他说,"如果一个人把他的生命花费在打开阀门或者是制造一根针的第十八个部分",那他就丧失了他的某些人性。他把罪恶更多地归因于资本主义。

第五,批判利润原则。罗斯金谴责资本主义使工人陷入了徒劳的苦干之中。在他看来,资本主义之所以剥削工人,贬低社会中商业和工业的功能,引发战争,导致生产次品以及浪费人力,完全是因为其利润原则是一个偷窃的原则。它之所以是一个偷窃原则,是因为资本家是依靠他人劳动的佣金生存的,而不是依靠他们自己的公正工资生活的。② 他说,资本主义盗窃行为不是一种普通的偷窃;拦路贼抢劫富人,但是资本家抢劫穷人。然而更重要的是,这种资本主义的盗窃行为是一种隐蔽的偷窃行为;因为它是合法的、受人尊敬的,结果它会彻底腐烂人类的身体和灵魂。

第六,攻击财富及其起源。罗斯金雄辩地分析了财富的不公正起源,在这方面无人可以与他相媲美。在他看来,获得财富依赖于一种压迫性交易,这种交易在那些拥有财富和没有财富的人们之间发生。通过分析财富,罗斯金证明资本主义是一种少数人对多数人的剥削制度,亟须道德原则。通过分析利己主义和竞争原则,罗斯金证明,资本主义这一制度从来不需要工人的忠诚,从来不能得到工人的完全合作。显然罗斯金夸大了资本主义对利己主义的吁求,低估了这种竞争体制的经济社会效用,不过他指出了资本主义倾向于扩大人与人之间的不和谐。他为他的同代人指出了一种深刻的对抗状态,这种状态就存在于基督教的道德表白和日常

---

① *The Crown of Wild Olive*, p. 160.
② *Fors Clavigera*, p. 127.

生活实践中的赚钱游戏之间。

罗斯金指出,对于一个毫无疑问就接受资本主义的社会而言,财富不仅仅在来源上还要在使用上都必须是正当合理的;对于一个认为资本主义是事物永恒秩序的一部分的社会而言,商业职业化就是把商业提高到它可能的水平。他坚称,经济体系应当服务于社会,而不是社会服务于经济体系。

罗斯金坚称,资本主义社会中少数人所喜欢的财富和奢华是剥削劳动的结果。他说,仅仅依靠个人的辛苦劳作,没有一个人能够变成巨富。[1] 在明智的指引下,依靠自己双手的辛勤劳作,一个人确实能够维持他自己以及家庭的生存,也能够为他年老时做相应准备。但是,只有在发现某种方法能够剥削他人劳动力的时候,他才可能变得富裕。在最单纯的情况下,财富是这样积累起来的:一个有远见的人努力工作并且把产品储藏在一个仓库中;而其他大多数人,由于没有远见或者是运气不佳,几乎没有生产出什么东西,也没有进行储藏,而诸如疾病之类的意外事故不时打断日常工作。相反,那位有远见的人由于他的仁慈而收留了那些穷人。他同意供应他们基本的生活需要,条件是他们必须努力工作,并且把所有盈余上交给他。现在,这位有远见的人能够增加他的财产了。他留给那些穷人的土地仅仅能够维持他们自己的生存;随着人口的增长,这一点狭窄的土地不能再养活那些多余的人了,于是他就把这些人作为他自己的仆人。一些人种植他的土地,一些人在他的家中为他服务,一些人则在他装饰艺术思想的指导下成为工人,来装修他自己的大厦。因此,在没有滥用权力的情况下,我们看到,现存的所有贫苦和富裕的现象都与现代文明相伴而生。在这个街区的一部分,我们看到贫瘠的土地、悲惨的住房以及处于半饥饿状态的穷人;在另一部分秩序良好的社区,我们看到的却是肥胖的仆人,得到改善的高等教育条件以及奢华的生活。

罗斯金也指出,由于竞争的存在,资本主义条件下对劳动者的剥削在某种程度上得到减轻。[2] 当某位阔绰的邻居告诉一个劳动者说:"我给你的工资要比那个聪明人给的多,到我这里来为我工作吧。"只有在这个时候,富人对穷人的权力才能够得到制约。因此,有钱人对劳动者的权力首先有赖于对立两方的相对人数,其次有

---

[1] *Munera Pulveris*, p. 264.
[2] *Ibid.*, p. 263.

赖于两方之间的和约。随机的工资水平是一个变量,是根据世界上富人和穷人的人数、他们之间以及他们各自的阶级之间的敌意、这些阶级之间的约定而变化的。

罗斯金说,由于对工人进行剥削,结果产生了两大阶级的对抗状态,为了缓解这种对抗状态,需要把社会秩序混合为一种混沌的半明显的义务状态。虽然社会是以竞争原则为指导的,但成功总是既表明你对你的邻居的胜利,也表示你指引他工作的方向并且获得利润。这是所有一切财富的真正源泉。

罗斯金坚称,在富裕的名义下,真正所期望的是统治民众的权力——从狭义上说,权力就是我们为了自己的利益去获得仆人、手工工人和艺术家的劳动;从广义上说,权威就是指导一个国家的广大民众走向各种各样的结局,是好的结局,价值不高的结局,或者是有害的结局,要视这位有钱人的心思而定。① 他认为,致富的艺术不仅仅是积累财富的艺术,还是力图让我们的邻居获得较少财富的艺术。这就是为了我们自己的好处所建立的最大的不平等的艺术。有钱人是一种权力,就像电一样,只能通过自身的不均衡或者是具有一个负极才能运动:

> 你口袋里的一个几尼的购买力完全取决于你邻居的口袋里没有一个几尼。如果他不想要它,那它对你来说就没有什么用处;它所拥有的权力的程度完全取决于他对这个几尼的需要或期望,——因此,从商业经济学家的角度来说,使自己致富的艺术,相应地和必要地就是使你的邻居保持贫穷的艺术。②

财富的力量是大是小,与它所控制的穷困比例成正比,与和我们一样富裕的人数成反比,也与那些乐意为有限物品支付同样价钱的人的人数成反比。

罗斯金认为,在自由竞争资本主义中,没有什么公正的薪水;决定一个工人薪水的是这两个集团的经济力量;因为他穷就掠夺他,是交换的一个潜在根本原则。③ 罗斯金谴责资本主义,不仅是因为它允许剥削工人,还因为它的生产目的是

---

① *Unto This Last*, p. 46.
② *Unto This Last*, p. 44.
③ *Unto This Last*, p. 58. *The Two Paths*, p. 40.

追求利润而非追求出色的工作。①

二是社会重建思想。

第一,新政府观。罗斯金认为,资本主义工业制度引发了人类最坏的一面,而且产生了物质主义。为了挽救这种制度,罗斯金呼唤人类的良心。他请求上层阶级转变自身,改变心灵,去追求公正而不是利润。和卡莱尔不同的是,他没有建议贵族掌握政权。而是建议政府建立工厂,实行优质工作的原则并提供合适的工作条件,使政府成为一个模范雇主,吸引工人也吸引其他雇主,最终使工业建立在合作原则和为大众利益服务的基础上,而非竞争和利己主义的基础上。

他期盼的这种政府,实际上是柏拉图的《理想国》和卡莱尔的《过去与现在》的一种混合物。在这个理想国中,每一个人将尽自己最大的能力去做最适合自己的工作。和卡莱尔一样,他把工人看作士兵,同样在较为开明的阶级中为他们寻找军官。他认为,工具要交给能够使用它们的人,不过他觉得统治者就是上层阶级,因为他认为贵族阶级具有美德,不过他也毫不留情地谴责他们的妄动、懒惰以及对物质的沉迷;而且他也在许多工业领袖身上发现了大量美德,而不仅仅是他们对财神的崇拜。不过,在对工商业领导人的态度上,罗斯金与卡莱尔不同。卡莱尔请求工商业领导人为受害者做出更多的赔偿,同时给他们(中产阶级)冠以英雄称号,以此作为对他们服务社会的回报;将中产阶级的自由主义神圣化,以此作为对社会条件得以改善的交换。罗斯金没有给中产阶级这么多自尊,他要求工商业领导人不仅要接受社会化的措施,还要放弃他们进行生产的主要动机——利润;虽然他承诺在他的新社会中将他们置于最高位置,但是工商业者发现,在这样一个新型社会中根本没有他们的位置。

第二,理想社会观。罗斯金认为上层阶级(地主和工业领袖)是社会进步的力量,因此他的理想社会是一个上层阶级的社会。他说,伟大而古老的家族虽然多多少少有些衰颓,但是他们总是王国最高贵的标志性产物。② 在他的理想社会中,上层阶级的职能就是维持下级秩序,培养他们达到自己所能够达到的水平。

罗斯金的贵族阶级包括土地所有者、工业领袖和职业人。在罗斯金的理想社

---

① *Unto This Last*, p. 29; *Time and Tide*, p. 427.
② *Time and Tide*, pp. 322, 378 - 381, 383 - 385, 431, 439 - 441.

会中,大量土地被永久性地分配给贵族阶级,使他们得以生存并保持外表上的贵族气派。不过,他们的收入不是来自他们的土地地租,而是由国家发给他们的一笔固定工资。贵族阶级的作用就是大公无私地监督公共机构,而不是增进他们自己的利益和积累财富。

在罗斯金的理想国家中,国王位于国家权力之首。在他早期的思想中,罗斯金拿不准这个国王应该是一位还是多个;在他后期的思想中,他开始信仰"一个人的力量"。国王是上诉中央法庭的最高法官;在这个法庭中,其他法官都是在全国范围内选举出来的。普通法官按照等级拥有自己的职位,他们的职能就是在陪审团所决定的意见下管理全国法律。国家机构管辖政府分支机构。

罗斯金的理想社会中还预留了宗教的位置。在罗斯金的理想社会中,教士和世俗官员一起进行统治,一方支持和纠正另一方,"教士通过他们自己的影响使一切世俗政策神圣化,地方行政长官则利用他们在实践中的智慧来压制所有的宗教热情"。主教及牧师是个人生活的监督者。主教对一些大社区拥有行政权,他们收到牧师针对个人和家庭的报告,通过这些工作,他们能够发现谁应该升职;他们还将收到关于法律执行情况的报告,决定那些对公众非常重要的措施;他们还要向议会提交报告,讨论关于诸如公路或矿山之类公共事业进行的情况;他们还要加大法律的执行力度,反对一切形式的偷窃行为,主要是反对那些貌似有礼的方式以及那些生产和出售劣质商品的途径,这些法律只对行会中的商人起作用。教士执行另一组法律,这些法律主要反对欺骗性债款。为了实现神权政治,罗斯金鼓吹教会联合起来重新组成一个教会。①

罗斯金的理想社会是按照封建模式建立起来的,在这个社会中,阶级区别得到严格保护,个人或多或少处于一种固定地位,但并不是完全固定,为发展个人天才预留了空间。他向那些能够利用工具、土地和资本的人们宣传工具、土地和资本的福音,以此支持给天才个人以机会的原则。② 但是他认为,大部分民众只适合做手工工作;他们的孩子不会成为什么大人物,因此正好适合于那些普通而呆板的工作职位,例如为社会采矿、司炉和锻造等。罗斯金认为应当继续有这样一个阶级去做

---

① *Lectures on Architecture and Painting*, p. 557.
② *Time and Tide*, pp. 405-406.

这些工作。在他看来,几乎毫无例外,不熟练工人或者是机械工的孩子们天生就是或者注定将成为不熟练的机械的劳动者。

为了实现新的封建主义,罗斯金把他的信仰寄托在权力的自我改革上。为了补救上层阶级中深刻的腐败、富豪统治的可耻影响以及由豪奢滋生而来的邪恶,他认为这些阶级应该改革自身,达到一个更高的水平,来证明他们作为社会最高统治者是正当的。和卡莱尔一样,他指望那些出身高贵的人和工业领袖来实现这一切。他还希望上层阶级至高无上的权力能够慢慢从下层开始生效,而整个社会不发生任何暴力或激进事件。

第三,民主观。和卡莱尔一样,罗斯金也不认为民主能够使一个政府重建社会。对他和卡莱尔而言,民主是具有破坏性的;选择的自由毁坏了生命和力量。① 罗斯金之所以认为民主具有破坏性,是因为他认为民众都是蠢物,②不能自助。——你给他们自己更多的自由意志,他们就会让他们自己更像奴隶。③ 罗斯金还以查默斯为例攻击民主。④

罗斯金认为实现普选权不可避免,但是他仍然希望尽可能不要让普通民众来思考政府之事。为了让平民尽可能待在他们自己的位置上,他建议国家的选举人应根据他们所受的教育、年龄和财富拥有选票。他认为,只有专制制度能够实现真正的改革,因为仅靠强大的行动就能够根除腐败:"一个曾经彻底腐败的国家只有通过军事专制才能得到挽救——高谈阔论不能挽救它,自由的力量也不能够。"⑤同时他清醒地意识到,当政治权力被社会的一部分成员掌握来统治整个社会的时候,权力滥用可能导致严重后果。但是,他没有看到,民主是一种克服少数人滥用权力的方法。他从未考虑过,当统治者要对整个社会负责的时候,他们更倾向于为了整个社会的利益而工作;当他们只是对一个阶级负责的时候,他们则很少会这样。由于他希望他的统治者有一天会成为一个有才智的贵族阶级,所以他混淆了对专家的需求和对整个集团的需求:专家的恰当职能是建议政府而不是指导政府,

---

① *The Cestus of Aglaia*, p. 126.
② *Time and Tide*, p. 326.
③ *Munera Pulveris*, p. 256.
④ 查默斯(Thomas Chalmers, 1780—1847),苏格兰教士、神学家、作家和慈善家,苏格兰教会福音派领导人。他临终时针对"公众舆论"不耐烦地高呼道:"公众就像一个大婴儿!"
⑤ *The Crown of Wild Olive*, p. 484; *Fors Clavigera*, pp. 151-152.

而集团则是要直接或间接参与政府进程。他没有看到，一个复杂的经济体制和一个复合的社会如果没有广大劳动者真正参与其中，就不能有效运作。如果广大市民能够对行政管理等服务部门进行批判和报道，而不用担心会遭到当局的惩罚，现代国家的有效管理才有可能实现。要察觉错误及其与权力来源的有效联系，一种自由、普遍的选举制度是必不可少的。

总之，罗斯金认为普通民众是劣等人，不能管理自己，对行使政治权力不能胜任，只能服从少数审慎而明智的人。少数人统治而多数人服从，众人应做次一等的文明工作。他主张社会是一个有机的等级社会，但是像这样的社会，它本身就不是一个足够的有机体。在等级体制下，广大民众沦落到一种从属的地位；他们绝不是为他们所希望的东西而活，相反，他们是其他人达到目的的工具。而按照一种真正有机体的观点，每一部分，在一种极其真实的意义上，都是它自身的某种目的，参与一种共同目的。一种真正的有机体观念不能接受一种等级式的"种姓"体制。罗斯金从未高度称赞过普通人，他只对少数人的美德有深刻印象。从荷马和瓦尔特·司各特爵士的著作中，罗斯金看到了国王的美德；从柏拉图和卡莱尔的书中，罗斯金又接受了少数人是优等人的观点。他赞同权威，因为对于管理那些不能够自我管理的人来说，广泛的权力是必需的，同时他和卡莱尔一样是一位自我中心主义者，从气质上来说，绝对主义对他们有吸引力。

罗斯金认为，行动的首要原则或者说目的是人民的福利。在采取任何行动之前，首先要考虑这一行动对人民的利益究竟有没有好处。在这一前提下，罗斯金不反对统治者的绝对权威，不否定独裁这一前提，因为他关心的是独裁专制的目的。他认为，独裁统治者在管理人民生活时，如果能够被授予更大的权威，就能更好地实现目标，把事情办好。在他的设想中，没有任何关于公民和民主的描绘。他可能和伏尔泰一样赞成一种开明专制。总之，罗斯金的理想国是独裁主义的，民众处于被统治地位，重权掌握在几位统治者手中。这样一个独裁国家，必定敌视民主和自由放任政策，必定赞成政府推行的社会服务措施。

第四，教育观。在罗斯金看来，改革英国社会最重要的方式就是教育，其他任何一种方式都没有教育重要。他认为，国家的一项职能就是让民众受到良好教育。[①]

[①] *Sesame and Lilies*, p. 107.

对他而言,教育的目的是品行而非知识——"灵与肉的完美实践和国王般的自制"。他打算让政府在全国为年轻人建立学校,①根据健康规律和年轻人喜爱的练习来训练他们,教育他们养成温顺和公正的习惯,②并学会服从。③ 在他的教育体制中,音乐、舞蹈以及研究自然占据了显著位置。④ 在学校教室里,孩子们沉浸在美好事物和艺术作品的氛围中。当然,他对穷人和富人、小水手和牧童一视同仁,都教育他们,所教的基础课程有地理学、几何学、天文学以及历史大纲等。⑤

罗斯金说,国家不仅要教给年轻人这些东西,还要训练他们个人赖以为生的职业技能。⑥ 罗斯金坚定地信仰一种自由教育体制,一种专业的技能教育。他要把他的学校建立在有新鲜空气的乡村。⑦ 在罗斯金看来,国家的责任不仅仅是看到每一个孩子都受到良好的教育,还应该使每一个孩子都住得好、穿得好,并且抚养他们直至他们到达具有判断力的年龄。⑧

与这些职业训练学校相联系,国家工厂和工场的建立要满足每一种日用必需品的生产,要满足每一种有益的技艺有用武之地。⑨ 他说,这些工厂要与那些私营企业竞争,让他们双方都做到最好,并且不要对私营贸易设置什么限制或课税。国家工厂要保持高水准;它们的工作要有示范性,它们的产品是完美的。那些失业的工人可以安排在政府学校中工作;如果他们因为愚昧无知而不胜任工作,他们就应该受到教育;如果他们反对工作,他们就应该被安排在更痛苦更丧失体面的苦工队伍中。罗斯金还认为,所有那些确实是经常赢利的企业应当转化为公共企业;他建议,公路、矿山和铁路应该为了公众的利益由公众所有和管理。⑩

第五,工商业职业化观。罗斯金反对利己主义哲学,呼求一种工商业职业观。他主张商人要把自己看作是职业人,是为了做好工作而工作,而不是为了利益才工

---

① *Unto This Last*, Preface, p. 21.
② *Ibid.*, p. 22.
③ *Fors Clavigera*, pp. 20, 656.
④ *Ibid.*, pp. 96, 236, 405–406, 496.
⑤ *Ibid.*, p. 495.
⑥ *Unto This Last*, pp. 33–34, 39–40, 75, 420.
⑦ *Time and Tide*, pp. 397–398.
⑧ *Sesame and Lilies*, p. 107; *The Stone of Venice*, Appendix 8, p. 263.
⑨ *Unto This Last*, Preface, p. 22.
⑩ *Time and Tide*, p. 533.

作,把工作质量而不是报酬作为最基本的关注点,以此来控制人自身的物质主义欲望。

在罗斯金看来,如果一个社会力图实践工商业职业化,那么这个社会就应该赞同一个原则,即每一个人应该做最适合自己的工作。罗斯金坚称,世上没有什么懒惰,贵族和拥有财产的人也必须和工人一样工作;一个人如果不工作,那他也不应该吃饭。在功利主义和道德的基础上,罗斯金谴责那些诸如垄断利润、租金和利息之类不劳而获的收入因素,他建议建立一种劳动交换的基础。他认为,金钱报酬应该存在于精美的物品中,而这个人确实应该得到这些物品,也能够得心应手地使用它们。① 他还认为,上层阶级的财产和收入的数量应该限制在一个固定的范围内。②

罗斯金没有要求私营企业也必须接受他的职业观;他希望行会制度可以主动地接受他的新秩序。他认为工会工人自己能够适应协会。③ 他说,那些赞同在任何贸易中都应该诚实的人们,他们自己可以在自愿的基础上组织一个协会,选举官员,管理生产方法,监督产品质量,管理价格,因此他们生产的产品都是有保证的。每一个工厂或协会都应该管理它自己的价格,根据工人的时间来安排它自己的计划。协会可能会与那些生产不合格产品的非协会的工厂展开竞争。罗斯金的协会在很多方面具有社会主义的特征,但是它们与社会主义有着非常明显的区别。罗斯金的协会允许雇主在保证一项标准工资,并且为老弱退休工人提供基本生活条件后,可以为了他自己的利益而保持企业的剩余利润。④

为了使工商业职业化,为了给到处受到工业主义伤害的社会带来健康,罗斯金主张进行彻底的社会重建。他的许多建议分散在他的作品之中,用一句话概括起来就是,"在一切事物之中,政府和合作是生存规律,而无政府状态和竞争则是死亡规律"⑤。他将在这个基础上进行改革。他认为一个理想的社会首要的必不可少的条件是人口应当优生。为达到这一目的,他建议政府应禁止违反社会秩序的

---

① *Fors Clavigera*, p. 713.
② *Time and Tide*, p. 322.
③ *Fors Clavigera*, p. 40.
④ *Time and Tide*, pp. 319 - 320.
⑤ *Unto This Last*, pp. 33 - 34, 39 - 40, 75, 420.

婚姻。

通过上述对罗斯金一部分社会批判思想及社会重建思想的概括,我们可以看到,他的社会思想并非完全来自宗教思想。道德是他观点的基础,但是对他而言,正义并不是人类的最终目标。罗斯金信仰幸福,认为幸福是人类应追求的一种理想。因此,罗斯金非常重视一个观点,即艺术的终极目标是使人愉悦和感到崇高。所以,当他发现纯粹的艺术不能使人感到愉快的时候,他转而投身社会批判,将艺术与社会联系起来,继续追求艺术的终极目标。这还有助于解释他的工作观,而这种工作观是对他所处时代的一个反动;在他看来,恰当的工作,不是痛苦的而是愉快的。

3. 罗斯金形成人文主义思想的原因

罗斯金不到 30 岁的时候,已经在英国文学界、艺术界确立了自己较高的地位。他本人继承父亲的一大笔遗产,非常富有。似乎他的生命轨迹不会与社会批判联系起来。然而,在 1860 年,罗斯金似乎停止了他在艺术领域的追求,全身心投入社会批判,致力于实现自己的社会理想。他甚至把他继承的大笔遗产全部捐献出来,举办公益事业,以期改善贫苦大众的生活状况。那么,究竟是什么原因导致罗斯金发生这么大的转变呢?下面拟从当时英国的社会状况以及罗斯金个人特点着手稍加分析:

第一,时代与社会环境。整个 19 世纪,英国工业革命发展到高潮并进入尾声,英国开始由农业国转变为工业国。农村人口大量流失,纷纷涌入工厂成为雇佣工人,城市人口激增。19 世纪中期,英国城市人口首次超过农村人口。1857 年的大博览会,是工业革命的胜利,是技术的胜利。大家都纷纷赞扬工业革命、讴歌技术进步,认为给人类带来了极大的好处。而罗斯金眼里看到的却是,经济的迅速发展致使人性丧失,人类日益物化,在物质主义的腐蚀下变本加厉地折磨人类、折磨自然。正是在这种社会背景下,罗斯金较早地(可以说是超前地)意识到人类自身极其危险的处境。就他自身而言,他离群索居,远离伦敦这样喧嚣的大城市,定居在湖区这个充满自然美的地方,同时他倾其所有,希望做些事情以改变他不赞同的情况。

第二,早年经历和思想转变。当时英国那么多的人都赞美工业革命,为什么罗斯金看到的却是人性的缺失?这与罗斯金本人的成长经历及个性有很大关系。

罗斯金的父亲约翰·詹姆斯·罗斯金(John James Ruskin),是个殷实的葡萄酒商①,拥有大笔资财,家境富裕。他在爱丁堡接受教育,酷爱读书和观赏绘画,也收集古玩和画作。1818年2月,他与表姐玛格丽特结婚。一年后,他们生下罗斯金。夫妇二人中年得子,对罗斯金百般珍爱。老罗斯金疼爱儿子,但绝不宽容,始终要求罗斯金为人要诚实正直和关心帮助他人。他很早就发现了罗斯金的写作和绘画才能。为了培养罗斯金的文学兴趣,就给他读莎士比亚、堂吉诃德、司各特和拜伦等人的经典著作。罗斯金说:"我和我的父亲都是瓦尔特·司各特学派的激进托利党人……司各特和荷马是我的两位导师。"②为了培养罗斯金的绘画才能,父亲常常带他去豪宅参观画廊,在参观大型建筑物时,老罗斯金一定要观看绘画,而且要等到他和儿子都彻底研究之后才可能离开。③ 他们经常光顾达利奇(Dulwich)学院画廊④。

罗斯金的母亲玛格丽特·罗斯金(Margret Ruskin),是个虔诚的基督教福音派信徒,性格非常严厉,个性十分坚定,以某种独裁的力量决定一切大事,过于独断专行,一点也不妥协。罗斯金是她唯一的孩子,她把全部精力倾洒在他身上,监督他的生活和行为。罗斯金病弱的体质和早熟的心灵在很大程度上是由于她的教育造成的。她以清教徒的清规戒律培养孩子,奉行的原则是"打骂产生智慧"。结果,罗斯金虽然享受着优越的物质生活条件,却经常处于打骂之中,精神上很难得到真正的家庭温暖。⑤ 她认为她在罗斯金的教育中负有特定义务,就是强迫罗斯金每天早晨准确阅读和背诵《圣经》,她确信她幼小的儿子完全明白《圣经》。因此罗斯

---

① 罗斯金家做葡萄酒生意,因生产高品质的"雪利酒"而名声远播,老罗斯金认为生意成功是因为头脑和精力。他发现"彻底诚实"是一项极好的商业策略,因为他很快因此积累起来相当多的财富,这些财富使他能够满足一个豪华家庭的所有需要,享有受人尊敬的社会地位。即使是在一个"生意"受到指责的年代,一位成功的葡萄酒商人的社会地位也总是不错的,因为贵族要满足他们的绅士派头,最重要最关键的一项就是要挑选上好的葡萄酒,而葡萄酒商正是贵族的可靠顾问。这个事实使葡萄酒贸易摆脱了那些由于过度竞争所造成的道德败坏的影响。详见 John Ruskin: The Later Years, 1859-1900, p. 24。

② Edward T. Cook, The Life of John Ruskin, Vol. 1, p. 14.

③ Ibid., Vol. 1, p. 18.

④ 这个画廊展出的作品深深影响了罗斯金,一直是他艺术思想的基础。

⑤ 惩罚在罗斯金接受的教育中占有明显地位。罗斯金说:"如果我哭闹,我总是很快就遭到鞭笞,当我被召唤的时候我总是吓得什么都做不了,要么就是仓皇地摔倒在楼梯上。"参见 John Ruskin: His Life and Work & John Ruskin: Social Reformer, pp. 46-48.

金很小的时候,就在母亲和家庭教师的严格指导下,学习语言和古典文学,每天必不可少的功课就是高声朗读《圣经》,从《创世纪》的第一节到《启示录》的最后一节,每个音节每个音节地读,有时还必须大段大段地背诵。第二天重新从《创世纪》开始。① 在罗斯金3岁之前的一个晚上,他完整地重复了一本长达190页的赞美诗。玛格丽特把自己对事物的一种清教观念灌输到罗斯金的心中,将清教主义贯彻到他日常生活的细枝末节,最终这种清教观成了他政治思想的主要根源。罗斯金说,母亲的教育使他完全理解了服从和信仰这二者的本质。② "我母亲的一般原则是,排除所有可能的疼痛或危险方面,以持续的警觉来护卫我;其余的时间,只要我既不焦躁也不吵闹,她就允许我按照我所喜爱的方式自娱自乐。"③不过,"按照我所喜爱的"要受到严格限制,幼时的罗斯金就没有什么玩具,④因为在他母亲看来,玩具也是罪恶的。由此我们可以想象,她作为母亲可能不是十分令人满意。不过,仅仅从一些片段中依靠想象来重构一个人的个性,也许是不可靠不公正的。更常见的画面可能是,在一个非常平和非常温暖的家庭里,父母相依为命,全心养育孩子。

罗斯金生于伦敦,继承了父母的苏格兰血统,也许他的血管里还流淌着某种苏格兰凯尔特人的血液。罗斯金之所以在艺术、文学和社会批判中取得骄人成就,其中应该有"种族"的原因。幼年时期,罗斯金就显示出早熟的迹象,父母注意到这一点,就将他与社会隔离开来,避免他接触现实社会尤其是伦敦这样一个城市。1824年罗斯金只有5岁,全家迁往位于赫恩希尔的一幢舒适的别墅。当时,赫恩希尔还是一个迷人的乡村。在赫恩希尔,罗斯金夫妇几乎是完全以自我为中心,只关注他们自己,从不参加社交集会。他们认为,这是在物质和精神上给罗斯金创造最好的一切。这在某种程度上是不正常的。这种由于父母的关爱而封闭的环境,存在一种严重的危险,即一个敏感早熟的孩子很可能成长为一个傲慢自大的自命不凡者。不过罗斯金没有变成这样,这得益于他与生俱来的谦逊品质,得益于他对文学作品、艺术和自然的强烈兴趣。

---

① Edward T. Cook, *The Life of John Ruskin*, Vol. 1, p. 13.
② Edward T. Cook, *The Life of John Ruskin*, Vol. 1, p. 15.
③ *Fors Clavigera*, p. 38.
④ 有一个令人悲伤的故事讲到,一位有世俗心的阿姨给罗斯金一个非常好玩的木偶玩具,这个玩具很快就被他母亲没收了,他说:"我有这些玩具是不应该的,并且我再也没有看到过它们。"参见 *John Ruskin: His Life and Work* & *John Ruskin: Social Reformer*, p. 47.

罗斯金拥有非常舒适的物质生活条件,因此,在童年时代,他的周围充满了上层中产阶级家庭的一切奢侈品,能阅读最好的著作,欣赏精挑细选的艺术,进行最有趣的旅行,接受经过挑选的家庭教师的教育。生活似乎可以一直这样平静下去,不过罗斯金对一位女子生发了爱慕之情。这个女子就是他父亲的法国合伙人的女儿。这段感情被他言行谨慎的父母搁置。这段被迫中断的感情使罗斯金第一次尝到了深深悲恸的滋味,他的身心所受到的创伤也证明他的情感非常激烈,不同寻常。

在上大学之前,罗斯金没有接受一般学校教育,接受的是家庭教育。在他很小的时候,就在母亲和家庭教师的严格指导下,学习语言和古典文学,高声朗读《圣经》。这种严格的家庭抚养造成了严重后果。父母双亲极度关爱罗斯金,这使他远离许多童年乐趣,而这些童年乐趣本来会使他在孩子中间自由相处,拓宽生活领域,而童年的罗斯金是孤独的,几乎没有任何玩具,也没有什么玩伴。① 童年时代的孤独刺激了罗斯金的文学表达能力。6 岁时,罗斯金就成了一个"书写迷"。他最早的作品是一些小说,充满了大段描述和道德说教,这些小说是他模仿他的早期偶像——埃奇沃斯小姐(Ms. Edgeworth,1767—1849)的作品而写,有时星星点点的散布着"水力学、气体力学、声学、电学、天文学、矿物学"等知识。不过,从 8 岁起,他开始对节拍和韵律感兴趣,把闲暇时间都花在了作诗上。他一天天长大,但是将感情和思想用文学尤其是诗歌的形式表达出来的习惯,从来没有改变。这种思维能力的持久张力无疑形成了他不确定的思维习惯,对他后来的生活产生了重大影响。

罗斯金家境富裕,这使他得以在英国和欧陆旅行。他在美丽的大自然中发现了一种情感。达利奇周围乡村的森林、溪流和乔木成了他最熟悉的朋友,它们那种自由的美与"奢侈豪华和形式主义"形成了一种对照。由于老罗斯金自任代理商,因此,为了得到葡萄酒订单,罗斯金和父母常常出入尊贵堂皇的贵族与资产阶级的豪宅之间,悠然地横穿英格兰和苏格兰,访问各处名胜。14 岁时,罗斯金一家开始在欧洲各地旅行。罗斯金尤其喜欢意大利,因为在阿尔卑斯山他发现了自己所需要的美。旅途所见增强了他对自然风光的热爱,这种热爱对他后来成为艺术评论

---

① *John Ruskin*: *His Life and Work* & *John Ruskin*: *Social Reformer*, p. 67.

家和社会改革家起了关键作用。对罗斯金而言,这的确是一种极好的教育。通过旅行,罗斯金看到了英国以及欧陆著名的景点、城市、教堂、河流、高山和城堡等,他也开始了一些思考。①

罗斯金在旅行中生发的感情,是看到美丽景象后产生的一种纯粹的浪漫激情,他不满足于此。他渴望了解这些高山,研究它们壮美的原因。就这样,他开始研究矿物学和自然地理,而且,自然科学一个又一个的学科分支开始引起他的兴趣,他还力图更明确地解释河流、云、树以及外在世界的所有物体。这种早期的科学精神属于"分析"天才,罗斯金成年以后,常常把这一"分析"天才看作他最有特色的天赋。他的头脑从来就不是一个仅仅用来接受概念的头脑,他把这种分析力以及随之而来的富有创造性的想象力结合起来,形成了一种准确的感觉。

罗斯金把这种分析能力运用到他早期接受的道德教育中。和平、顺从和信仰是他生活的道德氛围;正直、诚实和完美正确的行为由他父母言传身教;在他的家庭生活中渗透着正义和对他人的考虑。这是一种安全可靠的道德氛围。学校生活也没有打破这种平静。有一个短短的学期,罗斯金在一所小的日校学习,实际上他的"学校教育"同样也是处于父母严格的关注下,由私人教师进行的。上牛津大学之前,他没有接受过其他学校教育。在普通科目学习和在艺术上,他都可以享受优秀教师最好的"单独辅导"。评价这种家庭教育政策的得失是不可能的。不过,总的说来,令人感到欣慰的是,罗斯金逃脱了当时公立小学的痛苦经历。

罗斯金的思想深植于托利主义,他十分赞同荷马和司格特的政治哲学,因此对政治领域并不十分感兴趣,也不感到恐惧。罗斯金认为父亲"绝对痛恨激进派并献身上院"。19 世纪的英格兰,正处于改革时代的斗争中,也正是其现代政治史上最关键的阶段,这段时间,罗斯金一家住在赫恩希尔,在他完整而丰富的回忆中,几乎没有一次提到政治。除非牵涉到一个特定的文学或艺术人物,罗斯金一家很少会关心公共事件。而能够出入这个"自我关注的安宁之家"的客人,除了三两个艺术家之外,全都是商业上的熟人,他们之间的谈话几乎不能拓宽罗斯金的社会观。不过,通过这种途径,罗斯金似乎接受了一些早期启蒙观点。在他的自传《往事》中,

---

① 在《给那后来的:经济学的第一原理》一书中,他提到自己想不通为什么城堡在当今总是无人居住,这个时候,"一种痛苦的疑虑""迅速在我幼小的心灵中升起。模糊的怀念之情使我向往中世纪王政复辟时代"。这也许就是他的社会改革方案中所设计的英雄崇拜和新封建主义的幼苗。

他告诉我们,他在这些商业宴会上形成了"对诸如商业思想之类极低的评价"。①罗斯金一家的富裕生活也许不利于培育社会同情心。而且,罗斯金一家似乎很少与周围或富或贫的邻居相来往。去戏院看戏或者其他公共娱乐活动不会吸引他们,他们只会在星期天去参加一个旧式小教堂的聚会。他们几乎没有什么朋友,更没有什么亲密的至交,"在这个世界上,我的父母心里除了我之外根本不关心其他任何一个人"②。约翰·罗斯金的早期生活和培养,一点也没有要把他的好奇心集中于社会现象的意思,也没有去激发他社会同情的情感。在这种情况下,罗斯金的人生道路似乎已经注定,他似乎根本不会去关心什么社会问题。他的道德和智慧批判似乎根本不可能导致社会改革。即使是在英国和欧陆的旅行中,引起他们兴趣的主要话题也是景色、教堂、城堡和艺术作品,他们并不留意普通民众的生活及其风俗,只是偶尔看到罢了。在旅行中,罗斯金也可能经过那些极度悲惨和衰败的地区,但是也没有只言片语表明,某个人的贫穷和堕落引起了罗斯金一家的关注,或者是触动了他们的内心,然而在当时这种贫穷和堕落正日益扩大,充斥于那些新兴工业城镇。恩格斯在他的《1844年英国工人阶级状况》一书中,已经描述了"棉花王国"一幅幅令人震惊的画面。但是罗斯金的童年记录仅仅是告诉我们"曼彻斯特是一个极为令人讨厌的城镇"。

英格兰那些传奇式城堡和教堂,以及那些平缓的溪流和令人仰止的高山,激发了罗斯金的童年激情。也许,生活中最好的情况本就应该是这样,生活的丑陋和悲惨被父母精心地排斥在外,不来扰乱罗斯金的清梦。不过,正是由于罗斯金与劳苦大众的生活联系处于一种完全隔绝的状态之中,因此我们在阅读罗斯金后期所写的谴责或同情的文章时,有时会觉得,这些文章是非常雄辩,不过似乎缺乏一种来自个人亲身经历的严密而详细的真实性。虽然他提出了一些深刻的本质真理,但是总觉得他的这些真理仍然存在于一种非现实世界中。

罗斯金自己也清楚地意识到,他是非常晚才认识到生活的阴暗面、生活的意义和生活的整个特征。在总结他前二十年的经历时,他说:"我从来没有看见过死亡,也从来没有看到过一间病室内的任何悲痛和忧伤;我也从来没有看到过、更没有意

---

① *Præterita*, p. 328.
② *Ibid.*, p. 240.

识到那无助的贫穷和悲惨。"①

青年男子在长大成人之后投身于生活的战斗中,在职场打拼或者上大学,在社会上是站稳脚跟还是倒地而亡,绝大部分要靠自己的力量。罗斯金却不同,他依靠家庭成了牛津大学的自费生。不过即使是在牛津上大学,他的父母还是像在家里一样保护他,他的母亲就居住在牛津的一个旅馆里,而牛津大街上最熟悉的身影就是他的父亲。

在谈及他所阅读的书籍时,罗斯金说他最喜欢的作家是柏拉图。1843 年,他谈到,如果他哪一天没有阅读柏拉图的著作,他就会觉得自己是错误的。他对《理想国》的研究深刻影响了他自己的思想。他信仰柏拉图的公正概念:每个人完全履行最合适他自己的职责,各就其位。柏拉图强调少数人拥有智慧,大多数人缺乏智慧,强调权威,而罗斯金接受的就是这种教育,并且他的气质自然而然使他倾向于此。此外,色诺芬的《经济学家》一直是罗斯金的最爱,是罗斯金研究政治经济学的基础。柏拉图、色诺芬和亚里士多德的思想使他深受教育,使他认识到经济学不能与其他社会科学相分离,是政治学这门伟大艺术的一门分支学科,而政治学则与社会道德改良相关。② 如同他后来所说,他希望现代的思想家能够重新拥有柏拉图和色诺芬的智慧。

罗斯金是古希腊罗马时期柏拉图和色诺芬在近代社会里的学生,也是卡莱尔的信徒。③ 除了他的母亲,卡莱尔是第二个对他的生活产生重大影响的人。早在 1854 年,罗斯金就在一次公开演讲中承认他从卡莱尔身上受益颇多,超过其他任何一位作家。④ 他说,《裁缝》和《英雄》所表达的信息,使他"去做一些事,去成为有用的人"。在卡莱尔的所有著作中,《过去与现在》(*Past and Present*)对他的影响最大;他仔细阅读并做了大量手记。他把这本书送给朋友,附上这样的话:"我送给你一本书,我没有怎么读过,因为它已经成了我自身的一部分,我在书中的旧标记

---

① *Præterita*, p. 431.
② Ernest Barker(1874–1960), *Political Thought in England, from Herbert Spencer to the Present Day, 1848 to 1914*, New York: H. Holt and Company; London: Williams and Norgate, [n. d.], p. 191.
③ *Lectures on Architecture and Painting*, p. 577.
④ *Ibid.*, p. 507.

现在都是没用的了，因为我已经把它们全部记在了我的心里。"①卡莱尔对广大民众的深深同情引起了罗斯金的回应，因为他们都认为这些民众由于没有遇到优秀的封建统治者而处于水深火热之中；卡莱尔嘲笑那些自由主义思想家们所提出的一切挽救方案，这同样也得到了罗斯金的响应。不过，在此之前，罗斯金自己就已经形成卡莱尔所宣称的社会的、独裁的和贵族的思想，卡莱尔的影响只是加深了罗斯金对这些思想的信仰，并且更清晰地表达出来。

总之，罗斯金的这种生活方式对他性格的形成有很大影响，可归纳如下：

第一，他自幼生活在书籍和艺术的氛围之中，文学和艺术教育使他受益很多。《圣经》、瓦尔特·司格特爵士的作品、荷马史诗以及柏拉图《理想国》等著作，形成了他早期对生命和历史的观点。

第二，由于母亲严厉的清教徒式管教方法，罗斯金很少玩耍，大部分的空闲时间多是去研究花朵、青草、树叶、雀鸟、云霞之类，甚至还仔细观察地毯上的花纹和颜色。这养成了他对事物缜密观察的习惯和能力，也是他能够坚持记录日记以及气象信息的一个原因。正是由于这一缜密的观察习惯和能力，罗斯金对事物的感知非常准确。

第三，罗斯金长期学习《圣经》，《圣经》的一词一句在他耳中都变成了动听的音乐，《圣经》的思想是神圣不可侵犯的。在他批判社会的时候，他就是以《圣经》作为自己的标准。他认为世界"就像《圣经》一样充满了上帝的话语"。因此，《圣经》潜移默化的作用不可低估。

第四，他热爱自然风光，经常访问各处名胜。丰富的旅行见闻对他后来成长为艺术评论家和社会改革家起了关键作用。

通过分析上述罗斯金早年的生活方式和性格，我们可以看出他后期转而致力社会批判的某些缘由。

1842 年，罗斯金毕业于牛津大学基督学院。1843 年罗斯金 24 岁的时候，他的著作《现代画家》第一卷得以出版，他开始了自己的艺术事业，直到 1860 年，艺术一直是他的主要追求。他的《现代画家》(1843—1860)、《建筑的七种源泉》(1849)和《威尼斯之石》(1851—1853)使维多利亚时代的人们意识到一幅美的画面；威

---

① *Fors Clavigera*, p. 179.

廉·莫里斯和伯恩-琼斯(Burne-Jones)称他是"艺术界的路德"。这时候,罗斯金主要是一位艺术评论家,是散文作家,享有很高的声誉,他的作品广受欢迎。

19世纪四五十年代,英国工业革命完成,英国工业迅速发展,而罗斯金和他的同代人就是在工业革命后的这种环境中发现他们自己的处境的。在生命的最后几十年中,罗斯金集中精力批判自然的、社会的和心理的环境。1869年,牛津大学聘任他担任美术学院的第一位斯莱德教授(Prof. Slade)。① 1870年2月8日,罗斯金发表就职演说,宣称"英格兰,这个半个地球的霸主,不能够让她自己是一堆煤渣,被互相争夺的悲惨的群氓所践踏"②。

现在他转而投身社会批判,致力于实现自己的社会理想,令他原来的读者大吃一惊。他甚至把他继承的大笔遗产全部捐献出来,举办公益事业,以期改善贫苦大众的生活状况。他把所有的精力和时间全部投入筹建工人协会、给工人大学授课和编写教材以及策划其他慈善事业中去。显然,罗斯金是一个超越其所处时代的人。

罗斯金决定放弃艺术事业,转而研究完全不同的另外一个领域。他做出这么大的转变不是一朝一夕的事,并不是没有思想基础的。早在某些时候,罗斯金已经意识到了社会问题的存在。许多年前,当他父亲的西班牙合伙人多梅克先生拜访他家,说到西班牙劳动者和法国佃户仅仅被当作国家前进道路上的障碍时,罗斯金十分震惊。正是多梅克先生的这场谈话,使他开始认识现代欧洲社会各项法律存在错误的真正根源,并使他感到"有必要研究政治活动"③。罗斯金看到了一种不公平的制度,这种制度只给优雅的、快乐的安达卢西亚农民以葡萄串或者是大蒜的茎,而这些农民日常都应该是弹着吉他,跳着波利乐舞并去斗牛,结果他们为了节省而免去了这些活动。④

从艺术评论转而展开社会批判,自然是从罗斯金的艺术原则中产生出来的。

---

① 他能够当选斯莱德教授,很大一部分原因是他在牛津时候的朋友阿克兰(Acland)的举荐,而当时罗斯金仅仅是牛津大学的肄业生。罗斯金也把去牛津大学任斯莱德教授看作一种"报复"。详见 *John Ruskin: The Later Years, 1859-1900*, p.56。
② *John Ruskin: His Life and Work* & *John Ruskin: Social Reformer*, p.88.
③ *John Ruskin: His Life and Work* & *John Ruskin: Social Reformer*, pp.79, 286-287.
④ *Praeterita and Dilecta*, p.409.

罗斯金认为，好的绘画作品是对美好物体的描绘，追求的是一种愉悦的精神；①建筑是自然特征②的反映，其美丽有赖于工人的愉快。③他觉得，在这样一个丑陋的、物欲横流的世界上，有这么多的悲惨和不公正，要出现真正的艺术是不可能的，而他再去进行什么艺术评论更是荒谬。他写道，"最徒然的虚饰是力图把美放到窗户上，然而所有反映在窗户上的真实东西都是畸形而痛苦的"。④相对于艺术家，罗斯金作为道德家的声望更大，他把自己的全部精力和财富用于重建人类的政治和社会方式，在罗斯金看来，这些是产生伟大艺术的首要必需品。

到1851年，罗斯金的政治思想开始成形。在反对那些压迫穷人的制度和法律时，他是一名共和主义者；在反对那些基于自由和平等学说的理论和改革时，他又是一位保守主义者。

罗斯金的政治哲学最初出现于他有关艺术的文章中。《建筑的七种源泉》写于动荡的1848年，这年，英国国内爆发了宪章运动，欧陆则爆发了1848年革命。在这本书中，罗斯金揭示了中世纪哥特式建筑的优点。他以这种方式谴责自由主义是所有幻影中最变化莫测的一个概念，主张服从。⑤他还谈到欧洲罪恶表现为政治煽动家的鲁莽、中产阶级的不道德、贵族的女人气及背信弃义，认为懒惰是造成这些罪恶的主要原因。他说工作是主要需要。《威尼斯之石》主要从威尼斯建筑的特点入手来追溯威尼斯城邦的兴亡史。书的最后，他再次攻击自由主义。他说，在自由主义下，广大群众的命运就像草一样。⑥他指出，上层阶级从来没有为下层阶级做过什么，下层阶级也没有如此地反对过上层阶级；这都是巨大的不公正造成的。在此书中他开始反对过度的劳动分工。这两本书试图阐明一个原则，即，建筑与一个民族的兴衰息息相关，上升时期表现得崇高，衰颓时期则表现得庸俗。在《现代画家》最后一卷中，他赞成以军事禁欲主义反对宗教的或金钱的禁欲主义，因为金钱禁欲主义是为了金钱的利益而拒绝快乐和知识。⑦他认为，所有的人都应

---

① *The Elements of Drawing*, p. 354; *Lectures on Art*, p. 121.
② "The Nature of Gothic," *The Stone of Venice*; *Sesame and Lilies*, p. 443.
③ *Fors Clavigera*, p. 137.
④ Edward T. Cook, *The Life of John Ruskin*, Vol. 2, p. 14.
⑤ *The Seven Lamps of Architecture*, p. 248.
⑥ *The Stone of Venice*, p. 193.
⑦ *Modern Painters*, p. 424.

该做有用的工作,因此人们只是需要工作而不是只要对他有好处的工作,他坚称世界上最好的工作是没有报酬,而不是为了报酬。

罗斯金的许多重要原则出现在他于1857年在曼彻斯特所做的一系列讲演中。这些讲演稿最初以《艺术的政治经济学》出版,后来改为《永远的快乐》。曼彻斯特是传统经济学的大本营,在此,罗斯金建议经济竞争的神圣原则应当被合作所代替,警察国家应当为家长式作风的国家所代替。

在他所有关于社会问题的著作中,《给那后来的:经济学的第一原理》是其中最有影响力的一部。在这本书中,罗斯金攻击政治经济学以及工商业制度理论,批判利益秩序。他明确提出,国家应当成为一个模范雇主,管理产品质量,为工人提供完整的物质福利。他以后的著作并没有提出什么全新的观点来补充这本书中所表达的原则,主要是对这些原则进行完善。《给那后来的:经济学的第一原理》最初出现于《康希尔》(Cornhill)杂志上,这些文章的发表引发了一场强烈的反对风暴,结果该杂志的编辑萨克雷(Thakery)被迫停止进一步发表。《曼彻斯特观察家和时报》(Manchester Examiner and Times)评论罗斯金时说道:"他不值得浪费我们的火药和炮弹……然而,如果我们不镇压他,他那疯狂的言论将会触及某些心灵,那么在我们意识到之前,道德的闸门就会打开,将我们全部冲走。"①

在《穆内拉的毁灭》(1863)中,罗斯金继续攻击传统的政治经济学,阐明自己的思想。该书的主要内容是分析财富的根源尤其是资本主义财富的根源。

《时与潮》出版于议会改革法颁布的1867年。在这本书中,罗斯金告诫工人们要看到,在力图改变一种坏法律之前,他们是否想到能够服从一种好法律。在《时与潮》中罗斯金为他的理想国提出了一个蓝图,并提出了到达这一理想国的途径。

罗斯金最流行的一本著作是《芝麻与百合》,出版于1865年,这本书力图把道德原则教给有教养的阶级,在罗斯金看来这些原则是幸福生活的关键。同年,罗斯金还出版了《野橄榄王冠》,反响极佳,因此罗斯金成了一位著名的作家。这本书讨论了工作的本质,认为工作的目标不是利润而是"财富",这本书包含了罗斯金对利润以及工业动机的最具破坏力的攻击。

《直到最后》(1871—1878)与《时与潮》一样,是以给工人的信件这样一种形式

---

① *John Ruskin: His Life and Work* & *John Ruskin: Social Reformer*, p.186.

出版的,都是对当时社会状况的一种激烈批判。弗雷德里克·哈里森(Frederic Harrison)说,《直到最后》是罗斯金的《哈姆雷特》,是他的启示录,表明他与世界隔离开来,处于孤独中,还表明,如果他更放肆地进行写作,他将与周围的人们失去更多的联系。① 这本书为他的社会重建计划增添了更多更细的细节,并由此开始了他实践乌托邦的冒险——创办"圣乔治协会"(St. George Guild)。

1871年5月,罗斯金宣称,他将建立一个基金会,致力于"英格兰土地的购买和保护,土地上将不再建造任何东西,而由英格兰人用自己的双手和人力来耕种"。圣乔治协会就是在这段时间内建立起来的,罗斯金出资1万英镑建立该协会,贯彻他的经济理论。它力图确立一种原则,即,在一个和谐的社会中,每一个人都为自己的生存而工作,其中最健康的工作就是在土地上工作。罗斯金自己是圣乔治协会的雇主。圣乔治协会有八条入会誓约②,实际政策是,获得一块土地让劳动者居住,这些劳动者享受固定的租金和合适的生活条件,处于一位土地贵族的统治之下,这个贵族执行一种慈善的军事化统治。罗斯金的计划几乎没有引起任何反应,没有人对他的这一计划感兴趣,只有他的几个密友给他筹了一点钱,罗斯金非常失望,以至于他说,如果他说谎话骗人来加入圣乔治协会,也许还会有一定成绩,现在他真心希望给大家带来幸福,却没有一个人追随他。③ 圣乔治协会几乎没有产生什么影响,最后无疾而终。

---

① *Ibid*., pp. 283 - 286.
② 这八条誓约包括:1. 我信仰上帝——天地以及一切看得见的和看不见的事物的创造者。我信仰他的法律的仁慈以及他的工作的善行。2. 我信仰人类高贵的本性,充满仁慈,爱的喜悦。我将像爱我自己一样爱我的邻居。3. 上帝赋予我力量和机会,我依靠我自己的劳动来获得自己每天所需要的面包;只要是我的双手能够做的,我就尽全力去做。4. 我不会为了我自己的利益和一时的快乐,去欺骗任何人,也不要受任何人的欺骗;不会去伤害任何人,或遭到任何人的伤害;不会去抢劫任何人,或遭到任何人的抢劫。5. 我不会无谓地杀死或伤害任何生物,也不会去破坏任何美的事物;而是要全力挽救和追求一切舒适的生活,保卫地球上所有的自然美并使之完美。6. 我将全力提高我个人的肉体和灵魂达到最好的状态;不是与他人构成对手或进行竞争,而是为了帮助他人,使他快乐,拥有荣誉,为了我自己生活的快乐和平和。7. 只要法律与我所信仰的上帝之法相一致,我将真诚地遵守我国的一切法律、君主的其他法律以及其他在君主制下选举出的权威人的法律;当它们不相一致时,或者亟须改变时,我将不怀恶意的,不以隐蔽的无序的暴力,坚决反对它们。8. 就像我忠诚地服从国家法律及其统治者的法令那样,我也将忠诚地服从从今天我就要加入的圣乔治协会的法令,只要我还是圣乔治协会的一员,我就忠诚地服从雇主的命令,以及雇主之下所有被选为权威的人的法令。参见 *John Ruskin*: *His Life and Work* & *John Ruskin*: *Social Reformer*, pp. 286 - 287。
③ *John Ruskin*: *His Life and Work* & *John Ruskin*: *Social Reformer*, pp. 290 - 292.

在《直到最后》一书的写作中，罗斯金常常陷入一种愤怒的状态，而过于繁重的工作则使这种愤怒日益加强；在写作最后几封信的过程中，罗斯金常常要与高度兴奋做斗争，他一直处于一种极度的张力之中。在他生命的最后日子里，他常常陷入失落之中，不时被悲观情绪所击倒。当情况正常时，他就在一种狂热的状态下写作；更多的情况是他处于躁狂症发病期。躁狂症多次发作，最后于1900年夺走了他的生命。

4. 对罗斯金人文主义思想的评价

作为文学家、艺术家，罗斯金的成就毋庸置疑，不过他作为思想家的声誉则时隐时现，这与他表述自己思想的行文方式有莫大关系。1848年革命失败之后，马克思流亡伦敦，在大英博物馆博览群书，当时，罗斯金也在伦敦附近写作散文，然而二人一直互不相识，各自从不同的立场上研究英国社会现状。马克思认为，工人阶级必须通过革命以解放自己和全人类，罗斯金则呼吁"上帝的爱"，批判资本主义社会。前面我们分析过，罗斯金和马克思一样剖析并批判资本主义，但是，众所周知，马克思主义在思想界成为一个体系，一种"主义"，并在实践中的确取得一定成就。而罗斯金批判资本主义的思想却很少为人所知，这与罗斯金散漫的写作方式、拒绝"体系制造者"的称号有极大关系。在阅读罗斯金著作的过程中，这种感觉也非常明显。他的著作很多都是演讲，看起来都非常合情合理，而且罗斯金还是语言大师，辞藻华丽，大家听着非常舒服，可是听完看完之后，好像什么也没有记住，什么也没有留下，大家想照着他的思想进行行动根本不可能。可见，听罗斯金的演讲可能是一种享受（这也是他的讲座常常爆满的一个原因，尽管现在看来他的讲座过于冗长），但是很少有人能够抓住他的根本思想或者说是中心思想，遑论进行实践了。不过，罗斯金的确也影响了很多肯追随他的人，如我们前面所述他对威廉·莫里斯、对奥克塔维亚·希尔以及对英国工党的影响和帮助都是非常大的。

罗斯金的社会思想大部分来说都是从人这个"有机体"出发思考的，很多都是非常合情合理的。他对资本主义的批判、对物质主义的攻击、对财富及其起源的分析以及他的教育观、工商业职业观都比较合理，无论是在当时还是在当今，都值得我们进行深入思考。罗斯金对经济思想的批判切中肯綮。他认为人不能与他的感情分离开来，也不能与社会分离开来，人是一个有机整体，任何没有考虑这一点的研究都是不科学的。一些经济学家认为，不平等是社会进步所必需的，在罗斯金看来这种观点是错误的。他坚持认为,一件事必须有益于生活才可以作为经济行为的一项指标,从而为实现经济的人性化做出自己的贡献。① 他把这种学说运用于生产与消费的过程中,揭示了金钱消费与人类消费之间存在的巨大分歧。

当然罗斯金的社会思想中也存在着分析不够清晰的地方。最明显的就是他的民主观。当然这也与民主这一复杂的事物有很大关系,什么时候实行民主,什么时候要实行独裁,情况是非常复杂的,需要进行非常非常细致的考察,但是过于细致的考察又可能无法实践。罗斯金是一个具有分析天才的文学家,他也对民主进行了比较深入的分析,但是,他那先入为主的"上层阶级优秀、普通民众愚蠢"的思想使他几乎全盘否定民主。历史表明,让经济权力的所有者主动改造他们自身并上交他们的控制权,几乎是不可能的。即使我们假设雇主们愿意接受"罪恶审判",希望建立一种新秩序,罗斯金那种志愿行为的补救办法也不能成功。因为大量独自行动的个人不能实现一种社会的补救办法;社会罪恶需要一种社会的拯救方法。此外,罗斯金几乎从未以一种公平精神进行思考,几乎不欣赏相反的观点。虽然他认为普通人不适合行使权力,但又说"尽管群氓没有感觉基础,但是他们的感觉从总体上说是高尚的和正确的"。② 这也表现出罗斯金思想中的自相矛盾之处。

尽管有诸如此类的过失,但是瑕不掩瑜,罗斯金仍然是一位富有思想的评论家。他激发同胞们的道德感,鼓舞他们的思想,在这方面,他仅次于卡莱尔。③ 卡莱尔在给爱默生的信中指出了这种力量的源泉,他说:"在我们中间,对我而言,没有其他任何东西比那些猛烈的电闪雷鸣能够引起我的注意,这些电闪雷鸣就是罗斯金对他周围那黑暗的无政府世界所进行的猛烈攻击。英格兰没有其他任何一个人能够像罗斯金那样对不公正、虚伪不老实和卑鄙下贱充满如此巨大的愤怒。"并称他是一个"生于风云变幻之际并被闪电穿透的人"。此外,与卡莱尔相比,罗斯金的写作风格较少有浪漫色彩和预言性,非常清晰,从没有神秘的成分;他的著作逻辑严谨,在许多方面都非常经典。罗斯金的思维是分析性的;马志尼(Giuesppe-

---

① John A. Hobson, *John Ruskin*, pp. 89, 106 – 107, 309. Cf. His *Work and Wealth* (rev. ed., London, 1933), p. 9.

② *Victorian Critics of Democracy*, p. 88.

③ 莱斯里·斯蒂芬指出,卡莱尔之所以比罗斯金产生了更为深刻的影响,是因为他的清教主义导致一种更强烈的吁求。斯蒂芬还认为,卡莱尔还对当时许多年轻的思想家产生了更为有力的影响。

mazzini)在谈到他的时候说,他是欧洲最具有分析性思维的思想家。列夫·托尔斯泰(Leo Tolstoy)说罗斯金是"用心思考的杰出人物之一"。①

值论文结束之时,反观罗斯金思想肖像,令人想起毛泽东《纪念白求恩》一文中的一段话,这段话似乎也可以用来评价罗斯金:"一个高尚的人,一个纯粹的人,一个有道德的人,一个脱离了低级趣味的人,一个有益于人民的人。"中学时期我们常常摘录的奥斯特洛夫斯基的一段话也许也可以用来形容罗斯金,只是我们实在无法得知他是否真的是无怨无悔,毕竟他是因为患躁狂症而离世的。1900年1月20日罗斯金逝世,被安葬在住地一个小教堂墓园里,人们在威斯特敏斯特大教堂内为他竖立了一个纪念碑,碑上写着:"他教导我们/ 要亲切地记住/ 穷人和他们的工作/ 伟人和他们的工作/ 上帝和他的工作。"

三、威廉·莫里斯:一位人文主义世界的设计师

人文主义思想家威廉·莫里斯永远给人留下一个非常完美的记忆:深邃的榛子色眼睛,西方式的挺直鼻梁,几乎可以遮住半脸的红褐色胡子,浓密的深褐色卷发构成了一张让艺术,让历史,让人类都不能忘却的脸庞。很奇怪,在中国,这是一张较为陌生的脸庞,人们对其没有太多的认识和了解,而在西方,这位经常会冲上演讲台,激情洋溢地阐述着人的意义,思想的价值,道德的真谛,美的追求的"性情中人"却受到了人们的重视,因为他是让历史无法忘却的人,他在艺术、文学和思想领域都是一个举足轻重的人物,尤其是每当人们翻开艺术史的相册时,必定会追寻他的人文精神足迹,这就是集诸多成就于一身的19世纪英国设计师威廉·莫里斯。

1. 莫里斯的生平与著作

在英国,威廉·莫里斯是一个家喻户晓的人物,到如今几乎成了19世纪最著名的英国设计师,对许多英国人来说,他可能是人们唯一能够脱口而出的设计师的名字了。② 莫里斯于1834年3月24日出生在埃塞克斯郡沃尔瑟姆斯托城的一个

---

① 以上引文均出自 *Victorian Critics of Democracy*, pp. 135 – 146。
② Philip Henderson, *William Morris*, *His Life*, *Work and Friends*, Great Britain: Jarrold and Sons Ltd, Norwich, 1967, p. 3.

殷实的家庭。

莫里斯的祖父以经商起家,父亲继承了祖父的事业,成了一家著名铜矿的股东和证券经纪人,每年可以得到大量的分红。莫里斯的外祖父也是一个殷实的商人,拥有很多地产和股票。母亲在富裕的家庭环境中,承袭着谢尔顿家族对宗教的虔诚、音乐的热爱和艺术的信仰。这样的家庭不仅给予了孩子们富足的生活,还让他们得到了对人性中爱和美的熏陶。

1830年和1832年,莫里斯的两个年长的姐姐爱玛和亨丽埃塔分别出生了,她们长大后给了莫里斯无穷的关爱和呵护。莫里斯是第三个出生的,之后莫里斯又有4个弟弟和2个妹妹。其中他的四妹伊丽莎白是一个激进的社会主义者,对莫里斯最终树立社会主义政治理想有着重要的引导作用。由于莫里斯是家中的长子,所以他从小就被父母寄予了很高的期望。

孩提时代,莫里斯就时常骑着他心爱的小马驹,在父亲的陪伴下,穿过茂密的乡村丛林,寻访具有中世纪特色的古建筑,埃塞克斯教堂,坎特伯雷大教堂都留下了莫里斯父子的足迹。在幼年的莫里斯心里那些留有岁月痕迹的木头和石头都能带给他自然的纯美和历史的情感。于是这片有着浓厚历史色彩和自然气息的乡村土地就在莫里斯心里培育了一片通向艺术天堂的沃土。

7岁时,莫里斯就对维尔特·司各特的小说爱不释手,小说中的一个个冒险家成了他心中的英雄,也对他今后形成桀骜不驯的性格产生了不小的影响。9岁时,莫里斯就去当地的预科学校,开始接受正式的教育,但是1847年,莫里斯13岁的时候,父亲的过早去世,迫使莫里斯离开了学校,被送往了专为中产阶级孩子成立的公立学校——莫尔伯勒学院。在这里莫里斯读遍了所有有关英国哥特式建筑的书籍,参观了西尔伯利山上古老的纪念碑,自由地毫无拘束地做着他想做的事。但是由于他固执的坏脾气,因参与学校骚乱事件被勒令退学。

直到1853年1月莫里斯进入牛津大学学习教堂建筑才真正开始了他的人生起点。① 当时的牛津大学仍然保存着中世纪的面貌,白色屋顶的房子,曲折蜿蜒的街道和无数的悦耳的古老钟声,随处都可以感受到中世纪的精神。这让痴迷于中

---

① Philip Henderson, *William Morris*, *His Life*, *Work and Friends*, Great Britain: Jarrold and Sons Ltd, Norwich, 1967, p. 11.

世纪的莫里斯感到兴奋不已。在牛津大学里,莫里斯结识了一生都支持他的挚友——伯恩·琼斯;参与组织了一个诗人团体,这给予了莫里斯展现诗歌才情的极好平台。他们研究莎士比亚、米尔顿、丁尼生、查尔斯·金斯利和托马斯·卡莱尔的作品,而莫里斯对约翰·罗斯金的作品情有独钟,并受到其深刻的影响;莫里斯还对拉斐尔前派的现代绘画产生了浓厚的兴趣,并得到了著名拉斐尔前派画家罗塞蒂的帮助。在牛津大学的日子里,莫里斯对自己有了清醒的认识,他改变了传教士的志向,而投入了艺术实践,他想成为一名建筑师。为此他还有过放弃学业的想法。

1855年,牛津大学毕业后,莫里斯进入了乔治·埃德蒙·斯屈特牛津事务所工作,成了19世纪最著名的新哥特派建筑师的学徒。可惜的是,莫里斯并没有实现他的梦想,8个月之后就离开了。出于对文学的爱好,莫里斯于1856年出资创办了《牛津和剑桥杂志》,内容主要以诗歌、小说和评论为主,莫里斯早期的文学作品也大都发表在此。1857年,罗塞蒂与莫里斯、伯恩·琼斯组成了一个为牛津联合会的会议厅创作壁画的工作小组,进一步增强了莫里斯对艺术装饰设计的兴趣。

1858年,莫里斯结识了美丽的模特简·伯登,1859年,他们步入了婚姻的殿堂。同时,莫里斯在装修他的新房子的时候,发现竟然找不到一件令他满意的家具用品,于是他决定和他的艺术设计挚友们一起亲手布置他的"红房子"。在此基础上1861年创立了莫里斯-马歇尔-福克纳联合公司,经营室内装饰业务,让工人们按照莫里斯和其他画家绘制的图样,通过手工生产制作家具、器皿、壁纸、地毯、绣品、窗帘、门窗、彩花玻璃、金属制品等,让更多的人分享手工艺术。他的设计受到了富人们的欢迎,他的公司为他赚取了可贵的资产。与此同时,莫里斯笔根不辍,坚持写作,于1867年出版了诗集《詹森的生与死》,1868年出版了长诗《大地上的失乐园》,以古代希腊罗马的神话传说和斯堪的纳维亚的神话为题材,表达了对当时英国资本主义制度不合理现象和资本主义文化的憎恶,以及他追求人类美好生活的理想。标志着莫里斯思想进一步成熟。尤其是1876年,莫里斯出版了被萧伯纳称为"自荷马以来最伟大的诗史"的四卷本诗集《西格德和沃森》,赢得了文学界的一致好评。

随着莫里斯阅历的增加,对社会认识的逐步深入,他的视野不再局限于他的公司和装饰艺术,他开始重新认识英国,思考资本主义,并于1876年6月撰写了第一篇政论文章《不正义的战争》，痛斥英国保守党和土耳其联盟对俄国的侵略战争，揭露了资本主义社会扩张侵略的本性，这标志着莫里斯政治思想的成熟。从此，莫里斯开始活跃于政治舞台。1877 年，从小就对古建筑怀有特殊情感的莫里斯成立了古建筑保护协会，呼吁全社会来关注和保护古建筑。1879 年，他还参加了东方问题研究会。在此期间，莫里斯的公司经历了重组、复兴，到 1881 年，公司设备全部迁往默顿修道院。理想和现实的矛盾使莫里斯最终选择离开了公司的领导岗位，专心融入了对装饰艺术的设计。到了中年的莫里斯，对生活，对文学，对政治，对社会都有了更为深刻的认识和体会，终于于 1883 年参加民主联盟，成了一名真正的社会主义者。1884 年，民主联盟发生分裂，莫里斯在恩格斯的指导下，联合马克思的女儿爱琳娜·马克思·艾威林和其丈夫爱德华·艾威林成立了社会主义者同盟，担任了机关报《公共福利》的主编，撰写了大量宣传社会主义思想的著作。其中最能代表莫里斯思想的是著名长篇小说《梦见约翰·鲍尔》(1886—1887) 和《乌有乡消息》(1890)，并让莫里斯获得了很高的社会声誉。自从 1887 年爆发了"血腥星期日"事件之后，社会主义活动遭到了沉重打击，党员人数急剧下降，社会主义者同盟和《公共福利》也落入了无政府主义者之手，莫里斯也退出了社会主义者同盟。但是莫里斯在生命的最后几年里，始终在不懈努力。1890 年，他重新组织了汉密斯区社会主义者协会，1891 年，出版了《在榆树下或对乡村的思考》，1892 年，积极帮助成立独立劳动党，直到去世前他还在为《杰弗里·乔叟作品集》设计插图，还在霍本市政府厅满怀激情地做政治演讲。可惜的是，1891 年 10 月，莫里斯就与世长辞了，享年 63 岁。他留给自己，也留给后人无尽的财富和思考。

19 世纪的英国是一个工业文明的时代，浩浩荡荡的工业革命彻底改变了英国、欧洲乃至整个世界。机器实现了人类梦寐以求的理想。这种超乎寻常的成功充斥在英国社会的各个角落，于是所有人都认为机器、技术不仅提供了精神的保障，也提供了大自然的掌握。此时科学功利主义无限膨胀，人类在世界范围内形成对科学"工具理性"的崇拜，而科学背后的人文精神的畛域逐渐被侵夺，人文精神传统日渐萎缩。因为人们相信机器可以带来人们想要的一切。然而，就在这纷扰的维多利亚时代，威廉·莫里斯始终坚守着属于他自己的信仰，人文精神始终在他的艺术设计追求、文学作品、政治理想中体现得淋漓尽致。

2. 人在劳动中的乐趣：莫里斯对艺术设计的追求

莫里斯首先是一个独树一帜的艺术设计家，他重视人在劳动中的主体性，提倡快乐劳动。他把"人"视为终极关怀的目标，尊重人之为人的权利，尊重人的尊严和价值，认为人应该具有追求自由、幸福的权利。他领导了以人文主义为主题的英国工艺美术运动，开启了现代西方艺术的源头，为艺术设计奠定了基石，成为现代艺术史上先驱者之一。

首先，人文主义劳动观念的萌芽时期。

莫里斯成长在一个充满着关爱、温馨和富裕的家庭。母亲、父亲和两个爱他的姐姐给了他一个金色的童年。莫里斯从小就十分痴迷中世纪的艺术，他曾独自一个人骑着家里的马驹，穿越茂密的丛林，参观当地的埃塞克斯教堂和附近的古老建筑，8岁时就在坎特伯雷教堂流连忘返。9岁就跑遍了西尔伯利山上所有古老的纪念碑。那时历史的浪漫主义情感就在莫里斯幼小的心灵中种下了种子。他在古老的建筑中看到了一个个动人的宗教故事，它们所表现出的对人的尊严、价值、命运的维护、追求、抗争和关切，深深感染了莫里斯。到了牛津大学学习教堂建筑之后，莫里斯更是深受中世纪艺术的洗礼，他痴迷地阅读约翰·罗斯金的著作，开始更为深入地接触中世纪的艺术；他参观了法国和北欧低地国家的教堂和博物馆，并被其中世纪的装饰艺术深深折服。其间，"拉斐尔前派"①的作品所表现的精神：肯定人有享受现世生活幸福的权力，尊重爱情与人的感性生活；反对中世纪的蒙昧主义和等级制度，强调人的知识与德行；反对中世纪独断和文化专制主义，主张宗教宽容、思想宽容以及言论自由等，极大地影响了莫里斯，并最终使莫里斯坚定了他的艺术信仰和理念，成了极力倡导恢复中世纪手工艺，要求在艺术中充分体现人性的拉斐尔前派的杰出代表。

其次，人文主义劳动观念的实践。

莫里斯从来不是一个满足于站在历史巨人肩膀上的人，"莫里斯的美德在于……他基本上是一个以他全部热情把理论付诸实践，在实用物品中体现美，体现

---

① 19世纪英国画家和作家的一个艺术团体，把描绘中世纪和早期文艺复兴的素朴作为自己的理想，他们从浪漫主义的立场出发，批判资产阶级文化，用象征手法传达人物的精神实质。

他对人的理解,从而使他的理论系统化"①。正是由于莫里斯的理论完全来自他作为一个杰出的"美术工匠"的实践,因此他的美学思想和人文主义理念比以往任何一位理论家的观点都具有实践的品格和更强的说服力。莫里斯几乎掌握了他所从事设计的所有工艺种类的技巧、制作过程和材料性能,并能亲自参加了生产实践。

一是莫里斯的"红房子"。

"若我被问及什么才是我最看重,同时又是我最想拥有的艺术成果,我想我会回答是:一幢房子。"1859年,莫里斯在肯特郡的贝克斯里赫斯买了一小块地,莫里斯和他的朋友菲利普·韦布满怀激情地想在这里建造一座以英国本土建筑为原型的具有现代感的住宅,并准备亲自将他们对室内装饰的构想实践于这幢房子。于是在从伦敦通往坎特伯雷教堂的路上就出现了纯净的不加掩饰的清水红砖墙的"红房子"。莫里斯花了大约两年的时间进行室内装修,他将大部分的墙面和天花板都装饰起来,有的用重复图案和叙事性的墙纸,有的用刺绣的挂件。②莫里斯和伯恩·琼斯还专门设计了一系列有关特洛伊故事的壁画,将其装饰于底楼客厅里,还有家具、壁画、餐具等都是莫里斯亲自精心设计的。他们都处处体现了莫里斯富有创意的艺术表现力、人性化的设计。红房子充分体现了莫里斯的设计理念,带有中世纪哥特式建筑的味道,但又没有累赘之感,简洁、宽敞和实用。因此"红房子"的落成被视为"莫里斯一生中的里程碑",同时"红房子"也成了英国住宅复兴运动的先声。红房子不仅影响了当时私人住宅的世纪,也成为对人栖居的环境进行整体安排的范例。

二是莫里斯-马歇尔-福克纳联合公司。

室内装饰所获的得巨大成功以及在完成工作中所获得的愉悦感受使朋友们产生了创立他们自己商业公司的想法。莫里斯认为,"工艺品的美来自设计,运用的材料,或者装饰他的人物与图案绘制的结合,通过艺术来改变英国社会的审美趣味,使英国公众在生活上能够享受一些真正美观而实用的艺术品"③。1861年至1862年,他和马歇尔、福克纳创立了莫里斯-马歇尔-福克纳联合公司。公司为客

---

① 《技术美学与工业设计》丛刊(第一辑),南开大学出版社,1986年,第229页。

② Philip Henderson, *William Morris, His Life, Work and Friends*, Great Britain: Jarrold and Sons Ltd, Norwich, 1967, p.59.

③ 凌继尧、徐恒醇:《艺术设计学》,上海人民出版社,2000年,第61页。

户从事室内装潢、制作壁画。工人们按照莫里斯和其他画家绘制的图样,通过手工生产制作家具、器皿、壁纸、地毯、绣品、窗帘、门窗、彩花玻璃、金属制品等。公司的室内装饰很受欢迎,居民、教堂或公共建筑的室内壁饰尤为突出,在1862年的国际展上,公司的产品受到了人们的欢迎。他们当时设计的各种装饰、餐具、家具、壁画和刺绣,确立了公司的知名度。公司的产品以功能良好著称,十分关注产品的结构形态,销路很好。1865年,公司被公认为最令人兴奋的新公司之一。莫里斯的公司并不关心与工业的协调,而是作为一种对商业主义、大规模生产和由此产生的趣味的日渐低谷的反抗,唤醒人们对自然的装饰、纯净的色彩和真正的美的精神的热爱。① 佩夫斯纳指出:"这件大事标志了西方艺术新纪元的开始。"莫里斯的艺术创作也进入了一个高峰时期。

3. 莫里斯人文主义思想的基本要素

首先是人的艺术不能在机器中沉沦。

莫里斯生活的维多利亚时代,是英国工业革命迅猛发展的时期。整个英国站在机器生产的最前方,经济财富飞速地膨胀,英国发生了最为深刻的社会变革。整个社会都处于机器运作的轰轰声中,艺术家脱离了生活,生活的艺术走入了艺术的生活。机器生产掩埋了社会最珍贵的生活之美。尤其是19世纪以后,科学功利主义无限膨胀,在世界范围内形成对科学"工具理性"的崇拜,而科学背后的人文精神在云蒸霞蔚的科学发展大势中失去了昔日的光彩。

1851年,伦敦举办举世瞩目的"万国博览会"给年轻的莫里斯留下了深刻的印象,②由于当时的企业主与工程技术人员都更注重新材料与新技术的应用,注重在生产与流通领域更快地提高效率、更多地获得商业利润,而当时自认为社会地位"至高无上"的"艺术家"们也对于衣食住行生活琐事不屑一顾,因此,产品设计低劣、风格混乱、趣味低俗的弊病遍布产品市场,一些拙劣的生产者甚至将外形粗糙的工业产品加上一些效果适得其反的装饰,结果蒸汽机的机体被加上了哥德式的纹饰,金属材料的产品外观被用油漆漆上木纹,纺织机器上加上了洛可可风格的装

---

① [英]尼古拉斯·佩夫斯纳:《现代设计的先驱者——从威廉·莫里斯到格罗皮乌斯》,王申祐、王晓京译,中国建筑工业出版社,1987年,第26页。

② Peter Stansky, *Redesigning the World: William Morris, the 1880s, and the Arts and Crafts*, the USA: Princeton Press, 1985, p.4.

饰部件等,这些风马牛不相及的"美化"非但没有从根本上解决新产品的设计问题,还完全失去了手工生产时代产品一贯具有的整体、和谐、典雅、美观的工艺传统,从生产流水线源源不断涌入市场的工业产品成为一种既无传统精神又缺乏时代风采的怪胎。那些展出的工业产品丑陋不堪,不再有自然的清新和温情的味道,这对有着敏锐艺术知觉的莫里斯产生了强烈的视觉冲击,使莫里斯再无兴致参观下去,中途就拂袖而去。

其次是莫里斯对艺术的独特理解。

莫里斯极为愤懑,因为他对艺术有着自己独特的阐释。他认为艺术作为一种独特的精神现象,是人类智慧之花,是人文精神的载体,是人类所特有的,是为人而存在的,是人类有史以来不可分割的有机组成部分,它在人类的世世代代繁衍承传中一直占据着优先的地位。① 艺术是伟大的,艺术是一种美,它可以使我们的街道像葱郁的森林一样美。艺术是快乐的,舒适的。当我们的房子里充溢着协调的艺术装饰时,艺术可以帮助人们调节情绪,更好的工作和休息。因为人类的艺术是自然的艺术,是质朴的,感人的。艺术是"人"在劳动过程中产生的愉快的表现。

但是,如今的②艺术是奢侈、苛政和迷信的女仆,社会的信仰有的脱离了艺术,有的提升了艺术,有的诋毁了艺术,有的贬低了艺术,今天的社会已经失去了对艺术的正确理解。③ 机器时代的到来彻底颠覆了艺术的功用和目标。人类使用机器是为了节省劳力,让机器代替人从事更多的艰苦劳作。从而让人可以从劳作中脱离出来,得到休闲和放松。如果是这样的话,那么也就不存在艺术的没落。事实是截然相反的,机器代替了人的劳动,却让人丧失了在劳动中享受愉悦感的机会。人类为新的机器文明付出了巨大的代价。④ 机器原本只是劳动的工具,可是现在所有的一切都改变了,人类成了机器的奴隶,需要屈从这个机器体制,最终使自己处

---

① William Morris, *On Art and Socialism*, *Essays and Lectures*, *The Lesser Art*, London: John Lehmann Ltd,1947, p. 17.

② William Morris, *On Art and Socialism*, *Essays and Lectures*, *The Lesser Art*, London: John Lehmann Ltd,1947, p. 19.

③ William Morris, *On Art and Socialism*, *Essays and Lectures*, *The Beauty of Life*, London: John Lehmann Ltd,1947, p. 79.

④ William Morris, *On Art and Socialism*, *Essays and Lectures*, *The Aims of Art*, London: John Lehmann Ltd,1947, p. 82.

于社会的最底层,被机器摆布,完全忘却了艺术实践,丧失了对美的追求和想象的能力,在永无停止和毫无希望的辛勤劳动中耗尽了自己的生命。快乐劳动销声匿迹了,愉悦艺术衰落了。①

商品已经没有了人性的味道了。机器生产的产品只是充当着人们的工具而已,他们在机器的蹂躏下丧失了审美的愉悦性。资本主义工厂里工人的劳动使人的能力得不到发展,因为在劳作中,人们没有实践艺术创作。他们没有发现生活的美。人们只是在日复一日地重复着对生命毫无任何意义的工作。劳动成为沉重的负担。追逐利润的物质生产的增长导致劳动分工和劳动创造性的丧失。工业生产造成了设计者与制作者的分离,即由艺术家设计,而由工人通过机械来制作完成。这种脱节既妨碍了设计者进行合乎功能的设计,也妨碍了工人在生产过程中创造性的发挥。人在劳动中已经丧失了原来的价值。② 因为在资本主义社会,时间意味着金钱,可以创造更多的物质财富。对时间的渴求,已经不允许人们花更多的时间在劳动中实践艺术了,社会已经不能也不容许人们从事艺术实践了。资产阶级在利润的驱使下,大批量的生产着毫无美感的用材低劣的产品,而传统的精美手工艺在廉价商品的冲击下不得不退出了历史舞台。艺术和技术之间产生了矛盾,艺术创作和物质实践活动之间形成了明显的对立。

再次是工业化背景下艺术和人的关系。

莫里斯这种对"机器对艺术的糟蹋"的极度不满是可以让人理解的。在莫里斯的心中,艺术是有人性的。他更多关注的是艺术与人的关系。③

莫里斯一直坚信不疑地认为:"艺术对人们来说,它的重要意义在于人对艺术美的寻求和体验,并非是艺术本身。"④艺术是人类劳动中的甜味佐料,艺术不仅属于从事艺术创作的手工艺者,也属于每个辛勤劳作的人们。当人们在挥汗劳作时,他们会因为从事着自己喜欢并能发挥自己聪明才智的工作而感到快乐;当人们在

---

① 张敢:《威廉·莫里斯及其美学思想初探(上)》,《世界美术》1995 年第 1 期。
② William Morris, *On Art and Socialism*, *Essays and Lectures*, *The Aims of Art*, London: John Lehmann Ltd, 1947, p. 86.
③ William Morris, *On Art and Socialism*, *Essays and Lectures*, *The Aims of Art*, London: John Lehmann Ltd, 1947, p. 88.
④ William Morris, *On Art and Socialism*, *Essays and Lectures*, *The Lesser Art*, London: John Lehmann Ltd, 1947, p. 22.

黄昏作息时，他们会因为能够看到自己一天劳动的丰硕成果而具有无比的成就感。

当人们在艺术实践中，发现自己所做的可以为他人所用，服务社会时，就随之体会到满足感和愉悦感。① 艺术无时无刻不在悄悄地增加着人们的快乐，在具有艺术意义的劳作中，艺术给予了人们心灵和视觉上的美感，在不知不觉中减缓着人们劳作的疲惫，给予着人们希望、快乐和收获的喜悦。② 艺术是大众情感在劳动中的表达。脱离大众的艺术是无意义的，是无用的。

艺术是美，艺术是快乐。它应该属于每个人，人人都有分享的权力。③ 艺术能使自由民族得到更多的快乐，也可以使被压迫的民族得到慰藉。④ 人人都是平等的，都有权力可以追求艺术实践的快感。⑤ 所以真正的艺术是凝聚思想的艺术，大众的艺术。大众艺术是大众群体集体智慧的结晶，它在人们的灵巧双手之下融合了广泛的思维而成，它从属于一个整体，但又不失个性的体现。

如今艺术的缺失在于资本主义的商业性已经到达了至高无上的地位，而艺术是微乎其微的。⑥ 资本主义把商业当作一种宗教信仰，用以教化人们的思想，将原本人类生存的理由都一一颠覆。由于艺术的缺失，貌似文明的社会其实并不文明。它已经是一个物欲肆意横流的地方，人们已经失去了由人创造并为人服务的艺术。没有了艺术，随之没有了来自自然的慰藉，没有了表达自身情感和想法的机会。⑦ 表面上看，机器似乎提高了劳动效率，减轻了人们的劳动负荷，节省了劳力，为人们赢得了更多的享受快乐和舒适的时间。但是事实上，它将人们带入了更高强度、更高运作的机械劳动中，彻底侵灭了人们的生活乐趣。这种现状对社会发展是极其

---

① William Morris, *On Art and Socialism*, Essays and Lectures, *The Aims of Art*, London: John Lehmann Ltd, 1947, p. 104.

② William Morris, *On Art and Socialism*, Essays and Lectures, *Art Under Plutocracy*, London: John Lehmann Ltd, 1947, p. 156.

③ William Morris, *On Art and Socialism*, Essays and Lectures, *The Lesser Art*, London: John Lehmann Ltd, 1947, p. 20.

④ William Morris, *On Art and Socialism*, Essays and Lectures, *The Beauty of Life*, London: John Lehmann Ltd, 1947, p. 79.

⑤ William Morris, *On Art and Socialism*, Essays and Lectures, *Art Wealth and Riches*, London: John Lehmann Ltd, 1947, p. 115.

⑥ William Morris, *On Art and Socialism*, Essays and Lectures, *Art and Socialism*, London: John Lehmann Ltd, 1947, p. 275.

⑦ William Morris, *On Art and Socialism*, Essays and Lectures, *Art and Socialism*, London: John Lehmann Ltd, 1947, p. 280.

不利的。① 虽然物质丰裕的资本主义使人们（富人）衣食无虑，但是人们总觉得缺少了些什么，感到痛苦和忧伤。其实这就是满足感的缺失，因为他们没有懂得真正的艺术，艺术已经不可能带给他们原本应该属于艺术的东西——满足感和愉悦感。②

对于富人来说，也许可以可怜地找到一些艺术生存的希望，虽然欣赏艺术美、懂得艺术技艺的富人有充足的时间在艺术中寻找着他们的理想，艺术似乎已经成了富人独享的奢侈品。可惜的是，他们是脱离劳动的，艺术植根于社会的土壤，大众艺术才是真正的艺术，艺术依靠的群体并不是他们。然而，不幸的是，现今的人们正处在饥荒的险境，人们只是一股脑地追逐物质利益，处于社会奴隶般地位的劳动阶级在堕落的悬崖边丧失了对生活美的感动，变成了只会默默忍受饥饿，机械劳作，浑身充满着肮脏、冷漠和残忍的动物。③

对于工人来说，从前工作没有分工，心灵手巧的工匠熟知生产的每道工序，作品从设计到完成都是工匠思维的结晶，充满了很多人性的东西，希望、快乐、恐惧……因而，这样的劳动需要时间和金钱的付出。但是机器时代是截然相反的，社会劳动分工很细，每个人被桎梏在一道工序中，操纵着机器重复着同样的动作。一旦工人学会了这道工序，他就不需要再有变化了，这样的丧失人性的劳动无须也不许可人们思考，因为思考帮不了什么，只要熟练操作就可以。理所当然，人们体会不到劳动的愉悦感和艺术的内涵。④

所以作为真正从事艺术实践的工匠们可悲地生活在这个毫无美感的浮躁环境中，他们已经丧失了发现美的本能，丢失了创造美的潜力，即使有钱人渴望艺术的复兴，不幸的是他无法买到他想要的东西。艺术也许还能在少些人中苟延残喘，但是艺术已经不属于社会了。

---

① William Morris, *On Art and Socialism*, *Essays and Lectures*, *The Beauty of Life*, London: John Lehmann Ltd, 1947, p. 86.
② William Morris, *On Art and Socialism*, *Essays and Lectures*, *The Aims of Art*, London: John Lehmann Ltd, 1947, p. 88.
③ William Morris, *On Art and Socialism*, *Essays and Lectures*, *Art Wealth and Riches*, London: John Lehmann Ltd,1947, p. 79. mann Ltd,1947, p. 122.
④ William Morris, *On Art and Socialism*, *Essays and Lectures*, *Art Wealth and Riches*, London: John Leh mann Ltd, 1947, p. 117.

莫里斯还强调生活中充满着艺术,艺术需要在人们的共同协作和呵护下才能扩大。例如:一个富人,拥有一幢华美的房子,房子里布置优雅、舒适,可是当它走出房子踏上马路的时候,他就不得不忍受周围的丑陋和肮脏。他没有权力阻止他的邻居改陆地为耕田,他是无助的。所以,如果要充分享受艺术的美,是需要全社会来努力的。艺术是协作的成果。正因为如此,今天真正能分享艺术快感的人是少之又少的。

4. 人文主义理想的希望:手工艺的复兴

莫里斯为艺术中的人文主义问题深深地苦恼着,但是在对艺术的反思中,他最终找到了艺术重生的希望,那就是对手工艺的推崇。

莫里斯认为每个历史时代艺术性质的决定因素是作为该时代基础的劳动性质。劳动是直接同艺术相联系的。艺术是人在劳动过程中产生的快感的表现。而手工劳动则是任何艺术劳动的萌芽,因此返回到家庭作坊式的手工劳动中去,充分发挥人在艺术中的主体作用是解决艺术和技术之间矛盾的唯一方法。

莫里斯指出手工艺术是美的表达者,[1]手工作品或多或少是美的。[2] 因为手工艺者可以在他的作品中有意识地体现自然美,杯子、小刀、纺织品等手工艺品在他们那双巧手下都能凝聚绿地,河岸,山川所具有的秀美、质朴和天然。这种无限接近自然的感觉是人们只有在手工艺术中才能真切体会的。对所有人而言,最优秀的艺术家是一个工匠,最笨拙的工匠也是一个艺术家,而且这是被历史已经证明了的。

莫里斯重新评价了装饰实用艺术和手工艺在整个艺术体系中的地位,[3]他把手工艺确定为艺术的基础。莫里斯充分吸收了中世纪的精神和精髓,但是他又不拘泥于形式,简洁质朴的构图结构和造型在莫里斯的大力推动下得到了复兴。[4]质朴,一个几乎已经为标榜华丽的建筑修辞、充满贵族之气的设计师所遗忘,被宫

---

[1] William Morris, *On Art and Socialism*, *Essays and Lectures*, *The Lesser Art*, London: John Lehmann Ltd, 1947, p. 21.
[2] William Morris, *On Art and Socialism*, *Essays and Lectures*, *Art Wealth and Riches*, London: John Lehmann Ltd, 1947, p. 115.
[3] William Morris, *On Art and Socialism*, *Essays and Lectures*, *Art Under Plutocracy*, London: John Lehmann Ltd, 1947, p. 218.
[4] 河西编著:《艺术的故事:莫里斯和他的顶尖设计》,华东师范大学出版社,2004年,第33页。

廷的建筑师所摒弃的词,经过莫里斯的慧眼识才,变成了他们制胜的法宝。莫里斯把实用艺术提高到与"高尚艺术"或"纯艺术"同等的地位。莫里斯认为艺术的范围并不局限于绘画与雕刻,它的主要部分应该是实用艺术。① 有实用价值的东西才会给人们带来审美的愉悦和劳作的快感。创作有实用价值的艺术能给人们增加在劳动中的愉悦感和成就感。人们每天接触它,并用来美化人们的日常生活。这种艺术来自人类本能对美的追求。它既可以满足人类的创造性天赋,同时又能丰富社会生活。如果没有实用艺术,人类将是空虚的,毫无乐趣的。人们最终将在枯燥无用的劳作中精疲力竭,徒劳无为。莫里斯认为实用艺术必须达到"实用"与"美"的完美结合,他提出了装饰艺术的"黄金律":屋子里的每一样东西都是应该有实用价值和审美价值的,要不然就不要放置任何东西。艺术不是抽象的,是有存在意义。同时他指出:"你必须使你的产品既美观又实用,否则你一定会失去市场。"②"实用"是实用艺术的最基本原则,莫里斯认为"不实用的东西不能算是艺术品,这是指那些不能对思维支配下的躯体给予帮助,或者那些不能给人以愉快、安慰的东西"。其实这种对实用与顺应自然的要求表述了一种科学的造物观念:产品是人化的自然,是人与自然协调的中介。这个观念在物质意义上来说便是"实用",在精神意义上来说便是"美"。莫里斯遵循的现代设计理念是,让工艺成为工艺的本身,不再身陷于繁复装饰的泥潭。事实证明,这种以退为进的方法确实能够化腐朽为神奇,一扫当时食古不化的陈腐之风。

与此同时,19世纪上半叶,整个欧洲大陆正在盛行折中主义的设计风尚,希腊,罗马,拜占庭;中世纪、文艺复兴和东方情调逐一登场,艺术家以古代经典模式为蓝本,仅仅是在作品中重现出历史岁月的风尘,他们越来越远离日常生活,创造为艺术的艺术,使艺术成了少数人的娱乐消遣。文艺复兴以来形成的"高尚艺术"(或称"重要艺术""纯艺术")与"实用艺术"(亦称"装饰艺术""次要艺术"或"小艺术")之间的差别已经发展到相互对立的地步。③ 莫里斯认为,艺术与历史是不可

---

① William Morris, *On Art and Socialism*, Essays and Lectures, The Lesser Art, London: John Lehmann Ltd, 1947, p. 19.
② Edited by Gillian Naylor, *Willian Morris by Himself*, Macdonald & Co. Ltd. London & Sydney, 1988. pp. 205 – 215.
③ William Morris, *On Art and Socialism*, Essays and Lectures, The Lesser Art, London: John Lehmann Ltd, 1947, p. 21.

分割的,艺术是历史的表达方式,艺术可以形象具体地阐述历史,同时也只有深刻了解历史的人才能懂得艺术。① 莫里斯怀念中世纪的艺术,因为在那个时代,手工艺者是自由的,他可以在自己的想象空间里让创作思维任意驰骋,可以将自己的喜怒哀乐融进自己的作品,也许他的作品得不到社会的认可,但是艺术的人性化在当时每个人的心里是最有意义的。

人们必须去追寻古老艺术的足迹,因为它们不仅指出了我们今天的错误,还对我们提出了质疑:为什么从前的手工劳动是如此的精妙和美好,但是在今天,随着社会的发展人们的劳动却质变成奴隶般的劳动。② 但是,古典时代的大师们只是激发灵感的源泉,折中主义的设计风尚已经不能适应时代的发展了,③艺术不能脱离生活,艺术不能脱离社会,艺术需要更多人性的参与,④手工艺术应该得到复兴,因为手工艺品对人们是有用的、精致的、优美的。它是人们愉悦劳动,聪明才智的结晶,营造了平等、和谐的氛围,让工匠了解大众,大众懂得艺术。只有冲破一切藩篱,让艺术体现人的信仰,人的道德,人的生活……开辟出一片人的天地,艺术才能发展。莫里斯的这种体现人性的审美设计思想对现代艺术的发展产生了巨大的影响。

5. 从文学中追寻失落的人性

莫里斯第一流的艺术设计掩盖了他诸多的亮点,他确立了自己在 19 世纪最受欢迎的设计师和制造商的地位,却让人们忘却了他还是一个富有激情的人文主义诗人和作家。他关注人的生存状态、人的信仰、人的道德、人的价值、人的情感……他一生创作了许多具有灵魂的作品。

莫里斯在无忧无虑的环境中度过了童年,并没有与真正艰难困苦的生活搏斗过,他怀着一份渴望和憧憬,他是一个梦想家。但是现实是残酷的,梦想和现实是不断冲突,莫里斯感到惶惑和疲惫,于是威廉·莫里斯就在其文学作品中尽情抒发

---

① William Morris, *On Art and Socialism*, *Essays and Lectures*, *The Aims of Art*, London: John Lehmann Ltd,1947, p. 91.

② William Morris, *On Art and Socialism*, *Essays and Lectures*, *Art Wealth and Riches*, London: John Lehmann Ltd,1947, p. 120.

③ William Morris, *On Art and Socialism*, *Essays and Lectures*, *The Lesser Arts*, London: John Lehmann Ltd,1947, p. 17.

④ William Morris, *On Art and Socialism*, *Essays and Lectures*, *Art Wealth and Riches*, London: John Lehmann Ltd,1947, p. 118.

着他的激情、他的困惑、他的愤懑……

孩提时的莫里斯就喜欢学习,尤其对历史和名著十分感兴趣,在进牛津大学之前,他就已经读过很多书了。诸如约翰·罗斯金,浪漫主义诗人拜伦、雪莱等作家的作品。到了牛津大学之后,他经常大声朗诵诗歌给他的挚友伯恩·琼斯听,他们还参加了一个诗人团体,钟情于冒险故事和富有自我牺牲精神和道德责任感的骑士小说。他们研究莎士比亚、米尔顿、丁尼生还有具有革新意识的作家查尔斯·金斯利和托马斯·卡莱尔等诗人的作品,深受人文主义精神的影响。尤其是罗斯金的《威尼斯之石》对莫里斯产生了巨大的影响。1856 年,莫里斯创办了《牛津和剑桥杂志》,他最初的文学作品都发表在这本杂志上,包括八篇散文体传奇,五首诗和两篇论文。但是此时的作品并没有得到人们的关注。

随着莫里斯对社会的进一步了解,思想的日益成熟,以及当时著名的批判家罗斯金的影响下,莫里斯的作品开始植根于社会,注重对人性的体现。1867 年,他出版了《詹森的生与死》,获得了批评界的一致好评,1868—1870 年间,写成了组诗《大地上乐园》。他选取了冰岛的传说,在他看来当地淳朴的民风和英国礼仪的繁复——即所谓的都市文明——之间的强烈反差在他心中第一次唤起了政治上的诉求:"与阶级的不平等相比,最难熬的贫穷是微不足道的不幸。"[①] 他以古代希腊罗马的神话传说和斯堪的纳维亚的神话为题材,表现了他对当时英国资本主义制度不合理现象和资本主义文化的憎恶,以及他追求人类美好幸福社会的理想。《大地上乐园》不仅文学形象很吸引人,还被四处传诵,使他在英国诗坛享有很高的声誉。1876 年,出版了他著名的四卷本的诗集《西格德和沃森》,乔治·萧伯纳称赞《西格德和沃森》为"自荷马以来最伟大的诗史"。

此时的莫里斯在文坛上已经享有很高的声誉了。牛津大学曾经聘请他为诗歌教授,但是生性倔强、喜好自由的莫里斯认为自己不适合这份工作,断然予以拒绝。

莫里斯晚年还创作了许多散文体的叙事作品,其中《梦见约翰·鲍尔》和《乌有乡消息》最为著名,可以集中反映莫里斯晚年的思想和政治诉求。《梦见约翰·鲍尔》是一部以英国历史上著名的 1381 年农民起义为背景的中篇幻想小说。莫里斯在书中描写英国一个社会主义者做了一场梦,梦见自己生活在 14 世纪的英国,参

---

① 河西编著:《艺术的故事:莫里斯和他的顶尖设计》,华东师范大学出版社,2004 年,第 18 页。

加农民起义的部队,对贵族进行战争。他和一个以牧师为职业的农民领袖约翰·鲍尔谈话。在这次长谈中,他把人类社会未来发展的情况告诉鲍尔,着重指出人民会不断地反抗压迫者。莫里斯通过叙述者之口,无情地揭露贵族和富豪的凶狠残酷,并以深切的同情描绘人民群众所遭受的苦难。他把乌托邦的理想和未来的共产主义社会的具体目标结合了起来,他不仅描写未来共产主义社会的幸福生活,而且揭露和抨击19世纪末资本主义社会的罪恶。《乌有乡消息》描述了伦敦一个社会主义者在参加一次关于社会主义问题的辩论之后,回家做了一场梦,在梦中发现自己生活在共产主义制度下的英国,社会发生了翻天覆地的变化。莫里斯一直以来所向往的人们的精神状况和生存环境在书中都一一变成了现实。在《乌有乡消息》中,作者极力地推崇共产主义的社会,对19世纪资本主义的经济制度提出了尖锐的批判,热情地歌颂劳动的伟大,认为世界中必须有艺术和"快乐劳动"。

莫里斯是一个浪漫主义的诗人和作家。他不断地在寻找着过去崇尚人性的生活,他鄙视资本主义制度下丧失了人的基本道德、人最美的本性、人在劳动创造中的快感……他推崇人文精神,强调人的尊严,注重人的感性生活追求以及自由运用其理性的权利。他的每部作品都是他灵魂的体现,是他追寻失落人性的见证。在他逝世后,他的女儿,梅·莫里斯,把他一生的作品,包括诗歌、小说、戏剧、散文、浪漫故事、政论、杂文、演讲词、书信等等,编成二十四卷的全集出版,给人类留下了一笔宝贵的精神财富。

6. 人应该如何生活:莫里斯政治理想的社会诉求

"我认为文明意味着达到和平秩序和自由,人与人之间的友好,热爱真理、憎恶不公正……不仅仅是充溢着更多的椅子,更多的垫子,更多的地毯和废话,更多的可口的食物和饮料——以及因此产生的更为突出的阶级间的差别。"①

莫里斯从1877年就开始积极参加政治活动。他开始更为深入地关注人的情感,生存和命运。莫里斯认为以文学艺术为武器对抗不合理的社会制度,还不能真正触动社会的本质。只有提出有效的政治主张,并诉诸实践,才可能会产生效果。此时的莫里斯已经不再是一个纯粹的艺术家了,他肩负着更多的政治使命。经过

---

① William Morris, *On Art and Socialism*, *Essays and Lectures*, *How I Become A Socialist*, London: John Lehmann Ltd, 1947, p. 275.

他不懈努力和执着追求,最终成为英国社会主义运动的先驱者之一。

莫里斯生活的维多利亚时代,英国达到了强盛的顶峰。① 工业生产能力比全世界的总和还要大,对外贸易额超过世界上任何一个国家。英国的富庶已经使世界为之震撼。但是社会财富分配不均,贫富差距十分明显。工厂主有舒适的生活,工人却在高强度的劳作中艰难生存。到 19 世纪 80 年代,英国发生了严重的经济危机,劳动人民的生活更加贫困,阶级矛盾趋于激化。

莫里斯憎恨这个庸常、不公正的现代社会。在这个骚乱的社会中,强烈的社会责任感促使莫里斯不断地寻求着自己的政治抱负,于是 1876 年莫里斯加入了自由党的左派。他针对保守党政府和土耳其联盟对俄国进行侵略战争,撰写了一篇标志着他的创作生涯和社会活动正在进入一个新时期的重要政论——《不正义的战争》,彻底地揭露政府的侵略政策的反动性,指出了这场冒险对英国劳动人民利益的危害,呼吁英国工人起来争取和平。标志着莫里斯在政治思想上已经成熟了。

莫里斯还参与组织了古代建筑物保护协会,其目的是保护一些具有民族风格、历史意义和艺术价值的建筑物,莫里斯在演讲中多次指出,古建筑是历史的表达者,人类可以在它们中追回人类精神的结晶和智慧。② 古建筑是宝贵的,因此社会的责任在于保护好对有价值的人类历史和艺术,使其免遭无意的破坏,古建筑不是仅仅属于当代人,它们也是祖先的,同样也是子孙的宝贵财产。当代人没有任何理由可以破坏他们。他还建设性地提出了保护古建筑的措施以及重申了保护古建筑的重要性。

他还开始关注人的生存环境和工作状态。他指出人居环境的灵魂在于它能够调动人们的心灵,在客观的物质的世界里创造更加深邃的精神世界。无论是在设计上,还是在建造上,自始至终要与周围环境相协调和融合,莫里斯从关怀人、尊重人的角度出发,强调人在建筑空间、文化空间、生活品位等层面的全新体验。然而莫里斯不得不面对的事实是,资本主义社会已经被拜金主义压得喘不过气,在物欲的驱使下,人们残忍地将可爱的树木砍倒,将体现着人类文明的古老建筑铲平,留下的是伦敦的满目肮脏,污水肆意地流淌,工业烟雾无情地遮住了充满温暖的阳

---

① 钱乘旦、许洁明:《英国通史》,上海社会科学院出版社,2002 年,第 269 页。
② In *SPAB Report*, London, 1889, pp. 62-76.

光,有毒气体充溢着人们赖以生存的空气……①

莫里斯全面阐释了快乐劳动的理念。他认为,第一,每个人所从事的工作都是有价值的。因为超负荷量的无用工作,夺去了劳动者的灵魂,耗费了他们的生命。人只有去做值得做的事,才会获得生命的意义。第二,每个人应该从事自己喜欢的工作。第三,人们在闲适的环境中从事劳动。这里有三个条件:

一是从事的工作必须使劳动者获得荣誉感。劳动者可以得到合理的教育,提高工作能力,而且这份劳动是值得去做的,它可以带给劳动者愉悦和轻松。

二是从事的工作必须具有适当的环境。诸如较好的场地,宽敞的空间,合理的屋内装饰,干净、整洁、优雅,充满自然的气息。

三是从事的工作必须有闲时。在工作的同时,人们可以得到足够的身心休息,个人有自己的自由支配的时间用以思考、想象和梦想。

然而他不得不面对的事实是,所谓的文明社会充满了肮脏、冷漠和残忍,广大的劳动人民从事的是奴隶性的劳作,人们总是利欲熏心,人们更青睐成为资本家,而不是创造美的艺术工匠。因为在资本主义社会,劳动工匠已经丧失了从前他们引以为豪的才智。金钱才是评价人的唯一标准。残酷的社会现实不禁让莫里斯发出这样的感慨:现在的社会是贫穷的,最终留下的只是后人对今天的鄙视。② 但是对社会的强烈责任感丝毫没有减弱莫里斯的革命性。

7. 莫里斯的情感社会主义

罗斯金认为:"在理论上,经济学家做了一个根本的假设,即人是被一己私利驱动的;然而在实践中,他们却不考虑人类常常是被情感驱动的。"③这一观念,几乎渗透在莫里斯等人的全部的社会实践之中。

1879 年,莫里斯参加了东方问题研究会,并管理全国自由者同盟的财务。通过参与这些活动,莫里斯看到了英国的殖民战争掠夺的暴力本性,他极力地反对英

---

① William Morris, *On Art and Socialism*, *Essays and Lectures*, *Art and Socialism*, London: John Lehmann Ltd, 1947, p. 96.
② William Morris, *On Art and Socialism*, *Essays and Lectures*, *Art and Socialism*, London: John Lehmann Ltd, 1947, p. 112.
③ J. Ruskin, *The Complete Works*, Vol. 6; *Unto This Last*, New York: John W. Lovell, 1894, pp. 25 - 28.

帝国主义在爱尔兰、埃及、印度、缅甸和南非的扩张和掠夺行为。莫里斯开始投向有工会组织的政治活动。莫里斯终于在1883年加入了当时唯一的激进主义政党——民主联盟,成为一个真正的社会主义者。

他开始对马克思的《资本论》以及英国经济学家亚当·斯密(Adam Smith,1723—1790)和李嘉图(David Ricardo,1772—1823)等的著作进行系统的研究。马克思的《资本论》使他认识到阶级斗争的意义。在他最早的一篇题为《商业战争》的关于社会主义问题的演讲里,莫里斯指出阶级社会里存在着阶级斗争:"这里有两个互相对立的阶级……在社会里,保持中立是不可能的,袖手旁观是不可能的;你必须参加这个阵营或那个阵营;你要么就做反动派被民族前进的车轮辗得粉碎,这样来发挥作用;要么就加入进步的队伍,毁一切的敌对力量,这样来发挥作用。"

不久,民主联盟发生了内部分裂,倔强的莫里斯和马克思的女儿爱琳娜·马克思·艾威林及其丈夫爱德华·艾威林等退出联盟,在恩格斯的支持下,组织了一个新的社会主义团体——社会主义者同盟。莫里斯担任该同盟的机关报《公共福利》周刊的主编。莫里斯在《公共福利》中全面介绍了马克思对科学社会主义理论以及对资本主义商品经济的阐释,大力宣传了社会主义理论和思想。在这个平台上,莫里斯淋漓尽致地抒发了自己的政治诉求和社会主义理想。他的社会主义理想小说《梦见约翰·鲍尔》和《乌有乡消息》都是先后在《公共福利》周刊上发表的。

莫里斯极力地批判邪恶的资本主义社会,推崇共产主义社会,莫里斯认为社会主义社会可以给人们重生的希望,让协作取代竞争,秩序取代放任。每个人都能得到良好的教育,塑造人的美德和素养。每个人都能从事有意义、有价值的工作。不满、纠纷、和谎言将消失。取而代之的劳动愉悦感将回到人们的生活中。社会将发生翻天覆地的变革。①

在与马克思等著名的社会主义者的交流和受到的影响下,莫里斯的社会主义思想日趋成熟,他认为:"现代文明社会里存在着两个阶级——一个阶级占有财富和生产资料,另一个阶级为那占有财富的阶级创造财富。那就是无产阶级和资产阶级。这两个敌对阶级以不同的方式发生无休止的斗争。资产阶级通过资本的占

---

① William Morris, *On Art and Socialism*, *Essays and Lectures*, *The Social Ideal*, London: John Lehmann Ltd, 1947, p. 317.

有无耻地、残忍地压迫着无产阶级,侵犯了他们的权力,剥夺了他们的快乐。所以为了消灭剥削,使广大人民能够按劳分配,过着幸福的生活,一切生产资料必须公有化。而这不能通过'国家社会主义'的改良主义方法去实现,只能通过革命的国际社会主义去实现。"莫里斯根据马克思的无产阶级革命理论和自己在社会主义运动中的实际经验指出,工人运动的兴起和发展是阶级斗争的必然结果,同时断定由资本主义到社会主义和共产主义的变革只有通过武装革命才有实现的可能。

在他的心中,社会主义和共产主义没有本质的区别,共产主义只是社会主义的高级阶段。社会主义和共产主义社会是人们应该追求的最理想、最美好的社会,因为在共产主义社会中人压迫人的现象已经消灭,人们获得了完全的自由。① 保护富人反对穷人的专制政治的政治机器已经没有了。商品是完全根据实际的需要而制造的。人们有充分的时间和精力去考虑他们制造商品的乐趣。劳动已经成为一种愉快的习惯了。人人都可以找到适合自己特殊才能的工作,人们的道德品质大大提高,人与人之间开始建立了新的关系。人人都有工作,可以各尽所能,充分体验劳动的乐趣。不再互相斗争、互相掠夺了;人与人公平相待、和睦友爱。新社会的家庭已经不是由法律的或者社会的强制性来维系的,而是由相互的喜悦和爱情来维系的。

莫里斯不但从事理论研究和宣传工作,而且积极参加实际斗争。1887年11月莫里斯和英国伟大戏剧家萧伯纳参加了在特拉法尔加广场举行的一次保障言论自由权利的群众大会,结果遭到警察的血腥镇压,为此极为愤懑的莫里斯还专门写下了《死亡之歌》来悼念死难者。也因为"血腥星期日"事件导致了社会主义同盟政治理性的破灭,莫里斯于1890年重新组织了汉默史密斯区社会主义者协会,继续活动。在19世纪80至90年代期间,莫里斯时常通过演讲,在工人和知识分子当中宣传社会主义理论。他还为1892年独立劳动党的建立做出了重大的贡献。由于他激进的言论甚至被警察局逮捕,但是这些丝毫没有动摇莫里斯作为一个社会主义者的信仰。

莫里斯是一个卓越的社会主义思想家,他关注人和文化的协调发展,强调从人

---

① William Morris, *On Art and Socialism*, *Essays and Lectures*, *Communism*, London: John Lehmann Ltd, 1947 p. 325.

的生存、发展、自由和解放的高度来理解和把握"人"。可见他的人文主义进步性远远超过了与他同时代的资产阶级作家。

纵观莫里斯的艺术设计、文学追求和政治理想,人文主义始终都是贯穿其中的。但是仔细想来,莫里斯所倡导和坚守的人文精神与文艺复兴和近代的人文精神是有所不同的。他的人文主义思想接近于"新人文主义",即马克思所提倡的社会主义现代人文主义。所以更深刻,更激进,更具有战斗力。

8. 莫里斯人文主义思想的价值取向与基本特征

人文精神是对人性、人的主体地位和价值尊严的关注和高扬的精神,是关于人生的一种终极关怀和价值取向。文艺复兴反对的是宗教蒙昧主义,反对中世纪的禁欲主义,尊重人的感性生活,要求把人从神的奴役中解放出来;近代人文主义主要反对的是封建专制和宗教对人性的压抑,注重个体及其独特的价值,强调个体价值选择和自由发展。但是近代人文思想家宣扬的是资产阶级的人文王国,人民的公正是在资产阶级的司法中实现的,人民的平等是法律面前的资产阶级平等,资产阶级的所有权是人民的主要主权之一,等等。

但是莫里斯的视野更为广阔,莫里斯清楚地看到资本主义正在编织一个美妙的神话,它让人们天真地认为,人类社会是一部可以控制的机器,一切的社会问题、政治问题、文化问题都可以经过技术化处理,经过技术的作用得到调整和解决,甚至认为人类社会的进步是不断地增加物质财富,只要技术进步了,生产发展了,财富增加了,一切的社会、文化、政治环境都会完美无缺。于是在商品经济下,人的人生观念、价值观念发生了变化,诸如竞争意识的加强,讲究功利、注重实际等等。人们听任灵魂沦丧,淹没在财富和金钱中不能自拔。物质与精神、肉体和灵魂、科技文化和人文文化的矛盾日渐突出。

莫里斯的人文理想非常深刻,他呼唤的是理性的人的自然本能的勃发,希望借此来建立被现代工业文明中之理性机器所扼杀了的生命的价值与意义。他清晰地看到了人文主义萎缩的真正原因,那就是人的物化,以及技术社会中失去了价值引导的"工具理性"的过度膨胀,或者说是在于"理性的暴虐"对人的奴役。现代历史过程中价值关怀已经消退,丧失和耗尽,人们在与物的关系中,在生产物质财富的活动中已经丧失了主体性。手段变为了目的,而作为目的的人反而受制于手段。现代人"奴隶般地工作,不停地奋斗,但他所做的一切全是无用的。人创造了征服

自然的方法，但失去了赋予这些方法以意义的人本身。人征服了自然，却成了机器的奴隶"。人类文化都给按钮的机器彻底压死了。总结起来，莫里斯的人文精神具有以下几个特征：

第一，莫里斯不但反对封建专制，反对宗教蒙昧主义，而且反对资本主义制度及其所造成的人性的物化和异化。关注一切人生意义的关怀，推崇一切高尚的追求。人们所干的每一件事情都像从事艺术创作一样是有意义的，有价值的。他高扬人的价值尊严，争取人的个性解放和意志自由，倡导人的生活的世俗化，肯定人的理性和人在自然界的主人地位。

第二，莫里斯呼唤的人文精神的对象广泛，包括资产阶级，也包括无产阶级。他试图努力地去转变已经扭曲的资本主义人性。让生活属于人民大众，要让全人类懂得生活的真谛。让全社会的人们联合起来，自由发展，平等地分享愉悦，过一种真正的人的生活。确立人对物，进而是人对人，对己的主体性，建立一种能够引导人类协调处理人与其他种种对象的关系进而赋予人生意义和价值的人文精髓。

第三，莫里斯强调的是集体协作，不是个人主义。因为人不是以个体存在的，人具有社会性，人的意义和价值也只有在社会中才能实现，只有全体人民的共同努力，才能赢得幸福和自由。

第四，莫里斯关注人的全面发展，认为人的本质是社会性的精神需要，是全面发展的需要，包括全面发展自己的创造才能，欣赏才能和崇高的道德修养。他强调教育对人的重要性。认为社会中的每个人都有权力接受教育，接受教育的程度不是依据财产的多少，而是智慧、思维和智力的能力。

第五，莫里斯深刻分析了劳动的内涵。"艺术是人在劳动过程中产生的愉快的表现。"就可以概括出莫里斯对劳动的认识，那就是劳动具有创造性、自由性、愉悦性和人民性。

可惜的是，莫里斯的人文精神只是一种空想，他没有对自己的理论进行深入的实证研究，提出切实可行的实现方式。但是他以人的现实活动为起点，坚守着人文精神的阵地，矢志不渝地疾呼着对人的本性和价值理性的终极关怀，是历史永远都不会忘却的。

9. 莫里斯人文主义理想的内在矛盾

某种意义上莫里斯是一个现实主义者，但是他又是一个伟大的梦想家，他喜欢幻想，他喜欢做梦，他喜欢憧憬……他的一生总是处在矛盾之中。与他的巨大成功相伴随的矛盾成了研究威廉·莫里斯的一个吸引人的主题。

首先，莫里斯努力用艺术的方式设计世界。

威廉·莫里斯关注人的艺术，他兴办工厂的目的是为了发展大众的艺术趣味和改善他们的日常生活状况。① 他认为真正的艺术就是人在劳动中的愉快的表现。为人民所创造，又为人民服务的，对于创造者和使用者来说都是一种乐趣。他指出：艺术和社会生活的密切关系，并且强调艺术和自由一样，不是少数人的私有物，而是属于人民大众的。② 但是，莫里斯试图恢复中世纪手工艺术来对抗机械化大生产，他的手工艺品体现的是高质量，优雅简洁，极好的材料感，美和效用的结合设计理念，致使他的产品价格非常昂贵，虽然销路很好，但是买主都是社会的富裕阶层。一般的平民是不敢问津的。这违背了威廉·莫里斯的初衷。对机器生产的排斥和他那种民主化的艺术理想之间的矛盾，在他的创作实践中尖锐地暴露出来了。美与实用的同时忽视了经济原则，威廉·莫里斯自己也承认他实际上是在为富人们工作。这与莫里斯当初的誓言——"我不愿意艺术只为少数人效劳，仅仅为了少数人的教育和自由"，"要不是人人都能享受艺术，那艺术跟我们有什么关系呢"是自相矛盾的。可惜的是，莫里斯看到这种结局，最终也离开了自己的工场。

其次，莫里斯的社会主义理想。

莫里斯自称是一个真正的社会主义者，他认为资本主义商品社会破坏了人类的"富有"，不合理的财富分配，无节制的人口增长，贪欲、野心的疯狂膨胀破坏了物质上的富有；对自然的糟蹋，将人们所厌恶的肮脏和丑陋带进了生活，又把所有的手工匠都折磨成了服务机器的工人，强迫他们从事毫无人性的工作，剥夺了他们享受快乐和收获的权力。彻底破坏了人们的精神生活。艺术是无助的，它已经遭受了人们无情的打击，它抛弃了过去的精髓，又远离了现实。人们太贫穷了，无法拥有它。但是社会主义可以挽救艺术，改变一切。因为社会主义者同广泛的劳动人民生活在一起。他们对艺术的想法是最能代表人民的。社会主义者认为艺术不是

---

① Peter Stansky, *Redesigning the World*: *William Morris*, *The 1880s*, *And the Arts and Crafts*, The USA: Princeton Press, 1985, p. 64.
② William Morris, *On Art and Socialism*, *Essays and Lectures*, *Art*, *Wealth and Riches*, London: John Lehmann Ltd, 1947, p. 115.

具有某种高尚地位的奢侈品,它属于生活在这个社会中的每一个人,没有人有权剥夺它。每个人都可以自由选择自己喜欢的工作,在劳动中享受愉悦。社会主义者关注社会的弊端,关注穷人的苦难和劳动阶级的压迫,社会主义的目标是实现整个社会的和平、快乐和平等。所以人们只有依靠社会主义去重建和谐社会。但是对于如何来完成这一伟大事业,他却并不知晓。他所谓的对美的渴望,对历史的眷恋以及个人的聪明才智就可以阻止当今统治者的残暴统治是理想化的,是不现实的。

他始终是处于"乌托邦"的理想状态。他对社会主义和共产主义的理解大都是通过他的社会主义空想小说表达的。在其著名的具有社会主义空想色彩的著作《乌有乡消息》中,作者想要表达他一心向往社会主义的幸福生活:既没有富人,也没有穷人;没有统治者,也没有被统治者;没有无所事事的人,也没有拼命奔波的人。人人平等,各有分工,各司其职。但是书中处处体现的是中世纪社会生活的面貌,没有机器的轰轰声,人们按照自己的兴趣用双手创造着美好的生活。人们几乎并不是生活在未来的社会主义社会里,而是生活在过去的中世纪里。莫里斯没有完全认清社会主义的本质,①他的梦想根植于他对中世纪的美好回忆中,他把未来和过去混淆了起来。实际上莫里斯并没有真正掌握无产阶级革命和无产阶级专政的革命理论,没有完全接受马克思主义的革命道路,他只是凭借着许多美好的预见和热情的愿望,写出这么一部属于空想社会主义的小说。可悲的是,他的预见和愿望中还充斥着许多的矛盾。

再次,莫里斯对于科技文明的忧思。

莫里斯从始至终都是非常排斥机器的,②从艺术方面看,他认为机器剥夺了人劳动的必要性,工人在机械化生产过程中丧失了工匠的乐趣,丧失了在制造产品中运用自己的技艺时所感到的快慰。莫里斯认为艺术是人在劳动中的愉快的表现,因此机器是不能产生艺术品的。③ 从社会角度看,资本主义经济制度的发展导致社会贫富悬殊,只有富人才能享受艺术,可惜的是资本主义富人只是少数,大多数

---

① William Morris, *On Art and Socialism*, *Essays and Lectures*, *The Hopes of Civilization*, London:John Lehmann Ltd, 1947, p. 281.
② William Morris, *On Art and Socialism*, *Essays and Lectures*, *The Arts and Crafts of Today*, London:John Lehmann Ltd,1947, p. 281.
③ 张敢:《威廉·莫里斯及其美学思想初探(下)》,《世界美术》1995 年第 2 期。

的人只能在机器下像奴隶般地劳作,艺术对于他们来讲只是奢侈品。资本家为了达到廉价生产的目的,残酷地剥削工人,使工人无法享受到最起码的生活条件,同时失掉了劳动的乐趣,而受资本主义控制的机器,不但不能减轻工人的劳动强度,反而加重了工人的负担,并成为资产阶级牟取暴利的工具。因此,如果这种制度继续存在下去,它就会从文明中死亡。这件事实就成为我们谴责整个社会制度的理由。

然而,莫里斯所崇尚的社会主义社会实际上并不是一个男耕女织、小国寡民的世外桃源,而是一个经济高度发达、社会物质文明和精神文明都发展到了很高水平的社会。当然手工业并不是社会的主要劳动方式。机器必定会代替人们从事更多的劳作。在新的社会,人们一定会以机器不能产生艺术品为理由、以艺术品的需要越来越大为理由,悄悄地把机器一架又一架地搁置起来。从这点来说,莫里斯似乎犯了狭隘人文主义错误,他极端地把科学及其价值归结为"实证主义"或"功利主义",因此将其置于人文主义的对立面予以批判,于是进一步加剧了科学世界与人文世界、科学精神与人文精神的分离和对立。

至少从当今的世界来看是幼稚可笑的。实际上,机器和资本主义制度下的粗制滥造是不能画等号的,从今天来看,机器也可以生产精美的艺术品。艺术设计已经和工业制造有机地结合起来了。于是批判莫里斯的焦点也大都集中在他对机器文明态度上。但是,21世纪的人们不能苛求200年前的人,莫里斯倡导的"艺术与手工艺运动"对欧洲大陆各国也产生了深远的影响,如21世纪初的德国工业界在振兴经济的过程中就注意吸收英国的经验教训,将工业化产品的质量问题与经济的发展作为一个整体来认识,从而将现代工业的产品生产理想、也是现代设计的理想,推向了第二个阶段——"理性产品"的发展台阶。

从某种程度上说,莫里斯还是一个伟大的预言家。虽然他对机器文明抱有太大的偏见,但是他对人文精神的坚守至今意义深刻。一百多年来的现代设计发展,就阐释着艺术在适应、吸收、改变、摈弃中,最终与大机器生产方式为代表的工业社会文化由对峙到适应、由同流而重新确立自我并力图在一个更长的未来时段中重新趋向独立的复杂过程。而且,我们可以看到在工业高速发展的今天,对于整个人类而言,科学的物化形式(技术)在提供人类改造自然能力的同时,也为人类提供了压迫自然的现成的工具和手段,正如19世纪的莫里斯已经预料到的那样,人类非

理性的妄自尊大和贪婪的任性索取,不仅造成了地球上许多物种的灭绝,打破了人与各物种之间的平衡,也直接导致人类自身生存环境的严重破坏,人类赖以生存的物质环境更加恶化,精神传统的萎缩和工具理性逐渐远离人文关怀的终极目标。

20世纪上半叶,西方世界的有识之士就不断发出呼吁。伟大的科学家爱因斯坦在不同场合多次忧心忡忡地告诫人们,只懂得应用科学本身是不够的,关心人本身,应当始终成为一切技术上奋斗的主要目标。

莫里斯作为一个伟大的人文主义者对人类前途的深切关注和高度责任感让历史记住:仅凭知识和技术并不能给人类的生活带来幸福和尊严。人类完全有理由把高尚的道德标准和价值观的宣道士置于客观真理的发现者之上。追求真善美是人类社会的永恒主题。

四、查尔斯·阿什比:一位人文主义信仰的思想家

查尔斯·罗伯特·阿什比是英国19、20世纪之交著名的建筑师、设计师、艺术理论家及社会主义思想家,同时,他也是一名忠实的理想主义的实践者。研究阿什比,对于认识英国社会具有重要意义,对于我们如今建设可持续发展的社会主义和谐社会,也具有重要的参考价值。

19世纪下半叶,在机械化大生产的号角下,英国的工业革命已趋向成熟,工业文明以迅雷不及掩耳之势席卷了欧洲乃至世界的每一个角落:人们愈发沉醉于机器生产带来的高效率和高利润,陶醉于技术进步带来的每一项成果;科学功利主义继续膨胀,人文精神传统却日渐萎缩……机器对手工劳动的无情替代,使得与人文品质密切相连的传统手工艺也受到了机器生产的重创,艺术与手工艺运动应运而生。

诞生于19世纪中叶的艺术与手工艺运动,是手工艺由传统向现代转型的开端,英国是这场运动的故乡。英国手工艺运动的顽强生命力,就在于它对社会现实问题的关注及对人文理想的执着。对于英国的工艺家、工艺理论家而言,手工艺从来就不仅仅是一种生产形态或者艺术形式,而是一种生活方式与文化载体,是一种人的本质创造力的体现。因此,英国手工艺运动也就不仅仅局限于艺术实践的狭小范畴,而是深入社会改革、文化教育等较为宏大的领域,使人们在享受工业文明带来的成果同时,不得不深思其中所包含的成本和代价。罗斯金、莫里斯等手

工艺运动的先驱为英国其他手工艺人奠定了理论基础,莫里斯公司虽然在实践上获得了很大的成功,但是艺术与手工艺运动没有真正形成一种推动力。

作为第二次浪潮的推动者,阿什比已不仅仅将精力局限在手工艺品或是房屋建筑的设计上,还以他特有的激情和胆识坚决地投入理论实践中。他甚至偕同家眷,将自己颇有起色的手工艺协会义无反顾地迁到了乡村,试图在工业城市之外,建立起以乡村为庇护的新型、健康的手工艺社团,重整回归自然、回归传统、追求俭朴生活的理想社会主义价值观。与莫里斯、厄内斯特·吉姆森以及厄内斯特·班斯利、西德尼·班斯利兄弟迁往乡村的归隐山林的淡泊心态不同,阿什比是带着将手工艺的理想由艺术实践领域推进到社会改良层面的浪漫理想与宏大抱负,踏上了由城市到乡村的征途。

阿什比在实践的过程中继承和发展了罗斯金、莫里斯等人的社会主义思想,并将其融入了自己的理想社会主义,力图将民主、平等的政治经济制度与寻求简朴生活、回归自然、回归传统、快乐劳动、尊重个体创造性、崇尚大众艺术的精神文明完美地结合起来。阿什比认为,现代社会(即工业社会)存在着三大弊端:"丑陋""浪费""不公正"。正是这三大弊端使得理想社会主义成为一种必要;社会主义是一种信仰,这种信仰的目标是改善社会。改善社会的方式是对财产的更公平、公正的分配,而这种分配必须建立在两大基础上:一是更加集中的生产,二是建立在科学、历史和道德原则基础之上的法令的约束;对社会主义的定义不应该仅仅停留在经济的层面,还应扩展到社会、人文的层面,社会主义应涉足对人生价值的重构。阿什比还认为,机器生产将会成为未来国家的基础,尽管它的巨大生产力将使其继续成为传统的破坏者;一名社会主义者,如果不仅精通历史,还是一位艺术家或一名手工艺者,他将更能认识到许多传统的美好的东西,从而缅怀过去、敬重传统,并致力于重建传统……

研究阿什比的理想社会主义,研究阿什比对社会主义的独特理解,研究阿什比对人文思想及人类创造性的热烈推崇,研究阿什比在手工艺运动中的实践活动、研究阿什比在工业革命中对人与机器的关系以及复兴手工艺道路的再反思,不仅可以折射出英国一个时代的特征,还将引起人们对现代化进程的思考:在现代与传统发生矛盾时,为传统找到一个合适的支点,使其能为现代化进程点亮一盏人文精神的明灯,并随着现代化进程的推进而经久不衰。

然而，在人们为罗斯金的"三条戒律"点头称道，为莫里斯的"情感社会主义"理论欢呼喝彩之时，阿什比这位杰出的"理想社会主义的实践者"却常常为人们所遗忘。

由于诸多原因，国内对阿什比的研究起步较晚，直到20世纪90年代末才开始涉及。关于阿什比的著作几乎没有，仅有爱德华·卢西·史密斯著、朱淳译的《世界工艺史》对阿什比及其手工艺协会的实践活动有所提及，其余的绝大部分著作至今还未有中文译本，不为国人所知。

国内研究阿什比的学者甚少，仅在论及艺术与手工艺运动中对阿什比有所提及，其研究领域也多半局限在阿什比的工业设计与美学思想上，尚未有人从历史学的角度全面研究阿什比的理想社会主义及其手工艺协会在英国艺术与手工艺运动乃至社会主义思想进程中的实践意义。南京大学历史学系于文杰教授在他的《论英国19世纪手工艺运动》中认为，阿什比对工业文明的批判是他人文主义理念的重要呈现方式之一，并对阿什比"现代工业文明不可能离开机器"的观点给予了高度的评价；南京艺术学院袁熙旸教授在他的《由红到绿的英国现代手工艺运动》中，给予阿什比高度的评价，认为阿什比对艺术与手工艺运动的最大贡献，就在于其发展、完善了手工艺的协会理想，同时他的手工艺协会也是当时最有成就、最完整、最典型也是最为激进的一个。

国外对阿什比的研究程度相对要高于国内，诸多西方学者从20世纪前期就开始涉及对阿什比的研究。但是，由于国外学者对19世纪英国艺术与手工艺运动的研究兴趣较为浓烈，且绝大多数都将目光集中在罗金斯、莫里斯等理论先驱的身上，对阿什比没有给予同等的重视，很少对阿什比及其实践活动展开深入全面的分析。

在研究阿什比的国外学者中，范围比较全面、影响比较大的有1906年出版的阿什比的《社会主义与政治：重整人生价值观的研究》，该书较为详细地阐释了阿什比对社会主义的定义、重整理想社会主义价值观的决心和规划、对人与机器关系的重新考量、对教会与社会主义关系的理解、对养老金与社会主义的关系的思考、对文化与社会主义关系的忧虑等等，此书的价值在于能真实地反映阿什比的理想社会主义价值观，对研究阿什比理想社会主义的实践活动具有指导性的意义。Gillian Naylor 在他1971年出版的《艺术与手工艺运动：对其来源、思想及对设计理论影响的研究》中认为,阿什比及其手工艺协会的实践活动有力推进了艺术与手工艺运动后期的发展,虽然手工艺协会的最终败北令人遗憾,但它无疑为后人的探索提供了重要的经验教训,此书的价值在于将阿什比的实践活动放在艺术与手工艺运动的大环境中考量,揭示了阿什比实践活动的历史意义。Fiona MacCarthy 在他的《简单生活:阿什比在 Cotswolds》中系统地分析了阿什比手工艺协会的结构、特点、核心及迁徙失败的原因,认为阿什比及其手工艺协会是一种对社会主义理想的探索和实践。还有 Alan Crawford 编写的一本全面介绍阿什比生活的自传:《查尔斯·罗伯特·阿什比:建筑师、设计师和浪漫的社会主义者》,此书的价值在于它的全面性与客观性,对阿什比的生平和阿什比对建筑、装饰、设计乃至社会主义实践活动等方面的贡献都进行了具体的介绍和深刻的分析,认为阿什比是一个真正意义上的浪漫的社会主义者和实践的理想主义者。

纵观国内外学者的研究成果,我们可以发现,学者们从艺术实践活动如建筑设计、家具、室内装潢、器皿、金属制品等方面研究阿什比的著作较多,而从社会思想史角度研究阿什比的成果较少,且由于诸多学者所持的政治立场不同,所处的时代背景不同,对阿什比的研究结论也不尽相同,或多或少地存在了一些争议之处,笔者认为主要集中在以下几个方面:一是阿什比是否是一个真正的社会主义者的争论,有的学者认为奇平·坎普敦的试验证明了阿什比是一位勇敢的社会主义理想的实践者,而有的学者认为他只是一名艺术家,在社会制度上他的态度是中立的;二是阿什比思想中经济与社会主义关系的争论,有的学者认为阿什比对经济存有敌视的态度,而有的学者认为经济也是阿什比理想社会主义价值观中较为重要的一部分;三是阿什比在艺术领域的实践和在思想领域的实践是否存在矛盾的争论,有的学者认为阿什比在艺术领域的实践尤其是对机器价值的承认脱离了他最初的人文思想,而有的学者认为这是阿什比对其人文思想的反思,阿什比在艺术领域的实践和在思想领域的实践是一脉相承的;四是对阿什比的理想社会主义实践活动的意义尤其是关于奇平·坎普敦试验的争论,有的学者认为阿什比在奇平·坎普敦的试验是乌托邦,是空中楼阁,是毫无意义的空想,而有的学者认为这是一场艺术与手工艺运动中最轰动的壮举,为后人留下了许多宝贵的经验。不过,几乎所有的学者都承认了阿什比的实践活动继承了罗斯金、莫里斯等理论先驱的思想,展现了英国艺术与手工艺运动的精神,通过阿什比的实践活动,人们可以从中得到更多的反省和启示。

下面我们试图从阿什比这一实践的理想主义者成长的历史环境、主要思想、实践活动三个方面来剖析阿什比的理想社会主义及实践活动:第一部分主要是从阿什比生活的时代背景入手,通过对维多利亚后期的大环境及对阿什比的家庭环境、教育环境的认识,分析形成阿什比浪漫的理想社会主义的历史土壤;第二部分首先分析了阿什比对社会主义的定义及理解,其次总结了阿什比理想社会主义价值观的内容;第三部分主要介绍了阿什比理想社会主义的实践活动,包括其创办的手工艺协会、手工艺学校和在奇平·坎普敦的试验三个方面;第四部分主要是对阿什比理想社会主义及实践活动的评价,以期对阿什比理想社会主义价值观及实践活动做较为深刻的认识、剖析和总结。

1. 阿什比理想社会主义的历史背景

阿什比的成就不单是他个人努力的成果,也是英国一个时代的产物。我们首先从阿什比生活的时代背景入手,通过对造就阿什比思想及成就的历史土壤的分析,理解阿什比的理想社会主义及其实践。

(1) 阿什比——理想主义的实践者

很多人认为,阿什比是一个个性奇特、性格不鲜明的理想主义者。阿什比一生曾从事过很多行业,如建筑、设计、商业、新闻传播、教书、出版等等;他一生也发表过近几十篇很有影响的文章,到各地讲学,传播自己的观点。但我们若想仅仅通过这些文章和言论来判断他到底站在哪一个立场上,却不是一件容易的事。因为阿什比从不会特意用自己的观点去迎合任何一场盛大的运动,而是始终坚持用自己的方式来看待问题。

阿什比一生的事业可以说是一段洋溢着热情的曲折故事,他总是随时准备投身于任何一项令他感到富有进步精神的事业。有趣的是,在些许年后,如果他发觉自己的思想已难以驾驭这项事业的发展,或者周围的环境发生了变化,他又会毫不犹豫地将其搁置。然而,这并不意味着他的浅薄,只是因为他太执着于自己的理想和既定方向,总是希望将自己的热情全部投入到他认为最值得的地方。不过,有一项工作是阿什比直到退休都乐于从事的,那就是实践,将理论付诸实践,将理想付诸实践,也正是这个梦想主导了他一生的事业。

阿什比崇尚人的创造性,追求创新是他的梦想,这一梦想不但体现在他对艺术的追求中,还体现在他的教育办学和新闻出版等各个方面。阿什比坚信,创造性的发挥并不完全源于各人的天赋,而在于人格的魅力与人性的光辉,而要挖掘出人类的创造性,就必须要给人格的魅力以及人性的光辉以最大的自由发展空间。阿什比在给友人的一封信里提到,"我始终崇拜莫里斯的就是他的创造性的光辉","我并不是说每一个汤姆、迪克、哈利都有莫里斯的天赋,但这种被忽视的巨大的创造力潜藏在人们受艺术灵感所支配的双手中,这一点可以从传统,尤其是中世纪的传统中得到验证。如你所知,我一生的工作就通过实践将其化为现实"。[①]

尽管阿什比继承和发展了莫里斯等人的许多社会主义思想,并将其引入自己理想社会主义的价值观体系,提出了许多有价值的新观点,但他始终认为自己首先应当是一个"理想主义的实践者"[②]。因为在阿什比看来,罗斯金、莫里斯已经为"情感社会主义"做了足够多的颇有权威的理论工作,他已不需要再做这样的"哲人"或者是"圣人"了。自己最主要的任务,是通过实践来验证或者是实现这些理论或者是理想,以复兴手工业,挽救艺术的危机,挽救工业社会下人性的危机。尽管实践的工作看起来比前人理论的建构要微薄和渺小,但它确实是一项困难甚至是不太可能完成的工作。在实践的过程中,阿什比遭遇了许多巨大的阻力甚至是灭顶的失败,但他始终没有放弃实践的决心,积极地从失败中吸取经验,并在晚年把这些感悟通通写在了他的文章里,供后人参考和学习。

总之,阿什比是一位理想主义的实践者,虽然他在英国的影响不及莫里斯,但人们要想忽视他是不可能的。如果说他孤独的性格中有一点以自我为中心,那其实是他内心深处不易被察觉的对待任何一件事物的热情,尤其是对实践的热情。

(2) 阿什比时代的英国

阿什比生活在19世纪下半叶至20世纪上半叶的英国,当时英国社会的大环境对阿什比的性格及世界观的形成起到了微妙的催化作用。这一时期的英国社会主要呈现出以下特征:

① 在机械化大生产的号角下,英国的工业文明已趋向成熟,工业文明以迅雷

[①] Alan Crawford, C. R. Ashbee: *Architect, Designer and Romantic Socialist*, New Haven and London: Yale University Press, 1995, p. 420.

[②] Alan Crawford, C. R. Ashbee: *Architect, Designer and Romantic Socialist*, New Haven and London: Yale University Press, 1995, p. 422.

不及掩耳之势席卷了欧洲乃至世界的每一个角落：人们沉醉于机器生产带来的高效率和高利润，陶醉于技术进步带来的每一项成果；科学功利主义继续膨胀，而人文精神日渐萎缩，传统文化告危，工业文明不仅以牺牲传统文化"为代价传播自己的文化，而且将传统文化作为较缓慢的附属品融入自己的社会、文化和经济组织中去"①，同时，机器生产所带来的工业污染和环境恶化也日益引起人们的关注。

② 英国历史上最为光辉灿烂的盛世——"维多利亚时代"结束，英国进入自由党与保守党轮流执政的时期。维多利亚时代被认为是英国工业革命的顶点时期，也是大英帝国经济文化的全盛时期，它以崇尚道德修养和谦虚礼貌而闻名于世，是一个科学、文化和工业都得到很大发展的繁荣昌盛的太平盛世。在维多利亚时期，印刷术的发展促进了文学艺术的空前繁荣，科学发明浪潮汹涌澎湃。

③ 艺术与手工艺运动在英国蓬勃发展。这场运动是手工艺由传统向现代转型的开端，它关注现实问题，执着于人文理想，试图在机器大工业的狂风暴雨中挽救濒危的手工业。在这场运动中，手工艺作为一种生活方式与文化载体，体现了一种人类的本质创造力，不仅在艺术实践的狭小范畴产生了重大的影响，还将其触角深入社会改革、文化教育等较为宏大的领域，使人们在享受工业文明带来的成果的同时，不得不深思这其中所包含的成本和代价。罗斯金、莫里斯等手工艺运动的先驱为英国的艺术与手工艺运动奠定了理论基础，但遗憾的是，在当时艺术与手工艺运动没有真正形成一种推动力。

④ 第一次世界大战对整个世界的历史进程产生了巨大的影响，同时成为英国政党政治发展过程中一个新的起点，英国自此在社会、政治方面发生了许多意义深远的变化。第一次世界大战爆发以前，英国自由党曾通过一系列的社会改革和立法，缓和了社会矛盾，开创了一个复兴的局面；但第一次世界大战的爆发大大地激化了英国的国内矛盾，加剧了政坛的冲突，从而促使了英国自由党的没落和保守党的登台，政府集权化倾向从此明显加强。

⑤ 一战后英国的经济长期处于停滞和缓慢发展状态，20 世纪 30 年代受全球经济危机的影响，英国进入经济萧条期；但由于英国的剩余资本主要投放到国外，且英国在危机后加强了贸易保护，其危机与其他国家相比相对缓和。

---

① ［美］胡格韦尔特：《发展社会学》，白桦、丁一凡编译，四川人民出版社，1987 年，第 21 页。

第四章　近代人文主义传统的重建

（3）阿什比的家庭和教育背景

晚年的阿什比很喜欢悠闲地坐在他的摇摇椅上，回忆这样一段美丽的画面：在易北河口一座古老而庄严的城市里，有一座美丽的花园；花园横跨了一个湖，湖面上有几只美丽的天鹅在悠闲地游来游去；花园中央摆着一张古朴的大圆桌，一群可爱的孩子欢欢喜喜地围坐在大圆桌旁，他们大口地嚼着裹满色拉酱的黑麦面包卷和美味的姜汁蛋糕，用银质的大口杯美美地喝着牛奶……似乎在这个恬静而古老的地方所度过的日子，恰恰是阿什比童年最开心的时光。画面的正中有一位老人，那是阿什比的外祖父查尔斯·莱文，这位和蔼可敬的老人身着嫩黄色的外套，正向阿什比亲切地微笑着……

1863 年，阿什比出生于伦敦的一个富商家庭，他的父亲在年轻时并没有自己的公司，而是为伦敦的一家纺织企业工作。尽管家境并不贫穷，但他工作十分努力并小有成就，大多数时间都代表公司奔波于各个城市和国家之间。一次偶然的机会，他在去汉堡考察时结识了一位端庄的女子，并最终与她结为夫妇，她就是阿什比的母亲。阿什比的母亲结婚时仅有 21 岁，是一个身材娇小、刚正不阿、年轻漂亮的女人。她十分崇拜自己成熟稳重、事业有成的丈夫；在家里，她既是一位温柔可人的妻子，又是一位有高度责任感的主妇，把家里管理得井井有条。

阿什比的外祖父，也就是我们前面所提到的查尔斯·莱文，是汉堡的一位富商。为了女儿更美好的未来，他特地从汉堡跋涉到伦敦，开了一家公司，专门出口机器和纺织品，后来交给女婿经营。

外祖父老莱文对阿什比儿时的教育和影响，对阿什比的性格爱好乃至世界观的形成都起到了潜移默化的作用。老莱文虽然是一个商人，但他一贯坚持用人性化的道德准则来谨慎地经营和管理自己的公司，在汉堡那一片较为传统的小商业区很受人景仰。尽管老莱文的生意很红火，但他从来不炫耀财富，在他看来，朴素而文雅的生活就是再舒心不过的了。

阿什比还记得小时候有一次随祖父一起去看汉堡港的一条旧街区。在运河的后面、街道的旁边排着一排有山墙的房子，大约有五十多座，红色的瓦片和布满绿锈的铜塔尖混杂在一起。这些房子应该有挺不错的阁楼，因为房顶看来都很高。好几架起重机正对着这排房子轰轰地拖曳着……想到这里，阿什比仿佛还隐约闻到了当时从瓦片和远处运河的风帆上传来的几丝沁人心肺的浪漫气息。记得祖父曾指着那里的一座老房子对自己说:"这就是我当年学到商业之真谛的地方!"随后祖父耸耸肩,叹了口气,"好可惜……这条老街区已经被重建港口的大工程给毁了。"①

在阿什比的绝大多数生涯中,这些童年在汉堡的印象一直深深地印在他的脑海里,并在他的脑中不断地集聚着"浪漫"和"理想"的魔力。后来一次偶然的机会,他重回汉堡,当看到祖父遗留的宝贵的精神财富已经被他那几个堂兄弟们用傲慢的物质主义驱散得一干二净时,他感到非常的心酸。因为祖父儿时对他的熏陶已经静静地潜入了他的心底,朴素而浪漫的理想已经在他的脑中生根发芽,旧资本主义的大工业和机械化生产令他感到失望和厌恶,浪漫、美好、自由、舒畅、理想的乡村田园生活在他的眼前愈发清晰……

1882年,他毅然地拒绝了父亲让他加入家族公司的要求,转而进入剑桥大学国王学院学习历史。也许他当时并不知道自己究竟想做什么,但他至少知道自己并不想成为一名商人。

在剑桥大学的这几年中,阿什比受到了著名文艺理论家约翰·罗斯金有关艺术与手工艺思想的熏陶,对威廉·莫里斯以及"艺术与手工艺运动"理论与实践产生了浓厚的兴趣。

阿什比第一次听到罗斯金的名字是在一次艺术讨论课上,这次讨论课使阿什比对罗斯金和他所倡导的艺术的真谛彻底着了迷。阿什比认识到了艺术的主要任务是在日常生活中产生真正的效益,艺术的首要目的是使自己的国家变得光明,使自己的人民变得美好;要给工人发展个性的机会,首先要给他们良好的生活环境;不管是高级艺术,还是实用艺术,都应该起到对人的改造和教化作用,使人懂得如何过健康的生活,提高生活的审美情趣;艺术家担负着改造社会和教育人民的责任。

从罗斯金那里,阿什比感受到了社会条件如何影响艺术、建筑以及装饰艺术的发展,并最终将它们引入道德的范畴;感受到了中世纪的建筑雕刻是充满生气的、有人性的、变化无穷的,同时也是有缺陷的、不完美的,但最重要的是它们的身上都散发着迷人的自由气息;感受到了中世纪手工业者的直率及其角色的重要性,同时

---

① Alan Crawford, C. R. Ashbee: *Architect, Designer and Romantic Socialist*, New Haven and London: Yale University Press, 1995, p. 1.

也看到了现代工人的束手束脚和人性的缺失。从罗斯金那里,阿什比体会到了机器大工业给艺术及传统手工业带来的危机,体会到了工业社会背景下文化和道德的缺失,并开始质疑19世纪英国的经济体制和工业成就……

此后,阿什比常常有意识地去了解和接受罗斯金的思想主张,并萌生了复兴中世纪艺术,并用艺术解救人性的想法。在一次学院内部的考试中,有一道题涉及"价值"和"财富"的概念区分,受罗斯金推崇人类精神、呼唤更加人性化、社会化的经济理论的影响,阿什比当场就把卷子撕了,并在考官的面前把"价值"定义为"一种力量,或者是任何一种能够维持生命的优势"。[①]

阿什比愈发坚信艺术扎根于社会的土壤,并试图像罗斯金一样,探求如何建立一个健康的、人性的、有利于艺术自由生长的新秩序。他所遇到的第一个问题就是自己到底应该做什么,正当迷茫之时,莫里斯的艺术与手工艺的理论与实践走入了他的视野。

阿什比最崇拜莫里斯的就是他那种"创造性的光辉",阿什比认为,莫里斯以天才的力量复兴了"传统"这条连接着过去与现在的"黄金链"。莫里斯发表并实践了较罗斯金的抨击更加睿智和有持久影响力的评论;莫里斯为手工艺运动奠定了理论基础,为在手工艺运动中的团体提供了殷实的帮助,甚至自己带头踏入了挽救艺术与手工艺的实践中去;莫里斯的经典名言是:"你希望你的工作就是和没有思想的机器一样一同绘制赝品和仿制粗劣的奢侈品吗?健康的装饰艺术依靠的并不是设计的风格和原则,也不是教学和政府,而是艺术家健康愉快的经历……今天文明社会的主要任务就是尽一切努力使每一位劳动者都感到愉快,尽一切努力减少不愉快的劳动。"[②]总之,从莫里斯那里,阿什比学到了应如何借用艺术来挽救艺术,挽救人性,挽救社会:艺术不能脱离大众,要以艺术为切口,剖析资本主义社会;以艺术为目标,改造社会;以艺术为表达方式,阐述自己的社会理想;以艺术为手段,复兴手工业。

罗斯金和莫里斯,这两位阿什比成长中的巨人,他们一位是理想主义者,一位

---

① C. R. Ashbee, *Socialism and Politics*: *A Study in the Readjustment of the Values of Life*, London: Brimley Johnson and Ince. Ltd, 1906, p. 4.

② Alan Crawford, C. R. Ashbee, *Architect*, *Designer and Romantic Socialist*, New Haven and London: Yale University Press, 1995, p. 12.

是浪漫主义者,都为19世纪80年代的艺术与手工艺运动奠定了坚实的理论基础;在他们的引导下,艺术与手工艺运动的第一次浪潮使从事文学创作的人们重获人性和创作的自由,使从事绘画的人们开始抛弃了古老的陋习,使从事实用艺术的人们开启了新的奋斗旅程。虽然在当时这场挽救艺术与手工艺的运动没有得到全社会的广泛呼应,但他们所倡导的精神和人性已唤醒了许多有志之士,并深深地感染了阿什比,使他迫不及待地想尽快尽自己的一切力量把这场轰轰烈烈的运动继续下去,把人性、创新和自由的精神传承下去,把中世纪的文化传统继承下来。

于是,大学毕业的阿什比没有继承父亲的生意,而是坚决地来到建筑师伯德利的事务所专攻建筑设计。同时,为了显示与其出身的中产阶级的决裂,他搬出了父母位于伦敦市中心的豪宅,住进了剑桥大学位于东伦敦的分部汤因比礼堂。为了支持"大学扩展运动",阿什比还在汤因比礼堂开办了"罗斯金阅读班"的系列讲座,向年轻工人宣讲罗斯金的理论。

1888年6月,阿什比参照罗斯金与莫里斯的教诲,正式组建"手工艺协会与学校",并在成立的典礼上高悬罗斯金的名言,"脱离了工业的人生是罪恶的,脱离了艺术的工业是残忍的",把它作为整个协会与学校的座右铭。

1891年,阿什比的"手工艺协会与学校"正式迁往迈尔安德路的埃塞克斯大楼。1896年,莫里斯逝世,其一手创办的凯尔姆斯科特出版社被迫关闭,阿什比买下其印刷设备,并接管其工人,组建了"埃塞克斯大楼出版社",从而继承并发展了莫里斯在书籍艺术方面的探索。尽管莫里斯的家人和近友对阿什比没有太多的好感,他们认为阿什比摆出了莫里斯继承人的架势,自作主张地模仿了莫里斯太多的东西,但事实上阿什比仅在建立埃塞克斯大楼时,才审慎地引用了莫里斯的名句。

经过多年的不懈探索,无论在国内还是在欧洲大陆与美国,阿什比的知名度都与日俱增。在历届"艺术与手工艺展览协会"组织的展览上,他的作品总是能赢得高度的评价;1895年,权威的《画室》杂志对他的建筑与室内装饰设计做了专题介绍;1898年,由著名设计评论家穆特修斯主编的德国《装饰艺术》杂志,将他评为英国当代最杰出的设计家之一;1897年,对他仰慕已久的德国海斯大公,委托他设计其公爵府中的家具与室内装饰;1899年,匈牙利的社会名流也慕名而来,请他设计在布达佩斯的豪宅……然而,对他评价最高的却是奥地利与美国的设计师和艺术家,连约瑟夫·霍夫曼、柯罗·莫塞等维也纳最优秀的设计师也对他推崇备至,自阿什比 1900 年应邀参加"维也纳分离派"的年度展览之后,他与"格拉斯哥学派"的领袖麦金托什并列成为在奥地利知名度最高的英国设计师。

自 1896 年首度访问新大陆起,阿什比频繁地穿越大西洋,在美国各地访问、演讲、教学,被人们视为传播英国"艺术与手工艺运动"的大使。当时芝加哥是美国艺术与手工艺运动中最重要的中心,阿什比曾两次受邀去芝加哥,并随后为赖特 1911 年在德国出版的著作编了序。① 在美国人的眼中,阿什比不仅是一位杰出的设计家,更是自莫里斯之后"艺术与手工艺运动"最权威的理论代言人,阿什比的各种著作在美国的受欢迎程度远远超过在英国本土。日后享誉世界一代的美国建筑宗师富兰克·劳埃德·赖特就最热衷于介绍阿什比的理论与实践成就。

2. 阿什比理想社会主义的价值观

维多利亚晚期,英国的学术气氛十分浓厚。在阿诺德高举"文化崇高"的旗帜的号召下,文学、音乐、艺术等都陆续被改革者和社会主义者们拿来作为社会改革的手段,以充实他们的理论建构、推进他们的实践发展。当时,英国境内许多图书馆、博物馆以及艺术长廊都长期、免费对外开放,为工人阶级带来了愉悦和光明。

阿什比在他最初的价值观中,并没有非常关注社会主义思想。在他看来,制度的因素对于复兴手工业来说似乎并不是最重要的,最重要的应当是用艺术争取有活力的生活,或者是作为一种工具来改造社会,而不是用艺术来填补人们的空闲时光。

直到社会主义越来越走近议会政治时,社会主义的内容才真正地吸引了阿什比的眼球。阿什比意识到社会主义思想可以被引入他关于社会的价值观,成为重建英国工业社会的有力武器。社会主义思想中的"同志情谊"和"工联"同他所设想的"手工业者的联合"有很多相似之处,且"巨大的工联,无论是女工和童工的竞争,或者是机器的竞争,迄今为止都不能削弱它们的有组织的力量。机械工、粗细木工、泥瓦工都各自组成一股力量,这种力量甚至强大到能够成功地抵制采用机器"。② 阿什比相信,在社会主义的舞台上,手工业者的联盟定能像中世纪的手工

---

① Introduction by Beth Dunlop, *The Arts and Crafts Movement in America 1876 – 1916*, Hong Kong: first published by Arts&Masterpieces, 1999, p. 65.

② 《马克思恩格斯选集》(第四卷),人民出版社,1972 年,第 281 页。

业协会一样,和谐地用艺术的标准规范他们的工作,在机器大工业的冲击下迅速崛起。

随后,阿什比更加深入地对社会主义思想作了许多研究和剖析,当他发现当代的社会主义者已经为迎接改革做了很多坚实的准备工作,莫里斯等人还为社会主义思想做了许多实践工作时,他毫不犹豫地将社会主义融入自己的理论建构和实践理想中去。

于是,阿什比在重整价值观体系的过程中继承和发展了莫里斯等许多社会主义倡导者的思想成果。阿什比认识到,如果一名社会主义者,不仅精通历史,还是一位艺术家或手工艺者,他将更能认识到许多传统的美好的东西,从而缅怀过去、敬重传统,并致力于重建传统;随着工业社会的不断发展,机器生产将会成为未来国家的基础,它的大生产力将使其继续成为传统的破坏者,理想社会主义应涉足对人生价值的重构,对社会主义的定义不应该仅仅停留在经济的层面,还应扩展到社会、人文等层面……可见,阿什比力图将民主、平等的政治经济制度与寻求简朴生活、回归自然、回归传统、快乐劳动、尊重个体创造性、崇尚大众艺术的精神文明相结合,建立一种理想社会主义的价值观,用和谐的理想主义和健康的社会主义共同挽救在工业社会中濒危的艺术与手工业。

(1) 阿什比对社会主义的定义

在研究苏格拉底观点的基础上,阿什比为社会主义下了这样的定义:"社会主义是一种信仰,这种信仰的目标是改善社会。改善社会的方式是对财产的更公平公正的分配,而这种分配必须建立在两大基础上:一是更加集中的生产,二是建立在科学、历史和道德原则基础之上的法令的约束。"

很明显,阿什比对社会主义的定义所涉及的不仅仅是经济层面,还囊括了许多其他更重要的东西,如科学、历史及道德原则,这使得阿什比在赢得许多社会主义者支持的同时,也赢得了社会上许多层面的支持。阿什比自己也这样说:"我这样构造我的定义,以引起那些现在还不能完全支持任何教条主义信仰的人、那些有社会主义信仰的人、那些在传统与现代的纠纷下愿意与我们朝相同方向努力奋斗的人甚至是那些对建设新型国家的道路有异议的人的共鸣。"①

当然,作为一名艺术家、建筑师与手工艺者,出于挽救艺术的初衷,阿什比所下的定义也在不可避免地倾向于通过重整理想社会主义的价值观体系为艺术在工业社会中寻找一条生路。

阿什比认为,如果我们的社会主义者除了学习历史,同样也是一名艺术家或手工业者,他同样也将认同一些过去美好的东西,并也将相应地崇敬过去。作为一名艺术家,他将知道两点:首先,没有一种个人主义和艺术家一样真率,因为艺术家全部的创造力都取决于他的自由;其次,目前的社会条件和环境严重妨碍了当代艺术家的自由创作,如阿什比曾同当代一位很不错的手工业者谈论最高尚的精神等问题,而那位手工业者跟阿什比谈起了他的手工作坊的经济瘫痪,并表示将无法再继续自己的工作,因为艺术家在这些日子不被允许成功。

我们认为,对于艺术家而言,他的成功不应用他的工资来衡量,而应用他杰出的作品。但是,由于当时工业社会衡量价值和成功的标准主要是工资和收益,社会主义观点也更多地停留在经济的层面,以至于当时许多有创造力的艺术家都不得不称自己为正在同社会主义竞争的社会主义者。我们知道,艺术家们最追求的是心情的愉悦和简单思维,艺术家们最想要的是尽可能多的机会、尽可能多的空闲以及尽可能多的空间,他们对社会制度的问题并不会想得很远,而是更倾向于投身艺术,把政治问题留给别人,这也就注定了艺术的危机。

有人说,集体主义国家的实现将意味着艺术的终结。的确有这种可能,但如果这种可能成为现实,集体主义国家也将因此终结。我们认为,如果一个国家的大多数人民被长期地排除在艺术、文字以及生命中最杰出、崇高的事物之外,那么这个国家是很难继续下去的。英国似乎就正在上演这一幕。人们的不满足、不安定甚至是焦虑,绝不仅仅是因为人们为了创建伟大的城市和杰出的国家,对机会的渴求和对乌托邦的寻梦;更大程度上是人类精神上的一种反叛,这种反叛使得人们不能容忍现代生活的恶劣条件,许多追求生活的美与和谐的行动都证明了这一点:改革者提出的教条主义论题、艺术家与丑陋的斗争、艺术家与工业主义工资奴役的斗

---

① C. R. Ashbee, *Socialism and Politics: A Study in the Readjustment of the Values of Life*, London: Brimley Johnson and Ince. Ltd, 1906, p. 4.

争……

在深刻分析工业社会的现状后,阿什比提出,现代社会(即工业社会)存在着三大弊端,"我认为,丑陋、浪费和不公正应当被称为是促使社会主义者产生的对现代精神的三大刺激物"①,正是这三大弊端使得社会主义成为一种必要,也正是这三大弊端使得重整理想社会主义的价值观成为一项刻不容缓的工作。

① 丑陋。"看一下商店的橱窗,想象一下这些东西是怎样被制造出来的:它们并不是源于制造者的任何舒畅或者愉悦的心情,而是产于一排排单一的、冰冷的、毫无生气的机器。"②

阿什比认为,一样丑陋的东西可能会给生产带来便捷的愉快,但更多的时候它什么也不能够给予;如果不能给生产者快乐,美的东西就不可能产生。生产一样美的东西,往往需要一些梦想家的精神。他曾向一位聪明而成功的商人打听过为什么他要关闭自己旗下的一个手工工场,因为那个工场生产出来的产品是那么的杰出,并且极具特点和神韵。"是的",那位商人无奈地回答,"那是事实,但是工匠们(艺术家们)总是放了太多的梦想在产品里面,以至于它不能像我其他的工场一样为我带来满意的经济回报。"

可见,在工业竞争的体制下,不管手工业者的作品有多优秀,都没有一点点的空间,这并不是社会不需要他们的作品,而是当时的体制不允许它们的存在。手工艺者要么放弃梦想,要么挨饿。"现在的社会使得手工艺人只有在有独立经济支持的情况下才能继续他们的梦想"③,"自然是美的源泉"④,梦想是美的保证,而机器在压抑的、黑暗的厂房里生产出来的粗糙的、毫无人性的产品只能是丑陋的。

② 浪费。丑陋源于浪费。阿什比曾举这样一个显而易见的例子:走过任何一个火车站台,都会看见洒在地上的火柴。有的火柴才烧了一点点,有的甚至还没有被擦着过。我们可以说,这是消费者们一种可耻而丑陋的浪费。非常贴切。如果

---

① C. R. Ashbee, *Socialism and Politics: A Study in the Readjustment of the Values of Life*, London: Brimley Johnson and Ince. Ltd, 1906, p. 11.
② C. R. Ashbee, *Socialism and Politics: A Study in the Readjustment of the Values of Life*, London: Brimley Johnson and Ince. Ltd, 1906, p. 12.
③ C. R. Ashbee, *Socialism and Politics: A Study in the Readjustment of the Values of Life*, London: Brimley Johnson and Ince. Ltd, 1906, p. 12.
④ Introduction by Beth Dunlop, *Arts & Crafts Masterpieces*, Phaidon, 1999, p. 16.

人们得付六便士买一盒火柴,而不是一便士买十二盒,他们可能会更节俭一些。那么是谁生产了这么多的火柴?这些生产者将人们导入了一种怎样的消费方式?……我们可以回想一下下面的这段话:

> 哦,有母亲和太太的先生们!
> 你们穿坏的并不是亚麻布,
> 而是人类的生命。①

为什么这些浪费还在延续,我们看到了什么?"是成千上万的机器、数以百万计丑陋的、对社会毫无价值的生命……唯一的解决方法是废弃,或者是重整整个体制。"②可见阿什比的逻辑是:越是大规模的批量生产,单位产品的价格越低,人们对产品的价值越不重视,浪费现象也就越严重。但是,要想从源头上解决这个问题,似乎又是不太现实的。一位印刷业的大亨,同时是成千上万机器的拥有者曾经说过,人类是懒散的,你对于他们有多么的懒散没有概念,唯一能够维持现代印刷的就是大规模作业。在大工业的背景之下,工作必须要做,大规模作业必须被采纳,但并不是因为人们想要这样做,而是因为它们能够并且必须被用来换钱。

③ 不公正。不公正在这三点之中是最为重要的。对于一个生产者来说,现代社会条件的不公正之处主要体现在生产的一方。阿什比曾说过:"我不认为街上那些头脑简单的人提出来的生产者能在产品卖给顾客之前就交税的做法有多么的伟大或者是实现了什么。"③

在当时的条件下,如果一个生产者同时建造房子,并运营八个不同的作坊,那么在他卖出他的产品之前,房子的铁门、房间的家具、壁炉上的金属制品……使得生产者必须将商品的价格增加十、二十、三十、四十、五十甚至是一百个百分点。随着市场的竞争和投机买卖不断地变化,以至于有的生产者在付了金属的本钱及自

---

① C. R. Ashbee, *Socialism and Politics: A Study in the Readjustment of the Values of Life*, London: Brimley Johnson and Ince. Ltd, 1906, p. 14.
② C. R. Ashbee, *Socialism and Politics: A Study in the Readjustment of the Values of Life*, London: Brimley Johnson and Ince. Ltd, 1906, p. 15.
③ C. R. Ashbee, *Socialism and Politics: A Study in the Readjustment of the Values of Life*, London: Brimley Johnson and Ince. Ltd, 1906, p. 17.

己和工人的工资之后,本来只需定价十元的商品得在二十元以上卖出去。那么另外的十元去哪了呢?有给房东的百分比,给资本家的百分比,给经纪人和发行人的委托金,大笔的广告费用,付给代理人、律师的费用,还有一个大块的百分比是留给由于资产账面价值减低和贬值等风险引起的不确定因素。

当然,这并不是说提前交这些税就一定是不妥的,或者是错误的。作为一名生产者,如果从生产到销售一切运行顺利,他们能够继续工作和生活,那么也许他们并不会太在乎付这些钱。但是,当时的英国正处在一个不太好的时期,即商业萧条期,生产者的社会地位很低,为了付这些数额庞大的首批佣金,许多生产者不得不削减自己的工资或者变卖资产,稍有不慎就会有破产的危险。可见,生产者在结构重组的国家中需要的也是价值观的重整,通过价值观的重整,他们能够更好地被国家重视、考虑和照顾到。

总之,无论是对人还是对事,都必须采用同样的标准。如果阿什比对社会主义的定义能够被认同,那么理想社会主义价值观的重整就必须包括每一个领域:政治、经济、文化……包括所有的人和所有的事。

对国家而言,没有什么比一个完整的人来得更重要,对国民生活而言,也没有什么比一样完整的商品来得更有价值。如果我们接受保护工人的原则,为什么我们不能按照逻辑推进认知的标准,来创建新的标准,在保护工人的同时尊重他们对社会的价值。只有当工人的内在价值从他们的产品中被认知时,保护工人的社会主义原则才能成为不仅仅是一个党——工党,而是整个国家道德伦理的基石。正是出于对以上观点的肯定,阿什比提出了重整理想社会主义价值观的内容。

(2)阿什比理想社会主义的价值观

阿什比认为,"价值"应该是"一种力量,或者是任何一种能够维持生命的优势;它有两层含义:首先是内在的价值,其次是有效的价值(即使用价值)"[1]。可见,阿什比在赋予了价值双重含义的同时,将蕴含着人类个性的内在价值放在了更为重要的位置。围绕这一原则,阿什比对重整理想社会主义的价值观提出了自己的观点。

---

[1] C. R. Ashbee, *Socialism and Politics: A Study in the Readjustment of the Values of Life*, London: Brimley Johnson and Ince. Ltd, 1906, p. 4.

① 艺术的价值

艺术是阿什比用以重整理想社会主义价值观的重要手段之一,阿什比对艺术的双重价值有独特的理解,崇尚艺术的精神及其社会功用。阿什比认为,"自然的艺术"是快乐的,是舒适的,是质朴的,是有人性的,是人文精神的重要载体,主张用艺术的方式来重构社会。

首先,艺术的价值明显地体现在艺术创造者的身上。艺术是艺术家抒发情感、传达思想的重要手段和形式。艺术家将自己的思想和理念通过客观的艺术形式表达出来,用艺术作品传达给大众,用自己的感受去影响着周围的环境和社会,并通过大众的评价来肯定和实现自我的社会价值。写作是作家的一种生存方式,艺术也是艺术家的一种生存方式。通过艺术这种手段,艺术创作者去表现自我,抒发自我,肯定自我,实现自我价值。

相对大众而言,艺术是生活的艺术。它在生活中改造并美化着世界,是一种精神上的享受。好的艺术能带给人们美的感受,甚至可以使人们得到心灵的净化。当人们欣赏艺术作品时,当人们用心灵去体验、去感觉、去寻找与心灵相沟通的东西时,艺术已不仅是一种视觉上的冲击,还是一种更深层次的精神交流。好的艺术作品能够通过这种精神上的沟通去净化大众的心灵,用艺术作品的思想去感染大众,影响大众,从而美化每一个人的生活,因为艺术作品本来就比普通的文字语言更有吸引力,更容易产生共鸣,更容易被大众接受,其影响力也更大。

其次,艺术是一种强大的社会动力,具有重要的社会功用。用马克思的劳动的观点来分析,在没有艺术参与的劳动中,人们经常是从事着机械性的、重复性的和不自由的活动。这样往往会形成一种"人的物化"和"劳动的异化",使人们在丧失创造性的同时感到工作的疲惫和乏味。工业社会的大机器生产就是这种与人类社会全面、丰富、和谐发展相违背的异化的典型表现。相比之下,在有艺术参与的劳动中,艺术可以使人们用审美的标准去对待和要求劳动对象,用美的规律去创造,使劳动方式发生一种创造性的变化,从而使人们在劳动的过程中感觉到精神上的愉悦和满足,而劳动产品也将更具有美的品质。艺术应用于生活和劳动所带来的创造性不但丰富了社会产品而且使社会的发展趋向于和谐与美。从这种意义上说,艺术对社会所产生的作用是巨大的。它仿佛是一种社会润滑剂,协调着社会中不和谐的因素,又仿佛是一种催化剂,推动着社会的不断创新、发展和更新。

同时,阿什比认为,艺术不是艺术家的专利,也不是精英的文化,而是属于人民大众的,每一个人都可以而且应当创造艺术、享受艺术。阿什比相信每一个平凡的人都可以通过艺术展现出人性的光辉,艺术不分贫富贵贱,只要是有个性的艺术,就是有价值的。阿什比"倡导一种艺术的简约之风,呼吁艺术向简单实用的方向发展,使艺术更有易于大众接受"①,并逐渐成为人们的一种自然的生活方式,进而用艺术来重构社会,建立一种艺术的"理想社会主义"精神家园。

总之,艺术具有双重价值,艺术是人类和社会不可或缺的宝贵财富,是人类在最基本的物质生活满足后的必然追求,是人类精神生活的重要组成部分,艺术表现了一切革命的最终目标:个人的幸福和自由。不论是艺术创作者的个人价值,还是体现在社会中的社会价值,艺术所表现出的价值都是其他东西不可代替的。对于艺术家、艺术欣赏者而言,艺术的价值在精神需求上是无可替代的;对于整个社会而言,艺术的价值表现在使社会趋向于和谐与美,这也是诸如机器生产、技术进步等其他因素难以替代的。

② 机器的价值

"限制使用机器"是阿什比重整理想社会主义价值观的核心内容。阿什比是第一个认识到只有丢弃复兴中世纪手工艺的打算,才能取得复兴实用艺术运动的成功的人,他曾在许多公开场合表示,现代文明离不开机器,不认识到这一点,就不能建立一种鼓励和资助艺术教学的制度。

阿什比的这一认识源于他事业上遭受的严重的经济和组织上的困难,特别是回归乡村试验的最终败北,惨痛的教训使得他不得不重新审视自己对机器的看法:

首先,在现代生产中,人类的个性不可缺少,但同时机器的参与也是不可或缺的。"据我对我所熟悉的行业所做的粗略的计算来看,在很多被社会主义者称为垄断的工厂企业中,约有百分之四十的机器使用是有弊的,约有百分之六十的机器使用则是有益的。"②

在建筑、细木工、雕刻、橱柜制作、锻造、珠宝制作等行业中,人类的个性是一个很

---

① Elizabeth Cumming, Wendy Kaplan, *The Arts and Crafts Movement*, London:Thames & Hudson Ltd, 1991, p.7.

② C. R. Ashbee, *Socialism and Politics:A Study in the Readjustment of the Values of Life*, London:Brimley Johnson and Ince. Ltd, 1906, p.23.

重要的因素。这是因为,在上述行业中,产品的价值更多地体现在人类个性的参与中:

一座著名的建筑之所以能名扬千古,除了它的质量、技术过硬外,还跟它巧妙的设计有关,建筑师总是喜欢将自己的梦想注入自己的建筑设计中,为作品增添一种新的精神,也正是这些不同的梦想和新的精神赋予了这些建筑新的价值,而这些无形的价值是单靠大规模、单一的机器生产所无法产生的;我们常常赞叹某些雕刻巧夺天工,极具灵气,这些内在的价值也并不仅仅源于雕刻工匠本身手法的娴熟、技艺的高超,而是很大程度上取决于工匠在雕刻过程中,适时地在作品中注入的那些表达个人情感的因素;正是这些情感的因素使得人们在观赏作品精致的外表的同时,也感受到了工匠想要表达的蕴于作品本身的内在神韵,即活的、有生命的东西。这就是为什么采用同样的花纹,使用同样的工具,不同的工匠雕刻出来的却是神韵内涵各不相同的作品的原因:你能感觉到作品所流露出来的不一样的气息、不一样的精神境界。相比之下,大规模的机器生产虽然也能雕刻出一样的花纹,但你只要稍稍体味,就会发现在这些机器雕刻的作品里,找不到人性的气息,找不到振人心肺的灵气。

然而,在另外一些行业中,机器生产的优势很明显。因为在这些行业的操作过程中,对人类个性的需求几乎是没有的,或者是说,这两种价值的需求比例是完全相反的,比如工程学、链条制造、零件加工以及类似一些不太需要表达人类个性的工业。这些工业有一个共同的特点,那就是它们都需要遵从一种模式,即几千几万倍的重复和精确,在这一过程中,机器使用得越多越好,人参与得越少越好。一个螺丝、一个零件,制造得越精确、越精细,越有利于组装和使用,越有利于提升产品质量;同时,整齐划一的批量生产也保障了产量,提高了生产效率,降低了成本,大大节省了社会的人力、物力资源,使人们有更多的空间去创造更多的社会财富。

也就是说,人类既不能盲目排斥机器,也不能盲目崇拜机器,而要在人性占优势的行业中限制使用机器,在机器占优势的行业中引导使用机器。

其次,以重视经济的伦理原则为出发点,利用机器进行大规模生产,有利有弊。阿什比认为,以经济利益为动力,追求产量、效益、利润,有利于新技术的研发和机器的更新,并将创造更多的科技和物质成果,有利于改善人民生活,把一部分人从枯燥、单一、繁重的劳动中解放出来。但是,由于经济利益的刺激,"当机器日益以不可阻挡之势成为新国家、新生活的基础时,大批量的规模化生产就必须存在,并被有力维持,而这种批量化生产本身就会对人性、文化、环境产生破坏性作用"①。这种破坏性是持久的、缓慢渗入的,同时也是不可阻挡的。它将包括创造性在内的人性以及传统一点一点地蚕食,直到人类完全沦为没有思想的机器和金钱的奴隶。所以,阿什比认为,限制使用机器,把机器的使用限定在人性、文化和环境能够可持续发展的限度之内是最为可取的。

再次,阿什比认为,"从目前来说,机器破坏了人类的个性,但从长远来看,机器的发展对于人类和社会而言还是有益的"②。在工业社会,机器的使用和大规模的批量生产是不可阻挡的历史趋势,从长远看来,人类文明需要机器来开路。艺术与手工业要想在激烈的竞争中生存,就不能拒绝机器的使用;限制使用机器,进而从内部重构工业社会,也许会是一条捷径,而"社会上存在一个受人尊重的手工业者阶层,这个阶层又乐于在新兴工业上做带头羊"也将是工业社会"良好的社会文化条件之一"③。

③ 自由空间的价值

在工业社会中,存在着一种倾向,或者说是一种现实,那就是机器凌驾于人性、文化之上,成为破坏人性、破坏文化的罪魁祸首。纵然我们已经承认现代文明离不开机器,但我们究竟应如何限制使用机器?

阿什比在他的理想社会主义价值观中就这一点为我们做出了解答,那就是创造"自由空间",即在机器大生产的工业之中,为人性、为文化留下足够其自由发展的空间。阿什比曾说过:"我想把社会主义从经济学家那里解救出来,我想看到社会留给诗人和艺术家更多的空间;也许首先是让诗人和艺术家们加入进来,我想看到现代社会主义能给《新约》一点更多的空间。"④

阿什比认为,这种"自由的空间"将广泛存在于工业社会生产乃至人们生活的每一个角落,它的惊人价值将越来越为人们所认同:

---

① C. R. Ashbee, *Socialism and Politics: A Study in the Readjustment of the Values of Life*, London: Brimley Johnson and Ince. Ltd, 1906, p. 55.
② Alan Crawford, C. R. Ashbee, *Architect, Designer and Romantic Socialist*, New Haven and London: Yale University Press, 1995, p. 116.
③ [美]胡格韦尔特:《发展社会学》,白桦、丁一凡编译,四川人民出版社,1987 年,第 92 页。
④ C. R. Ashbee, *Socialism and Politics: A Study in the Readjustment of the Values of Life*, London: Brimley Johnson and Ince. Ltd, 1906, p. 66.

首先,"自由的空间"能够挽救人类的精神。在过去的二十五年里,除了罗斯金、莫里斯以及爱德华·卡朋特,理想社会主义及社会主义的倡导者几乎都是把经济作为新国家的基础来计划和安排,而忽视了"精神",人文精神在经济和机器的夹击下日益萎缩。然而,只有经济的社会是远远不够的,人类的眼睛、思想和精神都需要更多的东西,这就是为什么阿什比在一开始就把社会主义定义为一种"信仰"的原因。在阿什比看来,人们似乎已经向经济的方向走得太远了:"我们的空间被腾出来作了其他的用途,而不仅仅是面包了"①,阿什比呼吁在理想社会主义价值观体系中为人类精神留下保护的空间。

其次,"自由的空间"能够挽救文化。"文化"一词在西方源于拉丁文"Culture",其原意是对土地的耕耘和植物的栽培,后来又引申为对人本身的精神的培养。文化的重要性不言而喻,它是国民精神的象征,是民族的精华,也体现了民族的特征。可是在大工业机器生产的冲击下,文化却面临着前所未有的冲击。大工业的生产方式,"由于它自身内部的矛盾,在创造现代国家的同时又在破坏着它……它按照自己的模样改造着一切民族"。② 机器的夜以继日地运转,挤掉了人们空闲的时间,也挤掉了给文化发展和传承的空间,使人们越发沉醉于经济利益,或者是彻底地成为机器的奴隶。

19世纪晚期,罗斯金、莫里斯用他们复兴中世纪手工艺等传统文化的行动唤醒了一部分沉醉在工业成果中的人们,使人们用他们前所未有的方式重新思考和感受,看到了人类自身对新价值观的需求,并愈发意识到生活中缺少并且必需的文化和美。于是他们向中产阶级竖起了这种文化观。这些人中并不全是社会主义者,但他们都热衷于社会主义背后的那种精神,那种目标是改善社会的信仰。而要实现这种信仰,就必须给文化以发展的空间,给文化以充分的自由,使人们从一台台的机器和一堆堆的钞票中清醒过来,真正地从精神上解放文化。

最后,阿什比认为,"自由的空间"能够促成人性、文化和机器的融合,形成人性、文化、机器与自由空间的和谐统一。只有创造出足够的空间和自由,把人类从排满了机器的泥潭中拔出来,才谈得上发展人性和传承文化,换而言之,自由空间

---

① C. R. Ashbee, *Socialism and Politics: A Study in the Readjustment of the Values of Life*, London: Brimley Johnson and Ince. Ltd, 1906, p. 65.
② [德]弗·梅林:《马克思传》,樊集译,持平校,人民出版社,1965年,第413页。

是人性和文化在工业社会中发展的生命线。

那么,自由空间从何而来呢?阿什比认为主要有两个途径:一是通过重组工场和作坊,改善生产方式;二是营造更多的安逸的环境。在机器占主导的行业中,重组工场和作坊,合理规划,提高效率,给工人以喘息和发挥的机会,为文化和人性腾出一定的自由发展空间;在崇尚产品个性而消灭机器的行业中,作坊也要被重组,以便给它的内部提供更多学习和提升的空间。

阿什比认为,当这些珍贵的自由空间取得之后,剩下的就是对人们人性和文化的熏陶了。通过组织各种丰富的文化休闲活动,增强对人们休闲生活的引导,使休闲生活向文明化、理性化和大众化转变,尤其是要重视对临时工阶层的教育。临时工阶层占了工人中很大的比例,由于现代条件的限制,他们往往不得不从早到晚重复地机械地操纵机器,虽然为他们国家创造了巨大的经济的价值,但同时也失去了自己的内在价值,失去了发展自己的个性和被传统文化熏陶的机会,成了一个不完整的人。所以必须通过普及教育使市民摆脱乡愚,使他们不致成为只会出卖自己力气的粗汉。

④ 其他有待重整的理想社会主义价值观

a. 财产私有权的价值观。阿什比认为,通过税收来转移财产私有权只是一种权宜,而不是一个新的东西。在距今很久远的年代,国王、政府、议会就已经开始这样做了,唯一出新的地方仅仅在于那些政治家们所作的伪装,如限制垄断、混淆价值和财富的含义等。"想要推翻人们对旧的平等和绝对平均主义的崇拜其实很容易,依照我的理解,这两者中的任何一个都不是社会主义信仰中的一部分……美国独立宣言曾说过所有的人都是平等的,但无须现在的美国人就可以否认这一点。所有的人都不平等,他们从来没有平等过,也永远不可能平等。"① 阿什比认为,在理想社会主义的价值观里,对这一点必须有所不同地承认,并也必须相应地承认财产私有权。

b. 税收的价值观。阿什比认为,税收应当建立在国家制度健全的基础之上,税收的目的应当是保障人民的生活水平,而不是为了保护某些特殊的工业。"我认

---

① C. R. Ashbee, *Socialism and Politics: A Study in the Readjustment of the Values of Life*, London: Brimley Johnson and Ince. Ltd, 1906, p. 18.

为国家的财政没有什么理由不建立在保障人民的生活水平这一基础之上",而且"未来的社会主义者很有可能是本着维持最低工资的原则来调整国家财政"。①

c. 养老金的价值观。阿什比认为,国家应当更加完善养老金政策,养老金政策的完善有利于人性的发展。为什么只有少数富人对那些美的东西感兴趣,并愿意花下大笔的金钱来购买这些艺术品?这很大程度上是由于大多数人在年轻的时候都忙于积累资产以保障自己年老时的利益和安全,他们出于对未来风险的考虑,没有能力也没有勇气用自己养老的本钱来追求艺术;但是相反的,如果他们的老年生活得到了足够的经济保障,他们将很乐意将自己的金钱投入自己所喜欢的艺术品上;同时,健全的养老金制度也有利于缓解年轻人的工作压力,使他们相应地有了一些休闲的机会和自由的空间,这些都将有利于人性和文化的发展。

此外,还有一个现实我们不得不承认,那就是当劳动者过了一定的年龄后,虽然他们劳动的速度不比以前,但是他们的能力、技术仍然是很优秀的,思维仍然是很敏捷的,而且他们的丰富经验是那些年轻的工人或工匠可望而不可即的。如果仅仅因为年老体弱就将这部分劳动者排除在市场之外,那么对社会资源绝对是一种巨大的浪费。技术和经验是社会的无形资产,并且它们的获得是必须经过时间的积累的,英国应当实现由济贫向福利社会的过渡,重视和完善养老金政策。

此外,阿什比理想社会主义的价值观还涉及土地、垄断、贸易联合、自由主义与保守主义、社会主义与中产阶级等多个方面,它们共同服务于阿什比艺术的理想社会主义价值观。

3. 阿什比理想社会主义的实践活动

19世纪下半叶,英国艺术与手工艺运动在"批判工业技术给社会的宗教伦理、道德状况、生态环境和人类资源带来严重灾难的语境中,通过复兴中世纪手工艺术来重铸工业化背景中人的信仰、灵魂和道德品质,来寻求自然的生存状态和情感的社会主义家园的人文主义"②。在这场运动中,罗斯金、莫里斯等理论先驱以艺术与手工艺为手段,唤醒了许多在机器中迷茫和沉睡的人们……阿什比也带着自己

---

① C. R. Ashbee, *Socialism and Politics: A Study in the Readjustment of the Values of Life*, London: Brimley Johnson and Ince. Ltd, 1906, p. 28.
② 于文杰:《论英国19世纪手工艺运动》,《史学月刊》2005年第12期。

挽救艺术与手工艺、重整理想社会主义价值观的抱负投入了这场轰轰烈烈的实践浪潮。

(1) 阿什比的手工艺协会

19世纪80年代在东伦敦兴起的社会实验的热潮预示着社会主义思想的日益丰富和成熟，同时艺术与手工艺运动也正处于它的高潮之中，许多手工艺作坊为了维持响应潮流都做出了相应的改革。但令人遗憾的是几乎所有的艺术与手工艺者都只是肤浅的妥协于工业生产，或是仅仅满足于设计风格的改善和作坊管理制度的完善，或是象征性地吸收了手工艺运动所倡导的只言片语，单单强调休闲的空间，颠覆了"快乐工作"和"有意义的休闲"的真正含义，使艺术和手工业在不经意中成了个四不像，在工业生产的冲击下显得更加不堪一击。"艺术只有忽略肤浅的风格的主题，并且吸取被改编的复活历史形式才可能成为一种有生命的艺术。"①

1888年阿什比建立的手工艺协会虽然与很多同行一样，继承和发展了罗斯金、莫里斯的浪漫主义理想，但与其他的手工艺作坊不同，阿什比建立的手工艺协会参照了中世纪的行会和意大利文艺复兴时的手工艺行会的经验，不受材料、形式等风格的束缚，体现了阿什比的个人理想，在实践的行动上是最为激进的。它将罗斯金"使每个人在工业生产的条件下寻找到令人热爱的工作"作为手工艺协会的目标之一，还加入了相当一部分Capenter②的理论：通过诚实苦干创造出简朴而实用的东西；英国工人应当建立一个属于自己的新的社会。阿什比将Capenter关于"共同的大爱"的思想重新解释为重视兄弟情谊、相互帮助、互相扶持，一并融入了自己在协会中所提倡的"同志精神"和"手工业者的联合"即"行业工会"中，以帮助工人们创造快乐、发扬个性、互相扶持，从而创造出真正美的、有生命的艺术品，以挽救濒危的艺术与手工艺行业。阿什比还认为，"手工艺也是可以靠自学获得的，手工艺人的技术可以随着他对工具的熟悉而不断提高"③。所以他也有意在手工艺协会中吸收一些缺乏技术的工人尤其是手工工人，通过协会内部的课程给他们以指导。

---

① Introduction by Beth Dunlop, *Arts & Crafts Masterpieces*, Phaidon, 1999, p. 1.
② Capenter也是大学时代对阿什比有深刻影响并给予很大帮助的一位知名设计师、建筑师。
③ Steven Adams, *The Arts and Crafts Movement*, London：Quintet Publishing Ltd, 1987, p. 67.

阿什比刚刚建立他的手工艺协会时仅有25岁,在父亲一气之下与自己决裂、没有任何家庭或专项资助的困境下,他还是毅然将自己的这一实践行动坚持了下来。因为在他看来,罗斯金、莫里斯等已经做了足够多的理论准备工作,现在最需要的就是通过实践将这些理想化为现实,将自己的理想社会主义付诸实践。在组建协会和筹集资金的过程中,阿什比拜读了 William Richmond Blake 的著作,并为其中的艺术家、理论家为拯救社会前仆后继的浪漫而伟大的形象所深深感染,这些都坚定了他将手工艺协会进行到底的决心。

1888 年协会成立之初,条件非常艰苦,私人筹到的资金至多仅有 300 英镑,其他的都依靠学校的赞助。协会最初的发起人除了阿什比之外只有四人,但运气好的是这四人都具有非常全面的才能:Fred Hubbard 是一位很有绅士风度但稍稍有些拘谨的理想社会主义者,他曾是市办公室的一名职员,办事能力很强,在阿什比的手工艺协会中,他主要负责装饰绘画和协会日常的行政事务。John Pearson 是一名手工高超的金属工匠,同时也是一名高级设计师,他主要擅长装饰,其作品在参展时常常为阿什比的手工艺协会赢得格外的关注和奖项,使一部分热爱艺术的公众开始关注阿什比位于汤因比的手工艺协会与学校。John Williams 也是一名金属工匠,他的技术相对于 John Pearson 虽然不是那么的出众,但在阿什比看来,他隐藏在沉默之下的才能和理想一经挖掘,其成就将不可估量。协会的第四个重要成员是 C. V. Adams,他擅长制作橱柜,在协会中的作用也非常重要。作为一名活跃的行业工会主义者和精力旺盛的装饰家,他帮助阿什比完成了协会手工工场的组建,1897 年当他离开协会时,阿什比十分惋惜地将他评价为"一位个性坚强、能力出众的极好的人才"①。

在设计风格上,阿什比本人及手工艺协会的产品与当时"艺术与手工艺"作品的典型风格截然不同。当时最流行的是中世纪哥特式的复兴,而阿什比的设计却更接近于意大利文艺复兴时期金工名家切利尼的风格;然而比起文艺复兴风格的繁缛、纤巧,他的个性更加简洁强健。阿什比钟爱风格化的自然题材纹饰,其线条与造型流转有致、明快洗练。

---

① Alan Crawford, C. R. Ashbee, *Architect, Designer and Romantic Socialist*, New Haven and London: Yale University Press, 1995, p. 33.

阿什比手工艺协会的思想基础是：每一位手工艺人都很重要，不存在毫无意义的个体。"如果每天的生活都贴近自然，那么就算是再平凡的人都会本能地生产出最美的东西。"① 在阿什比协会的手工工场中，劳动是不被分工的，每个手工艺人都参与着生产的全过程。阿什比希望通过这样一种模式，为每一位手工艺者创造自由创作的空间，激发每一个平凡个体潜在的才能，鼓励他们自己设计和制作表达自己个性的产品，使创作设计和制作合为一体。阿什比常说，每一位手工艺人都应当根据自己的个性形成一种风格，每一个手工艺协会也都应当有自己的特点。虽然并不是所有在他的协会从事创作的手工艺人都可以参与协会的管理工作，但当这些手工艺人为协会提供了一段时间的服务之后，他们可以通过选举参与协会管理的工作。同时，协会的每一个成员都应当拿出自己工资的一部分回馈投资给协会。在阿什比的精心经营下，他的手工艺协会终于正式转型为有限投资公司，阿什比曾兴奋地称其为"第一个官方代表劳工的注册公司"。

阿什比手工艺协会的一大特色是特别强调合作的系统，"鼓励协会成员在生产中的合作，互相取长补短"②，通过"重建建筑师、设计师、手工艺人之间的和谐，将手工业者之间联合的情谊带到每一天的生产中去，为艺术与手工艺注入新的活力"③。阿什比对合作的价值界定与 T. H. Green 在自由主义改革中的观点十分相似。阿什比认为，提倡合作意识并不是单单为了加强对工厂和工人的控制，或是在年底多创造些利润，而主要是为了教育工人，使他们接触并认识工厂运作的复杂情况，培养他们全面的技能，为树立互助互爱的"同志精神"、建立行业工会打下一定的思想基础和物质基础。在手工艺协会运作的初期，由于协会成员较少，这样一个用心良苦的系统显得有些多余，但随着协会的发展和人数的增加，尤其是到了协会发展的中期，这一系统运作得非常完美。

阿什比手工艺协会的另一个特色是极具胆识，甚至可以说他的协会在手工艺行业内的冲锋是大胆无畏的。阿什比试图在自己的协会中建立一种极富战斗精神

---

① Introduction by Beth Dunlop, *Arts & Crafts Masterpieces*, Phaidon, 1999, p. 16.
② Steven Adams, *The Arts and Crafts Movement*, London: Quintet Publishing Ltd, 1987, p. 67.
③ Elizabeth Cumming, Wendy Kaplan, *The Arts and Crafts Movement*, London: Thames & Hudson Ltd, 1991, p. 6.

的行业工会,以倡导他的"同志精神",决心用行业工会的精神来代替禁欲主义和盲目的创造主义。阿什比认为,英国艺术和工业的命运最终将由英国的工人阶级来决定,尽管在现在看来,他们解决社会政治和经济问题的行动较为迟缓,但最终他们将在"财阀阶层的污秽统治之中呼唤出新文明的郁金香"①。于是,自1891年阿什比因与协会部分委员意见不合而搬进自己位于埃塞克斯大楼的手工工场以后,阿什比大力倡导协会的战斗精神,他的手工艺协会以前所未有的速度活跃起来。19世纪末,协会手工艺人的工作已涉及紫铜器、黄铜器、铁器、银器、搪瓷制品的铸造,珠宝的制作,橱柜制造,铸模,雕刻,以及艺术品的修复和装饰等项目。1898年莫里斯去世后,阿什比毫不迟疑地接管了他著名的凯尔姆斯科特出版社,带着莫里斯最优秀的印刷工人,在 Whitechapel 重新成立了他自己的埃塞克斯大楼出版社。

同时,随着协会名誉的不断提高,阿什比也经常受邀演讲,在他的一次题为"从手工工场的角度看装饰艺术"的演讲中,我们可以清楚地体会到阿什比对手工艺协会环境的要求:"现今搞好所有行业的关键是社会环境和条件……艺术家的工作室总是选在令人愉快、安逸的环境中,如城郊小屋,工作室的装饰总是洋溢着传统的、中世纪的热情;虽然我们的手工工场的地理位置不可能选得像工作室那么完美,只能靠着喧闹的大街和被工业废水污染的河道,但它至少也应当同工作室一样明亮。"②

此时,阿什比和他的手工艺协会在国内外已经有了很高的声望,协会的许多作品都在国内外参展,涉及阿什比手工艺协会的文章也频繁出现在《工作室》《艺术杂志》《艺术与手工艺季刊》等国际知名艺术期刊中。

(2) 阿什比的手工艺学校

阿什比先是在汤因比礼堂开办了名为"罗斯金阅读班"的系列讲座,帮助年轻工人了解罗斯金的理论,不久,他又增开了相关的绘画与装饰课程。讲座的大受欢迎,增强了他致力于工读教育的决心。1888年,即建立手工艺协会的同一年,阿什比成立了自己的手工艺学校。

---

① Fiona MacCarthy, *The Simple Life*: *C. R. Ashbee in the Cotswolds*, London: Lund Humphries, 1981, p. 25.
② Fiona MacCarthy, *The Simple Life*: *C. R. Ashbee in the Cotswolds*, London: Lund Humphries, 1981, p. 25.

阿什比早些时候的书信、标题和发起书，都采用了"手工艺学校与协会"的顺序，这些都似乎暗示着在阿什比看来，相对于手工艺协会而言，学校的地位可能更为重要。这也是为什么阿什比认为集资和慈善捐助都应当首先被投放到学校而不是转入到协会的手工工场的原因。

学校成立的第一年仅有八十多个学生，虽然也有一些额外加办的学习班，但这些学习班一般都在周末的晚上开课，学生流动性也很大。在阿什比的手工艺学校中，Williams 负责教授金属铸造、陶艺、木雕，以及石膏模型的制作等课程；Adams 和 Hubbard 轮流讲解木工的课程；阿什比则为学生上装饰课。年龄较小的男学员的课程均由 Llewellyn Smith 代为教授。学校的学生主要来自小商店主、工头、工人阶级以及贵族家庭。调查显示，绝大多数老师的专业课都只开到 1889 年，但也有少数课程的开课时间达二十年之久，如手工艺贸易、珠宝、雕刻、装饰、油漆等。

有趣的是，在阿什比的手工艺学校中，没有专门的教学系统和教育哲学那些著名院校所固有的陈设，在这里被教授的只有简单的设想、耐心，以及老手工艺者的宝贵经验和教训。这是因为在阿什比看来，"经验能迅速有效地刺激学习"①，教授艺术与设计必须与实践生产相结合，这些也是学校教育理想的核心。手工艺学校的工作重心在于手工艺教育，而协会仅是附属于学校的实践作坊，是学校的脊梁。

学校还重视对学生创造性的培养。阿什比认为每个学生首先必须学习设计创意，然后借助其他课程，学习怎样将设计运用于不同的材料，如木材、金属、陶土、石膏、需彩绘的平板。② 因此，教学的重点不在于仿效普通的技术学校，而是试图通过培养个性鲜明、敢于创造的工人，响应手眼结合的创新教育的呼声。

阿什比认为，"当想象的东西与实际材料相结合，通过工人的手工作品表达出来，想象就可以化为现实，而可惜的是现在我们的文明太缺乏想象力了"③。

同手工艺协会一样，学校也注重对学生浪漫主义和理想社会主义情结的培养，崇尚淳朴的乡村气息。在 1889 年夏天，学校组织学生去一个乡村度假。学生们围

---

① Alan Crawford, C. R. Ashbee, *Architect, Designer and Romantic Socialist*, New Haven and London: Yale University Press, 1995, p. 36.
② [英]爱德华·卢西-史密斯：《世界工艺史》，朱淳译，浙江美术学院出版社，1993 年，第 210 页。
③ Steven Adams, *The Arts and Crafts Movement*, London: Quintet Publishing Ltd, 1987, p. 67.

坐在阿什比以前的一个橡树屋里读 Ruskin Plato 和 Suedenborgm 的著作;他们惬意地睡着吊床,直到清早被一些不知名的家伙用粗布赶起来;他们到海边溅着泥浆走路,欣赏坎特伯雷的哥特式建筑;他们在教长宅邸的花园里品茶,在旅馆里吃晚饭。在所有的成年人包括阿什比,Llewellyn Smith,Laurre 和 Wiuiams 在进行速写的同时,孩子们做洗衣服的工作。调皮的孩子们常常聚成一圈计划如何逃避洗衣服这项太耗费耐心的工作,但总是没有成功⋯⋯不过在假期的最后,孩子们都得到了"解放",因为他们得腾出时间和力气做点其他令他们感兴趣的工作。

在阿什比的妻子看来,阿什比"不仅仅是一位极具天赋的老师,还具有毋庸置疑的观察和了解孩子的能力,他通过自己的课堂来爱这些学生,并相应地从他们那里得到了回报"[①]。但遗憾的是,阿什比的手工艺学校很快积满了分歧的阴云。学校一直在为费用担心,经济始终不能自立。1890 年 6 月,学校委员会的成员举行了第二次草拟规章的年会,会议提出对学校健全的和直接的管理,规定了学校今后的发展方向和资金来源,要求学校对委员会负责。这彻底打击了阿什比设想的根基——学校是协会的翅膀,协会服务于学校。

于是,阿什比打算在学校的学生中任命一个男孩做他的秘书,以帮助他在学校推行"同志精神",并更加密切协会与学校的关系,用协会来支持学校。但是他的提议被委员会的大多数成员否决了。

阿什比与委员会的这种分歧似乎是不可避免的,因为理想社会主义和同志精神是两种不同的观点。在阿什比看来,手工艺学校异常重要,它应该独立依靠协会的成功和支持,而不是永久的私人资助或是其他不定期的社会援助;手工艺人也应当是独立自主的;如果需要的话,协会可以资助以帮助学校和个人减低费用。另一方面,以 Llewellyn Smith 为首的委员们,希望学校有自行制定费用和调整教育工作的自由,从科技教育的整体来看待学校,在伦敦建立更好的贸易和手工艺培训,这是教育和社会的客观需要,将学校和手工艺协会完全拴在一起肯定是突兀的并最终导致双方的挫败。

此外,学校最初的运作主要得益于汤因比大楼的资助,Canon Barnett 曾是高

---

① Rosalind P. Blakesley, *The Arts and Crafts Movement*, London:Phaidon Press Limited,2006,p.70.

度重视学校教育并给予巨额资助的慈善家之一,阿什比也曾经很敬重他的慷慨为人。但随着工作和了解的深入,阿什比渐渐地发现他满脑的都是"宦官思想","圣洁得冷血"……他将工作进程推进得太快,以至于松懈了对年轻人道德和热情的培养。

阿什比认为,自己与 Barnett 不同,自己的行动线应当是始终高举新社会主义的神圣之灯,巩固人类真实的情感。而他在和 Barnett 一起共事的时光中,阿什比看到的只有他性格中变化多段的阴暗面:Barnett 虽然看上去是一位慈善的中层人士,但他个人没有明确而坚定的信念,他左摇右摆的行为常常使阿什比感到背叛。

Arthur Laurie 以及其他学校委员会的成员也对 Barnett 感到了失望,并厌倦了汤因比楼的工作和生活。原先他们积极寻求一部分中产阶级的支持,是希望通过为穷人做点好事而成为年轻的显贵,尤其是在 1889 年汉普·沃德女士的关于殖民地的小说出版后。但他们美好的愿望并没有达成,同时,受社会主义思想和东伦敦社会试验的感染,阿什比和他的伙伴们对东伦敦工人的一般生活方式,尤其是劳工领导者们的生活产生了好奇,他们决定向东移动,决定将手工艺学校迁到迈尔安德路的埃塞克斯大楼重新开始。1889 年,阿什比这样写道:"所有的准备都做好了,世界的伟大纪元要重新开始了。"

和阿什比一起迁入的还有 Llewellyn Smith 等人。Llewellyn Smith 曾是牛津的研究生,帮助 Charles Booth 进行过题为"伦敦人的生活和劳动的调查",他的学识为阿什比更准确地认识社会主义和工人阶层提供了很大的帮助。1899 年 5 月,阿什比在协会的手工艺人俱乐部的开幕仪式上发表了演讲,声称他们已经搬入了伦敦中对于工人十分重要的地区,殖民地的语言对他来说已经很容易了。

(3) 阿什比在奇平·坎普敦的试验

随着手工艺协会与学校声望的提高,阿什比内心深处对浪漫主义的追求和对理想社会主义的向往越发强烈,他迫切希望通过一场浩浩荡荡的运动将自己的实践理想进行到底,将美、自由、人性、同志精神与自己逐渐成熟的理想社会主义价值观相结合,建立一个真正属于艺术和手工艺人自己的精神家园。这就是阿什比将自己的手工艺协会迁入奇平·坎普敦的初衷。当然,阿什比进军坎普敦并不是一时的冲动,而是事先进行了多方面的调查和思考。

20 世纪初,大工业生产继续以它庞大的规模和快节奏的生产吞噬着手工艺行业，同时也将喧嚣的街道、污染的河道以及刺鼻的空气一并带给了人们。在这种恶劣的条件下，手工艺的创作和发展举步维艰。"简单生活"运动应时而起。追求简单的生活，并不单单意味着思维的简单和精神的放松，而是通过倡导人们回归土地，过简朴、健康、快乐的生活，证明获得美好的生活是每个人生来就具有的权利；简单、快乐的生活方式能够为人们创造足够的自由空间，激发人们潜在的才能，这也是文艺复兴晚期关于"人性"的总的学说。相对于城市而言，在乡村似乎更容易实现这种理想的生活。

"简单生活"运动给了阿什比很大的启发，他也认识到了"在伦敦培养孩子和成熟的手工艺人是远远不够的，富有创造性的完整的生活只有在乡村才有可能实现"。① 于是，他萌生了借助"简单生活"运动的精神在乡村寻找一块试验田，以实现"复兴艺术与手工业，提高工人生活质量"②的想法。

为了寻找合适的乡村，阿什比曾考察了国内 30 多个偏远的地区，综合比较过许多地方，如 Letchworth、位于 Kent 的水厂以及 20 年前曾被莫里斯考查过的坎普敦附近的一个废弃的丝织厂。1901 年夏，在协会每年一度的暑期水上旅行中，阿什比惊喜地发现了沉睡于柯茨沃兹丘陵的古老小镇奇平·坎普敦。这是一座端庄古朴的美丽城镇，所有的建筑都用当地盛产的黄石砌成，在夏日的阳光下闪烁出金色的光芒，阿什比兴奋地将其称为"太阳之城"③。但最终使阿什比下定决心选定坎普敦的，是一位家住在坎普敦附近的朋友 Rob Matin Holland。他是一位年轻的马丁银行的执行官，对坎普敦的情况非常的熟悉，并认为坎普敦将成为阿什比手工艺协会试验的最佳选择：

首先，这里有实践的优势。坎普敦是一个小镇，虽然现在已经没落了，但它曾因羊毛贸易而繁茂一时，有很多房屋是空置的，适于协会的入住。此外，这里还有一个建于 18 世纪的旧丝织厂，很适合将它改造成为协会的手工作坊。

不过，相对于低廉的租金和闲置的空房来说，追求理想社会主义和浪漫主义的

---

① Rosalind P. Blakesley, *The Arts and Crafts Movement*, London：Phaidon Press Ltd, 2006, p. 80.

② Rosalind P. Blakesley, *The Arts and Crafts Movement*, London：Phaidon Press Ltd, 2006, p. 70.

③ 袁熙旸：《寻梦乌托邦——C. R. 阿什比与"手工艺行会"》，《南京艺术学院学报》2003 年第 4 期。

阿什比似乎更中意于坎普敦的象征意义。在众多的候选地中，坎普敦离阿什比原来的手工艺协会所在地距离最远，象征着这将是一个远离工业社会、能够复兴手工艺的世外桃源，没有比在这样一个未曾被机器大工业破坏的中世纪的羊毛小镇上建立他的手工艺协会更诱人了。并且，从各方面看，坎普敦都是乡村平静甜美特质的典范。

1901年的圣诞节期间，协会全体成员就阿什比的迁移提议进行了充分的辩论，在最终的表决结果中，三分之二人投票赞成。当时正出差在外的阿什比获悉投票结果欣喜若狂，他既为终于能够"告别巴比伦、回归大地之家"而感到高兴，更为工匠们能够用民主形式决定自己的命运而深感欣慰。截至1902年底，协会总共雇用了72名工匠，其中绝大多数是土生土长的伦敦人。很多人因为不愿意背井离乡而选择了离去，但迁往奇平·坎普敦的决定最终还是得到了多数人的支持。

1902年5月，首批到达的是骑自行车而来的单身的年轻学徒，其后3个月中，50名工匠携家带口、一行150余人浩浩荡荡地进驻原有人口仅1500人的小镇，将小镇改造成了一个"充满兄弟情谊、充满人性和爱的世外桃源"①，这可以说是"艺术与手工艺运动"历史上最壮观的一幕。

旧的丝厂厂房被改造成了协会的总部，并被重新命名为"埃塞克斯大楼"；地下室被改造成了办公室和浴室，一楼是银器和珠宝制作的工作室，二楼是橱柜制作和木雕的工作室。② 由于很多中年工匠留在了伦敦，协会在伯明翰等地又重新招募了一批新成员，其中很多是刚刚从艺术学校毕业的年轻人，这批新人迅速成长为行会的中坚力量。同时，为了向外界展示搬迁后的新成果，争取新的客户，协会1902年10月在伦敦举办了以"人间乐园中的手工艺人"为主题的大型展览。阿什比在这个小镇开始了他挽救艺术与手工业的梦想，全面实施其协会式社会改革的实验。

阿什比强调艺术和"美"的卓越性，为工人和协会创造了一种独特的工作和生活方式，一种歌谣般的生产和生活。在这里，阿什比试图建立这样一种逻辑：每一个人都应该对他所做的事情负责，如果可能，每一个人要成为一名艺术家；工作和

---

① Steven Adams, *The Arts and Crafts Movement*, London：Quintet Publishing Ltd, 1987, p. 69.
② Mary Greensted, *The Arts and Crafts Movement in the Cotswolds*, America：Alan Sutton Publishing Ltd, 1993, p. 46.

休闲应当是交替的,并且都应当是快乐的;每一个人都应当做好自己分内的工作,工人要多思考,脑力劳动者要多实践;只有在最自然的环境中才能创造出最完美的艺术品,好的工作能够造就完美的人。

于是,阿什比手工艺协会的产品存在参差不齐的情况,有的极为精美,有的略显草率,而且风格上并不完全统一。其原因在于就阿什比不迷信天才,希望每一个人都能成为一名艺术家。他重视的是普通人深藏不露的创造力,并且相信这种创造力的根源不完全在于天赋,更主要的是人格的魅力与人性的光芒。阿什比"相信所有创造性的努力都具有同等的价值"①。阿什比曾说过,协会工匠们的很多作品之所以让他爱不释手,不是因为设计的巧妙、工艺的精致,而主要是因为他熟悉其创造者,人性的力量可以在其中窥得一斑。

阿什比非常重视有意义的休闲,认为有意义的休闲是创造力的来源,极力为工人创造自由和休闲的空间,这也是阿什比在他的教育办学中一贯所强调的。阿什比认为,"在坎普敦一个游手好闲者都不能被容忍",在创作和再创作中,在用快乐改造生产和生活的过程中,都离不开有意义的休闲。

于是,在坎普敦各种休闲文化活动迅速开展起来。每年初,协会都要举办夏泳运动,以及足球、曲棍球和自行车比赛。协会还特制了制服和奖杯,并邀请当地居民和手工艺人一起参加。此外,协会还为热爱音乐的工匠请来了 Jim Pyment 组建的乡村乐队演奏表演,经常组织戏剧表演、民谣复兴、体操训练以及各种科学的讲座,如 Walter Crane 的讲座,以及包括刺绣缝纫、园艺、洗衣、物理学等许多实践性的指导培训,成功地实现了有意义和有价值的休闲。这些休闲文化活动的开展,不仅增进了协会内部的集体归属感与凝聚力,还建立了一种以行会制度为基础的乌托邦,是一种对新型的社会结构关系的勇敢探索。从这一点看,阿什比的实验似乎更接近于俄国的改良主义者,特别是托尔斯泰的社会民主主义思想。

阿什比还在乡村的协会中倡导简单与简朴之风。当时协会产品的设计风格都非常简朴。协会的金属制品,如刀叉、盘子、花瓶,都受中世纪的影响,以半考究的

---

① Elizabeth Cumming, Wendy Kaplan, *The Arts and Crafts Movement*, London: Thames & Hudson Ltd, 1991, p. 7.

石头为装饰,采用简单而谦逊的设计风格;①协会制作的橱柜也通常以朴素的橡木和胡桃木为主材料,辅以装饰性的金属把手和铰链,有的橱柜甚至去除了所有外表性的装饰,仅由一块块的木板巧妙地拼制而成;阿什比还提倡简朴的穿着、简单的食物和娱乐:他自己整日穿着乡村式的夹克、宽大的灯笼裤、保暖的羊毛袜和短胖而结实的大靴子;吃的也很简单,几块煎蛋饼、包了奶油的水果派以及一杯浓浓的咖啡;娱乐也很简单,夏天在树林里散步、冬天围坐在火炉边唱歌。

开始两年,阿什比的实验进行得似乎井井有条,相对于英国其他地方而言,在坎普敦的生活就像一幅乌托邦式的美丽图画,阿什比在这块古老而又美丽的地方建立了一个艺术与手工艺的家园。在这个梦幻般的小镇里,没有机器的轰鸣声,没有浑浊的空气,没有肮脏的河道,没有工业的竞争,没有工业资本家的催促、歧视和压迫;只有自然的气息,田园的风光,热情淳朴的村民和互助互爱、有着兄弟般情谊的人性化的手工艺协会。这里有宽敞明亮的工作室,有亲切通达的指导,有丰富多彩的休闲活动;每一个人都能够快乐的工作,自由的想象,勇敢的创作,幸福的生活。在坎普敦,许多年轻的手工艺人不断成长,设计制造了许多朴素、自然、有生命的美的极品,并多次参与伦敦的艺术与手工艺展览。阿什比早期关于远离城市在英国的偏远乡村重建手工艺尊严的浪漫主义理想似乎基本上得到了实现。

然而,现实是残酷的。阿什比协会所在的乡村毕竟还是离不开英国工业社会的大环境。不久,严重的危机初现端倪。1904年,协会的经营首次出现了赤字,阿什比因此不得不关闭了埃塞克斯大楼出版社。此后几年,协会的经营每况愈下,在多方奔走、筹资无果的情况下,不得不于1908年宣告破产。多年共事的工匠们面临着劳燕分飞、各谋出路的痛苦选择,为了解决一部分不愿离开奇平·坎普敦的工匠的生计问题,阿什比竭力游说美国富豪约瑟夫·菲尔斯出资,建立了"手工艺协会信托基金",在坎普敦附近购买了70英亩土地,供留下来的工匠居住与务农之需。该基金会一直存在至1914年世界大战,但最终仍无法挽救协会破产的命运。

协会的失败给了阿什比很大的打击,第一次世界大战爆发后,阿什比开始了颠沛流离的生活。他先去埃及担任了开罗大学的英语教授,后又转赴英国控制下的

---

① Steven Adams, *The Arts and Crafts Movement*, London: Quintet Publishing Ltd, 1987, p. 68.

耶路撒冷从事城市规划工作。但是，阿什比并没有放弃自己早年的人生理想，拯救当地传统工艺、保护古代遗迹仍然是他关注的中心课题。

暮年的阿什比回到了英国，在继续"花园城市"理论研究的同时，笔耕不辍，他一生著述多达94种，是继莫里斯之后艺术与手工艺运动后期公认的理论权威。

4. 阿什比理想社会主义及实践活动述评

纵观阿什比的理想社会主义及实践活动，有长有短，有喜有悲。本章将分别从阿什比的理想社会主义价值观及其实践活动两个方面试析其历史价值与意义。

(1) 阿什比理想社会主义价值观的基本特征

阿什比的理想社会主义价值观产生并形成于19世纪末20世纪初工业文明的英国。随着机器大工业更加集中的生产和更加复杂、更加细致的劳动分工，劳动者所掌握的专业技能和接受的培训课程愈来愈窄，工作的节奏愈来愈快，工人们不得不沦为机器大轮下的一个个小齿轮，成为只会机械地操作机器的木偶。同时，紧张而又单调的工作在无情地剥削了工人们几乎所有休闲空间的同时，也导致了他们的创造性乃至思想的枯竭。科学功利主义至上，人文精神日益萎靡，与人文精神密切相关的艺术与手工业也在工业文明思想的冲击和批量生产的竞争下纷纷衰落，面临着设计和生产的危机。

阿什比在自己理想社会主义的价值观中继承和发展了艺术与手工艺运动先驱的精神，以社会主义为旗帜，倡导社会主义信仰，通过社会主义思想中的政治、经济理论以及"同志精神"和"工联主义"，为艺术与人性营造空间，推进社会成员之间的相互帮助和人文关怀，实现全社会的、和谐的快乐劳动和快乐生活。相对于同时代其他手工艺运动的倡导者而言，阿什比的思想无疑更加深刻和激进。

我们认为，阿什比理想社会主义价值观的主要特征有：

第一，阿什比批判资本主义社会的价值观，呼唤广泛的社会主义信仰。阿什比认为是工业社会颓废的精神状况带来了粗糙、丑陋的生产，可耻的浪费，以及社会的不公正和阶层的不平等，他呼吁建立全面、和谐的"理想社会主义"精神家园。

第二，阿什比辩证地看待机器，认为现代文明离不开机器。阿什比认为，机械化生产和人性化劳动是可以相互促进的，总的来说，机器生产作为一种大的趋势将伴随着时间的推移愈发显示出它的优势。

第三，阿什比重视人性和自由空间的价值，提倡有意义的休闲和人的全面发展,认为文化的传承和人的精神的提升是一个社会制度得以稳固的根本。工人的工作和休闲的交替以及丰富的业余生活,有利于工作和生活质量的提高,有利于创造性的发挥、思维的解放和人性的发展,有利于艺术和手工艺的长久生存。

第四,阿什比提倡用艺术的方式来重构社会,依法治国,用爱感化,呼吁手工业者乃至各阶层的联合互助,通过建立在更加集中生产之上的对财产更加平等的分配,以及基于科学的、历史的和道德原则的法令的约束,实现改善社会的目标。阿什比揭示了资本主义社会所有人的不平等,希望通过调整税收、完善养老金等国家立法的方式,来保障工人和手工艺人的权利。

从上述特征中,我们不难看出阿什比深刻的、进步的人文理想。他看到了掩藏在资本主义工业文明辉煌物质成果下的人的物化和人文精神的枯竭;揭穿了资本主义社会为人们编织的人人平等的美丽谎言;揭示了盲目追逐工业文明带来的生产和生活环境的恶化;希望以立法的方式,辅以社会成员之间的联合互爱,建立和谐的、艺术的社会主义精神家园;唤醒了一部分醉心于工业文明和功利主义的民众;宣扬了社会主义的理想,在一定程度上有利于工人阶级的觉醒以及社会主义思想的普及和发展。

同时,在艺术与手工艺的众多理论先驱中,阿什比第一个承认机器的重要性。他认为,对抗工业体系是无用的,但极其有必要进行尝试,并从内部重构工业文明。这一观点为后人在工业文明中改进艺术设计、推进艺术和手工业的发展提供了重要参照;阿什比肯定机器生产下自由空间的价值,为工人的创造和艺术家的创作都留下了激发灵感的空间,使每一个平凡的人都有了提升人性、创造艺术、发展潜力的可能,使艺术与手工艺不至于因为繁重的工作、灵感的枯竭和人性的丧失而消失。

但是,我们也应当看到,由于阿什比重整理想社会主义价值观的初衷是挽救濒危的艺术与手工业,他的理想社会主义价值观具有很明显的偏向性。他"以社会主义为手段,呼唤为劳动建立一个美的、健康的、健全的艺术和社会环境"①,但其价值观几乎都是完全服务于挽救艺术与手工艺、弘扬人性的需求和快乐劳动、快乐生

---

① Steven Adams, *The Arts and Crafts Movement*, London: Quintet Publishing Ltd, 1987, p. 58.

活的目的。

所以,我们认为从严格的意义上来说,阿什比并不是一个完全的社会主义者,也许用"一位借助社会主义思想武器勇敢站起来保卫艺术与手工业的艺术家和思想家"来形容他更为合适。阿什比"这种基本上是浪漫主义的研究方法往往把一种传统文化与另一种传统文化对立起来"①,顾此失彼,不能全面地解决社会问题。虽然阿什比在分析社会问题时提出要从经济的、政治的、历史的等多方面来考量,但他几乎无一例外地全部从保护中世纪传统的艺术和手工艺的角度来分析问题和解决问题。因此,从整体上来说,阿什比所重整的并不是全社会的价值观,而是维护艺术的价值观,这也就决定了阿什比的价值观虽然看似囊括了很多方面和阶层,但始终无法得到各阶层广泛的响应。

同时,阿什比理想社会主义的价值观也存在着过于理想化、措施和方案浮于表面的局限性。他对于改善社会的目标看得过于乐观,提出的解决措施不够具体有效,忽略了很多现实复杂的问题,如经济的支持、民众的理解、资产阶级与工人阶级之间不可调和的矛盾,工业社会资产阶级的立法、行政、税收的本质等。总之,"生产的每一个进步,同时也就是被压迫阶级即大多数人的生活状况的一个退步。对一些人是好事的,对另一些人必然是坏事,一个阶级的任何新的解放,必然是对另一个阶级的新的压迫"②。阿什比的价值观虽然有一定的进步性,但终因过于理想化以及社会环境的复杂而无法实现。

(2) 阿什比理想社会主义实践活动的意义及评价

诞生于 19 世纪中叶的艺术与手工艺运动,是手工艺由传统向现代转型的开端,英国手工艺运动的顽强生命力,就在于它对社会现实问题的关注及对人文理想的执着。艺术与手工艺作为一种新的生活方式与文化载体,体现了不同艺术家和社会成员本质的创造力和丰富的精神生活。在众多艺术家、理论家、思想家前仆后继的努力下,英国手工艺运动很快突破了艺术实践的狭小范畴,深入到了社会改革、文化教育等较为宏大的领域。尤其是阿什比理想社会主义的实践活动,呼应了艺术与手工艺运动的精神,使人们在享受工业文明带来的成果的同时,不得不深思

---

① [美]西里尔·E. 布莱克编:《比较现代化》,杨豫、陈祖洲译,上海译文出版社,1996年,第1页。
② 《马克思恩格斯选集》(第四卷),人民出版社,1972年,第173页。

这其中所包含的成本和代价。

阿什比一向称自己为"理想主义的实践者",认为自己一生中最重要的工作就是将理论和理想付诸实践。从建立手工艺协会,到成立手工艺学校,到后来将协会迁徙到乡村进行一场盛大的试验,都是他追求理想主义的实践活动的具体表现。

纵观阿什比理想社会主义的实践活动,最为重大的莫过于他将位于市中心的手工艺协会搬到奇平·坎普敦的大迁徙运动,这一壮举不仅在当时轰动了整个艺术界,掀起了艺术与手工艺运动的高潮,还大大鼓舞了手工艺者们的士气,为后人提供了宝贵的经验和教训。

就其失败的原因,阿什比将其主要归结于外部的因素,即社会环境的不利,而不是协会内部本身。他将伦敦的利伯蒂公司等主营装饰品的商业机构视为协会的头号敌人,认为利伯蒂公司模仿他与手工艺协会的设计风格,采用工业的方式批量生产廉价的银质装饰品,对协会构成了相当大的冲击。同时,阿什比认为,对行会的威胁还来自以出身中产阶级的妇女为主的手工艺爱好者:没有衣食之虞的她们,从事手工艺的目的主要在于修身养性,而不是赚钱养家,她们常常以很低的价格出售其二三流的作品,从而对真正的手工艺人构成了很大的冲击。然而,我们认为,还有很多内部的因素是阿什比当时所没有考虑到或者是不愿面对的:

第一,协会对经济的运作不够灵活。协会过于庞大的规模严重削弱了其经营的灵活性,对经营风险的调适能力相对较差。同时,协会地处偏远,运输成本高昂,商业信息落后,与客户沟通的渠道滞塞,为了维持富余人员的生活,协会还不得不在订货不足的情况下,继续维持原有的生产规模,导致产品的严重积压,市场适应能力较差。

第二,阿什比的失败也与他过于理想化、过于乐观、对他的手工艺人期望过高有关。阿什比的浪漫主义想象与客观现实之间存在着巨大的落差:首先,阿什比用以支撑协会的思想基础过于理想化,手工业协会的利他主义性质不够现实,协会缺乏基本的资助,许多手工艺人和他们的妻子家眷对阿什比的"同志精神"的理论一无所知。其次,从阿什比到手工艺协会的多数工匠,都是土生土长的伦敦人,对于乡村,他们并没有全面的认识,更不用说是直接的生活体验。协会工匠们所擅长的技艺主要针对的是城市市场,在乡村他们难觅知音。最后,阿什比的手工艺协会虽然名义上是"乡村的手工艺社团",但它的组织结构、经营模式都建立在城市生活的基础之上,与乡村的传统格格不入。阿什比将他的搬迁之举看作手工艺人"回家",而在坎普敦本地居民的眼中,他们是破坏乡村宁静生活的不速之客。不同的方言、不同的价值观念、不同的生活习惯造成了双方的隔阂,使阿什比和他的社会主义理想不能真正地与乡村和谐地融为一体,阿什比等将自己看作文化和传统的传播者,而当地居民则将他们视为居高临下的说教者。

总之,阿什比的伟大实验,完全建立在乌托邦的幻想之上,虽然从一开始它失败的命运就已经注定了,但它毕竟是一种对文化传统和人性价值的检验。对于阿什比来说,艺术与手工艺运动的最大发现之一,就是重新揭示了乡村的手工艺作坊是提升手工艺技能的宝库。与莫里斯的深思熟虑相比,阿什比一生的探索都建立在空中楼阁式浪漫理想上,这是其悲剧所在,但同时也是其伟大之所在。莫里斯虽然是一位积极的社会主义者,主张社会平等和反对压迫,但在其晚年却出现了矛盾的现象:一方面他的社会主义理想进一步发展,另一方面他的设计却变得越来越复杂和昂贵,他所接受的设计委托多是豪华宫殿的室内装修设计;而阿什比自始至终真正地将"朴素的社会主义"进行到底。

阿什比的实践活动对于"艺术与手工艺运动"的最大贡献,就在于他崇尚人性,勇于创新,弘扬浪漫主义和理想社会主义的传统,以社会主义为信仰改善社会。他发展和完善了手工艺的行会理想,并试图在一种社会主义理想的背景下,将民主、平等的政治经济制度与寻求简朴生活、回归自然、回归传统、快乐劳动、尊重个体创造性、崇尚大众艺术的精神文明相结合,建立一种以协会制度为基础的"理想社会主义"情感家园。他不仅以超凡的勇气鼓舞和震动了手工艺同行,还以实际行动再次证明了艺术与手工艺运动并不局限于手工艺的保护与复兴或使艺术与技艺相结合的狭隘领域,与其他打着行会旗号的手工艺组织相比,阿什比的手工艺协会是最成熟、最完整、最典型、最激进的一个。

阿什比建立手工艺人的行业工会、倡导互助互爱的同志精神和兄弟情谊的思想后来被 Wiener Werkstatteb 继承和发展;阿什比手工艺学校将理论、实践与艺术美学等多个方面相结合的多元一体的教育思想后来被纳入英国的教育政策中,尤其体现在 20 世纪 30 年代 Henry Morris 的乡村大学中;阿什比将有创造性的手工艺人看成文明社会最重要的因素的观点,也在一定程度上从近年来的政府支持私人手工艺工厂的新政策中被证明是正确的;阿什比的手工艺协会生产的许多优秀的手工艺品具有极高的观赏和历史价值,许多金属制品被收藏家们竞相珍藏,许多博物馆还特别收集了并展出了当时协会生产的部分银器,其价值每年都保持着持续的稳步的攀升。

然而令人惋惜的是,阿什比虽然看到了平凡劳动者人性的可贵和创造性的光辉,试图借助最简朴的材料和最简单实用的艺术设计风格,来改变大多数手工艺制品选材考究、价格昂贵、很难为大众接受、被列为"精英行业"的现状,极力宣扬大众艺术,但在阿什比定义的大众艺术中,不包括女性的手工艺者。在阿什比的协会中不论是专业生产,还是业余消遣,或是慈善捐助,"女性,尤其是曾接受过培训的女手工艺人,都受到了不同程度的排挤和限制"①。阿什比倡导的大众艺术在不经意间成了男人们的专利,变成了不完整的"男权艺术",这也是阿什比理想社会主义实践活动中重大的缺陷之一。

综上所述,阿什比理想社会主义的价值观及实践活动虽然过于理想化,因存在着一种对过去的强烈怀恋之情,而不免有一种"倒退的社会主义之嫌",但它们的价值和成就是我们所不可否认的:

在艺术与手工艺运动中,阿什比及其手工艺协会对罗斯金、莫里斯等先驱的理论的勇敢实践,有力推动了英国艺术与手工艺运动发展的第二次浪潮,并在一定程度上影响到了欧美等其他国家的手工艺运动,"表达个性,使设计从历史模型中汲取灵感,但不因模仿而被历史所奴役的英国艺术与手工艺的原则被广泛认同"②。通过艺术与手工业的联合,阿什比引导人们的休闲生活向文明化、理性化和大众化转变,促进了生活的美化、社会的改革和人性的觉醒,使人们在肯定工业文明的丰硕成果的同时,不得不深思它为人类社会带来的一些难以弥补的缺憾。

在工业资本主义蓬勃发展的大背景下,阿什比的实践活动使商业性的、适合工业生产的艺术设计逐渐成为重建手工艺的制胜法宝。艺术与手工艺的教育理念也发生了根本的变化,重视培训工人设计适合工业生产的纺织品、陶瓷、金属制品以及家具,艺术与机器生产相结合,机器开始作为一种手工艺制造的必要工具逐渐为

---

① Elizabeth Cumming, Wendy Kaplan, *The Arts and Crafts Movement*, London: Thames & Hudson Ltd, 1991, p. 28.

② Elizabeth Cumming, Wendy Kaplan, *The Arts and Crafts Movement*, London: Thames & Hudson Ltd, 1991, p. 28.

许多手工艺设计者所接受,手工业者之间的尽可能多的联合和互助也开始被广泛提倡。

在现代化城市不断发展的英国,阿什比试图建立一种能够受到乡村庇护的新型、健康的手工艺社团,建构一种回归自然、回归传统、追求简朴生活的价值观。他的社会实验和对机器生产和手工业生产的反思与矫正,为英国社会的和谐进步与健康发展奠定了基础,也为我们重新认识英国社会中艺术与手工艺运动的曲折命运提供了新的视角。

总之,阿什比及其手工艺协会以实践的方式追求英国19世纪后期的社会主义理想,尽管他的手工艺协会乃至整个手工艺运动最终步入工业文明的历史主潮,然而如同手工艺运动一样,他们对于现代工业文明的批判与反拨,为手工艺在工业生产的冲击下求生存提供了可借鉴的经验教训,也为21世纪的人们建设和谐的、多元均衡与发展的工业社会提供了许多宝贵的启示。

阿什比一生的事业可以说是一段洋溢着热情的传奇,他总是随时准备投身于任何一项令他感到富有进步精神的事业。以阿什比生活的时代背景为依托,从对维多利亚后期的大环境及对阿什比的家庭环境、教育环境的认识,到分析阿什比浪漫的理想社会主义形成的历史土壤;从阿什比对社会主义定义的理解,到解析阿什比艺术的理想社会主义价值观;从透视阿什比创办的手工艺协会与学校和在奇平·坎普敦的试验,到探讨阿什比对人性与机器、休闲与工作、创新与设计、传统与现代的独特理解与反思,我们不得不承认:

阿什比作为英国艺术与手工艺运动第二次潮流的推动者,他崇尚人性,勇于创新,以社会主义为信仰改善社会,力图将民主、平等的政治经济制度与寻求简朴生活、回归自然、回归传统、快乐劳动、尊重个体创造性、崇尚大众艺术的精神文明相结合,建立一种以协会制度为基础的"理想社会主义"精神家园。挽救濒危的艺术与手工业、弘扬浪漫主义传统和人性的价值、促进艺术与手工业内部乃至全社会的和谐是他一生的梦想,这一梦想不但体现在他对艺术的追求中,还体现在他组织的教育办学、新闻出版等各个方面。阿什比坚信,创造性的发挥并不完全源于各人的天赋,而在于人格的魅力与人性的光辉,而要挖掘出人类的创造性,就必须要给人格的魅力以及人性的光辉以最大的自由发展空间;只有从艺术的角度重整理想社会主义价值观,用重现伟大传统的方式来补救工业文明的缺憾,才能实现真正的全社会的平等、自由与和谐。

阿什比理想社会主义的试验没有取得最后的成功,但他对艺术与手工艺理论的实践对欧美各国的手工艺运动都产生了深远的影响,机器逐渐作为一种手工艺制造的必要工具为许多手工艺设计者所接受,艺术设计和教育理念在从中世纪浪漫主义中汲取灵感的同时,不为历史所奴役,逐渐走上了与机器生产相结合的道路。同时,阿什比在工业文明中对人文思想与社会和谐的不倦追求不仅折射了当时英国社会的现状,也为21世纪的人们建设和谐、多元均衡与发展的工业社会提供了许多宝贵的启示。

总之,阿什比作为一名理想社会主义的实践者,在罗斯金、莫里斯等理论先驱以及艺术与手工艺运动的感召之下,在英国工业文明的大背景下,用自己一生的热情,为艺术与手工艺书写了一篇壮丽的史诗。这篇史诗的价值不在于它的华丽,而在于它的简单与朴实;不在于它的成败,而在于它的勇敢与创新;不在于它的完美和无懈可击,而在于它的经验与历史痕迹。如果这篇史诗能够帮助后人为艺术和手工艺在现代文明中寻找到一个稳固的支点,为迷离在传统与现代、和谐与发展之中的人们提供些许的方向指南,那也许就是阿什比最大的欣慰了。

五、英国手工艺运动的国际化问题

英国是手工艺运动的发祥地,这一运动经过美国、欧洲、日本传遍整个世界,因此人们又称之为国际手工艺运动。利文斯顿和帕丽主编的《国际手工艺运动》是按照时间与地域相结合的方式来叙述和评论的,在叙述手工艺运动传播进程与方式的过程中,揭示出国际化进程中不同国家价值取向的民族化倾向。

(一) 手工艺运动在西方国家传播的基本方式

国际手工艺运动的传播方式是多种多样的,其中尤以教育与展览、协会、出版物、移民与学术交流等方式起到十分重要的作用。

首先是教育与展览。利文斯顿认为,在英国,手工艺生产的启蒙有多种不同的方式,得到利用的新旧技术与实践已被广泛地接受,并及时地在工场和小型工厂中得以实施。在诸多传播方式中,首先得到重视的是教育与展览。他们认为,教育是用来广泛传播手工艺理念和特殊技术的重要途径。英格兰、苏格兰和爱尔兰的学校都已经发展成为培养职业手工艺者和技术工人的十分繁荣的课堂。手工艺展览也是手工艺运动得以传播的重要方式。19世纪后期,伦敦手工艺展览所展示的作品通过非正式的晚间和白天的课堂走进英国乡村。① 可见,教育与展览是手工艺运动早期传播的重要方式。

其次是手工艺"协会"。与手工艺相关的协会与团体,对于这场运动的传播也起了相当重要的推动作用。早在1871年,罗斯金就创立了"圣乔治协会"。后来,年轻的建筑师 A. H. 麦克莫多(1851—1942)与他的学生和后来的同道赫尔伯特·赫恩(1864—1916)以及塞耳云·伊麦格一起,在莫里斯的主持下,建立了"世纪协会"(1882—1883)。后来,莫里斯还创建了"艺术工作者协会"(1884)和手工艺展览协会(1887),它们不仅给国际手工艺运动以名字和特征,还给国际手工艺运动其他协会的建立带来重大影响。② 在英国手工艺运动诸多协会的影响下,1897年,美国手工艺协会在波士顿、罗彻斯特和纽约成立,在美国东部的一些城市也出现了类似的团体。③ 同样如此,在德意志等其他西方国家也成立了类似的工艺协会和群众团体,对于国际手工艺运动的传播与影响产生了强大的推动力。

再次是出版物。起源于英国的国际手工艺运动能够在世界范围形成大规模的影响,与出版物的关系非常密切。罗斯金和莫里斯在英国手工艺运动之后,通常被作为运动的精神领袖而被引用,然而影响之深远还比不上他们在海外影响的实际状况。他们的著作被广泛地阅读,他们的道德哲学,以至于莫里斯的演讲、浪漫的散文、政治的内涵超过他后来建立的原则。④ 1891年,荷兰人曾经利用杂志分期连载莫里斯的著作《乌有乡消息》,来自英国的这些出版物的理念深深吸引着荷兰的工艺界,并成为19世纪80年代以其内省的怀旧方式重现荷兰17世纪辉煌的黄金时代的"新文艺复兴运动"的原则问题。⑤ 当然,从荷兰传播国际手工艺思想与

---

① Karen Livingston, Linda Parry, *International Arts and Crafts*, Victoria & Albert Museum, 2005, pp. 18 - 19.

② Karen Livingston, Linda Parry, *International Arts and Crafts*, Victoria & Albert Museum, 2005, pp. 43 - 45.

③ Karen Livingstone, Linda Parry, *International Arts and Crafts*, Victoria & Albert Museum, 2005, p. 154.

④ Karen Livingston, Linda Parry, *International Arts and Crafts*, Victoria & Albert Museum, 2005, p. 17.

⑤ Karen Livingstone, Linda Parry, *International Arts and Crafts*, Victoria & Albert Museum, 2005, p. 228.

文化的实践中,我们也充分感受到国际化进程中的民族化倾向。

由于不能或不愿意奔赴英国,一些欧洲杂志广泛而大量地传播英国的相关著作,这些被广泛地阅读于工作室且大多出版于伦敦的著作,是通过各种不同的国际方式供稿的:法国的装饰艺术,德国的现代技术和装饰艺术,还有奥地利的手工艺术。早在1897年,美国手工艺协会创办《国际工作室》杂志,推动美国手工艺运动,推动理论研究与手工艺展览。在美国,1901年,来自古斯塔夫刺绣的第一份杂志《手工艺者》问世,这份杂志最早提供给美国手工艺运动,也最终扩大了手工艺在海外的影响。通过这一杂志,英国一些著作的设计者们,如瓦特·克兰(1845—1915)、C. F. A. 沃伊塞(1857—1941)、C. R. 阿什比(1863—1942)、M. H. 白里埃、斯高特(1865—1945)和C. R. 麦克金特斯(1868—1928),变得非常著名。①《手工艺者》在美国手工艺运动中是一种被广泛阅读的刊物,在中产阶层中间得到广泛交流,它的阅读高峰至少在22 500人,由于建筑师、设计师、艺术家、教育家和手工艺协会成员的阅读,它的影响比它所获得的提供文稿的狭窄领域要广阔深远得多。②1839年创立的《民艺月刊》,则对于日本民艺协会和新民艺运动成员保持交流起到了强大的推动作用。事实上,从长远的历史角度来看,著作和出版物的影响是传播国际手工艺运动思想与文化的途径中影响最大的一种形式。

最后是移民与学术交流。移民现象推进手工艺运动的发展,最典型的当然是美国。地理大发现之后,欧洲移民的大量涌入为19世纪的美国提供了广泛技术和半技术的劳动者,在美国东部和中西部,许多手工艺者在适度的时空条件下受雇于一些大工厂,使这些地区从农业向工业化经济发展。然而,也有一些相当程度的制造公司在农村的许多地方建立环形工场,以便生产来自故国的手工艺品,包括家具和金属器具。开始的一些技艺是由欧洲移民作为技术品带过来的。总之,在较小的范围内制造手工艺品的手工艺者的技术比英国的制造者更熟练。③ 可见,在某种程度上,欧洲移民常常带来英国或欧洲文明中的优秀因子,也正因为如此,美国

---

① Karen Livingstone, Linda Parry, *International Arts and Crafts*, Victoria & Albert Museum, 2005, p. 21.

② Karen Livingstone, Linda Parry, *International Arts and Crafts*, Victoria & Albert Museum, 2005, p. 162.

③ Karen Livingstone, Linda Parry, *International Arts and Crafts*, Victoria & Albert Museum, 2005, p. 23.

手工艺技术比来自英国的手工艺更优秀。

学术交流对于推进手工艺运动的发展,在欧洲和美洲都具有普遍的效用。"奥地利维也纳的设计者和手工艺者提供一种纯粹的手工艺品到他们的工场,那里的商品只用手工制造。这一工艺的影响与拓展,当然是由于乔瑟夫·哈夫曼 1902 年拜访在坎普敦的手工艺协会的 C. R. 阿什比起了很大的作用。这两个工场的产品,不仅设置在不同的区域,而且它们的设计和材料的使用均来自真诚的商业世界。"①学术交流与访问在其他国家也较为普遍。1903 年初,美国手工艺运动的领袖人物史迪克莱访问了伦敦 J. S. Henry 的商店,并购买了其中六种由 G. M. 埃尔沃德设计的工艺家具。② 通过这种访问与交流,把异地的手工艺产品与技术传播到自己的国家,促进国际手工艺运动思想的融通与技术的交流,推动这项事业向着积极健康的方向发展。

(二) 手工艺运动的国际化进程及其价值取向的民族化趋势

国际手工艺运动以英国为起点,经过美国、欧洲和日本几个环节传遍了整个世界。从总体上说,这场运动是以西方发达国家为主体和主要区域,而欠发达国家或西方国家的殖民地则时常是以被动的方式接受的。在手工艺运动开始于英国的历史时期,这一运动能够以整个工业革命的历史状况为大背景,敢于在批判近代工业文明诸多弊端的情况下,吸收中世纪和希腊罗马时代的宗教伦理和古代文化,在反思和重建近代文明的进程中充分体现出对整个人类的关怀。然而,这一状况在国际化进程中发生了变化,试图对世界近代文明进行重新书写的手工艺运动,很快地与不同区域、不同民族的传统文化和现实状况联系起来,使价值取向民族化趋势成为国际手工艺运动的基本特征。

当手工艺运动在英国历史上刚刚兴起的时候,我们感受到的是一场完整的健康的新文艺复兴运动,它以重现古代文化特别是中世纪手工艺来实现对信仰与技术关系严重失衡的近代工业文明的反拨与整合;在区域方面,较好地实现了民族精神与世界意识的融通,在实践领域,它充分地实现了传统的文化品质与维多利亚时

---

① Karen Livingstone, Linda Parry, *International Arts and Crafts*, Victoria & Albert Museum, 2005, p. 23.
② Karen Livingstone, Linda Parry, *International Arts and Crafts*, Victoria & Albert Museum, 2005, p. 156.

代制造的形式之间的有机统一;①在运动的主体性方面,更体现出普通劳动者作为伟大的设计师和手艺者展示出来的身体与心灵的健康。②从发端时期的英国手工艺运动的历史状况来看,国际手工艺运动既是民族的,也是世界的,它是重写世界近代文明的一种较为理想的文化形态。然而,当手工艺运动从不列颠群岛上走出,在其他国家和地区的土地上生长的时候,国际手工艺运动便开始了它的以民族化趋势为价值取向的文化之旅。

首先是美国的手工艺运动。由于早期的移民和殖民统治等特殊的历史原因,英国手工艺运动率先传播到美国。19世纪中叶之后美国就已经出现了手工艺运动的星星之火。从19世纪后10年到第一次世界大战大约20年的时间,手工艺运动兴盛于美国东海岸。其实,在美国的其他地方,东海岸的手工艺者已经得到以个体方式对手工艺运动的回应。例如,马布尔黑德·波特利在马布尔黑德、马萨诸塞、布法罗和纽约等地的发展,橱柜制造者查尔斯·罗尔福斯(1853—1936)雇用了手工工人建立了一个小型工场。③ 美国手工艺运动是大规模的全国性的文化运动。

美国手工艺运动从总体上体现出对于英国的学习与模仿。尽管他们没有明确地表达,然而他们明白自己时常跟随在英国人的后面。比如,尽管哈伯德声称1894年在哈姆史密斯拜访威廉·莫里斯,然而事实上却没有根据。史迪克莱对英国人的尊重则更甚。当1901年创办《手工艺者》杂志时,他奉献出的第一期论文受到莫里斯的称赞;第二期则归功于罗斯金。史迪克莱曾在早期期刊上致谢,例如他说是罗斯金和莫里斯在手工艺运动中唤醒了他。相反,在美国也有一种对英国手工艺运动持部分抗拒的态度。罗尔福斯认为,"我不读罗斯金,也不读其他任何人的任何东西,以免影响我的思想"④。美国手工艺运动正是在广泛接受英国手工艺运动思想与观念的多元对立与互补的状态中取得发展的。

与英国不同的是,美国手工艺运动在全国范围内尤其是东部地区,很快形成了

---

① Sacheverell Sitwell, *British Architects and Craftsmen*, Pan book Ltd, 1960, p. 47.
② Peter Stansky, *Redesigning the World*, Princeton University Press, 1985, p. 116.
③ Karen Livingstone, Linda Parry, *International Arts and Crafts*, Victoria & Albert Museum, 2005, p. 146.
④ Karen Livingstone, Linda Parry, *International Arts and Crafts*, Victoria & Albert Museum, 2005, p. 146.

自己的理念。美国东岸的手工艺者共同面对着其他地区普遍而又实际的技术进步。他们认识到，为了获得生活所必须，应当接受有效的生产方式。因此，他们很少认同抛弃机器的手工艺者和设计者的抽象的理念。此外，由于在美国没有"贸易"带来的廉耻，美国人可以用"商务"来吞并手工艺运动。①在美国，注重实际的"效率"意识和商务精神，事实上已经成为国际手工艺运动民族化价值取向的基本内涵。

其次是欧洲的手工艺运动。欧洲是距离英国最近的大陆，这一片大陆上的许多国家和地区均掀起了声势浩大的手工艺运动。对于欧洲中心和斯堪的纳维亚半岛的广大国家和地区来说，手工艺运动具有特别重要的意义。

欧洲中心的政治版图指的是19世纪后期基于文化与民族的复杂性形成的区域。1900年以后，欧洲中心划分为三股超级力量：西部是德国、中部是奥地利和匈牙利，东部是俄国，这是一个强力的稳定而又平衡的区域。②有意思的是，这些国家对手工业制造与英美相比有很大的不同。这是由于欧洲中心的大部分地区被城市社会占有，而贫穷的农村经济，如斯堪的纳维亚半岛与英国和欧洲其他地区相比，几乎没有什么工业化发展。因此，欧洲中心、斯堪的纳维亚和俄国的新手工艺运动是以本土的技艺、传统模式和形式，特别是国内的建筑、纺织、木雕和陶器等工艺品的复兴和民间的乡村工艺的崛起为特征的。③当然，在这些国家当中，德国的手工艺运动最有声势，也最有特色。

利文斯顿等思想家们认为，德国对手工艺运动的赞成是有根据的，回顾传统是长期影响总体发展的原因之一，用机器和手工艺产品建立公司与工场影响着德国人的感觉；英国手工艺运动过于反对工业化，这样寻求对手工技术的重视是没有经济效应的。然而，这并不是为公众日常生活广阔领域内生产优秀商品设计的质量和需求的丧失。德国手工艺事实上的简洁和乐于强调结构与材料的装置迎合了社会与技术的需求。尽管德国许多新的工场建立在一些英国公司模式的基础之上，

---

① Karen Livingstone, Linda Parry, *International Arts and Crafts*, Victoria & Albert Museum, 2005, p.153.
② Karen Livingstone, Linda Parry, *International Arts and Crafts*, Victoria & Albert Museum, 2005, p.238.
③ Karen Livingstone, Linda Parry, *International Arts and Crafts*, Victoria & Albert Museum, 2005, p.31.

比如手工艺协会,他们为了估量雕塑提供的技术和使用手工艺技术与材料和标准的共同理念,这些顾及德国合法使用技术手段制造产品,促进当地经济并始终保持产品的质量。① 正是在这一背景下,德国手工艺运动及其工业制造形成了德国工业生产以技术质量为内涵的德国品质。

德国建筑师和艺术批评家赫尔曼·穆特修斯(1861—1927),即德国在英国伦敦大使馆公共事务部从1896—1903年任职的第二轮技术随员,用德文发表了许多关于英国手工艺运动的论文。他描述约翰·罗斯金和威廉·莫里斯在重大的回归运动中对传统的信仰。然而,德国人重视传统不排斥现代,重视手工不排斥机器,重视工艺不排斥技术,他们所追求的艺术与手工艺的新规则基于可靠和适当的材料,构造明白清新,装饰与技术的适当使用和手工艺者的高水准。② 很显然,对于技术质量的高度重视,正是手工艺运动在国际化进程中的一种德国式的价值取向。

在西北欧,手工艺运动则又呈现出另一种趋势。比如荷兰人,他们充分吸收英国手工艺运动的形式与品质,但更重视这场新文艺复兴运动对自己民族传统文化的再现。相比之下,荷兰的民间工艺也同样有名,手工艺运动的理论原则来自德国和法国,尤其是英国的资源,包括瓦特·克兰的作品,他的作品由于展览和出版形成很大影响,然而,实际上手工艺在荷兰更具有自主地位,所不同的是荷兰人对于诸多文化现象所采取的是一种"共存"的态度。③ "共存"是荷兰手工艺运动的风格。

在北欧,我们可以看到手工艺运动的一种纯正的品质。这种品质在瑞典和丹麦表现得较为充分。瑞典的艺术家卡尔和卡林·拉森具有丰富的家庭手工艺思想,他们在为家庭创造一种完整的实用艺术,体现并美化当地乡村那些衰退的最优秀的文化传统。19世纪最后10年的丹麦,艺术与手工艺的联合在美术运动中出现。1907年使用的第一个标题——"走向审美的认同",覆盖了来自纯粹艺术的绘画和家具设计。例如摩尔根·白林的银具工场,后来由于银具设计者乔治·金森(1866—1935)几乎是一位当代的阿什比,手工艺将获得一种新的态度,技艺、产品

---

① Karen Livingstone, Linda Parry, *International Arts and Crafts*, Victoria & Albert Museum, 2005, p. 26.
② Karen Livingstone, Linda Parry, *International Arts and Crafts*, Victoria & Albert Museum, 2005, p. 204.
③ Karen Livingstone, Linda Parry, *International Arts and Crafts*, Victoria & Albert Museum, 2005, p. 28.

和设计在丹麦将有益于设计者与生产者之间的合作。① 值得人们关注的是,这种传遍北欧的以宗教伦理为内涵的民族传统文化的复兴,充分体现出"共存"与"合作"的理念,在工业化处于上升时期的北欧,显然有益于国际手工艺运动的健康发展。

当然,国际手工艺运动中也有一种另类现象。作为国际手工艺运动重要区域的日本,也曾受到英国人的影响:②一方面,以自己的民艺运动体现出与英国手工艺运动在审美和社会理想方面形成的共鸣;另一方面,又以自己分段式的历史进程显示出自己独有的品质和特征。日本民艺运动的发展可以分为四个时期。第一个时期是1900前后到20年代中期,是日本民艺精神和审美哲学的形成阶段。第二个时期是20世纪20年代中期到30年代中期,开始建立系统的民艺工程。第三个时期是30年代中期到1945年。这一阶段,民艺运动在全国兴起,体现日本国家的政治意图并使用到日本周边地区和殖民地。第四个时期是第二次世界大战以后,日本民艺运动重视佛教的审美哲学,并传遍全国。③

在日本民艺运动的四个时期中,尤以第三时期格外引人注目。在这一时期,国际手工艺运动事实上已经演化成了一种变异的文化殖民主义。比如韩国,自1910年至1945年,一直是日本的殖民地,而且从1916年起日本就开始使用手工艺方式向韩国传播日本的政治观念和文化思想。④ 作为受害者,韩国恰恰是欠发达国家被动接受国际手工艺运动的缩影。

国际手工艺运动,是与工业运动平行而又交叉地向前发展的。尽管在世界历史进程中工业文明占了主要位置,手工业文明及其传播依然存在着局限性,然而作为世界近代文明的一种书写方式,国际手工艺运动对于工业文明的批判,对于生态文明的呵护,对于人类信仰和伦理道德的追寻,以及对于和平与正义的捍卫,显然更符合当代人类的理想,也更能体现世界文明进程的发展方向。或许,这正是利文

---

① Karen Livingstone, Linda Parry, *International Arts and Crafts*, Victoria & Albert Museum, 2005, p. 30.
② Karen Livingstone, Linda Parry, *International Arts and Crafts*, Victoria & Albert Museum, 2005, p. 303.
③ Karen Livingstone, Linda Parry, *International Arts and Crafts*, Victoria & Albert Museum, 2005, p. 296.
④ Karen Livingstone, Linda Parry, *International Arts and Crafts*, Victoria & Albert Museum, 2005, p. 309.

斯顿和帕丽主编《国际手工艺运动》,抑或是国际手工艺运动本身所具有的高度的学术价值和伟大的历史意义。

第三节　人本与神本:法国浪漫主义时期的人文主义

浪漫主义这个词起源于中世纪法语中的 Romance,译为"传奇"或"小说"。欧洲浪漫主义由来已久,早在人类的文学艺术处于口头创作时期,一些作品就不同程度地带有浪漫主义的因素和特色,但这时的浪漫主义既未形成思潮,更不是自觉为人们掌握的创作方法。直到 18 世纪后半叶 19 世纪初期,浪漫主义才成为一种文艺思潮,活跃在大众的视野中。

与 17 世纪的古典主义思潮、18 世纪的启蒙运动一样,法国浪漫主义思潮的兴起也有着其特定的时代背景。"语言是不会固定不变的。人类的智慧始终在向前发展,或者可以说始终在运动,而语言是跟着人类的智慧亦步亦趋的。……每个时代有相应的思想,同样,也应该有与这些思想相应的词汇。语言好像大海,始终波动不停。"[①]在启蒙运动的"理想王国"彻底幻灭后,人们感到压抑与痛苦,急需一个突破口来宣泄内心的情感,表达他们的政治诉求,浪漫主义应运而生,与这个时代一拍即合。

浪漫主义创作方法倾向于从内心世界出发,打破限制与约束,追求自然与本真,强调个人灵感和个人情感的表达,语言生动、热情,想象力丰富,通常以夸张的表现手法与奔放的语言形式,表现出对理想世界的向往,契合了人们当时的精神诉求。不同阶级、不同阶层的人们在文学、艺术、科学、哲学、经济等各个领域抒发着他们的情绪。这场浪漫主义思潮对很多艺术形式产生了深远影响,为后人留下了许多跨世纪的经典巨作。

一、法国浪漫主义文艺思潮中的人文主义

法国浪漫主义文艺思潮兴起于 18 世纪末至 19 世纪初期,有积极浪漫主义和消极浪漫主义之分。

---

① [法]雨果:《〈克伦威尔〉序言》,柳鸣九译,《雨果论文学》,人民出版社,1980 年,第 1 页。

积极浪漫主义向往未来世界,歌颂人民的力量,反对教会统治;消极浪漫主义怀念过去,逃避现实,他们歌颂基督教精神,为基督教与封建统治唱赞歌。但无论是积极浪漫主义,还是消极浪漫主义,在艺术表现手法与内容创作上,都具备浪漫主义风格:语言上夸张、华丽、自由,充满魅力与感染力;人物形象绝对化,善恶美丑极端对立,富有个性;情节设置离奇,超乎想象,异于寻常;强调主观情感,推崇自然。对浪漫主义而言,自然被赋予了多样性,既是大自然,也包括人的本性,既包括真实的生活,也包括人的丰富情感,浪漫派注重人与大自然的融合。

倡导自由、歌颂人性、赞美自然,这一切构成了法国浪漫主义思潮浪漫外壳下的精神内核——人文主义思想。

(一)积极浪漫主义与消极浪漫主义

浪漫主义思潮内部,划分为两个流派,即积极浪漫主义与消极浪漫主义。

积极浪漫主义以资阶阶级和小资产阶级民主派为代表,它和资产阶级民主运动、民族解放运动联系在一起。积极浪漫主义者敢于面对现实,他们批判现实社会的种种黑暗现象,将矛头指向封建贵族;他们向往未来世界,充满反抗精神。雨果是法国积极浪漫主义的旗帜性人物。

雨果在《悲惨世界》中复现了1832年巴黎的六月起义情景:起义者前仆后继,视死如归;街头流浪儿伽弗洛什为革命战士收集枪支弹药而献出生命;八十高龄的老公公马白夫为了重新竖起被敌人排枪打倒的红旗,冒着枪林弹雨爬上了街堡,他缀满弹孔和血迹斑斑的衣裳成了引导战士们奋进的红旗。对于人民要自由、求生存的殊死决斗,无不给以无限的同情和热烈的歌颂。当起义即将失败,个人也即将献身之际,共和主义者灼拉昂首挺胸站在街堡上,令人鼓舞地说到未来。① 这段经典的描述,极具代表性地反映出积极浪漫主义的文学特征,满怀希望的、斗志昂扬的。

消极浪漫主义代表失去了经济、政治统治地位的贵族和部分由于资本主义发展而破产的小资产阶级。消极浪漫主义作家对现实也心怀不满,却不愿面对现实,不敢反抗,采取了消极逃避的态度。他们试图从古老的封建社会中寻找精神上的

---

① 曹让廷:《论浪漫主义文艺思潮中的两种对立倾向》,《湘潭大学学报(语言文学论集)》1986年第2期。

慰藉,作品中常常感叹人生的无常,充斥着悲观、神秘主义气氛。他们通过虚构幻境,借以逃避现实。法国消极浪漫主义的代表人物是夏多布里昂、维尼、拉马丁等。

夏多布里昂用基督教表达"永恒",他认为现代性并不是进步和文明,而真正的浪漫是超越时间存在的一种永恒。他所创作的《阿拉达》主人公——少女阿拉达爱上了异教徒沙克达斯,在爱情与信仰艰难的选择中,最终她选择了信仰,放弃了爱情,在痛苦中死去。她的母亲宁愿她去死也不能接受她背叛信仰,与异教徒结合;她所爱的异教徒沙克达斯,在诅咒过上帝后,在神父和爱人"如果你是爱我的,那你就信仰基督教,将来与我会合"的遗言感召下,原谅了上帝,甚至改信了基督教。同样的"感召"桥段,出现在他的短篇小说《勒内》中,主人公在忧郁、孤独中度过了自己的童年时光,不幸的成长经历,使他内向而悲观,他常常感叹人生的无常,成年后,他漂洋过海到美洲原始森林中寻找安慰,最后在宗教里找到了应该遵循的"法则",获取了归属感。

夏多布里昂极力宣扬人世的苦难,生命的无常,"人的一生,只不过是一场黄粱梦,痛苦的梦;人只不过为不幸而生;人只不过是个灵魂终日忧伤,思想永远烦恼的可怜虫"[①]! 只有在基督教的精神感召下,人类文明才有归属。

正如马克思所指出:"对于法国革命以及与之相联系的启蒙时代的第一个反响是很自然的:一切都涂上了中世纪的色彩,一切都显出了浪漫的样式。……第二个反响是越过中世纪去看每一民族的原始时代,这和社会主义思潮是相适应的,虽然这些学者绝没有想到自己同它的联系。"[②]"第一个反响"是消极浪漫主义,他们留恋过去,希望回到中世纪,他们的作品"涂上了中世纪的色彩";"第二个反响"是积极浪漫主义,他们寄希望于未来,向往美好的新生活,他们希望"越过中世纪去看每一民族的原始时代"。

(二) 法国浪漫主义思潮中的人文主义

积极与消极浪漫主义的社会政治立场和创作思想倾向不同,但同时具有浪漫主义特征与人文主义情怀。

---

① [法]夏多布里昂:《阿达拉》《勒内》,时雨译,外国文学出版社,1983年,第87页。
② [德]马克思、恩格斯:《马克思恩格斯论艺术》(第二卷),中国社会科学出版社,1983年,第242页。

第四章　近代人文主义传统的重建

1. 雨果作品中的人道主义精神

维克多·雨果(1802—1885),是19世纪法国浪漫主义文学的领袖人物,也是积极浪漫主义阵营的代表性人物。他站在资产阶级的政治立场,希望通过改良社会解决矛盾,他同情人民疾苦,作品中始终充斥着人道主义关怀。雨果的三部巨著《巴黎圣母院》(1831)、《悲惨世界》(1862)和《海上劳工》(1866),把矛头直接指向了"宗教制度""社会法律""自然力量",具有强烈的反教会反封建意识。

雨果热衷于讲述爱与救赎的故事,他赞扬人性的美好,肯定人性中善良的一面,并且坚信爱是可以传递,能够救赎的。

在《巴黎圣母院中》,女主人公爱斯梅拉达是作者理想的真善美的化身,她酷爱自由,纯洁善良,富有同情心,她挽救误入乞丐王国的青年诗人甘果瓦,不计前嫌地给干渴难耐的卡西莫多送水喝;她天真热情,至死爱着负心的法比,丝毫没有怀疑他会欺骗和背叛自己;她品格坚贞,善良美好,无辜的她最后却被送上绞架。敲钟人卡西莫多出身不明、外貌奇丑,是一个遭人唾弃、惹人厌恶的滑稽人物。爱斯梅拉达在他遭受刑罚、口渴难耐的时候给他水喝,这一行动唤醒了他的人性和高尚心灵,从此表现出正义、勇敢、真诚和强烈的感情。当爱斯梅拉达处以绞刑的时候,卡西莫多选择了劫法场,将爱斯梅拉达救回圣母院,悉心照料她;当他明白克洛德就是残害爱斯梅拉达的罪魁祸首时,愤怒地把他从圣母院楼顶推下。卡西莫多在爱斯梅拉达真善美的感召下,完成了自我人性的救赎,并把这份爱反哺给了她。

这样的爱与救赎,在雨果的另一部巨著《悲惨世界》中也得到了充分的体现。主人公冉阿让勤劳、善良,为了帮助姐姐养活七个孩子,他偷了一块面包而获19年的苦役;刑满出狱后的他又因为偷了米里哀主教的银餐具被警察抓走,主教为了保护他,谎称银餐具是自愿赠予的,免去了冉阿让的牢狱之苦,冉阿让为主教的宽恕和仁慈所感动,决心做一个舍己为人的好人。

刑满释放的冉阿让被人们所鄙视,处处碰壁,而善良博爱的米里哀主教没有因为冉阿让过去的经历将他拒之门外,好心地收留了他,在他偷了银餐具之后,依然以德报怨,米里哀主教让冉阿让的心灵经受了洗礼,救赎了他,并唤起了他的良知,给了他重新做人的勇气。冉阿让的良知与博爱之心被唤醒之后,他成功经商并转而从政。他将赚取的财富分给贫苦的下层人民,在得知芳汀的遭遇后,主动承担起照顾珂赛特的责任,后来又救助了马吕斯,并成全了他们。

真善美必然会战胜假恶丑,博爱慈悲可以使人性回归,这是雨果文学作品永恒的结局。同时,他擅于运用对照的手法来表现人道主义的精神力量。在雨果的文学作品中,美与丑的形象常常成对的出现,"丑就在美的旁边,畸形靠近着优美"①,比如,《巴黎圣母院中》中塑造的女主人公爱斯梅拉达,美丽、善良、自尊、坚强,集中了女性一切优点和美德,是生活中真善美的化身,外貌美与心灵美高度和谐完美的结合。她具有朴素的人道主义精神,富有同情心,能做到舍己救人,以德报怨。小说赋予她崇高美好的美德,是理想化的形象;而敲钟人卡西莫多出身不明、外貌奇丑,是一个遭人唾弃、惹人厌恶的滑稽人物。

"美丑对照"的运用,明显增强了小说的浪漫主义艺术效果和感染力,对塑造人物和深化主题等都起到了极好的作用。② 这样强烈的反差,鲜明地对比出真正的美与丑、善与恶,作者的目的是赞美人性的光辉,歌颂善而压制恶,揭示什么是真正的美,建立和宣扬积极浪漫主义的美学原则和人道主义思想精神。正如雨果所说:"同样的印象老是重复,时间一久也会使人生厌。崇高与崇高很难产生对照,人们需要任何东西都有所变化,以便能够休息一下,甚至对美也是如此。相反,滑稽丑怪却似乎是一段稍息的时间,一种比较的对象,一个出发点,从这里我们带着一种更新鲜、敏锐的感受朝着美而上升。"③这对于当时社会以及现代社会当中人性回归以及人道主义精神的发扬具有指导价值。

同时,雨果作为积极浪漫主义的代表人物,在他的作品中,反对宗教束缚,倡导人性的自由与解放,强调人的主观作用。

巴黎圣母院副主教克洛德道貌岸然、蛇蝎心肠,他对美丽的女主人公爱斯梅拉达产生了爱意,在爱而不得后,因爱生恨,指使卡西莫多迫害爱斯梅拉达。雨果塑造了这样一个副主教的形象,极具讽刺意味,本应该是以"严肃和圣洁"著称的副主教,在情欲的驱使下,竟然背叛上帝,甘愿做情欲的俘虏,可见起决定作用的是人的内心,而非宗教与神。但克洛德并非天生的恶人,他也是宗教势力的牺牲品,宗教使他的人性畸形发展,最后走到了人性的反面,灭绝人性,他以宗教杀人罪孽深重,

---

① [法]雨果:《〈克伦威尔〉序言》,柳鸣九译,《雨果论文学》,人民出版社,1980年,第30页。
② 傅守祥:《人的心灵向善迈进的精神史诗——试论〈悲惨世界〉的人道主义思想与浪漫主义风格》,《贵州工业大学学报》2004年第2期。
③ [法]雨果:《〈克伦威尔〉序言》,柳鸣九译,《雨果论文学》,人民出版社,1980年,第30页。

又被宗教所害,下场悲剧。雨果将矛头直接指向宗教与封建专制,对宗教进行了辛辣的讽刺和全面的否定。

《悲惨世界》中的主人公芳汀,芳汀是法语的音译,是"美貌"的意思,并且有"和谐""令人愉悦"和"热爱和平"等转义。遗憾的是,这个名字美好的愿景,并没有给主人公带来好运。雨果刻画的芳汀,最初是个年轻貌美的女子,金发碧眼,唇红齿白,"厚厚的金发"随风飘舞的时候,如若湖畔的垂柳,"两排光灿灿的牙齿"被当作上帝赋予的"笑的使命"。然而资本主义现实社会无情地摧毁了这样一个美丽的女子:被男友无情地抛弃,独自一个人艰难地抚养私生女珂赛特;因为带着孩子影响工作,芳汀不得不把女儿寄养在酒店老板德纳第家里,却仍然因为私生子的事情被告发而失去了工作,虽然一次次遭到狡黠、贪婪的酒店老板夫妇的勒索敲诈,芳汀对女儿还是不离不弃,竭尽所能,甚至不惜卖掉自己美丽的金发和两颗门牙,然而,命运并没有因此而放过她,最终因为生活所迫,她只能沦落为娼妓。长大成人的珂赛特却无法接受和理解有这样一位母亲,一度不愿相认。芳汀的生命注定是一场悲剧,最后她在饥寒交迫中悲惨地死去。在《悲惨世界》前,雨果就把"芳汀"的故事写成了一篇随笔,原名为《芳汀的来历》,后译为《哀尘》,后来又将她写入《悲惨世界》,"芳汀"带给雨果的刺激是深刻的,雨果以极大的愤怒斥责了那个逼良为娼的社会制度,他写道:"一般人认为在欧洲文明里,已经没有奴隶制度。这是一种误解。奴隶制度始终存在,不过只压迫妇女罢了,那便是娼妓制度。"①

雨果对封建教会的虚伪性和残酷性做了无情的揭露和批判,控诉了封建王权和教会势力对善良无辜者的残害,把禁欲主义压抑下人性的扭曲和堕落的过程赤裸裸地揭露出来,借用雨果在《悲惨世界》的序言中所说的:"只要因法律和习俗所造成的社会压迫还存在一天,在文明鼎盛时期人为地把人间变成地狱并且使人类与生俱来的幸运遭受不可避免的灾祸;只要本世纪的三个问题——贫穷使男子潦倒,饥饿使妇女堕落,黑暗使儿童羸弱——还得不到解决;只要在某些地区还可能发生社会的毒害,换句话说,同时也是从更广的意义来说,只要这世界上还有愚昧和困苦,那么,和本书同一性质的作品都不会是无益的。"②雨果的作品自始至终,

---

① 穆睿清、姚汝勤主编:《外国文学参考资料》(上),地质出版社,1984年,第473页。
② [法]雨果:《悲惨世界》,李丹译,人民文学出版社,1991年,第1页。

都表达了反封建反教会的民主精神和人道主义思想。

我们在欣赏雨果的作品时,也会有疑惑,《悲惨世界》主人公冉阿让仅仅因为偷了一块面包,而获刑19年的苦役;芳汀勤劳努力,竭尽所能地工作赚钱,最后却为了生计卖掉自己美丽的金发甚至两颗门牙,最终又因为生活所迫,沦为娼妓。因为"一块面包"而获刑19年,为了生计卖掉"门牙"、沦为娼妓,这似乎是不符合基本逻辑的,但这正是雨果的意图,通过夸张、强烈的叙事风格,离奇的故事情节设置,说明封建宗教压迫下的人民是没有活路的,作者将教会与封建社会对人的迫害血淋淋地呈现给读者。

这种夸张的、极端的表现方式,也正是中世纪浪漫主义的典型艺术特征,"应该从此时此刻把一切事物放在将来的背景上,一方面缩小它们的某些部分,另一方面夸大它们的某些部分"①。比如,1801年,雨果看见一个名叫彼埃尔·莫的穷苦农民,因为饥饿偷了一块面包而被判五年苦役,刑满释放后,持黄色身份证讨生活又处处碰壁;雨果的好友维克多年轻时的逃亡生活……基于这样的现实经历,雨果塑造了一个有着相似悲惨经历的主人公冉阿让;在一个雪夜,雨果目睹了一个恶少对一名妓女的欺辱,妓女的反抗换来的却是六个月的监禁,于是,雨果将"芳汀"带进了"悲惨世界";而在《滑铁卢战役中起兵的进攻》里,作者重现了1832年巴黎的共和党人起义,以及法国战士英勇对战英军、拿破仑遭遇战败的滑铁卢之战的场面。

就像雨果在《〈留克莱斯·波日雅〉序》中所写的:"根据父爱的观念去创造父爱的形象,根据母爱的观念去创造母爱的形象,甚至塑造各种各样的丑恶人物也只是为了表现一种绝对的精神。"②作为积极浪漫主义作家,雨果不是脱离了实际和人民,恰恰相反,这是一种基于"现实主义"的浪漫,这份浪漫之下的现实主义至今仍然引起我们的共鸣,使我们从中得到深刻的感悟。

雨果以富有人道主义的笔触,真实地描绘了资本主义制度下劳动人民苦难的遭遇和悲惨的命运,深刻揭露了资本主义社会穷苦人民的黑暗世界,愤怒地谴责了资产阶级法律的反动性、虚伪性以及司法机关的腐败,热情地赞扬了劳动人民的高尚品质和共产主义者英勇的献身精神。雨果对劳动人民的赞扬,以及作品中体现

---

① [法]雨果:《〈心声集〉序》,柳鸣九译,《雨果论文学》,人民出版社,1980年,第115页。
② [法]雨果:《〈留克莱斯·波日雅〉序》,柳鸣九译,《雨果论文学》,人民出版社,1980年,第105页。

的道德观与乐观、积极的精神都超越了历史的局限,使他的人道主义成为一种进步的思潮鼓舞着反抗压迫的人民。①

我们所说的人道主义,是一个历史的概念。人道主义思想的出现是随着人类文明的发展而不断发展的,同时人道主义思想也随着时代的进步实现着不断的进步和渗透,并在历史变迁中发生着不断的改变。综观历史发展,在历史进程中,尽管人道主义的含义始终发生着变迁,但其核心的思想仍旧是以人为本,以人本为人文主义立论的核心。

人道主义尊重并提倡人性和人格的平等,法国大革命后,人道主义者宣扬人生而平等:"人不仅有利己自爱的本能,还有利他爱群的本能,不仅有情欲和感官的需要,也有理智和道德的需要。因此,一方面,他们推崇以自由、平等为内核的个人权利和尘世的幸福生活,提倡合理的利己主义,即有法律、道德、理性等限制的利己主义;另一方面,他们又要求人们爱世上的所有人、宽恕整个世界,赞赏人们自觉自愿地为社会、为他人利益和人类幸福而献身。"②这一时期的人道主义精神被具体表述为自由、平等、博爱,这正是雨果的精神信仰。

雨果认为自由、平等、博爱的人道主义是一种高级的法律,它能通过唤起一个人的良知,改造人的灵魂来防止犯罪,博爱与感恩的精神可以感化罪恶并饶恕惩罚,与此同时,人道主义精神的主导作用不仅体现在对于这个社会中的个人,而且体现在对于整个社会,他坚信爱与道德的感化可以加以改造。想要从"悲惨世界"走向"幸福世界",就要依靠人道主义的巨大力量,这力量能够"减少黑暗中的人数,增加光明中的人数"③。对封建势力的反抗、对人性的解放以及空想社会主义,就是以雨果为代表的积极浪漫主义中的人道主义。

2. 夏多布里昂的自然人文主义

佛朗索瓦·勒内·德·夏多布里昂(1768—1848),法国浪漫主义文学的奠基

---

① 康乃馨:《从〈苦难〉到〈悲惨世界〉:以文本发生学视角看〈悲惨世界〉小说的创作演变》,《法语国家与地区研究》2019年第2期。

② 郝涂根:《世俗基督精神:哈代人道主义宗教观的内核——兼与马弦商榷》,《安庆师范学院学报》2006年第3期。

③ 程广丽:《人性论的解读路径:马克思的视角及其意义——从西方马克思主义人性论的方法论缺陷谈起》,《理论探讨》2016年第2期。

人,被誉为"法国年轻的浪漫主义的教父"①。夏多布里昂的代表作有小说《基督教真谛》《阿拉达》《勒内》,其中《阿拉达》《勒内》作为《基督教真谛》的主要篇章,分别以单行本的形式出版发行。

夏多布里昂开创了浪漫主义文学思潮,却成了消极浪漫主义的代言人,这也许与他的出身和成长经历有关。夏多布里昂出生于法国布列塔尼地区的一个乡绅家庭,是旧贵族的代表,他从年幼就因为不是长子的身份,而遭到封建家族家长的冷漠对待,这样的出身与经历,使他的艺术创作不自觉地倾向贵族阶级,不自主的渴望回到过去的社会秩序,他的作品中充斥着消极情感。

成年后的夏多布里昂又经历了法国历史上最为动荡的大革命时期,贵族出身与生俱来的资产阶级思想,与启蒙运动带来的新思想,以及不自觉地向浪漫主义过渡的倾向,使夏多布里昂整个艺术生涯都仿佛一场政治斗争,不同的思想碰撞、矛盾充斥着他的艺术创作的始终,他推崇基督教,创作的作品宗教色彩浓重,却又抨击基督教对人性的桎梏,歌颂个性自由;他崇尚忧郁伤感的风格,却又向我们毫无保留地展示了自然的美好与壮阔。他的作品尖锐而又迷茫。正如他自己所说,"我的行为,我的言论,我的感情,我的思想,都只是矛盾、混沌、谎言"。

夏多布里昂的一生都是矛盾的,没有人能想象,这位创作了《基督教真谛》的"基督信徒",他的第一部文学作品是1797年发表的《革命论》。《革命论》原题为《论古今革命和法国大革命的关系及其历史、政治、道德上的意义》,书中对法国大革命与古代及英国革命进行对比,分析这场革命,并证明它在历史上的不可逆转性,"这本书的思想内容庞杂参错,其中偶然也有和启蒙哲学相呼应的一些自由主义的思想;令人十分触目的是一种显著的无神论,这出于日后成为基督教的复兴者的夏多布里昂是令人惊异的"②。《十九世纪文学主流》中勃兰兑斯对夏多布里昂进行了分析研究,他指出夏多布里昂一个重要特征是笃信宗教与自由思想的冲突,而这一矛盾的思想贯穿了他的整个创作生涯。

对于这样一位矛盾的消极作家,马克思在1873年致恩格斯的一封信中对夏多布里昂做出这样的评价:"我看过圣·伯夫关于夏多布里昂的书,这个作家我一向

---

① [俄]别林斯基:《文学的幻想》《别林斯基文学论文选》,满涛、辛未艾译,上海译文出版社,2000年,第72页。
② [苏]普什科夫:《法国文学简史》,盛澄华、李宗杰译,作家出版社,1958年,第87页。

是讨厌的。如果说这个人在法国这样有名,那只是因为他在各方面都是法国式虚荣的最典型的化身,这种虚荣不是穿着十八世纪轻佻的服装,而是换上浪漫的外衣,用新创的辞藻加以炫耀,虚伪的深奥,拜占庭式的夸张,感情的卖弄,色彩的变幻,文字的雕琢,矫揉造作,妄自尊大。总之,无论在形式上或在内容上都是前所未有的谎言的大杂烩。"①

　　夏多布里昂是矛盾与善变的,但我们不能否定,作为浪漫主义的开创者,他的笔触富有浪漫主义色彩,"有一天密西西比河在相当近它的源头处,为自己仅仅是一条平静的小川而感到不满与厌倦。于是它向高山要积雪,向湍流要清水,向风景要骤雨,结果它澎湃溢出了河岸,使美丽的森林地带变成一片荒芜。最初,这条傲慢的小川为自己的威力得意忘形。但不久,它看到沿着它的路径放纵地流淌,河水总是忧虑不安。它后悔了,怀念起大自然赐给它的那条卑贱的河床,思念着昔日在它河道两旁与它做伴的谦逊的小鸟、鲜花、树木和小溪"②。

　　艺术上,夏多布里昂是浪漫的,这毋庸置疑。高山、积雪、湍流、骤雨、鲜花、树木与溪流,他笔下的北美原野和神秘森林,强烈的异域色彩吸引着每一位读者的注意力;他笔下的风景梦幻而又神奇,神秘又美好,引起人们的无限遐想。夏多布里昂是热烈的,他用文字描绘出一幅幅浓墨重彩的画卷。

　　作为法国浪漫主义的先驱,却写出了《基督教真谛》这样的作品,夏多布里昂被认定是在"浪漫的外衣下",鼓噪宗教神学。《基督教真谛》共分为四个部分:第一部分为教义与教条,指出在一切曾经存在的宗教中,基督教最有诗意,最人道,最有利于自由、艺术和学术;第二部分是基督教诗歌,分为三个方面:诗、艺术、学术;第三部分是基督教艺术和文学,谈论了绘画、雕塑、文学、教堂和哲学联系基督教的神秘性,挖掘了与情欲、森林、哥特式教堂、福音、废墟等极具代表性的物体之间的象征性联系以及道德和美的寓意;第四部分是基督教风俗礼节,这一部分篇幅最长:生,基督教富有诗意的祭礼、神秘而神圣的弥撒等表明它的精神性本质;死,基督教的葬礼不是终止,而是使人想到未来,他为孤独者提供隐蔽之所,也给现实世界传播文明希望。

---

① 张英伦:《外国名作家传》(中),中国社会科学出版社,1979年,第554页。
② [法]夏多布里昂:《阿达拉》《勒内》,时雨译,外国文学出版社,1964年,第567页。

整本书看似都在为宗教神学摇旗呐喊，然而《基督教真谛》的中心论点是："世上一切宗教，首推基督教最富于人性，最利于自由意志和文学艺术的发展；她成为万物之源，她的道德圣洁无与伦比——能造就天才，净化情趣，培养正直操节——使诗人的智慧插翅飞翔，给作家以瑰丽的文学形式，给画家以美丽画面意境的构思。"① 夏多布里昂将基督教视为一种自然美德与崇高理智的偶像，他提出："现代的艺术，需要一种现代的激情。这种激情理所当然地来自基督教，因为基督教的艺术比之古代希腊、罗马的艺术更能激动人心。希腊罗马的作家被固有的清规戒律所支配，他们当时创作实践的规范与当今的艺术已毫无相干了的，时代的发展、文明的变迁，要求今人必须建立自己的文学创作体系。艺术本来就不应受既定的戒律所支配，艺术应是艺术家用以表白自己强烈的思想感情，造成读者强烈的艺术印记的手段。"②

《基督教真谛》向我们传递的更多的是夏多布里昂的美学观点，即自然。这里的"基督教"，更近似于一种自然神教，夏多布里昂赞美自然神教，他所推崇的基督教，是经过美学改良的。自然就是美，这是夏多布里昂的美学观，也是浪漫主义文学的美学原理。

在《阿达拉》中，夏多布里昂把我们带到原始森林，讲述了一个爱情故事。小说女主人公阿达拉是北美部落酋长的养女，她爱上了在战争中被俘的夏克达斯，并将他救出来，两人一起逃走。但阿达拉是基督徒，不能和异教徒夏克达斯结婚，她害怕对夏克达斯的爱会使她违背誓言，悲伤的阿达拉最终服毒自杀了。死前她对夏克达斯说："当我意识到一个神在阻止我猛烈的感情奔流，我有时真希望把这个神给消灭掉，在上帝和整个世界毁灭的时候，让你紧紧地搂着我，一道掉进无底的深渊中去。"③ 阿达拉是爱情与宗教矛盾的牺牲品，《阿达拉》控诉了基督教扼杀人类的爱情欲望，反对宗教禁欲，却不代表夏多布里昂反对宗教。这部小说获得了许多人的钟爱。正如拉法格所说，夏多布里昂在文学烹调之道中"是以无与伦比的艺术家

---

① R. D. Jamason, *A Short History of European Literature*，上海商务印书馆，1929 年英文版，第 1123 页。

② R. D. Jamason, *A Short History of European Literature*，上海商务印书馆，1929 年英文版，第 1125 页。

③ R. D. Jamason, *A Short History of European Literature*，上海商务印书馆，1929 年英文版，第 14 页。

的面目出现的。他赢得了淑女仕男的热烈欢迎,创立了法兰西文学上的浪漫派"①。

在此后夏多布里昂的作品中,确实充斥着消极浪漫主义的意识形态——对宗教的推崇与迷信,似乎渴望依靠宗教制度恢复社会制度。同时,他又发表反上帝的宣言:"基督教的神是理想化了的高傲的古代的朱庇特。"②夏多布里昂对宗教的态度始终是矛盾的,连他自己都感慨:"啊!宗教,你既让我痛苦,又带给我快乐;既让我失望,又带给我安慰。"③

对宗教的矛盾,并不影响夏多布里昂对自然的审美以及对自然人性的赞美,他对大自然的描写和对自身情感的抒发成为一代浪漫主义作家的榜样。他曾说:"荷马在表现英雄时代的人物时,只是制作了一些怪物的标本,那是因为,基督教在它诞生之时就提供了理想的精神的美或理想的性格的美,而多神教不能把它这样的优点赠给这位希腊诗人。"然而他又主张:"艺术的感受来自自然,而真理的观念则来自自然美以及风景色彩的深远的意义上,文学作品真实的艺术效果应来自感情题材,而不是来自理性。如果一部作品缺乏这种情感,再高超的写作技巧也无济于事。"④虽然他口头上也宣传:基督教是一切创作的源泉;但实际上他根本没有将上帝的意志作为创作源泉,反而是以客观存在的自然风光和人类社会生活的感情作为素材。⑤

夏多布里昂作品中有大量的对自然风光的描绘,比如在他的作品《阿达拉》中,《阿达拉》的故事发生在美洲的原始森林里,夏多布里昂用了大量的篇幅来描绘北美洲蛮荒之地异域风情的美景,春夏秋冬,日月交替,清晨薄雾,日落黄昏,这些场面色彩艳丽、超乎寻常。夏多布里昂运用景物描写来歌颂大自然的神奇,语言优美、修辞华丽,这种崇尚自然,强调以自然为美的浪漫主义思想,与"浪漫主义运动之父"卢梭的浪漫主义精神相类似。

卢梭是一个自然神论者,他把自然美作为审美的标准,认为自然美才是艺术美

---

① [法]拉法格:《拉法格文论集》,罗大冈译,人民文学出版社,1979年,第168页。
② Maynard Mack, *The Norton Anthology of World Masterpieces*, W. W. Norton & Company, 1979, Volume 2, p. 236.
③ [法]夏多布里昂:《阿达拉》《勒内》,时雨译,外国文学出版社,1964年,第161页。
④ R. D. Jamason, *A Short History of European Literature*,上海商务印书馆,1929年英文版。
⑤ 于进:《艰难地泅渡——论夏多布里昂浪漫主义创作》,硕士学位论文,山东师范大学,2008年。

的根本准绳,只要不加以人为的破坏与扭曲,自然赋予的一切都是美好的。卢梭曾发起了"回归自然"的浪漫主义口号,提出在文艺对象的选择上,要回归自然,告诫人们不要在现代文明中迷失方向,返璞归真,崇尚自我才是艺术选择的正确方向。夏多布里昂与卢梭的共性就在于此,在他们的作品中,饱含着对自然的赞美,对自然景物的精彩描写随手可拾,处处体现着浪漫主义作家崇尚自然的人文主义情怀。

法国浪漫主义文学强调主观精神、个人主义和批判意识,反对古典主义的因袭陈规、压制个性,要求个性解放和绝对的创作自由;他们歌颂人性,赞美自然。无论是以雨果为代表的积极浪漫主义,还是以夏多布里昂为代表的消极浪漫主义,作品中的人道主义精神以及对自然、自然人性的赞美与颂扬,都是对人文主义的高扬,是对文艺复兴时期人本主义理念的继承和发扬。

法国浪漫主义文艺思潮对人文精神有着深远影响,浪漫主义思潮在发展过程中已经渗透到法国人民生活的各个角落。人文主义关怀使其拥有了持久的生命力,并转化为一种精神力量影响着人们的内心。

二、法国浪漫主义政治漫画中的人文主义

政治漫画就是通过漫画的形式,针砭时政,发表社会舆论,内容多是对政治现实、统治阶级的讽刺与批判。运用图像作为传递讯息或故事传承的方法,是自古以来就有的,用这样的艺术手法讽刺政治,很早也出现过,而作为一种独立的体裁,形成广泛的社会影响,则是在19世纪的法国。

19世纪法国掀起了一股"漫画热",政治漫画迅速形成风潮。当时漫画杂志《漫画》和《喧哗》成为法国最流行的报刊,它们通过刊登菲力朋、杜米埃等著名漫画家的讽刺漫画来强调政治自由的重要性。

这一时期,政治漫画发挥了巨大的影响力,是文字作品所不能及的。因此政府对于政治性讽刺漫画的控制远较文字作品严格。除了1830—1835年、1848—1851年和1870—1871年这三个受革命激荡的短暂时期外,1820—1881年的历届法国政府对刊登在报刊上的漫画均实行十分严格的预审制度。① 从1830年七月革命

---

① Cf. Robert Justin Goldstein (ed.), *Out of Sight: Political Censorship of the Visual Arts in Nineteenth-Century France*, New Haven: Yale University Press, 2012.

到19世纪80年代法兰西共和体制最终奠定的半个世纪,政治漫画在法国经历了几度兴衰,可以说是一个动荡不安的革命时代的最直观见证。

(一) 新闻管制下的政治漫画

早在1789年法国人民第一次觉醒时,政治漫画就已在反对专制统治的斗争中发挥了巨大作用。之后由于拿破仑的独裁和波旁王朝的复辟,政治漫画的发展势头才在一定程度上被遏制了。① 1814年的《宪章》明确规定了人民享有自由表达的权利,这一时期,政府没有过于严格地控制出版,1819年前的书报出版还享有一定的自由。19世纪20年代复辟王朝末期,查理十世倒行逆施的反动政策日益与《宪章》倡导的君主立宪原则背道而驰。1830年7月下旬,查理十世连续签署了几道敕令:取消言论自由,取缔一切反政府报刊,解散议会,改变选举法。这些违逆时代潮流的政策遭到民众的强烈反对,成为七月革命的导火索,并最终导致了波旁王朝的覆灭。② 七月革命的爆发,推翻了复辟王朝和查理十世的统治。鉴于自由派报刊为七月王朝的诞生做出的贡献,新政府成立后给予新闻一定的自由。1830年8月14日颁布的新《宪章》在第七款中规定"法国人依法有发表和出版自己意见之权利",并将1814年《宪章》第八款中的"法律应对滥用此自由进行追究"一句改为"永不恢复书报审查制度"③。

七月革命后,政治漫画出版的数量在短时期内超过了以往任何时期,仅从政府存档的漫画数量来看,1789—1792年共有600幅漫画保存下来,而七月革命爆发至1830年结束,就有398份政治漫画存档。这一方面得益于新建立的七月王朝政府对新闻出版基本上"放任自由"的态度,新闻审查制度实质上已经废除,《宪章》规定公民享有言论自由的权利,为政治漫画再次繁荣创造了有利条件;另一方面,革命赋予政治漫画生机,1830年七月革命直到1871年巴黎公社,政治运动的高潮迭起,跌宕的政治局面为政治漫画争取了"自由空间"。革命的激情点燃了民众的政治

---

① [德]爱德华·福克斯:《欧洲漫画史(古代—1848年)》,章国锋译,上海人民出版社,2008年,第164页。

② [英]C. W. 克劳利编:《新编剑桥世界近代史》(第九卷),中国社会科学院世界历史研究所组译,中国社会科学出版社,1992年,第465页。

③ Jacques Godechot (ed.), *Les Constitutions de la France depuis* 1789, Paris: Flammarion, 2006, p. 219.

热情,漫画家们压抑已久的创作欲望得以释放,政治漫画符合这一时期的社会需求。

当时的法国民众受教育程度偏低,识字率非常低,漫画可以说是当时影响普通百姓最有效的媒介方式。政治漫画简明而生动,比报刊、文章更加直观,很快得到了普遍的认同,在报纸发明之后和电报发明之前,漫画在政治辩论中发挥着巨大的作用,它撕掉了权利的神秘色彩,鼓励普通民众参与国家事务。① 简单地说,就是一种最为直接、明了、通俗易懂的宣传方式。同时,19世纪初出现的平版印刷术为它提供了技术支持,本雅明在《机械复制时代的艺术作品》中所说的19世纪初出现的平版印刷术,"使得绘画艺术第一次不仅以巨大的数量,而且以日日翻新的形态把它的作品投入市场"②,从此漫画一改先前以传单或报纸附刊不定期发表的形式,首次同新闻出版业建立了固定的联系。正如波德莱尔在《论几位法国漫画家》中所言:"像所有的革命一样,1830年革命引起了漫画热。对漫画家来说,那的确是个美好的时代。"③

七月革命爆发前,法国政治漫画中最常见的主题是攻击查理十世。1829年12月24日,"现代政治漫画之父"夏尔·菲力朋创办了《侧影》,刊登讽刺查理十世及其近臣的漫画。《侧影》在1831年1月2日停刊,虽然刊出的时间短,但影响巨大,被视为整个19世纪法国漫画杂志的原型。七月革命后,政治漫画将矛头转向讽刺路易·菲利普,《漫画》《喧哗》相继出版。

1830年11月4日,菲力朋与姐夫奥贝尔创办了欧洲历史上第一本漫画周刊《漫画》。④《漫画》是在《侧影》的基础上创办的,《侧影》的创设为菲力朋提供了出版方面的宝贵经验,后来《漫画》的几位骨干画家,包括杜米埃、格兰德维尔和特拉维,也都是最初为《侧影》招募的,⑤这些画家也是其后几十年里法国漫画业的代表人物,对法国漫画出版影响深远。《漫画》报每期由四页文本和两个石印画组成,核

---

① [英]彼得·伯克:《图像证史》,杨豫译,北京大学出版社,2008年,第101页。
② [德]汉娜·阿伦特编:《启迪:本雅明文选》(修订译本),张旭东、王斑译,生活·读书·新知三联书店,2012年,第233页。
③ [法]波德莱尔:《波德莱尔美学论文选》,郭宏安译,人民文学出版社,1987年,第330页。
④ Cf. James Bash Cuno, *Charles Philipon and la Maison Aubert: The Business, Politics, and Public of Caricature in Paris 1820 - 1840*, Ann Arbor: UMI, 1985.
⑤ Kerr D. S, *Caricature and French Political Culture 1830 - 1848: Charles Philipon and the Illustrated Press*, Oxford: Clarendon Press, 2004.

心不再是文字,而是漫画本身。福克斯将《漫画》称为"人类历史上第一家现代意义上的政治漫画杂志",称其出版"标志着现代讽刺画进入了一个新的更高的发展阶段"。①

《漫画》自1830年底创刊以来很快就取得了巨大的成功,然而,《漫画》在创立的第一年内就多次吃官司。菲力朋因为讥讽路易·菲利普的"梨子"漫画被法庭传唤并判有罪。1932年11月,政府指责《漫画》于当年6月出版的漫画《泥瓦匠》违反了新闻法。在法庭上,菲力朋为了证明他所画的国王只是简单地与国王相像,而不是刻意为之,当庭拿出了纸笔,画出了四幅草图,第一幅是梨的简单轮廓,第二幅比第一幅稍显复杂,第三幅又在此基础上进化,第四幅仍是在前面的基础上进行加工的,但已经与路易·菲利普非常相像。11月24日,《漫画》刊出了菲利普在法庭上所绘的国王和梨的轮廓图(图1),一时间,"梨子"在法国盛行,成为漫画家对路易·菲利普和他的政府的攻击工具。

"一年内打了二十三次官司,受了三次罚,付了七千法郎的罚款与诉讼费,被迫交了二万四千法郎的保证金……我们的主编坐了十三个月的牢。"②七月王朝政府对讽刺漫画如此兴师动众,看似有些小题大做,其实不尽然。因为当时的政治漫画不仅是报刊的一个组成部分,而且常印成单册发行。更不可小觑的是,这类漫画还经常公开地摆放在商店的橱窗里供路人观赏。各大城市商店的漫画陈列橱窗经常吸引着大批民众,他们对每幅新出现的漫画都报以热烈的反应。政治漫画在人民中的广泛流行与深刻的影响,使统治者十分恐惧。

比如"梨子漫画"的巨大影响力,就算菲力朋本人也是始料未及的。在路易·菲利普统治的余下时期里,国王和梨的形状几乎合为一体,以至于海涅将梨子评价为法国的国家笑话:"梨一直是常年不衰的大众笑话……成百上千画着梨的漫画到处张挂。在一幅画上,我们看见佩里埃站在讲坛上,手里拿着梨,向坐在四周的人推销,卖给报价最高的人。另一幅画的是,安睡的拉法耶特胸膛上压着一只奇大无比、如同梦魇的梨,正如墙壁所暗示的那样,拉法耶特梦见了最好的共和国。"③

---

① [德]爱德华·福克斯:《欧洲漫画史(古代—1848年)》,章国锋译,上海人民出版社,2008年。

② [法]巴尔扎克:《巴尔扎克全集》(第二十九卷),陆秉慧、刘方译,人民文学出版社,1998年,第138页。

③ [德]海涅:《海涅全集》(第九卷),赵登荣译,河北教育出版社,2003年,第140页。

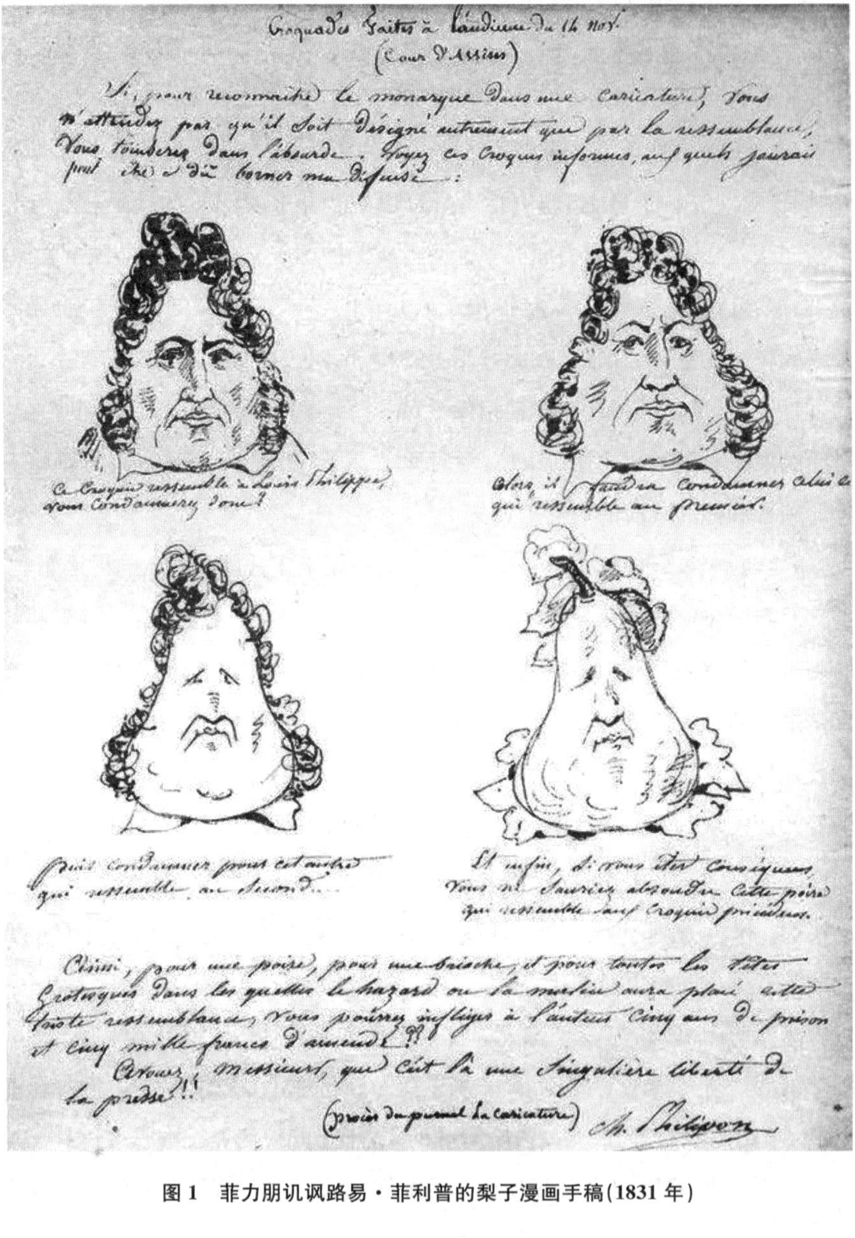

图1 菲力朋讥讽路易·菲利普的梨子漫画手稿(1831年)

菲力朋之所以选择梨来描绘国王,因为在法文的俗语中,"梨"含有蠢材、傻瓜的意思。在漫画中,正是以梨子渐渐窄小的顶部来暗示国王的愚昧,梨子越来越鼓胀的下部则寓意国王强烈的物质欲。之后整个法国就迅速地将国王的形象和梨同化。不但全法国都在画着梨子,而且在说笑着梨子,这就成为一种煽动,也成为一个有保证的笑点。①

画着梨子的漫画随处可见,最后只需画出一个上窄下宽的轮廓,就能够表达"梨"的讽刺意义。"梨子漫画"也从最早的单纯地讽刺国王引申为对整个当局的讽刺,1834年发表在《漫画》上的《梨子及其内核》(图2),画了一个被切开的梨子的横切面,在梨子的核里,有士兵在贪婪地吃喝,从远处看去,像是已经腐烂的发黑的内核,巨大的梨肉像一个保护罩。

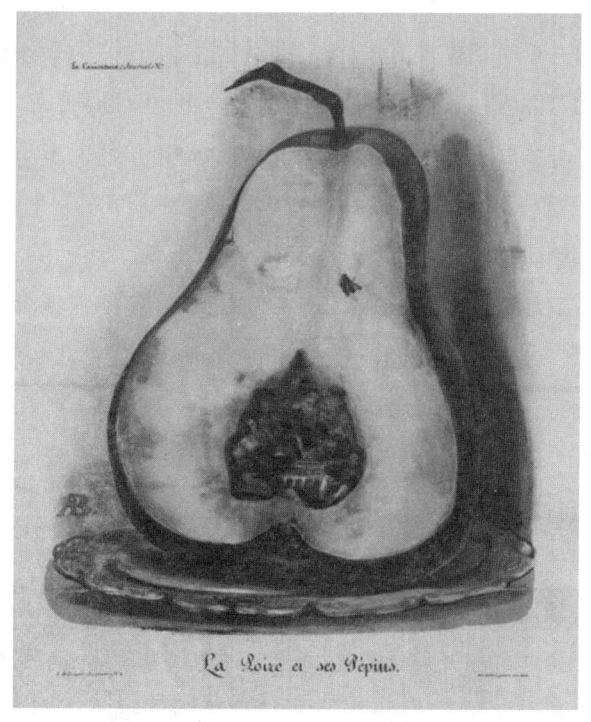

图2　布铠《梨子及其内核》(《漫画》1834年7月4日)

菲力朋在1831年11月司法诉讼中申辩:"本来当《漫画》只讽刺私生活可笑的方面和道德的时候,是可以富裕而安静地生存下去……可当局日趋反动的政策,却使它全副武装地走上了政治舞台。"②《漫画》在创办的最初几个月主要发表的是感

---

① Sandy Petrey,"Pears in History," *Representations*, No. 35(1991) pp. 52-71.
② [苏]卡利季娜:《十九世纪三十年代的法国政治漫画》,龙新叔译,人民美术出版社,1959年,第43页。

伤主义的作品，正是当局的打压促使杂志将标题从最初的"道德的、宗教的、文学的和生活的漫画"变成"政治的漫画"了。《漫画》走向了政治舞台。

鉴于《漫画》出版周期较长，不能满足民众的需求，同时由于印刷质量高，成本相对较高，一年的订阅费要60法郎，使其难以在中下层民众中推广。1832年12月1日，菲力朋又创办了《喧哗》来弥补其不足。此报每日四版，第三版专门刊登漫画，从此法国人每天都可以在该报看到一幅新的漫画。《喧哗》很快就在巴黎成为家喻户晓的读物，常常一出版就被抢购一空。菲力朋在谈到《漫画》与《喧哗》的区别时说："《漫画》一个星期仅仅出版一次，可以并且应该总是作为一份备选的期刊；其图像精心制作，印刷讲究，并且用上好的纸张印刷……为了偏好不同政治讽刺的公共阅览室和图像爱好者，我们创办了一份日报，每天早晨发布一份草图；其印刷比《漫画》更为粗糙，图像完成度不高，而得以称为文学期刊的一般价格交付。"

从1833年起，菲力朋出版的《漫画》中开始出现了表达共和信念的作品。1833—1835年，菲力朋的政治漫画成为"共和主义宣传"的工具，与共和派报刊一起，攻击政府和宣传共和。埃米尔·巴亚尔将《漫画》描述为共和派人对着路易·菲利普挥舞着的最让人害怕的武器。

1835年7月28日，一批激进分子行刺路易·菲利普，造成十九人死亡，国王却逃过一劫。当时国王路易·菲利普正和他的儿子、大臣、随从视察国民卫队，偶然看到一个楼层的窗户在冒烟，立刻意识到有人要实行谋杀。在紧接着的袭击中，国王表现得非常镇定，在确认他的儿子没有受伤后，坚持完成了视察。这一事件造成的无辜者的死伤使共和派大受谴责，而国王的机警和冷静，使民众充满了崇敬和同情，与此同时，政府加强了对新闻出版的管理，他们将此次事件归咎于媒体的不当宣传，认为它们起到了不好的煽动作用，甚至，当权者认为出自共和主义活动家之笔的漫画，在舆论上武装了罪恶之手。

的确，就在谋杀事件发生前，包括《漫画》和《喧哗》在内的几份报刊，将"暗杀国王"作为玩笑的题材发表：7月21日，《喧哗》发表了一篇虚拟的路易·菲利普和梯也尔之间的对话，两人都认为最近已经成为共和派谋杀的目标；23日，《漫画》刊登了文章《想象的暗杀》，虚构了路易·菲利普在咨询暗杀的事情；27日，《喧哗》出版了"红色刊物"，这一期文字用红色墨水印刷，代表着政府的血腥，似乎要借这一期刊物对路易·菲利普所犯的罪恶来一次清算。1835年官方的《导报》就强调指出：

第四章　近代人文主义传统的重建

"共和派的漫画所表现的不仅是某些见解,而且是靠着向观众展览这些图画,把这些见解化为行动。"①

为了进一步加强统治,政府在1835年9月9日通过了一项极其严厉的新闻出版法令。它不但规定几类图画需预先审查,还扩大了报刊违法犯罪的范围。② 新闻管制法令不仅把煽动反对国王及王室列为危害国家安全罪,还把侮辱君主也列为危害政权罪。法案在九月份颁布,被称为"九月法令",这些法令的制定,严格地限制了新闻出版内容,压制了新闻的出版,促成了1835年后严厉的出版管制气氛,诗人拉马丁就愤怒地指出:"这是一部禁锢思想的法案! 这是一种恐怖统治!"③ 1835年8月27日,《漫画》第251期在刊登了即将实施的"九月法案"后被迫停刊了。在这期《漫画》上,刊登了杜米埃的漫画《的确,牺牲自己是值得的》,这幅画中七月革命的牺牲者复活了,他们爬出坟墓惊异地注视着国家发生的巨变。这些被安葬在公墓中的无名英雄,愤怒地看着人民所遭受的迫害。④

但这绝不意味着漫画家们就此屈服,他们不仅将法案的文字排成梨的形状,还将反动政客为这一法案辩护的言论及他们在七月革命前后鼓吹新闻自由的言论一同发表出来,使两者形成鲜明的对比,作为对背信弃义的统治者的讽刺。⑤

1835年9月新闻管制法颁布之后,法国的报刊迫于形势,已无法公开刊登政治漫画,此后的法国漫画主要是社会风俗画,但它们比以往的风俗漫画更具鲜明的政治色彩。以梨子呈现的路易·菲利普的形象被当局禁止,艺术家们就创造了一个新的人物形象——罗贝尔·马凯尔来射影七月王朝的金融寡头。马克思就曾直言不讳地指出:"七月王朝不过是剥削法国国民财富的股份公司:这个公司的红利是在内阁大臣、议会、24万选民和他们的随从之间分配的。路易·菲利普便是这

---

① [苏]卡利季娜:《十九世纪三十年代的法国政治漫画》,龙新叔译,人民美术出版社,1959年。
② 参见 Claude Bellanger (ed.), *Histoire générale de la presse franaise*, Tome III, Paris: PUF, 1969。
③ [德]爱德华·福克斯:《欧洲漫画史(古代—1848年)》,章国锋译,上海人民出版社,2008年,第348页。
④ 自1830年11月4日创刊至1835年8月27日停刊,《漫画》共刊登了524幅漫画,其中91幅漫画是由杜米埃创作的。详见 N.-A. Hazard & Loÿs Delteil, *Catalogue raisonné de l'oeuvre lithographié de Honoré Daumier*.
⑤ [德]爱德华·福克斯:《欧洲漫画史(古代—1848年)》,章国锋译,上海人民出版社,2008年,第350页。

个公司的经理——坐在王位上的罗贝尔·马凯尔。"① 在1835年后新闻自由被禁锢的时代里,马凯尔系列漫画仿佛是黑暗中的一缕阳光,为此波德莱尔赞誉"《罗贝尔·马凯尔》是风俗画的决定性的开端"②。

在菲力朋、杜米埃等兼艺术家与道德家于一身的伟大斗士看来,讽刺风俗画其实是以一种变形的方式来表达在新闻自由时代所要力图表达的政治观点。比如用外国的事件或人物作为漫画的素材,借异域的事物来规避审查制度,抨击国内的政治。《喧哗》等报刊还找到了某种特殊的形式来表达对当局的愤怒和不满。在法国大革命的纪念日7月14日和七月革命的纪念日7月29日等具有历史意义的日子里,《喧哗》就以独特的文字编排和纸张颜色来使人们回忆起革命的壮举,提醒大家革命的果实已被现政府篡夺。1840年7月29日出版的《喧哗》尤其引人注目,那期的报纸故意将白字印在黑纸上,刊头的标题为"为自由送葬",以示对七月革命的理想没有实现的悼念。③ 反之,1841年7月14日纪念攻克巴士底狱所出的那一期《喧哗》,则是用漂亮的纸张和金色的字印成的,以示对大革命的纪念。④ 正如波德莱尔所言:"漫画从此具有了一种新的姿态,不再专门是政治性的了。它完成了对公民普遍的讽刺。"⑤

高压的新闻管制政策下,政治漫画发展举步维艰,但从没有停下过脚步,1835—1848年的政治漫画表面上很少涉及政治,但实际上这些漫画都包裹着批判政治的内核,虽然坎坷,但从未中断,直到1848年,第二共和国诞生后,废除了"九月法令"。

1848年2月24日,巴黎人早上还在君主制下起床,晚上就已经在共和制下上床睡觉了。⑥ 查理十世在统治末期才猛然惊醒,试图反对内阁来平息民众的不满,已经为时过晚,随着路易·菲利普政权的倒台,新闻自由也得以恢复。与七月王朝

---

① 《马克思恩格斯全集》(第十卷),人民出版社,1998年,第134页。
② [法]波德莱尔:《波德莱尔美学论文选》,郭宏安译,人民文学出版社,1987年。
③ [德]爱德华·福克斯:《欧洲漫画史(古代—1848年)》,章国锋译,上海人民出版社,2008年,第358—360页。
④ [苏]卡利季娜:《十九世纪三十年代的法国政治漫画》,龙新叔译,人民美术出版社,1959年,第143页。
⑤ [法]波德莱尔:《波德莱尔美学论文选》,郭宏安译,人民文学出版社,1987年,第337页。
⑥ [德]爱德华·福克斯:《欧洲漫画史(1848—1900年)》,王泰智、沈惠珠译,上海人民出版社,2006年,第32页。

相比,二月革命后成立的临时政府实施的各项政策无疑是较为民主的。1848 年 3 月 6 日,临时政府废除了 1835 年的新闻管制法,几天内巴黎就涌现了四百五十家新办的报刊,政治漫画又可以大显身手了。

可惜好景不长,1848 年 6 月底工人起义失败后,第二共和国取得的果实就逐渐被路易·波拿巴窃取了,1848 年新宪法所规定的新闻自由再次受到威胁。1851 年 12 月 2 日,路易·波拿巴发动政变后,更是立即恢复了其叔父的做法,只允许巴黎保留十一家报纸的发行权,在外省则对革命报纸进行讨伐。从 1851 年底起,新闻犯罪被视为刑事罪,不再由轻罪法庭审理。① 正如福克斯总结的那样,1830—1835 年是资产阶级民主思想的青年狂飙时期,1848—1851 年的第二共和国是法国新闻自由和漫画创作的第二个发展时期,但毕竟只是光辉有趣的退却性战斗。

第二帝国建立后,1852 年 2 月 17 日小波拿巴就仿效 1835 年 9 月的法令,完全恢复了对报刊的新闻检查制度。此后直至 1868 年,尽管法国报刊上的漫画内容颇为丰富,却鲜有为拿破仑三世的统治打上时代烙印的杰作。② 不过 1866 年后迫于政治形势的恶化,拿破仑三世不得不使带有严重威权色彩的第二帝国逐渐向有限度的自由帝国转变。③

1870 年普法战争失败,第三共和国成立,直至 1871 年 5 月巴黎公社失败后,法国刚刚恢复短暂自由的新闻报刊业再次被置于保守派政府的控制下,多家日报被查封、停刊,一百多家报纸不准公开发行。1877 年 5 月,保皇派内阁在法国新闻史上最后一次尝试控制报刊,共和派在随后的大选中获胜;1881 年 7 月 29 日,确立出版自由的《新闻自由法》最终被通过。这一法案的确立,标志着自由派的政治家、作家和画家们在近一个世纪中所进行的争取表达自由的斗争,取得了最后胜利。此后,法国的漫画家终于赢得了自由创作和发表政治漫画的权利。④

---

① Claude Bellanger (ed.), *Histoire générale de la presse franaise*, Tome III, Paris: PUF, 1969, pp. 111-114.

② Cf. Anne McCauley, "Caricature and Photography in Second Empire Paris," *Art Journal*, Vol. 43, No. 4(1983) pp. 355-360.

③ Jacques Godechot (ed.), *Les Constitutions de la France depuis 1789*, Paris: Flammarion, 2006, pp. 310-319.

④ Cf. Robert Justin Goldstein, "Fighting French Censorship, 1815-1881," *The French Review*, Vol. 71, No. 5, 1998, pp. 785-796.

19世纪30至80年代的半个世纪里,成千上万幅嘲讽时政的政治漫画、社会风俗画及其泼辣的题词伴随着法国人经历了七月革命、1848年革命和巴黎公社三场革命。其实效不仅能"使一切可能在社会机体表面刻板僵化的东西恢复灵活",还能"惩罚不良风尚"。因此漫画不仅可以建立起某种想象的逻辑,把积重难返的判断和根深蒂固的观念的表皮揭开,还"暗示我们的社会化了妆,成了一个假面舞会。社会生活中属于仪式性的东西,包含潜在的滑稽因素,只待机会到来,便将形之于外"。①

(二)政治漫画中的人文主义

19世纪30年代进步的政治漫画是1830年七月革命的产物,不仅如此,它还与之后兴起的民主主义运动有着十分紧密的联系。七月革命前,画家们的讽刺对象是查理十世和耶稣教会,歌颂革命英雄;七月革命后,随着新政府的执政,讽刺对象则指向了新政府和大资产阶级。

这一时期最流行的漫画刊物,是由被誉为"现代政治漫画之父"的夏尔·菲利普创办的《漫画》和《喧哗》,是19世纪法国反对专制统治政治漫画的主要阵营,《漫画》也是欧洲历史上第一本漫画周刊。当时法国最优秀的漫画家莫尼埃、格朗维尔、特拉维埃等都被吸引到《漫画》《喧哗》的创作团队中来,杜米埃无疑是其中最杰出的一位。

杜米埃,全名奥诺莱·维克多·杜米埃(1808—1879),出身于法国马赛的一个工人家庭。杜米埃的父亲是一名玻璃装饰工,喜爱文学,后来成为一名诗人,也是法国最早的一批工人阶级诗人。杜米埃年幼时就表现出了对绘画的喜爱,但是由于家境贫寒,他不得不放弃绘画,打工谋生。他先是到法院的执事那里当信差,贴补家用,后来又找了书店售货员的工作,在那段时间里,杜米埃接触到了不同阶级的人们,亲眼看见了底层劳动人民悲惨的生活。1824年,当他进入法国斯维赛学院研究美术时,又与一些进步的艺术家、美术家结识,从他们那里,杜米埃接触到了进步的思想,了解到了无产阶级革命,出身于工人家庭,使他对无产阶级有着天然的亲近感与同情心。在封建王朝复辟的日子里,他深刻地感受到了人民的疾苦,看清了资产阶级的虚伪与堕落,也看到了无产阶级和被压迫的人民的反抗力量与革

---

① [法]亨利·伯格森:《笑》,徐继曾译,北京十月文艺出版社,2005年,第28—30页。

命信念。1825年起，杜米埃开始了他的绘画生涯。

　　1830—1880年，在横跨了半个世纪的绘画生涯中，杜米埃历经了法国三场革命，见证了七月革命到巴黎公社，近代法国从君主立宪制向自由民主体制的转型，可以说这一时期的每一个历史节点，都能找到杜米埃为之创作的漫画。他在《漫画》《喧哗》等报刊上发表了四千多幅漫画，已成为19世纪法国社会众生相的最佳见证。杜米埃成为当时法国家喻户晓的、最具影响力的漫画家，他创作的政治漫画对19世纪的法国社会产生了广泛而深远的影响。更为重要的是，从开始创作绘画作品起，杜米埃就站到了人民的一侧，用画笔讨伐上层建筑对底层人民的压迫，笔锋所指，犀利泼辣，统治阶级的面具被划开，丑陋的嘴脸无处遁形，是一名矢志不渝的民主主义者。

　　杜米埃对封建统治阶级深恶痛绝，在他所创作的政治漫画中，总是揭露社会不平现象，以犀利的比喻讽刺当权者，用自己敏锐的观察力，毫无顾忌地将社会上流阶级的丑态，以绘画的方式，表现得淋漓尽致。

　　比如，在《请你们再给我一点时间》中，杜米埃揭露了查理十世在政治失败后逃亡英国的丑恶嘴脸，《饥饿的人们必须得以饱足》又将矛头对准了僧侣们，他们已经不再是慈悲为怀的神的化身，而是充满假仁假义的虚伪。在七月王朝建立之后，杜米埃的笔锋就开始瞄准了新国王菲利普和七月王朝政府。

　　1830年7月26日，法国查理十世颁布了"七月勒令"，勒令倒行逆施，维护封建统治，严重地侵犯了资产阶级的权益，并且针对新闻出版重新修订了法案，新法案取缔一切反封建反专制政府言论的报刊，限制出版自由。查理十世引爆了法国"七月革命"的导火索，激起了法国民众的怨愤，一场推翻封建专制，为自由而战的革命爆发，普通民众与进步的国民自卫军结合在一起，发动武装起义，推翻了查理十世的封建专制。然而，这场轰轰烈烈的大革命的胜利果实，却被大资产阶级窃夺了。"七月革命"没有将法国带向共和，以路易·菲利普为代表的大资产阶级建立了"七月王朝"，法国走向了君主立宪制。法国人民又开始了反抗资产阶级君主制度的斗争，在国内爆发了多次起义，如1831年里昂无产阶级的起义、1832年巴黎起义、1834年里昂以及巴黎和其他诸多法国城市的起义，阶级斗争已经越来越激烈。

1831年12月16日,杜米埃在《漫画》上发表了名为《高康大》(图3)①的漫画,这就是著名的"梨子头",画家用"梨"来讽刺路易·菲利普的贪婪嘴脸。"高康大"一名来源于16世纪意大利小说家拉伯雷的讽刺小说《巨人传》②,"高康大"是小说的主人公,他的食量惊人,永远也吃不饱,杜米埃把路易·菲利普比作现实中的"高康大",就是说他是一个愚蠢、贪婪的人。

图3　杜米埃《高康大》(《漫画》1831年12月16日)

"梨子头"的国王坐在巴黎市中心的协和广场,张大嘴不断吞噬人民纳税的血汗钱,他吐出的长长的舌头,仿佛一个巨型传送带,一群官吏谄媚地将搜刮的钱财通过"传送带"传送到高康大的嘴里,这张大嘴像黑暗的深渊,那硕大的肚子仿佛永远也填不满,还有几个人躲在角落做着不能见人的勾当,应该是等待有一星半点的好处掉下来,研究着如何分食残渣,与之形成鲜明对比的是一群疲惫饥饿、被剥削的分文不剩的民众。

据考证,杜米埃这幅画是受1790年法国革命时期一幅名为《新高康大的旧筵

---

① 参见何政广主编:《杜米埃:讽刺漫画大师》,河北教育出版社,2001年。
② [法]弗朗索瓦·拉伯雷(1495—1553),法国文艺复兴时期著名的人文主义作家,代表作有长篇小说《高康大》,又译作《巨人传》,原名《卡冈都亚和庞大固埃》。

席》的漫画启发。在那幅画中路易十六被画成高康大的模样,和他的家人及近臣坐在一张大桌旁,狂饮狂食从贫穷人民身上剥夺来、从全国四面八方送上桌面来的美食。在杜米埃的画中"资产阶级国王"路易·菲利普代替了旧制度的末代君主,两幅漫画的讽刺效应则有着异曲同工之妙。杜米埃刻画的新"高康大"形象,指控了路易·菲利普横征暴敛的罪行,极其尖锐地讽刺了国王及其大臣们的贪婪本质——残酷地剥削人民而发财的资产阶级国王和政府,它喊出了平民百姓久藏于心底的仇恨以及对劳苦大众的同情。

"梨子高康大"使统治者恼羞成怒,杜米埃以"激发对政府的仇恨及蔑视、侮辱国家元首"的罪名被判处六个月监禁及五百法郎罚款。① 经过申诉,《高康大》的印刷工及《漫画》的出版商被免除了刑罚,只有杜米埃于1832年8月底被逮捕。

杜米埃因为创作《高康大》获刑六个月,统治者以为这样能让画家屈服,但是杜米埃丝毫没有感到恐惧,在狱中依然坚持创作,在他服刑期间,给友人的信中说:"我不但自娱且娱人,这是为了反对而反对。监狱并不会让我留下痛苦的回忆。"这应该是当权者始料未及的,服刑经历不仅没有使这位画家气馁,反而愈挫愈勇,不仅没有停下对王权的控诉,反而激起了他斗争的热忱,可能杜米埃最初没有想到,自己已经一步一步地成长为民主斗士了。

出狱后杜米埃继续抨击国王和时政,不仅仅是国王本人,甚至整个七月王朝。杜米埃对路易·菲利普篡夺"七月革命"果实的罪恶行径,做了非常深刻的揭露。《欧洲最伟大的走钢丝演员》中,梨形的路易·菲利普手握着雨伞,正试图从塞纳河右岸的市政厅走钢丝跨到左岸去,讽刺他的政治野心;《过去·现在·未来》里,梨形头的路易·菲利普三面都长了张狰狞的脸,讽刺国王在七月革命后迅速变脸;②《一出情节复杂的悲喜剧之主角》,将路易·菲利普掩藏的本质面目生动地反映了出来,国王的民主面具已经脱落,显露出专制君主的本来面目,资产阶级市民国王的伪装已经被公开抛弃:礼帽被王冠所取代,雨伞让位给了国王的权杖,他脚下则踩着原该保障自由权利的《宪章》。如此看来,路易·菲利普确实是"一出情节复杂

---

① Elizabeth C. Childs, "Big Trouble, Daumier, Gargantua, and the Censorship of Political Caricature," *Art Journal*, Vol. 51, No. 1, 1992, pp. 26–37.

② 参见 Constance C. McPhee & Nadine M, Orenstein, *Infinite Jest: Caricature and Satire from Leonardo to Levine*, Yale University Press, 2011, p. 180。

的政治悲喜剧之主角"①。

《七月的英雄》(图 4)②中,一位为"七月革命"流血战斗而失去一条腿的英雄,站在塞纳河边,他的背影悲凉,我们看不见他的神情,但这个背影让我们感受到一种决绝。革命胜利了,战斗过的士兵却穿着许多当票黏合而成的衣服,一段绳索套在他的脖子上,绳索的另一端是一块大石头,这位英雄下一刻应该就会纵身一跃,葬身河底了。是什么让战斗英雄一心向死,当票就是答案。胜利带给他的只有身

图 4　杜米埃《七月的英雄》(《漫画》1831 年 6 月)

---

① David S. Kerr, *Caricature and French Political Culture：1830 - 1848, Charles Philipon and the Illustrated Press*, Oxford：Clarendon Press, 2000, pp. 151 - 152.

② 参见何政广主编:《杜米埃:讽刺漫画大师》,河北教育出版社,2001 年。

体的残疾和经济的窘迫,他并没有受到新政的好处,反而因为残疾无法劳作而靠典当生活,受尽了精神和肉体的折磨,最终走投无路。杜米埃通过充满悲剧气氛的画面,抒发了自己,当然也包括广大群众对七月英雄的深切同情,还有对窃取革命果实的金融贵族的仇恨。

值得一提的是,《七月的英雄》是石版画。杜米埃坚持创作版画,一方面是因为在他年少的时候,在工作室学习过版画技术,最初的目的是想通过给画家绘制插图或者装饰画来换取劳动报酬,贴补家用,久而久之,技巧越来越娴熟,这也使杜米埃找到了绘制版画的乐趣,也成了他比较擅长的创作方式;另一方面,也是更为重要的,杜米埃希望艺术可以为劳苦大众所接受,可以属于所有人民,而不再只是上层社会与贵族的消遣,版画是可以复制的艺术,一块石板完成后,可以重复印刷,成本较低,也有利于他批判思想的传播。

对封建统治阶级有多么深恶痛绝,对人民就有多么热忱。可能杜米埃自己并没有意识到,他已经化身为无产阶级阵营中的一员,对贵族势力宣战了。他在画作中为普通民众发声,以幽默的方式讽刺和揭露人们受到的不公正对待,在杜米埃的画作中,能够看到当时法国社会各个阶层人的人生百态,尤其是被压榨的劳动人民,他将平民的苦难与贵族的奢靡归置于一处,通过这样强烈的对比,形成最强有力的表现。

避免过多烦琐的小细节,充分的目的性、尖锐性和讽刺画清楚易懂的艺术处理、熟练的艺术表现手法,所有这些特点使杜米埃的讽刺画成了讽刺艺术的真正杰作。在人物形象的塑造上,对刻画人物的政治面貌和揭露社会冲突,力求做到极致准确,对每一个讽刺形象都个别地、肖像性地加以处理,同时,杜米埃善于在这些形象中揭露和突出社会上层当权人物的典型反面特征。在《可怜的绵羊,迟早要被人剪了毛》中,他把剪羊毛的人画成新国王菲利普的样子,手里拿着剪毛剪刀在给一群羊挨个剪毛,这些绵羊带着红白蓝的三色帽徽,象征着以菲利普为代表的新政府对人民的剥削。

杜米埃不但申诉人民的痛苦,而且强调人民的作用。几乎所有画家都把人民描绘成受苦受难疲惫不堪的被压迫者,只有杜米埃创造了无产阶级的英勇形象,杜米埃的画振奋了人们的精神。

杜米埃在石版画《当代伽利略》(图5)①中，描绘了两个人物，一个是为争取共和政体而斗争的战士，他被囚在狱中，用铁链锁在牢房的墙上；另一个是法官。战士怒目而视，目光坚毅，墙上轻轻地勾勒出向前飞翔的自由神，这仿佛是从战士的心中发出的，表明他对胜利毫不动摇的信心，也说明争取进步的战士终将胜利。

图5　杜米埃《当代伽利略》(《漫画》1834年11月6日)

在《出版自由》(图6)②中，他成功地塑造了战斗中的工人形象，印刷工人是19世纪30年代法国工人阶级中最革命的队伍之一，杜米埃塑造的这一形象可以说是对反抗压迫者的工人形象的概括，是觉醒的无产阶级形象的缩影。印刷工人挽起袖口、攥紧拳头、横眉怒视着敌人，他目光坚定，脸上充满了战斗的决心，准备像打垮查理十世那样，给路易·菲利普以迎头痛击，画的右边是倒在地上的查理十世，权贵们正在帮他恢复知觉；左边是路易·菲利普在气势汹汹地挥舞着洋伞。杜米埃曾经说，在阶级斗争中起决定性作用的是人民，人民才是推动历史前进的力量，这幅版画号召着法国人民同压迫者勇敢做斗争，暗示着胜利终将属于人民。这幅

---

① 参见何政广主编：《杜米埃：讽刺漫画大师》，河北教育出版社，2001年。
② 参见何政广主编：《杜米埃：讽刺漫画大师》，河北教育出版社，2001年。

画和《七月的英雄》被时人视为杜米埃的代表作。

图6　杜米埃《出版自由》(《每月联盟》1834年3月)

1834—1835年,是杜米埃的政治讽刺漫画高产的两年,杜米埃创作了非常多的艺术作品,最有名的是《特朗斯诺宁街的屠杀》(又称《1834年4月5日的特朗斯诺宁街》)(图7)①,这幅画是对统治者暴行的公开抗议,刻画了1834年4月军警残忍地射杀了一个工人家庭一家老小的血腥场景,让人深感压抑。杜米埃的创作目的不仅仅是通过描绘这样血腥的画面,给人们以最直接的视觉冲击,震撼人们的心灵,揭露国王和复辟政府的囚禁政策,以及复辟政府镇压巴黎和里昂工人起义的残酷,更是对工人阶级和无产阶级视死如归的革命决心的赞美和革命必胜的信心。

杜米埃从创作开始就使自己的艺术为人民服务。他的作品深刻地反映了法国的阶级斗争,毫不留情地揭露了统治阶级的虚伪嘴脸,即使在新闻管制最严格的时期,也没有阻止他的创作,他对当时的制度提出抗议,以漫画作为有力的宣传武器,配合政治斗争,号召法国人民争取自由与民主。杜米埃终其一生,是一位属于共和派的进步画家,他把一生献给了艺术与人民,他的创作始终与人民结合,赋予了画中人物以巨大的精神力量,他塑造的为争取人民革命胜利而战斗的战士形象,鼓舞

---

① 参见何政广主编:《杜米埃:讽刺漫画大师》,河北教育出版社,2001年。

图 7　杜米埃《特朗斯诺宁街的屠杀》(《漫画》1834 年 9 月 24 日)

着法国民众。文杜里做了极好的概括:"由政治热情所产生的杜米埃的艺术,是继米开朗琪罗之后,第一个可以上升到民族乃至人类的道德面貌这个高度的艺术……1830 年之后,如果依然像大卫那样继续歌颂古代英雄,是不光彩的;如果像德拉克罗瓦那样埋头于对中世纪或者东方的幻想,就意味着对人类的沉重灾难袖手旁观。而在杜米埃身上则活着人民的精神。"①

有趣的是,在第二帝国崩溃后,流亡多年的雨果重返巴黎,并首次在法国出版了他在 1853 年即写就的抨击路易·波拿巴政权的诗集《惩罚集》。1870 年 10 月底,杜米埃为《惩罚集》配了一幅插图《历史的一页》。在画中《惩罚集》压住了脱毛的拿破仑飞鹰,他将雨果的诗集比作闪电,闪电击中了躺在地上象征第二帝国的秃鹰。② 两位饱含人文主义精神的民主主义斗士,在这里相遇了。

统治者试图限制漫画家的创作,操控舆论,结局只能自取其辱,讽刺漫画不减反增;封建势力倒行逆施,企图阻挡民主的脚步,得到的是人民更加高涨的革命热

---

①　[意]里奥奈洛·文杜里:《西欧近代画家》(上),钱景长等译,人民美术出版社,1979 年,第 146 页。
②　参见《惩罚集》中文节译本,《雨果文集》(第 13 卷),程曾厚译,译林出版社,2013 年,第 251 页。

情。就像时代的浪潮始终向前,步伐虽有停滞,但终究不会后退。

严格的新闻管制制度没能将政治漫画扼杀,《漫画》和《喧哗》成为人民争取自由民主的阵地。菲力朋、杜米埃等漫画家以画笔为武器,创作政治讽刺漫画,宣扬民主与自由,他们用最幽默的方式、最尖锐的讽刺,揭露统治者丑陋的嘴脸,为黑暗中的人民带去了精神食粮。这一时期,政治漫画发挥了巨大的影响力。

法国浪漫主义时期的人文主义具有一种批判现实回归传统的性质,是对近代传统的背叛和反思。这种人文主义在否定近代文明的背景下,力图回归传统,寻求神性,重建信仰,铸造新的人文主义——法国浪漫主义以强烈的反叛精神构建了一个新的人文主义文化模式。

法国浪漫主义文艺思潮颂扬自由、平等,肯定个人的价值,带领人们回归自然、回归本性;政治漫画打破了黑暗政治的笼罩,针砭时政,画出了人民的心声。彼时的法国动荡不安,反反复复的革命、来来回回的主义,浪漫主义给迷茫的人们带去了人文主义关怀,给封建统治压迫下的人民带来了希望,使人们更加默契地团结在一起。

第五章
现代人文主义思潮的演进

人文主义经过古典时期的奠基和近代早期的复兴之后,从宗教文明的背景中走出,部分地获得了自由;然而,以工业文明为背景的科技理性又以更为强大的力量,使人的来自文化传统中的信仰道德与理想等人文主义品质面临更为严峻的危机。在这一背景下,宗教的、伦理的、生态的,这些在工业文明背景下遭受严重威胁的人类品质,开始和科技的、理性的、世俗的因素,竞相在人类文明的地盘上争夺势力范围,摩擦、碰撞、融合、冲突,林林总总的思潮和运动便应运而生:基督教人文主义、世俗人文主义、新人文主义和生态人文主义,先后以不同的方式呈现于反思和批判工业与科技文明历史进程之中。

逐层掀起的人文主义思潮,都以自己的方式体现出对工业文明背景下人类内在品质严重丧失问题的深切关注:基督教人文主义否定理性与世俗思想,认为只有宗教信仰可以拯救人的信仰和道德品质,人类才能拥有快乐和幸福;世俗人文主义认为,宗教文明是一种虚假的设计,上帝是不存在的,只有理性才能给人类的未来带来光明;新人文主义认为,科学史是人类文明和进步的一面镜子,只有以理性为基础,从科学发展的历史进程中挖掘人的优秀品质和伟大人格,人类才能找到通往幸福未来的桥梁;生态人文主义则以更为强大的势头,蕴含着伟大传统的宗教信仰、伦理道德和科学精神,倡导和平、反对战争,包含着反战运动、反核运动、妇女运动、环境运动和新文艺复兴运动等文化思潮与社会运动,形成一种具有强大生命力的伟大的人文主义思潮。人们普遍看好生态思想与生态文明,认为以生态思想、生态文化和生态运动构成的历史,将成为人类文明的第三种形态。

第五章　现代人文主义思潮的演进

第一节　马利坦与基督教人文主义

伟大的人文主义经历了奠基的传统社会和冲突的近代社会之后，尤其是经过近代启蒙、宗教改革和技术革命之后，技术与经济的崛起和人类信仰与心灵的流失，很快便进入了反思与批判的时代。19世纪后期，这一思潮进入了发展和成熟时期，继之而来的便是人类为自己的命运重新思考。由此，人类文明进入了人文主义复兴的时代。

如果说从教父奥古斯丁到经院哲学托马斯·阿奎那和威廉·奥卡姆时代，同样存在传统的基督教人文主义的话，那么近代基督教人文主义则源于马丁·路德时代。他的反对赎罪券、简化宗教礼仪等举措，都充分体现出他的基督教人文主义的本质精神。然而，他毕竟是一个基督徒，因此他又最终与人文主义者伊拉斯姆决裂。其根源在于，伊拉斯姆的人文主义以人的主动性和意志的自由为目的，而路德则依然捍卫教义与上帝的无限权威。尽管这种捍卫，已经由于宗教改革缺乏本质的充分的依据，而且世俗化已经在取消基督教在实质上的合理性，因此马丁·路德的基督教人文主义，尽管依然以基督为目的，事实上却已经向着世俗化的方向变迁。在这样的历史背景下，一种新托马斯主义的诞生，展示其完整的人文主义品质，并以此来确定：基督教人文主义，依然是一种独立、完整，而且是富有生命力的现代人文主义。马利坦则是这一人文主义流派的代表人物。

一、马利坦的生平与著作

雅克·马利坦（Jacques Maritain，1882—1973），出身于法国巴黎的一个基督徒家庭。父亲是天主教徒，母亲是新教徒。马利坦少时，接受法国归正教会的洗礼，并接受自由派神学家让·列维尔的学说。然而，这一时期，马利坦并没有全身心地进入宗教的世界。1899—1906年，入巴黎大学读书，这一时期，马利坦利用获得的密科尼斯基金奖学金去德国海德堡留学，师从新活力论学者德里斯专攻生物学。1908年回国，为哈雪特出版公司主编过《实用生活词典》，并潜心研究托马斯·阿奎那的著作。1912年，受聘在斯达尼斯公学任哲学教师。1914年，在巴黎天主教研究所，讲授现代哲学至1939年底。1940年1月，赴美讲学，并参加戴高乐

将军领导的自由法国运动,此间还被聘为美国普林斯顿和哥伦比亚大学的客座教授。1945年大战结束后至1948年,被戴高乐将军任命为派驻梵蒂冈罗马教的大使,与教皇关系密切。1948年,重返美国,任普林斯顿大学教授。1956年,退休后隐居法国图卢兹修道院12年,于1973年4月28日辞世,终年91岁。

在巴黎大学读书期间,马利坦认识了一位来自俄国的17岁犹太姑娘,并与她在1904年结婚。在56年的婚姻生活中,莱莎·奥曼索夫是他的情感上的伴侣,也是他精神、思想和心灵上的同道。马利坦夫妇十分景仰柏格森的生命哲学,也由于作家查理·佩吉、里昂·布修瓦的影响,马利坦夫妇开始走向罗马天主教的圣殿。1906年,马利坦夫妇接受洗礼并加入天主教会,获得信仰的财富和灵魂的依托。此后,潜心研究托马斯的《体学大全》和柏格森的生命哲学。

马利坦的思想堪称博大精深,在宗教、哲学、伦理学和艺术学等诸多领域均取得辉煌的成就。其代表作主要有:《艺术与经院哲学》(1920)、《真正的人道主义》(1936)、《理性的范围》(1942)、《基督教与民主》(1944)、《通往上帝之路》(1954)、《生存与生存者》(1966)、《加农尼的农夫》(1968)等。本节关注的是马利坦博大精深的基督教人文主义思想,尤其是他所倡导的真正的人文主义。

二、马利坦的人文主义

马利坦的基督教人文主义是与对现实诸多人文主义的批判紧密联系在一起的。在现代社会中,诸如世俗化、人类中心主义、科学主义的人文主义和马克思主义的人文主义,都是马利坦思考和批评的对象。马利坦正是在批评的基础上寻求基督教人文主义的发展与重建。

马利坦认为,世俗化的人文主义是使人的品质遭受伤害的重要因素。在世俗进程中,人类可以取得科学、技术、商业与经济的发展,然而失去的是比这些更为重要的人的本质。他说,世俗化的基督徒的伟大努力,给所有的人带来了光辉的成就,可是单单漏掉了人本身。基督徒的世俗化过程,与近代所发展的人性观和人生哲学特别有联系。在人类历史的具体实际中,由于文明的自然演进,由于原始的、亦即福音的向往民主理想的冲动,人类在实现巨大的征服的时候也经历了个人成长的过程。然而,在这个成长过程中,世俗化的基督徒世界的实际行动逐渐脱离了那个使它得到意义和内在一致性的精神原则,对这个原则越来越漠视,裂痕越来越深。这样,这个世界看起来就变得毫无原则了;它逐渐变成了一个徒托空言的世界,一个名义上的世界,一个没有发酵的死饼子。① 可见,世俗化的结果,是使人类失去本质,失去活动,失去生命之根。

世俗化是如何使基督教、使人的信仰失去生命力的呢?马利坦认为,宗教世俗化的趋势与人性弱点的契合,是其根本原因。他说,正是在世俗事务的范围内,个人的人性弱点最容易把他们引入迷途。人们受到引诱,把宗教与有钱有势的人的目的、与某一政党或某一国家的目的联系起来,以便利用其力量——甚至利用不义——来谋取教士的利益或支持教士的社会阶级的利益。往往是这种诱惑造成了各种严惩程度不等的弊病,造成了一种与教会的精神和真正福利完全对立的"教权主义"②。这一原因,使基督教世界里的诸多行为世俗化,并从根本上与世俗精神相去甚远,最终从本质上失去其价值和生命力。

人类中心的人文主义和科学主义的人文主义,也是马利坦批评的主要目标之一。马利坦认为,信仰的失落导致人类心灵的物化,导致时代的混乱。这一现象是如何造成的呢?马利坦认为,从传统走到现代,尤其是经历了文艺复兴、宗教改革和科技革命之后人类倾覆了传统、丢失了信仰,从而导致"时代的混乱"。之所以如此,其首要原因是,人忘记了上帝总是在善的领域里掌握着首要的主动性;人忘记了神圣的完落性朝向我们的下降运动在与我们向上运动的关联中是首要性的。人试图将自己向上的运动视为首要的运动,并且试图在善的领域中取得首要的主动性。这样,向上的运动必然与神恩的运动相分离。③ 因此,我们的时代进入一种神与人不和的时代,一个肉体与灵魂相分裂的时代,一个科学技术反对道德智慧的时代,这就是所谓的以人为中心的人道主义时代,一个混乱的时代。

在人类中心的人文主义和科学主义的人文主义思想中,马利坦特别关注科学问题。在自然哲学中,没有什么科学能指导人的行为;在道德哲学中,马利坦认为,现代科学技术的空前发展没有给人类带来真正的幸福和安宁,反而给人类带来恐怖和灾难。这一观点,击中了现代科技在文明的背面存在着的严重的弊端,而究其原因,乃是由于人类文明在科技崛兴的同时,上升的是人的欲望,而不是人的信仰,

---

① 洪谦主编:《西方现代资产阶级哲学论著选辑》,商务印书馆,1964年,第413—414页。
② 洪谦主编:《西方现代资产阶级哲学论著选辑》,商务印书馆,1964年,第407页。
③ [法]雅克·马利坦:《科学与智慧》,尹今黎、王平译,上海社会科学院出版社,1992年,第70页。

人的德性。

人类中心主义与科学主义的崛兴,并没有造成人的素质的全面提升,而恰恰导致人类灵魂的失落。在人类信仰的现代进程中,路德、笛卡尔、卢梭、康德等曾经产生过重大影响。这一影响,事实上是他们铺就人类信仰的死亡之路。

路德试图靠"因信称义"让平民的灵魂得到拯救,并以此使信仰者摆脱理性,从而寻求内在的心理体验,其结果是导致平民的世俗化和现代反理性主义的崛起。

笛卡尔被誉为理性主义之父,然而他把人的理性与智慧割裂开来,把理性与感性、身体与思维、信仰与科学割裂开来。受托马斯·阿奎那的影响,马利坦认为,理性是毫无内容的,只有实现理性与智慧的统一,人类才有希望,而笛卡尔的二元论只能使现代人陷入人格分裂与亏损的状态之中。

马利坦在《三个改革家》中曾经关注到,与路德、笛卡尔相同的是,卢梭也十分关注人的内在因素,特别关注人的心灵。所不同的是,路德认为,人类的本性已经病入膏肓,无可救药;而卢梭则不然,他认为,人本身就是善良的,因此无须救赎。只要是一个信仰自然宗教的人,就必然是一个基督教的君子,他不需要恩典、奇迹或启示,人本来就有美德。马利坦认为,这是一种虚幻的乐观的以民为本的人文主义。这一状况,导致了康德的以人为目的的科学主义、实际主义的理性时代的到来。

事实上,在这条路上,韦伯对于两难困境,特别是对于经济目的理性的合理性的确认,将必然地导致人文主义的全面失落,其结果正如马利坦在《理性的范围》中所说的:今天,以人为中心的人文主义已经遭到惨重的毁灭,人们已经尝到了反人文主义的罪恶滋味,世界需要的是一种新的人文主义,一种以神为中心的完整的人文主义。这种人文主义在考虑人时,能够看到人的先天的崇高的脆弱,看到人受伤害的全部情况,看到人的天性罪恶和圣德的全部特质。这一人文主义,承认人的全部非理性的因素,并接受理性的驯服;承认人的全部超理性的部分,使理性受到教育,并让人敞开胸怀接受下降之中神圣性的到来。这是马利坦试图消除现代世界的一个最严重的毛病——二元论的有效途径。也只有这样,才能建成马利坦所期望的"以神为中心"的人文主义。

马利坦的人文主义突出上帝的意义。人们本能地渴望看到存在的第一原因,是通过使用人的理性本能地走向上帝,这一可能性的标志是超越自然的总体秩序的天赋及其与上帝之间的交流,只属于他自己——上帝的超越理性的知识,这不是由于理性,而是由于理性的渴望。显然,这种渴望来自人的天赋,来自超越理性的上帝的知识。

正是由于马利坦突出上帝的意义,所以基督教和天主教的地位当然是不可估量的。他说,基督教和天主教,本质上是超自然的、超文化的存在,且最终是一种永恒的生命。基督教文明和天主教文化是世界遗留的文明,以及整个世界的终结,尽管是一种永恒的生命秩序,也是其自身的短暂的秩序。① 对于基督教与天主教来说,上帝的生命依然是永恒的。

三、马利坦与马克思主义的人文主义

马利坦还非常关注马克思主义的人文主义。然而,他所关注的共产主义是与法西斯种族主义同时展示出来的。他认为,西方现代文明以人类科学技术为主流,因此只能创造一种无根也无精神土壤的插花文明,而共产主义和法西斯种族主义,则是这种插花文明所演绎的结果。

马利坦是怎样看待共产主义的人道主义的呢？他认为,共产主义是以人为中心的理性主义的最后变种。它固然宣称自己是对于人的信仰,自称为乐观主义的最终希望,但是这种乐观主义只不过是对物质和技术的巨大强制力所抱的乐观主义。共产主义的人是完全屈服于社会固体中所体现的历史命运的。它依然是对于人的信仰,可是信仰的是什么人呢？是集体的人,这种集体的人剥夺了个人心灵的自由,使人从物质的演化和历史的矛盾中涌现出来,成为一个假神。真正的人、人文的人成了这个噬人的巨大偶像面前的牺牲品。②

由于马克思主义是共产主义人文主义的主要代表,因此马利坦很重视对马克思主义的解读。马利坦以托马斯主义为尺度,认为马克思主义人文主义在反对唯心主义等方面与托马斯主义是具有一致性的。然而在无神论,特别是认识论方面则存在着根本的对立。就马克思主义的认识论而言,马利坦认为,实践论和辩证法是马克思主义认识论的非常典型的理论,因此马利坦的批评学说也是从这里展开的:

---

① Jacques Maritain, *Religion and Culture*, London: Sheed and Ward, 1931, p. 37.
② 洪谦主编:《西方现代资产阶级哲学论著选辑》,商务印书馆,1964年,第421页。

首先,马克思主义的认识论特别重视实践性。这一特点,在培根和笛卡尔以来的近代科学中始终占统治地位。马利坦认为,马克思主义认识论的实践性并没有给近代科学带来希望。在近代社会里,真正使科学家产生兴趣的,以及鼓励科学家从事那些仅仅给人类带来微不足道的理智喜悦的工作的,是那种改造世界、改变物质的日益增长的欲望,也就是实践性追求的是技术的目的性;这种目的性,从根本上取代了科学所应当具有的思辨的事情——兴趣。① 因此,马利坦认为,马克思主义认识论的实践,其结果将导致人类认识活动走上枯死之路。

其次,马克思主义的认识论非常重视辩证法。马利坦认为,马克思主义的辩证法,是要宣称在科学本身之中找出典型的辩证法过程来。所谓辩证法,乃是马克思给予这个词的那种意义之下的,即具体事物通过否定现状、否定之否定来实现的那种自身的运动。由于单靠科学与科学对象的关系并不能达到这个要求,因此它就不得不借助于科学本身在时间中的运动,求助于科学史。马利坦认为,科学的形式是认识的先决条件,无须从历史中寻找,而且如果还要从历史中去寻找,那么将必然地导致这样一种结局:哲学逼历史说谎,历史逼哲学说谎。像这样理解和使用的辩证法,乃是一种超等的迷惑工具。马利坦批评马克思说,马克思之于黑格尔,有如亚里士多德之于柏拉图,把辩证法从天上带到地下来了,其结果是变得更加有害。

马克思曾经说到黑格尔辩证法的神秘化。他自己的辩证法自以为是现实的,就这一点来说,它只不过是使这种神秘化变本加厉而已。它使历史的说明变成了本性的认识的一种寄生虫,这种寄生虫既然没有剩下任何东西供它维持生活,要想很好地活着,并且繁荣昌盛,那就只有变成臆想的、虚妄的东西了。② 事实上,马利坦在取消了马克思主义认识论中实践论的合理性的同时,也否定了马克思认识论中的辩证法。

事实上,马利坦真正关注的是马克思主义的无神论思想,而不是认识论。马克思主义的认识论是在吸纳古典哲学的基础上形成的,尤其是康德的主体性哲学、费希特的行为哲学和黑格尔的辩证法思想。其中,马克思主义的实践论和辩证法,正是在弥补古典哲学的形而上学的缺陷,让哲学在关注精神现象的同时,更关注事物

---

① 洪谦主编:《西方现代资产阶级哲学论著选辑》,商务印书馆,1964年,第433页。
② 洪谦主编:《西方现代资产阶级哲学论著选辑》,商务印书馆,1964年,第435页。

本身。在马克思主义诞生的时代,就十分关心人的心灵,希望人能够实现从必然向自由的飞跃。不仅如此,马克思主义在关注群体的人的同时,更重视个人的发展,认为"每个人的自由发展是一切人的自由发展的条件"①。可见,对马克思主义人文主义不关注个人的评价也是不符合实际的。

尽管马利坦对现代人文主义的诸多批评,未必具有整体的合理性,然而他的人文主义的宗旨还是具有真理性的,那就是寻求一种"完整的人文主义"。这种完整的人文主义在寻求对现代人类的总体关怀方面,还是具有十分重要的价值的。

四、一种完整的人文主义

马利坦认为,以神为中心的完整的人文主义,应当是世界人文主义的极致,或者说是最高形态。就其性质而言,马利坦的以神为中心的完整的人文主义还是具有广泛而丰富的思想内涵的:

第一,是对人类灵魂的关怀,而不是物质的或肉体的个性。在现实社会中,人被放在两个极端中,一个是物质的极端,它实际上不关注到真正的个人,只是关注到个人的影子,而另一个则是灵性的极端,它关注到真正的个性。② 只有这处真正的个性体现出对于神圣的人文主义的回归,才能具有以神为中心的人文主义的品质。这种对于人的灵魂的关怀,才是马利坦所主张的基督教的完整的人文主义。

第二,以神为中心的人文主义对人所体现出的人类本性完善,是一种基于纯粹自然的思辨智慧之上的理性的完善。马利坦说在堕落和救赎的本性的状态中,人类生活除了超自然的寄送之外别无寄送性,而且这种完善本身处于一种矛盾之中:灵魂愈是完善,它便愈是被悬在一个可怕的深渊之上。但存在着在本质上是纯粹自然的思辨智慧……借助于把我们受伤的本性提升到参与于神圣生命之中的超自然的神恩,这种自然的智慧在适当的时候才会产生,并且作为理性的完善之作而得以实现。③ 由于这种人文主义强调神的超越性和理性的普遍性,因此它反对国家主义,认为如果将国家主义置于一切之上就会丧失一切。马利坦的以神为中心的

---

① 《马克思恩格斯选集》,人民出版社,1972年,第273页。
② J. Meritain, *The Person and the Common Good*, New York, 1947, p. 23.
③ [法]雅克·马利坦:《科学与智慧》,尹今黎、王平译,上海社会科学院出版社,1992年,第86—87页。

人文主义主张用以民为主的方式阐释社会的多元状态，从本质上有助于当代世界政治教化的健康发展。

第三，完整的人文主义倡导的是一种自由与民主的文明。他认为，这种基督教的以神为中心的人文主义所追求的文明，试图从信仰的神圣的巅峰席卷到人类和世俗海洋彼岸的人的智慧巨浪，将使人类和世俗领域中一切真实的东西获得自由。① 自由与民主等诸多进步因素的和谐统一是马利坦所追求的境界。然而，这更多是一种理想。在宗教的社会里，异端是破坏宗教的统一的。在自由人的世俗社会里，异端所破坏的则是共同的民主主义信仰和习惯。这种异端就是极权主义者，他否定自由，否定人的尊严和法律的道德权力。② 更重要的是，以神为中心完整的人文主义，不主张用暴力的方式对待异教徒，而希望通过一种强有力的荣誉、人生哲学、理智信念来捍卫自己的自由与民主的权力。

第四，反对暴力，提倡和平是基督教人文主义的重要意旨。马利坦十分注重人的信仰、人的良心、人的爱。他说，如果有一天要在世界各民族之间实现一种名副其实的巩固持久的和平，这种和平就不能单单依靠外交家和政治家所达成的政治、经济协议，也不能单单依靠法律组成的、真正超乎国家之上而又具有有效行动方式的直辖市机构，还要依靠人们的良心坚持上述实际原则。③ 为此，他借助于柏格森的思想和智慧的更大的灵魂，并求得至上的自由力量，即强大而普遍的爱的力量，以此来改造人类世世代代的良心，从而获得永久和平的福祉。

第五，以神为中心的完整的人文主义，突出上帝与上帝之爱的绝对意义。马利坦非常推崇萨拉曼卡的神学家们。根据他们的学说，马利坦提出自然德行乃上帝之爱的相关理论，实际上是强调上帝对于人类的绝对意义。马利坦说，根据萨拉曼卡神学家的旨意，在堕落的本性状态下，没有一种德行会被认为是绝对意义上纯粹而完美的，除非有神恩和上帝的爱参与进去。这一点，对每一个人都具有效用。不管是神学家，还是称得上以真理性为引导的哲学家，如果没有上帝之爱的加入，没

---

① ［法］雅克·马利坦：《科学与智慧》，尹今黎、王平译，上海社会科学院出版社，1992年，第123页。
② 洪谦主编：《西方现代资产阶级哲学论著选辑》，商务印书馆，1964年，第123页。
③ 洪谦主编：《西方现代资产阶级哲学论著选辑》，商务印书馆，1964年，第419页。

有上帝之爱的赐予,事实上就不会有德性。① 也就是说,人类的自然德性的形成是以上帝的存在为前提的。只有用上帝之爱渗入人的生活,人才能拥有德性;只有上帝爱人类的时候,人类才能形成其之所以为人的思想、情感等基本品质。也就是说,神性是人性的本质。

第六,以神为中心的完整的人文主义强调神的力量以及神对于人的两极的吸引与整合。马利坦说,我们知道,整个人类遵循着市民社会的公共的善,然而我们也明白,令人尊敬的东西并不是恺撒的,社会自身及其公共的善,两者都不直接从属于人的完美的成就,以及人的超越时限的作为另外一种秩序——一种超越人体政治的秩序的终结——活力。② 也就是说,善不是来自人而是来自上帝。马利坦认为,人由两个部分组成,一个部分是灵魂的形式,另一个部分是肉体的质料,而现实的人被放在两个极端中,一个是物质的极端,它实际上并不关注到真正的个人,只是关注到个性的影子,而另一个则是灵性的极端,它关注到真正的个性。在这一背景下,基督教如何使质料拥有形式,让肉体拥有灵性呢?马利坦认为,基督教以两种很不相同的方式在人民的社会生活方面进行工作,为了简便起见,我们将把这两种方式称为自下而上的运动和自上而下的运动。所谓自下而上的运动,就是世俗善良的深处在基督教的酵素刺激下自然产生的那种萌发作用;而自上而下的运动则是导源于教会官方学说,尤其是教皇遵循的教导和实际指示,给自下而上运动以刺激、认可和控制,③从而使世俗之人具有神性,并造就富有神性的人文主义。

第七,以神为中心的人文主义体现出强烈的时代意识和现实精神。马利坦的以神为中心的人文主义不是一种抽象的说教,而是面向现世,富有时代意识和现实精神的。他曾经就教皇在1931年5月15日发布的关于恢复社会秩序的《四十年代》通谕,发表自己的看法。马利坦说,教皇在通谕中指出了当前各种罪恶的道德根源和社会根源,并且在批判个人主义、曼彻斯特自由主义、社会主义和共产主义之后,又在原则上拟定了一种新社会的纲领,这一革新的基础乃是组织各种职业团

---

① [法]雅克·马利坦:《科学与智慧》,尹今黎、王平译,上海社会科学院出版社,1992年,第142—143页。
② Jacques Mritain, *Man and the State*, Chicago: The University of Chicago Press, 1951, p. 148.
③ 洪谦主编:《西方现代资产阶级哲学论著选辑》,商务印书馆,1964年,第408—411页。

体,以通过授予财产来解放无产阶级。这种通谕所说的等级和职业团体,是与极权国家的组合完全不同的。后者乃是国家机关,在这种情形之下国家就是组合的、极权的;相反,通谕推荐的等级和职业固体只凭借一种职能经济,行业团体和工会都被认为是建立在自由组合的基础之上的,并且是拥有与共同的善的要求相容的全部自治权的。① 显然,马利坦的以神为中心的完整的人文主义,是面向现实的,而且是在反对国家主义的状态下,寻求相对自由的多元存在方式的社会生活。这一观点,在民族主义极其膨胀的时代,具有十分重要的时代意义,同时对于维护个人和群体的自由,以及人类权益的多元并存和发展,也是具有极其重要的现实意义的。

第八,以神为中心的人文主义推崇酵母的活力和生命的灵感,具有特别重要的历史感。格外受人关注的,是马利坦的酵母观。他认为,以神为中心的完整的人文主义,已经不是所谓人是目的、人是主体、人是理性的高等动物的人文主义了,那种人文主义是单一的、固体的,甚至是抽象性的,以神为中心的完整的人文主义则不然,神性是人文主义品质与灵性的永不枯竭的源泉,是永具活力的酵母。马利坦认为,神性的酵母性质是唯一的,也就是说只有上帝才能成为人性之本,才能给人性的激发以永久的灵感。他说,人只有与上帝联系在一起才能受到尊重,因为他的一切——包括他的尊严在内——都是从上帝那里得来的。今天"以人为中心的人道主义"已经遭到严重的幻灭,我们已经尝到反人道主义的罪恶滋味,世界所需要的乃是一种新的人文主义,一种以神为中心的完整的人文主义。这种人文主义将承认人的非理性部分,使它服从理性,也承认人的超常理性部分,使理性受到它的鼓舞,使人敞开胸怀接受神性的降福。它的主要任务将是使福音的酵素和灵感渗入世俗生活的结构,使人世间的生活获得永久的能源并走向神圣化。②

以马利坦为代表的基督教人文主义,在世界理性主义与工业文明取得全面胜利,而在人类信仰、生态与和平的福音遭受重创的背景下,其价值和意义是显而易见的。在比较研究的过程中,旧教与新教的人文主义还是有区别的。人们曾经以英国为例,阐明旧教制度是暴政的,而新教是自由的。③ 然而,我们认为,它们应该

---

① 洪谦主编:《西方现代资产阶级哲学论著选辑》,商务印书馆,1964年,第412页。
② 洪谦主编:《西方现代资产阶级哲学论著选辑》,商务印书馆,1964年,第416页。
③ *Nineteeth-Century English Religious Traditions: Retrospect and Prospect*, Greenwood Press, 1995, p. 33.

体现出内在的一致性。也就是说,宗教在排斥技术的同时,应当充分得体现出道德精神。在人使宗教变得文明的前提下,宗教才使人变得文明。① 因此,马利坦的基督教人文主义的缺陷也是不容忽视的。我们认为,至少在以下几个方面,应该引起人们的关注:

首先,马利坦简单地接受了康德关于上帝存在问题的基本学说,从而使自己的思想体系不尽完善。马利坦认为,上帝是这样一个存在物,其"存在"在逻辑上是包含在其本质或完善的概念之中的。马利坦承认,康德正确地指出了本体论论证的缺陷。人不能通过线分析的方法来达到"存在"。② 对于这一问题,马利坦出现了常识性的错误:一方面,上帝的存在只能凭借形而上学担任,即上帝只能是一种逻辑的先验的存在,而不可能是一种经验的存在;另一方面,康德本人对上帝的看法也是不一致的。在《纯粹理性批判》中,确认上帝存在本体论证明的不可能性,到了《历史理性批判文集》中,又批判道德沦丧的现实,认为万物行将终极,并希望基督教将成为世界宗教。对于这种矛盾存在着的状况,马利坦又将如何是好呢?

其次,马利坦倡导基督教的人文主义,却对基督教缺少一种批判与发展的态度,所以理想的目的与推论的过程必将出现矛盾与冲突。众所周知,基督教是一种一元独尊的一神教,且具有强烈的排他性。早在1492年,哥伦布发现"印度"的航海日记中,他就记录了探险的目的:一是贪婪,一是令人改宗。在新教伦理建立以后,人们也可以从康德、黑格尔、柯耶夫山的学说中见得一二。人们可以在感受人类文化思想变迁的同时,目睹世界历史的发展。从越南战争到伊拉克战争,人们可以真切地感受到基督教文明的恶果。在所谓的基督徒面前,他们完全可以用自由民主之类的旗帜,去践踏别的民族,让别的民族和民族文化成为基督教文化的牺牲品,如此以往,基督教何以创造出完整的人道主义,基督教何以成为世界宗教呢?除非来一次新的宗教改革,否则一元信仰与多元文化是不可能在和谐中并存,更不可能给现代人带来真正的福音。

在以神为本的人文主义视阈中,神是人类心灵创造而又超越于人类普通生活之上的实体,这个实体又反过来成为人类信仰和崇拜并牵引人类不断前行、不断上

---

① Roger E. Greeley edit, *The Best of Humanism*, Buffalo, New York, 1998, p.199.
② [英]詹姆斯·C. 利文斯顿:《现代基督教思想》(第2版),何光沪译,四川人民出版社,1999年,第794页。

升的偶像。然而，神毕竟是由人类创造的，他只是信仰的对象。信仰伴随着人类，它代表着一个人对于世界观真理性的确信……没有信仰，缺乏道德信条，宣扬真理及人文主义的怜悯是没有创造力的。① 然而，在诸多信仰的矛盾与冲突之中，人类也时常陷入困境。这一切，对于我们了解真正意义上的人，确实带来了难题。

基督教人文主义在现代社会里已经发生了某些变化。在特定的背景下，当我们求助于基督教人文主义的时候，我们所在的世界同样令人震惊（当我们不关注人文主义者和改革者的时候，通过现代目光观察他们作为中世纪的人并不那么令人震惊）。② 可见，传统的基督教人文主义中的伟大传统，对于现代和谐社会的建设具有更加重大的影响。

我们不能不承认，在科学技术高速度发展的时代，我们几乎不知道什么是"思想之羽"。我们知道怎样去改进一台机器、调整一套制作程序，然而在如何阐释人类本质之谜的问题上，我们依然感到无能为力。③ 因此，虽然信仰是人类文明的象征，而且信仰总是让人类在冲突与融合中不断地走向偶像的世界，然而历史的创造者则是人类自己。这是因为，历史的机器最终不是依赖某些外部力量运作，无论人类的意志如何，这台机器总是通过人类来运转的。④ 因此，人类是人文主义精神和力量的创造者。

第二节　库尔茨与世俗人文主义

伴随着以理性为背景，以人为主体，以世俗化为历史趋势的现代文明，世俗人文主义似乎已成为人文主义复兴的主流文化。然而，事实上未必如此，把世俗人文主义放在均衡、对等的文化语境中来讨论，更符合历史发展的实际情况。从总体上说，库尔茨赞成霍克等人的观点。他们认为，对于人类、社会和自然来说，崇尚科学与理性的实用的自然主义是人文主义的第一原则，即科学方法是唯一值得依赖的

---

① Pavel Gurevich, *Humanism: Traditions and Paradoxes*, Novosi Press, 1989, p. 83.
② K. Robbins, *Religions and Humanism*, Papers Read at the Eighteenth Summer Meeting and the Nineteenth Winter Meeting of the Ecclesastical History Society, Oxford, 1981, p. 172.
③ Pavel Gurevich, *Humanism: Traditions and Paradoxes*, Novosi Press, 1989, p. 48.
④ Pavel Gurevich, *Humanism: Traditions and Paradoxes*, Novosi Press, 1989, p. 48.

通往真理之路。① 可以说,这是世俗人文主义的核心和基本观点。

一、什么是世俗人文主义

世俗人文主义是 20 世纪中叶以后,兴盛于西方的文化思潮,其代表人物是美国的保罗·库尔茨、霍默·邓肯等。在与宗教激进派的论辩中,世俗人文主义者阐述了自己的人文主义思想。

美国浸礼牧师、圣地亚哥神学院创建人、道德多数派领导人之一蒂姆·拉海在他的《为心灵而战》一文中,发出自己强有力的声音:当今世界大多数罪恶都有可能溯源到人文主义,它已经控制了我们的政府,控制了联合国,控制了教育、电视等大多数对我们生活有影响的事情。在宗教激进派面前,人文主义是世界上最大的罪恶,在宗教哲学的语境中也最具有欺骗性。它像一张网,联结着美国社会的每一个领域,如美国公民言论与行动自由同盟、美国人文主义者协会、国家教育协会、联合国性知识教育会议、工会、大学、色情杂志、教科书、基金会等。这一切已经使美国的民众失去了道德和自由,成为一切世俗罪恶的根源。当人们面对美国社会的暴力、毒品和无穷无尽的罪恶的时候,便不得不说,世俗人文主义是美国最危险的宗教。拯救美国社会的唯一出路,就是在特有生活方式中根除世俗人文主义的影响。

在宗教保守派面前,世俗人文主义是在品尝着禁果。同样,美国的人文主义研究机构也在面临宗教保守派们特有的国家道德状况严重衰微的指控。② 受到美国宗教激进派指控的还有美国伦理学会、美国人文主义协会和宗教人文主义协会,甚至连同美国最高法院和全美社会机构。面对宗教激进派的指控,世俗人文主义者能做出怎样的回答呢?

首先,世俗人文主义者认为,宗教激进主义的攻击,如同 50 年代麦卡锡主义者对共产主义者的攻击一样,这一切使得世俗人文主义者面临着一种严峻的考验。人文主义信仰自由,但不放纵淫逸。世俗人文主义者追求自由主义和多元民主,但是坚决反对任何人把任何一种观点强加于美国社会的做法。保卫开放的民主的社

---

① Paul Kurtz, *Philosophical Essays in Pragmatic Naturalism*, Buffalo, New York: Prometheus Books, 1990, p.44.

② Paul Kurtz, *Toward A New Enlightenment*, New Bruswick and London: Transation Publishers, 1994, p.15.

会,澄清多元主义是反对道德多数派的有力武器,也是美国文明的伟大传统。潘恩、杰斐逊、富兰克林等,都是这样的伟大的思想家和美国文明的缔造者。而宗教激进派的观念,是要以自己的所谓的信仰来取消美国社会的自由和多元民主的道德规范。

其次,世俗人文主义者认为,宗教激进派的指控不应简单地否定美国政府和美国社会。在美国,政教分离是美国文明最基本的法则。美国宪法在美国公民有无宗教信仰问题上保持中立,法律同样保护有宗教信仰和没有宗教信仰的所有公民。很显然,美国有很多基督徒,也有犹太教徒、佛教徒、穆斯林,还有多元宗教信仰者以及数百万计的人文主义者。他们正是在多元、共和的美国文明中创造并分享着美国社会的自由、民主和权利。因此,如果因为国家在宗教信仰上的中立,就予以指控,甚至指控美国社会的现有机构,显然是不公正的。

除此以外,宗教激进派还以同样的方式指责学校的现代历史教育、理智主义、道德教育和宽容的文化。世俗人文主义者认为,美国教师有300万,人文主义者只有1万名左右成员,如果要让美国教育回到新教之前,显然是不可能的;而如果要用托马斯·阿奎那来否定米开朗基罗和莎士比亚,那也只是一种惊天动地的笑话。硬是以神性取代理性、以法制取代宽容,在美国社会显然是做不到的。

在世俗人文主义与宗教激进主义的论战中,世俗人文主义比较充分地表达了自己的思想观点。他们所寻求的世俗人文主义的核心问题是:以科学知识为基础,以批判的原则来探讨人与自然的关系,从而实现人的价值与意义。世俗人文主义者认为,宗教激进主义不可能在世界范围内实现自由和民主的理想,而世俗人文主义对于自由与民主的追求,则无须超自然的创造者和神的旨意。世俗人文主义本身就可以在世界范围内实现多元民主的伦理学。

世俗人文主义有自己的目标和理想,它要努力达到的是世界观的调整,是满怀希望向前看的,而且是致力于发展人类理性的自由与民主相融合、个体与群体相协调的理想世界。世俗人文主义不相信神的指导,而相信人的理智、人的勇气与智慧。人类有能力对自己的命运负责。为此,世俗人文主义者着力通过以大的途径和原则来实现自己的目标:自由探索、政教分离、自由理想、批判理性的伦理学、道德教育、宗教怀疑主义、理性、科学和技术、进化论和教育,由此走上世俗人文主义的理想之路。

二、世俗人文主义的伦理学意义

在世俗人文主义的话语中，人文主义不是一种宗教，而是一种伦理，一种生活态度。为此，库尔茨人文主义语境中多次探讨伦理学问题。1983 年，在《保卫世俗人文主义》("In Defence of Secular Humanism")一文中，他提出民主伦理等问题，突出民主在世俗人文主义中的意义，主要从民主的含义、伦理范围内的民主、民主伦理等的基本承诺、开放社会中自由教育和自由交流对于世俗人文主义的作用、个人和少数人的权利、法的统治和为民主理想辩护等几个部分，阐述民主对于世俗人文主义的重要性和特殊价值。事实上，民主也是世俗人文主义的理想和目标。①1987 年，保罗·库尔茨在《人文主义伦理学》(Forbidden Fruit: The Ethics of Humanism)②中进一步阐述自己代表世俗人文主义的伦理学主张。其中，库尔茨关注的问题是：

首先，智慧树和生命树：通往道德的两条道路。库尔茨认为，在我们的社会生活中，宗教道德与生命和智慧的历史统统都是通往道德的有效途径，也就是说，宗教信仰和生命智慧的德性之路，前者凭借绝对命令及其衍先出的道德法则，通过神律的驱使或上帝之爱的牵引走上完善的道路，后者是不要宗教戒律与教义束缚的俗人，那些有生命感与智慧能力的普通人，他们常常有智慧和生命精神。从古典文化中的希腊罗马的先贤到近代启蒙思想家，常常是生命哲学和智慧哲学的典范。尽管他们也不同程度地联系着宗教伦理，然而他们的思想更多地闪烁着人文主义和理性精神的智慧之光。

其次，共同的道德目标。世俗人文主义者总是提出并论证这样一个问题，那就是"个人怎样才能既是道德的而同时又不信仰上帝"。事实上，世俗人文主义提出的"共同的道德目标"可以为神学家和不信神的人们共同所有，是两种人共同的道德根基和核心。这一目标常常通过四种要素体现出来，它们是正直的品性、相互信赖、仁慈和公平。这些要素能让人们真诚坦荡、信守诺言、充满爱心且公正有为。显然，这些要素在人际关系中可以成为世俗人文主义及其以外人群所共同拥有的

---

① ［美］保罗·库尔茨：《保卫世俗人道主义》，余灵灵等译，东方出版社，1996 年，第 83—89 页。
② ［美］保罗·库尔茨编：《21 世纪的人道主义》，肖峰等译，东方出版社，1998 年，第 164—176 页。

道德规范。

再次，伦理美德。库尔茨认为，共同的道德目标是适应于人际间或不同群体间相互交往的道德规范，而更多的个人行为、个人生活则体现于适应于全社会的每一个人的伦理美德。这种伦理美德能体现出世俗人文主义的基本品质和特性，它们是自主的美德、在价值的天平上重视智慧和理性的美德、对情感和欲望自律的美德、维护自尊与心理平衡的美德、置于较高价值等级和激发创造力的美德、激发高尚动机和勇于参与生活的美德、肯定和积极地面对生活的美德、享受快乐生活的美德和重视健康的美德。这些美德理所当然地成为世俗人文主义的伦理美德的组成部分。

还有，尊重隐私的道德原则。库尔茨认为，一个珍视多元主义和民主、倡导自由和人权的开放社会，应当赋予每一个成年人对自己生命、性别、个人信仰和价值的自主权。比如，安乐死、保守秘密的权利、维护成年人的隐私权，不仅应当是基本的人权和公民权，还应当成为每一个社会成员应当具有的伦理美德。

最后，对世界共同体的责任。在这一方面，我们可以看出，世俗人文主义与基督教人文主义者大多是世界主义者，而世俗人文主义也是富有世界意识的。库尔茨认为，对于世俗人文主义者来说，伦理关怀的视角应当从狭隘的民族国家拓展到世界共同体，应当对更为广泛的人类共同体负有责任。

由于世俗人文主义与无神论存在某种本质的相似性，因此难免受到美国基督教主流文明的进攻。人们认为，无神论与人文主义在使用同样的规则，包括令人鼓舞的启蒙运动，继承历史哲学传统，并使用科学来认识自然，特别是人类生存的土地，希望用理性来改造人类的状况。① 因此，处理好上帝与信仰及伦理之间的关系，也是世俗人文主义的重要任务。

库尔茨特别相信人的力量。他认为，如果我们倡导快乐的精力旺盛的生活，那么我们必须首先意识到某些力量并控制自己的命运。人的独立来自他的力量、勇敢和自由意志与道德自由。② 库尔茨非常重视力量，但也同时重视勇敢。他认为，

---

① Paul Kurtz, *Toward A New Enlightenment*, New Bruswick and London: Transation Publishers, 1994, p. 189.
② Paul Kurtz, *Embracing the Power of Humanism*, Rowman and Littlfield Publishers, Inc., 2000, p. 77.

人类有一种伦理德性或优秀的内在品质,它是人类外表的基础。人类生活的目的是赖以生存,并放出光彩,充满梦想和渴望。① 这种德性或品质就是勇敢。在自由与道德之间,世俗人文主义首先看重前者。这一切,是世俗人文主义伦理学建构的重要依据。

三、伦理学、上帝与信仰之间的关系

世俗人文主义者把人文主义看成普遍的伦理学问题,因此伦理学与上帝、与信仰之间的关系,就成为世俗人文主义与基督教人文主义的根本原则所在。同时,脱离上帝、摒弃信仰,也是世俗人文主义的重要特征。

世俗人文主义者认为,伦理学必须减去上帝。有神论者时常关注这样一个问题:一个人如果放弃了不朽和天命的信仰,还能认识意义深远的生活吗?如果上帝死了,如果没有不朽的灵魂,如果自然没有目的,我们能有什么作为呢?苏格兰教义手册曾经这样说,人的主要目的是赞美上帝,永远爱上帝。无神论者则提出问题,如果我们的存在和生计完全依赖上帝,那么我们还能谈论什么样的生活是有意义的呢?上帝与人之间的创造者与被创造者之间的关系,无异于一种主仆关系。一个独立自由的人的生活,难道仅仅是心甘情愿地接受永恒的奴役吗?因此,世俗人文主义者认为,伦理学应该减去上帝。

然而,基督徒们很显然认为,人是自由的。其中最根本的原因,在于人是按照上帝的形象创造的,能够在善与恶之间进行抉择。可是,世俗人文主义者马上又提出了问题。人来自上帝,按照上帝来造形,且必须服从于上帝。那么,世界上存在罪恶却只是人的罪恶,而非上帝的罪恶?上帝对人世间的罪恶为什么不予以根治,反而是包容罪恶呢?如果真的如休谟说的,上帝和我们一样只有有限的力量,那么人类又何必崇拜一种有限力量的存在呢?

有神论者认为,如果没有宗教信仰,人怎么可能成为真正"有道德的人"呢?如果不相信上帝是道德的前提,我们怎么可能发展美德,怎么可能有责任感呢?如果没有上帝,世界的人是否还具有合法性?如果没有上帝,人类是否全变得贪得无厌

---

① Paul Kurtz, *Embracing the Power of Humanism*, Rowman and Littlfield Publishers, Inc., 2000, p. 87.

而不能善待同伴？如果没有上帝,我们是否能够保证人世间的博爱、公正和兄弟情谊？如果没有上帝,人类是否会放弃道德生活,倒退到茹毛饮血的诸多道德形态之中？

世俗人文主义者则认为,宗教信仰不能保证人的道德信念。库尔茨认为,人类历史证明,无神论、反有神论者和怀疑者,一直在道义上尊重那些信念道德。马克思、恩格斯、罗素、穆勒、杜威和萨特都对人类的善有深远持久的热情,都不用宗教信仰支持他们的道德理论。相反,他们证明,用人类经验和理性的道德,可以更为可靠地指导人类行为。① 库尔茨对宗教人文主义的批评似乎具有相当程度的合理性,于是便进一步深入地探讨信仰的心理基础,认为信仰与理性相对立,因此也是可以减少的。库尔茨说,有些人不同意世俗人道主义对宗教和超验事物的积极批判。他们宁愿人文主义采取克制的与基督教吻合的态度。然而,理性主义和科学要求对真理进行检验,因此而攻击它们专横是令人不解的。要求放弃理性和实际标准会产生这样的问题:人们将用什么来取代其位置？用信仰、情感、承诺还是行动？"信仰作为理性的对立物,其本身是非理性的。"② 他还说,我们不能放弃"用理性检查信仰"的方法。因为,当一个社会放弃了客观的认识标准时,它就启开了通向意识形态崇拜的大门。纳粹德国的非理性主义是魏玛共和国时期大量滋长的神秘信仰所孕育的,认识到这点是令人不安的。因为,世俗人文主义者认为,否定了以理性检验信仰的观点,也就无法保证避免暴政、新恐怖主义和其他胡言乱语之类的欺骗对人类的伤害。

自由意志论和道德自由是世俗人文主义者关注的一组重要的学术范畴。库尔茨认为,自由意志论理念的根基是:高级的道德价值建立于个人选择自由的基础之上。③ 也就是说,在世俗人文主义者的眼中,自由是道德的前提,它的分量是重于所谓的道德价值的。

世俗人文主义在信仰问题上的核心观点是,信仰与理性是对立的,因此是非理性的、神秘的,因此伦理学不仅要去掉宗教,也要去掉与宗教具有共同性质的信仰。

---

① [美]保罗·库尔茨:《保卫世俗人道主义》,余灵灵等译,东方出版社,1996年,第175页。
② [美]保罗·库尔茨:《保卫世俗人道主义》,余灵灵等译,东方出版社,1996年,第236页。
③ Paul Kurtz, *Embracing the Power of Humanism*, Rowman and Littlefield Publishers, Inc., 2000, p.101.

如果说,理性与信仰、科学与宗教寻求共同的生存权利,显然具有合理性。然而,如果要强行认为,宗教是神秘的就要去掉,信仰也是神秘的,也必须去掉,那么这个世界就将成为一个没有信仰的世界。同样,自由、民主是否也不可信仰,人文主义是否也不可信仰,那样的世界是否会回到茹毛饮血的文明形态呢? 当然,这些不可能是世俗人文主义的目的,他们的目的是要创生一起"道德革命"。

四、道德革命

世俗人文主义特别看重自己的思想观念。从根本意义上说,库尔茨认为,正是伴随着技术时代崛兴的时刻,科学人文主义(即所谓的世俗人文主义)作为当代人类文明的决定性力量出现了。

事实上,库尔茨把自己的世俗人文主义看成人类文明的一场革命。他说,在人类文明的历史上,哥白尼式的革命,是科学观点的第一个重大胜利;伽利略——牛顿的世界观,推翻了亚里士多德——托马斯主义的宇宙观,即地球是宇宙的中心。达尔文的革命,对神学观点形成第二次冲击波,它废除了关于人的神学理论,用进化论的假设取代了它,提出了人起源于生物进化的观点。最近出现的行为进化理论,挫败了享有特权地位的侏儒——"灵魂"概念,提出了自然因果关系解释。这种理论完全可以用于人的研究。① 实际上,也就是库尔茨用行为进行理论研究人的行为规范,从而以"道德革命"来体现自己世俗人文主义的根本宗旨。

库尔茨认为,在人类历史的诸多革命中,技术革命是最为重要的,它也是道德革命的基础。尽管从形式上看,库尔茨把技术革命分为机器革命、绿色革命或农业革命和医学技术革命,但事实上他还关注到世界上还有其他领域的问题,有待于科学技术去解决。只有解决这些问题,才能让世界上更多的人去追求并分享科学和艺术的乐趣。科学人文主义的使命,正是为了使人类能够把科学成就扩展到全世界,以改善全人类的境况,为未来的发展开辟道路。② 世俗人文主义把科学技术作为自己的灵魂,他们试图以历史的可靠性来建立一种新的乌托邦式的文明,那是一种激动人心的、令人魂牵梦绕的,而且具有直接的现实的境界。然而,这并不是世

---

① [美]保罗·库尔茨:《保卫世俗人道主义》,余灵灵等译,东方出版社,1996年,第157页。
② [美]保罗·库尔茨:《保卫世俗人道主义》,余灵灵等译,东方出版社,1996年,第159页。

俗人文主义的终极关怀,他们的根本宗旨不是在于科学技术,而是在于人类的道德,因此他们最终追求的是道德的革命和道德的重建。

在现代科技文明时代,世俗人文主义者依然保持着清醒的头脑,并审视着人类文明的发展趋势。他们已经感受到这一时代文明的负面因素和异化现象。库尔茨说,正当人类站在新文明的曙光之中时,他也遇到了新的威胁:纳粹分子、民族主义者或基督教徒都能把科学发现用于他们的目的,如核武器或生化武器的大规模生产、生态资源的破坏与失衡、局部战争与冲突的不断出现等。更重要的是,人类面临一种彻底瘫痪的道德危机。世俗人文主义关注的核心问题是,在这一危机面前,人类能否鼓起勇气,运用创造性智力,重新建构与时代相适应的新理想和新规范,完成道德的拯救重建? 这便是道德革命所带来的使命。

在这一场道德革命中,世俗人文主义的态度及其与宗教人文主义的关系显得十分重要。他们的态度是:虽然人类渴望全人类亲如兄弟,但是若想实现它,只有依靠技术革命。因为技术革命破除了虚假的樊篱和多种文化之间的分离。人类面对未来时,他最高的道德义务似乎使社会得到发展,然而只有我们的道德视角发生了变化,愿意为它的发展做出一些牺牲时,它才有可能出现。① 世俗人文主义的观点表明,道德革命的基础是技术革命,道德革命的目的是社会的发展。由此可见,世俗人文主义的根本宗旨是科学技术的发展,而不是道德革命自身的东西。世俗人文主义者常自称科学人文主义。也就是说,世俗人文主义本质上依然是一种科学人文主义,而他们所倡导的所有革命依然是近代社会以来的技术革命的一部分。也就是说,当技术革命给人类带来诸多弊端和灾难时,世俗人文主义还是试图以技术革命的方式寻求出路。正好像吃肉得肥胖病的人,依然在用吃肉的方法来治病,其结果当然是不言而喻了。

事实上,在世俗人文主义的宗旨出台之后,是否探讨世俗人文主义与宗教人文主义的关系,已显得不再重要,然而这一关系依然需要我们的关注。从科学人文主义的观点来看,罗马天主教、世俗人文主义和其他人之间持续对话的契机已经成熟。由百万之众组成的教会是庄严的,当今数以百万计的人文主义者,也必须庄重地对待他们。显然,世俗人文主义的态度是具有合理性的,然而这种优势文化的条

---

① [美]保罗·库尔茨:《保卫世俗人道主义》,余灵灵等译,东方出版社,1996年,第164页。

件就不那么具有合理性了。他们认为,教会不能抗拒或反对技术科学革命的力量,也无力阻挡道德按照我们对于自然和人的渊博的认识走上现代历史之路。教会不能背负发展障碍或绊脚石的名声,因为人类历史已经到了紧要关头。除非宗教采用了通人性的面孔,否则它将失去存在价值,走向灭亡。科学人文主义者始终认为,信仰上帝是一个深深的错误,上帝存在没有充分的证据。只要信仰者不想把他的信仰强加于人,不试图审查自由理想,不阻碍科学的进步,不限制真正的道德和社会的重建,①世俗人文主义与宗教人文主义或许还有通约的余地。

我们认为,在两种对立的文化中间,只有以退让与宽容为前提,否则所谓"持续对话"便不会具有意义。不过,尽管世俗人文主义的文明形态几乎是横行霸道,而没有给出与宗教人文主义以通约的余地。库尔茨还是为人们留出了一线希望。他说:我们要想获得拯救,只有依靠我们自己的力量,相信人,不是依靠信仰和神秘的力量。不过,由于我们生活在同一个世界里,宗教与人文主义当携手并进,无论我们是否同意相信上帝。② 或许是为了不同的文化而提倡并进,为了避免世俗人文主义中科学技术带来的诸多弊端,世俗人文主义必将做出宽容和让步,否则人类很难有美好的未来前景。

五、世俗人文主义评价

在失去上帝和人的情况下,世俗人文主义语境中的理性是没有根的,也是抽象的。非常可怕的现实是,在现代社会里,很多人选择没有尊严的生活。③ 为此,人文主义研究不得不审视世俗人文主义的性质和特征。库尔茨认为,世俗人文主义至少体现出四个特征:第一,人文主义者对人拥有某些自信,他们认为,道德的唯一基础是人的经验和需求;第二,许多或大多数人文主义者反对超自然主义和权威主义宗教的所有形式;第三,许多人文主义者认为,科学智慧和批评理性有助于道德价值的重建;第四,人文主义在关注美好生活和作为道德理念的社会公正方面是一种人道主义。④ 从实际情况看来,库尔茨的人文主义具有实际的社会价值。

---

① [美]保罗·库尔茨:《保卫世俗人道主义》,余灵灵等译,东方出版社,1996年,第165页。
② [美]保罗·库尔茨:《保卫世俗人道主义》,余灵灵等译,东方出版社,1996年,第166页。
③ Roger E. Greeley edit, *The Best of Humanism*, Buffalo, New York, 1998, p. 87.
④ Roger E. Greeley edit, *The Best of Humanism*, Buffalo, New York, 1998, p. 48.

关注人文主义并予以批评的思想家很多。英国的哈里·斯托普斯-罗就认为,应该把人文主义理解为一种生活态度,①而不只是一种简单的伦理学或宗教什么的。他说,人文主义对未来的伦理学的责任是什么?人文主义的核心是认识人类的基本物性之一的伦理感,即认识到人们总有一种特殊的压力以决定做什么和不做什么,并且认识到这种压力无论从客观意义上说还是个人意义上说都是至关重要的。

从某种意义上,英国学人哈里也重视人文主义的伦理感,因为道德状况常常是社会生活质量中占主导地位的因素。但是,哈里同时认为人文主义不只是属于科技的或理性的。其根本原因是"人类绝不是完全处于理性支配而行动的",因此哈里主张,"如果我们是务实的,我们的理想预设是开放的社会,我们会提出,要有一个强大的上帝宗教式的显现资源以影响21世纪和更久远的未来"。由此可以看出,哈里人文主义是温和的、宽容的和建设性的。

在世俗人文主义面前,哈里也十分关注它与宗教人文主义的区别。这种区别在于,人文主义发现作为情感表现的喜怒哀乐和人性中所具有的道德感是最重要的;基督教主张基督上帝与他的爱是最重要的。两种生活态度在各自的伦理学中提出了对立的价值观。由此可见,人文主义不是一种简单的伦理学,也不是一种简单的宗教,而应当被看成一种生活态度,它有一种与自然主义或宗教式的生活态度不同的信仰、动机和方向。

人文主义的理想,并不是到处都存在的,常常是在开明社会才能更充分地体现其责任、价值和意义。因此,哈里认为,人文主义对开明社会的建设担负着重要的责任。首先,在难以建立统一伦理学的人们之间寻求建立某些问题的共识,从而共享人类的社会文明。其次,在宗教文明出现衰落、科技文明走向鼎盛的时代,人文主义是否可以继续这一未竟的事业,从而提倡并纯化人与社会的道德良知。哈里认为,如果人文主义能够拥有最佳的生活态度,那么它将有可能成为全球伦理共识。当然,哈里对世俗人文主义的批评是否具有真理性呢?事实上,理性与人性是一组对立的范畴,因此如果让科技性来操纵人性,那种人文主义将是一种怎样的结局?如果把宗教的衰落和科技的崛起,看成现代道德文明衰落的历史原因的话,那么人文主义究竟应需要科技多一些呢,还是需要信仰多一些呢?库尔茨选择的是

---

① [美]保罗·库尔茨编:《21世纪的人道主义》,肖峰等译,东方出版社,1998年,第177页。

后一种。他认为,当代人文主义者共同关注的是人性,一种脱离神学教条形式的道德价值的信仰。他确信,我们的道德理念必须按照现时需要和社会需求的方式不断反复地做出检验和调整,①从而有效地担当起历史赋予人文主义的使命。

然而,我们认为,在理性占据优势位置的背景下,世俗人文主义依然面临一种危机。在一定程度上,理性与人性是对立的。也就是说,理性在一定情况下具有非人格的性质。② 因此,如果只强调理性而失却神性与人性,其结果当然是不容乐观的。我们需要冷静地想一想,在当代人文主义语境中,究竟是应当尽显其优势权力,还是应当包容多元文化的历史状态,以道德文明失落的根源为出发点,去寻求与人类心灵有关的理性之外的东西,或者是新生的,或者是两者之间的第三条道路。

第三节 萨顿与新人文主义

新人文主义是现代人文主义走向复兴的另一种形式。这一形态的人文主义以萨顿为代表。他认为的新人文主义实际上就是科学人文主义,其基本的宗旨是通过人们对科学史的研究,强调科学在人类精神方面的巨大作用;强调科学的统一性显示了人类的统一性;强调科学和人文主义结合的必要性与可能性。③ 事实上,从萨顿的研究中,我们还可以感受到他本人的历史责任感,即一个人文主义者的职责不单是用一种被动着的方式去研究过去,并使自己沉醉在崇敬的心情之中,而是他对过去的沉思必须从现代科学的顶点出发,运用人类全部的经验和一颗充满希望的心。④ 确实,从萨顿的新人文主义研究中,可以充分感受到他的这两个宗旨:一个是在科学史中寻找科学与人文主义结合的可能性;另一个则是对人文主义的一颗强烈的希望之心。

---

① Roger E. Greeley edit, *The Best of Humanism*, Buffalo, New York, 1998, p. 48.
② Roger E. Greeley edit, *The Best of Humanism*, Buffalo, New York, 1998, p. 172.
③ [美]乔治·萨顿:《科学史和新人文主义》,陈恒六、刘兵、仲维光译,华夏出版社,1989年,前言,第3页。
④ [美]乔治·萨顿:《科学史和新人文主义》,陈恒六、刘兵、仲维光译,华夏出版社,1989年,第10页。

一、萨顿的学术生涯

被人们誉为科学史之父的新人文主义者乔治·萨顿,1884年8月31日生于比利时佛兰德省的根特。父亲是国家铁路公司的负责人,工程师。母亲在他出生后仅几个月就离开了人世,萨顿在仆人们的照顾下长大成人。少年时代的萨顿兴趣广泛,对文学艺术和哲学等都有浓厚的兴趣。萨顿完成中学的读书任务后,开始了根特大学的哲学生活,然而不久后他便对哲学产生了一种厌恶情绪,转而学习化学和数学等自然科学。1908年,他获得了根特等四所大学授予的化学金质奖章。1909年,其父去世,萨顿开始承担一家人的经济负担。不久,他拍卖了父亲经营的很有声望的酒店,又购买了一所房子,着手自己的研究工作。1911年5月,萨顿凭借论文《牛顿力学原理》获得博士学位,同年与英国艺术家埃莉诺·梅布尔·埃尔维斯结婚,于1912年5月生了一个女儿,取名为梅·萨顿。有了女儿之后,他大胆地决定,要创办一份科学史杂志,并根据古代神话中专司治病与生育的女神"爱西斯"为他的杂志命名。由于萨顿十分钟爱自己的杂志,所以常常戏称他有两个女儿,一个是讨人喜爱的梅·萨顿,另一个则是他创办的杂志《爱西斯》。该杂志于1913年正式出版。萨顿创办《爱西斯》,其目的在于努力把方法论、社会学和哲学的观点、纯史学的观点结合在一起,通过历史研究的方法,使科学哲学成为一种价值哲学。

第一次世界大战的爆发,使萨顿的生活发生了根本的变化。1914年8月,德国入侵比利时。11月,萨顿的房子就被德军征用。萨顿被迫抛弃自己心爱的图书,将十分珍贵的笔记本埋在屋后园内,与家人一道背井离乡,开始了流浪生活。1914年底,他先到荷兰,后来又前往英国伦敦。1915年初,他独自一人前往美国,成为华盛顿大学的科学史讲师,后来,先后成为哈佛大学哲学和科学史讲师。1918年,成为卡内基研究院科学史副研究员。1920年,又回到哈佛大学科学史讲师的岗位,直到1924年,美国历史协会为了肯定萨顿的业绩,鼓励他的工作,成立了科学史协会。1926年,《爱西斯》成为科学协会的机关刊物,直到1955年为止。萨顿一直担任这一刊物的主编长达40年之久。为了让这一刊物生存和发展,他经常拿自己和夫人的经济收入来贴补。1936年,萨顿又主编《爱西斯》的姊妹刊物《俄赛里斯》,专门刊登长篇学术论文。俄赛里斯是古埃及的主神之一,是爱西斯的丈夫,他掌握已故之人,并使万物自阴间复生,由此可见萨顿对人间万物的生命寄予厚望。萨顿期待着科学史研究能使每况愈下的现代文明,走上复兴与希望之路。

尽管萨顿的生活曾经处于一种动荡的状态之中,然而他的学术生涯始终与勤奋为伍,并创造出惊人而又伟大的业绩。萨顿总是向那些历史上的伟人学习。在自己的学术生涯中,他先后学习并精通拉丁文、希腊文、法文、德文、荷兰文、意大利文、西班牙文、葡萄牙文、瑞典文、土耳其文、希伯来文、中文、阿拉伯文。萨顿正是用这些文字,撰写出了珍贵的学术著作,为科学史研究做出了伟大的贡献。

除了在他的《爱西斯》和《俄赛里斯》上发表大量文章外,萨顿的主要著作有三种。一是3卷本巨著《科学史导论》。该著作是萨顿的代表作,于1926年出版第1卷,1931年出版第2卷,1947年出版第3卷。这部著作,凝聚着萨顿20多年的心血。著作的时间跨度是从古希腊到1400年。原计划的19世纪物理学等科学史的著述则没有实现。二是他的《科学史和新人文主义》,分别于1931年和1937年初版与再版,比较集中地体现了萨顿的人文主义思想和基本学说。该著作对东西方科学史与文明史等问题的论述,揭示出一位人文主义思想家的核心观念和基本信念。三是萨顿的论文集《科学的生命》,于1948年在纽约问世。这本书先后于1951年、1952年、1955年,被翻译为日文、西班牙文和波斯文,在世界许多国家形成很大影响。1951年,他又为自己的《科学史》写序,这本书后来由牛津大学出版社出版,该著作主要研究古希腊时代的科学思想,对古埃及、美索不达米亚等不同地域,柏拉图、亚里士多德等不同人物的科学思想,均做出十分精当的研究。萨顿的著作,虽然为数不多,然而其分量之厚重、思想之深邃,是他的同时代、同领域的学人们所难以企及的。

1950年,萨顿夫人的去世使萨顿的生命几乎失去了一半;虽然萨顿于1956年3月22日最终离开了我们,但是他的著作,他的人文主义思想永远地激励着后人。在萨顿离开人世的第二天,他的学生在给朋友的信中就这样写道:"萨顿通过他的著作、编辑工作、教学和世界范围的人际接触,影响了许多人的生活。一方面,他比其他任何人都更负责地使"科学史"成为一个独立的学科;另一方面,他复兴了奥斯勒的传统,让科学的多个分支和人文学科之间的相互联系更加紧密。从个人来讲,我极为怀念他的古道热肠,怀念他令人激奋的忠告,它们指导我从对植物分类感兴

趣变为对生物—人文学感兴趣并进行探索。"① 人们认为,对萨顿来说,科学史不仅仅是思想概念的考察鉴定,或仅是事实的记录,还是一种有道德教育意义的学问。它的研究对象是科学及其发展,但它传达给人们的信息是一种人文主义,一种"新人文主义"。

从人们对萨顿的论述中,我们可以看到萨顿对于科学史作为一门独立学科的最终确立,以及对于科学与人文学科的互渗与整合,做出了十分重要的贡献。然而更重要的是,在萨顿的诸多论著中,萨顿形成了自己的新人文主义的学术主张和思想体系,而且在有力地影响着当代人多元共生的文明进程。

二、萨顿的新人文主义

萨顿对科学性质的认识是我们率先要关注的问题。由于萨顿的新人文主义,其实质就是科学史人文主义,或科学人文主义,因此萨顿对科学的性质问题的认识,显得格外重要。当人们试图将某种范畴的价值予以突显的时候,总是千方百计地将这一范畴的范围扩大,而且将它的价值和功能无限制的强化,从而实现这一范畴的学术价值和社会意义。在这一点上,萨顿也是如此。

首先,萨顿无限制地扩大科学价值的范畴。他说,"无论在什么地方存在着进步或进步的可能性,几乎都是由于科学的应用。我从来没有认为科学比艺术、道德或宗教更为重要,但是它更为基本,因为在任何一个方向上的进步总是从属于科学进步的这种形式或那种形式"②。也就是说,人类的文明与进步总是与科学联系在一起,总是科学应用的呈现方式。可事实上,是否真的如此呢?艺术情感的体验、道德伦理的教化和宗教信仰的注意力,是否也应纳入科学的范畴呢?显然,这是一个需要全心深思的问题。

其次,在萨顿的学术视阈中,科学具有宗教伦理的性质。在萨顿看来,为了真正的幸福和快乐,我们必须能够追求真理,不是单纯一个人,而是和那些可爱的人们在一起。他们友爱地对待我们,我们也能向他们显示我们自己的友爱。正如真理的一鳞半爪的发现,无论它对我们是否有利,是否愉快,对于整个世界它都是一

---

① B. Dibner, *Sarton Letters at the Bumdy Library*, *Isis*, 75, No. 276, p. 48.
② [美]乔治·萨顿:《科学史和新人文主义》,陈恒六、刘兵、仲维光译,华夏出版社,1989年,第25页。

个确实有益的收获。所以,每一个友爱的行为都是沿着一个正确的方向的创造。萨顿还借用赫胥黎的话说,"科学对于我来说好像是以一种最崇高和最强烈的方法来教导伟大的真理,它体现在完全服从上帝意志的基督教概念之中"。因此,萨顿认为,科学像宗教一样,包含无私、诚实、严肃。在它处于极其美好的状态时,就使得人们设想它有一种神圣性,正如法拉第和达尔文的一生所表明的那样。但是我们相信,把它和宗教相比是不明智的。全然不读科学的神圣性或许更好一些。萨顿很清楚,科学既不是哲学,也不是宗教,更不是艺术。然而,在这些文化形态面前,萨顿只重视科学。他认为,科学完全是实证知识的总和,而且极其严密。科学既不同于它的实际应用,也不同于无价值的理论化的盲目信仰。[①] 显然,这是他看到的科学与哲学、宗教和艺术的区别。也就是说,科学具有宗教信仰、哲学理性和艺术情感的长处,而且更具有科学自身的神圣性。萨顿的科学观,或者说人文主义观,实际上是一种唯科学主义的人文主义观。

在确立了科学与科学史的基本性质之后,萨顿又是如何展示自己的新人文主义思想,如何体现新人文主义的价值与功能的呢?萨顿认为,新人文主义的价值首先来自科学史的意义,即科学史中的道德意义。他说,科学的历史,如果从一种真正哲学的角度去理解,将会开拓我们的眼界,增加我们的同情心;将会提高我们的智力水平和道德水准;将会加深我们对于人类的自然的理解。[②] 萨顿还试图以科学史道德内涵的普遍意义取消科学史中的民族主义观念,而提倡科学发展中的国际主义。事实上,这是一种接受历史教训,倡导一种科学的国际主义的人文主义。其次,萨顿认为,科学史与其他学科,诸如与哲学、历史的渗透与综合,是实现科学史人文主义的有效途径。他认为,研究科学史人文主义的兴趣不在于过去而在于未来。为了建造这个未来,为使它更加美丽,有必要去准备一次新的综合,就像在过去那些知识综合的光荣年代里,像斐底阿斯和列奥纳多·达·芬奇所做的一样。我们提议以科学家、哲学家和历史学家的新的更严密的合作来实现它。如果这些能够实现,就将产生非常美好的东西,因而与艺术家的合作也必然实现:一个综合的年代往往是艺术的年代。这就是我所说的"新人文主义"的综合。这是酝酿中的

[①] [美]乔治·萨顿:《科学史和新人文主义》,陈恒六、刘兵、仲维光译,华夏出版社,1989年,第94—96页。

[②] 参见刘兵:《新人文主义的桥梁》,山东人民出版社,2002年,第104页。

某种东西,并非梦想。可见,自然科学与人文科学的综合,还包括与艺术的综合,或体现出艺术的品质与特征。为了说明这一缘由,萨顿还举例证明,古代学术综合也总是体现出科学与艺术相互融合地存在着的。谁能说明什么是早期的科学呢?在埃及的历史上,最早记录科学意义的正是那些同时是早期艺术的象形文字。① 可见,科学与其他学科,与艺术,原本就是一种很好的综合。或许,萨顿对新人文主义的阐述正是来自科学史研究的感发。确实,早期人类的文化、学术、宗教与艺术的意义总是综合在一种形式之中。

萨顿对于新人文主义的人的价值与意义的阐述,根源于何处呢?我们认为,其根源来自萨顿新人文主义学术研究的指导思想,也就是说,来自萨顿学术研究的主旋律。那么,萨顿新人文主义学术研究的指导思想是什么呢?

一是统一性的思想。萨顿把世界看成一个整体,对自然与社会,对学术研究,都是如此。在诸多统一性之中,自然又是学术和人类统一性的前提和依据。他认为,如果自然界没有内在的统一性和一致性,就不可能有科学的知识。科学的存在和它的一致性,同时证明了知识的统一性和自然界的统一性。由于每一种科学方面的努力都是向着同一总的目的,所有这些努力最后都汇合起来,互相协调一致。自然界的统一性、知识的统一性和人类的统一性,只是一个实体的三个方面。每一方面都有助于证实其他方面的合理性。这个三位一体不过是一个基本统一性的不同表象,虽然这个基本统一性是在我们实在的掌控之外,却存在于我们的爱心之中。② 由于萨顿把自然、知识和人类看成一个整体,而且存在于人的爱心之中,这样也就势必得出他的新人文主义的指导思想的第二项内容。

二是科学的人性。萨顿说,科学正如同艺术和宗教一样具有人性。它的人性是暗含的。正如发掘音乐的人性需要一位受到音乐教育的人文主义者那样,发挥科学的人性也需要一位受过科学教育的人文主义者。有素养的历史学家不仅赞成科学成就本身,还更多地赞赏它们是怎样变得具有人性的。然而,萨顿也认识到科学与其他文化形态的差异性。他说,科学与艺术、宗教的不同并不在于科学比它们具有更多或更少的人性,而仅仅在于科学是不同的需求和志趣的产物。宗教的存

---

① George Sarton, *A History of Science*, Oxford University Press, 1952, p. 48.
② [美]G. 萨顿:《科学的历史研究》,刘兵、陈恒六、仲维光译,科学出版社,1990 年,第 1—2 页。

在是由于人类对善良、正义和仁慈的渴望;艺术的存在是由于人类对美的渴望;科学的存在是由于人类对真理的渴望。这三者如同一个三棱形的塔,越往底部越相距遥远,而越往顶部则越近,这个三棱形的塔象征着以统一为顶点的一个新的三位一体。①

事实上,萨顿的第二条指导思想的内核依然是统一性,即强调科学、艺术和宗教是一个整体。不过,所不同的是,萨顿认为,科学的人性是"暗含"的。② 也就是说,科学的人性不像艺术、宗教的人性那样显著,那样突出。然而即使如此,还是出现了一点偏差,那就是科学及其成果是不具备人性的,它只是一把双刃剑;当它为善人所拥有的时候,可以为人类创造进步;相反,当它为恶人所占有的时候,它时常可以为民族国家,乃至人类带来灾难。萨顿以科学史为背景的新人文主义对科学的认识,显然与科学本身的性质是不一致的。

三是注重东方思想的巨大价值。萨顿认为,大多数历史学家都把他们的注意力限制在西方的成就上,他们已经逐渐形成一个西方统一的观点,而把东方人排斥在统一之外。现在人们已经知道,西方的宗教来自东方犹太教;西方的科学也来自东方——埃及人、美索不达米亚人、伊朗人,而且人们已经证明,阿拉伯人和其他东方人的成就,在中世纪也是至关重要的。③ 事实上,萨顿科学史的研究十分重视古代、重视东方,势必在古代的由人类自身的力量创造出来的以大陆文明为背景的东方文明中,发现传统社会道德因素,这也就是萨顿新人文主义思想的科学人性的社会基础和历史根源。由此也导引出新人文主义的第四条指导思想。

四是人类"对宽容和仁爱的极度需要"。萨顿认为,从中世纪科学史到总体的科学史,都会给人共同的启示,那就是人类对宽容的极度需要。排斥异己总是带有破坏性的,不但是对于天然的和直接的受害者,而且是对于压迫者本身。④ 萨顿还以西班牙人收复失地运动过程中对异己者的无情迫害和明清时期中国人的妄自尊大、闭关自守与假仁假义导致民族灾难为例。特别是当西方人面对西班牙人为了

---

① [美]G. 萨顿:《科学的历史研究》,刘兵、陈恒六、仲维光译,科学出版社,1990年,第2—3页。
② [美]G. 萨顿:《科学的历史研究》,刘兵、陈恒六、仲维光译,科学出版社,1990年,第2页。
③ [美]G. 萨顿:《科学的历史研究》,刘兵、陈恒六、仲维光译,科学出版社,1990年,第3页。
④ [美]G. 萨顿:《科学的历史研究》,刘兵、陈恒六、仲维光译,科学出版社,1990年,第6页。

所谓民族血统的纯正,对犹太人、摩尔人,甚至对自己的后裔进行凶暴残忍地迫害的情况时,现代西方人依然以自己的所谓教义和文明,去仇视和践踏其他民族的国家和人民的权力,其最终的结果必将导致自己的毁灭。

如果说,萨顿的第一、二两条指导思想,是为了从诸多学科的整体性中,为科学寻求人性的话,那么第三、四两条指导思想,则是试图从科学的历史性中寻求新人文主义的文化土壤和历史根源。很可贵的是,我们从新人文主义的历史意识中充分地感受到一种多元、平等、公正的世界主义思想,以及对西方人狭隘的种族观念和极端的民族主义与中心观念的无情批判。然而,也有一点小小的遗憾,这一切不是来自科学的历史,而是来自宗教伦理、人类社会和文化传统的历史。也就是说,东方传统社会历史中美丽的人性之花,来自传统社会中的信仰、道德和文化,尽管在一定程度与科学存在一定的联系,但绝对不是开放在科学史自己的土地上。

三、萨顿新人文主义评述

面对萨顿其人、其著作与思想,我们不能不在初步研究的基础上,对萨顿新人文主义思想的伟大业绩和有待商榷之处,做出自己的评述,并启示当代人和后来者。

萨顿对人文主义的伟大贡献,使每一个热爱人文主义的人永志难忘。

了解萨顿新人文主义思想的人,任何人都不得不称颂萨顿是一位伟大的人文主义的思想家和践行者。他以科学的历史研究或科学史研究的角度,为人类未来文明的重建付出自己的毕生精力。他以科学史时代的伟大传统和道德情怀,向世界传播东方思想中的宽容、仁爱等伟大的人性意识,试图形成新人文主义时代多元、平等和公正的世界思想与社会秩序;他以自身遭受世界大战苦难的经历,向人们传送新人文主义热爱和平与正义的伟大思想;他以追求真理、正义与宽容为己任,敢于撕破西方中心主义的假面具,抨击西方人贪天功以为已有,用单一而极端的民族意识、宗教信仰和社会规范,去践踏其他民族的生存权利和国家利益。萨顿非常理性地预测并赠送他们以"自我毁灭"的命运。在伟大的人文主义实践中,萨顿把自己的人文主义杂志当成自己的女儿一样钟爱,并省吃俭用,以便为杂志的生存与发展而无偿地投入。我们从他的生活和著作中,充分地感受到这位新人文主义战士的深邃思想和伟大情怀。

在寻求人文主义的复兴与重建的行程中,萨顿也找到了一条行之有效的途径,这就是学科综合之路。早在19世纪,德国浪漫派就曾经预言未来将出现学科综合的时代。到了萨顿的时代,则正是由预言转向实践的时代了。尽管萨顿认为,新人文主义是科学史的人文主义,然而他始终认为,科学或科学史应当部分地暗含人性,也就是说,他的新人文主义在一定程度上体现出的是以科学为基础,以科学史为主域,而在一定程度上体现宗教、哲学、艺术的某些特性的人文主义,他也声称一个综合的年代往往是艺术的年代。也就是萨顿所向往的未来的达·芬奇的时代。我们认为,走学科综合之路,作为萨顿新人文主义思想的重要内容,显然是对人文主义发展与重建的一项重要贡献。

从总体上说,除了萨顿的人格力量以外,伟大的真理与正义观、多元与平等的文化理念和学科综合的创建之路,应当是他的新人文主义对世界文明与发展的重大贡献。从新人文主义中也可以发现与世俗人文主义相近的因素,那就是两者都重视科学对于人文主义的意义;然而两者也存在着明显的区别,世俗人文主义是反对宗教文化的,而新人文主义是多元、互融的科学史人文主义。当然,新人文主义也有其缺陷。从多元、互融的学术态度的角度来说,新人文主义有其存在的合理性与合法性,然而如同萨顿对于真理与正义锲而不舍的探索精神一样,从真理、正义的学术批评的角度来说,新人文主义也有可供商榷的地方。

首先,萨顿部分地误解了科学与人文分离的历史背景与文化传统,从而没能从根本上为人文主义的复兴与重建找到一座真正的桥梁。萨顿的新人文主义是与他的时代特征联系在一起的。也就是说,20世纪中期的西方,几乎可以说是科学主义与人文主义碰撞的时代。在这一时代,英国学人斯诺也是著名的思想家之一,而且引起了国内外学人们的关注。我国研究萨顿的著名学者刘兵认为,斯诺希望通过教育制度与教育方法来解决科学与人文分裂的问题,而萨顿同时形成类似于两种文化的观念,并更早地付诸实践。在这一背景下,萨顿提出了著名的以科学与科学史为内核的新人文主义。然而,事实并非如此。斯诺不只是提出"两种文化"学说,也不只是以教育制度与教育方法来做出简单的回答。应该说,尽管斯诺也认为科学不仅是智力意义上的文化,也是人类学上的文化,然而对于科学与人文之间的桥梁问题,斯诺的回答比萨顿更具有合理性。

斯诺对科学与人文分裂的现象,曾经做过非常深入的研究。斯诺说过,"二"这个数字是一个危险的数字,正因为这样,辩证法是一种危险的方法。想把一切事物一分为二的尝试都应当加以怀疑。斯诺认为,"这种两极化对我们大家只能造成损失。对我们人民,我们社会也是一样。同时这也是实践的、智力的和创造性的损失,我要重复一遍:想象这三方面截然分开是不对的"。为此,斯诺很客观地提出了一种十分中肯的论断:至少应该有三种文化。① 仅此,就充分地体现出斯诺对于人文主义的看法,以及对西方文明的伟大传统的尊重,要高于萨顿的新人文主义学说。

斯诺对"两种文化"学说的批评,并提出三种文化的主张,在西方文化的历史上是有着深厚的根源的。早在古希腊时代,柏拉图和亚里士多德就提出过最为古老的设想。柏拉图在《理想国》中提出人的心理应当划分为学习、情感和欲望三个部分,②也就是科学知识、艺术创造和道德伦理三个部分。亚里士多德则在柏拉图对人的心理进行分类的基础上,提出了三大学科的说法。仅在《形而上学》中,亚里士多德就多次提出这一学说,比如,一切思想必为实用、制造与理论三者之一,还提出实用之学、制造之学、理论之学的说法。③ 很显然,就是所谓实用伦理学、艺术制造学和科学理论三种类型学说。经过中世纪的教父哲学和经院哲学之后,这一传统依然保存到近代社会。休谟在《人性论》中将知识、道德和情感作为人性学说的三要素。这一学说到康德、席勒时代则得到了系统的阐发和论述,并形成了著名的中介或桥梁学说。

可见,斯诺是在传统的文化学说基础上,提出了在科学文化与人文文化之间的第三种文化的桥梁学说的。相反,萨顿只是在科学或科学史内部打圈圈,显然永远也找不到第三种文化,也就是说,永远也找不到真正的桥梁。

其次,近代启蒙之后,以科学技术为主线的历史事实也证明,科学史不能给人类带来人文、欢乐、和平与幸福。材料之一,在人类文明进程中,科技与人文的失衡,不是由于科学技术的落后,相反恰恰是科学技术的畸形发展,造成对人文文化的压榨,因此再度强调科学与科学史,不是对人文的扶持,相反只能使人文文化雪上加霜。材料之二,现代社会与传统社会的根本区别在于现代社会存在世俗进程的负面效应。也就是说,神性去魅和人性膨胀是科技与人文分裂的重要原因。也

---

① [英]C.P.斯诺:《两种文化》,纪树立译,生活·读书·新知三联书店,1994年,第8—11页。
② [古希腊]柏拉图:《理想国》,郭斌和、张竹明译,商务印书馆,1986年,第367页。
③ [古希腊]亚里士多德:《形而上学》,吴寿彭译,商务印书馆,1959年,第121—123页。

就是说,神性的消亡是导致人性失落的重要原因。材料之三,世俗化社会过于强调科学技术与经济,势必导致欲望膨胀的极端民族主义和单边主义,势必给现代社会带来冲突和灾难。恰如萨顿所说的,极端民族主义和单边主义者的破坏性,不仅作用于遭受排斥的受害者,也作用于压迫者本身。当我们目睹一些民族国家的正当权益遭受践踏,而践踏人的那些国家的人民也时常为安全而恐慌时,这一事实就给出了最有力的证明。

萨顿对科学与人文的关系是很清楚的,一方面他看到了人文的特殊价值;另一方面又死抱着科学不放手。他说,对于人类文明来说,没有宽容和慈善精神,我们的文明,无论它现在是怎样的,都是非常不稳固的。对于人类文明来说,科学是必须的,但只有它是很不够的。同时又说,我们期望孩子们会认识到人类进化的历史,而科学的发展将被证明正是这个进化的核心。萨顿既重视人的宽容与慈善,又确认以科学为核心。① 如果以科学为核心,那么人在何处呢? 科学的存在是否能确证人的存在? 科学史是否能确保人性的健康发展呢? 这些问题,萨顿不能做出正当的回答。

萨顿不仅了解科学与人文之间的关系,也明白科技与战争的关系,将希望寄托在宗教信仰已虚化的当代社会。在这一情况下,他希望人们通过宽容、慈善、真诚、友爱、正义和真理去寻求和平。② 事实上,当科学技术已经成为所谓的主流证明,资本主义实现了充分的扩张,而且依然还在扩张的情况下,谁会宽容和慈善,谁拥有真理和正义,谁会讲真诚和友爱呢?

我们认为,萨顿的新人文主义,也就是科学人文主义,是很难有理想的前景的。从本质意义上说,科学与人文是不能等同的。无论科学的历史内容是怎样的丰富,它的性质还是一把双刃剑。也正因为如此,科学的时代始终是一个不确定的时代。③ 尽管萨顿也想从科学史的角度不断地校正人类知识和智慧前进的方向,然而由于萨顿不能跳出自己的视野,不能关注总体的人性和人文主义,因此他的新人

---

① [美]G. 萨顿:《科学的历史研究》,刘兵、陈恒六、仲维光译,科学出版社,1990 年,第 8—9 页。

② [美]G. 萨顿:《科学的历史研究》,刘兵、陈恒六、仲维光译,科学出版社,1990 年,第 8—9 页。

③ Roger E. Greeley edit., *The Best of Humanism*, *Buffalo*, New York, 1998, p. 158.

文主义只有一种结局:"为忍耐而忘掉自己。"他说:

> 当我们在追求真理过程中,或是在信仰宣扬基督福音过程中,或者兼顾这两方面而忘掉自己的时候,做到忍耐就容易得多了。与人类的前进方向相比,进步的速度是不重要的。让我们使用最好的科学和历史学方法,来决定和校正前进的方向,方向的决定不能一劳永逸,要随着我们的知识和智慧的进步而不断校正。让我们考虑到我们的宽容和善意的发展,尽可能忠实、谦虚地沿着这条道路前进。面前的道路还很漫长,但是每前进一步我们都将得到欢乐。①

当然,即使如此,我们还是从萨顿的思想中发现新的亮点,他是把真理和信仰联系在一起了。尤其是以希腊人为典范的观点令人关注。他说,希腊精神不会死,绝对不会死的;它在亚历山大、帕加马、罗马地区受重视,在环地中海地区和其他地区拓展。② 希腊精神,其实就是一种永恒的人文主义精神。因此,萨顿认为,在真正的人文主义世界,人性应有其自身的根本,信仰应是这一根本安身立命的土壤。我们认为,只有当人类有了真正的信仰之后,只有当人性的诸多要素各自独立而和谐与共的时候,人性才能有正当而健康的发展,人类才能创造出真正的人文主义。

---

① [美]乔治·萨顿:《科学的生命》,刘珺珺译,商务印书馆,1987年,第159页。
② G. Sarton, *A History of Science: Ancient Science Through the Golden Age of Greece*, Harvard University Press, 1952, p. 612.

第六章
现代生态人文主义的兴起

生态人文主义是一种独特的人文主义。其独特性之一,在于它历史渊源之深厚。其独特性之二,在于它包含内容之丰富。其独特性之三,在于它涉猎范围之广阔。其独特性之四,在于它影响意义之深远。生态人文主义具有深厚的历史渊源、文化内涵、空间领域和历史意义。

第一节　守护自然:怀特时代的生态人文主义

现代历史进程有它的普遍性特征,然而对于每一个社会来说,又具有自己的个性特征。[①] 我们认为,现代历史的弊端给人类带来的伤害是以不同的方式体现它的一致性。从抗争、批评,甚至反对各种现代历史诸多弊端的生态人文主义文化、思想与运动来说,其同一性则更为分明。生态人文主义是在工业文明过程中孕育发展起来的新型的人文主义。准确地说,是在科学技术的历史发展进程中,或伴随着技术人文主义发展的人文主义形态。

对于生态人文主义的理解,学术界的看法大致有两类:一类是把与人类生存发展相关的大量的历史事件、社会运动、文化思潮都囊括在内的广义的人文主义;另一类是把自然生物中诸多生命体的生存状况及其相互关系包括在内的绿色生态人文主义。前者可以包括环境保护运动、反战和平运动、反核运动、女权主义运动等社会运动,参与的各类成员更为复杂,有无政府主义者、共产主义者、社会主义者、

---

① S. N. Eisenstadt, *Patterns of Modernity Volume II: Beyond the West*, London: France Pinter, 1987, p.89.

和平主义者、种族主义者、性别主义者、环境主义者、后现代主义者,以及各种各样的对资本主义工业文明持批评态度的人。后者则是指通过对自然生物中诸多生命体的生存状况的考察,以人与自然关系为主要问题来体现人文主义的基本思想。我们关注的是后一种生态人文主义。由于生态人文主义关涉哲学、地理学、生物学、历史学和诸多自然科学等学科和领域,因此人们又称之为多元生态人文主义。

尽管生态人文主义呈现出多元的特点,然而从总体的价值取向和基本特征来看又可分为两种类型:一种是以人与自然和谐和共生为特质的生态人文主义;另一种则是以人与自然对立和征服为导向的生态人文主义。前者的代表人物是英国的自然博物学家、牧师、伟大的生态人文主义思想家吉尔伯特·怀特;后者则是伟大的瑞典花圣卡尔·冯·林奈,他的著作后来在英美形成很大的影响。虽然生态学这个词"ecology"直到1866年才由德国海格尔提出,然而作为伟大的思想和实践基本上与工业文明时代的到来是同步的。从理论上说,生态学的形成,经历了绿色积极分子和知识分子以有组织的联系、运用网络交流的批评方式的争论,由对立的真实和预期的反应,还有积极分子和知识分子前期与后期绿色运动的经历构成的影响。① 可事实上,生态学活动是从个人的生态人文主义实践开始的。林奈和怀特就是这种生态人文主义时代的奠基人。

一、林奈的生态学思想

卡尔·冯·林奈(Carl Von Linné,1707—1778),18世纪西方生物学史上著名的博物学家,被誉为现代生物分类学之父。1707年5月23日,林奈出生于瑞典斯莫兰省的罗斯胡尔特村,他是路德教会的牧师的儿子。新教家庭的背景,将影响他在新教伦理的浸润下、在基督教信仰的语境中,接纳科学技术与世俗化,并由此来推进他的生物学思想的发展。林奈的知识之丰富、思想之深邃,来自他对生物学事业的勤奋刻苦和坚强的意志力。他的家乡罗斯胡尔特与怀特的家乡塞尔彭一样美丽。他从小热爱花草,8岁时就被人们誉为小植物学家,然而林奈在少年时代并不认真学习,因此差点被他父亲安排去做鞋匠。1727年起,到隆德大学和乌爱萨拉

---

① Brian Doherty, *Ideas and Action in the Green Movement*, London and New York: Routledge, 2002, p. 67.

大学学医，1730年留校工作并成为讲师。1735年，到荷兰莱顿大学、哈尔德维克大学深造，并获医学博士学位，同年，他的大作《自然的经济体系》，得到莱顿学者赫朗诺维伊斯的指导和支持，并获资助出版，1741年，成为乌普萨拉大学教授。此后，先后出版了《植物学基础》《植物种态》等著述180余种，是一位成果丰硕的学者和思想家。

林奈在他的生态学事业中取得了伟大的成就，尤其是在生物分类学方面，被历史记录为与亚里士多德、布丰、斯宾塞齐名的思想家。他的人文主义存在于他的生态思想之中，并体现出显著的个性特征。

首先，林奈的生态学事业注重游历、经验，并形成发展的学术思想和科学观念。一方面，他能不断学习，努力进取，不断提高学术水平。他不仅于1735年赴荷兰学习，还先后访问德国、法国和英国。另一方面，林奈十分热心于学术考察，他不仅自小醉心于自己家乡的动植物世界，学有所成之后，更是不知疲倦地奔赴山川湖海。1732年，他长途跋涉，跨越北极海，到达北欧，长达4 600里之遥。1734年，他赴瑞典其他区域考察，先后获得数以百计的新型动植物种类。他还时常赴斯德哥尔摩进行医学、生物学的考察和演讲。更为可贵的是，林奈在勤于学习、注重考察的基础上，形成了不断发展的学术思想和科学观念。1735年，林奈基于自己的研究考察，将整个自然界的"总属"（Summum genus），修正为"属"为"种"之上的等级结构层次。1768年，他的大作《自然系统》第12版问世，其中删去了原著中"物种不会变化"的有关论述，说明物种在特定的条件下是可能发生变异或变化的。这种学术观念，显然也是林奈生态学思想的重要成就。

其次，林奈的生态学思想，深受经院哲学的影响，神学思想与神秘主义观念在一定程度上渗透在林奈的著述之中。比如，林奈对"属""种""名""自然系统""认识"等范畴的划分和理解常常是在经院哲学逻辑系统的知识体系中进行的，因此让许多人难以理解他的思想和意义。在神、人和自然的关系中，林奈认为，不是由分类学家创造了"属"，而是由"神"创造的。他的生态学的人文思想，事实上是建立在神创论教义和本质论哲学的基础之上的，他曾经把整个生物界称为"总属"，实际上正是经院哲学逻辑体系的产物，也是经院哲学影响的标志。另外，在生物的生殖问题上，林奈也表现出神创论的基本观点。他认为，生殖作用显示了造物主的秘密工作计划，生物在雌、雄蕊数目方面的不同固然可以用来鉴定，但是在功能方面没有

什么实际意义。他还认为,由于造物主的安排,给每种动物以特定的食物,所以才形成生态循环和洛夫乔伊提出的生物链。① 林奈称自己的生态思想史也是与神联系在一起的。在希腊文中,经济"oikos"指的是"住所";16世纪时,"oeconmy"指的是"家政管理艺术",可是17世纪,经济"economy"则时常是指"神对自然界的统治"的意思。也就是说,上帝既设计了地球村这个家庭,也是运营这个大家庭的经济师和大管家。尽管林奈时代已经超越文艺复兴并进入启蒙时代,然而经院哲学思想依然给林奈的生态学思想带来重要的影响。

林奈对人类生态学思想贡献最重要的是"性系统学说"和"双命名法"。林奈的"性系统"实质是关注造物主与生物生殖之间的关系。其中,性状是一个重要的学术范畴。他认为,鉴别生物的性状,主要从数目、形状、比例和位置等因素来考虑。林奈根据花蕊的显性与潜性、雄雌的数量,是否能够合并其在花中的分布,以单雄蕊、双雌蕊的原则,将植物分为24纲,根据花的性状再把纲划分为目。林奈的植物性系统学说,为当时和后世的学术界普遍沿用,并在法国、英国、德国等西方国家产生很大的影响。林奈对生物学事业的另一重大贡献是"双命名法"的提出。所谓"双命名法",是指将每一种动植物都用两个拉丁文来表示,第一个词是生物的属名,表示该生物所在的群体;第二个词表示该生物的种名,作为与其他生物的区别。在种名的后面加上命名者的姓名,以便标识这一物种的荣誉和责任。这一命名原则一经提出,就得到生物学界的普遍赞同,并在200多年的修订、发展和完善过程中,为国际生物学者命名新物种统一遵循的原则。事实上,林奈的生物学分类法就是以"性系统"为依据,以"双命名法"为形式建立起来的。在生物学的研究与实践中,林奈收集植物标本14 000种,根据性系统分为24个纲,116个目,1 000多个属,10 000多个种,还对7 300种左右的植物命名,并录入《植物种态》,被尊为"植物学记"。当然,对动物也提出6纲学说,对整个生物则提出植物、动物、矿物三界和纲、目、属、种、变种5级学说,是一位开创性的生物学思想家。

尽管林奈的生物学思想也曾受到批评,乃至攻击,然而作为一位伟大的生物学家,不仅造就了他的学术事业,还体现出他的崇高人格,以及对后世的重大影响。

---

① [美]唐纳德·沃斯特:《自然的经济体系——生态思想史》,侯文蕙译,商务印书馆,1999年,第56页。

尤其是在他学有所成之后,平民出身的林奈为瑞典的生物学事业赢得了崇高的荣誉,但他谢绝了一些国家的聘请,为自己民族的教育事业贡献毕生的精力。1761年,林奈被瑞典国王封为贵族爵位。1778年1月10日,林奈逝世。

林奈逝世以后,他的价值1000英镑的书和文章被英国人买走。1778年,英国伦敦还成立了林奈学会,1829年,建立了生物学图书馆,从国王到平民,都有参加这一项工作,继续推进林奈的生物学事业。这一背景,也为林奈学派的诞生和英国后来成为真正的生态人文主义发祥地奠定了基础。

将林奈学说向前推进并影响人文历史进程的是林奈学派。在林奈学派的学术世界,他们继承的是林奈的生态学事业,然而学术思想的哲学根基来自培根的帝国道德观、牛顿的机械论和原本就存在的基督教思想。一方面,林奈学派继承了生态学中的基督教思想,认为造物主是万事万物的英明的安排者和管理者;另一方面,他们又在延续着培根和牛顿的道德哲学观。培根是希望人们凭借理性和经验,将人类帝国的界限,扩大到一切可能影响到的事物。他们认为,上帝期望人们建立一个超越世俗世界的理性帝国。同时,林奈学派又接受牛顿科学思想中的温和的机械论。也就是说,林奈学派的生态人文主义,将走上一条机械的、理性的帝国之路。这一学派,客观地影响着后来的科学生态人文主义的形成和发展。其性质是试图要通过理性与科学的方式来造就生态人文主义的历史,也就是造就征服自然的历史。

二、怀特的生态人文主义

吉尔伯特·怀特是人类自然历史之父,英国历史上著名生物学家达尔文、斯宾塞和赫胥黎等一代思想巨人的先驱,并在历史上享有同样崇高的声望。他不仅是英国近代生态思想的奠基人,也是世界历史上最早的生态人文主义的创始人。在他的影响下,才有了世界不同区域、不同类型的生态人文主义。

1. 怀特生平述略

吉尔伯特·怀特(Gilbert White,1720—1793),生于汉普郡的塞耳彭村。祖父老吉尔伯特是这一教区的牧师,父亲是一位律师。怀特一家祖孙三代都居住在这一偏僻的小村子。不过,由于吉尔伯特,这个小村子成了西方许多生态人文主义者朝拜的圣地。1730年以后,怀特一家住进了沃克斯,这是塞耳彭主街上最为宽大且辉煌的房子。怀特曾经和一位同教区的 14 岁女孩订婚。这个女孩叫吕贝卡·拉金(Rebekah Luckin),她是怀特的一位坚强而可靠的追随者。直到别的地方已经相当开放的时候,拉金还是无悔地陪伴着怀特守候在与外界基本隔绝的小村庄。① 然而,怀特与拉金最终没有结婚。后来,怀特进入牛津的奥瑞勒学院,1746 年获硕士学位,并成为教堂的执事,自此以后,终身从事教会工作。其间,曾经成为大学的学监和奥瑞学院的院长,后来回到乡村成为副牧师。1751 年,回到塞耳彭,在圣·玛丽教堂主持教区的祭祀活动。1758 年,成为牧师。怀特曾经深爱过穆耳索女士,却被她拒绝了。此后,怀特一直单身。人们认为,这位塞耳彭街道的守夜人——怀特活了七十多岁,却终生未娶。② 1767 年以后,怀特用心关注塞耳彭的自然史,并开始与著名的博物学家《不列颠动物志》的作者托马斯·本南德通信,计 44 封。后来又与另一位博物学家丹尼斯·巴林顿通信,计 66 封。在通信者的鼓励下,结集成册,便形成了《塞耳彭自然史》的主体部分。《塞耳彭自然史》不仅造就了一位伟大的生态人文主义思想家,也以一方圣地造就了伟大的生态人文主义事业。

《塞耳彭自然史》于 1789 年问世。四年后,即 1793 年,怀特离开人世。怀特是在离开人世以后,才渐富名望的。生前,他一直过着比较舒服,然而依然简朴的单身生活。与林奈相比,怀特著作较少,他希望生活能永远远离城镇,安详、稳定而永不改变。怀特不喜爱远足,更多的是爱恋自己的家乡。怀特是一位朴素、严谨和崇尚正义的生态人文主义思想家。

2.《塞耳彭自然史》及其意义

《塞耳彭自然史》是以书简的形式来记录塞耳彭村的鸟兽虫鱼等自然生态变迁的历史,并记录怀特的人文情怀和心灵之旅。该著问世于 1789 年,可惜 1793 年著者就去世了。1789 年正是法国大革命爆发的年代,而 1793 年则是后来成为恐怖家的山岳党执政的时代。然而,《塞耳彭自然史》的诞生,则与经济技术时代的到来关系更为密切。

---

① Richard Mabey, *Gilbert White: A Biography of the Author of the National History of Selberne*, Pimlico, 1999, p.17.

② Gilbert White, *The Natural History of Selberne*, London: J. M. Dent and CO. 1906, p.8.

怀特生活的时代,经济期望值不断膨胀,使得工厂体系冲击和改变了英国农业,特别是英国中部地区。为了不断增长的工业人口的食品需求,封建的村舍自给农业残余必须受到破坏。因此,土地被商业化了,农场主们学会了不为他们自己去生产,而是为市场生产。为了越来越有效地生产食品,农村的地貌被改变了。18世纪50年代以来,英国议会通过一系列圈地法案,从中世纪以来一直保存下来的公地系统被草草地废除了。从18世纪中期到19世纪早期,大约有650万亩英格兰土地完全被合理地规划为棋盘格子一般的形状,四周环绕着山楂和桉树的灌木丛。资本家通过集中化的管理来增加个人的财富,使农业生产中的大量劳工流离失所,并散布于工业城市而受制于新的工作模式。这一经济革命从不列颠传播到美国和其他更远的地方。① 像怀特那样把安详、稳定与和谐视作当然的时代,不复存在了。他的故乡塞耳彭也面临着一种时代的变迁。

怀特对塞耳彭自然史的研究及其生态人文主义思想的形成,首先来自对历史和时代的感悟,来自对工业技术革命时代的批判与反思,来自对农业时代的怀旧与追恋。怀特的《塞耳彭自然史》给人们传递出怎样的思想与信息呢?

首先,《塞耳彭自然史》体现出怀特对于古典文化的尊重,以深厚的历史意识展示了古罗马文化思想的价值与意义。在《塞耳彭自然史》中,许多书简的篇首都记录着怀特检取的古罗马思想与文化之精髓,并重新赋予其新的文化风采与时代意义。

从维吉尔《农事诗》中,怀特感悟到博物学家的品性:博物学家夏季傍晚的散步,我深信他们中有神圣的科学智慧。② 从维吉尔的《牧歌》中,怀特聆听到来自树林间回荡着的蚱蜢的尖叫声。③ 即使是对于"蜂"的自然性的刻画也渗透着古典诗文的气息。在描写"蜂"的回音时,用维吉尔《农事诗》第4篇中的诗句:"还有声音击打穹石,发出鼓荡的回声。"④在表达"蜂"的矜持的性格时,怀特又引用奥维德《变形记》第3章中的语句:"有问才答厄科,别人有话,她不会沉默,别人不开口,她

---

① [美]唐纳德·沃斯特:《自然的经济体系——生态思想史》,侯文蕙译,商务印书馆,1999年,第32—33页。
② [英]吉尔伯特·怀特:《塞耳彭自然史》,缪哲译,花城出版社,2002年,第110页。
③ [英]吉尔伯特·怀特:《塞耳彭自然史》,缪哲译,花城出版社,2002年,第362页。
④ [英]吉尔伯特·怀特:《塞耳彭自然史》,缪哲译,花城出版社,2002年,第329页。

也不先说。"①当然,怀特还没有忘记,文艺复兴之后才被重视的卢克莱修《物性论》对回音的描述:"在寂静的地方,大石能够把语言以同样的形状和同样的秩序送回来,当我们寻找着那些在昏暗的山谷里,迷了路的我们的同伴,大声地,向分散了的他们发生呼叫的时候,我曾见过一些地方送回六七个回声,当你仅仅叫出一个声音的时候,因为一座山把声音抛向另一座山,这样就重复发出它们的回音……"②由此可见,怀特对于工业文明的反思、对于生态文明的关怀,首先来自古典文化的启示。

其次,近代思想家的智慧,也是怀特生态文化意识的灵感之源泉。怀特不仅吸取古罗马时代的思想精华,近代人的知识和思想也为他的生态人文主义提供了重要的资源。在描述动物性的脱皮时,借用莎士比亚《仲夏夜之梦》中语句:"蛇蜕了它那光如彩釉的皮。"③在叙述牛羊的生活习性时,他借用18世纪诗人詹姆斯·汤普逊的《四季》:"一群群的牛羊/……在芳草岸上/或卧地反刍,或半入于流水/弯身啜水于清且涟的河中央。"④

再次,怀特更注意吸取同时代人生物学研究的思想精华。在和本南德的通信中,他说:"法国人写自然史,大多繁而寡要。林奈说,这汗漫支离的时风,是艺术的灾难(Verbositas praesentis saeculi, calamitas artis),此语针对的虽然是昆虫,但用于他们虫鱼鸟兽的任何一门,都无不适切。斯科波利的新著,足下有怎样的评价?我因为欣赏他的昆虫学,所以很想见识它。……我们的朋友巴林顿先生真是好客极了,他领我看了许多珍奇的东西。当时正逢你为兽角的事写信给他,于是他带我参观了许多奇妙的兽角标本。我记得威尔顿镇上、派布鲁克勋爵的家里,是专有房间放兽角的,不同种类的兽角,有三十多双;但最近我没有去过那一所宅子。巴林顿先生给我看了许多鸟的标本,有活的,也有死后剥制的,来自世界的四方,藏品之繁富,真让我称奇。"⑤

最后,在怀特身上还凝聚着一种执着的敬业精神和宽容的协作意识。至少从

---

① [英]吉尔伯特·怀特:《塞耳彭自然史》,缪哲译,花城出版社,2002年,第331页。
② [英]吉尔伯特·怀特:《塞耳彭自然史》,缪哲译,花城出版社,2002年,第332页。
③ [英]吉尔伯特·怀特:《塞耳彭自然史》,缪哲译,花城出版社,2002年,第456页。
④ [英]吉尔伯特·怀特:《塞耳彭自然史》,缪哲译,花城出版社,2002年,第42页。
⑤ [英]吉尔伯特·怀特:《塞耳彭自然史》,缪哲译,花城出版社,2002年,第130—131页。

他早期与人们合作的情况看来,他从来没有绝望过。

可见,怀特能从古代、近代思想家身上,吸收语言和智慧,更学到了许多博物学知识和生态学思想。正是从古代文化中努力开掘维吉尔、卢克莱修等人的文化智慧,从时代生活中勤奋探索林奈、本南德的生态思想,怀特的生态人文主义思想才显示出独特的个性品质和博大精深的历史内涵。

3. 怀特生态人文主义的影响

与林奈相比,怀特是一位开创性的纯粹的生态人文主义者。林奈是从生物分类的角度去研究并在一定程度上体现生态思想中的人文主义的,而怀特纯粹是从生物学、生态学的人文主义研究中展示出人类古代文化和时代文明的精髓。由于最早地体现出对工业文明和技术经济的怀疑与反思,因此,怀特在世界生态文化与文明史上具有特别重要的意义和影响。

1996 年,美国的 *OUTSIDE* 杂志评选出了代表生态意识类型的"改变世界的 10 本书",《塞耳彭自然史》就在其列。事实上,由于怀特及其著作的诞生,塞耳彭成了欧美世界生态人文主义的圣地,怀特的生态人文主义思想则从英国到欧美,乃至对整个世界都产生了极其深远的影响。

怀特的生态人文主义思想,在传播古典文化的伟大成就的同时,也造就了一位杰出的生态人文主义的先行者。在他的著作中,不仅到处可以感受到古典文化的气息,更可以发现古代文明的历史信息。在当代人时常为英国土地上曾存有古罗马钱币而寻找论据时,怀特的著作中则记录了英国 18 世纪考古学的重大发现:1740 和 1741 年的两个夏天,发现了 2 世纪罗马留下来的古钱币;1873 年,又在这里发现了罗马人 3 世纪留下来的 30 000 枚古钱币。① 可见,古罗马的货币等经济与政治文明也曾给英国社会带来发展与进步,影响着英国社会的现代历史进程。

怀特生态人文主义思想的形成,也塑造出了一位杰出的生态人文主义先行者的形象。首先是虔诚的信仰与科学的探索精神的有机融合,体现出一种和谐、完整的人格意识。怀特的祖父就是牧师,父亲是律师,一种虔诚、有序的生活,使怀特从小就接受宗教气息的熏染。从家庭、学业到自己的工作,都很自然地让怀特进入一种简朴、纯粹与虔诚的人生之旅,并以宗教为自己毕生的事业。应该说,信仰在怀

---

① [英]吉尔伯特·怀特:《塞耳彭自然史》,缪哲译,花城出版社,2002 年,第 44 页。

特的人生旅程中首先带来决定性的影响。正是在这一背景下,怀特成就了自己对《塞耳彭自然史》的研究工作。也正是在这一背景下,怀特形成了执着的探索精神。有一次,怀特与本南德先生探讨一个问题。他说:"我的人最近从我的井里打水,不时有一条黑色的大蜥蜴随着水桶上来;它身上疙疙瘩瘩的,肚子作黄色,有一根尾鳍。这井深63英尺,它们当初怎么下去的,若没有借助,它们又想怎么上来?这些事,真非所知也。"①这样的讨论,充分体现出怀特对于变化万千的大自然充满着问题意识和探索精神。怀特总是关注每一种自然现象,关注朋友收集的标本和研究成果,以便全面地丰富和提高自己。因此,怀特生活在素朴的乡村,可是他知道的则是整个世界。然而,更重要的是,他把大自然的事物看成一个整体,并多维度、多层次地予以考察与研究。大概也正是由于这样,唐纳德认为,整体论是英国早期生态学领域最重要的贡献之一。② 从那以后,这一思想始终影响生态学与生态人文主义事业的发展。

怀特的生态人文主义带来的直接影响,首先是他的故乡,是他的祖国。怀特的著作《塞耳彭自然史》问世后不久,他的名字和他故乡的名字,很快成为人们关注的对象。19世纪30年代前的故乡已经令人心驰神往。人们向往怀特作为伟大的自然主义者优雅而平静的生活,人们追寻造就这位伟人的神奇的土地。这一切,已经成为大西洋两岸一代又一代的科学家、诗人和企业家寻找心灵寄托与希望之魂的精神力量之源泉。达尔文的儿子曾经于19世纪50年代朝拜过塞耳彭;美国驻英国公使、著名作家詹姆斯·拉塞尔·洛厄尔,也曾于1850年和1880年访问了沃克斯。怀特开辟的生态人文主义的道路,如同赴他的故乡之路一样,人潮汹涌。怀特在历史的演绎过程中几乎成为圣人,他的著作《塞耳彭自然史》自然也就成了生态人文主义运动史上的《圣经》。

《塞耳彭自然史》自问世200多年来,先后在不同的国家出版十多次,不断地向世世代代传播怀特的生态人文主义思想。怀特的思想首先影响着一代代英国学人。19世纪以后,英国文学史家书斯(Edmund Gosse)、生物学家赫德森(Hudson),19世纪英国手工艺运动的代表人物罗斯金、莫里斯,还有美国浪漫主

---

① [英]吉尔伯特·怀特:《塞耳彭自然史》,缪哲译,花城出版社,2002年,第95页。
② [美]唐纳德·沃斯特:《自然的经济体系——生态思想史》,侯文蕙译,商务印书馆,1999年,第25页。

义代表人物梭罗(Henry David Thoreau),他们把怀特的思想精髓传递到20世纪的世界生态主义运动。20世纪,怀特的思想也来到中国,李广田和周作人就是这一思想最早的传播者。

戈斯在1888年出版的《十八世纪文学史》一书的第9章中,称怀特的《塞耳彭自然史》是一部不朽之作。在英国各地有百余种自然史的著作问世之后,怀特的著作依然保持着最初的新鲜和永恒的魅力。博物学家赫德森(1841—1922)是一位移民,他由阿根廷来到英国。1896年,他拜访了塞耳彭,拜谒了怀特的墓地。在他的文集中曾提到:"一百多年前的那个人,他的书简却成为几代博物学家爱读的好书。尽管人已经死去,可是他又好像神秘地活着。"可见,怀特在人们的心中已经具有极其深远的影响。生态思想在救亡时期的中国并未构成多大影响,而且周作人最终由于草虫鱼鸟,在现代文化史上落得个"第三种人"的结局。

由于怀特十分关注安宁与平静,关注信仰和理性,他对设计了这个美好的活生生的统一体的上帝神明怀着同等深切的尊敬。科学和信仰对于怀特来说,在这个合二而一的观点上有着一个共同的结果。① 这一思想在19世纪英国手工艺运动中的罗斯金、莫里斯那里得到充分的发展。莫里斯的《乌有乡消息》寄托着一位浪漫无边际主义思想家的情感历程,莫里斯无情地揭露英帝国为了经济欲望推行的资源与市场的扩张,倡导爱情与婚姻自由,主张以武装革命来实现由资本主义向共产主义的变迁。尽管恩格斯批评他的思想是一种情感的社会主义,然而他的思想的进步性依然具有很高的社会价值和时代意义。而梭罗的《瓦尔登湖》则如同《塞耳彭自然史》一样,在真实记录自然生态历史变迁的字里行间,渗透着梭罗颠覆性的人文主义思想家的情感和想象。《瓦尔登湖》的选择,是告别城市的喧嚣,告别无聊和寂寞,追寻自然的荒凉和心灵的孤独,追寻人性回归原始而自由的境界。

怀特生活的18世纪,是工业文明走向鼎盛的时代,他在构筑生态人文主义的思想和精神家园。尽管在他的时代,人们并没有对生态环境与资源问题给予足够的重视,到19世纪60年代,环境忧虑还没有发展成为实际上的批评运动,然而强

---

① [美]唐纳德·沃斯特:《自然的经济体系——生态思想史》,侯文蕙译,商务印书馆,1999年,第25页。

有力的环境运动一直持续到20世纪60年代末。① 我们知道,19世纪是帝国主义列强为资源和市场疯狂争霸的时代。也正是这一时代,使人们更关注人类社会的生态问题;环境保护运动、女权主义运动、反战和平运动和反核运动等,均成为生态人文主义的重要组成部分,从而形成生态人文主义发展的多元、竞争与互融的大趋势。

第二节　绿色政治:卡逊时代的生态人文主义

怀特的生态人文主义在经历了19世纪浪漫主义的那个充满激情与想象的时代之后,依然以其强劲的势头影响着20世纪的生态主义运动。20世纪,应该是帝国主义走向终结的时代:一方面,殖民主义不断地走向解体,民族国家的自由与解放已成为时代的主流;另一方面,由于帝国争霸导致多种战争,特别是两次世界大战给整个世界带来的惨痛教训,使不同民族国家的志士仁人都在思考同一个问题,那就是在人类文明进程中,"技术"的对与错。在欧美世界出现一大批生态人文主义思想家、生态主义运动和生态主义的政府组织,他们在当代世界的绿色文明与政治文明中,均产生重要的影响并发挥着十分重要的作用。从生态思想到权力政治,是20世纪生态人文主义历史发展的基本特征。

19世纪是生态人文主义由信仰走向政治的桥梁。在这一时代,怀特的影响依然十分强大。著名的生物学家达尔文从小就偏爱偏僻乡村的牧师住宅,喜欢生活在甲虫与贝壳的世界。他在很小的时候就读过吉尔伯特·怀特的《塞耳彭自然史》,对这个人的古怪而有趣的质朴生活状况留下了强烈印象,这很能让人联想到达尔文对自己生活的向往。② 很显然,达尔文是在怀特影响下继续着怀特未竟的事业。

怀特还给大西洋彼岸的梭罗带来重大的影响。如塞耳彭的吉尔伯特·怀特一样,在研究当地村子里生机勃勃的大自然的活动中,梭罗找到了一种充实而富有意

---

① B. W. Clapp, *An Environmental History of Britain: Since the Industrial Revolution*, Longman Group UK, Limited, 1994, p. 8.

② [美]唐纳德·沃斯特:《自然的经济体系——生态思想史》,侯文蕙译,商务印书馆,1999年,第165页。

义的职业。在挑选职业和对待自己家乡的情感上,梭罗好像差不多是有意以吉尔伯特·怀特的生活为范式的。梭罗在自己的阁楼的架上就藏有一本怀特的著作,并在自己的日记里不断地提到它的内容。① 然而,这已不是怀特的时代,在一个以清教为背景的新英格兰社会,不会容忍那样一个特殊的牧师和自然博物学者的闲散的生活方式。

事实上,处在时代的变迁中的已不只是新英格兰,而是那个完整的19世纪,其中也包括梭罗自己。古典文化和文艺复兴时代之后诗人、艺术家与科学家的诸多话语已融入梭罗的《瓦尔登湖》。② 他已不像怀特那样,让生态事业与宗教融合在一起,而是融入一种新的人格理念:如果你手上很富有,要像枣树一样慷慨自由;可是,如果你没有可给的呢?做一个Azad,自由的人,像柏树一样吧。③ 像柏树一样自由的人,其实也就是独立的、独善其身的人。对于19世纪人类心灵的历史变迁,还是唐纳德·沃斯特说得好:"到19世纪50年代,由林奈以及怀特代表的那种把宗教的虔诚和科学放在一起并进行人工合成的理论,已经逐渐退化为脆弱的、干枯的空壳,没有任何生命力残留在内了。"④

众所周知,18世纪是古典文化,即古希腊罗马文化受重视的时代,而19世纪则更多地以浪漫主义的方式复兴中世纪的宗教伦理。难道是19世纪浪漫主义推进了近代社会的世俗化进程?事实上并非如此,浪漫主义时代对于工业化和世俗化的批评、否定与反拨,显然是有益于人类宗教信仰、传统文化的健康发展,无论是德国浪漫派还是英国手工业运动都充分地予以证明。应该说,19世纪浪漫主义思潮矫正并减缓了近代文明世俗化进程,限制了近代文化更迅速、更普遍地步入异化的轨道。应该说,人类信仰与文化的世俗化、西方列强的争霸与世界民族国家的非殖民化进程,推进了生态人文主义的复兴,并向着政治化的方向发展。

---

① [美]唐纳德·沃斯特:《自然的经济体系——生态思想史》,侯文蕙译,商务印书馆,1999年,第86—87页。
② 梭罗在《瓦尔登湖》中多次引用古典文化和文艺复兴之后诸多思想家、科学家与文学家的作品。
③ [美]亨利·梭罗:《瓦尔登湖》,徐迟译,吉林人民出版社,1997年,第72页。
④ [美]唐纳德·沃斯特:《自然的经济体系——生态思想史》,侯文蕙译,商务印书馆,1999年,第88页。

一、欧洲生态人文主义的历史状况

将怀特的《塞耳彭自然史》奉为"《圣经》"的欧洲绿色生态运动,尽管起始于20世纪30年代,然而到了20世纪50年代以后才形成气候,并明确提出人文主义的基本思想和主张。60年代,形成了以罗马俱乐部为中心的生态人文主义运动的历史时期。

1957年,利奥波德·科尔在《民族的破裂》中提出了自己的观念。他认为,民族国家已经不能有效地解决居民等世界性的问题,全球相互依赖已成为解决问题、共同进步的基本趋势。后来杰拉尔和米希的《朝着一种人道的世界秩序前进》,提出国家安全问题,从资金、资源和武器竞争等方面,关注人类的安全和福利。他们认为,在当今时代,诸多列强争霸所导致的民族国家的政策,实际上是在压抑个人的人性发展,更多的是使人们削弱了安全与福利的运动,往非人化的方向发展。这样,关注人的环境与安全,便成为生态人文主义运动的核心观点。

欧洲生态人文主义运动的形成,应当以20世纪60年代末到70年代罗马俱乐部的成立为标志,其后便是80年代的发展和90年代的深化时期,这三个阶段是欧洲生态人文主义发展的主要历程。

1. 绿色生态运动

绿色生态运动,也称绿色运动。它是一种整体的社会运动,而不只是个人所为。在集体行动之前人们必须确保团结一致,特别是用"他们"或"我们"之类的术语来估量这个世界。① 这一点,是世界每一种绿色生态运动的共同特征。

1968年4月,在意大利的一位企业家、思想家和经济学家奥莱里欧·佩切依博士的组织与鼓动下,来自10个国家不同学科、不同领域的有识之士约30人在罗马山福科学院,形成一个探讨超越民族国家的界限、超越学科领域和社会意识形态的"无形的学院"。第一阶段的研究工作是由在美国著名学者丹尼斯·米都斯的主持下的国际小组进行的,他们试图从影响全球发展的人口、农业生产、自然资源、工业生产和环境污染五个方面的问题,来寻求突破并达成共识。由波托马克协会、罗

---

① Brian Doherty, *Ideas and Actions in the Green Movement*, London and New York: Routledge, 2002, p.7.

马俱乐部和麻省理工学院研究小组合作出版的《增长的极限》,就是这一时期最具代表性的研究成果。此外,还有英国的《为生存而奋斗的行动计划》等著作,也是这一时期的重要成果。

《增长的极限》是把人类的发展与生态平衡和社会文明的进步紧密联系在一起的。他们认为,在工业革命之后,世界经济不断进步的情况下,人口指数不断上升。人的平均寿命已由1650年的30岁左右增长到1968年的53岁左右。① 然而,关于人口增长与经济增长关系问题,人们发现,经济增长主要集中于富人一族,而人口增长则主要集中于贫民一族,富人变得更富,穷人得到更多的孩子,② 两极分化已成为世界人口增长与经济增长的主要趋势。该著作特别关注农业生产、土地和人类的生存质量。据调查与分析,世界非工业区的粮食生产总量像人口一样,按同样的比例上升,因此人均粮食生产在低水平上发展几乎没有变化。尽管在南亚、东亚、非洲和拉丁美洲,仍可扩大耕地面积,但是由于新开垦土地平均每公顷需要1150美元,③ 因此农业生产的发展几乎没有可能性和可行性。这样,世界上的土地只有一半用来耕作,人类的生存质量就必然受到很大影响。每年有1000万到2000万人死于营养不良。④ 可见,农业生产与人的生存质量之间的关系十分密切。对于自然资源、能源消耗和环境污染,该著作在资料与分析的基础上提出了"线性"发展的基本观点,事实上也表明西方国家应当为此承担更多的责任。

在诸多著作问世的同时,世界生态绿色群体和绿色政党也在不断推进社会运动的展开。从20世纪60年代末到70年代,世界各地均不同程度地爆发保持环境和生态的平民运动。在世界范围内,最早成立绿党的是新西兰60年代末的价值党。1972年,价值党已经在新西兰政坛上小有影响,并努力拟订竞选纲领和竞选宣言。1975年,一部题为《明天以后》的竞选宣言出台了,这给欧洲乃至全世界的生态运动以有力的鼓舞。价值党的纲领认为,社会的发展与进步必须坚持以人为核心的

---

① *World Population Data Sheet 1968*, Washington, DC: Population Reference Bureau, 1968.
② [美]丹尼斯·米都斯等:《增长的极限》,李宝恒译,吉林人民出版社,1997年,第14页。
③ *The World Food Problem*, Washington, DC: Government Printing office, 1967, 2: 460-469.
④ *Population, Resources, Environment*, San Francisco, Calif: W. H. Freeman and Company, 1970, p. 72.

原则,必须有一种稳定状态的人口和经济,有一个分散的政府,有妇女平等和广泛的民权,并强调社会的合作、抚养、医疗、养育和调解活动。1975年选举,价值党得票率接近5%,1978年选举,获得了一个席位。遗憾的是,由于团结协作问题不能很好地解决,1980年价值党更名为社会党,1981年连候选人都无法推出。新西兰价值党,很快在新西兰政坛上销声匿迹。

尽管新西兰绿色生态运动和绿党政治没有取得理想的成果,但给欧洲的绿色生态运动带来了强大的推动力。英国是欧洲绿色生态运动有着深厚的历史背景的国家。1973年,英国发表了《为生存而奋斗的行动计划》之后,生态党便积极投入议会选举。除了1981年在康沃尔郡取得一个席位外,1983年等其他选举均未取得席位。仅就1983年而言,保守党得票率为44%,然而取得了61%的席位,自由党和社会民主党联盟得票率共为26%,仅获4%的席位。在英国选举中,由于没有实行比例代表制,因此也就暴露了选举制度的不平等。这一背景下对英国生态党的发展显然是不利的。英国生态党发言人乔纳森·波里特认为,英国生态党应积极推进和平运动,与20世纪60年代初由伯特兰·拉塞尔组成的集团,甚至与英国左派加强沟通,从而使生态运动、和平运动和核心裁军运动向联合同盟的方向发展,从而有效地实现以人为核心的人文主义宗旨。

英国的生态运动与绿党政治没有在特别重要的历史时期取得理想的成就,却对突破1979年欧洲议会选举的竞选运动具有特别重要的意义。总部设在斯特拉斯堡的欧洲议会,是以经济问题为起点并试图实现欧洲政治统一为宗旨所建立的欧洲经济共同体的机构之一。尽管这一机构没有什么实际权力,但毕竟是欧洲各民族国家在经济、政治等重大事件和问题上交换意见、协调观点的唯一的政治构构。1979年以前,欧洲议会的代表是指定的。自1979年6月起,每个国家每5年选举一次,产生新的欧洲议会代表。绝大多数国家均按照比例代表制的原则,只有英法除外,在英法两国的任何一种议会组织中均无绿党的代表。因此,在寻求欧洲议会选举有所突破的年代,绿色生态运动事实上已经在以人为核心的背景下,实现了由生态运动向绿党政治的方向推进。

绿色生态运动在孕育着一种希望,它将有益于创造人类未来的文明。人们已经明白,绿色运动通过行动、资源和意识形态结构发展的全部内容创造自己的能力,包括新的团体用行动和作为西方政治话语的部分来建构绿色理想。① 这种绿色理想,将点燃人类未来的希望之火,燃尽手工业文明和机器文明时代遗留下来的诸多缺憾,创造和谐的道德文明和幸福时代。

2. 绿党政治

尽管在1979年的欧洲议会选举中,没有一个国家的绿党获得欧洲议会的席位,但是这次绿党竞选的思想与宣传在西方许多国家产生重大的影响,尤其是比利时和德国绿党政治在一定程度上的成功,对于推进欧洲绿党政治朝着人文主义方向健康发展,起着十分重要的作用。

根据现有的材料,最早建立绿党的应该是1972年新西兰的塔西马尼亚岛和1973年的不列颠,只是它们的影响比较小。② 比利时和德国建立的绿党影响比较大。比利时于1978年成立了绿党,德国虽然较比利时晚两年,但是早在1979年的议会选举中就已取得明显的成就,他们以3.2%的选票(约90万张)得到了大约130万美元的联邦基金。德国绿党具有很大的综合性,和平运动、女权运动和社会主义运动也包容在绿色生态政治运动之中,比利时则不然,他们对和平运动和女权运动等没有浓厚的兴趣,也不去争取与激进的左派一道工作。比利时绿党却能得官方的承认,因此便于推进绿党政治的进一步发展。

在欧洲生态人文主义运动向着政党政治方向发展的过程中,不同国家绿色运动的协调与绿党政治的协作,是一件十分重要的事情。生态欧洲早于1976年就已经创立,总秘书处设在法国的波尔多,德国的E.F.舒马赫协会代表生态欧洲。然而,真正在欧洲绿色生态运动中起协调作用的委员会直到1979年选举之后才成立。迪尔克·杨森斯建议,对运动的机构、纲领和名称等问题进行协商。协调委员会在党纲中排除了荷兰和意大利的激进党派,并努力寻求与多种绿色组织和党派的团结与合作。经过德国、比利时、英国和法国绿党的充分酝酿,最终在1983年10月1日的比利时绿党会议上敲定了欧洲绿党纲领的最后版本。最低共同纲领获得通过,使用欧洲所有国家绿党共同的名称——欧洲绿党。纲领认为,欧洲绿党

---

① Brian Doherty, *Ideas and Actions in the Green Movement*, London and New York: Routledge, 2002, p. 222.

② Brian Doherty, *Ideas and Actions in the Green Movement*, London and New York: Routledge, 2002, p. 90.

的目标是应对国界以外的军国主义,反对破坏环境,反对剥削人民,加强东西方社会运动、生态运动与和平运动的合作,减少欧洲经济共同体的竞争与剥削及其带来的对生态环境的破坏、核动力竞争,以及有可能发生的战争。由此可见,走向协作的欧洲绿党政策,特别关注和平、环境保护、社会经济和第三世界,基本体现出绿党诞生之初的以人为核心的人文主义精神。

将以人为核心作为出发点的欧洲绿色生态运动,显然已经实现由绿色生态运动向绿色政治运动的转移。在当今时代,欧洲绿党也确实在欧洲议会中取得了一席之地。2004年2月22日,欧洲生态保护组织的领导人在罗马签署了一份文件,宣布由欧洲32个国家组织合成的欧洲绿党诞生了。会议有1000多名绿党人士参加,最后通过的文件由欧洲29个国家32位绿党领导人签字。现在,绿党在欧洲议会中有36名议员,他们担负着在各自的国家内推进生态运动和绿党政治不断发展的使命。德国绿党党员、外长菲舍尔在开幕时,号召所有绿党人士为夺取政权而斗争。欧洲议会绿党议会党团负责人达尼埃尔·科恩-邦迪说:"我们的目标就是在欧洲议会建立一个类似以前那样的绿色议会党团,并依靠45—50个绿党议员把绿党议会党团在欧洲议会中的地位稳定下来。"新建欧洲绿党的使命主要有以下几个方面:倡导环保、为社会尽义务、扩大民主、推动和平政策进一步实施,以及从下层开始实现全球化。这一使命,显然已经与起始阶段的人口、农业生产、自然资源、工业生产和污染,有所不同。这一变化的核心,就是以人为核心已经由生态向政治变迁。

德国学者托以斯·波古特克认为,重建与社会运动联系的选择性方案已被证明并不能更令人欢欣鼓舞。一个政党除非拥有平衡权力的能力,作为一种"政府内反对派"的立场终究是很难持续的。一个更有利但也更难获得的战略地位迄今为止到处都在围绕着欧洲绿党。① 或许政治的平衡是绿色生态运动的有效途径,或许生态运动本来就应只是一种人文主义的文化运动。

二、美国生态人文主义的发展趋势

从欧洲生态人文主义的历程来看,由文化思想、社会运动和政党政治之间合成

---

① [德]斐迪南·穆勒-罗密尔、托马斯·波古特克:《欧洲执政绿党》,郇庆治译,山东大学出版社,2005年,第180页。

的历史现象,相互之间并没有直接的内在关联,只是存在关注生态问题这一基本的共同体,或者关注人与自然的关系,并试图在和谐与共的背景下生存与发展。

美国是欧洲文明的结晶,同时吸收了其他民族国家的优秀成果。在现代历史与殖民化的过程中,欧洲人的工业技术、文化思想等现代文明都浩浩荡荡地移植到美洲,加上这一地区有大量的自然资源、廉价劳动力和销售市场,因此这个国家在不到200年的时间内成为世界经济第一强国。在这样一个大国的历史上,以人为本的生态思想也自然地承接欧洲生态人文主义的血脉,但又形成美国文明自己的特色。然而,美国绿色生态人文主义思想的形成,是与对欧洲文明的批评联系在一起的。

人们认为,1492年之后美洲人的命运发生了根本的变化。印第安人积极修复的植被受到破坏,兴起的土木工程、道路和定居者遍布美洲。① 也就是说,是欧洲征服者的到来,改变了美洲土著人祥和的绿色世界的命运。事实也的确如此,欧洲人来到美洲之后,到处开发,大兴土木工程,任意挥霍并滥用资源。仅一个修道士的陵墓,就用了623 000立方米的土木。② 因此,美国生态思想的形成,一部分来自英国,一部分来自对现实问题的思考。

当然,英国思想家的影响是非常重要的。在英国思想家怀特的著作中,人们可以充分感受到来自古希腊罗马时代的思想与文化;在梭罗的著作中,不仅有古希腊罗马时代的文化精神,还可以感受到文艺复兴时代的人文品质;到了蕾切尔·卡逊时代,人们只能偶尔感受到来自古代女巫的神话③和近代波尔基亚传说④,并以此来体现她的人文关怀和现实精神。梭罗时代以后,人们已明显地感受到美利坚人的文化品质和民族精神。

1. 梭罗的生态理想主义的传承与利奥波德伦理学生态思想的转换

梭罗的诞生,是以怀特为代表的英国理想的生态人文主义思想走向美国现实的生态人文主义的重要桥梁。然而,梭罗首先是一位理想的生态人文主义的思想家。从梭罗富有人文主义气息的生活和实践,我们可以充分感受到他理想主义的

---

① L. S. Warren edit., *American Environmental History*, Blackwell Publishing, 2003, p. 18.
② L. S. Warren edit., *American Environmental History*, Blackwell Publishing, 2003, p. 58.
③ [美]蕾切尔·卡逊:《寂静的春天》,吕瑞兰、李长生译,吉林人民出版社,1997年,第27页。
④ [美]蕾切尔·卡逊:《寂静的春天》,吕瑞兰、李长生译,吉林人民出版社,1997年,第163页。

情怀和思想。

梭罗(Henry David Thoreau，1817—1862)，于1817年7月生于美国康科德城。1933—1937年，就读于哈佛大学。毕业后回乡执教两年。梭罗年轻时就热爱自然、喜欢探险。1839年秋天，即梭罗过20岁之后的第二个生日不久，他就和自己的兄弟约翰花了七天的时间，划船外出旅行。① 1841—1843年，在伟大的思想家爱默生的家里当门徒，在协助爱默生工作的过程中，深受这位伟大的思想家的影响。1845年，他独自一人走进瓦尔登湖的山林之中，独居到1847年，陪伴着四面环抱山峰和森林、面积有61.5英亩的瓦尔登湖。② 他的名著《瓦尔登湖》于1854年出版。更重要的是，他在短暂的一生中始终没有停止对大自然的探索。1846—1857年，他曾多次去缅因森林探险和旅行。他的探险，首先是为了寻找荒野，即寻找与他现在已经发现的区域相比较少受到人类涉足的地方。令人遗憾的是，关于他这一段时间生活的大量材料，曾经由他的朋友埃尔里·坎宁手工编辑成《缅因森林》，直到1864年才出版。③ 让人不能忘却的是，1859年，他曾经参加反对畜奴制度的运动。1862年5月6日，这位倡导斯多葛派芝诺的禁欲主义和军人兼作家色诺芬的哲学思想的生态人文主义思想家，由于风寒、肺结核等并发症病逝于康科德城。

在梭罗短暂的一生中，刻苦与勤奋铸就了他的品质。除了名著《瓦尔登湖》以外，他还写成了354页《种子的传播》手稿，631页的《野果》，700多页的关于19世纪50年代康科德自然环境的笔记和草图，以及3 000页记在12个笔记本中的关于早期北美的记述，都是公众所不知道的。1852—1862年，梭罗将原材料整理成三大套笔记本。第一套也是最重要的一本是他的大量日记，1906年的版本约有6 000页。梭罗还将早期北美的信息和笔记汇集在另一套12本笔记本中，包括3 000多页手稿。④ 可见，梭罗给当代世界特别是美国人，留下了一笔极其丰富的

---

① J. W. Krutck, *Walden and Other Writings by Henry David Thoreau*, Bantam Books, Inc., 1982, p. 25.
② [美]亨利·梭罗：《瓦尔登湖》，徐迟译，吉林人民出版社，1997年，第166页。
③ J. W. Krutck, *Walden and Other Writings by Henry David Thoreau*, Bantam Books, Inc., 1982, p. 375.
④ [美]亨利·D. 梭罗：《种子的信仰》，何广军、焦晓菊、宫小琳译，中国青年出版社，2005年，第3—5页。

第六章 现代生态人文主义的兴起

思想遗产。

梭罗是把英国怀特的生态思想系统传播到美国的卓有成效的第一人。梭罗是怀特生态思想的忠实继承者:一方面,梭罗十分重视怀特的理论著作,不仅在自己的阁楼上认真收藏怀特的著作,还在自己的日记里不断地提到它的内容;①另一方面,梭罗还继承了怀特的书写方法,始终拿传统的名著与格言来阐发自己的生态学说与人文思想。希腊神话、圣经典故和英国历史上的名人,常常为他《瓦尔登湖》的立论说理提供重要依据。这一部伟大的著作在国外原来被看成文学著作,②1949年初夏,也被作为"美国文学丛书"介绍到中国。

梭罗和一切伟大的理想主义者一样,总是以自己的智慧与经验给予后来人深刻的启示。他说,至少我是从经验中了解这个的:一个人若能向他梦想的方向行进,努力经营他所向往的生活,他是可以获得通常还意想不到的成功。③ 确实,正是由于怀特、梭罗这样伟大的生态人文主义研究与探索的先行者,才能出现后来的以伦理道德为追求的利奥波德,以及以现实精神和社会政治为走向的卡逊,这是美国生态人文主义的历史进程和发展方向。

20世纪以后,来自英国乃至欧洲的生态运动和生态思想实现了从思想到伦理的根本上的历史变迁。人们在美国土地上看到了这样的景观:柑橘林地等围绕着它们以外,播种机和推土机已经把它们充分武装起来了。这是最后的唤呼。正是在这样的时代,利奥波德提出了之前还没人提出过的"土地伦理"。他认为,传统的古典时代的西方伦理,主要是人与人之间的道德关系。当俄底修斯的黑色船头的船队驶过昏暗的海洋回到家里之前,他的妻子在漫长岁月中所持的忠诚就是一个明证。④

然而,在荒野难以拯救的时代,伦理关系已经由人与人转向人与土地,人除了对土地进行使用、研究和休闲之外,还应当担当一种责任,即土地健康的责任。利奥波德认为,土地不只是土壤,不只是为人类提供资源的母体,而是一个包括土壤、

---

① [美]唐纳德·沃斯特:《自然的经济体系——生态思想史》,侯文蕙译,商务印书馆,1999年,第87页。
② Henry David Thoreau, *Walden and on the Duty of Civil Disobedience*, Collier Publishing Company, 1962, p. 7.
③ [美]亨利·梭罗:《瓦尔登湖》,徐迟译,吉林人民出版社,1997年,第302页。
④ [美]奥尔多·利奥波德:《沙乡年鉴》,侯文蕙译,吉林人民出版社,1997年,第191页。

水、植物、动物等在内的广泛而相互依存的共同体。在这个共同体中,充满活力的人应当在社会教育、法律制度等方面,充分体现出对于资源、环境等共同体中全体成员的生态学意识。不仅如此,利奥波德主张,人对于整个土地共同体应当从哲学和宗教的层面上体现出忠诚的感情和无限的信念。因此,土地伦理是要把人类在共同体中以征服者的面目出现的角色,变成这个共同体中的平等的一员和公民。它暗含着对每个成员的尊敬,也包括对这个共同体本身的尊敬。① 为此,利奥波德警告那些有所觉醒和一无所知的人们:

> 我不能想象,在没有对土地的热爱、尊敬和赞美,以及高度认识它的价值的情况下,能有一种对土地的伦理关系。所谓价值,我的意思是远比经济价值高的某种含义,我指的是哲学意义上的价值。②

利奥波德已经超越了梭罗时代的浪漫主义思想中的情感与想象的境界,试图从古典文化中为土地伦理寻求支撑和证明。可以说,利奥波德的贡献正是在于创造性地提出了"土地伦理"学说,并由此为美国生态人文主义由思想走向伦理、走向现实和走向政治,做好了准备,架起了桥梁。

2. 从春天的呐喊与探寻看蕾切尔·卡逊生态人文主义的现实精神

蕾切尔·卡逊于 1907 年 5 月 27 日生于宾夕法尼亚州匹兹堡市郊的一个乡镇,中学毕业后获奖学金进入宾夕法尼亚女子学院,又入约翰·霍普金斯大学读研究生,1929 年获生态学硕士学位,后来在马里兰大学教授生态学。她的最重要的经历是在马萨诸塞州科德角的海洋生态实验室工作,使她有机会思考生态环境问题,并先后出版了有关海洋生态方面的著作:《在海风下》《海的边缘》《环绕我们的海洋》。这些著作不仅使她获得了一流作家的美誉,还改变了她比较拮据的生活状况。她原来收入较低,然而依然坚持赡养自己的母亲。这些著作问世以后,使她更有条件充分地思考生态问题,这种状况改变了她之后的生活。如果说,怀特第一个从工业革命中走出,把对自然生态的亲情转化为 19 世纪浪漫主义时代的情感和想

---

① [美]奥尔多·利奥波德:《沙乡年鉴》,侯文蕙译,吉林人民出版社,1997 年,第 194 页。
② [美]奥尔多·利奥波德:《沙乡年鉴》,侯文蕙译,吉林人民出版社,1997 年,第 212 页。

象的话,那么卡逊则把这一时代激情的想象转化为强烈的现实精神。她不满足于利奥波德学理上的土地伦理和个人有限的行为,1956年,为了支持荒野法和反污染法,她毅然投身于政治活动。1962年,人类文明史上一件伟大的事情发生了:6月16日《纽约人》杂志开始连载卡逊的《寂静的春天》,全书于9月27日由哈顿·米夫林公司正式出版。尽管她的书名叫《寂静的春天》,但实际上是绿色时代的呐喊,而且奏响了生态文明启蒙与社会运动的最强音。

卡逊的呐喊,引起了美利坚整个土地的震动,并且在强烈的冲突中形成声势浩大的生态运动,事实上将人类文明推向了一个新的时代。尽管她的著作被连载,而且在出版前有50家报纸、20种刊物转载,可是多种多样的攻击依然让卡逊难以招架。这些恶毒的攻击主要来自以下几个方面:

一是代表多种私人贸易协会的"国家农业化学协会"。他们花费25万美元,试图达到所谓改善工业形象的目的,他们要做的第一件事是出版一本名为《事实与幻想》的书,在未得到卡逊许可的情况下,从《寂静的春天》中段章取义,加以反驳。

二是"茂塞托化学协会"和《美国农业》杂志社。茂塞托化学协会套用《寂静的春天》的模式,编了一本《荒凉的年头》,描述了一个没有杀虫剂的可怕的世界。《美国农业》杂志社的一位编辑干脆为没有杀虫剂的世界描绘了一幅图景:一个小男孩和他的爷爷在光秃秃的树林里,坐在一棵倒下的树干的两端,剥着橡子,贪婪地吃着。后来葛来普斯要把这本书取名为《安静的夏天》,在这个夏天里,蚊子在到处传播着流行病,蝗虫吃光了粮食,人们纷纷在疾病和饥荒中死去。

三是《时代周刊》的所谓印象。他们认为,卡逊是一位不公正的、片面的、歇斯底里的偏执狂,很多煽情的、令人恐慌的结论是荒谬的。还有侧面以卡逊的未婚和学历等为依据,指责卡逊是具有女权主义思想、不良科学素养、共产主义倾向且自以为是的骚乱分子。杀虫剂工业巨头孟山都公司则策划了一篇题为《荒凉的一年》的文章,以卡逊的笔调来攻击卡逊的著作。

卡逊在几乎是四面受敌的情况下,毅然决然地隐瞒自己的病情,坚持四处奔波,到处演讲,与她的同仁和支持者们共同寻求时代的觉醒,寻求生态人文主义的春天。遗憾的是,由于癌症的折磨和对手们的恶毒攻击,这位当代世界最为伟大生态人文主义思想家告别了她深爱的伟大的生态学事业,于1964年4月14日离开了人世。

卡逊的声音是否具有真理性，是否应得到正当的支持呢？1962年，肯尼迪总统在总统新闻发布会上十分关注杀虫剂问题，要求组织总统科学顾问委员会并举行特别听证会，1963年5月15日发布题为《杀虫剂的使用》的报告，批评农业部和食物与药品管理局。这一切，终于给卡逊酝酿于1938年、起因于1957年长岛合成杀虫剂诉讼案，爆发于1962年《寂静的春天》发表的真正的人文主义生态思想，带来了希望。1962年底，已经有40多个提案在美国各州通过立法以限制杀虫剂的使用。曾获得诺贝尔化学奖的DDT和其他几种剧毒杀虫剂被政府从药物使用名单中彻底清除。卡逊之所以成为人类生态运动之母，之所以改变了美国现代社会的发展方向，都是由于她点燃了人类现代生态文明的一盏明灯，都是由于她辉煌的著作，蕴含着未来社会的思想。

卡逊的著作《寂静的春天》是继怀特《塞耳彭自然史》之后的生态人文主义思想史上的一座最伟大的里程碑。她的著作把生命的情感与严肃的现实紧密地联系在一起，让土地伦理和生态理想在现代文明的历史进程中发挥效用，其具体内容表现在以下几个方面：

首先，卡逊对于生态文明的思考，得益于现有人类文化的启示。像怀特和梭罗一样，卡逊同样具有较为深厚的文化修养，对于古典文化和域外文化均有深入的了解。著作《寂静的春天》中的核心词汇"内吸杀虫剂"就来自遥远的希腊神话。希腊神话中有一女巫，因一敌手夺去了她丈夫贾逊的爱情而大怒，赠予新娘子一件具有魔力的长袍，新娘穿着这件长袍立遭暴死。这个间接致死法现在在被称为"内吸杀虫剂"的药物中找到了它的对应物。这些是有着非凡物质的化工药物，这些特质被用来将植物或动物转变为一种米荻长袍式的东西，①这种东西就是现代人用来杀害病虫而同时进行自我伤害的"内吸杀虫剂"。

在阐述药物锄草的事件时，卡逊引用了澳洲毛利人飞旋镖的典故。飞旋镖是毛利人用的投掷武器，这种武器如果投出后打不中目标，将沿着原来飞出去的路线飞回投掷者投出的地方。美国人曾经想用化学药物来锄去豚草，这是一种枯草热病受害者的病源。结果则非常不幸，地毯式的药物喷洒，不仅没有锄掉豚草，反而

---

① ［美］蕾切尔·卡逊:《寂静的春天》，吕瑞兰、李长生译，吉林人民出版社，1997年，第27页。

把其他植物杀死了,恰好给豚草留下生长和扩大的空间。① 可见,人类运用药物所得到的正好是与他所希望的相反的结果。

《寂静的春天》还成功地引用了来自近代意大利的一个典故:波尔基亚的故事。波尔基亚是15世纪意大利的一个名门望族。在家族内部成员进行的争权夺利的过程中,广泛地使用毒药来暗害对方。② 卡逊认为,人类使用药物如同是在对自己的同胞下毒手,而且事实上的恶果还不止于此,因为人类使用化学药物不仅仅杀害对手,也在杀害自己。因此,卡逊说,人类的行为超过了波尔基亚家族的梦想。

从古典文化中,卡逊在不同民族的传统中找到了人类的"内吸杀虫剂"的原型,人类愚昧无知的愿望和自食恶果的梦想。古希腊人、澳洲土著人和15世纪的意大利人,为卡逊提供了真切、形象的思想资源。

其次,卡逊的生态思想渗透着对于整个世界的人文关怀。正像卡逊对人类文化资源有着普遍的关注一样,她对于人类的关怀也是普遍的、世界性的。著作不仅关心美国问题,对于英国、捷克、瑞典等其他国家,也同样深情关注。

1960年春天,关于鸟类死亡的报告像洪水一样涌到了英国管理野生生物的当局,其中包括英国鸟类联合公司、皇家鸟类保护学会和猎鸟协会。在一份报告里,英国鸟类联合公司和皇家保护学会描述了67例鸟儿被害的情况。在这67例中,59例是由于吃了用药处理过的种子,8例由于毒药喷洒所致。1961年,众议院接到一份报告,报告说在诺福克地区有600只鸟死亡。在北易赛克斯一家农场中就死了100只。众议院的一个特别委员会进行调查,结果是:所有死亡的鸟基本上是死于农药的残毒,仅一只不是,还是由于那是一只不吃种子的沙鹬鸟。卡逊对于英国的生态保护业比较满意。她认为,英国是唯一一个不是由于处理种子出现的保护鸟类的国家。③

《寂静的春天》中还记录了一例来自捷克斯洛伐克的案例。捷克斯洛伐克的两个表兄弟,他们住在同一个城镇,并且总在一起工作和玩耍。他们所从事的也是同一项致命的工作:在一个联合农场里卸运杀虫剂。八个月后,其中一个兄弟病倒了,得了白血病,九天后死去。就在这时,他的兄弟开始感到疲劳和发烧。后来,他

---

① [美]蕾切尔·卡逊:《寂静的春天》,吕瑞兰、李长生译,吉林人民出版社,1997年,第68页。
② [美]蕾切尔·卡逊:《寂静的春天》,吕瑞兰、李长生译,吉林人民出版社,1997年,第161页。
③ [美]蕾切尔·卡逊:《寂静的春天》,吕瑞兰、李长生译,吉林人民出版社,1997年,第108页。

的症状加重,最后他也住院了,诊断再次表明是急性白血病,而且再次证明了这一病必然致命的结果。可见,遭受农药危害的绝不只是一两个国家,而是整个曾经使用过农药的国家和地区。

还有一个案例来自瑞典。正像日本渔民洼山一样,这个瑞典农民一直是个健康的人,他在陆地上苦心营生就像洼山靠海洋为生一样。这个农民用含有DDT和六氯苯的药粉处理了大约60英亩土地。当他工作时,阵阵清风把药粉的烟雾吹得在他四周飘旋。当天晚上,他感到异常困倦,并在以后的几天中一直感到虚弱无力,同时背部、腿部痉挛,还感到发冷。路德医务所的报告说,他的情况日益恶化,5月19日,即喷药后一周的时间,他要求住院治疗。患病两个半月之后在那儿死去。尸检结果发现他的骨髓已完全萎缩了。① 可见,无论是什么地方的人,无论使用的是什么药物,都将不可避免地受到这些药物严重的伤害。

文中还未发现经济较为落后国家的相关案例。遗憾的是,在《寂静的春天》于20世纪60年代问世之后,所谓的发展中国家事实上并没有避免化学药物带来的诸多劫难。如果在美国之后的所有国家能在卡逊的呐喊之后引起警觉,那么这位生态思想家对于整个人类的关怀,将会充分体现其价值和意义。

再次,科学与文学的融合是卡逊生态人文主义思想的又一特质。

在关于卡逊的诸多身份中,有这样两种令人关注的身份:一是作为仅仅有生态学硕士学位并遭到对手责难的科学家;二是由于卡逊《在海风下》和《围绕我们的海洋》等著作的问世而成为一流的文学家。事实上,正是由于科学与文学的有机融合,加上对于大自然的一颗无限的爱心,才使卡逊成为生态人文主义思想家的典范。也正是因为如此,卡逊的著作成为虚拟与实证的杰作。正是在相互比照、相互印合之中,卡逊的生态人文主义思想尽放光彩。

《寂静的春天》的典型的普遍意义,可以说是从那个未必有的城镇开始的。书中的这个城镇是虚设的,它是一个"无",然而,它又可以在美国和世界其他地方找到成千上万个这种城镇的翻版,因此它又是一个"多"。而且,正因为它是一个"无",才可能也是一个"多"。不仅如此,卡逊的"无"又是在"多"基础上诞生的"无",因此无数个实证赋予这个"无"以无限的震撼力和感召力。

---

① [美]蕾切尔·卡逊:《寂静的春天》,吕瑞兰、李长生译,吉林人民出版社,1997年,第200页。

第六章　现代生态人文主义的兴起

在著作的正文中，我们几乎全身心地浸泡在密密麻麻的案例中，然而在开篇第一章，著作运用了虚拟的文学手法，描绘出化学药物使用后的那个城镇的悲惨景象：一个奇怪的阴影遮盖了这个地区，一切都开始变化……神秘莫测的疾病袭击了小鸡，牛羊病倒和死亡。……不但在成人中，而且在孩子中出现了一些突然的、不可解释的现象，……在一些地方仅能见到的几只鸟儿也气息奄奄，它们战栗得很厉害，飞不起来。……农场里的母鸡在孵窝，却没有小鸡破壳而出。……一切声音都没有了，只有一片寂静覆盖着田野、树林和沼泽。

这些虚拟是不是一种纯粹的虚构呢？不是的，它是以无数个实证的案例为基础的，这种情感与智慧之花深深植根于历史的土壤之中。相应材料，有以下三种：

> 1943年位于丹佛附近的一个化学兵团的萨基山军需工厂开始生产军用物资，这个军工厂的设备在八年以后租借给一个私人石油公司生产杀虫剂，甚至还未来得及改变工序，离奇的报告就开始传来。距离工厂几里地的农民报告牲畜中发生无法诊断的疾病。他们抱怨这么大面积的庄稼被毁坏了，树叶变黄了，植物也长不大，并且许多庄稼已完全死亡。……①

> 在密执安州立大学的整个185英亩大的校园里，现在只能发现二三十只知更鸟；与之相比，喷药前在这儿粗略估计有370只鸟。……一年后，渥朗斯教授报告说："在（1958年）春天和夏天里，我在校园任何地方都未看到一个已长毛的知更鸟，并且，从未听说有谁看见过任何知更鸟。"……但是渥朗斯拥有引人注目的记录，……他记录到"知更鸟和其他鸟类造窝而没有下蛋，其他的蛋也孵不出小鸟来，……分析结果发现在伏窝的鸟儿的睾丸和卵巢中含有高度的DDT。……"②

> 1955年春天，密执安的圣鲁斯郡有2 000英亩盐沼被用荻氏剂处理，其目的是试图消灭沙蝇幼虫，用药量为每英亩一磅有效成分。对水生生物的影响是一场大灾难。……在除印第安河沿岸以外的整个沼泽区中直

---

① ［美］蕾切尔·卡逊：《寂静的春天》，吕瑞兰、李长生译，吉林人民出版社，1997年，第36页。
② ［美］蕾切尔·卡逊：《寂静的春天》，吕瑞兰、李长生译，吉林人民出版社，1997年，第92页。

接被杀死的鱼至少有20—30吨,约117.5万条,至少有30种。……较大型的捕捞鱼和食用鱼迅速地死了……蟹在腐烂的鱼体上爬行和蚕食,而第二天它们也都死了。……①

从卡逊使用的案例来看,自从化学药物使用之后,无论是陆地、天空,还是海洋,只要有农药的使用,就必然有多种动植物遭受伤害。这种伤害,就是疾病和死亡。多种动植物数量的锐减,种群的灭绝,都和人类使用药物与各种各样的污染,紧密地联系在一起。

在诸多动植物面临疾病和死亡命运的同时,人类的命运也同样如此。他们也在面临疾病和死亡的折磨;各种内脏疾病、神经病和精神病都在威胁着人类。② 诸多死亡案例,在卡逊的著作中可谓比比皆是。正是在这样的语境中,卡逊为人类呐喊,在为人类寻求另外一种新生的道路。

卡逊《寂静的春天》的主要思想,显然是以触目惊心的事实,把人类从滥用化学药品的迷途中唤醒,以少用和慎用化学物品的方式拯救人类与大自然之间和谐的关系,从而创造属于人类自己的生态文明的新纪元。

在富有激情的提出问题之后,卡逊又以实证的方法来说明问题。不仅如此,她还试图为人类通往绿色生态寻求新生的途径。卡逊说,我们长期以来,一直行驶的这条道路使人容易错认为是一条舒适的、平坦的超级公路,我们能在上面高速前进。实际上,在这种路的终点却有灾难等待着。这条路的另一条岔路——一条很少有人走过的岔路——为我们提供了最后唯一的机会让我们保住我们的地球。③

卡逊说的"超级公路",正是人类技术文明时代创造出来的畸形的路,这条路是后生的岔路,它已喧宾夺主,成为形式上的躯干;事实上,卡逊说的另一条岔路,才是源于大自然的原本就生活在人类之中的正路。人类在畸形的文明中生活惯了,因此也就被动地适应了野蛮、畸形与异化之类的东西,时间长了,也就看顺眼了,甚至有时还把自私愚昧和地痞流氓式的兽性看成真理,这可不是小小的遗憾。事实

---

① [美]蕾切尔·卡逊:《寂静的春天》,吕瑞兰、李长生译,吉林人民出版社,1997年,第127页。
② [美]蕾切尔·卡逊:《寂静的春天》,吕瑞兰、李长生译,吉林人民出版社,1997年,第166—168页。
③ [美]蕾切尔·卡逊:《寂静的春天》,吕瑞兰、李长生译,吉林人民出版社,1997年,第244页。

上,科学技术的异化已经成为普遍泛滥的潮流,使得人文主义余波中的文化障碍被击得粉碎,人文主义正面临全面危机!

50年前的卡逊清醒了,并且在鱼龙混杂的人群中呼号和呐喊,她在用自己的生命点燃一盏为生态启蒙而燃烧的明灯。为了让人类不受昆虫侵害而正当地生活,她注意到了由近代文明的先行者英国人首创的使昆虫不育的方法,还关注到抗代谢物和化学不育剂,以及诞生于德国的萨林吉亚杆菌——这种在欧美许多国家做过试验的旨在使昆虫面临疾病和死亡威胁的化学药品。然而,这些方法事实上只是以化学药品甲换成了化学药品乙,那些不育,疾病与死亡,明天或许会属于人类。

令人关注的是另外一种方法,事实上是一种来自生物圈、食物链的思考。这种方法是由一位博士提出来的,用蜘蛛的某些特质和功能来控制昆虫,那就是蜘蛛网的作用。① 这种思维方式或许能为人类自身的生存以及改善与自然的和谐关系,发挥正当的效用。

选择怎样的生存方式,怎样的生存道路,是人类是否能够拥有现在和未来的关键。在近代文明的旅程中,愚昧而又疯狂的人们错误地理解了自己,也错误地理解了大自然。事实上,从古至今,人几乎未曾作为主体,除了原始社会之外。古代社会,人是属于神的;近代社会,人是属于物的。人怎么可能还可以反过来去征服自然、控制自然呢?

卡逊认为,"控制自然"这个词是一个妄自尊大的想象产物,是当生物学和哲学还处于低级幼稚阶段的产物,当时人们设想中的"控制自然"就是要大自然为人们的方便有利而存在。② 相反,人们从来就不曾设想去尊重和维护大自然。因此,大自然这一伟大的母性,正像面对贪婪而疯狂地进行索取的不肖子孙的老母亲一样,很快将面临死亡。所不同的是,不肖子孙可以不随老母亲一同离去;而大自然一旦死亡,人类则不可能有任何生路!

我们认为,卡逊所说的当代社会出现的未来应是低级幼稚阶段的生物学和哲学,其根源应当在于那些所谓的当代人的低级和幼稚。在人们努力蔑除诸多障碍

---

① [美]蕾切尔·卡逊:《寂静的春天》,吕瑞兰、李长生译,吉林人民出版社,1997年,第260页。
② [美]蕾切尔·卡逊:《寂静的春天》,吕瑞兰、李长生译,吉林人民出版社,1997年,第263页。

和弊端,步入生态文明的时代时,一切富有思想、智慧和良知的人,都会对这些邪恶做出评判。可怜的人啊,利欲熏心而不知其自私,疯狂野蛮而不知其愚昧,挂一漏万而不知其无知。可怜的人啊,如果面对土地共同体不去共生共荣,只知道损人利己,或者损人不利己的话,那么就是卡逊也不可能为丧尽天良的人找到"另外的道路"。

卡逊的思想确实给人类文明的进步带来许多启示,然而这位伟大的思想家只活了57岁,1964年4月14日,卡逊在癌症病魔和利欲熏心者的攻击诬陷的双重折磨下离开了人世。这位现代生态思想之母的精神、形象和思想,却永远催发着人们向着绿色生态文明的新纪元进发。在卡逊及其以后的时代,出现一大批富有良知的思想,唐纳德·沃斯特(Donald Worster)、苏珊·福莱德(Susan Flader)、巴里·康芒纳(Barry Commoner)、约翰·缪尔(John Muir)、霍尔姆·罗尔斯顿(Holmes Rolston)、比尔·麦克基本(Bill Mcbben)等著名的学者,都投身于这场伟大的生态人文主义浪潮之中。与此同时,各种群众组织、团体和党派,也在积极地掀起颇具声势的社会运动。绿色生态文明已经由文化思想转向社会政治,并不断彰显自己的生命力。

3. 从平民运动到第三党

到19世纪末,美国工业化已完成了国内的高速的均衡发展,进入资本主义经济垄断的国际化阶段,这一状况严重影响了中小企业和普通民众的根本利益。在全国范围内普遍而强大的反托拉斯运动的影响下,美国国内于1890年7月2日通过了旨在反对独占垄断、保护自由竞争的谢尔曼反托拉斯法。可惜,客观上虽改善了美国政府与平民之间的矛盾关系,也使垄断资本势力与普通民众之间达成了妥协,结果却是为资本主义经济由自由走向垄断夯实了社会基础,遭受损害的依然是中小企业、农场主和广大民众。在这一背景下,美国爆发了历史上范围最大、时间最长的平民运动。

这场声势浩大的平民运动有许多形式和不同阶段,19世纪60—70年代,有代表农民利益的农民协会组织的格兰其运动;19世纪70—80年代,有由于财政危机爆发的绿背纸币运动;19世纪80年代,有抵制垄断资本盘剥的农民联盟运动;19世纪90年代,爆发了人民党运动,即平民党运动;19世纪末,还爆发了劳工运动。这些平民运动,有自己的目标和手段。他们反对工业化带来的诸多社会弊端,试图形成以中下层平民为主体的政治力量,来对付政治腐败、经济垄断和道德沦丧对平民社会的伤害。为了实现这种目的,他们努力通过宣传教育、互助合作和社会改革来解决普通人的问题,帮助平民摆脱困境,并成为推动社会进步的有生力量。

1892年7月,人民党在奥马哈举行代表大会,提出了反对垄断弊端的政治纲领。在经济方面,主张土地自由,铸造钱币,增加货币流通量,等等;在政治方面,主张直接用无记名投票的方式选举参议员,实行公民创新权和投票权,适应选民范围扩大的发展趋势。

人民党曾经有过比较辉煌的历史:在1892年大选中,获得了80%的普选票和22张选举人票,有3人当选国会参议员,10人当选国会众议员,4人当选州长,事实上成为一支重要的政治力量。然而,好景不长。由于农民的生活与思想比较分散,难以成为工业化社会力量中的主流。更重要的是,人民党的基本主张被民主党吸收和利用,实际上被民主党吞并,失去了独立的政治力量。1896年大选由两党联合提名出民主党的候选人,标志着人民党在美国政治舞台上的最终消失。平民党运动的地位和影响是不可轻视的。在一个两党制掌权的社会,平民党实现了批判工业化社会及诸多弊端的目的,有效地推动了社会变革和社会进步,为绿色生态运动和绿党政治的诞生,树立了很好的榜样。

从梭罗时代的激情与想象到平民党的社会运动,为美国20世纪的生态运动奠定了重要的基础,美国生态运动和绿党政治的成立与英国基本同步。早在1973年便成立于密歇根州的奈尔斯,这支以青年和女性为主的第三党,又有多种组织和刊物,总人数也在200万以上。他们比欧洲绿党更理智、更谨慎。从形式上看,与欧洲绿党一样,美国人十分关注民权运动、女权运动、反文化运动、生态学运动,以及反核运动等和平运动。他们主张在整体论背景下,实现"符合人性标准"的美国社会。然而,他们更关注欧洲绿党的经验与教训。

美国绿党认为,欧洲绿党有许多值得关注的经验,比如当选官员轮换制原则,思想的综合与归纳等。他们也吸取了欧洲绿党的一些教训,比如绿色生态运动的政治化影响原有的正常秩序和生存方式、绿色生态运动的政治化影响内外多种力量的团结与合作。美国绿党还认为,政党应表明自己最深的愿望和最高理想。美国绿党的最高理想是:争取有一种生态上明智的、非剥削的、使精神方面的价值观念受到尊重的和平的文化。并以此来超越过去的那种机械的思维方式,向着纵深生态学概念——一种更加彻底地沿着自然界的道路前进的概念发展,①最终建立一个绿色的地区化的全球共同体。

令人遗憾的是,美国绿党至今还未取得平民党时代的辉煌,即便是到了最近的年代。1996年和2000年,拉尔夫·纳德作为绿党竞选的总统候选人,其得票率分别为1%和2.74%,这位毕业于普林斯顿大学,在哈佛大学获得法学学士学位的黎巴嫩后裔,1965年曾以一本专著《任何速度都是不安全的》促使美国通过《全国交通和机动车安全法》,被《美国新闻与世界报道》列为美国最有影响的人物之一。在他的推动下,美国又通过了《肉类卫生法》。他在反垄断、反欺诈、反全球化和反环境污染等社会工作中,努力推行为大众服务的理念。在1996年和2000年的选举中,他被人们认为是捣蛋者,2000年,搅了戈尔的局,人们担心他2004年再搅局,损害克里,而再次帮助小布什连任,尽管纳德支持民主党,而时常指责布什的公司价值观。

纳德的观点,还是具有一定的合理性的。他代表绿党参加总统大选的目的是"向两党垄断局面提出挑战"。他认为,他参加大选是针对布什的第二战场,不管这一战场是多么小。布什的价值观就是公司的价值观。他指责布什政府没有把时间花在赢得和平上,而是用在发动战争上。尽管如此,当纳德2004年告别绿党时,绿党新的候选人戴维·科布认为,纳德的离开,使绿党走出了一个人的阴影,此人投下的阴影比任何一个美国人都要大。可见,在走向政党政治的旅途中,美国绿党在团结合作和经验积累方面,还有很多的工作要做。在美国两党选总统已经成为传统的背景下,作为第三党的"美国绿党"在通往白宫的道路上真不知还要走多远。以欧洲到美国"绿色生态思想"几乎都是在坚持以人为核心的旗帜下,走过了由文化思潮、社会运动和政党政治三个阶段。然而,欧洲绿党则在多元合作的进程中获得了发展,美国则不然,他们的情况是在对立状态中难以支撑。早在罗马俱乐部发出关于人类困境的报告——《增长的极限》时,美国人朱利安·林肯·西蒙便以乐观的态度写出《最后的资源》,即《没有极限的增长》。该著按照他的资本投资回收理论来分析问题,诸如人口投资等即便是在不发达国家都将会在长远的将来带来

---

① [美]弗·卡普拉、查·斯普雷纳克:《绿色政治——全球的希望》,石音译,东方出版社,1988年,第316页。

较高的水平。这一理论在政党政治上的体现正是一种市场价值观。

学术总是在一定程度上与政治联系在一起。在美国学术界,始终有两种占主流方向的声音。一种观点认为,环境危机的根源在于生态圈与技术圈的冲突,人们有责任对自己的生产方式进行根本性的重新设计和改造,让人类结束对自然的自杀性破坏,从人与自然、人与人的战争中清醒过来,实现真正的绿色与和平。① 另一种观点则认为,世界上唯一的稀缺是绿色的稀缺,而同时认为,富有是绿色,贫穷不是绿色。这一观点,事实上是为市场价值观寻找理想和思想资源。以非常漂亮的"分权"学说作为论据,他们认为,自西奥多·罗斯福以来,已经得到的一个主要教训就是由政府赞助的保护应该只做应该做的,而不要做更多。② 让政府同时承担改善荒野和经济产出的任务将使荒野和经济共同走上毁灭之路。③ 这一观点,与其说是政府管经济,市场管生态,还不说是政府把生态问题推向市场或是政府用市场的方式经营生态问题。

在美国现行的政府框架下,市场价值观恰恰是主流的政治观念。这一点从《京都议定书》的问题上可以充分地证明。小布什在前一届政府已经于1998年签约的背景下退出,这是为什么呢?从表面上看,一是气候变化与温室气体排放之间的关系还没有弄清楚;二是发展中国家没有为此承担责任是不公平的。仅仅就凭这样一些所谓的理由,占世界温室气体排放量20.6%的美国便可以轻松地道遥于《京都议定书》之外? 美国政府对《京都议定书》说"不"的真正原因是什么呢?是石油汽车等工业集团带来的民族利益。那么,《京都议定书》面对的问题是什么呢?1950年至今地表冰层消失是1890—1950年之间的3倍。如果以这样的状态发展下去,沿海国家,特别是半岛和岛国,将在几十年后有大量的土地没入海洋,伦敦、纽约、东京、孟买等城市将可能从地球上消失,显然,这份议定书是对人、对世界担当一种责任。出现这样一种实质性的矛盾,历史做出的评判,究竟是美国是一个缺乏责任感的国家,还是美国总统小布什根本就不具有人类意识、人性意识和人权意

---

① [美]巴里·康芒纳:《与地球和平共处》,王喜六、王文江、陈兰芳译,上海译文出版社,2002年,第217—218页。
② [美]彼得·休伯:《硬绿——从环境主义者手中拯球环境:保守主义宣言》,戴星翼、徐立青译,上海译文出版社,2002年,第116页。
③ [美]彼得·休伯:《硬绿——从环境主义者手中拯球环境:保守主义宣言》,戴星翼、徐立青译,上海译文出版社,2002年,第120页。

识呢？或者说，即便是布什总统在使用人权的时候，那也只是一种幌子，而心灵深处暗藏着利益关系的本质呢？无论是哪一种原因，都表明了这样一个道理：尽管民族国家的利益在《京都议定书》的签约国中也占有非常重要的位置，然而绿色生态文明毕竟是人类文明与进步的大趋势，因此即使布什总统没有签约，体现人类意识和人文关怀的社会公德必将为更加广泛的世界所普遍接受。

从欧洲到美国，生态文明从文化思想、社会运动到政党政治，已经显示出多元、合作和均权等优秀品质，然而这种以知识分子和广大平民为主体的社会力量在政治和经济领域还有广阔的发展空间。绿色生态文明，将在以人为核心的旗帜下艰难地前行，实现人类信仰与理性、人与自然的和谐和统一，并最终成为继宗教、技术之后的第三种文明形态。像塞耳彭村那样，永远生活在传统文化与现代科学、社会发展与绿色文明和谐统一的状态之中。

第七章
现代人文主义社会的发展

人文主义不只是一种文化思潮或社会运动,也是一种具体的社会实践工作,它以一种伟大的社会实践的方式呈现于人类具体的生活世界:文化矛盾与社会冲突的解决,社会福利与弱势群体的关爱,犯罪问题及其心理问题的透视等,都以具体的方式体现出人文主义深切的社会关怀与强烈的现实意义。

第一节 现代历史进程中文化的融合与冲突

在现代历史进程中,文化的差异是诸多民族国家间形成融合与冲突的重要因素。因此,以正当的方式协调诸多民族国家间的文化传统和现代问题,是寻求诸多文化悖立互融、均衡发展的有效途径。

一、文化差异的历史因素

20世纪90年代初,随着东欧剧变和苏联解体,以美苏长期对峙为主要特征的两极格局瓦解了,世界走向多极化。持续近半个世纪的冷战,曾经引起这个世界挥之不去的战争恐慌,但是它的结束并不意味着和平时代的到来。人们不无尴尬地发现,苏联的解体没有带走核战争的恐惧,令人痛苦的国家对抗和种族冲突仍然血腥而又广泛且容易失控。[①] 美苏之间这场带有霸权主义色彩的意识形态较量,在不断勾起世界大战梦魇的同时,却维持了相对均势状态下的"冷和平";冷战业已结

---

① Anthony Stevens, *The Roots of War & Terror*, Continuum Press, London & New York, 2004, pp. 175 – 176.

束,世界却失衡了。

1946年3月5日,丘吉尔在美国富尔敦市的威斯敏斯特学院发表了题为"和平砥柱"的演说,使用了著名的"铁幕"一词。他的话被无数后人所引用,他的讲话也索性被叫作"铁幕演说":"从波罗的海边的什切青到亚得里亚海边的里雅斯特,一道横贯大陆的铁幕徐徐降下,它的后面坐落着所有中东欧古国的首都。华沙、柏林、布拉格、维也纳、布达佩斯、贝尔格莱德、布加勒斯特以及索非亚,这些著名的城市和它们周围的人口全都落入了我所认为的苏联势力范围,不仅以这种或那种方式受到苏联的影响,而且某种意义上正被莫斯科越来越强烈地控制。……远离俄国边境而又遍布世界的共产主义第五纵队已经在许多国家组建起来,并且完全遵循共产主义中心发出的指令统一行动。除了在共产主义尚处幼年的英联邦和美国,共产党或者第五纵队向基督教文明构成了日益严重的挑衅和危机。"①丘吉尔希望用基督教文明的提法来唤起西方国家的团结,抵御来自共产主义苏联的意识形态威胁。现实如其所愿,在他所说的冷战铁幕降下之时,美苏两强联袂登台上演博弈好戏的帷幕也正在缓缓拉开。

人类告别了一个用霸权维持的世界体系,迎来了一个唯美国独尊的西方文化传播者,这是令人悲哀的。

1990年8月,波斯湾的一场战争惊动了整个世界,雄心勃勃的萨达姆自诩为当世的萨拉丁——曾经夺回耶路撒冷振兴阿拉伯世界的伟大人物,与萨达姆同样是提克里特人。然而这一次,萨达姆没有重现他心中偶像的伟业,美国裹挟着西方世界向伊拉克发起了连绵十余年的进攻,直到将他的政权摧垮。随着萨达姆塑像的纷纷倒塌,美国终于可以更加随心所欲地染指中东了。相比之下,它以前的老对手苏联在阿富汗的遭遇则要悲惨得多。

阿富汗战争似乎是苏联放弃世界霸权的告别战,海湾战争则更像是美国宣言主导后冷战时期的揭幕战,而这两场冷战后期的大战中,都有穆斯林的身影。

于是,美国哈佛大学的教授塞缪尔·亨廷顿说海湾战争是"第二场文明之间的战争,第一场是1979—1989年的苏联-阿富汗战争。这两场战争都是以一个国家

---

① Winston Churchill, "*Sinews of Peace*," from http://www.historyguide.org/europe/churchill.html.

直接入侵另一个国家为开端,然后转变为在很大程度上可以重新定义为文明的战争。事实上,它们是走向以不同文明集团间的民族冲突和断层线战争为主的时代的过渡战争"①。

1993年夏季,亨廷顿在《外交》季刊上发表了引起广泛争议的《文明的冲突》("The Clash of Civilizations"),宣称:"我的假设是,在这个新的世界上冲突的根源不再会首先是意识形态或者经济原因。人类之间的鸿沟和冲突的主要根源将是文化的。民族国家固然仍将在世界事务中担当有力角色,但是全球政治的主要争斗将发生在不同文明背景的国家和集团之间。未来的战线将是文明的冲突。"②而且他借用新加坡学者马凯硕(Kishore Mahbubani)提出的"the West and the Rest"③一语,认为西方世界面临着与非西方世界的冲突,而儒家文明将与伊斯兰文明联合起来向西方的利益、价值和权力发起挑战。

显然亨廷顿的理论有许多是令人不敢苟同的,但是他堪称明智的地方是强调了文明之间差异的重要性,当然这些差异在他那里显得有些危言耸听,儒家文明与伊斯兰文明走向联合的说法至少目前来看还是很牵强的,不过它触及了一个长期以来的话题:文明(或文化)之间迥异的发展道路的比较。

那么什么是文明呢?文明之间何以有差异呢?

对于文明的定义,历来众说纷纭。较为经典的当属英国人类学家爱德华·泰勒的说法:

> 文化,或文明,就其广泛的民族学意义来说,是包括全部的知识、信仰、艺术、道德、法律、风俗,以及作为社会成员的人所掌握和接受的任何其他的才能和习惯的复合体。人类社会中各种不同的文化现象,只要能够用普遍适用的原理来研究,就都可成为适合于研究人类思想和活动规律的对象。④

---

① [美]塞缪尔·亨廷顿:《文明的冲突与世界秩序的重建》,周琪等译,新华出版社,1999年,第275页。
② Samuel P. Huntington, "The Clash of Civilizations?" *Foreign Affairs*, Summer 1993, Vol72, Iss. 3.
③ Kishore Mahbubani, "The West and the Rest," *The National Interest*, Summer 1992, Iss. 28.
④ [英]爱德华·泰勒:《原始文化》,连树声译,上海文艺出版社,1992年,第1页。

在泰勒的解释中,文明好比一座吸收了许多事物的熔炉,是整合了人类社会多种现象的复合体。与之相似,近代日本的哲人福泽谕吉说:"文明是一个相对的词,其范围之大是无边无际的,因此只能说它是摆脱野蛮状态而逐步前进的东西。……文明之为物,至大至重,社会上的一切事物,无一不是以文明为目标的。"①

西方的"文化"一词,起源于拉丁文的"Cultura","原意是指农耕及对植物的培育,自 15 世纪以后,逐渐引申使用,把对人的品德和能力的培养也称之为文化"。②当然在中国古代,"文"与"化"各自有其本来含义,直到近代才从日本借用了现在意义上的"文化"一词。而学者们迄今做出的有关"文化"的定义已达数百种之多,在英语中"Culture"被认为是两到三个最为复杂的词汇之一。③

对于"文化"与"文明","欧洲各国给予不同的定义和界定,法语不区别'文化'和'文明',英语中的'文明'和'文化'概念也互不对立,惟独德语有'文化'('Kultur')和'文明'('Zivilisation')之分"。④ 近代德国思想界为了回击以"文明"国家自居的英法等国,刻意地区分"文明"与"文化"。现在这两个词汇逐渐相通,"只有当涉及整个民族历史,尤其是古代史时,我们才使用'文明'这个因宏大而显得有些空乏的词"⑤;在论及当今世界的几个主要文明如基督教文明、伊斯兰文明、中华文明的时候,"文明"与"文化"两词基本上可以互换了。与此同时,不同领域的学者对这两词的使用又各有取舍,比如在研究远古人类或者原始社会时,频繁地使用"文化"一词,而将"文明"视为概括范围比"文化"广大、水平比"文化"高级的词语。纠缠于冗繁的名词解释,对认清事物本质而言不啻是自设樊篱,两者的差别已经日益微妙,"文化"与"文明"之间并不存在什么界限。

文化之间的差异,有许多是自文化产生之时就存在的。对此美国学者本尼迪克特曾经在她的《文化模式》中引用了一句形象的印第安箴言:"一开始,上帝就给了每个民族一只杯子,一只陶杯,从这杯子里,人们饮入了他们的生活。"⑥文化产

---

① [日]福泽谕吉:《文明论概略》,北京编译社译,商务印书馆,1959 年,第 30 页。
② 李鹏程主编:《当代西方文化研究新词典》,吉林人民出版社,2003 年,第 307 页。
③ Terry Eagleton, *The Idea of Culture*, Blackwell Press 2000, Massachusetts. p. 1.
④ 王志强:《欧洲对文化概念的界定及文化理论的发展》,《德国研究》2005 年第 1 期。
⑤ 曹卫东、张广海等:《文化与文明》,广西师范大学出版社,2005 年,第 6 页。
⑥ [美]露丝·本尼迪克特:《文化模式》,王炜等译,生活·读书·新知三联书店,1988 年,第 23 页。

生于人,那么人的差异必定会影响文化的差异,因此许多不同文化之间的差异是原生性的。这并非简单的人种决定论,而是说文化诞生之时就带上了人与自然的烙印,是不同的人在所处的世界中进行精神与物质活动的反映。这一点值得注意,在对文化差异产生的原因进行探讨时,我们不应该只看到各人种外貌上的差别——比如热带地区的人肤色黝黑、鼻子扁平而寒冷区域的人皮肤洁白、棱角鲜明——这些差别很大程度上取决于自然环境,进一步地,自然环境还直接影响了人类的生活习性。不同的生活习性正是产生文化差异的最初原因。从文化的起源上看,远古时期的自然地理因素对人的活动影响是巨大的,由于生产力水平尚不发达,古人的交通能力受到自然条件的限制,世界观的形成与自然环境有着必然的联系。

18世纪,法国启蒙思想家孟德斯鸠提出了一个可贵的思想,即人类社会的发展并非上帝的安排,而是人受自然环境影响的结果。[①] 在他的《论法的精神》中,有关地理气候因素影响人的性格习性以至决定社会发展的观点占据了巨大的篇幅。他说:"寒冷的空气把我们身体外部纤维的末端紧缩起来;这会增加纤维末端的弹力,并有利于血液从这些末端回归心脏。寒冷的空气还会减少这些纤维的长度,因而更增加它们的力量。反之,炎热的空气使纤维的末端松弛,使他们伸长,因此减少了他们的力量和弹力。所以人们在寒冷气候下,便有较充沛的精力。心脏的动作和纤维末端的反应都较强,分泌比较均衡,血液更有力地走向心房;在交互的影响下,心脏有了更大的力量。心脏力量的加强自然会产生许多效果,例如,有较强的自信,也就是说,有较大的勇气;对自己的优越性有较多的认识,也就是说,有较少复仇的愿望;对自己的安全较有信任,也就是说,较为直爽,较少猜疑、策略与诡计。……如果把一个人放在闷热的地方,由于上述的原因,他便要感到心神非常萎靡。……炎热国家的人民,就像老头子一样怯懦;寒冷国家的人民,就像青年人一样勇敢。"[②]在断言"印度人天生就没有勇气"[③]的同时,孟德斯鸠说:"当我们看到,热带民族的畏葸常常使这些民族成为奴隶,而寒冷气候的民族的勇敢使他们能够维护自己的自由,我们不应当感到惊异。这是自然的原因所产生的后果。"[④]

---

① 侯鸿勋:《孟德斯鸠及其启蒙思想》,人民出版社,1992年,第101页。
② [法]孟德斯鸠:《论法的精神》(上册),张雁深译,商务印书馆,1959年,第270—271页。
③ [法]孟德斯鸠:《论法的精神》(上册),张雁深译,商务印书馆,1959年,第274页。
④ [法]孟德斯鸠:《论法的精神》(上册),张雁深译,商务印书馆,1959年,第326页。

孟德斯鸠的论断偏重于生理的方面，德国哲学家黑格尔批判地吸收了他的地理决定理论，将地理环境看作绝对精神"所从而表演的场地"①，从思想的角度看自然环境对各民族性格产生的影响。黑格尔认为应把下述三种特殊的地理差别"看作思想本质上的差别，而和各种偶然的差别相反对"：

    1. 干燥的高地，同广阔的草原和平原。
    2. 平原流域，是巨川、大江所流过的地方。
    3. 和海相连的海岸区域。②

黑格尔说："地中海是地球上四分之三面积结合的因素，也是世界历史的中心。号称历史上光芒的焦点的希腊便是在这里。"③

古希腊是人类历史上曾经享有高度文明的时代，论及西方文明的历史，不能不"言必称希腊"。"那个时代产生的艺术和思想成就后世鲜有其匹，更无出其右，所有后世西方的艺术和思想都深深地烙上了那个时代的印迹。"④

公元前8世纪，在迈锡尼文明湮灭于北方多利亚人之手近300年后，希腊世界涅槃了。古代希腊进入了城邦时期，伯罗奔尼撒半岛上众多的小型奴隶制国家犹如满缀于文明帷幕上的闪光繁星，持久地发散着日益夺目的光辉。借着多利亚人带来的铁器技术，希腊人深耕细作，开山采矿，制陶冶金，造船织帆，进入繁盛的铁器时代。到公元前5世纪，地中海沿岸出现了希腊世界和波斯帝国双峰并峙的局面。波斯是迅速兴起并大肆扩张的帝国，在征服了当时中东北非和小亚细亚几乎所有曾经灿烂的文明之后，它将利剑伸向了希腊。波斯人很快便发现对手的勇猛精神和文采风雅一样出色，雅典人搏命马拉松，斯巴达人血战温泉关，以寡敌众的希腊舰队则在萨拉米湾痛歼波斯海军，使进入雅典空城的波斯王薛西斯不得不悻悻而归。这次古老的战争意义深远，强大的波斯军队在希腊人长矛紧簇的战斗方

----

① ［德］黑格尔：《历史哲学》，王造时译，上海书店出版社，2001年，第82页。
② ［德］黑格尔：《历史哲学》，王造时译，上海书店出版社，2001年，第90—91页。
③ ［德］黑格尔：《历史哲学》，王造时译，上海书店出版社，2001年，第90页。
④ ［美］依迪丝·汉密尔顿：《希腊精神：西方文明的源泉》，葛海滨译，辽宁教育出版社，2005年，第1页。

第七章　现代人文主义社会的发展

阵前止住了步伐,或许东西方世界此后长期的地理分野即肇始于此;希腊人守住了西方的阵线,随后迎来了他们的全盛时期。呈现在人们眼前的,便是后世称之为奇迹的希腊。

古希腊的修辞学家伊索格拉底说:"我们的城邦在智慧和口才方面把别的人远远地抛在后面,使它的学子成为外族人的教师。它使'希腊人'这名称不再作为种族的代称,而作为智慧的代称。"① 世人已经公认希腊是西方文明的源头,那么诞生出希腊人这样卓越民族的是怎样的一方水土呢?

> 希腊的历史发展在地中海东部,爱琴海诸岛,巴尔干半岛,小亚细亚西部,黑海沿岸,和部分地在南意大利近海地区及西西里。希腊诸国家的生活首先与爱琴海发生关系。爱琴海上满布着大小岛屿……小亚细亚沿岸富于港湾,而且有极其肥沃的土壤。……
>
> 希腊大陆由一列小山脉组成,这是巴尔干中部主脉的支脉。除了帖撒利亚(Thessalia)盆地之外,希腊简直没有重要的平原或草原。希腊居民之地是一片不大的领域,群山环拱,而有出海之路。……
>
> 希腊属于亚热带气候。平均温度不超出17 ℃之差。雨量甚少,因此,希腊某些地区常受到旱灾。夏季河流溪涧多半干涸,……古希腊人最重视水。……
>
> 希腊的土壤并不是特别肥沃,只有若干地区(帖撒利亚、比奥细亚、拉哥尼喀、墨塞尼亚、阿提刻的特里亚斯平原)适宜于种植谷物。其他的地区,因为肥沃的土层不厚,虽然间或经过人工改造,居民总是很艰苦地为农产而奋斗。②

希腊的自然地理环境,主要有两个特征:一是陆上多山、耕地不足,地块相隔、交通困阻;二是海岸曲折、水域广大,岛屿相望、往来便利。

长期以来西方文明的核心是地中海文明,而早期地中海文明的核心则是希腊

---

① 罗念生编:《古希腊罗马文学作品选》,北京出版社,1988年,第205—206页。
② [苏]B. C. 塞尔格叶夫:《古希腊史》,缪灵珠译,高等教育出版社,1955年,第4—9页。

385

文明。黑格尔高度评价了地中海在文明史上的地位:"我们惯常把水看作分隔的元素,……可是反过来说,也可以提出这样一个基本的原则,认为结合一切的,再也没有比水更为重要的了,……大海给了我们茫茫无定、浩浩无际和渺渺无限的观念;人类在大海的无限里感到他自己的无限的时候,他们就被激起了勇气,要去超越那有限的一切。大海邀请人类从事征服,从事掠夺,但是同时也鼓励人类追求利润,从事商业。平凡的土地、平凡的平原流域把人类束缚在土壤上,把它卷入无穷的依赖性里边,但是大海挟着人类超越了那些思想和行动的有限的圈子。"①陆地上生存空间的狭小和海上往来的便利,促使希腊人将开发的目光投向海外,"最初的希腊人全都是海贼"②——地中海大多数时间风平浪静,岛屿相望,蕴含着无限的财富和商机——希腊人过上了"两栖类式的生活"③。这种开放的生活方式,养成了希腊人勇于进取的性格,造就了希腊人善于交往的特点。乔治·萨顿说:"希腊科学的基础完全是东方的,不论希腊的天才多么深刻,没有这些基础,它并不一定能够创立任何可与其实际成就相比的东西。……我们没有权利无视希腊天才的埃及父亲和美索不达米亚母亲。"④希腊人泛舟海上,与东方古老文明的后代互通有无,开创了灿烂的地中海文明。

对于地理环境和原始居民性格之间的关系,孟德斯鸠说:"土地贫瘠,使人勤奋、简朴、耐劳、勇敢和适宜于战争;土地所不给予的东西,他们不得不以人力去获得。"⑤在古代希腊,"当阿提卡的牧场上的水分少了、他们的农田失去了养分以后,它的人民抛弃了畜牧和农业——这是当时希腊人的主要生活来源——而去改行经营橄榄种植业和利用表土下面的底土。雅典的鲜果不但长活了而且在光秃秃的岩石上繁殖起来。人们却是不能单靠橄榄油为生的。为了从橄榄林里解决生活问题,雅典人一定要用它的阿提卡油去换来西徐亚粮食。为了把它的橄榄油送到西徐亚市场上去,他们必须用罐子把它装起来,用船把它送过海去——这些活动建立了阿提卡的陶瓷业和阿提卡的商船运输队,除此以外,因为商业需要货币,还发掘

---

① [德]黑格尔:《历史哲学》,王造时译,上海书店出版社,2001年,第95—96页。
② [法]孟德斯鸠:《论法的精神》(下册),张雁深译,商务印书馆,1959年,第30页。
③ [德]黑格尔:《历史哲学》,王造时译,上海书店出版社,2001年,第226页。
④ [美]乔治·萨顿:《科学史和新人文主义》,陈恒六、刘兵、仲维光译,华夏出版社,1989年,第64页。
⑤ [法]孟德斯鸠:《论法的精神》(上册),张雁深译,商务印书馆,1959年,第336页。

了阿提卡的银矿"①。事实证明,作为创造文明的主体的人,因为自身生理条件的限制和外部地理环境的影响,选择了形态各异的生活方式,从而衍生出内涵丰富的各种文化来。探求文化之间产生差异的原因时,必须重视这一点。

此时如果我们把目光投向亚洲东部,会发现中华文明的创造者们已经历经商周两朝,有着悠久的大国传统了。中华文明的发源地黄河、长江流域较之于希腊半岛,突出的特点便是土地平坦、幅员辽阔。与地中海世界兴旺的商业文明不同,东亚大陆上成长起来的是稳固的农耕文明。古代华夏民族活动的陆地地域是广大而半封闭的,北方是一望无际的大漠,西方是难以逾越的青藏高原,东南相邻的则是世界上最大的水域太平洋。中华文明的诞生地是承蒙大江大河的滋养,与大海相去甚远。华夏的先民必定是探索过这片大洋的,但是太平洋对古人来说实在过于浩瀚了,留给他们的只有对蓬莱仙境的想象。东亚大陆温暖湿润,雨水充沛,现在的中国淡水面积约2.5亿亩,流域面积在1 000平方公里以上的河流有1 500多条,面积在1 000平方公里以上的湖泊有13个。② 被今人称为仰韶文化、红山文化、二里头文化、大汶口文化、河姆渡文化、良渚文化等的一系列远古遗迹,就孕育在这些河流沿岸和众多冲积平原上。与生长海滨的希腊人不同,长期农耕的华夏民族安土重迁,重农轻商,有着浓厚的家庭和宗族意识。

不过,正如黑格尔所说"爱奥尼亚的明媚的天空固然大大有助于荷马诗的优美,但是这个明媚的天空决不能单独产生荷马"③一样,在各个文明逐渐产生并最终形成自身独有特点的过程中,自然环境的因素虽然重要但并非决定性的。在人类历史的长河中,自然环境的变化是缓慢的,对文明提供的影响是宏观的。不同的环境有助于人们创造不同的器物文明,人类在求索自然和生产生活的过程中形成了初步的世界观和价值观,从而将文明的层次拓展到思想领域。思想的传播无须车马舟楫,心灵的沟通不受环境束缚。于是最初脱胎于自然的文明振翅高翔,摆脱了自然。古巴比伦的子民尽管不曾长年在爱琴海上泛槎,也一样可以感受到希腊人的精神。东征的亚历山大给广袤的亚细亚不仅带去了奴隶制城邦和大理石雕像,还传递了希腊人的观念和制度。当文明之间发生交流与碰撞的时候,风俗器物

---

① [英]汤因比:《历史研究》(上册),曹未风等译,上海人民出版社,1986年,第111—112页。
② 王顺洪:《中国概况》,北京大学出版社,1994年,第5页。
③ [德]黑格尔:《历史哲学》,王造时译,上海书店出版社,2001年,第82页。

的不同带来的是新鲜与好奇,而观念与制度的差异产生的是来自本质的震撼。

揆诸西方文明的历史和现状,有几个关键性的词语可以把握:希腊遗产、自由和民主、追求理性、宗教信仰、资本主义。

在现代西方文明里,希腊的痕迹是很显著的:"自由探究的精神,民主政体的理论和实践,多种形式的艺术、文学和哲学思想,对个人自由和个人责任心的强调——所有这些构成了希腊留给人类的光辉遗产。"①西方的政治史要追溯到古希腊,现代西方的自由民主理念也能在古希腊城邦制度中找到雏形。处于人类历史童年时代的古希腊人率真而富于激情,自信而敢于担当,开放而善于学习,勇敢而爱好和平,对美好事物的追求达到了痴迷的程度。希腊人爱美,希腊的艺术和诗歌"就某方面说还是一种规范和高不可及的范本"②,大量风格朴素写实的艺术作品教会后人,用理智的目光去看待世界;希腊人爱智,涌现了苏格拉底、柏拉图、亚里士多德、伊壁鸠鲁等一大批卓越的哲学家,柏拉图在《理想国》中提出了人的知识、情感、欲望心理功能三分的基本理论,当可视为西方哲学、美学、伦理学学术三分思想的源头;③希腊人爱善,追求德性对西方的伦理影响至深,亚里士多德提出的"中道"思想不仅在过去是极高的道德准绳,在呼吁人与自然和谐共处的当今仍然具有极强的现实意义。

罗马人是希腊人的模仿者,他们将后者的开拓精神发扬光大,建立了盛极一时的大帝国,古典文明继续繁荣,以地中海为核心持续辐射着周边地区;受希伯来和希腊文化双重影响而产生的基督教,宣扬对所有人的普遍的爱,逐渐为世人所信仰,成为罗马帝国的官方宗教;476 年,日耳曼人灭亡了西罗马帝国,西欧陷于混乱,基督教会以此为契机,与日耳曼政权相结合,最后在欧洲人的信仰中取得了统治地位。

中世纪是信仰上帝的时代,经院哲学家们在将古典文献服务于树立基督教绝对权威的同时也传承了古典文明,把文明的种子传播给了曾经摧毁古典文明的蛮族后代。

---

① [美]斯塔夫里阿诺斯:《全球通史:1500 年以前的世界》,吴象婴、梁赤民译,上海社会科学院出版社,1999 年,第 220 页。
② 《马克思恩格斯选集》(第 2 卷),人民出版社,1972 年,第 114 页。
③ 于文杰:《西学三分思想小考》,《史学月刊》2003 年第 9 期。

14世纪开始,西方文明走进了重大的历史转折期,文艺复兴高举人文主义的大旗,将西方带入了理性主义的时代;新航路的开辟则促使西方人加快了全球化的步伐,这是自亚历山大东征以来的又一次文明的输出。随之而来的宗教改革,摧毁了罗马天主教会的精神专制,为资产阶级的崛起拓宽了道路,促进了近代民族国家的形成。圈地运动、殖民运动、启蒙运动、资产阶级革命、工业革命,一系列历史事件构成了西方文明疾步前行、成为世界潮流领导力量的斑斓画卷。

现代的西方,资本主义占统治地位,工业文明高度发达,科学技术领先于世界;政治上普遍采用三权分立的代议制度,民主和平等观念深入人心;艺术文化日益繁荣;新兴思潮层出不穷,在人们普遍信仰基督教的同时精神世界趋向多元——这是一个异常活跃的现代文明。它最初的缔造者,有来自多山地区、积极向大海开拓的希腊人和他们的学生罗马人,有被希腊人虚心学习的古代东方人,也有贡献了基督教文化的希伯来人;它后来的建设者,有笃信上帝的广大基督徒,有筚路蓝缕积累财富的资产阶级,也有难以数计的殖民地土著。

在众多因素之中,宗教毫无疑问应该发挥了重要作用。人类需要精神的寄托和对心灵彼岸的追求,而西方文明幸运地拥有了不曾中断的基督教传统,现代西方人的伦理道德和生活习俗,有很多是扎根于基督教的,所以宗教信仰的差异,也是文明走上不同发展道路的原因之一。

二、文化冲突的理论剖析

20世纪是资本主义高度发达的时代,现代历史浪潮席卷全球,人类迎来了一波又一波的技术革新,建造了亘古未有的物质主义摩天大楼。

20世纪也是意识形态冲突和文明碰撞白热化的时代,两次有史以来最大规模的战争将人类的凶残本性和现代文明的外强中干暴露无遗,而当超级大国操控一切的格局笼罩地球的时候,受压迫的弱势群体不断从心底迸发出民族主义的不懈呐喊。

20世纪更是各种思潮层出不穷的时代,新自由主义、新科学主义、实用主义、存在主义、现代保守主义、后现代、后冷战、后殖民……

引人注目的是,西方现代思想者们纷纷思考起"终点"的问题,一时间各种"终结论"跃入世人的眼帘:"意识形态的终结""科学的终结""艺术的终结""哲学的终

结""资本主义的终结""历史的终结"……

人类有着源远流长的末世情怀,而崇信基督教文化的西方人尤甚,《圣经》中说:"人类终将接受上帝的审判,然后迎来一个不再有死亡,也不再有悲哀、哭号、疼痛的新天新地。"(《圣经·启示录》21:1—4)在这之前,末日将近的时候,"民要攻打民,国要攻打国;多处必有饥荒、地震","必有许多人跌倒,也要彼此陷害,彼此恨恶","天国的福音要传遍天下"。(《圣经·马太福音》24:1—14)基督徒坚信,当今世界的种种纷乱和罪恶景象,正是世界末日即将来临的预兆,在此之后,世界上将出现一个上帝治理的永享和平的新秩序。

对历史终点或者对历史目的的追寻是长久以来的经典话题,古罗马诗人维吉尔在他的《牧歌》中歌颂"贞女和农神王朝",但丁称之为正义成为尘世最大威力的"黄金时代",并说要获得最良好的世界秩序,就必须建立世界帝国。① 康德认为,人类历史的终点应当是永久和平,基督教将成为世界宗教。黑格尔说,"世界历史从'东方'到'西方'","欧洲绝对地是历史的终点",②1806 年 10 月 30 日拿破仑的军队占领耶拿代表"世界精神"来到了日耳曼世界,③历史发展归于终结。马克思说,历史发展的动力不是精神的,而是物质的,人类社会发展的终点不是资本主义,而是共产主义。

多年以后的 20 世纪八九十年代,东欧地区风云突变,社会主义阵营国家纷纷改旗易帜,西方国家欢呼"柏林墙的倒塌标志着民主主义的复兴"④。于是从美国传来了福山的声音——"历史的终结",它包含了这样一些观点:历史有一个终极的发展目标,存在一种普遍的世界史,西方自由民主理念已经无可匹敌,历史发展归于终结。⑤

弗朗西斯·福山是在苏东局势动荡、冷战行将结束之际发表他的历史终结观点的,对于西方世界来说,他的话语乐观而又赏心悦目:"20 世纪最后 25 年最令人瞩目的变化,不论是军事管制的右翼,还是极权主义的左翼,人们都发现,在世界貌

---

① [意]但丁:《论世界帝国》,朱虹译,商务印书馆,1985 年,第 13 页。
② [德]黑格尔:《历史哲学》,王造时译,上海书店出版社,2001 年,第 106 页。
③ 苗力田译编:《黑格尔通信百封》,上海人民出版社,1981 年,第 204 页。
④ Brad Roberts, *Democracy and World Order*, from US Foreign Policy after the Cold War, edit by Brad Roberts, MIT Press, London, p. 293.
⑤ Francis Fukuyama, "The End of History?" *The National Interest*, Summer 1989, Iss. 16.

似最专制的核心地带存在着巨大的致命弱点。从拉丁美洲到东欧,从苏联到中东和亚洲,强权政府在20年间大面积塌方。尽管它们没有都千篇一律地实行稳定的自由民主制度,但自由民主制度始终作为惟一一个被不懈追求的政治理想,在全球各个地区和各种文化中得到广泛传播。"①

随着社会主义阵营的解体和冷战的结束,许多社会主义国家抛弃了自己的意识形态,接受资本主义制度。西方人认为资本主义在与社会主义的交锋中大获全胜,福山则据此推断,历史发展已经走到终点,今后的道路,将是自由民主制度走向顶峰最终统一世界的过程:"目前还没有任何一种自称为放之四海而皆准的意识形态能与自由民主相抗衡,……即使是非民主人士,也不得不言必称民主,以便证实他们是民主主义这个唯一放之四海而皆准的准则的衍生物。……如果我们现在还无法想象出一个完全不同于我们自己这个现实世界的世界,或者未来世界没有以一种明显的方式来体现对当今秩序的彻底改善,我们就应该承认历史本身已走到了尽头。"②福山强调,他所说的历史,并不是指一个个事件的发生,而是指一种在所有人、所有时期的经历基础上被理解为一个唯一的、连续的、不断变化的过程。③

福山在其理论中构筑了一个世界普遍历史从开端到终结的发展图景,他借用科耶夫的话说,黑格尔为后人提供了一个可替代的"历史发展机制",用来理解"为获得认可而斗争"为主线的历史进程。④ 人类社会发展的起源,"最初只是一场纯粹为名誉而战的殊死战争","为了显示自己的自由和人特有的尊严而进行战斗"。⑤ 而世界普遍史的发展动力,不是经济因素,而是人类为纯粹的名誉拼死战斗,这种忽略人类自然求生本能、甘冒生命危险的行为是人能够逆反自身最强烈本能的证明,是为表现自我价值而为之,为了获得别人的认可而殊死战斗的人,是自

---

① [美]弗朗西斯·福山:《历史的终结及最后之人》,黄胜强、许铭原译,中国社会科学出版社,2003年,第4页。
② [美]弗朗西斯·福山:《历史的终结及最后之人》,黄胜强、许铭原译,中国社会科学出版社,2003年,第50—58页。
③ [美]弗朗西斯·福山:《历史的终结及最后之人》,黄胜强、许铭原译,中国社会科学出版社,2003年,第2页。
④ [美]弗朗西斯·福山:《历史的终结及最后之人》,黄胜强、许铭原译,中国社会科学出版社,2003年,第162页。
⑤ [美]弗朗西斯·福山:《历史的终结及最后之人》,黄胜强、许铭原译,中国社会科学出版社,2003年,第170页。

由的、真正的人。①

福山的理论资源来自康德、黑格尔和科耶夫。首先，福山重申了康德提出的"历史应该存在一个尽头"的思想："历史有一个蕴藏在人目前的潜意识中并且使整个历史具有意义的终极目标，这个终点就是实现人类自由。因为'一个根据外部法所获得的自由的社会是与不可抗力的权利（即一部充满正义的公民宪法）高度相关联的；也就是说，建立这样一个社会是大自然给人类提出的一个最大的难题'。制定一部正义的公民宪法以及这部宪法在全世界范围内的普及，因此成为我们判断历史进步的标准。……因此，如果把所有社会和所有时代都考虑进去，一部世界普遍史所要回答的问题应当是：是否存在一个总的理由来说服全人类向共和制政府（即我们当今所理解的自由民主制度）进步？"②其次，福山回顾了黑格尔的历史观："黑格尔把历史定义为人走向更高的理性和自由的进步过程，而且这种过程在绝对自我意识实现方面有一个逻辑的终点，……当黑格尔宣告历史在1806年的普法耶拿之战后就结束时，他显然不主张自由国家在全世界取得胜利，……他所要表达的是，自由平等这两个现代自由国家必须遵循的原则已经被发现并在最发达的国家得以实行，而且没有其他原则或社会形态及政治组织比自由社会或组织更优越。换言之，自由社会不存在早期社会组织形式中特有的矛盾，并因此把历史的辩证法画上一个句号。"③再次，福山称科耶夫为黑格尔哲学的20世纪的伟大的阐释者，后者认为1806年以后的战争和革命只是"地区之间的整合"，"共产主义不是比自由民主制度更高级的社会形态"。科耶夫说，黑格尔把耶拿战争视为历史的终结是正确的，"在这场战争中并且通过这场战争，人类的先锋实际上已经达到了终点和目标，就是人类历史发展的终点。从那以后，所有发生的事情不过是罗伯斯庇尔、拿破仑在法国付诸实践的世界革命的延伸。从真正的历史观点看，这两次世界大战和因此而发生的大大小小的革命，只有一个作用，即把周边地区的文化提升到最

---

① ［美］弗朗西斯·福山：《历史的终结及最后之人》，黄胜强、许铭原译，中国社会科学出版社，2003年，第169—170页。
② ［美］弗朗西斯·福山：《历史的终结及最后之人》，黄胜强、许铭原译，中国社会科学出版社，2003年，第65页。
③ ［美］弗朗西斯·福山：《历史的终结及最后之人》，黄胜强、许铭原译，中国社会科学出版社，2003年，第72页。

先进的(不论是真实的还是虚拟的)欧洲的历史水平"。①

从黑格尔到福山,我们可以看到欧洲中心论到西方中心论的演进。黑格尔曾经说:"世界历史从'东方'到'西方',因为欧洲绝对是历史的终点,亚洲是起点。世界历史就是使未经管束的天然的意志服从普遍的原则并且达到主观的自由的训练。东方从古到今知道只有'一个'是自由的;希腊和罗马世界知道'有些'是自由的;日耳曼世界知道'全体'是自由的。"②这种看似遵循从低级到高级的演进规律的论调显然是无视欧洲文明以外其他文明的重要地位的,福山将黑格尔的观点扩展为西方中心论,将黑格尔所说的自由精神最终得以实现的日耳曼世界换成了当今美国。黑格尔作为坚持绝对精神的思想家提出历史的终结,构成了其唯心主义哲学体系,福山的历史终结论则更多地体现出意识形态的色彩。

福山认为,"必须从世界主义而不是民族主义的高度来认识过去几个世纪中真正世界文化的出现,而世界文化则以科技主导的经济增长及其产生和维系所必需的资本主义社会关系为核心",凡是抗拒这种融合的社会,不仅坚持不了多久,还纷纷倒在五彩缤纷的物质世界中,没有一个社会不以消费至上为发展目标。③ 这是苏东社会主义阵营纷纷瓦解的现实证明了的,军事实力强大的苏联之所以没有抵挡住自由民主制度的进攻,是因为历史发展的规律如此。而到1989年(福山刻意强调这是法国大革命和美国立宪200周年),"作为世界历史要素之一的共产主义制度决定性地衰落了"④,坚持共产主义理想的国家遭遇了普遍的政治和经济危机,在社会主义阵营不复存在以后,少数仍然坚守社会主义意识形态的人们"发现他们自己正处在一种尴尬的境地,正在捍卫着一种过时的社会秩序,就如同君主制主义者千方百计延续到20世纪一样"⑤。福山认为,一场世界范围内的"自由革命"正在展开,自由主义担负的是消灭专制主义的历史使命。显然,这是一种荒唐

---

① [美]弗朗西斯·福山:《历史的终结及最后之人》,黄胜强、许铭原译,中国社会科学出版社,2003年,第75页。
② [德]黑格尔:《历史哲学》,王造时译,上海书店出版社,2001年,第106页。
③ [美]弗朗西斯·福山:《历史的终结及最后之人》,黄胜强、许铭原译,中国社会科学出版社,2003年,第142—143页。
④ [美]弗朗西斯·福山:《历史的终结及最后之人》,黄胜强、许铭原译,中国社会科学出版社,2003年,第30页。
⑤ [美]弗朗西斯·福山:《历史的终结及最后之人》,黄胜强、许铭原译,中国社会科学出版社,2003年,第40页。

的逻辑判断。

对于马克思主义,福山认为,"在某种极端的条件下,马克思主义寻求主张按需而不是按贡献大小分配及消灭人类天生的不平等,借此来推行牺牲自由的极端的社会平等形式。将来所有试图超越'中产阶级社会'建立社会平等的设想,都必须充分考虑马克思主义这一设想在实践中所遭受的挫折。因为如果要根除那些看上去是'不可避免的和无法根除的'不平等,肯定会创造出一个魔鬼般的强权国家。红色高棉在柬埔寨如果可以努力地消灭城乡差别或体力劳动与脑力劳动之间的差别,就必须以剥夺所有人最基本的权利为代价。苏联如果能按需而不是按劳动或才能来取酬,就必然会使整个社会丧失对劳动的激情。这种'共产主义'社会最终均会出现严重的社会不平等,出现一大群……党魁和官僚"①。在福山笔下,朝鲜、南也门、埃塞俄比亚、古巴、阿富汗、伊朗、伊拉克、叙利亚等"独裁小国"被归为一类,都是专制主义国家。② 这不由得令人想起自由主义的巨擘哈耶克,将社会主义的计划经济体制看作必然产生法西斯主义的"通往奴役之路"。但是历史证明,正是无数马克思主义者,成为反法西斯主义的坚强斗士,将法西斯主义送进了历史的坟墓。

福山十分推崇"为获得认可而斗争"的历史观点,或许这是他用来解释自由民主制度优于社会主义制度的理由之一。福山指出,"对于黑格尔来说,人类历史的基本动力不是现代自然科学,也不是促进现代自然科学发展的欲望的不断膨胀,而是一种完全非经济的动力,即为获得认可而进行的斗争"③,"黑格尔根据美国和法国的民主革命,曾断言历史已经走到尽头,原因在于驱动历史车轮的欲望——为获得认可而进行斗争——现在已经在一个实现了普遍和互相认可的社会中得到了满足。没有任何其他人类社会制度可以更好地满足这种渴望,因此历史不可能再进步了"④。

---

① [美]弗朗西斯·福山:《历史的终结及最后之人》,黄胜强、许铭原译,中国社会科学出版社,2003年,第331—332页。
② [美]弗朗西斯·福山:《历史的终结及最后之人》,黄胜强、许铭原译,中国社会科学出版社,2003年,第143—144页。
③ [美]弗朗西斯·福山:《历史的终结及最后之人》,黄胜强、许铭原译,中国社会科学出版社,2003年,第152页。
④ [美]弗朗西斯·福山:《历史的终结及最后之人》,黄胜强、许铭原译,中国社会科学出版社,2003年,第9页。

这一历史观"对观察当代世界非常有用而且非常有启发性"①。据说这种为获得他人认可而进行斗争的行动无论在欧亚非拉还是美国本国都"无处不在并成为当代争取自由权利运动的基础"②,这显然是为美国在全球推行霸权主义进行开脱。他引用霍布斯的话说:"我们发现三个导致战斗的主要原因,第一是竞争,第二是不信任,第三是为荣誉……而正是荣誉会使人为一些区区小事……变得具有攻击性。"③虽然把美国的霸权主义行径归为"为美国荣誉而斗争"显得十分可笑,但是这种思维所产生的负面效应是可怕的,我们甚至可以想象,即使是种族灭绝这样的人道主义灾难,一旦披上为所谓荣誉而斗争的外衣,在福山的理论那里也轻而易举地可以找到开脱之词。这样说来,它造成的后果又与法西斯主义何异呢?

而在所谓"历史终结"以后,福山认为世界将划分为两部分——历史部分和"后历史"部分。"后历史"世界实行了自由民主制度,"是一种对舒适的自我保存欲望超越为为纯粹名誉拼死而战的欲望世界,是一种普遍的、理性的认可取代为统治而斗争的世界"④,它分成各个民族国家,国家之间相互作用的主轴心是经济竞争,强权政治失去市场,民族主义越来越与自由主义和平共处。以欧洲为例,"人们可以想象到一个民主的欧洲,一个多极的,并且由德国经济为主导的欧洲,而德国的邻国并不因此感到有任何一点军事威胁,也不会采取任何特别措施来提高自己的军备水平。在这样的欧洲中,经济竞争甚为激烈,而军备竞赛日趋衰减"⑤。而在历史世界中,仍然存在大量的宗教、民族和意识形态的冲突,民族国家将继续是政治认可的中心。而历史世界和"后历史"世界将会因为石油、移民和世界秩序这三个轴心问题发生冲突。福山别有用心地声称:"石油生产集中在历史世界里,却是'后历史'世界的经济命脉。……石油市场的破坏会直接对'后历史'世界造成灾难性经济后果。……除某些历史国家对其邻国有特别的威胁外,许多'后历史'国家也

---

① [美]弗朗西斯·福山:《历史的终结及最后之人》,黄胜强、许铭原译,中国社会科学出版社,2003年,第164页。

② 同上。

③ [美]弗朗西斯·福山:《历史的终结及最后之人》,黄胜强、许铭原译,中国社会科学出版社,2003年,第175页。

④ [美]弗朗西斯·福山:《历史的终结及最后之人》,黄胜强、许铭原译,中国社会科学出版社,2003年,第321页。

⑤ [美]弗朗西斯·福山:《历史的终结及最后之人》,黄胜强、许铭原译,中国社会科学出版社,2003年,第314页。

将高度关注阻止某些技术向历史国家扩散,理由是那个世界特别容易发生冲突和暴力。当前,这些技术包括核武器、弹道导弹、生化武器……"①稍有理解能力的人根据福山提出的逻辑对上述语句进行一番审读,即可以推出这样的结论:为了保证历史发展的高级或先进方向的"后历史"世界的安全,必须控制目前由历史世界掌握的经济命脉石油。为此,应该尽量地将产油区的历史世界国家纳入"后历史"世界来,为达到此目的而采取的一切措施都是合理的。而为了维护"后历史"国家眼中的所谓世界秩序,必须防止历史国家拥有与"后历史"国家同等水平的军事技术,以免引发战乱(美国徒劳无功地在伊拉克掘地三尺寻找"大规模杀伤性武器",并且以此为主要借口推翻萨达姆政权,强行向中东灌输西方价值观念,这种行为恰好成了福山理论的真实注脚)。这不仅是"只许州官放火,不许百姓点灯"的逻辑,更是在替以美国为代表的西方国家凭借技术优势、以维护世界秩序为理由、进行意识形态战争的行为张目。而福山也果然不出所料地说:"民主和非民主之间的差别,以及自由民主制度在全世界普及这一更广阔的历史进程告诉我们,美国对外政策中传统的道德标准,以及它对人权和'民主价值'的关注,都是完全正确的。"②这不由得令人想起古罗马思想家西塞罗在《论公职》中所说的话:"罗马的统治与其说是世界帝国,毋宁说是出于对世界的父亲般的关怀!"③当今的美国某种程度上也怀有罗马帝国的情结,要给世界带来所谓的"父亲般的关怀"。冷战以后的美国奉行的对外政策继承了"威尔逊主义"的精神,以向其他国家推行民主为主要责任,以"拯救世界"为主要目标。1992 年 12 月,美国总统乔治·布什说:"面对二战以后领导世界的呼声,我们以民主和法制的原则构建了一个崭新的自由国家共同体,它以力量、坚定、耐心和团结一致遏制了苏联的极权主义,保证了和平。没有一个社会或一个大陆应该被剥夺享受人类自由信念的权利,民主国家的共同体比以往更有活力,并将发展壮大……放弃在世界范围内开展民主革命对于美国的安全而言不啻

---

① [美]弗朗西斯·福山:《历史的终结及最后之人》,黄胜强、许铭原译,中国社会科学出版社,2003 年,第 315—316 页。
② [美]弗朗西斯·福山:《历史的终结及最后之人》,黄胜强、许铭原译,中国社会科学出版社,2003 年,第 317 页。
③ [意]但丁:《论世界帝国》,朱虹译,商务印书馆,1985 年,第 36 页。

是一场灾难。"①这种以世界领袖自居的心态，在美国人自己看来，则是一种以世界安危为己任的美德，尤其是当世界范围内正开始一场民主革命的时候，美国需要舍我其谁的魄力。② 而实际上，当年的布什总统已经讲得很明白，这完全是为了美国自身的安全和利益。

就意识形态之争而言，福山并无多少创新之处，当社会主义运动在 20 世纪 90 年代初陷于低潮之时，人们更多地想到的是另一个著名人物——以毕生精力反对社会主义的自由主义者弗里德里希·奥古斯特·冯·哈耶克。福山将共产主义和法西斯主义看作自由民主之敌，而哈耶克更直接将社会主义、集体主义和法西斯主义混为一谈，宣称它们有共同的思想基础。在《通往奴役之路》中，哈耶克宣称社会主义道路是对欧洲传统文明发展道路的背离，法西斯主义和共产主义在许多方面存在相似性，他甚至引用许多反社会主义者的话说："斯大林主义与法西斯主义相比，不是更好，而是更坏，更残酷无情、野蛮、不公正、不道德、反民主、无可救药，……社会主义者肯定会证实，至少在其开始时，不是通往自由的道路，而是通往独裁和反独裁、通往最惨烈的内战的道路。以民主手段实现并维持的社会主义，看来确实属于乌托邦世界。……通过马克思主义可以达到自由与平等的信念的完全崩溃，已经迫使俄国走上德国一直在遵循的相同道路，即通往极权主义的、纯粹消极的、非经济的、不自由不平等的社会。……"③斯宾塞曾经指出，人类社会的最终宿命就是放任自由主义。而哈耶克的后期著作中越来越执着于这样的进化论观点，认为社会主义是 1848—1948 年的"社会主义世纪"的返祖反动现象，它在 20 世纪后期开始完全退却，并在 21 世纪会成为政治上的古董、一个已经被否定了的试验、一个反面教材。④ 有人说哈耶克在有生之年目睹自己夙所坚持的理念变为现实，是对于一个思想家来说最高的奖赏。且不说哈耶克的反社会主义思想是否真的已

---

① Tony Smith, *America's Mission: The United States and the Worldwide Struggle for Democracy in the Twentieth Century*, Princeton University Press, 1994, New Jersey, p. 311.

② Brad Roberts, *Democracy and World Order*, from US Foreign Policy after the Cold War, exit by Brad Roberts, MIT Press, London, pp. 298 - 302.

③ [英]弗里德里希·奥古斯特·冯·哈耶克：《通往奴役之路》，王明毅等译，中国社会科学出版社，1997 年，第 32—33 页。

④ [英]安德鲁·甘布尔：《自由的铁笼：哈耶克传》，王晓东、朱之江译，江苏人民出版社，2005 年，第 292—294 页。

变为现实,仅仅这种自我陶醉式的"躬逢其盛"想法就展示了某些人凸显的西方中心意识。从丹尼尔·贝尔的《意识形态的终结》到尼克松的《1999:不战而胜》,再到福山的《历史的终结及最后之人》,最后到亨廷顿的《文明的冲突与世界秩序的重建》,我们看到了一条越来越清晰的线索,即西方意识形态胜利说,世界价值观念一元说,福山极力强调的所谓"普遍的世界史",就是西方意识形态至上、西方意识形态统一全球的世界史,这种改头换面的西方中心论是了无新意的。

1992年,哈耶克被人称作满怀欣慰地离开了世界。与此同时,福山结合黑格尔主义与自由主义衍生出了自由主义的变种,这在意识形态思想斗争的历史上算是长江后浪推前浪了。哈耶克最初提出他的思想时,他被周围世界看作不被理解的怪人;而福山的历史终结论甫一出笼,便受到了西方世界的热捧。尽管许多反对福山的人试图从各个角度来挖掘福山理论的虚弱之处,并且用"9·11"事件的发生来向福山的所谓"自由民主理念已经无可匹敌"发起质疑,但是福山并不以为意,他一再声称"历史终结论"所说的历史是指"几个世纪以来,人类朝着以自由民主制和资本主义为特征的现代性的进步历程。这个进程将把越来越多的地区带入现代社会。除了自由民主制和资本主义,人类社会没有别的进化可能。……虽然在某些领域、某些时期这一历史进程会遇到阻力,但最终自由民主制将成为全球的主导组织原则。……现代性就像一列奔驰的火车,恐怖分子对它的袭击并不能阻挡它奔向历史的终点:自由民主制"①。福山提出这种理念的勇气是值得赞赏的,这几乎已经貌似"为万世开太平"的极高境界,然而他的观点无一不是以西方为中心的,散发出强烈的陈腐气息。2005年,美国总统小布什进入第二任期,在他的就职演说中没有提到"伊拉克、阿富汗、恐怖主义"这样的字眼,而是不停地宣称和平的到来取决于自由民主在全球的扩张和实现,要在全世界结束暴政,以至于有人感觉这演讲似乎是福山起草的。② 问题在于,已经处在"后历史"世界国家之首位的美国,需要向仍然在历史世界里的国家寻求"获得认可"和所谓荣誉吗?当黑格尔提出主人与奴隶的不平等、奴隶为获得主人的认可而浴血奋战的时候,我们尚能找到它的合理性;但当处于主人地位的一方反过来向奴隶谋求认可的时候,就匪夷所思了。当

---

① 游斌:《历史终结论的新解释及其批判》,《国外理论动态》2002年第3期。
② 苗炜:《布什的就职演讲》,《三联生活周刊》2005年第5期。

今美国的强势地位世所公认,它对中东地区的改造与其说是将自由民主理念推向世界,毋宁说更多的是霸权主义政策和冷战思维的延续。而令人忧虑的是,福山的历史终结论给美国的称霸行为披上了合法外衣,不知道标榜自由民主理念的福山是否清楚,这种强加于人的所谓自由民主,早就与自由民主的精神内涵背道而驰了。

提到"9·11"事件,我们很自然地会想到做过福山老师的塞缪尔·亨廷顿,以及他所提出的"文明冲突论"。

亨廷顿认为,在冷战结束后的世界里,人民之间最重要的区别已经不再是意识形态或政治经济的,而是文化的区别。民族国家仍然是世界事务中的主要因素,但是它们的行为日益受到文化偏好、文化共性和文化差异的影响。国家也不再像冷战中的三个集团那样分类,而是分为七八个主要的文明。"在这个新的世界里,最普遍的、重要的和危险的冲突不是社会阶级之间、富人和穷人之间、或其他以经济来划分的集团之间的冲突,而是属于不同文化实体的人民之间的冲突。部落战争和种族冲突将发生在文明之内。然而,当来自不同文明的其他国家和集团集结起来支持它们的'亲缘国家'时,这些不同文明的国家和集团之间的暴力就带有逐步升级的潜力。……最危险的文化冲突是沿着文明的断层线发生的那些冲突。"①

对于文明的性质,亨廷顿认为,文明是放大了的文化,并且是最广泛的文化实体。文明是持久存在并且不断演变的。文明不是政治实体,它的政治组成各不相同,一个文明之内往往包含不同的政治单位。宗教是界定文明的一个重要特征,韦伯提出的"五个世界性宗教",有四个——基督教、伊斯兰教、印度教和儒教,与主要文明结合在一起,而佛教分支众多,对各文明的影响也各异。据此,亨廷顿列举了当今世界的主要文明:中华文明、日本文明、印度文明、伊斯兰文明、西方文明、拉丁美洲文明、非洲文明。②

亨廷顿否认了正在出现一种普世文明的说法,首先,在所有社会里人类都具有某些共同的基本价值和最低限度道德,但这些不是普世文明所代表的含义。其次,

---

① [美]塞缪尔·亨廷顿:《文明的冲突与世界秩序的重建》,周琪等译,新华出版社,1999年,第6—7页。
② [美]塞缪尔·亨廷顿:《文明的冲突与世界秩序的重建》,周琪等译,新华出版社,1999年,第23—33页。

西方消费模式和大众文化在全世界的传播,不能说明普世文明的出现,"西方文明的本质是大宪章(Magna Carta)而不是'大麦克'('巨无霸'Magna Mac)。非西方人可能接受后者,但这对于他们接受前者来说没有任何意义。……在中东的某个地方,几名年轻人可以穿着牛仔裤,喝着可乐,听着摇滚乐,但他们可能在向麦加顶礼膜拜的间隙,造好一枚炸弹去炸毁一架美国飞机"①。而由于语言和宗教差异,加上普世主义本身是西方对付非西方社会的意识形态,"在其他文明中几乎得不到支持"②。因此,亨廷顿认为福山的"历史终结论"是一种谬见:"它建立在冷战的视角之上,认为共产主义的唯一替代物是自由民主制,前者的死亡导致了后者的普遍出现。然而,显然存在着许多形式的独裁主义、民族主义、社团主义和市场共产主义,它们在当今世界存活得很好。更重要的是,存在着许多位于世俗意识形态世界之外的宗教选择。在现代世界,宗教是主要的,可能是唯一主要的促动和动员人民的力量。下述想法是十足傲慢的表现:由于苏联共产主义垮台了,西方就永久赢得了世界,印度人和其他人将仓促地把西方自由主义当作唯一的选择来接受。冷战所造成的人类分裂已经结束,但种族、宗教和文明所造成的人类更根本的分裂依然存在,而且产生着大量新的冲突。"③

实际上,亨廷顿认为西方文化正在衰落,亚洲文明正在扩张其经济、军事和政治权力,伊斯兰世界正在出现人口爆炸,非西方世界的本土文化正在复兴和得到重新肯定。新的世界秩序是以文明为基础的,"主要文明的核心国家正取代冷战期间的两个超级大国,成为吸引和排斥其他国家的几个基本的极。……文明的集团正在形成,它包括核心国家、成员国、毗邻国家中文化上相似的少数民主人口,以及较有争议的核心国因安全考虑而希望控制的邻国中其他文化的民族"④。而西方国家的普世主义日益引起不同文明之间的冲突,"在宏观层面上,最主要的分裂是在

---

① [美]塞缪尔·亨廷顿:《文明的冲突与世界秩序的重建》,周琪等译,新华出版社,1999年,第45—46页。
② [美]塞缪尔·亨廷顿:《文明的冲突与世界秩序的重建》,周琪等译,新华出版社,1999年,第56页。
③ [美]塞缪尔·亨廷顿:《文明的冲突与世界秩序的重建》,周琪等译,新华出版社,1999年,第56页。
④ [美]塞缪尔·亨廷顿:《文明的冲突与世界秩序的重建》,周琪等译,新华出版社,1999年,第167页。

西方和非西方之间,在以穆斯林和亚洲社会为一方,以西方为另一方之间,存在着最为严重的冲突。……一贯富有使命感的美国,认为非西方国家的人民应当认同西方的民主、自由市场、权力有限的政府、人权、个人主义和法制的价值观念,并将这些价值观念纳入他们的体制。然而,在其他文明中,赞同和提倡这些价值的人只是少数,大部分非西方国家的人民对于它们的占主导地位的态度或是普遍怀疑,或是强烈反对。西方人眼中的普世主义,对非西方来说就是帝国主义"①。

在亨廷顿的预想中,未来世界冲突的主要地将发生在西方与非西方之间。拉丁美洲文明和非洲文明目前部分地依赖于西方,而中华文明和伊斯兰文明则完全不同于西方文明并且正向西方文明发起挑战。

亨廷顿将阿富汗战争和海湾战争称为过渡战争,认为它们从一开始的传统意义战争变成文明的战争,开启了一种新的战争形式——断层线战争。所谓断层线冲突,指的是属于不同文明的国家或集团之间的社会群体的冲突,这种冲突发展成暴力就是断层线战争。它与以往的传统战争相比,可能更加旷日持久而且易于扩散;由于宗教是区分不同文明的主要特征,断层线战争几乎总是在不同宗教信仰的民族之间展开。②

如同福山所谓的"后历史"国家为了维护地区稳定有必要遏制历史国家的崛起的说法能够引申出"中国威胁论"一样,亨廷顿的所谓西方文明会受到中华文明和伊斯兰文明的挑战的说法也可以得出"中国-伊斯兰威胁论"。虽然亨廷顿也强调世界的多极化和文明的多样化,但是从他哀叹西方文明的衰落可以看出,他的真实立场仍然是以西方为中心的。历史终结论和文明冲突论具有殊途同归的思想历程,两者之间的差异只是一个稍显乐观而另一个略呈悲观。然而令人忧虑的是,柏林墙的倒塌使福山的历史终结论风靡一时,世贸大楼的倾颓也让亨廷顿的文明冲突论洛阳纸贵,这两种解释未来世界发展方向的理论一时间竟成为影响力最大的思想,很难说它们没有在美国继续推行霸权主义之时助纣为虐。

在提出文明冲突论以后,亨廷顿又在他的另一部著作《我们是谁?——美国国

---

① [美]塞缪尔·亨廷顿:《文明的冲突与世界秩序的重建》,周琪等译,新华出版社,1999年,第199—200页。
② [美]塞缪尔·亨廷顿:《文明的冲突与世界秩序的重建》,周琪等译,新华出版社,1999年,第275—286页。

家特性面临的挑战》(Who Are We? The Challenges to America's National Identity)中扩展了他的西方中心言论。他认为,美国正面临着民族认同的危机,随着长期以来亚非拉美裔移民的涌入,美国社会已经趋于分化,外来移民仍然保持着原来的语言、宗教信仰和生活习惯,并与祖国有着千丝万缕的联系,这使美国人的国家观念日趋淡薄,为此必须重塑美国文化的核心。至于美国文化的核心,亨廷顿认为,美国的主流文化就是盎格鲁-新教文化,这是17世纪和18世纪定居下来的英国新教徒带来的文化,是美国人国民身份和民族认同的核心,"美国信念"就是由此而来的。①

亨廷顿认为以盎格鲁-新教文化为核心的美国和美国民族认同面临如下挑战:一是苏联解体消除了美国安全的一大隐患,但随之增加了"死于安乐"的可能性,而跨国身份、他国身份等都使美国国民身份的重要性下降了,在面临外来威胁之时,美国丧失了足够的凝聚力。二是多元文化和多样性理论的出现损害了美国的文化核心以及"美国信念"。三是20世纪90年代开始的第三次移民浪潮主要来自拉丁美洲和亚洲,这些移民的祖国文化跟美国主流文化相去甚远,要消除他们对别国的忠诚比以往慢得多。四是外来移民绝对人数多,到美国后人口分布集中,原祖国的政府鼓励他们对美国社会和政界施加影响以达到某种不可告人的目的。据此亨廷顿提出要振兴美国的核心文化,以使美国成为富有凝聚力的、说英语的、白人主导的、恪守盎格鲁-新教文化的国家。②

一言以蔽之,从文明冲突论,再到美国核心文化面临挑战论,亨廷顿向人们展示了他的思想线索:西方文化是世界文化的核心,美国文化是西方文化的核心,盎格鲁-新教文化是美国文化的核心。

这样的观点证明,亨廷顿已经失去了作为学者应有的客观立场和谨慎态度,他和他的冲突理论一齐沦为了意识形态的工具。他唯一值得赞赏之处仅有两点:首先,强调了世界文明的多样性和所谓普世文明的荒谬性。其次,抛开他的言论是否正义,他具有的爱国热情是可资借鉴的。不过前者是在担忧西方文明一统天下的

---

① [美]塞缪尔·亨廷顿:《我们是谁?——美国国家特性面临的挑战》,程克雄译,新华出版社,2005年,第53页。
② [美]塞缪尔·亨廷顿:《我们是谁?——美国国家特性面临的挑战》,程克雄译,新华出版社,2005年,第16—19页。

艰难,后者是丧失了理智的狂热。而所谓的坚持盎格鲁-新教文化无异于为死灰复燃的白人至上主义火上浇油,重启了种族歧视的罪恶之门。

亨廷顿理论的虚弱在于,他固执地为世界冲突提供文化或者文明差异的解释,捕风捉影地提出一系列诸如"中华文明将与伊斯兰文明联合挑战西方文明"的说法,而他提供了以宗教来划分文明的方法有些地方是牵强附会的,中国人自己定然不会同意把儒家思想看作宗教。客观地说,当前的世界冲突,仍然是以权力、财富、资源的不平衡和意识形态的对立为主要原因。亨廷顿的狡黠之处在于利用了这样一个事实并加以无限夸大:人类社会发展至今,很难再有不属于任何文化圈的群体,凡有人处就有宗教信仰。但是,不能因为冲突的双方信仰不同的宗教就武断地认为双方是因为不同的宗教信仰而产生冲突;也不能因为结盟的成员信仰相同的宗教就据此推断他们的结盟是宗教认同的原因。亨廷顿说前南斯拉夫地区冲突时西方国家的介入是为了捍卫基督教的领地,那么他又如何解释阿富汗战争是美国对伊斯兰抵抗武装的支持和海湾战争使沙特与西方国家的结盟?至于许多信仰相同宗教而仍然发生冲突、信仰多种宗教而仍然和平共处并开创有效的合作机制的例子,更是毋庸赘述了。

至少目前而言,历史终结论和文明冲突论都有极大的负面效应,它们为西方意识形态的全球扩张和文化霸权主义提供了理论支持,这必然引起非西方世界的强烈回应,增加全球的不稳定因素。甚至亨廷顿自己也意识到:"我于1993年发表的文章在中国和其他地方被批评为可能提供了一个自我实现的预言,即文明的冲突由于我预测其可能发生而增加了发生的可能性。"[①]

德国学者森格哈斯指出,对文化基本特征及其价值观做简单的一成不变的研究会产生误导作用,实际上文化内部往往存在分歧和对立,并在各自的历史条件下不断发展和演变。[②]

对于文明冲突论,森格哈斯认为亨廷顿在论述的时候犯了宏观和微观上的错误。在宏观上,亨廷顿没有对他给出的几种文明进行详细的阐述,只是对所谓各个

---

① [美]塞缪尔·亨廷顿:《文明的冲突与世界秩序的重建》,周琪等译,新华出版社,1999年,第3页。
② [德]迪特·森格哈斯:《文明内部的冲突与世界秩序》,张文武等译,新华出版社,2004年,第2页。

403

文明的本质进行了简单介绍。于是亨廷顿笔下的西方之所以为西方,是因为继承了古典的遗产(希腊理性主义和罗马法等)、天主教和新教的产生、欧洲语言的多样性、教权与王权的分离、法律制度、社会多元主义、代议机构和个人主义。而儒家文明的价值观则被描述为权威、等级、个人权益屈从于集体、重视一致性等。至于伊斯兰文明更是几乎被亨廷顿忽略了,他将伊斯兰文明视作与其他文明截然不同的个体,并且说伊斯兰教是具有暴力本质的。而令人惊奇的是,亨廷顿大谈所谓文明的冲突,却对引起这些冲突的文明本质不加讨论,零散的注脚和历史回顾是无法代替系统分析的,只有系统分析才可以回答为什么不同的文明会有不同的文明特性。而亨廷顿所构建的"断层线"和所谓"儒教-伊斯兰教联盟",在文化精神上找不到什么解释。他缺乏一种将世界政治行为和文化层面的解释联结起来的纽带。而在微观上,亨廷顿将目光投放在众多的种族和民族冲突上,并试图从文化根源上找原因,这显然忽略了社会和经济问题的作用,夸大了文化和宗教精神。①

而文明真正面临的冲突是各个文明在传统价值观念和现代历史道路抉择上的取舍,西方文明主导了世界潮流数百年,现代历史文明在其发源地英国是原生性的,而在其他地区,或多或少都面临着传统与变革的激荡,因此人类真正应该关注的是面临现代历史的大潮,如何让多样的文明在脱胎换骨的同时继续繁荣与共存。

文化全球化是未来世界发展的必然趋势,是伴随着全球现代历史的进程,以多文明共存共荣、友好往来、对话合作、繁荣昌盛为目标。但是在当今世界政治经济力量不均衡的情况下,文化全球化极有可能成为超级大国继续奉行霸权主义的工具,以文化全球化为外衣,向世界其他地区推行符合本国利益的价值观念和意识形态。只有抱着各个文明之间相互信任、相互提携的态度,共同协商、联手应对将来可能遇到的问题,才能保证世界的和平稳定发展。因此,鼓吹历史终结论或者文明冲突论,非但不合时宜,某种程度上更是为虎作伥。"9·11"事件以后,美国不遗余力地开展反恐战争,西方世界与伊斯兰世界的关系骤然紧张。美国人的民族感情令人钦佩,但是不受制约的民族感情则往往成为恶魔。未来向何处去,需要全人类携手共进,无论欧洲人、美洲人、非洲人还是亚洲人或大洋洲人,都需要求同存异、

---

① Dieter Senghaas, *The Clash Within Civilizations: Coming to Terms with Culture Conflicts*, Routledge Press, 2002, London & New York, pp. 71–74.

和平共处,在真理的道路上向着自由与公理的目标不懈前进。

三、文化冲突的几种类型

文化是一种超越的概念,它是一种价值体系,归属精神的领地。但是当人们试图在汪洋大海似的文化历史长卷中穷尽其定义的时候,都会情不自禁地迷失方向,因为文化本身是不受约束的,它没有固定的含义,没有确切的界定。

文化存在于社会的每个角落,生长在世界的点滴空间,弥漫在人们的心灵深处。文化是多层次性的,是多形式的,也是普遍性的。人是自然的人同时也是具体的人,而在文化的影响下,人不仅仅代表的是自然的意义,凸显其历史和社会的内涵,因为是其不同的历史和社会特性造就了人的个性,基于人类不同特性的冲突表现出不同人类文化之间的相互对立、相互排斥、相互否定,即文化冲突。正如人们无法回避人类本身特质的差异那样,文化冲突也是人们所无法避免的,可以说人与人最本质的冲突就是文化冲突,而且人类文化冲突的普遍性和客观性对人类社会的生存和发展起着极其重要的作用。全球化的发展,给人类带来了前所未有的挑战和机遇,也对整个世界产生了深刻的影响。其中一元与多元文化的冲突、霸权文化与民族文化的冲突成了全球化下文化冲突的最主要的表现形式。

不同的文化体系包含着不同的价值观念、思维方式和行为特征,而这些文化观念是不会轻易改变的。尤其在充溢着变化和挑战,多种文化并存的当今世界,文化冲突的撞击让文化的防御性和排他性在文化现象中显得极为敏感,也使文化冲突呈现出了不同的表现类型。

文化是多层面的立体结构,包含着地域文化、职业文化、阶级文化、民族文化、家庭文化、群体文化、宗教文化、种族文化、人格文化等,当然各种文化冲突也是以相互交错的、非独立并行的方式呈现在文化体系中的,然而在冷战结束后已经呈现出多极化发展的 21 世纪,文化冲突更跃然于宗教、民族、种族的危机中,成了世界矛盾主导的表现载体的深层原因。

(一)民族冲突

民族主义是一种文化价值观念,它强调自己民族的语言、文化或种族特征,寻求民族特性和民族尊严,要求在民族经济、民族文化、民族意识以及和其他民族之间关系方面维护、捍卫和实现本民族的利益,①民族主义也是一种思想感情,在民族国家诞生之时产生的对本民族的认同、归属、忠诚和热爱的情感。

200多个国家组成了一个地球村,3 000多个民族矗立在世界民族之林,无论是国家与国家之间,还是民族与民族之间都在联系和交往中求生存、寻发展;由于价值观念、历史渊源、文化背景等原因必然会产生误会、隔阂和冲突。其中民族文化是各个民族区分的标志,是不同民族之间矛盾冲突的主要原因。

一般而言,民族文化体系的深层意识就是该民族的文化认同意识,它支配着人们的一般文化观念和价值观念,以及由这些观念而采取的社会文化行为,在对其他民族文化做出反应时,这种文化认同意识会使该民族的群体和个体产生强烈的自我意识和向心归属情绪,对外防范,对内认同,于是文化系统的排外性和内整性由此而生。

民族文化特性和文化意识是不会轻易改变的,由于不同文化特质的个体、群体是为了不同的文化环境所教化的,或者说,民族之间的许多差异都是体制和文化适应某些特定的自然环境和社会条件的结果,在不同层次的文化特殊性上,都有其独特之处。

有着认同的血缘意识、祖先意识和地域观念的人们,共同组建了一个伟大的民族,依靠着普同性的价值、伦理、文化习俗和取向紧密地凝聚在一起,民族文化会积淀起传统,一个民族一旦形成了文化传统就自然而然让文化本身带有了保守性和排他性,②始终坚持着民族至上的原则。一旦受到威胁,就会产生强大的防卫能力,造成冲突甚至是大规模的战争。诚然,影响当今世界和平和发展进程的国际冲突主要是民族矛盾的冲突,归根结底也是民族主义的冲突。

多民族国家的冲突在世界政治舞台上屡见不鲜,摩尔多瓦民族冲突就是其中较为典型的个例。在世界历史地图上,很难找到它的位置,因为它不但仅有 3.38 万平方公里的土地,而且大都是以别国的属地出现,并没有以独立国家的姿态勾画出来。但是,其复杂的民族成分引起了全世界的关注。

1812年,摩尔多瓦告别土耳其,被划入了俄罗斯的版图;1918年,在俄罗斯混

---

① 王志平主编:《硝烟中的沉思——当代世界武装冲突中的民族宗教问题研究》,中国社会科学出版社,2003年,第179页。

② Ruth Benedict, *Race and Racism*, London: Routledge & Kengan Paul, 1983, pp. 19-21.

沌之时，罗马尼亚又将其兼并了；1924年，在德涅斯特河东岸又建立了摩尔多瓦自治苏维埃共和国；1940年，强大的苏联对比萨拉比亚地区和德涅斯特河岸进行了重新划分，将摩尔多瓦自治共和国一部分和罗马尼亚退出的比萨拉比亚地区合并成了摩尔多瓦加盟共和国，而将原来摩尔多瓦自治共和国剩下的一部分和比萨拉比亚地区讲乌克兰语的居民们并入了乌克兰。

如此翻来覆去的领土纷争，让摩尔多瓦的民族成分极其复杂，乌克兰族、俄罗斯族、加高兹族、保加利亚族、犹太族及其他少数民族组成了只有370多万人口的国家。在苏联的高度集中的政权压制下，勉强维持着表面的稳定和安宁。

随后苏联解体，1991年8月27日，摩尔多瓦宣布了独立；由于执政当局采取了亲罗马尼亚的政策，所以民族矛盾在短短几个月之间爆发了，生活在德涅斯特河沿岸的俄罗斯民族和加高兹族人强烈抗议亲罗政策，更不能容忍"与罗马尼亚合并"的主张。于是在民族分裂主义高涨的情势下，"加高兹共和国""德涅斯特沿岸共和国"在摩尔多瓦共和国的国土上宣布成立。

于是，坦克、装甲车、火箭炮的齿轮碾进了本来就很单薄的土地；撕心裂肺的眼泪、鲜血、尸体充溢着本来就不平静的空间，民族冲突带来的怀疑、纷争、敌对和战争是如此剧烈。幸运的是，维护领土、主权独立成了世界的呼声，在罗马尼亚、俄罗斯、乌克兰等国际社会的帮助和努力下，摩尔多瓦民族冲突已经趋于缓和，最终和解也将指日可待。

库尔德民族冲突也是当今世界极为敏感的民族问题。人们有理由责备历史，却对历史无能为力，让今天去解决历史造就的问题，是极为艰难的。库尔德是中东最古老的民族之一，因为20世纪帝国主义对中东的争夺和瓜分，《洛桑条约》将库尔德人无情地分散在土耳其、伊朗、伊拉克、叙利亚、俄罗斯和高加索地区，民族的分离从此开始了历史的悲剧。

处在不同国家之间的库尔德民族争取民族独立的历程是艰辛的，它不时地充当着国家争夺利益的工具，伊朗、伊拉克对其时而血腥镇压，时而暗中支持，其左右摇摆不定的立场让库尔德民族冲突愈演愈烈。冷战以后，国际社会处于各自的立场对库尔德民族问题加以干涉，西方谴责土耳其、伊朗、伊拉克对库尔德人的人权侵犯，一定程度上帮助库尔德民族运动的发展，但是解决世界上最突出的民族问题是任重道远的，谁也说不清楚建立独立的"库尔德斯坦"是库尔德民族的理想还是梦想。

(二) 种族文化冲突

马克思曾经说过:"劳动在黑皮肤上打着火印的地方,无论如何也不能在白皮肤上得到解放。"今天事实证明,一个黑人社会,一个白人社会,以不平等、敌对和冲突的方式并存在同一个国家——美国。以人类源远流长的发展文明史为参照,可以说美国没有自己的历史和传统,当白种盎格鲁-撒克逊人征服这片远离英吉利海峡的广袤土地后,留下的不仅是对印第安人血腥屠杀和驱逐的斑斑劣迹,还带来了另一种他们始终没有承认的文化和种族。1619年,当第一批黑皮肤的人群以被贩卖的奴隶身份不情愿地踏上这片土地时,一切的不幸和悲剧就开始了。

白人——勇敢、勤劳、智慧、追求自由和平等;黑人——愚昧、贪婪、落后、安于现状;于是残暴无情的肤色让黑人忍辱负重当了200多年的奴隶,忍气吞声地做了100年的二等公民,直至今日黑人仍然处于美国社会的主流之外。

美国是一个移民国家,欧洲白人、黑人、拉丁美洲裔人和其他少数民族纷然踏至之时,也带去了自己的文化、价值观、思想和传统,于是在同一个社会里,基督教文化、非洲文化、犹太文化、墨西哥文化等不同的文化和价值观相互作用、影响,在历史、经济、地域等因素的作用下,民族优越感、种族优越论随之产生,并对社会的发展起着重要的作用。

长期以来,来自欧洲的白人构成了美国的主流社会,他们的生活方式、价值观念、文化传统和民族特性当仁不让地成为美国文化的主导。他们主宰了美国的历史。被铁索拴来的黑人在欧洲白人眼里不是人,而是天生的奴隶。仅以物质和金钱为价值标准的美国白人对非洲传统文化的判断只有落后和愚昧,他们否定黑人的一切。黑人被他们剥夺了自己的文化和精神,被他们抢走了做人的权力,留下的只是充当商品、财产、劳役的肉体。在奴隶制下,种族歧视就成了美国的行为,也成了美国人的一种思维方式,并渗透到了美国大众社会生活的各个角落。① 虽然历史前进的齿轮碾碎了奴隶制存在的基石,但是并没有改变黑人作为劣等种族备受歧视的命运。黑人没有获得真正的公民身份,失业、贫困、犯罪、教育的隔离像枷锁

---

① Martin N. Marger, *Race and Ethnic Relations, American and Global Perspectives*, Wadsworth Pub. Co., c1991, pp. 73 – 75.

一样一层一层地套在他们的身上,让他们举步维艰。据华盛顿刑事判决研究所1997年1月发表的研究报告显示:在总共1 040万黑人选民中,约有146万黑人男性因被判重罪而失去选举权。据人权观察组织1998年的统计,目前美国被剥夺选举权的成年人占总人口的2%,而被剥夺选举权的黑人占黑人人口总数的13%。在经济上,占美国人口12.1%黑人只占美国个人收入总额的37%;三分之一黑人家庭生活在贫困线以下,而白人家庭只占十分之一。黑人虽占美国就业队伍总数的10.1%,但是由于各种原因,他们能进入医学、法律、新闻和工程领域的机会少之又少。①

奴隶制是黑人悲哀的源头,但是当代的种族迫害又何尝不是黑人另一种不幸的开始,社会的不公正、政治地位的低微、得不到平等的就业机会,必然会造成黑人贫困化,而在苦难中挣扎的人们更容易通过偷盗、抢劫、贩毒、卖淫以维持生计,种族冲突必然愈演愈烈。克林顿总统就曾痛心疾首地说:"种族分裂正在撕碎美国的心。"

1998年3月3日公布的调查报告显示:1997年美国的种族歧视组织比上半年增加了20%,目前有474个种族歧视组织及其分支机构在全国从事种族歧视活动。另据美国全国教堂纵火案特别工作组1997年6月8日公布的调查报告:1995年1月至1997年5月底,美国全国有162座黑人教堂被焚毁,多数焚毁教堂的事件都是白人所为,在涉嫌150起纵火案被捕的199名犯罪嫌疑人中,白人有160人,在已被定罪的110名犯人中,白人有94人。② 这种陷入以自我为中心的而对另一个种族极端鄙视的行为给美国社会的发展造成了严重的后果。

处于世界顶峰地位的美国始终认为:将来自世界各个文化区域,本身带有不同文化色彩的各种移民结合在一起,并且组成了一个强大统一的国家,是值得美国永远自豪和骄傲的。各种文化的移入和融会组成了美国文化,可见美国文化本身就是一种多元文化。但是多元文化对作为美国主流文化的白种盎格鲁-撒克逊文化形成了巨大的冲击,于是文化熔炉说应运而生,他们认为多元文化的存在让美国人

---

① 王志平主编:《硝烟中的沉思——当代世界武装冲突中的民族宗教问题研究》,中国社会科学出版社,2003年,第130页。

② 王志平主编:《硝烟中的沉思——当代世界武装冲突中的民族宗教问题研究》,中国社会科学出版社,2003年,第132页。

丢失了共同的目标,丧失了统一的价值共识,最终走向分裂。他们要求移民们必须按照美国的方式改造自己,放弃、淡化自己传统文化和价值观,吸纳美国主流文化的价值观、生活方式、理想信念……成为彻彻底底的美国人。

但是,文化差异是不容抹杀的,文化多元化的趋势不可阻挡,同化不但不能解决多元文化的问题,反而会加剧种族的对立和分裂,甚至导致更为严重的冲突。种族歧视、种族冲突将具有各种文化个体特征的民族和群体排斥在美国社会组织结构外,这种文化的抵制和敌视不仅深深地伤害了黑人的情感,也是对美国贯以推崇自由和民主至上的一种遗憾、悲哀和讽刺。

历史的必然唤起了有色人种的觉醒和斗争,具有暴力性质的黑人反歧视斗争引起了美国社会的极大震动。1979 年,白人警察打死了因为闯红灯违反交通规则的黑人驾驶员,但是由白人组成的陪审团理直气壮地宣告白人警察无罪,此次事件引起了一场全国范围内的大规模反种族歧视的黑人大暴动,死伤无数,损失惨重,撕裂了黑人原本已经千疮百孔的心,更对美国主流文化造成巨大冲击,促使了美国对自己的文化熔炉学说有了新的认识:新的熔炉学说主张种族之间的相互尊重和平等,美国文化的发展需要双方的努力,除了来自欧洲以外国家的移民需要改变思维方式、接受美国的价值观和主流文化之外,美国主流文化也需要宽容地对待其他文化,相互交流,吸收精髓。

骇人听闻的还有卢旺达种族大仇杀,一个面积只有 2.6 平方公里的小国家,数百万的人葬身于种族仇杀,数百万的人被迫逃亡,留下的不到一半的人在境内颠沛流离,祸根就是错综复杂的种族冲突。

图西族和胡图族原本安宁地生活在一起,虽然一个是统治者,一个是被统治者,但是部族文化的差异并没有导致冲突和仇恨。但是殖民者的到来让他们开始清晰地认识到种族不同的重要性,比利时让图西族发现,他们是优越于胡图族的,他们可以找到很好的工作,可以受到良好的教育,得到很好的生活,但是胡图族不可以。长期的压迫和奴役,激化了图西族和胡图族的种族矛盾。1959 年,在比利时的挑唆下,图西族和胡图族爆发了大规模的种族屠杀与冲突。而胡图族成了独立后卢旺达的统治者,并进行了大规模的种族清洗,尤其到了 1994 年,卢旺达和布隆迪的两位胡图族总统因飞机坠毁而遇难,引发政局动荡,开始了卢旺达历史上规模最大的种族清洗,100 万图西族人丧命,200 万图西族人沦为难民,走上了被排挤和欺辱的逃亡之路,中部非洲局势依然严峻。

种族歧视和冲突有着错综复杂的历史渊源、地域、经济、文化等原因,但是无论怎样,种族歧视和冲突都不是渴望和平与理解的人类所需要的,对多元文化的平等相处、包容并进才是时代的趋势和潮流。

四、文化冲突的解决方式

令人欣慰的是,人们已经认识到了人类文化冲突产生的客观性、普遍性和必然性,文化冲突带给人类极具震撼的冲击力已经震醒了混沌不堪的尘世,让"文化协调"清晰地凸现在全球化的进程中。

第一,人类必须承认和正视文化冲突。文化冲突是文化多样性的体现,而文化多样性推动了历史文明史的发展,灿烂的文化让人类置身于精彩的世界中,开眼看到了广阔的天地,感受到了无限的生命乐趣,解开了理性的面纱,选择了新的生活方式,是多样化的文化让人真正认识了自己,是多样化的文化让世界显得多姿多彩。人类不可能用一种文化去统治全人类,人类也无法消灭文化的多样性,人类社会充满着多种文化是历史无法改变的,人们必须坦然地面对和客观地看待。但是多样化的文化下隐藏着无法避免的文化冲突,而太多的伤害让人类害怕冲突,急切地渴望着回避、限制甚至是阻止冲突,但是,人们忘却了,没有冲突的文化是毫无生机的,没有冲突的文明是停止不前的,人类需要和平,也需要价值和观念的战斗;就如同人类需要伟大的和平主义者,同样也需要伟大的战士。事实上,文化冲突是文化竞争和文化比较发展的过程,没有竞争,没有比较,文化就不能发展自己的个性,也就不能吸取异质文化的营养来丰富自己。基督教文明、伊斯兰文明、犹太文明,每个文明若是想在这种紧张关系中寻求与比她更强势、更具神秘和不可知的力量和平共处,就必须有灵活的对策和策略,并以自身文明的创造性成果反施于人类世界,赢得自身的生存、自由和发展。人们需要容忍和适应多元文化的社会与世界。不同的历史造就了不同的文化背景,不同的文化之间出现的冲突是不可避免的。文化冲突再大,也抵挡不住人们共同的情感与理想的追求,现代文化是一种融合的文化,人们只有本着一个开放的心态看待并接受它,才能真正地理解它。

人类社会从古至今就是一个"和而不同"的社会,多种文化并存于世界的发展体系中,不可避免地发生文化之间的碰撞,有意或无意地进行文化渗透,在保持本身文化特色的同时,又不断地在与外来文化的接触和碰撞中加以吸纳从而得到更高的发展。

第二,理解文化冲突中对话、并存、交流和融合是主导的,真正的冲突是次要的。仔细的人们会发现,多种多样的文化体系并不是相互隔绝,人们切不可断章取义,其实各种文化都是拥有共同之处的,因此也就具有相互交流和渗透吸收的价值基础,是可以共同分享利益的。不同的文化是独立的,但是并不意味着隔绝和封闭,不同的文化渴望交流。

从哲学上看,佛教、犹太教、基督教、印度教、锡克教、道教等,都在人类与环境和社会的和谐、家庭的重要性、精神引导的意义、生活的目的和意义等方面,具有某些相通的观点,至于各个文化体系的其他组成部分,彼此相通和相同之处就更多了。① 也许人们不知,长期遭受着战火纷争困扰的伊斯兰世界,对和平也有着独特的宗教情感,追求和平是伊斯兰教原则之一,是植根于穆斯林内心深处的基本要素。穆斯林主张和平和宽容,要求理解和尊重,反对暴力和仇恨。② 基督教、佛教等宗教文明对和平和宽容有着相似的认识与理解,可以说发扬和平、宽容的优良传统是各国人民、各民族人民的共同呼声。面对现实的残酷,人类要求宗教对话,的确宗教信仰的对象是本质的,是不变的,但是除此之外的表面的东西是可以商榷的,面对共同的问题,不同的宗教也是具有了相同的利益点的,"求同存异"在现代历史与世俗化并进的今天,完全可以找到立足点。

冲突只是发展不平衡的表面现象,虽然文化对峙有时会造成极大的破坏作用,即文化冲突的消极作用,但是文化差异的存在并非必然会引发激烈的文化冲突,文化差异并不意味着争吵、破坏、动荡和战争,文化冲突可以以非暴力化的方式存在,通过文化本身的适应性,凭借文化自身的创造性,扭转不利局势,赢得生存和发展。冲突表明差异的存在,是文化交流的代价,冲突是交流的初期形式,共存才是交流的高级形式。

第三,在多样的文化中寻求文化协调。对于文化,人类是不可以也不可能依靠强制的力量做出制度化的安排,只有在多元文化中寻求统一和相互依存,寻求文化

---

① 何光沪:《宗教对话问题及其解决设想》,《国外社会科学》2002 年第 6 期。
② Yevgeny M. Primakov, *A World Challenged*, *Fighting Terrorism in the Twenty-first Century*, Washington D.C.: Nixon Center and Brookings Institution Press, 2004, p. 25.

的协调,那么文化冲突才会得以减缓。人们在互相尊重文化和文化差异的基础上,在接受文化差异的前提下,以对话的方式,去探求多种文化中的共通之处,跨越那些必然会导致矛盾的文化界限,力求最大限度地消除不同文化的误解。

事实证明:德国通过和平对话走向了统一;南非在谈判桌上告别了种族隔离;朝鲜问题从对抗也走进了多话的阶段。尊重不同民族、不同宗教和不同文明的多样性和差异性,在相互尊重、平等相待、求同存异的基础上,提倡兼容而非歧视,交流而非排斥,对话而非对抗,共处而非冲突,发挥多元文化的积极作用,促进世界的和平和人类的进步。

何光沪先生曾说:"文明依赖于相互间的尊重和宽容、信任与理解、交流与沟通。"人类社会的进化、文化的共融,其最终不是某一种文化的单边的胜利,而应当施双赢的结局。

人在无法预见的外力面前失败没有什么可遗憾,人在自己面前失败才是最大的悲剧。经过全人类的共同努力,大力推动"文明对话",就可以减少冲突,减少战争,实现和平共处,达到各美其美、美人之美、美美与共的理想境界。

文化的多元化已发展成为很多的关于人的价值体系,文化为人提供了判断一种行为的很好的标准。毫无疑问,最高的价值是寻求真诚、善良与美好的社会理想。[①] 在这一方面,英国较早地做出努力。早在 19 世纪,除了帝国争霸给世界许多国家带来灾难以外,英国文化的普适性和包容性也带来了另一番景象。英国人通过自己的语言、文化,乃至民主的政治传统,广泛接受其他民族的文化与习俗,尊重其他民族的权力与意志。犹太人可以有自己的宗教仪式与信仰,而在其他方面与英国人一样是同胞。英国政府为了体现出多元文化的政治理念,还在高校升学中取消宗教考试,[②]以体现出对于其他民族宗教与文化传统的尊重,并同时展现出英国文化多元的新景象。

今天的世界是一个理性与狂热、道德与野蛮、生与死争斗的世界。在这个世界里,我们清清楚楚地无条件地确定了我们自己的位置。我们站在理性、道德与生命一边。这一切,就是我们要求裁军,尤其是减少核军备以便建立全球安全体系的原

---

① Pavel Gurevich, *Humanism: Traditions and Paradoxes*, Novosi Press, 1989, p. 48.

② R. W. Davis, *Religion and Irreligion in Victorian Society*, NY: Routledge, 1992, pp. 89-91.

因,这是唯一能够确保人类可以生存的条件。①

第二节 现代历史进程中犯罪问题的社会根源

现代社会,在经济技术不断发展的同时,诸如犯罪等社会问题也相继出现。认真研究人文主义在犯罪问题处理中的意义,显然有益于现代历史事业的健康发展。

一、现代历史进程中社会总体的延异

自从人类社会诞生以来,一代又一代的人都在默默耕耘着人类灿烂的文明沃土。光明伴随着进步和发展从古代走到了现代,但是光明的背后是无数的伤痕和悲哀,因为光明和黑暗、正义和邪恶的较量与斗争从来都没有停止过,人类时时面临着犯罪对社会的严峻挑战。

古希腊哲学家柏拉图认为人都有兽性,都有不应该有的欲望,从而就有各种邪恶的行为;亚里士多德提出了更为系统的犯罪学思想。② 西方人所崇尚的《圣经》关于"罪"有具体的阐释,人类的罪是与生俱来的,因为人类的始祖亚当和夏娃没听从上帝的忠告,偷吃了善恶之树上的智慧果。所以,作为他们后代的人类生而有罪,需要无条件地接受痛苦和惩罚。上帝认为人是自私的,人的私欲必将导致犯罪。由此可见,从犯罪产生的那一天起,人类就开始思考犯罪,理解犯罪,力图揭示犯罪的原因,并一直努力地去战胜它,以期望通过不懈的努力构建幸福和安宁。

可惜的是,明媚的春光下也有黑暗的角落,犯罪始终伴随着人类文明的脚步,从来没有消逝,并且以其不同的形态和特点出现在人类发展的每个时代。犯罪到底是什么?人的本性中隐含着犯罪的因子吗?犯罪的根本原因到底是什么?人性与犯罪的关系是怎样的?……太多的问题困扰着人类。

(一)犯罪与人性关系

众所周知,犯罪是人的行为。诸如杀人、盗窃、抢劫、放火等这些是最原始的犯罪方式。古希腊哲学家柏拉图(Plato,前 428—前 348)在其著作《理想国》中认为,

---

① Pavel Gurevich, *Humanism: Traditions and Paradoxes*, Novosi Press, 1989, p. 114.
② 吴宗宪:《西方犯罪学史》,警官教育出版社,1997 年,第 17 页。

在人的灵魂中,有善和恶两部分,当人恶的部分占优势的时候,就会产生各种邪恶的行为。亚里士多德认为许多犯罪的原因在于人类的邪恶本性:"人间的争端或城邦的内讧并不能完全归于财富的失调,名位或荣誉的不平也常常会引起争端。""世间重大的罪恶往往不是起因于饥寒,而是产生于放肆。"他根据犯罪产生的原因的不同,将犯罪分为3种:① 由于缺乏衣食而进行的犯罪,"贫穷会导致造反和犯罪";② 由于追求享乐而进行的犯罪,亚里士多德认为,当人们在获得温饱之后,就会产生享乐的欲望,一些人会因为情欲的驱使,为了寻欢作乐而犯罪;③ 由于追求无穷的权威和肆意纵情享乐而进行的犯罪。可见人类很早就从人性的角度去分析人的犯罪行为。① 人的本能需要是一切人类现象的根源,而人的需要表现为各种欲求,其中最基本的有财欲、权欲和性欲等,因为人与人是有差异性的,不但有能力的差异性而且有利益的差异性,人与人之间的差异性使人们从自身的需要出发而走到不同的阵营中去。个体从事一切行为的原因无不是为了满足自身的需要,所不同的是每个人的需要强度不同,有的人强烈些,有的人薄弱些;每个人的需要层次不同,有的人追求物质满足,有的人追求精神满足;每个人的能力也是不同的;意志方面,有的人坚毅些,有的人懦弱些;如此纷繁复杂的因素随机组合,构成了形形色色的人的心理机制。一个自我需要强烈且层次高的人,如果能力、智商适应某一服务于社会的行业的需要,那么,他就会从事社会中的正面职业;一个同样需要状态的人,如果他的能力、智商在非社会所需要的方面有特长,那么,只要他们的道德感不是很强,他就会从事反社会的行为。② 因此,正是人们的这种无止境的欲望,导致了犯罪,于是人们相信犯罪最本质的根源存在于人的利己、纵欲、逆反、嫉妒等这些固有的劣根性之中。

(二) 犯罪是一种社会现象

犯罪又是由个人的身体和心理特征,以及对相应的人格产生影响的环境相结合产生的一种社会现象。它是一种反社会行为,是社会生活中的一种消极现象,本质上是社会各种矛盾激化的综合反映,是社会关系失调、社会结构不平衡的一种具体表现。弗兰茨·冯·李斯特就把犯罪看成一种纯粹的社会现象,指出:"犯罪是

---

① 吴宗宪:《西方犯罪学史》,警官教育出版社,1997年,第19页。
② 鞠青:《我的犯罪观》,《福建公安高等专科学校学报》1999年第5期。

当时犯罪人周围的社会关系的产物。大众的贫穷,是培养犯罪的最大基础。"他认为犯罪是由社会环境造成的一种现象。① 于是人们相信,不合理的社会制度、社会结构、社会条件等社会因素引起了犯罪。人的社会经济地位、种族同犯罪有密切的联系。变化着的社会规范、价值观、制度和结构深刻影响着犯罪模式的转变。群体之间,人与人之间的相互作用对犯罪起着至关重要的作用。于是,社会的人文关怀问题就越加凸显在公众的视野中。

自古以来,中外都有许多人探讨过犯罪的社会根源。在欧洲,资产阶级启蒙思想家卢梭在《论人类不平等的起源和基础》中,认为私有制是犯罪的根源,一些空想社会主义者也认为私有制是"万恶之源"。马克思认为"犯罪与阶级产生于同一土壤",即物质生产和生活方式。阶级斗争不是犯罪的根源,国家和法也不是意志的产物,而是由生产力发展状况、生产关系决定的。但是,消灭了私有制并不意味着马上就能杜绝人类社会存在的一切犯罪现象。② 在私有制社会里,个人所有制作为私有制的配套制度,与私有制一起产生了个人主义,而个人主义就容易犯罪。因为在个人所有制出现以后,人们为了更好地满足个人需要而开始追逐财富,于是便产生了私有制和私有制社会。占有大量生产资料的人,可以凭借生产的私有权,剥削他人的劳动成果,把自己需要的满足建立在对他人相对剥夺的基础上。这就使贫富两极分化越来越大。富有者拥有巨额财富,可以花天酒地,纵情享乐;贫穷者则一无所有,不得不出卖劳力,任人宰割,连最低的生存需要也难以保证。"有钱能买到一切,无钱则丧失一切。"因此,私有制不但驱使人们为了生存而追逐个人利益,而且驱使许多人想发财,甚至不择手段地追逐财富。富有者,不仅可以凭借大量生产资料的私有权,占有工人阶级的劳动成果而大发其财,还有条件采取非法手段大发横财。那些不满足于勤劳维生、勤劳致富的人,就只能进行盗窃、抢劫、强奸等犯罪活动。私有制是产生犯罪现象的根本原因,它与个人所有制一起构成犯罪根源。

于是,从原始社会末期人类私有制产生的那一刻起,犯罪也就出现了。人类社会经历了几千年的风雨岁月,也留下了人类犯罪史的累累伤痕。人类在发展,犯罪

---

① 吴宗宪:《西方犯罪学史》,警官教育出版社,1997年,第33页。
② 郏云鹏、王锡云:《简论犯罪根源》,《公安大学学报》1997年第2期。

也以其新的面貌出现在今天的社会中,形影不离地伴随着现代文明的进程。

(三) 现代历史进程中的犯罪问题

人类犯罪的历史同人类的文明史一样源远流长,虽然随着时代的演进,犯罪也有其相应的表现形式,但是都不外乎是盗窃、强奸、抢劫、贩卖毒品、放火、爆炸、投毒、伤害等性质的危害社会的行为。但是当人类跨入现代历史时代,一切都彻底改变了,现代历史疾风骤雨般地冲击着社会的各个角落,其迅猛之势无以抗拒,世界在短短的几百年里发生了人类之前几百万年都在努力的梦想。面对这瞬间的剧变,人类措手不及。工业文明与农业文明、生态文明与工业文明、外来文化与本土文化、传统与现代等一系列的矛盾、碰撞、冲突将不但在表层,而且在表层与深层、深层与深层之间展开,整个社会结构发生了急剧的变化,社会的分化、多元化状况出现了一些新的趋势。社会关系的重组和生活方式的变迁又必然打破原来相对静止、相对封闭、相对有序的社会生活状态,转向变动、开放和相对无序,这样无疑会产生许多新的社会矛盾和社会问题,引起犯罪现象的变化,包括一些新的犯罪种类的出现。[①] 于是在慌乱不堪中,众多的现代危机开始滋生——生产过剩的经济危机、激烈的阶级矛盾和阶级冲突、越来越普遍的精神危机、高科技的负面影响、不可调和的宗教矛盾和冲突、肆意横行的恐怖主义等都布满着现代历史,它们成了现代犯罪的温床。社会经济、政治和文化秩序的更替与重构,社会结构发生了深刻的变化,因此犯罪问题出现了一些新动向,显示出了新特点。

1. 经济犯罪的新形式

现代历史的时代是新经济的时代,是知识经济的时代。技术、资本、商品、人力在全世界范围内频繁流动。现代社会学理论指出科技发展与犯罪的关系,认为技术发展的后果之一,就是需要更多的服务、技术和白领工作者,而越来越不需要蓝领工人和农民。那些缺乏必要的社会教育和训练的人,或者是社会偏见、阶级偏见的受害者发现,通过职业上的向上流动而获得成功的道路,已经变得几乎行不通了。缺乏向上流动,加上不能从政府发起的减少贫穷的计划中受益,就可能使那些受到剥削但是有进取心的人,把犯罪看成一种有吸引力的解决问题的方法,进行犯

[①] Malcolm Gaskill, *Crime and Mentalities in Early Modern England*, the United Kingdom: Cambridge University Press, 2000, p. 4.

罪活动。

同时传统的经济犯罪手段在高度发展的"反传统犯罪策略"下渐渐失去了往日胜利的地位,取而代之的是更为先进的现代经济犯罪,诸如证券犯罪、保险犯罪、信用证犯罪、信用卡犯罪、票据犯罪、虚假广告犯罪、非法经营犯罪、合同诈骗犯罪、计算机犯罪、网络犯罪等新型犯罪。犯罪人往往以科技为依托实施"智慧犯罪",例如网络犯罪、计算机犯罪。利用电脑进行盗窃、贪污、敲诈、骗取、侵占、破坏和进行间谍活动的犯罪已屡见不鲜。电脑犯罪者往往精通计算机技术,甚至是电脑天才,可以熟练地使用各种各样的技术。有的在电脑程序中编入犯罪指令,在一定时间或条件下发生"爆炸",使整个电脑系统功能被毁或使数据消失,用来进行敲诈或报复;或把犯罪指令程序隐藏在其他正常程序中,适时进行犯罪活动,随着网络的普及和犯罪者技能的提高,犯罪客体已经发生了很大的变化,如盗用上网账号、窃取网络支付密码、冒用他人身份认证、截取数据商品等,而且计算机犯罪黑数相当高。据统计,99%的计算机犯罪不能被人们发现。随着互联网技术的发展,犯罪概率增加,危害性也越大。电脑犯罪正成为困扰先进国家的严重社会问题之一。如今黑客已经成了世界犯罪的主要通缉对象。美国每年因电脑犯罪所造成的经济损失超过50亿美元,英国为25亿美元,法国为100亿法郎。世界上50个著名的计算中心都遭受过电脑犯罪的袭扰。电脑犯罪威胁着经济发展、社会安定和国家安全。所以,科技的发展为犯罪提供越来越先进的技术手段,先进武器和先进技术设施用于犯罪、走私和恐怖活动的可能性越来越大。由过去的工具犯罪,向知识型犯罪发展,由过去的"孤立的个人反抗社会"向有组织化形态发展,由过去的"封闭"型的犯罪,向国际化趋势发展,由过去的暴力犯罪、财产犯罪等向科技手段犯罪发展,犯罪的主体也由个人逐步转向组织。

2. 恐怖主义犯罪成为世界的头号公害

1995年3月20日上午,在东京日比谷、千代田和丸之内等16个地铁车站内发现"沙林"毒气,这一毒气案共造成12人死亡,5 500多人受伤。

1998年8月7日,恐怖分子炸毁美国驻肯尼亚、坦桑尼亚大使馆,造成257人死亡,5 000多人受伤。

2001年9月11日上午8时48分,一架飞机撞到了纽约世界贸易中心大楼,飞机把大楼撞了个大洞,在大约距地面20层的地方冒出滚滚浓烟。就在楼内人员惊慌失措之际,18分钟后,又有一架飞机撞上了世贸大楼。这架飞机是从大楼的一侧撞入,由另一侧穿出,并引起巨大爆炸。这两架被劫持的飞机分别是纽约飞往华盛顿和波士顿飞往洛杉矶的民航客机,其中一架飞机是波音767客机,事故造成数千人伤亡。

2004年9月1日,俄罗斯北奥塞梯共和国别斯兰市第一中学发生人质事件,恐怖分子将刚参加完开学典礼的学生、学生家长和老师共1 000多人劫为人质,造成300多名人质死亡,700多名人质受伤。

2005年7月7日晨8时15分,伦敦接连发生爆炸。恐怖袭击已造成上千人伤亡。一个自称是在欧洲的"基地"组织宣称对此次连环爆炸事件负责。这个组织自称为"欧洲基地圣战秘密组织"警告意大利和丹麦从伊拉克与阿富汗撤军。

恐怖主义犯罪频频发生,严重危害了世界和平与安全、经济发展与社会进步,已经成为世界上的一大公害,引起了各国政府的广泛关注。人类为此付出了惨痛的代价,不仅在物质上承受毁灭性的打击,更重要的是在精神上遭受了无法弥补的创伤。所以,恐怖主义是对现代社会危害最大的犯罪形式之一。

一般认为,恐怖主义犯罪是通过暴力或暴力威胁的方法使人们产生恐怖感从而达到某种政治目的的犯罪。它是有组织、有目的的特殊暴力犯罪,是政治动机的行为。恐怖分子选择的袭击目标通常是能够引起政治后果的目标。如:杀害政治人物,破坏政治机构,通过绑架、爆炸、劫机等暴力手段造成惨案,所以伤害范围广,造成的政治影响大,能够引起人类社会的极大恐慌。① 近些年,在许多国家,恐怖主义威胁上升到与传统安全并驾齐驱的高度。

恐怖主义产生的背景大致有两种。一种情况是在跨国间权力斗争出现不均衡时产生。一些力量弱小的组织或集团,为了向国际对手"讨取公道",可能通过极端暴力手法制造血案,表达心声,引起国际关注,促使事件的早日解决。另一种情况是,当社会发生严重危机,特别是当某一国家的政权体制出现意识形态危机时,各种反对团体便应运而生,它们为了达到自己通过正常渠道难以达到的目的,极可能不惜采取暴力行径,借助新闻媒体的报道,将自己的意志传播出去,进而向社会施压,向当权者讨价还价。

---

① 岳平:《恐怖主义犯罪特征及对策分析》,《法治论丛》2003年5月。

可以说,恐怖主义犯罪祸及全球并非偶然,有着深刻的国际背景和政治社会原因。分离主义、贫富悬殊、社会不公、政治腐败、局势动荡助长了恐怖主义的气焰,民族矛盾、宗教冲突使恐怖主义泛滥,同时美国凭借着其强大的经济实力,在国际上横行霸道,到处示威,国际社会却无能为力,这也是引发现代国际恐怖主义的重要因素。恐怖主义犯罪在21世纪像瘟疫一样蔓延。面对恐怖主义犯罪的挑战,世界各国在谴责恐怖主义的同时,纷纷采取各种应对措施。

恐怖主义犯罪也让人类付出了巨大的代价。例如,美国2001年9月11日发生的严重恐怖袭击事件,使得纽约的世界贸易中心大楼倒塌,华尔街股市交易停止,五角大楼工作停顿。随之而来的是,欧洲股市暴跌、美元汇率急挫、美国及世界许多股市交易停止,而原油、黄金和其他一些大宗商品价格飞速上涨。"9·11"恐怖事件引起的连锁反应对经济带来的影响是难以估量的。更重要的是,数以千计的生命在顷刻之间的逝去是人们无法接受的,人们无法相信在所谓的"天堂国家",生命也是如此的脆弱和无助。"9·11"恐怖事件摧毁的不仅是几座摩天大楼,还有美国民众内心的骄傲与现代文明。它是对民主、自由和文明的挑衅。恐怖主义犯罪对人们心灵上的打击是极其沉重的,是无法弥补的。

3. 植根于精神危机的犯罪

进入现代历史的社会,物质文明和精神文明的发展并不是相辅相成的,如今以物质文明为主导的西方发达国家,都不可避免地存在着不同程度的精神文明危机。龙勃罗梭就认为犯罪和贫穷与富裕都有关,他反对那种认为犯罪仅仅与贫穷有关的说法,他认为"那些断言犯罪总是贫穷的产物的人,并没有考虑这个问题的另一个方面,没有发现犯罪也是富裕的产物的现象。急剧获得的财富,并不能与良好的品格、高尚的宗教或政治思想相适应,因而比贫穷更有害。……财富导致善行或邪恶;而邪恶尤其是过度富裕的产物……因此,财富现在不是犯罪的阻止者,而是犯罪的诱发者"①。但是也许人类从来没有想到物质的丰裕、科技的发展带来的负面结果是如此可怕,精神的堕落比起物质的缺乏更为恐怖。诚然,高速发展的科技给人类创造出更多的物质财富,把人类从繁重的体力劳动中解放出来,提供了创造精神财富的更多手段,但是它也使人类的工作和生活节奏更快、更紧张,人们在电话、

---

① 吴宗宪:《西方犯罪学史》,警官教育出版社,1997年,第219页。

电脑等无生命的机器面前变得更为封闭与孤独。人们彻底地忽视了内心世界的构建。人们关注的重心是如何在科技推动下去改变外部世界,与此同时忽视了对人本身和对人的精神需求的关注,"只见物不见人",甚至使人日益沦为物的奴隶。人们在赢得辉煌的外部世界的同时,内心的精神世界却越来越空虚,最高价值观念则越来越失落。精神的空虚必然使人爱慕虚荣、颓废消沉、追求刺激,从而为毒品和淫乱打开方便之门;最高价值观念的失落必然使人是非不辨、黑白颠倒、迷失方向以致不惜为追逐金钱或满足私欲铤而走险。

在崇尚物质的社会里,功利主义是其最明显的特征。功利主义价值对人的精神是种极大的腐蚀剂。金钱是一种标志,一种人活着的最高追求,人们拼命地追求物质财富,为了满足永无止境的个人私欲,造成了个人主义的极端发展,无政府主义恶性膨胀,见利忘义,道德意识物欲化、庸俗化,人与人尔虞我诈、钩心斗角。时时充满着你死我活的竞争。人们过分崇尚个人主义,导致精神空虚、颓废、消沉、低落、暴力犯罪、毒品猖獗、色情泛滥。犯罪因素不断滋长,犯罪率越来越高。

美国联邦调查局 2002 年 10 月 28 日公布的报告显示,2001 年,美国谋杀、强奸、抢劫、盗窃等各类案件比 2000 年增加 2.1%,其中,谋杀案增加 2.5%。2001 年,犯罪案件总数达 1 180 万件,平均每天发生 44 起谋杀案、248 起强奸案和 26 起寻仇案,每 2.7 秒就有一起案件发生。这些案件导致 15 980 人被杀,90 491 人遭到强奸。2002 年,美国许多大城市犯罪率上升。首都华盛顿地区毒品、黑帮、卖淫泛滥,犯罪率比 2001 年上升 36%,波士顿上升 67%,洛杉矶上升 27%。美国的凶杀案比例比大多数工业国家高 5—7 倍。2002 年 1—11 月,纽约发生 489 起凶杀案;底特律发生 346 起凶杀案;芝加哥发生 485 起凶杀案,515 人被杀;洛杉矶发生 595 起凶杀案,614 人遇害,分别比 2001 年和 2000 年同期增长 11.3% 和 20.5%。

二、现代犯罪原因中的人文因素

人们一直都在苦苦思索着,犯罪为什么是社会发展进程中的伴生物,犯罪的原因到底是什么,是个人原因,社会原因还是其他原因?值得人们关注的是,在现今提倡和谐、呼唤人性的现代社会中,人们在理解犯罪的过程中加入了更多的视角,尤其是更重视从人文和情感因素的角度来看待与分析犯罪,融入了更多人性化的诠释。

1. 犯罪与教育

古希腊著名的哲学家和教育家柏拉图对犯罪与教育的关系有明确的解释,他认为人的品行习惯的善良与邪恶,归根到底是由他所受到的教育的好坏决定的。社会的教育有好坏之分,如果接受了好的教育,灵魂中善的部分就会占优势,就能控制住恶的部分,他就会成为"自己的主人",成为受人赞扬的人。如果个人接受不良的教育,或者受邪恶的人的影响,就会使恶的部分占优势,善的部分逐渐缩小,个人就会成为"自己的奴隶",就会产生受人责备的行为。龙勃罗梭也认为教育与犯罪有着复杂的关系,一般说来,犯罪的人受教育程度比正常的人要低。教育会通过改变人的性格等对犯罪产生无可置疑的影响。他引用菲亚特和拉柯沙尼在法国的调查充分说明了犯罪与教育的关系:

① 文盲者,容易实施杀婴、堕胎、盗窃、帮伙犯罪、抢劫和纵火等犯罪;

② 读写有一定困难的人,通常实施敲诈、写恐吓信、抢劫、毁坏财产和伤害伤人等犯罪;

③ 受过中等教育的人,容易实施贿赂、伪造、写恐吓信等犯罪;

④ 受过良好教育的人,最容易实施伪造商业文书、公务犯罪、伪造印章、偷窃公文、政治犯罪等。①

教育是通过社会文化传递积极影响作用于社会和人的发展的,把人类优秀文化转化为个体的精神财富,按一定社会要求造就社会需要的成员。它可以纯洁人的心灵,施加积极的影响促进人的身心发展,在行为上,教育可以指导人们正确的行为方式;在心灵上,教育可以帮助人们树立正确的世界观、价值观和人生观,受过良好教育的人可以获得谋生的技能,积极地生活。所以,一个犯罪率低的国家,它的教育发展水平是较高的。可惜的是,人们还没有充分地意识到教育的重要性,无论是家庭教育、社会教育,还是学校教育都存在着弊端,对人类的发展产生了消极影响,是现代社会犯罪的重要原因之一。比尔·盖茨就对美国的学校教育体制极

---

① 吴宗宪:《西方犯罪学史》,警官教育出版社,1997年,第18页。

为不满,他认为美国的高中教育体系,就好像用一台 50 年前的主机,来教孩子学用现在的电脑知识。现今,美国高中生辍学率居世界首位,大约只有三分之一的美国高中生毕业后能进入大学。而那些辍学的学生,将来很难找到合适的工作,流落社会,染上恶习,很可能导致犯罪。正如盖茨所说:"如果美国人不设计一个能满足 21 世纪需要的高中教学体系,就将继续限制,甚至毁掉上百万美国人的生活。"美国作为世界上经济最发达的国家尚且如此,其他国家就更可想而知。

学校教育应该有助于学生形成鲜明道德价值观,懂得个人品格对形成良好公共风尚的意义,强化见义勇为的英雄形象,帮助学生形成高尚的德行、良好的品格。但是,许多国家的德育教育是畸形发展的。学校过分地重视书本知识的传授,忽视了人性化的教育和人文教育。更多的家长对学校的道德教育和灵魂工程建设的职能失去了信任。在美国,相当多的教师认为自己的职责只是教授知识和专业技能,教师没有权力把自认为有价值的东西强加给学生。教师不认为自己充当着道德教育工作者和良好品德的开发者的角色。如今,在学校进行积极价值观教育纯属教师的乐趣。而那些受个人主义思想侵扰的学校很快就会变成一个屠场。1999 年 4 月 20 日,哥伦拜中学的学生哈里斯和克莱伯德携带自动步枪,冲进校园疯狂杀戮,在短短 16 分钟内,杀死了 12 名学生、1 名老师。当日网络上出现了这样的回帖:"我可能有些疯狂,但是我确实认为,在哥伦拜校园里发生的一切太令人兴奋了,妙得简直无与伦比!"在紧接着的 6 个月内,美国校园中又连续 4 次,发生 16 岁以下青少年枪击屠杀事件。而当一名加利福尼亚州的高中生因在家自制炸弹被捕时,警察发现他在网页上公开宣布:"我崇拜哈里斯、克莱伯德和所有校园杀手。"美国教育部的报告显示,1997 年全美就发生了 11 000 多件校园枪械攻击案,4 000 多件强暴与性骚扰的案件。同时在过去的 30 年间,男性青年自杀与被杀的死亡人数分别以 41% 和 79% 比率增长着。而自 1950 年以来,18 岁以下青年被拘捕率也增长了 8 倍。同一时期的少女未婚生育人数则以每年 21% 的速度快速增长。缺少正确的教育引导,也使青少年对人生价值等问题的思考态度发生了明显的变化。调查发现 1976—1986 年 10 年间,高中学生中认为"有钱"是"非常重要"的人数几乎增加了一半。最近的一次大学新生的问卷调查表明,"想利用在大学求学之机建立有意义的人生哲学"的学生人数,由 1967 年的 83%,下降到 1986 年的 40%,在同一时期内,将大学视为"将来谋取金钱的手段"的学生由 43% 增加到 74%。由于现

代社会家庭结构薄弱,社会价值观的多元化,社会条件的快速变更,学校担负起德育教育和价值观教育的核心角色刻不容缓。

2. 犯罪与家庭

家庭是构成社会的最基本的单位,家庭是孩子认识人际关系的第一个学校。家庭教育对青少年思想品德和行为习惯的形成起着特殊的作用,是学校教育的重要基础和必要的补充,是一条重要的途径。青少年社会化能否顺利,在很大程度上取决于家庭环境。一个人在个性还没有定型时,最容易受家庭环境的影响,因为家庭是儿童的第一个社会,他们在家庭中学习最初的与他人一起生活的经验。民主、向上、和睦的家庭会给青少年以积极的影响,而家庭有问题或教育不当,难免使他们养成不良的人格,滋长不良品德,甚至导致违法犯罪。

法国社会学家、哲学家、心理学家和犯罪学家加布里埃尔·塔尔德就十分重视犯罪原因中的家庭因素,家庭是社会的细胞,家庭是社会的基本因素之一。① 家庭的道德状态与经济状况、家庭的结构等,都对个人有重要的影响。家庭贫穷和缺乏教育,是促使个人特别是儿童少年走向犯罪的重要因素,许多犯罪人的犯罪生涯就是由于在家庭中缺乏教育和食物而开始的。家庭抛弃子女或者忽视对子女的管教,也会使子女走向犯罪。家庭成员的犯罪和其他不道德行为,会直接影响其他家庭成员,使他们因模仿而犯罪。家庭的不完整,会影响家庭的经济状况和对子女的教育等,从而直接推动犯罪的发生。

家庭缺陷是青少年犯罪的最基本原因,这种缺陷主要表现在情感、教育、结构、文化、伦理等方面。家庭缺陷通过对青少年人格发展、心理性格、人生观及社会适应力的影响而使青少年走上犯罪道路。那些产生犯罪人的家庭成员中,比无犯罪人家庭中普遍存在着更多的不健康的情绪气氛,也就是家庭关系紧张。这种家庭关系紧张主要表现为敌意、憎恨、怨气、不停地责骂、争吵或者身体障碍,它们在儿童和父母中引起情绪障碍。②

在情感缺失的家庭里,家庭教育功能发展失衡,孩子得不到正确有效的人生观教育和性格心理等多种教育,孩子和父母缺乏交流和沟通,彼此之间存在着情感的

---

① 吴宗宪:《西方犯罪学史》,警官教育出版社,1997年,第325页。
② 张应立:《家庭缺陷与青少年犯罪》,《青少年犯罪问题》2002年第1期。

隔阂,没有建立深厚的信任度。"缺席的父亲",过度忙碌于股市,忙碌于工作,忙碌于应酬,留给孩子的时间寥寥无几。情感生活空白的孩子享受不到家庭的温暖,性格孤僻,远离亲情,从孤独走向彷徨,从彷徨走向犯罪。离异型家庭减少了对孩子的关爱,文化缺陷型家庭缺乏积极向上和健康的家庭文化,伦理缺陷型家庭导致了孩子性格的扭曲,这些都阻碍了孩子的人格发展,成为青少年犯罪的源头。

美国儿童常常是家庭暴力的对象和社会犯罪的牺牲品,是父母离异的受害者和遗弃对象。于是就出现了"怀恨的儿童",他们对父母和其他成年人充满敌意,经常在遇到挫折时勃然大怒和进行暴力行为,他们的违警记录开始得很早,发展得很快,几乎进行了各种少年犯罪行为,包括偷窃、破坏等。这些儿童都有过创伤性经历。他们从儿童早年开始,就因为不良行为而不断被送进教养院。他们的父母没有对他们采取正确的教育方式,他们的母亲往往极端厌恶他们,而他们的父亲不是抛弃他们,就是经常用粗暴的行为对待他们。教育人员也没有对他们采取恰当的教育方式,没有给予他们爱和关怀。这些使得这种儿童没有机会与成年人建立感情的联络,对成年人产生认同,而是对成年人充满敌意和攻击性,以致难以适应社会生活,形成了多种心理缺陷和紊乱,最终走向了犯罪。近年来,美国青少年犯罪率居高不下,20%的暴力犯罪案件是青少年所为。青少年吸毒人数增加。2001年,全美十年级学生吸毒比例由1991年的11.6%上升到22.7%,纽约市高中生至少吸食一次大麻者占学生总数的34.4%。2001年,美国毒品案件为63.8万多起,吸毒导致的犯罪案件占暴力犯罪案件的25%。在英国,研究表明儿童受到的伤害比其他社会人群更为严重,往往年长的儿童比年幼的儿童更容易成为犯罪的牺牲品。①

当今少年犯罪已成为全球注目的社会问题,少年犯罪不但人数增多,而且涉及面广,在全部犯罪人员中,青少年犯罪比例最高。据日本20世纪70年代的统计表明,14岁至20岁的违法犯罪青少年占全国青少年的1.36%,英国为3%,美国为5%,韩国为2.2%。如此大的数字不能不引起我们的警醒。青少年犯罪总数已经占到了刑事犯罪总数的70%以上,其中十五六岁少年犯罪案件又占到了青少年犯

---

① Eamonn Carrabine, et al., *Crime in Modern Britain*, Great Britain: Biddles Ltd., Guildford and King's Lynn, 2002, p. 64.

罪案件总数的 70% 以上。

所以，营造一个和谐、幸福、安康的家庭是青少年健康性格、心理形成的重要基础，也是避免犯罪最有效的途径之一。

3. 犯罪和现实社会的人文环境

犯罪是一种社会文化现象。犯罪行为总是受一定的思想意识和价值观念支配的。需要用具体的视角去看待和分析。[①] 观念形态的文化是最有活力的部分，其中尤以价值观念最为重要，它是文化的核心要素。文化能够促进社会进步和个人发展，但是社会变迁带来的文化冲突势必导致社会价值观念和道德观念的紊乱，而社会价值观念和道德观念的紊乱，又势必导致人们的行为失去准则，进而导致个人与个人、个人与社会的关系失调，从而导致社会矛盾和犯罪的发生。

人是地球上唯一追求意义的生物，追求人生的意义才是人真正的本性。红尘扰攘中的芸芸众生，为了追求美好的生活东奔西走、拼搏奋斗，以求过得快乐幸福，实现自我价值。但是，在一个急剧变革的社会里，人们的行动就会背离他们文化的价值标准。原有的价值标准已无助于指导人们去适应已经变化了的情况。过去那种重社会本位轻个人本位、重精神而轻物质的价值主体和取向，几乎从一个极端走向了另一个极端。

首先，个人主义的泛滥。欧洲中世纪的封建神学以神为中心而贬低人、压制人，使人沦为上帝的附庸和工具；为了反抗神权统治，产生了极力歌颂人的伟大、赞美人的价值、强调人的尊严、提倡个性自由的自由主义功利学说，它强调"天赋人权"论和"人人生而平等"观。差不多在自由主义功利学说形成之时，资产阶级个人主义也随之产生，其主要理论是所谓"人对人是狼"的观点，指出人具有利己和自私的本性，认为"每个人所盘算的只是他个人的利益"，并由此而鼓吹除了个人的功利和利益之外，根本不存在社会利益，社会只是促进个人功利和自我利益不断得以实现的工具。英国清教徒就在政治和经济等社会变化中形成了强烈的个人意识。[②] 西方这种个人主义不但是一种道德原则，而且是一种全面系统的资产阶级思想体

---

① Malcolm Gaskill, *Crime and Mentalities in Early Modern England*, the United Kingdom: Cambridge University Press, 2000, p. 23.

② Malcolm Gaskill, *Crime and Mentalities in Early Modern England*, the United Kingdom: Cambridge University Press, 2000, p. 11.

系。这种强调以个人为本位和目的而以社会为手段与形式的思想理论,如今已经渗透到资本主义经济、政治、文化、法律等各种制度之中,不仅与资本主义制度血肉相连、融为一体,还深刻影响着西方人的价值观念及思维与行为方式、生活习惯等。发展到今天,资产阶级个人主义所表现出的贪婪、攫取和享乐主义正在严重地腐蚀着资本主义社会,使之陷入越来越深重的文化和精神危机当中。个人主义极端发展使人与人之间的关系变成了赤裸裸的金钱关系和利害关系,身处商业化社会的人们无止境地追求物质享受和感官刺激,人之所以为人的意义以及人性赖以发展的必要条件正遭到腐蚀。人际疏离、亲情淡漠、竞争激烈、生活紧迫等,导致许多人身心失调、情感扭曲、精神空虚、人格分裂,并由此而引起的焦虑、孤独和彷徨,酗酒、吸毒、赌博、凶杀、自杀、精神失常等现象不断上升。最卑下的利益——庸俗的贪欲、粗暴的情欲、卑下的物欲颠覆了人们纯净的心灵,最卑鄙的手段——偷窃、暴力、欺诈、背信毁坏了人们最宝贵的尊严。

其次,家庭温暖的缺失。家庭关系是人类最密切、最亲近的关系,是人们幸福感和亲密感最直接的来源,但是在极端崇尚个性自由和物欲肆虐的社会里,人们对待婚姻、爱情和家庭如同找工作和购物一样,丧失了人性,完全物质化了,完全丢失了在时间的考验中形成的经久永恒并植根于人和人之间的相互信任的家庭情感。家庭关系,人们最亲密的关系也被主流的价值观腐蚀了。人们对爱和性的观点发生了急剧的变化。于是,就出现了现代社会的新型关系:网恋、同居、婚外恋、同性恋、卖淫、嫖娼等。离婚率的逐年上升也成了国际社会普遍关注的问题。据统计,1981 年,美国 240 万对新婚夫妇中,有 120 万对已经离婚,而且再婚的家庭中有 44% 再次解体。英国目前的离婚家庭是 20 世纪 60 年代离婚家庭数的 6 倍。更重要的是,家庭情感的缺失对孩子造成巨大的伤害,引起严重的社会问题。法国社会学家、哲学家、心理学家和犯罪学家加布里埃尔·塔尔德在《刑罚哲学》一书中就有记录,他说:"大多数犯罪人和臭名昭著的盗窃犯在儿童时期就被遗弃而开始其犯罪生涯,他们由于缺乏教育或在家庭中缺乏食物,因而先是抢劫,然后进行盗窃。成群的街头抢劫少年像麻雀群一样聚集在每个公共街道或闹市区。"[①]

最后,社会背景的异化。新的现代性给人们带来更多的好处与期待的同时,急

---

① 吴宗宪:《西方犯罪学史》,警官教育出版社,1997 年,第 355 页。

促的现代历史又加剧了变化过程的不稳定和各种失落感。社会文化对社会犯罪是一种诱因,其最明显、最集中的表现是在大众中传播的暴力文化和色情文化。由于文化作用于人们的价值观念和行为准则,作用于人们的活动方式,因而高尚文化的社会作用是积极的,而低级庸俗文化的社会作用是消极的。黄色书刊、影视,借助大众传播媒介所具有的生动性、形象性和普及率高、覆盖面广的特点,其消极效应更为显著。二战以后,由于普遍的精神空虚和对政治社会改革的冷漠,淫秽、色情的新闻报道和文学小品再次赢得市场。尤其是20世纪70年代,电视以其图像、音响、文字的综合效果而成为制造淫秽、色情的主要场所,正如有人所说:"电视的最大问题是,大量的观众在晚间最重要的广播时间里听到或看到的是暴力、性行为、抽烟和酗酒。"为了吸引读者,扩大发行量,许多报刊编辑也求助于淫秽、色情和暴力的渲染。美国著名报人普利策和赫斯特就是浪尖上的人物。他们发行的《世界报》和《观察家报》以连环画的专页,公然宣传色情和暴力,其他报刊也纷纷效仿,使淫秽和色情的浪潮达到了登峰造极的地步。这个时期被人们称之为"黄色新闻的年代",对现代美国的新闻传播事业也有深远的影响。

  报纸、电视等媒介是邪恶和犯罪的记录者,它会刺激犯罪人进行犯罪模仿,为犯罪人提供了进行犯罪的榜样。所以,新闻媒介也变成了一种新的犯罪原因。社会心理学家认为,所有的人,特别是儿童都有一种模仿其他人的强烈倾向。所以,电视上的人物形象尤其是明星就自然而然地成为人们的重要模仿对象。通过对电视中人物行为的模仿学习,人们学会了如何化妆打扮、如何讲究服饰、如何潇洒地抽烟喝酒与骑摩托车、如何礼貌地向别人致意、如何向异性献殷勤,甚至如何拥抱亲吻、如何进行暴力犯罪活动。20世纪70年代以后,西方社会犯罪率居高不下,就是因为电视常常播出一些暴力节目如武打片、枪战片、警匪片,研究表明,凡是儿童的侵犯行为,如与同伴打架、与父母冲突等,都与电视暴力相关,甚至看电视的多寡也与侵犯行为呈正相关。人们长期暴露在这样的一个卑鄙的世界之中,不知不觉就被灌输了这样的世界观、角色认同和价值体系。信仰迷失,理想泯灭,思想庸俗,心态浮躁。自私、利己、无知、贪婪、骄奢淫逸充塞着社会的每个角落,最终诱导人们走向犯罪。在一个飞速发展的社会里,传统的道德观念以过去从未有过的速度改变着,在这种情况下如果没有一个能够维护社会稳定的新的道德观念来适应社会发展的需要,其结果必然是道德崩溃,犯罪率上升。

第三节　西方发达国家的社会保障制度

在现代历史进程中,各种社会团体和社会成员所获得的利益是不尽相同的,许多弱势群体和社会底层的成员必须得到社会的关怀和救助,这是确保各种社会因素均衡与协调发展的重要条件。

一、人文关怀和社会保障

人文关怀自始至终都贯穿于人类社会保障的成长历程中。对人性的关怀是社会保障的最初目的,人文主义思想更是现代社会保障制度和福利制度的中心思想。英国就很早提出了社会福利的核心就是对人的关怀。[1] 早期人类无法拒绝战争的浩劫、自然灾害的破坏、死亡的降临,但是人类意识到了互助、救济、关怀可以给予处于困境中的人一丝希望、勇气和慰藉,于是人类从诞生以来就一直在呼唤人文关怀,寻求社会帮助,要求切实的保障。在古代战争频繁的罗马,人们虽然无法让战死疆场的勇士起死回生,但是他们的亲属都会得到一定数量的抚恤金和补偿。中古后期,天主教托钵僧团法兰西斯派和多米尼克派从事慈善事业,到处布道救人,给予人们帮助,以示对宗教的虔诚。中世纪,宗教统治了人类的灵魂,人们信仰上帝,将自己寄托于上帝,基督教会也扮演着慈善家和人类拯救者的身份,欧洲一些国家的教会把济贫助残看作自身的赎罪方式。它们一方面直接为社会弱势群体诸如穷人、病人、妇女、婴儿等提供各种福利;另一方面影响政府采取措施为社会弱势群体提供救济性福利以改善他们的艰难境况。宗教信仰不仅为教徒之间的相互帮助提供了观念基础,还为宗教组织发展社会福利事业提供精神动力。14—18 世纪,文艺复兴、宗教改革、启蒙运动席卷了整个欧洲,从提倡反对封建专制、提倡尊重人、呼唤以人为中心的人文主义,到推崇理性,天赋人权,要求平等、自由、博爱,这些在为形成资产阶级人权理论奠定基石的同时,也成为社会保障制度产生的理论先导。16 世纪以前,英国的教会和地方政府就开始收容、救济贫民,作为解决社会问题的

---

[1] Helen Fawcett, Rodney Lowe, *Welfare Policy in Britain*, USA: St. Martin's Press, inc., 1999, p. 3.

一种方法。18世纪后期开始的产业革命,带来了急剧的社会变动,圈地运动剥夺了农民的生产资料,迫使大量的农村人口涌入城市;工厂里,生产条件恶劣,劳动强度高,每天12—14个小时的工作状态严重威胁到了工人的生存,出现了工伤、疾病等诸多新的社会问题。① 家庭保障的解体导致了劳动保障由分散走向集中,社会担当起了组织劳动者保障的责任。于是,19世纪上半叶,社会救济组织充当了重要的角色,但是随着工业化的进一步发展,严重的社会问题迫使统治者必须采取对策措施。而社会财富大量增加之后,也使统治者有可能改善劳工的劳动条件和生存条件,使劳动力再生产得以维持和发展,同时迎合了当时流行的自然权力学说,也就是要求重视人的权力,包括生存、劳动、教育、居住、选举、参政等。19世纪末20世纪初,国家开始承担社会保障的职责,主要目的是在劳动者面临生、老、病、死等诸方面困难时向其提供帮助,尽可能实现"孤老有所养,伤病有所医"。

社会保障法起源于欧洲工业发达国家,它从产生到现在,已经历了一百多年的历史。德国1883年制定的劳工疾病保险法和1884年制定的劳工伤害保险法,被公认为是世界上最早的社会保障法律。现代的社会保障是国家和社会对全体国民的基本生活实行保护的社会制度,主要包括社会保险(劳动者及其家属由于生育、年老、疾病、工伤等原因而丧失劳动能力或失业,从而失去生活来源时,根据立法由社会提供必要物质帮助的社会保障制度)、社会福利(由国家或社会为立法或政策范围内的所有公民,普遍提供旨在保障一定的生活水平和尽可能提高生活质量的资金和服务的一种社会保障形式)、社会救济(劳动者在不能保障最低限度的生活水平时,国家和社会按照法定的有关标准向其提供满足最低生活需求的资金和实物援助的一种社会保障制度)、社会服务等具体内容。随着社会保障制度的发展,主要的发达国家也完成了福利国家的构建,并将人文关怀更深入、更具体地体现在社会生活的每个角落。

同时,各国的人文价值理念也主导着福利国家的进程。诸如,许多西方著名学者认为,瑞典的社会福利体系根植于团结一致和平等的人文价值观念中,政府在社会保障制度中起着绝对的主导地位;英国的社会福利体系强调家庭的前线功能;在

---

① Derek Fraser, *The Evolution of the British Welfare State*, *A History Social Policy since the Industrial Revolution*, Great Britain: Redwood Burn Limited Trowbridge&Esber, 1973, p. 12.

意大利福利体系的主要思想中,天主教的教义扮演着重要的角色,它强调社会和谐、阶级和群体合作以及宗教慈善;美国社会福利的中心价值观是个人主义和个人自由,强调"适者生存"原则的社会达尔文主义,强调政策效用的实用主义,强调关怀贫穷者的人道主义;澳大利亚福利体系的主要思想是公正、平等的价值理念和个人节俭、自助、自立和努力工作的价值观;加拿大福利体系的主导价值观是强调个人主义和自我依靠的自由主义价值观与强调互帮互助的集体主义价值观;德国福利体系的思想主要体现在慈善、劳工教育、团结、国家辅助、教育权、人的尊严、自我帮助等。

二、西方主要发达国家的社会保障制度

国际劳工组织认为"社会保障"是社会通过采取一系列的公共措施来向其成员提供帮助,以便与由于疾病、生育、工伤、失业、伤残、年老和死亡等原因造成停薪或大幅度减少工资而引起的经济和社会贫困进行斗争,并提供医疗和对有子女的家庭实行补贴。[①] 社会保障对工人及其家庭和整个社区的福利极为重要。社会保障是一项基本人权,是创造社会凝聚力,从而确保社会和睦和社会包容的根本手段。它是政府社会政策一个不可缺少的部分,也是预防和缓和贫困的重要手段。为社会的健康、稳定和持续发展提供了安全的保障。通过国民互助互济和公平分摊负担,社会保障可以为实现人的尊严、公平和社会正义做出贡献。它对于政治包容、提高政治效力和发展民主也十分重要,是现代社会走向文明进步的重要标志。[②]

现代社会保障制度起源于西欧,它是西方国家产业结构、社会结构和政治结构发展变化的产物。20世纪50年代末,西方发达国家基本上完成了有关社会保障制度的立法,设立了相应的管理机构,建立了一套完整的以高福利为主要内涵的社会保障体系。社会保障没有一个单一的正确模式。它是随着时间的推移而发展和改进的。目前的社会保障措施包括社会救济方案、全民保障方案、社会保险以及公共或私人保险项目。每个国家根据自身的社会文化价值观、历史、制度以及经济发展水平建立国家社会保障体系。

---

① 国际劳工局社会保障司编著:《社会保障导论》,劳动人事出版社,1989年,第3页。
② 国际劳工局编:《社会保障:新共识》,中国劳动社会保障出版社,2004年,第1页。

1. 英国的社会保障制度

英国的社会保障制度是世界上历史最悠久、最发达和最完整的社会保障制度，是西方社会比较典型的一种社会保障制度。16世纪初，英国的空想社会主义思想家托马斯·莫尔就提出了乌托邦的构想，他认为人人都应该有劳动的义务，而妇女、儿童等应该受到社会的关怀，享有特殊的照顾；病患者可以获得治疗和食物的供应。莫尔还设想了未来社会主义社会，诸如对儿童实行统一的教育和管理，一起参加力所能及的劳动，每个成年人都要参加劳动，学习科学文化知识；社会丰裕，按需分配等。这些都是今天社会保障制度思想的来源。英国也是最早将济贫工作制度化的欧洲国家，在社会保障法出现以前，常常是通过政府救助、社会救济和私人慈善行为以及亲友邻里间互济互助等方法来解决贫困问题。1601年，英国政府颁布了《伊丽莎白济贫法》，规定地方政府必须从税收中提取一部分的资金救助穷人、病人和无家可归的人，以立法的形式确立了国家救灾济贫的职责，开创了现代社会保障制度的先河。英国的贫民化和工业化是同时并进的，贫民来自广大农村地区无地无生活来源的农民、破产的小手工业者和城市失业工人，贫民化问题不仅阻碍工业化的进程，还威胁到资产阶级的统治，而英国最早实施的相关济贫法，对贫民实行社会救济，在一定程度上安定了社会，保障了英国工业化进程的顺利推进。

与此同时，英国也对社会保障理论的发展做出了贡献。1942年11月，英国社会学家贝弗里奇（Beveridge）提出了《社会保险及有关服务》的报告，详细阐述了有关社会保障的内容、基本功能和原则，他向英国政府建议，以消灭贫困、疾病、肮脏、无知和懒散五大祸害为目标，通过建立一个社会性的国民保障制度，对每个公民提供七个方面的社会保障：儿童补助、养老金、残疾津贴、失业救济、丧葬补助、丧失生活来源救济、妇女福利。他认为，社会保障需要体现三个原则：普遍原则、政府统一管理原则和公民需要原则，并通过社会保险、社会救济和自愿保险来实施社会保障制度。贝弗里奇的社会保障理论奠定了英国社会保障的基础。二战后，英国政府按照贝弗里奇的设计，于1946—1948年间通过并实施了一整套社会保障法规：家庭补助法、国民卫生保健服务法、工伤保险法、国民救助法、社会保险法，并于1948

年宣告:英国已成为世界上第一个"福利国家"。① 继英国之后,北欧国家瑞典、丹麦、挪威,以及其他西欧国家法国、联邦德国、奥地利、比利时、荷兰、瑞士、意大利等经济发达国家,纷纷按英国模式实施社会福利政策,建设自己的"福利国家"。

20世纪90年代,英国的社会保障相对形成了完整的体系,主要包括社会保险(养老保险、失业保险、医疗保险、工伤保险等)、社会补助(针对妇女、住房、儿童、食品、老人等)、社会救助(针对低收入家庭、贫穷老人、失业者等)、保险服务和社会服务。

作为世界上比较完善的社会保障制度,英国的社会保障制度主要有着以下几个特点:第一,英国的社会保障制度服务于所有的公民,是100%的统筹,覆盖面非常广泛,每个英国人甚至是海外的英国人或是居住在英国的外国人也能享受到一定的社会福利。第二,英国社会保障的内容很多,包括公民权的方方面面,是从摇篮到坟墓的社会保障。第三,体现人性化的"劫富济贫",英国公民保险费的缴纳与其日后的社会保障支出(权益)并不是完全对应的。收入水平低于政府规定的低收入者可以不缴纳国民保险费,但同样能够享受社会保障的某些权益;英国退休金的发放也不再是按照同一标准,而是根据一个人在其工作期间的收入情况而有所不同。②

1998年,为了英国社会保障制度更有效地为政府服务,提供更多的机会,促进就业,鼓励公民的独立性,促进良好的社会团结,建立一种有活力的社会保障制度用以支持工作,同时有效地解决社会不公平和不平等现象,布莱尔政府颁布了《我们祖国的新动力:新的社会契约》的绿皮书,提出了新福利国家制度的八项原则:主要是围绕"工作观念"重塑福利国家;公私福利合作;提供高质量的教育、保健和住房公共服务;扶助残疾人;减少儿童贫困;帮助极度贫困者;消除社会保险中的欺诈行为;将政府的工作重心从发放福利津贴转向提供良好的公共服务,使现代福利制度灵活、高效、便民。

2. 瑞典的社会保障制度

瑞典的社会保障制度历史最长,发展最完备。1936年,美国著名记者蔡尔德

---

① Rodney Lowe, *The Welfare State in Britain since 1945*, USA: St. Martin's Press, inc., 1999, p.140.
② 韩文秀:《英国社会保障制度的经验和教训》,《中国工业经济研究》1994年第6期。

就称赞瑞典"为正在困境中挣扎的其他西方国家树立了一个榜样"。瑞典是一个典型的社会福利国家,以其高度发达的社会保障制度著称于世,是福利国家的窗口。

瑞典社会保障制度的最显著的特点就是高福利,社会保险包括养老保险、医疗保险、住房津贴、失业保险、社会救济、社会补助,以及其他福利诸如教育等,瑞典规定:凡瑞典公民,包括获得居留权的外籍公民,人人享有优厚的社会福利。享受社会福利已成为所有瑞典公民的一种基本权益;在全国范围内实行统一的标准,而且具有立法保证,各项社会保障都有完备的法律法规,提供、组织以及管理社会保险已成为政府的一项职能。与其他福利国家相比,瑞典社会福利更完备,更全面,从"摇篮到坟墓",包括了人生的全过程。其覆盖面之广和福利之高,是其他很多西方国家难以相比的。

但是,庞大的福利开支给政府造成了沉重的财政负担,优厚的社会福利使年轻人滋生了满足现状、贪图享乐的惰性,瑞典社会保障制度已经不适应社会的发展了,改革迫在眉睫。20世纪80年代以来,政府把经济发展和充分就业放到政府经济政策的核心位置,在社会保障制度方面完成从强调基本社会权利向促进就业方向的转化,采取了一系列的措施:诸如在社会保障制度中加入就业指标,使愿意就业成为享受社会保障的基本条件,重视对成年人的再培训和终身教育,大幅度降低边际税率,减少了高收入阶层的税收等。但是由于瑞典建立福利制度较早,福利主义思想在人们的心中已经根深蒂固了,瑞典社会保障制度改革举步维艰。

3. 美国的社会保障制度

由于美国人的开拓进取精神强调的是自我依靠,强调的是个人奋斗和适者生存,而美国国内种族的多样性又使人们不愿意对其他种族的人群提供帮助。因此,直到20世纪30年代大萧条的出现以及二战结束时,美国才逐渐走上了福利国家的道路。1935年,美国颁布的《社会保障法》是美国社会保障体系形成的标志。在美国,社会保障被视为一张社会安全网,它的基本含义是指摆脱危险、恐惧的社会安全与自由,以及相互联系、相互依存的人们对这种安全与自由的向往。

美国的社会保障制度充分体现效率优先的原则,自愿和强制相结合。社会保障制度的内容主要包括社会保险(就业保险、失业保险、养老保险、残疾保险和遗嘱保险)、社会救济(针对老人、残疾人、穷人)和社会福利(住房、教育、健康医疗、退伍军人抚恤金和补偿等)。

过高的社会保障费用使政府不堪重负,由于各种原因,有些贫困家庭和社会弱势群体根本没有享受到必要的保障。美国社会保障制度面临前所未有的挑战和困难。专家预测,到 2037 年,美国政府将无力支付养老金,美国社会保障制度改革迫在眉睫。2001 年 5 月,布什政府专门成立了"加强社会保障总统委员会"。布什改革计划的核心内容是:允许社会保障制度的受益者利用部分社会保障税设立可以投资于金融市场的私人账户,以获得较高的回报率。布什政府希望通过大幅度减税来促进国内经济的活力,却会对儿童和学校、尤其是对公共学校、公共医疗机构以及其他一些公共机构的利益造成损害,这实际上有悖于福利国家的初衷,真正解决美国福利制度的危机仍然任重而道远。

4. 德国的社会保障制度

社会保障制度化是以社会保险事业的出现作为标志的。早在俾斯麦执政时期就形成了比较全面的社会保障体系,19 世纪 80 年代,推出了社会保险法案,建立了工伤、疾病、残障、老年和失业社会保险,形成了一套比较完整的体系。① 现今德国的社会保障制度主要包括社会保险、社会赡养、社会救济和社会补贴。其中,失业保险、养老保险、事故保险和医疗保险被誉为德国社会保障体系的四大支柱。德国社会保障制度是建立在义务保险和由第三者(包括政府在内)提供资助或补贴作为保险金来源的基础上的,实行的是现收现付资金筹集模式。1998 年,施罗德政府在传统的福利国家和竞争的资本主义之间选择了中间政策,在社会保障方面,保持最低社会保障标准,改革公共服务,提高效率,关注社会贫困和排斥现象。建立一种所有公民都有工作而不依赖救济的社会保障体系,强调社会保障既是每个人的权力,也是每个人应尽的义务。施罗德政府倡导社会保障是一个跳板,每个暂时需要帮助的人,都可以从这里获得帮助,从而迅速地返回自己负责的生活。为此,1998 年 10 月,德国社会民主党和绿党共同签署了《觉醒与改革——德国迈向 21 世纪之路》的联合大纲,要求对现行的社会保障进行改革和调整,切实减轻政府的财政负担,促进国家的良性发展。政府希望通过广开就业门路,让失业和接受社会救济的人们获得就业的机会;扩大投保人员的范围,期望全体公民担负起投保的义务;建立有效的老年预备金,以解决人口老龄化问题;进行医疗改革,提高医疗质量

---

① 李明:《社会保障与社会保障税》,中国税务出版社,2000 年,第 34 页。

和降低医疗成本等,以此来完善德国的社会保障制度,以期充分发挥社会保障制度的社会功用,促进社会的健康、持续和稳定发展。

三、西方社会保障制度面临的冲击

1. 银灰色浪潮席卷欧美各国

人类无法逃避生老病死之苦,工业社会代替农业社会的同时,家庭的养老功能也渐渐衰退了,丧失劳动力的老工人需要由退休金来保障晚年生活。人口的年龄结构决定社会保障的资金筹集、给付水平以及覆盖范围。二战后,各国都建立了养老保险制度,养老保险资金已经成了政府支出的重要部分。但是随着人口老龄化的发展,生产性劳动人口与退休人口比例严重失调,但是要维持社会保障资金的收支平衡,势必要大幅度地提高生产性劳动人口负担的社会保障率,最终过高的纳税水平超过了国家生产性劳动人口的承受力。瑞典从21世纪90年代初开始,国家掌握的养老和遗属基本养老金已入不敷出,而且情况越来越严重。以1997年为例,该年养老金收入为252.19亿瑞郎,而支出为258.02亿瑞郎。① 二战结束后,美国出现了一场生育高峰,但此后不久,婴儿的数量又急剧减少,这便造成了老人与年轻人比例不平衡的问题。这一代人最早的将于2008年进入退休状态,自此老年人比例将逐渐上升,到2030年美国总人口将增长约18%,而退休人口将增加100%。目前美国增加最多的就是年龄在85岁以上的人群。人口老龄化问题已经成了严重的社会问题。为了应对挑战,各国都采取了相应的措施,诸如提高社会保障的费率,增加社会保障缴费基数;延长退休年龄,削减一些社会保障项目的开支;加强管理,提高社会保障工作的效率和社会保障资金的使用效率,避免浪费等。但是社会保障制度改革不仅要使老年人能够比较幸福地度过晚年,年轻人又不至于承受太大的压力,还必须不妨碍国家经济的发展,并不是一件轻而易举的事。

2. 人文关怀的副产品

社会保障制度的不合理也会引起严重的社会副作用。社会保障侧重公平、忽视效率,高福利造成了部分成员坐享其成的观念,严重制约了经济的发展。例如,

---

① 张文祥:《西方国家的社会保障制度改革及其对我国的借鉴意义》,《河北师院学报》1997年第3期。

英国的社会保障制度规定,单亲家庭不仅可以领取单亲家长补助金,还可以得到儿童、住房以及低收入等补贴,未婚妈妈可以优先得到政府的住房,这些保障制度在一定程度上也是英国高离婚率、未婚母亲逐年递增的原因之一。从"摇篮到坟墓"的社会保障制度,实行高税收政策,不仅造成私人、企业储蓄和投资能力下降,还导致参加工作所得在扣除税收后,同不参加工作而从社会保障中获得的各种津贴之间的差距大大缩小,助长了公民的懒惰情绪,严重影响了人们的工作积极性。在高福利的瑞典,所有家庭都享有家庭补助,16岁以下的孩子可得小孩补助,失业保险和救济对失业者发放的救助,可以使其享受充裕的生活,优厚的社会福利使年轻人滋生了满足现状、贪图享乐和不求上进的风气,社会懒汉日益增多。所以,越来越多的西方国家将促进就业作为社会保障的重要职能。

四、关注现代社会中的弱势群体

1. 对弱势群体的界定

弱势群体,也叫社会脆弱群体、社会弱者群体,它主要是一个用来分析现代社会经济利益和社会权力分配不公平、社会结构不协调与不合理的概念。大体上说,弱势群体包括儿童、老年人、残疾人、精神病患者、失业者、贫困者、灾难中的求助者、非正规就业者以及在劳动关系中处于弱势地位的人。对于支持弱势群体而言,从需求的简单分类看,有衣食需求、住房需求、教育需求、医疗需求、就业需求、安全需求、社会交往需求、社会参与需求等等;从需求的性质看,有生存需求、发展需求和享受需求之分。

一般认为,弱势群体可以分为两类:生理性弱势群体和社会性弱势群体。生理性弱势群体包括儿童、老年人、残疾人等;社会性弱势群体包括失业者、工伤者等。弱势群体的出现往往认为是由于社会结构的不合理和不公平,以及社会福利不完备和不健全所造成的。

生活原本就是残酷的,由于诸多来自历史的、经济的、政治的、文化的、个人的原因,社会上总会存在一部分人群,他们创造财富、聚敛财富的能力比较弱,就业竞争能力和基本生活能力都比较差,得不到社会认可,时时面临生存的困境,最可怜的是,他们依靠自己的力量无法改变自身的弱势地位。尤其在社会转型和变革时期,弱势群体是承受最大重压的,也是受冲击最大、付出代价最大的群体。儿童是

弱势群体中的弱势群体,由于生理和心理的薄弱性,他们最容易受到伤害,在世界的每个角落都可以找到他们的伤痕,他们是性暴力的牺牲者,是廉价劳动力,是战场上的人肉炮弹和扫雷工具,是艾滋病的侵蚀者,是世界犯罪的"主力军";撑起半边天的妇女面临着同样严峻的现实,没有平等受教育的权力,处处受到来自传统的歧视,常常还是犯罪、暴力和性的牺牲品;①残疾人更是如此,尤其在不发达国家,他们得不到平等的教育机会和就业机会,合法权益经常受到侵犯,生活状况苦不堪言,心理还要承受来自社会歧视的痛苦;独居的老人,生活寂寞,没有家庭的温暖,得不到社会的关怀;劳工生存艰难,面临着来自医疗、培训、保障等方面的压力和困难。

综上所述,由于在社会上处于不利的地位,弱势群体的生存现状令人担忧,他们几乎都面临着歧视、暴力、虐待、贫困、疾病、战争、不平等……人权得不到尊重,威胁着整个世界的持续、健康和和谐发展。由此可见,社会弱势群体是一个在社会资源上具有经济利益的贫困性、生活质量的低层次性和承受力的脆弱性的特殊群体。

2. 对弱势群体的人文关怀

每个人都有生存的权力和尊严,弱势群体本身存在的客观缺陷并不是受到歧视的充分理由,让弱势群体感受到温暖、援助和树立信心,才是文明社会的象征。他们的人权得不到尊重,就没有世界人权的发展和进步;弱势群体得不到关怀,就没有人的全面发展。这种关怀应该来自人类世界的每个角落,政府、社会、个人都是其中重要的因素。

一是政府的保障。当今世界追求的是以人为本的全面发展,社会应该保障每个人都有机会施展自己能力,提供平等参与政治、经济文化的机会,保障社会的公平。国家应当建立健全相关社会政策,为弱势群体提供有效的制度性支持。一个社会要保证良性运行,就必须有适当的社会政策,有必要的制度安排,满足弱势群体的客观需要。国家在保护公民的经济、社会、文化利益时,不仅要尊重个人选择的自由,还应该提供享受权利的机会,赋予儿童、妇女、老年人、残疾人等弱势群体

---

① Eamonn Carrabine, et al., *Crime in Modern Britain*, Great Britain: Biddles Ltd., Guildford and King's Lynn, 2002, p. 68.

经济、社会和文化的权利,国家负有特定的义务为社会弱势群体提供享受劳动权、受教育权等权利的机会,甚至直接提供某些基本的需要,帮助社会弱势群体走出困境。国家为解决社会问题以求实现公正、福利等特定的社会目标而制定的各种法律、条例、措施就是支持弱势群体的主要手段。现今各国政府纷纷出台的社会保障制度就是通过国家立法,采取强制手段对国民收入进行再分配,对基本生活有困难的社会成员给予帮助。它们出发点之一都是为了减轻弱势群体来自经济、社会和心理的巨大压力,促进弱势群体人权状况的改善,提高弱势群体的经济和社会地位,切实保障弱势群体的生存状况。在各国的保障制度中无不包括着对弱势群体救济和帮助的内容,对老人、儿童、妇女和残障人都有相关的政策关怀和照顾。同时世界各国对弱势群体的权力予以保护,已经成了各国立法的重要内容。目前世界各国基本上形成了以宪法为基准,以弱势群体权利保护的专门法为主干,以刑法、民法和其他相关立法为辅助的弱势群体权利保护的法律体系,其中欧美等发达国家有关维护弱势群体权利的法律制度更为健全有效。各国制定了保护儿童的保护法,颁布了保护劳工权力的法律,某些国家诸如美国还专门为老人立法,德国和日本为残疾人立法。各国还在刑法、民法等相关法律中体现对弱势群体的特别规定,诸如对弱势群体违法行为的从宽处理,对侵害弱势群体权利违法犯罪行为的严厉打击,从而切实保护弱势群体。同时广开就业门路,让一部分有条件的弱势群体参与社会,在社会中锻炼和恢复自己的竞争能力,把握获取收入的机会,从而得到主流社会的认同。

　　二是社会的理解和关怀。全社会都应当关心弱势群体。关心弱势群体不只是政府的责任,也是全社会的责任,更是社会强势群体的责任。只有高度关心弱势群体,才会形成良好的社会氛围,才能促进社会不断进步,不断地走向更加公正。一个真正公正的社会是所有人都受益的社会。在这种意义上,关心弱势群体也就是关心强者自身。一个弱势群体得不到保障的社会,一个社会弱势受到歧视的社会,不可能是一个稳定的社会,也不是一个协调发展的社会。不同社会群体特别是强势群体和弱势群体之间需要达到合理的平衡,有了这种强弱合理的平衡就能维持社会的稳定协调发展,没有这种强弱合理的平衡,社会就难以保持稳定,社会的协调发展就不可能实现。

　　社会是由强势群体和弱势群体共同组成的,让弱势群体来承担来自变革的代价是不公平的,相反强势群体才应该负有更多的义务。

首先,由于弱势群体在经济上处于劣势,在心理上容易自卑、急躁、悲观失望,他们无法把自己看作社会大家庭中的成员,很难融入社会群体中来。所以,在观念上不歧视他们,平等地对待他们是最关键的。人生来就是平等的原则就是通过相应的措施最大限度地缩小弱势群体与强势群体的差距,要求对所有的人予以普遍的尊重和保障。尊重弱势群体的人格尊严和自我选择,消除对他们的歧视、虐待和侮辱。弱势群体作为人类社会的成员,也应该享有人权,拥有尊严,强势群体没有权利歧视他们,没有权利排斥他们的权利,理解他们,尊重他们,给予弱势群体参与社会生活平等的机会,并尽可能地给予他们最温馨的人性关怀。例如,在英国,只要没有电梯的地方,就有如何用可折叠设备运送无法行走的人上下楼的说明公告;地图上都可以清楚看到很多公共场所给残疾人出入的标志;所有人行道的尽头都有一个足够轮椅宽度的缓坡;民间团体还针对不同类型的弱势群体开设辅导课程和心理咨询。特别强调的是,弱势群体的亲人家属更应该关心他们,不放弃他们,帮助他们在生活和工作的点滴中重建生活的勇气和信心。

其次,关心弱势群体意味着要平等地对待弱势群体,注意倾听弱势群体的声音,应当尊重和保障弱势群体的政治、经济与社会权利,特别是要加强民主制度建设,保障弱势群体的参与,尤其保障其参与与其有关的各项决策的权利,使其能够表达和维护自身的权益。如果弱势群体被排斥在社会进程之外,不能参与相关决策的进程,他们的声音就无法表达,更谈不上有效维护其权益。关注弱势群体,帮助弱势群体,健全福利制度是社会应尽的责任,让弱势群体能够切实感受到政府对他们的援助,全社会对他们的关爱,帮助他们重新树立起对未来的信心。

最后,教育至关重要,在西方发达国家就把教育列为社会福利的重要内容。由于一些弱势群体长期生活在贫困中,已经同社会的主流文化隔绝了很久,他们不求上进,长期的无助迫使他们相信命运弄人,贫困将他们世世代代束缚在痛苦的圈圈中,能够解救他们的只有教育。人文关怀侧重文化的教育,提高他们的知识储备,改善他们的生活水平,培养他们的参与意识,让他们感到自身的重要性,教育能改变他们的生活方式、行为规范、价值观念,让他们重生。而对于社会其他的群体来说,应当对强势群体培养互助和爱的精神,加强使命感。教育不仅是知识的教育,还有道德的教育,教育可以在社会上养成互助合作精神,形成良好的社会风气。此外,还有持续终身的人生教育,教给人们对生活的正确理解,维护人们心灵的健康,培养人的道德情感,真正提高人的素质,为弱势群体提供有效的精神支持和心理关怀。

三是弱势群体自强自助。弱势群体的生存状况,需要国家和社会的力量的支持,这也是改善和改变他们状况的主要力量。但是,这不是一种被动的帮助和施予,它需要弱势群体自身力量的结合,提升社会弱势群体的能力,增加他们社会参与的机会,消除社会隔阂,从而切实改变他们的弱势处境。最终摆脱弱势地位还是要靠弱者自身的努力,外部支持的重要作用在于增强弱者改变其弱势地位的能力。俗语云:"惟自助者天助之。"完全依赖外部支持,是无法彻底改变一个人、一个群体的弱势地位的。所以,弱势群体需要自立、自尊、自强。要树立自信,相信自己,不能自暴自弃,要有尊严,相信自己的努力是值得的。弱势群体需要关注、尊重和保护,全社会应该尽自己最大的努力,采取相应的措施最大限度地缩小弱势群体与强势群体的差距。

生存关怀和发展关怀的有机结合才是真正的人文关怀。人文关怀是一种自觉意识,关怀人的心灵,是对人的自觉意识的追求和对人自身自由的关怀与追问。

结语
人文主义在新时代的反思与重建

在我们的学术话语中,人文主义是人类走向未来的一种理想、一种历史发展的文化观念,更是一种以伟大传统为背景的社会实践。因此,作为理想的人文主义,它绝不是一种空想,而是人类文明的基本性质,是人类不断走向未来的力量源泉和指路明灯。

我们知道,尽管美国社会中出现一些极其病态的单边主义因素,然而美国社会总体文明的进步性是人们所不可忽略的。正是这样的社会中,一位历史学家认为当代社会之所以拥有高度的文明,是因为"共和主义通过与人文主义相结合,获得了自我意识和趋于丰满,并作为一种激发人心的因素能够在西方传统中延续下来"[①]。可见,人文主义如同经历过数以百计的政治变革,依然不失为人类政治文明精粹的共和主义一样,是开启并协调人类现代历史进程的钥匙。然而,由于经济技术在社会发展进程中不断取得合理性,因此人文因素在世界文明的历史上逐步失去了它应有的份额。同样,也正是由于人文主义的力量和声音越来越微弱,因此非人文主义的诸多弊端与罪恶,在现代历史前行的轨道上越来越偏激。

在社会现实中,贵族与平民、技术与道德、冲突与和谐、经济发展与自由解放,都以人的强势与弱者的方式呈现出来,在这一背景下关注西方人文主义史略,对于社会诸多因素的均衡、协调与发展来说,显然具有特别重要的价值和意义。

一、现代历史水平中的人文指数

现代历史指标体系的确立,对于世界现代历史进程将起到十分重要的作用。

[①] 中国美国史研究会编:《现代史学的挑战——美国历史协会主席演说集(1961—1988)》,王建华等译,上海人民出版社,1990年,第93页。

早在 1985 年,英格尔斯就提出了现代历史指标体系。主要内容有:人均国民生产总值 3 000 美元以上;农业产值在国民生产总值中所占比例不超过 12%—15%;服务业在国民生产总值中所占比例超过 45%;非农业就业人口在总就业人口中所占比例超过 70%;有文化的人口在总人口中所占比例超过 80%;青年适龄年龄组中上大学的人口比例超过 30%;城市人口占总人口的比例超过 50%;平均每名医生负担的人口为 800 人以下;平均预期寿命 70 人以上;报纸拥有量 3 人每天 1 份。然而,20 年过去了,世界现代历史事业的发展状况发生了很大的变化,现代历史指标体系也应该随之发生变化。

我们认为,现代历史指标体系的变化应当体现出由经济增长向价值关怀的变迁。早在 1958 年,美国学者丹尼尔·勒纳在探讨中东现代历史进程时就认为,现代历史主要是心灵状态进步的期望,为了走向现代历史,必须在人格系统上有所调整,即必须实现一种心灵的流动和移情的能力。① 显然,人的心理素质、精神状况,也应当成为现代历史指标体系构成的重要因素。近 20 年来,世界形势发生了很大的变化。然而,人们对于现代历史指标体系重新认识的方式和程度的变化很小。到了 2000 年前后,这种状况依然如故。20 世纪末,人们对于 20 世纪英国经济现代历史的发展状况,其指标是:人均 GDP、GDP/工作小时、劳动力比例和产业比例。对于 20 世纪英国社会和现代历史的发展状况进行统计,其指标是:人口、预期寿命、婴儿死亡率、个人汽车/千人、电话/千人、电视/千人、中学入学率、大学入学率、预期受教育年数。② 人们从两次现代历史的角度看欧盟 15 国现代历史问题,情况依然如此。所谓第一次现代历史实现指数指的是:经济发展指标和社会发展指标(具体指的是人均 GDP、农业劳动力比重、农业增加值比重、服务业增加值比重、城市人口比例、医疗服务、婴儿死亡率、预期寿命、成人识字率和大学入学率)。第二次现代历史发展阶段的指标是:农业增加值比重、工业增加值比重、物质产业增加值比重、农业劳动力比重、工业劳动力比重、物质产业劳动力比重等因素。③ 可见,人们对于现代历史指标体系的看法基本没有变化。也就是说,对于人与社会

---

① Daniel Lerner, *The Passing of Traditional Society*, *Modernizing the Middle East*, New York: The Free Press, 1958, p. 73.
② 参见《中国现代历史报告 2004》,北京大学出版社,2004 年,第 39—40 页。
③ 参见《中国现代历史报告 2004》,北京大学出版社,2004 年,第 240—246 页。

的精神因素,有些最为原始的精神因素都没有被给予关注。

我们认为,针对这些变化的世界形势,安全状况和信息技术的使用应当成为现代历史指标体系的重要组成部分。所谓安全状况,主要包括:战争、恐怖事件以及社会治安等因素。我们认为,安全问题也是人类生存最基本的问题;而信息技术应当指电脑和网络技术的使用情况。事实上,自然资源、生态环境和社会道德状况,也应当成为现代历史指标体系的重要组成部分。只有这样,现代历史事业才能向着科学、健康、均衡与和谐的方向发展。

二、人的现代化问题

人的现代化问题的讨论,依然离不开社会学大师英格尔斯。

在人由传统走向现代的问题上,英格尔斯有自己独到的见解。他认为,现代人的特征是:准备和乐于接受他未经历过的新的生活经验、思想理念和行为方式;准备接受社会的改革和变化;思路广阔,头脑开放,尊重并愿意考虑各方面的不同意见、看法;注重现在与未来,守时惜时;强烈的个人效能感,对人和社会的能力充满信心,办事讲求效率;计划;知识;可依赖性和信任感;重视专门技术,有愿意根据技术水平高低来领取不同报酬的心理基础;乐于让自己和他的后代选择离开传统所尊重的职业;对教育的内容和传统智慧敢于挑战;相互了解、尊重和自尊;了解生产和过程。① 我们认为,英格尔斯对人的现代特征的看法,依然是以经济技术社会为背景的,较少关心人的安全、信仰、精神与文化。

我们认为,英格尔斯对于人的安全与道德等精神方面诸多要质的忽视,以及对于人类文明伟大传统的态度是有失偏颇的。早在希腊传统、日耳曼人遗风以及近代欧洲人的共和思想中,公民道德也被称为公共的善,②还有古希腊、文艺复兴,及手工艺运动等,它们始终是人类文明的一种重要因素,也是人类一种最基本品质和伟大传统的象征。我们认为,在传统文明中的伟大的传统,诸如虔诚的信仰、高尚的道德、充实的资源、绿色的环境、和平的国际关系与亲密的人际交往等因素,恰恰

---

① [美]英格尔斯:《人的现代化——心理·思想·态度·行为》,殷陆君编译,四川人民出版社,1985年,第22—33页。

② Nicholas Greenwood Onuf, *The Republican Legacy in International Thought*, Cambridge University Press, 1998, p. 63.

是世界现代历史进程中均衡、稳定和发展的最重要的力量,也是社会和谐发展的最可靠保证。

三、和谐的意义

一个真正的社会主义社会应当建立在形式倾向和文化传统的基础之上。现在,当越来越多的处于不同发展阶段的民族被抛入社会主义社会轨道中的时候,社会生活的多样性正在增长。因此,社会主义是以人的选择范围尽可能广阔为先决条件的。① 因此,社会主义人文主义应当在世界现代历史进程中担当起自己的使命,努力使经济增长与价值关怀拥有一个整合的空间。为此,我们应当充分理解和谐的意义。

西方马克思主义学者们非常重视人文主义的意义,他们把世界总体需求的社会创造以及个人的和谐发展,看成共产主义的目标。② 他们看到人文主义的理念是人类的爱,个人最高价值的自由和信仰。③ 他们认为,是健康、心理与生活,而不是什么基于人类有机体的生物学与心理学上的技术上的抽象的快乐。④ 也就是说,马克思主义的人文主义是一种现实主义的人文主义。由此可以看出,共产主义人文主义的特殊价值和普遍意义。

尽管从形式上看,我们面对现代历史较多地重视经济技术,而较少关注人类自身素质与品质的进步,在经济增长与价值关怀之间寻求一种均衡与和谐的发展。也就是,安全指数与有效生存的统一;人类信仰与理性精神的统一;持续发展与绿色环境的统一;社会竞争与和平交往的统一;多元均衡与和谐状态的统一。从理论上说,只有当这些因素以理想的方式有效地整合在一起的时候,人类才能在发展与进步的同时拥有快乐与幸福。然而,历史发展的事实状况并非如此。近代诸多思想家设计的现代性的图景,也就是近代启蒙的图景被人们普遍地认为"已经失败"。

---

① Pavel Gurevich, *Humanism: Traditions and Paradoxes*, Novosi Press, 1989, p. 56.
② M. A. Seligson, J. T. Pass, *Development and Underdevelopment*, Boulder, Colo.: Lynne Wienner Publishers, 1998. p. 11.
③ M. A. Seligson, J. T. Pass, *Development and Underdevelopment*, Boulder, Colo.: Lynne Wienner Publishers, 1998. p. 39.
④ H. D. Clark, *Socialist Humanism, the Outcome of Classical European Morality*, St. Louis, W. H. Green, 1974, p. 141.

因此，西方人文主义史略应当从三个方面突出自身的价值和意义：

首先，以信仰和道德为内涵的价值关怀应当在每一段流程中得到充分的体现，使现代历史进程特别是经济增长的每一个环节都能持续、长久地体现出价值关怀的意义。在现代历史的历史流程中，价值关怀首先以理想的方式呈现于现代历史流程的开端，然而由于经济技术的理性具有强大的操纵与控制的力量，因此价值关怀则不断地被人们淡忘直至消失。人文主义是一种包含着价值关怀的总体的品质和精神，只有当信仰、道德和理想永远成为价值关怀现代历史进程中每一个环节的调节剂，并始终成为现代历史前行动力的时候，人文主义才能以先声策略的方式充分体现出自身的价值和意义。

其次，在现代历史实践中，以道德和信仰为内涵的价值关怀应当在观念、分量和程度上体现出经济增长的优越性。以科技理性为背景的经济增长与人的欲望结合在一起，产生一种超乎寻常的张力，这种力量时常能够突破人的信仰、道德和良知，甚至法治的理性阈限，从而以极端的方式成为现代历史进程中压制甚至粉碎价值关怀的一种怪异的暴力形态。在经济技术理性形成之后，人们时常以数字化的方式来看待文化问题。他们认为，直到进入数量分析之前，文化因素的重要性还没有得到检验。① 因此，只有当价值关怀在现代历史进程中的份额始终在很大程度上重于、浓于并且渗透于经济增长的时候，作为几何级数的价值关怀才能有效地实现与经济增长的均衡和整合，人文主义才能在现代历史进程中发挥其效用。

最后，现代历史事业是一项总体的浩大的社会工程，它应当以现代形态与伟大传统有机整合的方式落实到每一个社会、群体和区域，甚至整个世界的每一方空间。现代历史是一个总体的社会工程，它应当充分体现出每一个群体、区域，乃至整个世界的协调与均衡，而不是以一种先与后的原因造成强与弱、大与小、发达与落后、文明与野蛮的局面，并最终成为社会动荡的根源；现代历史是一项总体的社会工程，它是传统的延续与转换而不是断裂。只有当来自传统社会中的信仰、道德在社会演化的过程中充分体现它的生命力的时候，人文主义在现代历史进程中才能实现经济增长和价值关怀的均衡与互融，从而实现现代历史进程，乃至整个世界

---

① M. A. Seligson, J. T. Pass, *Development and Underdevelopment*, Boulder, Colo.: Lynne Wienner Publishers, 1998. p. 196.

文明历史多元并存的状态。因此,伟大传统的延续与重建,是我们创建和谐社会,乃至建设整个世界的和平与发展的事业非常重要的保证。

  人文主义,人类的爱,这些词语是由善良与正义建立起来的呵护人类的伟大资源。人类的理想往往是由这些品质综合而成的。当然,人文主义暗示着的不只是个人的品质和情感,更是社会的理想。人文主义是在人际关系中进行裁决的道德与哲学系统。人文主义认识到的是人的尊严和安宁,人的自由、快乐和自由的权利。① 我们认为,面对"百年未有之大变局",在充满坎坷而起承转合的历史进程中,可以通过人文主义的精神为人类命运共同体建设事业的健康发展寻求一条通往新时代的希望之路。

---

 ① M. A. Seligson, J. T. Pass, *Development and Underdevelopment*, Boulder, Colo.: Lynne Wienner Publishers, 1998. p. 3.

参考文献

一、外文著作

A. N. Wilson, *God's Funeral*, 1st American ed., New York: W. W. Norton & Company, 1999.

Ainslie T. Embree, *The Hindu tradition*, New York: Modern Library, 1966.

Anthony Stevens, *The Roots of War & Terror*, Continuum Press, London & New York, 2004.

Arthur Christopher Benson, *Memories and Friends*, London: John Murray, 1924.

Audrey Williamson, "Ruskin and Morris: The Socialist Legacy," in *Artists and Writers in Revolt*, Newton Abbot: David & Charles, 1976.

B. W. Clapp, *An Environmental History of Britain: Since the Industrial Revolution*, Longman Group UK, Limited, 1994.

Benjamin Evans Lippincott, *Victorian Critics of Democracy*, The University of Minnesota Press, 1938.

Brian Doherty, *Ideas and Action in the Green Movement*, London and New York: Routledge, 2002.

C. Fritz, *Humanism and the Social Order in Tudor England*, New York: Teachers College Press, 1954.

C. R. Ashbee, *Should We Stop Teaching Art?* London, 1811, p. 4. Quoted in N. Pevsner, op. cit.

Cook, E. T. *Homes and Haunts of John Ruskin*, with Twenty-eight Illustrations in Colour from Riginal Drawings, and Sixteen in Black and White, by E. M. B. Warren, London: George Allen & Company, Ltd. Ruskin, 1912.

Daniel Lerner, *The Passing of Traditional Society*, *Modernizing the Middle East*, New York, The Free Press, 1958.

David Hume, *A History of England*, V, London, 1798.

Derek Fraser, *The Evolution of the British Welfare State*, The Macmillan Press LTD, 1973.

Derryl N. Maclean, *Religion and Society in Arab Sind*, Leiden: E. J. Brill, 1989.

Dieter Senghaas, *The Clash Within Civilizations: Coming to Terms with Culture Conflicts*, Routledge Press, London & New York, 2002.

Eamonn Carrabine, Pamela Cox, Maggy Lee, Nigel South, *Crime in Modern Britain*, Great Britain: Biddles Ltd. , Guildford and King's Lynn, 2002.

Edward T. Cook, *The Life of John Ruskin* (2 vols), London, 1911.

Egbert de Vries, *Man in Rapid Social Change*, Garden City N. Y. : Published for the World Council of Churches by Doubleday, 1961.

Elizabeth M. Vida, *Romantic Affinities: German Author and Carlyle*, University of Toronto Press, 1993.

Ernest Campboll Hossner, *The Life of David Hume*, Oxford at the Clarendon Press, 1980.

Ernest Barker, *Political Thought in England*, *from Herbert Spencer to the Present Day*, *1848 to 1914*, New York: H. Holt and Company; London: Williams and Norgate, [n. d.]

Francis D. Klingender, *Art and Industral Revolution*, Granada Publishing Limited, 1972.

Frances Knight, *The Nineenth-Century Church and English Society*, Cambridge University Press, 1995.

Friedrich Klemm, *A History of Western Technology*, First Published by Verlag Karl Alber, English Translation First Published 1959, M. I. T. Press.

George Sarton, *A History of Science: Ancient Science Through the Golden Age of*

Greece, Harvard University Press, 1952.

Gerald Chapple edit., *German Literature and Music in the Nineteenth Century*, University Press of America, 1992.

Gerard Dekker, *Rethinking Secularization*, University Press of America, Inc. 1997.

Gilbert White, *The Natural History of Selberne*, London: J. M. Dent and CO. 1906.

Gordon Marsden, *Victorian Values*, Longman Publishing, New York, 1990.

Graham Hough, *The Last Romantics*, London: Methuen, 1961.

H. D. Clark, *Socialist Humanism, The Outcome of Classical European Morality*, St. Louis, W. H. Green, 1974.

Helen Fawcett, Rodney Lowe, *Welfare Policy in Britain*, USA: St. Martin's Press, inc. ,1999.

Henry David Thoreau, *Walden and on the Duty of Civil Disobedience*, Collier Publishing Company,1962.

Hume, *The Natural Histomy of Religion, The Philosophical Works*. Edited by Thomas Hill Green and Thomas Hodge Green. Vol. 4, London.

J. Lever, *Life of Whistler*, London, 1930.

J. L. Bradley, *Ruskin, The Critical Heritage*, London, 1984.

Jacques Maritain, *Approaches to God*, Geoge Allen and Unwin LTD, 1955.

Jacques Maritain, *Man and the State*, The University of Chicago Press, 1951.

Jacques Maritain, *Religion and Culture*, London: Sheed and Ward, 1931.

James Fieser edit., *Early Responses to Hume's Moral, Literary and Political Writings*, Thoemmes Press, 1999.

John Atkinson Hobson, *John Ruskin: Social Reformer*, Boston: Dana Estes & Company Publishers, 1898.

John Carroll, *Humanism: The Wreck of Western Culture*, Fontana Press, 1993.

John Ruskin, *The Works of John Ruskin*, (library edition) ed. E. T. Cook and Alexander Wedderburm, New York: John W. Lovell,[n. d.]1903-1912.

参考文献

John Ruskin, *Time and Tide: Twenty-five Letters to A Working Man of Sunderland on the Laws of Work*, *Notes on the Construction of Sheepfolds*, London: Geoge Allen, 1906.

John Ruskin, *Arts and Crafts Essays*, *Pref.* by Morris. New York: Garland Pub., 1997.

John Ruskin, *Fors Clavigera: Letters to the Workman and Laberers of Great Britain*, Edition De Luxe, Boston; New York: Jefferson Press, 1907.

John Ruskin, *Pathtic Fallacy in the Nineteenth Century*, Berkeley, 1992.

J. C. Laursen, *The Politics of Skepticism in the Ancients*, *Montaigne*, *Hume*, *and Kant*, E. J. Brill, Leiden, The Netherlands, 1992.

J. Kraye, *The Combridge Companion to Renaissance Humanism*, Cambridge University Press, 1996.

J. Meritain, *The Person and the Common Good*, Neoyork, 1947.

J. R. Jones, *Country and Court*, *England 1658 - 1714*, Adward Arnold Ltd, 1978.

J. W. Krutck, *Walden and Other Writings By Henry David Thoreau*, Bantam Books, Inc., 1982.

K. Robbins, *Religions and Humanism*, Papers Read at the Eighteenth Summer Meeting and the Nineteenth Winter Meeting of the Ecclesastical History Society, Oxford, 1981.

Karen Livingstone, Linda Parry, *International Arts and Crafts*, Victoria &. Albert Museum, 2005.

L. S. Warren edit., *American Environmental History*, Blackwell Publishing, 2003.

M. A. Seligson, J. T. Pass, *Development and Underdevelopment*, Boulder, Colo.: Lynne Wienner Publishers, 1998.

Malcolm Gaskill, *Crime and Mentalities in Early Modern England*, the United Kingdom: Cambridge University Press, 2000.

Martin N. Marger, *Race and Ethnic Relations*, *American and Global Perspectives*:

Wadsworth Pub. Co. , c1991.

Michael Wheeler, (ed.) *Ruskin and Environment: the Storm-Cloud of the Nineteenth Century*, Manchester: Manchester University Press, 1995.

Nicholas Capaldi, *Liberty in Hume's History of England*, Kluwer Academic Publishers, 1990.

Nicholas Greenwood Onuf, *The Republican Legacy in International thought*, Cambridge University Press, 1998.

Nigel Yates, *Anglican Ritualism in Victorian Britain 1830 – 1910*, Oxford University Press, 1999.

N. Pevsner, *Pioneers of the Modern Movement*, Harmondsworth, Middlesex: Penguin Books, 1960.

N. Pevsner, *Pioneers of the Modern Movement*, *from William Morris to Walter*, Gropius, Harmondsworth, Middlesex: Penguin Books, 1960.

P. D. Anthony, *John Ruskin's Labour: A Study of Ruskin' Social Theory*, Cambrige: Cambrige University Press,1983.

P. Gurevich, *Humanism, Traditions and Paradoxes*, Mosow: Novosti Press, 1989.

P. O. Kristeller, *Renaissance Thoughts II*, *Papers on Humanism and the Arts*, New York, 1965.

Paul Kurtz, *Philosophical Essays in Pragmatic Naturalism*, Buffalo, New York: Prometheus Books,1990.

Paul Kurtz, *Toward A New Enlightenment*, New Bruswick and London: Transation Publishers, 1994.

Paul Kurtz, *Embracing the Power of Humanism*, Rowman and Littlfield Publishers, Inc. , 2000.

Pavel Gurevich, *Humanism: Traditions and Paradoxes*, Novosi Press, 1989.

Peter Quennell, *John Ruskin: The Portrait of A Prophet*, New York: Vikina Press, 1949.

Phillis Deane, *The First Industrial Revolution*, Cambridge University Press,

1979.

R. W. Davis edit, *Religion and Irreligion in Victorian Society*, NY: Routledge, 1992.

Richard Mabey, *Gilbert White: A Biography of the Author of the National History of Selberne*, Pimlico, 1999.

Roger E. Greeley edit, *The Best of Humanism*, Buffalo, New York, 1998.

Rodney Lowe, *The Welfare State in Britain since 1945*, USA: St. Martin's Press, inc., 1999.

Rupert Christiansen, *The Visitors Culture Shock in Nineteenth-Century Britain*, Chatto and Windus, 2000.

Ruth Benedict, *Race and Racism*, London: Routledge & Kengan Paul, 1983.

S. & B. Webb, *The Decay of Capitalist Civilization*, London, 1923.

S. S. Wolin, Hume and Conservation, *American Political Science Review*, XLVIII, 1954.

Sacheverell Sitwell, *British Architects and Craftsmen*, Pan book Ltd, 1960.

Sheila Emerson, *Ruskin: the Genesis of Invention*, 1993; Giovanni Cianci and Peter Nicholls, (eds.) *Ruskin and Modernism*, New York: Palgrave, 2001.

Sir Sidney Colvin, *Memories & Notes of Persons & Places, 1852-1919*, London: Edward Arnold, 1921.

Ted Dadswell, *The Selberne Pioneer, Gilbert White as Naturalist and Scientist: A Re-examination*, Ashgate Pbulishing Limited, 2003.

Terry Eagleton, *The Idea of Culture*, Blackwell Publishing, Massachusetts, 2000.

Tim Hilton, *John Ruskin: The Early Years, 1819-1859*, New Haven, CT and London: Yale University Press, 1985.

Tim Hilton, *John Ruskin: The Later Years, 1859-1900*, New Haven, CT and London: Yale University Press, 2000.

Tony Smith, *America's Mission: The United States and the Worldwide Struggle for Democracy in the Twentieth Century*, Princeton University Press, New

Jersey, 1994.

Vida D. Scudder, *An Introduction to the Writings of John Ruskin*, Boston: Leach, Shewell & Sanborn, c1890.

W. G. Collingwood, *The Life and Work of John Ruskin*, Vol. 1. (2Vols.), with Portraits and other Illustrations, Boston and New York: Houghton, Mifflin and Company, 1893.

W. Morris, "Art and Its Producers," Lecture Given at *National Association for the Advancement of Art* at Liverpool in 1888: in on *Art and Socialism*, cit.

W. Morris, "Art under Plutocracy," Lecture Given at University College, Oxford, 14 November 1888, in on *Art and Socialism*, cit.

William Morris, *On Art and Socialism*, Essays and Lectures, the Lesser Art, London: John Lehmann Ltd, 1947.

W. Whewell, *Lectures on the Result of the Exhibition*, London, 1851.

William Smart and J. A. Hobson, *John Ruskin: His Life and Work* & *John Ruskin: Social Reformer*, London and New York: Routledge/Thoemmes Press, 1994.

Yevgeny M. Primakov, *A World Challenged*, *Fighting Terrorism in the Twenty-first Century*, Washington D. C: Nixon Center and Brookings Institution Press, 2004.

Z. Hasan, *Gandhi and Ruskin*, Delhi: Shree Publishing House, 1980.

二、外文期刊

B. Dibner, *Sarton Letters at the Bumdy Library*, *Isis*, 75, No. 276.

Francis Fukuyama, "The End of History?" *The National Interest*, Summer 1989, Iss 16.

Kishore Mahbubani, "The West and the Rest," *The National Interest*, Summer 1992, Iss. 28.

Linda M. Austin, "Labour, Money, and the Currency of Words in *Fors Clavigera*," *ELH* 56, No. 1 [Spring 1989].

Samuel P. Huntington,"The Clash of Civilizations?" *Foreign Affairs*,Summer 1993,Vol72, Iss. 3.

三、外文报告

Population,*Resources*,*Environment*,San Francisco,Calif：W. H. Freeman and Company,1970.

SPAB Report,London 1889.

The World Food Problem,Washington,DC：Government Printing office,1967.

World Population Data Sheet 1968,Washington,DC：Population Reference Bureau,1968.

四、中文译著

[英]A. E. 泰勒:《苏格拉底》,周濂、朱万国译,山东人民出版社,1998年。

[苏]B. C. 塞尔格叶夫:《古希腊史》,缪灵珠译,高等教育出版社,1955年。

[英]C. P. 斯诺:《两种文化》,纪树立译,生活·读书·新知三联书店,1994年。

[美]G. 萨顿:《科学的历史研究》,刘兵、陈恒六、仲维光译,科学出版社,1990年。

[法]R. 舍普等:《技术帝国》,刘莉译,生活·读书·新知三联书店,1999年。

[苏]阿尔森·古留加:《康德传》,贾泽林、侯鸿勋、王炳文译,商务印书馆,1981年。

[英]爱德华·泰勒:《原始文化》,连树声译,上海文艺出版社,1992年。

[美]爱德华·特纳:《技术的报复——墨菲法则和事与愿违》,徐俊培、钟季康、姚时宗译,上海科技教育出版社,1999年。

[英]安德鲁·甘布尔:《自由的铁笼:哈耶克传》,王晓东、朱之江译,江苏人民出版社,2005年。

[美]奥尔多·利奥波德:《沙乡年鉴》,侯文蕙译,吉林人民出版社,1997年。

[美]巴里·康芒纳:《与地球和平共处》,王喜六、王文江、陈兰芳译,上海译文出版社,2002年。

[古希腊]柏拉图:《理想国》,郭斌和、张竹明译,商务印书馆,1986年。

[法]保尔·芒图:《十八世纪产业革命:英国近代大工业初期的概况》,杨人楩、陈希秦、吴绪译,商务印书馆,1997年。

[美]保罗·库尔茨:《保卫世俗人道主义》,余灵灵等译,东方出版社,1996年。

[美]保罗·库尔茨编:《21世纪的人道主义》,肖峰等译,东方出版社,1998年。

北京大学哲学系外国哲学史教研室编译:《古希腊罗马哲学》,商务印书馆,1961年。

[美]彼得·贝格尔:《神圣的帷幕:宗教社会学理论之要素》,高师宁译,上海人民出版社,1991年。

[美]彼得·休伯:《硬绿——从环境主义者手中拯救环境:保守主义宣言》,戴星翼、徐立青译,上海译文出版社,2002年。

曹卫东、张广海等:《文化与文明》,广西师范大学出版社,2005年。

[美]丹尼斯·米都斯等:《增长的极限》,李宝恒译,吉林人民出版社,1997年。

[意]但丁:《论世界帝国》,朱虹译,商务印书馆,1985年。

[法]德拉克罗瓦:《德拉克罗瓦论美术和美术家》,平野译,辽宁美术出版社,1981年。

[德]迪特·森格哈斯:《文明内部的冲突与世界秩序》,张文武等译,新华出版社,2004年。

[德]斐迪南·穆勒-罗密尔、托马斯·波古特克主编:《欧洲执政绿党》,郇庆治译,山东大学出版社,2005年。

[法]费尔南·布罗代尔:《文明史纲》,肖昶等译,广西师范大学出版社,2003年。

[美]弗·卡普拉、查·斯普雷纳克:《绿色政治——全球的希望》,石音译,东方出版社,1988年。

[美]弗朗西斯·福山:《历史的终结及最后之人》,黄胜强、许铭原译,中国社会科学出版社,2003年。

[英]弗里德里希·奥古斯特·冯·哈耶克:《通往奴役之路》,王明毅等译,中国社会科学出版社,1997年。

[日]福泽谕吉:《文明论概略》,北京编译社译,商务印书馆,1959年。

国际劳工局编:《社会保障:新共识》,中国劳动社会保障出版社,2004年。

国际劳工局社会保障司编著:《社会保障导论》,劳动人事出版社,1989年。

[德]哈贝马斯:《作为"意识形态"的技术与科学》,李黎、郭官义译,学林出版社,1999年。

河西编著:《艺术的故事:莫里斯和他的顶尖设计》,华东师范大学出版社,2004年。

[德]荷尔德林:《荷尔德林文集》,戴晖译,商务印书馆,1999年。

[德]荷尔德林:《烟雨故园路:荷尔德林书信选》,张红艳译,经济日报出版社,2001年。

[德]黑格尔:《历史哲学》,王造时译,上海书店出版社,2001年。

[美]亨利·D.梭罗:《种子的信仰》,何广军、焦晓菊、宫小琳译,中国青年出版社,2005年。

[美]亨利·梭罗:《瓦尔登湖》,徐迟译,吉林人民出版社,1997年。

洪谦主编:《西方现代资产阶级哲学论著选辑》,商务印书馆,1964年。

侯鸿勋:《孟德斯鸠及其启蒙思想》,人民出版社,1992年。

[英]吉尔伯特·怀特:《塞耳彭自然史》,缪哲译,花城出版社,2002年。

《技术美学与工业设计丛刊》编委会编:《技术美学与工业设计丛刊》(第一辑),南开大学出版社,1986年。

[美]加德纳·墨菲、约瑟夫·柯瓦奇:《近代心理学历史导引》,林方、王景和译,商务印书馆,1980年。

蒋孔阳主编,李醒尘编:《十九世纪西方美学名著选·德国卷》,复旦大学出版社,1990年。

[德]卡西尔:《卢梭·康德·歌德》,刘东译,生活·读书·新知三联书店,2002年。

[德]康德:《纯粹理性批判》,蓝公武译,商务印书馆,1960年。

[德]康德:《道德形而上学探本》,唐钺译,商务印书馆,1957年。

[德]康德:《康德书信百封》,李秋零编译,上海人民出版社,1992年。

[德]康德:《判断力批判》,宗白华译,商务印书馆,1964年。

[德]康德:《实践理性批判》,韩水法译,商务印书馆,1999年。

[德]康德:《实用人类学》,邓晓芒译,重庆出版社,1987年。

[德]康德:《未来形而上学导论》,庞景仁译,商务印书馆,1978年。

[英]拉斯金:《给那后来的:经济学的第一原理》,陈友生译,开明书店,民国十九年。

[西]雷蒙·潘尼卡:《文化裁军——通向和平之路》,思竹、王志成译,四川人民出版社,1999年。

[美]蕾切尔·卡逊:《寂静的春天》,吕瑞兰、李长生译,吉林人民出版社,1997年。

李明:《社会保障与社会保障税》,中国税务出版社,2000年。

李鹏程主编:《当代西方文化研究新词典》,吉林人民出版社,2003年。

李泽厚:《批判哲学的批判——康德述评》,人民出版社,1979年。

凌继尧、徐恒醇:《艺术设计学》,上海人民出版社,2000年。

刘兵:《新人文主义的桥梁》,山东人民出版社,2002年。

[古罗马]卢克莱修:《物性论》,方书春译,商务印书馆,1959年。

[美]露丝·本尼迪克特:《文化模式》,王炜等译,生活·读书·新知三联书店,1988年。

[美]罗伯特·M.塞尔茨:《犹太的思想》,赵立行、冯玮译,上海三联书店,1994年。

[英]罗伯逊:《基督教的起源》,宋桂煌译,生活·读书·新知三联书店,1958年。

罗念生编:《古希腊罗马文学作品选》,北京出版社,1988年。

[英]罗素:《西方哲学史》(上卷),何兆武、李约瑟译,商务印书馆,1963年。

[德]马克思:《1844年经济学—哲学手稿》,刘丕坤译,人民出版社,1979年。

[英]玛里琳·巴特勒:《浪漫派、叛逆者及反动派:1760—1830年间的英国文学及其背景》,黄梅、陆建德译,辽宁教育出版社,牛津大学出版社,1998年。

[德]玛利昂·格莱芬·登霍夫:《资本主义文明化?》,赵强、孙宁译,新华出版社,2000年。

[美]麦金太尔:《德性之后》,龚群等译,中国社会科学出版社,1995年。

[法]孟德斯鸠:《论法的精神》,张雁深译,商务印书馆,1959年。

苗力田译编:《黑格尔通信百封》,上海人民出版社,1981年。

[英]尼古拉斯·佩夫斯纳:《现代设计的先驱者——从威廉·莫里斯到格罗皮乌斯》,王申祜译,中国建筑工业出版社,1987年。

钱乘旦、许洁明:《英国通史》,上海社会科学院出版社,2002年。

[美]乔治·萨顿:《科学的生命》,刘珺珺译,商务印书馆,1987年。

[美]乔治·萨顿:《科学史和新人文主义》,陈恒六、刘兵、仲维光译,华夏出版社,1989年。

[法]让-皮埃尔·韦尔南:《希腊思想的起源》,秦海鹰译,生活·读书·新知三联书店,1996年。

[美]塞缪尔·亨廷顿:《文明的冲突与世界秩序的重建》,周琪等译,新华出版社,1999年。

[美]塞缪尔·亨廷顿:《我们是谁？——美国国家特性面临的挑战》,程克雄译,新华出版社,2005年。

[美]斯塔夫里阿诺斯:《全球通史:1500年以前的世界》,吴象婴、梁赤民译,上海社会科学院出版社,1999年。

《苏联军事百科全书》中译本编辑组编:《外国著名战争战役》(上),知识出版社,1981年。

孙凤城编选:《德国浪漫主义作品选》,人民文学出版社,1997年。

[古罗马]塔西佗:《日耳曼尼亚志》,马雍、付正元译,商务印书馆,1962年。

[英]汤因比:《历史研究》(上册),曹未风等译,上海人民出版社,1986年。

[美]唐纳德·沃斯特:《自然的经济体系——生态思想史》,侯文蕙译,商务印书馆,1999年。

[苏]瓦·费·阿斯穆斯:《康德》,孙鼎国译,北京大学出版社,1987年。

王顺洪:《中国概况》,北京大学出版社,1994年。

王志平主编:《硝烟中的沉思——当代世界武装冲突中的民族宗教问题研究》,中国社会科学出版社,2003年。

吴宗宪:《西方犯罪学史》,警官教育出版社,1997年。

伍蠡甫主编:《西方文论选》,上海译文出版社,1979年。

[美]西里尔·E.布莱克编:《比较现代化》,杨豫、陈祖洲译,上海译文出版社,1996年。

[古罗马]西塞罗:《西塞罗三论:老年·友谊·责任》,徐奕春译,商务印书馆,1998年。

[德]席勒:《美育书简》,徐恒醇译,中国文联出版公司,1984年。

夏之莲主编:《外国教育发展史料选粹》,北京师范大学出版社,1999年。

[英]休谟:《人类理解研究》,关文运译,商务印书馆,1957年。

[英]休谟:《人性的高贵与卑劣——休谟散文集》,杨适等译,上海三联书店,1988年。

[英]休谟:《人性论》,关文运译,商务印书馆,1980年。

[英]休谟:《休谟经济论文选》,陈玮译,商务印书馆,1984年。

[英]休谟:《休谟政治论文选》,张若衡译,商务印书馆,1984年。

[英]休谟:《自然宗教对话录》,陈修斋、曹棉之译,商务印书馆,1962年。

[古希腊]修昔底德:《伯罗奔尼撒战争史》,谢德风译,商务印书馆,1960年。

[法]雅克·德比奇等:《西方艺术史》,徐庆平译,海南出版社,2000年。

[法]雅克·马利坦:《科学与智慧》,尹今黎、王平译,上海社会科学院出版社,1992年。

[古希腊]亚里士多德:《尼各马科伦理学》(修订本),苗力田译,中国社会科学出版社,1999年。

[古希腊]亚里士多德:《形而上学》,吴寿彭译,商务印书馆,1959年。

[古希腊]亚里士多德:《政治学》,吴寿彭译,商务印书馆,1965年。

[英]亚·沃尔夫:《十六、十七世纪科学、技术和哲学史》,周昌忠等译,商务印书馆,1987年。

[美]依迪丝·汉密尔顿:《希腊精神:西方文明的源泉》,葛海滨译,辽宁教育出版社,2005年。

[美]英格尔斯:《人的现代化——心理·思想·态度·行为》,殷陆君编译,四川人民出版社,1985年。

[美]约翰·拉塞尔:《现代艺术的意义》,陈世怀等译,江苏美术出版社,1996年。

[英]约翰·拉斯金:《拉斯金读书随笔》,王青松、匡咏梅、于志新译,上海三联书店,1999年。

[英]约翰·罗斯金:《金河王》,严大椿译,儿童读物出版社,1955年。

[英]约翰·罗斯金:《金河王》,张镜潭译注,正风出版社,1948年。

[英]约翰·罗斯金:《近代画家论》,彭兆良译,中华新教育社,1929年。

[英]约翰·罗斯金:《罗斯金的艺术论》(卷一),刘思训译,上海光华书局,1927年。

[英]约翰·罗斯金:《罗斯金散文选》,沙铭瑶译,百花文艺出版社,1997年。

[英]约翰·罗斯金:《芝麻与百合:追求生活的艺术》,张璘译,中国人民大学出版社,2003年。

[英]詹姆斯·C.利文斯顿:《现代基督教思想》(第2版),何光沪译,四川人民出版社,1999年。

中国美国史研究会编:《现代史学的挑战——美国历史协会主席演说集(1961—1988)》,王建华等译,上海人民出版社,1990年。

中国社会科学院外国文学研究所、外国文学研究资料丛刊编辑委员会编:《欧美古典作家论现实主义和浪漫主义》,中国社会科学出版社,1981年。

《中国现代历史报告2004》,北京大学出版社,2004年。

五、中文报刊

管银凤、李健:《印度、巴基斯坦冲突中的民族、宗教因素》,《世界民族》2005年第3期。

韩文秀:《英国社会保障制度的经验和教训》,《中国工业经济研究》1994年第6期。

何光沪:《宗教对话问题及其解决设想》,《国外社会科学》2002年第6期。

鞠青:《我的犯罪观》,《福建公安高等专科学校学报》1999年第5期。

苗炜:《布什的就职演讲》,《三联生活周刊》2005年第5期。

王志强:《欧洲对文化概念的界定及文化理论的发展》,《德国研究》2005年第1期。

游斌:《历史终结论的新解释及其批判》,《国外理论动态》2002年第3期。

于文杰:《西学三分思想小考》,《史学月刊》2003年第9期。

岳平:《恐怖主义犯罪特征及对策分析》,《法治论丛》2003年5月。

张敢:《威廉·莫里斯及其美学思想初探(上)》,《世界美术》1995年第1期。

张敢:《威廉·莫里斯及其美学思想初探(下)》,《世界美术》1995年第2期。

张文祥:《西方国家的社会保障制度改革及其对我国的借鉴意义》,《河北师院学报》1997年第3期。

张应立:《家庭缺陷与青少年犯罪》,《青少年犯罪问题》2002年第1期。

郗云鹏、王锡云:《简论犯罪根源》,《公安大学学报》1997年第2期。

阅读思考题

1. 什么是"人文主义"？我们应该如何理解"西方人文主义传统"？
2. 如何理解西方古典人文主义演进的历史轨迹与文化内涵？
3. 如何理解中世纪西方人文主义从"教父哲学"向"经院哲学"的历史转换？
4. 文艺复兴时期人文主义的内涵与特点是什么？
5. 如何理解休谟的人文科学思想体系？
6. 如何理解康德哲学提出的"人是目的"和"普遍史"观念？
7. 如何理解黑格尔的"人的本质"为获得"承认"而斗争与"世界主义"历史观念？
8. 德国浪漫派的人文主义蕴含着怎样的思想内涵？
9. 英国19世纪手工艺运动追求怎样的人文主义？
10. 如何理解法国浪漫主义思潮中的"人文主义"观念？
11. 当代西方人文主义思想的基本形态是什么？
12. 试论述西方生态人文主义的发展进程与现代意义。
13. 如何吸收西方人文主义的文化遗产为中国建设服务？

后　记

　　2007年秋,南京大学开始开设"西方人文主义史略"的通识课程,经过该课程整个教学团队的合作与努力,我们在陈晓律教授的主持下,努力编写系列教材。在"当代西方社会思潮丛书"中,我撰写了由重庆出版社出版的《现代化进程中的人文主义》。经过15年的教学实践、思考与完善,2016年,该课程被遴选为南京大学首批慕课课程,并于2019年在"中国大学慕课网"上线。在相关理论知识的学习与研究、课程教学实践积累的基础上,课题组全体成员分工协作,共同努力,完成了教材《西方人文主义史略》的编撰任务,并以此推进南京大学世界史学科的教学与研究工作。

　　自古以来,西方人十分关注人类对于物质世界的占有程度,无论是征服、偷盗还是侵略,都是西方列强占有物质财富的重要路径。随着近代社会中物质经济和科学技术因素的不断增长,人类对于物质增长及其占有的欲望也在不断提升,土地资源、生活环境、宗教信仰、道德情感和社会规范等开始面临损坏与消亡的危机,因此,全面探索西方人文主义演进的历史,在比较与批判的视角下厘清西方人文主义,并以此来反思与建设中华人文主义的历史,对于我们在新时代全面复兴中华民族的传统文化具有重要的价值和意义。

　　《西方人文主义史略》的编撰具体分工如下：导论、第一章、第二章和第三章由于文杰教授撰写；第四章中的第一节与第二节由于文杰教授、黄玉婷、杨玲和还星撰写,其中黄玉婷撰写约翰·罗斯金的人文主义的社会理想、杨玲撰写威廉·莫里斯的人文主义理论与实践、还星撰写查尔斯·阿什比的人文主义信仰,该章的第三节由韩伟华、王闻双教授合作撰写；第五章、第六章与结语分别由于文杰教授和吴贺老师撰写；第七章由吴贺老师和李超博士合作撰写。该书关注的问题是：在西方

社会物欲横流的背景下，尤其在经历了诸多政治、经济和疫情等国际化重大问题考验之后，我们应该采取怎样的行之有效的对策？在西方人文主义品质严重缺失的语境中，我们应当如何批判吸收世界各民族优秀的传统文化，努力建设与复兴中华民族优秀传统文化及其所蕴含的人文主义的伟大传统，从而为新时代伟大的社会主义强国建设服务？

尽管该书的思考与撰写经过了较长时间的酝酿和打磨，其中依然有许多粗陋之处，还望国内外方家学人多提宝贵意见和建议，以便进一步完善我们的教学研究工作。仅以此为后记。

于文杰

2021 年 11 月于南京大学

图书在版编目(CIP)数据

西方人文主义史略 / 于文杰,吴贺主编. — 南京：南京大学出版社,2021.11
ISBN 978-7-305-25094-1

Ⅰ. ①西… Ⅱ. ①于… ②吴… Ⅲ. ①人道主义－思想史－西方国家－高等学校－教材 Ⅳ. ①B5

中国版本图书馆 CIP 数据核字(2021)第 216672 号

出版发行	南京大学出版社
社　　址	南京市汉口路 22 号　　邮编 210093
出 版 人	金鑫荣

书　　名　西方人文主义史略
主　　编　于文杰　吴贺
责任编辑　黄睿

照　　排	南京南琳图文制作有限公司
印　　刷	南京京新印刷有限公司
开　　本	718×1000　1/16　印张 30　字数 488 千
版　　次	2021 年 11 月第 1 版　2021 年 11 月第 1 次印刷
ISBN 978-7-305-25094-1	
定　　价	88.00 元

网址：http://www.njupco.com
官方微博：http://weibo.com/njupco
官方微信号：njupress
销售咨询热线：(025) 83594756

* 版权所有,侵权必究
* 凡购买南大版图书,如有印装质量问题,请与所购图书销售部门联系调换